Compliance Berater

Die Verdachtsmeldung als Mittel zur Bekämpfung der Geldwäsche am Beispiel der Kreditinstitute

von

Jacob Wende

Fachmedien Recht und Wirtschaft | dfv Mediengruppe | Frankfurt am Main

Bibliografische Information Der Deutschen Nationalbibliothek

Die Deutsche Nationalbibliothek verzeichnet diese Publikation in der Deutschen Nationalbibliografie; detaillierte bibliografische Daten sind im Internet über http://dnb.de abrufbar.

ISBN 978-3-8005-1911-8

dfv Mediengruppe

www.ruw.de

Druck: WIRmachenDRUCK GmbH, Backnang

Printed in Germany

Die Verdachtsmeldung als Mittel zur Bekämpfung der Geldwäsche am Beispiel der Kreditinstitute

Dissertation

zur Erlangung des Grades eines

Doktors der Rechte

des Fachbereichs
Rechts- und Wirtschaftswissenschaften
der Johannes Gutenberg-Universität
Mainz

vorgelegt von

Dr. Jacob Philipp Emanuel Wende

Geschäftsführer in Berlin

2022

Erstberichterstatter:
Univ.-Prof. Dr. Josef Ruthig

Zweitberichterstatter:
Univ.-Prof. Dr. Dr. Hauke Brettel

Tag der mündlichen Prüfung
10.01.2022

Vorwort

Die vorliegende Arbeit wurde im Jahr 2020 bei der Rechtswissenschaftlichen Fakultät der Johannes Gutenberg-Universität Mainz als Dissertation eingereicht. Die mündliche Doktorprüfung fand im Jahr 2022 statt.

Der Schwerpunkt der Arbeit liegt damit auf der Literatur und Rechtsprechung im Bereich des Geldwäschegesetzes bis zum Jahr 2020. Damit konnten die Änderung des Straftatbestandes durch das Gesetz zur Verbesserung der strafrechtlichen Bekämpfung der Geldwäsche vom 9. März 2021 sowie die weiteren Gesetzesänderungen des Geldwäschegesetzes noch nicht beachtet werden. Die vorliegende Arbeit wurde aber nochmal bis zum Stand September 2023 an wesentlichen Stellen aktualisiert und die neue Rechtsentwicklung vermerkt.

Meinen herzlichen Dank gilt Herr Univ.-Prof. Dr. Josef Ruthig, der mich fachlich bei der vorliegenden Dissertation begleitet hat. Bei Herr Univ.-Prof. Dr. Dr. Hauke Brettel bedanke ich mich für die Erstellung des Zweitgutachtens.

Abschließend und in besonderem Maße meine aufrichtige Dankbarkeit ausdrücken möchte ich meinen Eltern, Susanne Wende und Volker Wende, die mich immer in all meinen akademischen und beruflichen Wegen unterstützt haben. Meine Mutter ist leider viel zu früh und noch vor der Abgabe der Dissertation verstorben. Sicher hätte sie sich sehr gefreut, das vorliegende Buch in den Händen zu halten. Zuletzt möchte ich mich noch ganz herzlich bei meiner Oma, Gerda Wende, sowie meiner Freundin, Louisa Lippold, bedanken, die mich ebenfalls umfangreich unterstützt haben. Allen diesen Personen ist diese Arbeit gewidmet.

Inhaltsverzeichnis

Abbildungsverzeichnis

Abkürzungsverzeichnis

a. E.	Am Ende
a. F.	Alte Fassung
ABl.	Amtsblatt
Abs.	Absatz
AEUV	Vertrag über die Arbeitsweise der Europäischen Union
AGB	Allgemeine Geschäftsbedingungen
AIF	Alternative Investmentfonds
AML	Anti-Money Laundering
AMLTF	Anti Money Laundering Task Force
AO	Abgabenordnung
APG	Asia/Pacific Group on Money Laundering
AStG	Außensteuergesetz
Aufl.	Auflage
BaFin	Bundesanstalt für Finanzdienstleistungsaufsicht
BB	Betriebs-Berater (Zeitschrift)
BCBS	Basel Committee on Banking Supervision
Bd.	Band
BeckOK	Beck'scher Online Kommentar
BegrRegE	Begründung des Regierungsentwurfes
Beschl.	Beschluss
BGB	Bürgerliches Gesetzbuch
BGBl.	Bundesgesetzblatt
BGH	Bundesgerichtshof
BGHSt	Entscheidungen des Bundegerichtshofs in Strafsachen
BGHZ	Entscheidungssammlung des Bundesgerichtshofes in Zivilsachen
BIZ	Bank für Internationalen Zahlungsausgleich
BKA	Bundeskriminalamt
BKR	Zeitschrift für Bank und Kapitalmarktrecht
BMF	Bundesministerium für Finanzen
BMJ	Bundesministerium der Justiz
BR-Drs.	Bundesratsdrucksache
BT-Drs.	Bundestagsdrucksache
BtmG	Betäubungsmittelgesetz
BVerfG	Bundesverfassungsgericht
BVerfGE	Entscheidungen des Bundesverfassungsgerichts
BVerfGG	Bundesverfassungsgerichtsgesetz
BVerwG	Bundesverwaltungsgericht
bzw.	beziehungsweise
CB	Compliance-Berater
CCZ	Corporate Compliance Zeitschrift

CDD	Customer Due Diligence
CFATF	Caribbean Financial Action Task Force
d. h.	Das heißt
DÖV	Die Öffentliche Verwaltung (Zeitschrift)
Einl.	Einleitung
EMRK	Europäische Menschenrechtskonvention
etc.	et cetera
EU	Europäische Union
EuG	Gericht der Europäischen Union
EuGH	Gerichtshof der Europäischen Union
EUV	Vertrag über die Europäische Union
EuZW	Europäische Zeitschrift für Wirtschaftsrecht
EWG	Europäische Wirtschaftsgemeinschaft
f./ff.	folgende Seite bzw. Seite
FATF	Financial Action Task Force on Money Laundering
FAZ	Frankfurter Allgemeine Zeitung
FIU	Financial Intelligence Unit
Fn.	Fußnote
G-7	Gruppe der Sieben
GbR	Gesellschaft des bürgerlichen Rechts
gem.	gemäß
GewO	Gewerbeordnung
GG	Grundgesetz
GVG	Gerichtsverfassungsgesetz
GwBekErgG	Geldwäschebekämpfungsergänzungsgesetz
GwG	Geldwäschegesetz
GwG-RefE	GwG in der Fassung des Referentenentwurfs des Bundesministeriums der Finanzen vom 24.11.2016
GWPräOptG	Gesetz zur Optimierung der Geldwäscheprävention
GWuR	Geldwäsche und Recht
HGB	Handelsgesetzbuch
i. d. R.	in der Regel
i. S. d.	im Sinne des
i. S. v.	im Sinne von
i. V. m.	in Verbindung
i. Z.m.	in Zusammenhang mit
inkl.	inklusive
insbes.	insbesondere

JA	Juristische Arbeitsblätter
JC	Joint Committee of the European Supervisory Authorities
JuS	Juristische Schulung
JZ	Juristenzeitung
KSzW	Kölner Schrift zum Wirtschaftsrecht
KWG	Kreditwesengesetz
KYC	Know Your Customer
LG	Landgericht
lit.	litera
m. w. N.	mit weiteren Nachweisen
MaRisk	Mindestanforderungen an das Risikomanagement
n. F.	neue Fassung
NJW	Neue Juristische Wochenschrift (Zeitschrift)
Nr.	Nummer
NStZ	Neue Zeitschrift für Strafrecht
NStZ-RR	Neue Zeitschrift für Strafrecht-Rechtssprechungsreport
NVwZ	Neue Zeitschrift für Verwaltungsrecht
NVwZ	Neue Zeitschrift für Verwaltungsrecht
NZI	Neu Zeitschrift für Insolvenz und Sanierungsrecht
NZWISt	Neue Zeitschrift für Wirtschafts-, Steuer-, und Unternehemns-strafrecht
OECD	Organisation for Economic Co-operation and Development
OrgKG	Gesetz zur Bekämpfung des illegalen Rauschgifthandels und andere Erscheinungsformen der organisierten Kriminalität
OwiG	Ordnungswidrigkeitengesetz
PEP	Politically Exposed Persons
RiStBV	Richtlinien für das Strafverfahren und das Bußgeldverfahren
Rn.	Randnummer
Rspr.	Rechtsprechung
S.	Seite(n), Satz
SAG	Gesetz zur Sanierung und Abwicklung von Instituten und Finanzgruppen
sog.	so genannter
SRM-VO	Verordnung (EU) Nr. 806/2014 des Europäischen Parlaments und des Rates vom 15. Juli 2014 zur Festlegung einheitlicher Vorschriften und eines einheitlichen Verfahrens für die Abwicklung von Kreditinstituten und bestimmten Wertpapierfirmen

StGB	Strafgesetzbuch
StPO	Strafprozessordnung
Tz.	Textziffer
UNODC	United Nations Office on Drugs and Crime
VAG	Versicherungsaussichtsgesetz
Var.	Variante
vgl.	Vergleiche
VwGO	Verwaltungsgesetzordnung
VwVfG	Verwaltungsverfahrensgesetz
Wistra	Zeitschrift für Wirtschafts- und Steuerstrafrecht
WM	Zeitschrift für Wirtschaft- und Bankrecht
WpG	Die Wirtschaftsprüfung (Zeitschrift)
WpHG	Gesetz über den Wertpapierhandel
WpHGMaAnzV	WpHG-Mitarbeiteranzeigeverordnung
z. B.	Zum Beispiel
ZAG	Gesetz über die Beaufsichtigung von Zahlungsdiensten
ZBB	Zeitschrift für Bankrecht und Bankwirtschaft
ZGR	Zeitschrift für Unternehmens- und Gesellschaftsrecht
Ziff.	Ziffer
ZIP	Zeitschrift für Wirtschaftsrecht
ZRP	Zeitschrift für Rechtspolitik

A. Einleitung

I. Problemstellung

Geldwäsche gilt es zu verhindern – soweit kann schnell ein Konsens gefunden werden. Mit Geldwäsche wird allgemein schwerwiegende Kriminalität wie beispielsweise organisierte Machenschaften im Bereich des Drogenhandels sowie der Steuerhinterziehung verbunden. Das Thema ist in den letzten Jahren immer wieder Gegenstand medialer Präsenz gewesen. Dabei stehen insbesondere Banken im Fokus der Berichterstattung. So heißt es in den Überschriften der Zeitungen „Deutsche Bank zahlt Millionenstrafe in Geldwäsche-Affäre“[1] oder „Geldwäsche-Skandal – Danske-Banker empfahlen Goldbarren, um Anonymität zu wahren“[2] sowie „Gefahr der Geldwäsche: Bafin setzt bei 25 Banken auf Intensivbetreuung.“[3]

Die rechtlichen Grundlagen im Bereich der Geldwäschebekämpfung liegen dabei nicht nur in dem Straftatbestand der Geldwäsche nach § 261 StGB. Vielmehr hat der Gesetzgeber darüber hinaus präventive Maßnahmen in dem Geldwäschegesetz (GwG) festgelegt. Nach diesem Gesetz müssen unter anderem Banken insbesondere ein umfangreiches Risikomanagement vorhalten, ihre Kunden identifizieren und verifizieren (auch bekannt als „Know-Your-Customer“ oder „KYC“) und eine Meldung bei dem Verdacht auf Geldwäsche abgeben. Jegliche Verstöße gegen die Anforderungen des Geldwäschegesetzes können als Ordnungswidrigkeit empfindlich sanktioniert und die Verstöße öffentlich auf der Internetseite der Aufsichtsbehörden bekannt gemacht werden.

Die vorliegende Arbeit soll sich konkret mit der Verdachtsmeldung nach § 43 GwG beschäftigen. Hierbei handelt es sich um eine wesentliche Säule des Geldwäschegesetzes[4] oder sogar „die zentrale Vorschrift des Geldwäschegesetzes“[5]. Nach dieser Vorschrift müssen der Geldwäschebe-

1 Frankfurter Neue Presse, „Deutsche Bank zahlt Millionenstrafe in Geldwäsche-Affäre“ vom 05.11.2018, abrufbar unter https://www.fnp.de/hessen/deutsche-bank-zahlt-millionenstrafe-geldwaesche-affaere-10478722.html (zuletzt abgerufen am 17.09.2023).

2 Cash, „Danske-Banker empfahlen Goldbarren, um Anonymität zu wahren“ vom 16.11.2019, abrufbar unter https://www.cash.ch/news/top-news/geldwaesche-skandal-danske-banker-empfahlen-goldbarren-um-anonymitaet-zu-wahren-1430578 (zuletzt abgerufen am 17.09.2023).

3 Handelsblatt, „Gefahr der Geldwäsche: Bafin setzt bei 25 Banken auf Intensivbetreuung“ vom 15.01.2020, abrufbar unter https://www.handelsblatt.com/finanzen/banken-versicherungen/finanzkriminalitaet-gefahr-der-geldwaesche-bafin-setzt-bei-25-banken-auf-intensivbetreuung-/25433124.html?ticket=ST-4447651-YFHeoBL4nuYgIFQF75Vp-ap5 (zuletzt abgerufen am 17.09.2023).

4 Siehe BMF, Erste Nationale Risikoanalyse, S. 18; Bottke, wistra 1995, 121, 128.

5 *Barreto da Rosa* in Herzog, Geldwäschegesetz, § 43 Rn. 1.

auftragte vereinfacht gesagt, alle Informationen über einen Kunden umfassend und sofort an eine zuständige Behörde mitteilen, sobald ein Verdacht auf Geldwäsche oder Terrorismusfinanzierung besteht. Damit stellt die Verdachtsmeldung auch eine Verbindung zwischen einem Kreditinstitut und den zuständigen Behörden wie den Strafverfolgungsbehörden her. Bei genauerer Betrachtung ergeben sich dabei eine Vielzahl von Problemen. Angefangen mit grundlegenden Fragen wie, was unter „Geldwäsche“ und „Terrorismusfinanzierung“ eigentlich zu verstehen ist, über praktische und rechtliche Fragen, wie eine Bank Geldwäscheaktivitäten erkennen kann und was sie überhaupt in der konkreten Situation leisten kann und muss. Bis hin zu Folgefragen wie sich eine Bank nach einer Verdachtsmeldung gegenüber ihrem Bankkunden verhalten muss und welche Auswirkungen das für die Beziehung zum Bankkunden hat.

Aus der Gesamtschau der Umstände werden auch verfassungsrechtliche Problempunkte ersichtlich. Unter anderem stellt sich die Frage, wie stark mit der Verdachtsmeldung in die Unternehmerische Freiheit in einem Kreditinstitut eingegriffen werden darf. Denn immerhin besteht mit der Pflicht zur Verdachtsmeldung ein Eingriff in das Bankgeheimnis und damit in eine wesentliche Grundlage von Bankgeschäften. Weiterhin müssen die Kreditinstitute umfangreiche persönliche und technische Ressourcen vorhalten, um die Anforderungen des Geldwäschegesetzes zu erfüllen. Diese Aufwendungen bekommen sie nicht ersetzt. Auch aus der Perspektive der Bankkunden stellt sich die Frage, ob die persönlichen Daten (z. B. Kontodaten sowie Kontoverhalten) einfach den staatlichen Behörden übermittelt werden dürfen. Insbesondere wird sich bei vielen unklaren tatbestandlichen Voraussetzungen der Verdachtsmeldung die Frage stellen, inwiefern der Bestimmtheitsgrundsatz bei der Verdachtsmeldung Anwendung finden kann und welche Auswirkungen daraus resultieren. Denn durch die Einbindung als Ordnungswidrigkeit könnte die Verdachtsmeldung dem Bestimmtheitsgrundsatz nach Art. 103 Abs. 2 GG unterliegen. Das Problem des Bestimmtheitsgrundsatzes stellt sich seit der Umsetzung der Vierten EU-Geldwäscherichtlinie im Juni 2017 noch deutlicher, da die Sanktionen bei Verstößen gegen die Verdachtsmeldung erheblich verschärft worden sind und seitdem Kreditinstitute mit Bußgeldern bis zu fünf Millionen Euro oder 10 Prozent des Gesamtumsatzes eines Geschäftsjahres belegt werden können.[6] Zudem können die Verstöße öffentlich von der Aufsichtsbehörde bekannt gemacht werden und haben damit eine „Prangerwirkung“ (auch international als „Naming and Shaming“ bezeichnet)[7].

6 Vgl. § 56 Abs. 3 Satz 4 GwG.

7 Die Grundlage der Bekanntmachung von Maßnahmen und Bußgeldentscheidungen im Geldwäschegesetz liegt im § 57 GwG. Siehe näher zu der Einordnung und praktischen Bedeutung *Pelz* in BeckOK GwG, Frey/Pelz, § 57 Rn. 1 ff; *Wende* in Zentes/Glaab, GwG, § 57 GwG, Rn. 1 ff.

Eine Untersuchung der Verdachtsmeldung drängt sich aus mehreren Gründen auf. Zunächst steht die Verdachtsmeldung als ein wesentliches Instrument der Geldwäschebekämpfung im Mittelpunkt bei dem Austausch zwischen dem Privatsektor und den zuständigen staatlichen Behörden. Die gesetzlichen Vorgaben werfen eine Vielzahl rechtlicher sowie praktischer Fragen auf. Bei genauerer Betrachtung werden schnell Unklarheiten erkennbar. Teilweise lassen sich Stimmen finden, die das Verdachtsmeldewesen auf Grund des geringen Erfolges als ein „gescheitertes Konzept" bezeichnen.[8] Insgesamt ließ sich in der Vergangenheit vergleichsweise wenig Literatur für das Rechtsgebiet des Geldwäschegesetzes finden, obwohl das Gesetz schon im Jahre 1993 in Kraft trat.[9] Dabei wurden die zum Teil bestehenden Veröffentlichungen bereits von den vielen und teilweise grundlegenden Änderungen des Geldwäschegesetzes überholt.[10] Allein während der Bearbeitungszeit der vorliegenden Arbeit hat sich das Geldwäschegesetz zahlreich verändert, wobei unter anderem die Umsetzung der Vierten EU-Geldwäscherichtlinie im Jahr 2017 zu einer kompletten Neufassung und wesentlichen Erweiterung von 17 auf 59 Paragraphen führte.[11] Dabei wird die Dy-

8 Fischer, StGB, § 261 Rn. 9.

9 Das Gesetz gründet auf dem Gesetz über das Aufspüren von Gewinnen aus schweren Straftaten (Geldwäschegesetz – GwG) vom 25.10.1993 (BGBl. 1993 I, S. 1770). Zu den aktuellen Gesetzeskommentaren gehören z. B. Zentes/Glaab, GwG; Herzog, Geldwäschegesetz; Quedenfeld, Handbuch Bekämpfung der Geldwäsche und Wirtschaftskriminalität; seit dem Jahr 2019 auch Diergarten/Fraulob, GwG und Frey/Pelz, BeckOK GwG. Es lassen sich allerdings verschiedene Monografien finden, z. B. Werner, Bekämpfung der Geldwäsche in der Kreditwirtschaft; Richter, Anfangsverdacht für Geldwäsche; Oswald, Die Implementation gesetzlicher Maßnahmen zur Bekämpfung der Geldwäsche in der Bundesrepublik Deutschland.

10 Vgl. z. B. Fülbier/Aepelbach/Langweg, GwG; Handbuch von Herzog/Mülhausen, Geldwäschebekämpfung und Gewinnabschöpfung; Plaumann-Ewerdwalbesloh/Zemke, Bankenkommentar zum Geldwäscherecht.

11 Siehe zu den Änderungen des Gesetzes in den vergangenen Jahren, z. B. Gesetz zur Umsetzung der Änderungsrichtlinie zur Vierten EU-Geldwäscherichtlinie vom 02.12.2019 (BGBl. I, S. 2602); Gesetz zur Einführung einer Karte für Unionsbürger und Angehörige des Europäischen Wirtschaftsraums mit Funktion zum elektronischen Identitätsnachweis sowie zur Änderung des Personalausweisgesetzes und weiterer Vorschriften vom 21.06.2019 (BGBl. I, S. 846, BGBl. I, S. 1626); Gesetz zur Ausübung von Optionen der EU-ProspektVO und zur Anpassung weiterer Finanzmarktgesetze vom 10.07.2018 (BGBl I, S. 1102); Zweites Finanzmarktnovellierungsgesetz vom 23.06.2017 (BGBl. I, S. 1693); Gesetz zur Umsetzung der Vierten EU-GeldwäscheRL, zur Ausführung der EU-GeldtransferVO und zur Neuorganisation der Zentralstelle für Finanztransaktionsuntersuchungen vom 23.06.2017 (BGBl I S. 1822); Gesetz zur Umsetzung der Richtlinie über die Vergleichbarkeit von Zahlungskontoentgelten, den Wechsel von Zahlungskonten sowie den Zugang zu Zahlungskonten mit grundlegenden Funktionen, vom 11.04.2016 (BGBl. I, S. 720); Zehnte Zuständigkeitsanpassungs-VO vom 31.08.2015 (BGBl. I, S. 1474); GVVG-Änderungsgesetz, 12.06.2015 (BGBl. I, S. 926); Gesetz zur Modernisierung der Finanzaufsicht über Versicherungen vom

namik des Gesetzgebietes von unterschiedlichen Seiten angetrieben. Von der internationalen Ebene insbesondere durch die Financial Action Task Force (FATF), dem Gesetzgeber auf der europäischen Ebene[12] und der nationalen Ebene sowie aber auch von den zuständigen Aufsichtsbehörden[13]. Zudem lässt sich bisher vergleichsweise wenig Rechtsprechung zur Verdachtsmeldung finden.[14] Ein Beschluss des OLG Frankfurt aus dem Jahr 2018 im Zusammenhang mit der Verdachtsmeldung ist dabei besonders hervorzuheben und soll auch im Rahmen der vorliegenden Arbeit angesprochen werden.[15] Gleichwohl gewinnt das Thema der Geldwäschebekämpfung immer mehr an Bedeutung. In den Jahren 2020–2022 wurde Deutschland von der internationalen Prüfungsbehörde FATF auf die Einhaltung der internationalen Geldwäschebekämpfungsstandards überprüft.[16] Schon beim Beginn der Prüfung wurde bezweifelt, dass Deutschland gut aufgestellt sei. Im Januar 2020 titelte das Handelsblatt die „Bundesregierung zittert vor Geldwäsche-Test durch internationale Experten."[17] Das Ergebnis der FATF spiegelte dann ein

---

01.04.2015 (BGBl. I, S. 434); Gesetz zur Anpassung von Gesetzen auf dem Gebiet des Finanzmarktes vom 15.07.2014 (BGBl. I, S. 934).

12 Beispielsweise lässt sich dies bei der Umsetzung der Vierten EU-Geldwäscherichtlinie zeigen: Die Mitgliedstaaten sollten die Vorgaben der Vierten Geldwäscherichtlinie bis zum 26.6.2017 in nationales Recht umsetzen (67 Abs. 1 der Richtlinie (EU) 2015/849). Aufgrund eines Aktionsplanes der Europäischen Kommission wurde bestimmt, dass die Mitgliedstaaten die Umsetzung der Vierten EU-Geldwäscherichtlinie vorziehen sollen (Europäische Kommission, Mitteilung der Kommission an das Europäische Parlament und den Rat, Ein Aktionsplan für ein intensiveres Vorgehen gegen Terrorismusfinanzierung vom 02.02.2016, COM (2016) 50 final, S. 10). Die Europäische Kommission hat zudem am 05.07.2016 einen Vorschlag zur Änderung der Vierten EU-Geldwäscherichtlinie vorgeschlagen. Siehe COM (2016) 450 final, 2016/0208 (COD) sowie insgesamt zum Ablauf und Inhalt *Wende* in Zentes/Glaab, Einl. Rn. 13 ff.

13 Siehe hierzu die Veröffentlichungen der BaFin (z. B. Auslegungs- und Anwendungshinweise) als zuständige Aufsichtsbehörde für die Kreditinstitute.

14 Siehe OLG Frankfurt vom 10.04.2018 – 2 Ss-OWi 1059/17; OLG Hamburg, Urt. v. 17.03.2022 – 13 U 178/21; LG Stuttgart (6. Zivilkammer), Beschluss vom 06.07.2023 – 6 O 234/22. Bemerkenswert ist die Zunahme von Entscheidungen im Bereich der Rechtsanwälte und Notare, siehe z. B. OLG Karlsruhe (1. Senat für Bußgeldsachen), Beschluss vom 22.06.2022 – 1 Rb 34 Ss 122/22; Urteil BayObLG, Beschluss vom 25.05.2023 – 202 ObOWi 264/23; VGH München Beschluss vom 11.07.2023 – 22 ZB 21.12; LG München I, Beschluss vom 8. Juni 2022 – 9 Qs 14/22.

15 Beschluss des OLG Frankfurt vom 10. April 2018 – 2 Ss-OWi 1059/17.

16 Die Prüfung wurde aufgrund der weltweiten Coronakriese zeitlich verzögert. Siehe näher hierzu: „FATF extends its assessment and follow-up deadlines in response to COVID-19" vom 28.4.2020, abrufbar unter https://www.fatf-gafi.org/publications/fatfgeneral/documents/mer-postponement-covid-19.html (zuletzt abgerufen am 15.11.2022) sowie der Prüfungsbericht aus vom August 2022, abrufbar unter https://www.fatf-gafi.org/en/countries/detail/Germany.html (zuletzt abgerufen am 17.09.2023).

17 Handelsblatt, „Bundesregierung zittert vor Geldwäsche-Test durch internationale Experten" vom 28.1.2020, abrufbar unter www.handelsblatt.com/politik/deutschland/

sehr durchwachsendes Bild von Deutschland bei der effektiven Umsetzung der Geldwäschebekämpfung.[18]

Die vorliegende Arbeit hat nicht den Anspruch die vielen Probleme rund um die Verdachtsmeldung abschließend zu untersuchen und zu beurteilen. Vielmehr soll ein allgemeiner Überblick stattfinden und dann bestimmte Problemkreise hervorgehoben werden. Dabei wird auch die Arbeit auf den Adressatenkreis der Kreditinstitute beschränkt.[19] Die Kreditinstitute spielen im Rahmen des Verdachtsmeldewesens eine ganz erhebliche Rolle, wie sich schon anhand der Zahlen der Verdachtsmeldungen zeigt. Von insgesamt 77.252 stattgefundenen Meldungen aus dem Jahr 2018 kamen 65.132 Meldungen von den Kreditinstituten.[20] Nach dem FIU-Jahresbericht 2021 waren es dann insgesamt 289.507 Meldungen, wovon die Kreditinstitute 180.394 Meldung abgegeben haben.[21] Weiterhin soll sich insbesondere mit den Voraussetzungen der Tatbestandsmerkmale, der historischen Entwicklung sowie den Folgen der Verdachtsmeldung auseinandergesetzt und die damit verbundenen Herausforderungen für die Banken, Mitarbeiter der Banken sowie Bankkunden problematisiert werden. Sodann sollen zumindest mögliche verfassungsrechtliche Bedenken der Verdachtsmeldung im Überblick diskutiert werden. Der konkrete Ablauf und das Verfahren auf der behördlichen Seite, welches nach der Abgabe einer Verdachtsmeldung bei der FIU und der Weitergabe an die zuständigen Behörden (z. B. Strafverfolgungsbehörden) stattfindet, soll nicht vertieft untersucht werden.[22] In diesem Zusammenhang kann auf bestehende kontroverse Diskussionen verwiesen werden, wobei insbesondere der risikobasierte Ansatz der FIU kritisch gesehen

---

financial-action-task-force-bundesregierung-zittert-vor-geldwaesche-test-durch-internationale-experten/25480572.html?ticket=ST-1859872-jZEYmIFzsuG7szUb2cgd-ap1 (zuletzt abgerufen am 07.02.2020).

18 Vgl. Wende, CB 2022, 1 sowie zum Überblick der BaFin, abrufbar unter https://www.bafin.de/SharedDocs/Veroeffentlichungen/DE/Fachartikel/2022/fa_bj_2209_FATF.html (zuletzt abgerufen am 17.09.2023).

19 Das Geldwäschegesetz nennt im § 2 GwG die Adressaten, welche als Verpflichtete bezeichnet werden. Dazu gehören große Teile des Finanzsektors und des Nichtfinanzsektors (z. B. Immobilienmakler, Rechtsanwälte, Notare, Kunsthändler). Die Bundesregierung geht von mehr als 1. Mio. betroffene Adressaten beim Geldwäschegesetz aus (siehe BT-Drs. 19/23662, S. 9 f.).

20 FIU-Jahresbericht 2018, S. 14.

21 FIU-Jahresbericht 2021, S. 17.

22 Siehe auch hier gibt es nach § 44 Abs. 1 GwG eine Meldepflicht für Aufsichtsbehörden, wenn Tatsachen vorliegen, die darauf hindeuten, dass ein Vermögensgegenstand mit Geldwäsche oder mit Terrorismusfinanzierung im Zusammenhang steht. Siehe auch weiter zur Durchsuchung von Diensträumen bei der FIU wegen des Verdachts der Strafvereitelung im Amt gem. § 258 a StGB., LG Osnabrück, NJW 2022, 882.

wird.[23] Ebenso soll auf die Prüfung der möglichen strafrechtlichen Auswirkungen der beteiligten Personen (z. B. Geldwäschebeauftragten) nicht näher eingegangen werden.[24]

II. Gang der Untersuchung

Die Untersuchung soll mit der Einführung (Abschnitt B) beginnen, wobei zunächst grundlegend auf die Ziele der Bekämpfung von Geldwäsche und Terrorismusfinanzierung eingegangen werden soll. Es werden die rechtlichen Grundlagen aufgezeigt, welche ihren Ursprung in internationalen sowie europäischen Vorgaben haben. Weiterhin werden die nationalen Regelungen dargestellt mit dem Straftatbestand auf der einen Seite und dem Geldwäschegesetz auf der anderen Seite. Dabei wird vertieft auf die gesetzliche Entwicklung der Verdachtsmeldung eingegangen. Dann wird versucht, das Geldwäschegesetz systematisch einzuordnen. Zuletzt soll auf ein wesentliches Problem bei der Anwendung des Geldwäschegesetzes hingewiesen werden. Da es sich um eine Rechtsmaterie mit Bezügen zum Ordnungswidrigkeitenrecht handelt, stellt sich die Frage, wie das Gesetz ausgelegt werden muss. Daher sollen die genauen Auslegungsmethoden näher besprochen werden.

In einem nächsten Abschnitt soll ein Überblick über die Pflicht zur Meldung von Verdachtsfällen bei Kreditinstituten gegeben werden (Abschnitt C). Dabei wird zunächst auf die allgemeine Bedeutung der Verdachtsmeldung eingegangen. Weiterhin wird das Kreditinstitut als Verpflichteter und das konkrete Verfahren der Verdachtsmeldung in einem Kreditinstitut näher untersucht. Dann soll der Charakter der Verdachtsmeldung sowie vergleichbare Meldepflichten besprochen werden. Zuletzt soll der Normzweck zusammengefasst werden.

Nachdem die wesentlichen Grundlagen der Verdachtsmeldung bei einem Kreditinstitut dargestellt wurden, soll auf die konkreten Voraussetzungen der Verdachtsmeldung im Einzelnen eingegangen werden (Abschnitt D). Das Ziel besteht darin zu prüfen, wann genau die gesetzlichen Voraussetzungen für eine Verdachtsmeldung vorliegen. Es wird daher der Tatbestand

---

23 Siehe näher zum risikobasierten Ansatz das Gutachten von Bülte, Risikobasierte Arbeitsweise sowie Analyse- und Weiterleitungspflichten der FIU in den Grenzen des geltenden Rechts vom Januar 2022, Bülte, NVwZ 2022, 378; kritisch: Barreto da Rosa, Der Kriminalist 2022, 23 ff.; El-Ghazi/Jansen, NZWiSt 2022, 465.

24 Siehe zur Strafbarkeit des Geldwäschebeauftragten und der Mitarbeiter: Flatten, Zur Strafbarkeit von Bankangestellten bei der Geldwäsche; Neuheuser, NZWiSt 2015, 241; *El-Ghazi* in Herzog, Geldwäschegesetz, StGB, § 261 Rn. 131; Bülte, NZWiSt 2017, 276, 282.

der Meldepflichten nach § 43 Abs. 1 GwG untersucht, welcher über drei Bezugspunkte verfügt. Demnach ist ein Verdacht wegen Geldwäsche (Nr. 1), Terrorismusfinanzierung (Nr. 2) oder wegen eines Verstoßes gegen die Offenlegungspflicht (Nr. 3) zu melden. Es sollen die Tatbestandsmerkmale genauer beleuchtet werden, wobei ein Schwerpunkt insbesondere auf die Geldwäscheverdachtsmeldung gesetzt wird.

Nach dem die Voraussetzungen der Verdachtsmeldung im Rahmen des Tatbestandes besprochen wurden, sollen die Rechtsfolgen der Verdachtsmeldung betrachtet werden (Abschnitt E). Dabei wird auf die zuständige Empfangsbehörde eingegangen sowie das Erfordernis der Unverzüglichkeit und die Form der Verdachtsmeldung.

Damit ein umfassendes Bild einer Verdachtsmeldung dargestellt werden kann, soll sich auch mit weiteren Auswirkungen der Verdachtsmeldung auseinandergesetzt werden. (Abschnitt F). Dabei soll zwischen den Folgen einer ordnungsgemäßen Verdachtsmeldung und den Folgen bei einem Verstoß gegen die Pflicht zur Verdachtsmeldung unterschieden werden. Eine ordnungsgemäße Verdachtsmeldung führt zu weiteren Folgemaßnahmen für die Kreditinstitute, wobei dies insbesondere Auswirkungen auf die Bankkunden hat, die kritisch untersucht werden sollen. Der Verstoß gegen die Pflicht zur Verdachtsmeldung kann hingegen für die Kreditinstitute empfindliche Folgen haben, die auch näher beleuchtet werden sollen.

Es sollen dann mögliche verfassungsrechtliche Bedenken im Überblick zusammengefasst werden (Abschnitt G). Bei den verfassungsrechtlichen Bedenken wird sich zunächst die Frage stellen, ob das europäische oder deutsche Verfassungsrecht relevant ist. Weiterhin sollen die relevanten verfassungsrechtlichen Rechte der Kreditinstitute und Bankkunden besprochen werden. Dabei wird auch der verfassungsrechtliche Bestimmtheitsgrundsatz problematisiert. Abschließend sollen auch mögliche praktische Lösungsansätze untersucht und dargestellt werden.

In einem letzten Schritt (Abschnitt H) werden die wesentlichen Erkenntnisse zusammengefasst und ein Ausblick auf die weiteren Entwicklungen gegeben.

B. Einführung in die Bekämpfung der Geldwäsche und Terrorismusfinanzierung

In einem ersten Abschnitt sollen die wesentlichen Grundlagen der Geldwäschebekämpfung sowie des Geldwäschegesetzes aufgezeigt werden. Dabei werden zunächst die Ziele der Bekämpfung der Geldwäsche (dazu I.) und der Terrorismusfinanzierung (dazu II.) bestimmt. Für das rechtliche Verständnis werden dann die Vorgaben der Geldwäscheregelungen auf internationaler und europäischer Ebene dargestellt, da sie einen erheblichen Einfluss auf die nationalen Regelungen haben (dazu III.). Sodann soll konkret auf die bestehenden Geldwäscheregelungen in Deutschland mit dem Straftatbestand und dem Geldwäschegesetz insbesondere mit der gesetzlichen Entwicklungsgeschichte der Verdachtsmeldung eingegangen werden (dazu IV.). Zuletzt wird die systematische Einordnung des Geldwäschegesetzes untersucht (dazu V.) und es sollen die Besonderheiten bei der Auslegung des Geldwäschegesetzes besprochen werden (dazu VI.).

I. Die Bekämpfung der Geldwäsche als Zielvorstellung des Gesetzgebers

Nach der ursprünglichen Definition des Gesetzgebers wird Geldwäsche als das Einschleusen von Vermögensgegenständen aus der Organisierten Kriminalität in den legalen Finanz- und Wirtschaftskreislauf zum Zweck der Tarnung verstanden.[25] Mit der Bekämpfung der Geldwäsche soll also der Organisierten Kriminalität entgegengewirkt werden. Die Organisierte Kriminalität wird wiederum als die von Gewinn- oder Machtstreben bestimmte planmäßige Begehung von Straftaten verstanden, die einzeln oder in ihrer Gesamtheit von erheblicher Bedeutung sind. Es wirken mehr als zwei Beteiligte auf längere oder unbestimmte Dauer arbeitsteilig unter Verwendung gewerblicher oder geschäftsähnlicher Strukturen, unter Anwendung von Gewalt oder anderen zur Einschüchterung geeigneten Mitteln oder unter Einflussnahme auf Politik, Medien, öffentliche Verwaltung, Justiz oder Wirtschaft zusammen.[26] Im Rahmen von Ermittlungsverfahren wurde festgestellt, dass die Strukturen der Organisierten Kriminalität vielfach im Zusammenhang mit Geldwäschevorgängen stehen.[27] Das Ziel der Geldwäschebekämpfung besteht daher darin in die Strukturen der Organisierten

---

25 BT-Drs. 12/989, S. 26.

26 Definition von *Teichmann/Achsnich* in Herzog/Mülhausen, Geldwäschebekämpfung und Gewinnabschöpfung, § 29 Rn. 1; siehe auch BT-Drs. 12/989, S. 1, 26.

27 Siehe näher *Teichmann/Achsnich* in Herzog/Mülhausen, Geldwäschebekämpfung und Gewinnabschöpfung, § 29 Rn. 1.

Kriminalität vorzudringen. Man möchte durch die Entziehung der finanziellen Mittel ihren Nerv treffen. Die Gewinne aus Verbrechen sollen verkehrsunfähig gemacht werden.[28] Dabei besteht die Herausforderung, dass mit der zunehmenden Globalisierung der Finanzwirtschaft auch die Organisierte Kriminalität die Möglichkeit nutzt, ihre Systeme weltweit auf unterschiedlichstem Weg aufzubauen und zu verschleiern. Somit wird zugleich verständlich, dass eine nationale Bekämpfung nur eine unzureichende Wirkung hätte. Vielmehr ist ein internationales Vorgehen notwendig.[29]

Betrachtet man heutzutage das Konzept der Geldwäschebekämpfung, dann lässt sich feststellen, dass nicht mehr nur die Organisierte Kriminalität bekämpft werden soll.[30] Eine Übersicht der kriminellen Handlungen, die insbesondere verfolgt werden sollen, ergibt sich aus dem Vortatenkatalog des Straftatbestandes der Geldwäsche nach § 261 Abs. 1 Satz 2 StGB a. F.[31]. Dieser Vortatenkatalog wurde in den letzten Jahren immer wieder erweitert.[32] Wesentliche Bedeutung in der Praxis erlangten beispielsweise die Steuerstraftaten.[33] Mit dem Gesetz zur Verbesserung der strafrechtlichen Bekämp-

---

28 Findeisen, wistra 1997, 121.

29 Vgl. Erwägungsgrund 4 der Vierten EU-Geldwäscherichtlinie; *Teichmann/Achsnich* in Herzog/Mülhausen, Geldwäschebekämpfung und Gewinnabschöpfung, § 29 Rn. 3.

30 Vgl. zur Entwicklung *El-Ghazi* in Herzog, Geldwäschegesetz, § 261 StGB Rn. 4 ff.

31 In der Fassung bis zum Gesetz zur Verbesserung der strafrechtlichen Bekämpfung der Geldwäsche vom 09.03.2021 (BGBl. I S. 327). Zu dem Vortatenkatalog gehörten beispielsweise Verbrechen, Vergehen nach § 29 Abs. 1 Satz 1 Nr. 1 des Betäubungsmittelgesetzes, Vergehen nach §§ 242, 246, 253, 259, 263 bis 264, 265c, 266, 267, 269, 271, 284, 299, 326 Abs. 1, 2 und 4, § 328 Abs. 1, 2 und 4 StGB sowie § 348 StGB, die gewerbsmäßig oder von einem Mitglied einer Bande, die sich zur fortgesetzten Begehung solcher Taten verbunden hat, begangen sein müssen.

32 Siehe die Gesetzesänderungen des § 261 StGB: z. B. Achtundvierzigstes Strafrechtsänderungsgesetz vom 23.04.2014 (BGBl. I, S. 410); GVVG-Änderungsgesetzgesetz vom 12.06.2015 (BGBl. I, S. 926); Asylverfahrensbeschleunigungsgesetz vom 20.10.2015 (BGBl. I, S. 1722); Gesetz zur Bekämpfung der Korruption vom 20.11.2015 (BGBl. I, S. 2025); 1. Finanzmarktnovellierungsgesetz vom 30.6.2016 (BGBl. I, S. 1514). Siehe auch vertieft zudem Thema Bülte, NZWiSt 2017, 276, 285 m. w. N.

33 Vgl. Erwägungsgrund 56 der Vierten EU-Geldwäscherichtline; *Bülte* in Rotsch, Criminal Compliance, § 29 Rn. 7; BaFin Rundschreiben 1/2014 (GW), Abs. II zum Erfordernis einer Verdachtsmeldung bei Kenntnis von einer steuerlichen Selbstanzeige durch den Vertragspartner. Die Steuerstraftaten sollen im Rahmen der Geldwäschebekämpfung einbezogen werden, weil die Strukturen oft ähnlich sind. Rechtlich gesehen wurde die Steuerhinterziehung nach § 370 Abgabenordnung in den Straftatbestand der Geldwäsche nach § 261 Abs. 1 Satz 2 Nr. 4 b) StGB a. F. eingebunden, da sie eine mögliche Vortat darstellt. Weiterhin können Steuerstraftaten nach § 261 Abs. 1 Satz 2 Nr. 3 StGB a. F. relevant sein. Bei der Geldwäsche und bei der Steuerhinterziehung werden dieselben Finanzplätze oder Modelle genutzt. Ebenso werden die Geheimhaltung und Vertraulichkeit von den Nutzern an den „Offshore-Zentren“ besonders geschätzt. Siehe eingehend Schuhr, NZWiSt 2017, 265, 265 ff.; Scherp, CB 2017, 275, 278.

fung der Geldwäsche vom 9. März 2021 wurde das Konzept der konkreten Vortaten vollständig aufgegeben. Seitdem ist jede „rechtswidrige Tat" eine taugliche Vortat der Geldwäsche.[34] In der Literatur wird darauf hingewiesen, dass der Tatbestand des § 261 StGB inzwischen den Bezug zur Bekämpfung der Organisierten Kriminalität verloren hat.[35] Damit ist der Begriff kaum greifbar und es wird erkennbar, dass es eine einheitliche Begrifflichkeit strenggenommen nicht gibt.[36]

II. Weiteres Ziel: Bekämpfung von Terrorismusfinanzierung

Als Folge der Anschläge am 11. September 2001 in Amerika bestand das Ziel, die Finanzierung von Terrorismus einzudämmen. Es wurden daraufhin im Geldwäschegesetz an unterschiedlichen Stellen Regelungen in Bezug auf die Bekämpfung der Terrorismusfinanzierung neu aufgenommen.[37]

Bei Terrorismus handelt es sich um einen Kampf für politische Ziele, wobei diese mit Anschlägen auf Leib, Leben und Eigentum anderer Menschen durchgesetzt werden.[38] Nach Auffassungen von deutschen Verfassungsschutzexperten geht beispielsweise eine der größten Bedrohungen vom „islamistischen Terrorismus" aus.[39] Als eine Maßnahme den Gefahren von

---

34 Gesetz zur Verbesserung der strafrechtlichen Bekämpfung der Geldwäsche vom 09.03.2021 (BGBl. I S. 327). Dabei wird in der Literatur deutlich gemacht, dass die Änderungen über die Anforderungen der Vorgaben der Fünften EU-Geldwäscherichtlinie hinausgehen. Siehe dazu im Überblick *El-Ghazi* in Herzog, Geldwäschegesetz, § 261 StGB Rn. 6 ff.

35 Vgl. *El-Ghazi* in Herzog, Geldwäschegesetz, § 261 StGB Rn. 5.

36 Siehe hierzu auch die Ausführungen von Bülte mit dem Verweis auf das unterschiedliche Verständnis der Mitgliedstaat innerhalb der Europäischen Union (Bülte, NZWiSt 2017, 276, 277 f.).

37 Das Geldwäschegesetz definiert Terrorismusfinanzierung im § 1 Abs. 2 GwG. Die Anforderungen des Geldwäschegesetz haben als Bezugspunkt regelmäßig neben Geldwäsche auch die Terrorismusfinanzierung (z. B. die Verdachtsmeldung nach § 43 Abs. 1 Nr. 2 GwG). Siehe grundsätzlich zu der Verbindung zwischen Terrorismus und Organisierten Kriminalität *Anders* in Gropp/Sinn, Organisierte Kriminalität und kriminelle Organisationen, S. 607 ff.

38 *Allgayer* in Ellenberger/Bunte, Bankrechts-Handbuch, § 11 Rn. 12.

39 *Allgayer* in Ellenberger/Bunte, Bankrechts-Handbuch, § 11 Rn. 12. Unter dem Begriff Islamismus versteht man eine Form des politischen Extremismus unter der Berufung auf den Islam. Das Ziel besteht darin, die freiheitlich demokratische Grundordnung abzuschaffen. Der Verfassungsschutzbericht des Bundesministeriums des Innern gibt dabei Aufschluss, welche Strukturen die einzelnen Vereinigungen (z. B. „al-Qaida", „Islamsicher Staat (IS)", „HAMAS") aufweisen. Siehe näher Verfassungsschutzbericht 2015 vom Bundesministerium des Inneren, S. 150; 185 ff.; BMF, Erste Nationale Risikoanalyse, S. 53.

terroristischen Vereinigungen zu begegnen, soll die dahinterstehende Finanzierung aufgedeckt und gestoppt werden. Allerdings liegen bisher wenig gesicherte Kenntnisse darüber vor, wie die Finanzierung einer terroristischen Vereinigung konkret abläuft. Zumindest steht fest, dass das Phänomen sehr komplex sein kann. Die eingesetzten Mittel, die unterschiedlichen Ziele, die jeweiligen Organisationsformen und die verschiedenen lokalen und internationalen Strukturen sind mannigfaltig.[40] Es ist auch bekannt, dass die eigentliche Ausführung terroristischer Anschläge geringe Finanzmittel erfordern, allerdings die Entwicklung und der Aufbau von terroristischen Strukturen erhebliche Ressourcen benötigen können.[41] Die Methoden sind undurchsichtig und können sich ständig wandeln. Bislang wurden unterschiedliche Einnahmequellen ermittelt.[42] Zum einen werden Einnahmen aus kriminellen Handlungen (z. B. Schleusungs- und Rauschgiftkriminalität) generiert. Damit sind die Methoden der Terrorismusfinanzierung zumindest teilweise mit denen der Organisierten Kriminalität vergleichbar.[43] Experten haben festgestellt, dass terroristische Organisationen ebenso Tarn- und Scheinfirmen, inoffizielle Geld- oder Werttransfersysteme (Hawala)[44], Strohpersonen, Stückelungen von Beträgen (sogenanntes „Smurfing"), Kreditkarten, neue Möglichkeiten des Geldtransfers im online Bereich und Bargeldschmuggel nutzen.[45] Auch wird angenommen, dass die finanzielle Unterstützung durch „terrorismusverdächtige" Staaten stattfindet. Beispielsweise erhält der sogenannte „Islamische Staat" Zugriff auf unterschiedliche Ressourcen, wie Banken und Personen in Territorien, welche er besetzt.[46]

Zudem können sich terroristische Vereinigungen über Spendengelder finanzieren, die über Vereine und Stiftungen gesammelt werden.[47] Damit werden Gelder ebenso aus legalen Geschäften gewonnen. Hierin besteht ein wesent-

---

40 *Herzog/Achtelik* in Herzog, Geldwäschegesetz, Einl. Rn. 129 ff.

41 Busch/Teichmann, S. 14.

42 *Herzog/Achtelik* in Herzog, Geldwäschegesetz, Einl. Rn. 129 ff.; FIU-Jahresbericht 2002, S. 23.

43 Siehe einen allgemeinen Überblick über die Verknüpfung von Organisierten Kriminalität und Terrorismus *Anders* in Gropp/Sinn, Organisierte Kriminalität und kriminelle Organisationen, S. 607 ff.

44 Die Rolle des Hawala-Bankings für die finanziellen Transaktionen des Terrorismus ist jedoch offenbar lange überbewertet worden; FATF The Role of Hawala-Banking, Oktober 2013; siehe auch weiter *Herzog/Achtelik* in Herzog, Geldwäschegesetz, Einl. Rn. 129 ff.

45 FATF Bericht über Geldwäsche-Typologien 2002–2003, S. 9 f.; FATF Money Laundering through Money Remittance and Currancy Exchange Providors, Juni 2010.

46 FATF Financing of the Terrorist Organisation Islamic State in Iraq and the Levant (ISIL), Februar 2015.

47 FATF Emerging Terrorist Financing Risk 2015, S. 14 ff.; ausführlich dazu FATF Risk of Terrorist Abuse in Non-Profit Organisations, Juni 2014.

licher Unterschied zu den Strukturen der Geldwäsche, wo eine rechtswidrige Vortat vorausgesetzt wird.[48]

III. Internationale und europäische Grundlagen der Regelungen zur Bekämpfung der Geldwäsche

Der Ursprung und die Entwicklung des deutschen Geldwäschegesetzes gehen fast ausnahmslos auf internationale und europäische Vorgaben zurück. Daher sind diese für das Verständnis der Geldwäscheregelungen besonders wichtig und sollen im Folgenden im Überblick dargestellt werden.

1. Internationale Vorgaben

a) Vereinte Nationen

In den 1970er und 1980er Jahren entwickelte sich eine zunehmende internationale Verflechtung der Wirtschaft. Diese wirtschaftliche Globalisierung zeigte sich auf der einen Seite in der Liberalisierung der Finanzmärkte und auf der anderen Seite in den neuen technischen Möglichkeiten der Datenübertragung. Somit war es innerhalb kürzester Zeit möglich, finanzielle Mittel von einem Ort an einen anderen, gegebenenfalls auch an einen sehr weit entfernten Ort, zu überweisen. Eine Folge war, dass Geld an „Offshore"-Finanzplätze übertragen werden konnte, also an Orte, welche für ein hohes Maß an Vertraulichkeit und Geheimhaltung sowie ein geringes Maß an Finanzmarktüberwachung bekannt sind (z.B. Bahamas, Cayman Islands). Diese neue Form der finanziellen Mobilität machten sich auch Kriminelle zu nutze.[49] Gleichzeitig zu der internationalen Finanzmarktverflechtung stieg der Drogenkonsum in den industrialisierten Staaten, insbesondere in den USA sowie in den Entwicklungsländern deutlich an. Da lediglich ein Verbot der Drogen nicht zur Verbesserung der Lage beigetragen hat, wurde nach neuen Lösungsansätzen gesucht. So entstand die Idee, sich der Drogenkriminalität von einer anderen Seite zu nähern. Man wollte der Spur des gewonnenen Kapitals aus den Drogenverkäufen nachgehen. Das Ziel war es, das eingenommene Geld der Drogenkriminellen zu erkennen und den

48 Die Vortraten sind Verbrechen und Vergehen und ergaben sich aus dem Katalog des § 261 Abs. 1 Satz 2 StGB a.F. Mit dem Gesetz zur Verbesserung der strafrechtlichen Bekämpfung der Geldwäsche vom 09.03.2021 (BGBl. I S. 327) wurde das Konzept der konkreten Vortaten vollständig aufgegeben. Seitdem ist jede rechtswidrige Tat eine taugliche Vortat der Geldwäsche.

49 *Pieth* in Herzog/Mülhausen, Geldwäschebekämpfung und Gewinnabschöpfung, § 3 Rn. 2.

Handel mit dem kontaminierten Geld zu bestrafen.[50] Notwendig war dabei auf der Ebene der internationalen Gemeinschaft eine Mehrheit für diese Ideen zu finden. Ansonsten könnte illegales Geld einfach in das Nachbarland eingezahlt und zurücküberwiesen werden.[51]

Ein erster wesentlicher Schritt war die „Wiener Drogenkonvention" als ein gemeinsamer Beschluss im Rahmen der Vereinten Nationen (United Nations – UN) vom 20. Dezember 1988. Gegenstand war ein Übereinkommen gegen den unerlaubten Verkehr mit Suchtstoffen und psychotropen Stoffen mit dem Ziel, die Verfügbarkeit von Betäubungsmitteln einzuschränken. Dazu wurden alle Vertragspartner verpflichtet, die Geldwäsche aus illegalem Drogenhandel als Straftatbestand einzuführen.[52] Dass sich gerade auf die Einführung eines Straftatbestandes geeinigt wurde, kann auf zwei wesentliche Gründe zurückgeführt werden. Zum einen wurde die Initiative durch die Präferenz von den USA als Protagonisten beeinflusst, die bereits ein Gesetz im Bereich des Strafrechts erlassen hatten („Money Laundering Control Act of 1986"). Zum anderen war es auf der internationalen Ebene der einfachste gemeinsame Weg, da alle Staaten über ein Strafrecht verfügten.[53]

b) Die Baseler Grundsatzerklärung

Ebenfalls im Dezember 1988 wurde auf Initiative der „Bank für Internationalen Zahlungsausgleich" (BIZ) die Baseler Grundsatzerklärung „zur Verhütung des Missbrauchs des Banksystems für Geldwäsche" verabschiedet.[54] Adressat dieser Grundsatzerklärung waren die Banken und andere Finanzinstitute. Sie sollten zur Bekämpfung der Geldwäsche eine Identifizierung der Kunden durchführen und eng mit den zuständigen staatlichen Vollzugsbehörden zusammenarbeiten. Dieser Grundsatzerklärung hat sich der „Basel Committee on Banking Supervision" (BCBS) angeschlossen. Dieses Gremium beschäftigt sich schwerpunktmäßig mit bankaufsichtsrechtlichen Fragestellungen. Der BCBS wurde 1974 gegründet und ist ein Zusammenschluss der Zentralbankgouverneure der G-10-Länder. Im September 1997 hat der BCBS das Papier „Grundsätze für eine wirksame Bankenaufsicht"

50 *Pieth* in Herzog/Mülhausen, Geldwäschebekämpfung und Gewinnabschöpfung, § 4 Rn. 1.

51 *Fülbier* in Fülbier/Aepfelbach/Langweg, GwG, Einl. Rn. 21.

52 Siehe näher für Deutschland: Gesetz zu dem Übereinkommen der Vereinten Nationen vom 20. Dezember 1988 gegen den unerlaubten Verkehr mit Suchtstoffen und psychotropen Stoffen vom 22.07.1993 (BGBl. II, S. 1136).

53 *Pieth* in Herzog/Mülhausen, Geldwäschebekämpfung und Gewinnabschöpfung, § 4 Rn. 2; *Wende* in Zentes/Glaab, GwG, Einl. Rn. 6.

54 Basel Committee on Banking Supervision, Verhütung des Missbrauchs des Bankensystems für die Geldwäsche vom Dezember 1988, abrufbar unter http://www.bis.org/publ/bcbsc137de.pdf (zuletzt abgerufen 17.09.2023).

veröffentlicht. Dieses Papier wurde 2006 und 2012 überarbeitet und stellt Grundsätze für eine effektive Bankenaufsicht dar.[55]

c) Gruppe der Sieben (G-7)

Auch von der „Gruppe der Sieben“ (G-7) gehen zum Thema Geldwäsche wesentliche Impulse aus. Die G-7 ist ein Zusammenkommen der bedeutendsten Industrienationen der Welt und wurde 1975 als ein Forum gegründet, um über Finanz- und Währungsfragen zu sprechen.[56] Das Themenspektrum hat sich jedoch inzwischen deutlich erweitert. So spielen unter anderem Fragen der Gesundheits- und Bildungspolitik, der Umwelt und der Strafverfolgung sowie Terrorismus eine zunehmende Rolle. Russland trat 1998 der G-7 bei, wodurch sie zur G-8 wurde. Allerdings führte das Verhalten Russlands im Zusammenhang mit der Ukraine am 25. März 2014 wieder zu einem Ausschluss.[57] Zwar handelt es sich bei der G-7 nur um ein informelles Abstimmungsforum, allerdings führen ihre Beschlüsse regelmäßig zu einer „politischen Bindungswirkung“.[58]

Die G-7 sahen die UN-Konvention vom Dezember 1988 („Wiener Drogenkonvention“) zur Umsetzung der Geldwäschebekämpfung nicht als ausreichend an.[59] Daher einigte man sich auf dem Weltwirtschaftsgipfel im Juli 1989 in Paris, die Aktionsgruppe „Financial Action Task Force on Money Laundering“ (FATF) zu gründen.[60] Die Motive der Initiatoren waren unterschiedlich. Während das Ziel der USA besonders die Bekämpfung des Drogenhandels war, wollte Frankreich aufgrund seiner zu dem Zeitpunkt bestehenden hohen Steuern die Offshore-Finanzplätze kontrollieren. England stand im Zwiespalt, auf der einen Seite außenpolitisch gegen das Organisierte Verbrechen aufzutreten, innenpolitisch aber die Selbstregulierung der Londoner City zu schützen. Deutschland wollte sich den Amerikanern anschließen.[61]

---

55 Abrufbar auf der Internetseite der BIZ http://www.bis.org/; siehe auch *Herzog/Achtelik* in Herzog, Geldwäschegesetz, Einl. Rn. 75.

56 Es handelt sich dabei um die Länder Deutschland, Frankreich, Italien, Japan, Kanada, das Vereinigte Königreich und die Vereinigten Staaten. Die Europäische Kommission hat einen Beobachterstatus.

57 Siehe näher: Spiegel Online, „Putin muss draußen bleiben“ vom 25.03.2014, abrufbar unter: http://www.spiegel.de/politik/ausland/krim-krise-g7-staaten-schliessen-russland-dauerhaft-aus-a-960541.html (zuletzt abgerufen am 17.09.2023).

58 *Herzog/Achtelik* in Herzog, Geldwäschegesetz, Einl. Rn. 62.

59 Namentlich waren die USA, Großbritannien und Frankreich nicht überzeugt, siehe näher *Pieth* in Herzog/Mülhausen, Geldwäschebekämpfung und Gewinnabschöpfung, § 4 Rn. 8.

60 *Allgayer* in Ellenberger/Bunte, Bankrechts-Handbuch, § 11 Rn. 17.

61 Siehe näher *Pieth* in Herzog/Mülhausen, Geldwäschebekämpfung und Gewinnabschöpfung, § 4 Rn. 9.

d) Financial Action Task Force on Money Laundering (FATF)

Die „Financial Action Task Force on Money Laundering“ (FATF) stellt inzwischen den internationalen Standard zur Bekämpfung der Geldwäsche und der Terrorismusfinanzierung dar. Die Organisation hat daher eine wesentliche Bedeutung und die Vorgaben beeinflussen auch die deutschen Geldwäscheregeln.

Angegliedert ist die FATF bei der Organisation für wirtschaftliche Zusammenarbeit und Entwicklung („Organisation for Economic Co-operation and Development“ – OECD), allerdings ohne organisatorisch ein Teil der OECD zu sein.[62] Am Anfang gehörten zu den Mitgliedern der Gruppe lediglich die G-7-Staaten sowie weitere acht Industrieländer und die Europäische Kommission. Da der Erfolg der Initiative abhängig von der Teilnahme vieler Länder war, versuchte man frühzeitig weitere Mitglieder zu gewinnen. Schon bis 1992 stieg die Anzahl der Mitgliedstaaten und Organisationen von 16 auf 28 an. Gegenwärtig umfasst die FATF 36 Mitglieder, dazu gehören 34 Mitgliedsstaaten sowie zwei internationale Organisationen.[63] Zudem gibt es acht FATF-artige regionale Institutionen, welche den Status von assoziierten Mitgliedern haben (z. B. Asia/Pacific Group on Money Laundering – APG, Caribbean Financial Action Task Force – CFATF). Insgesamt ist die FATF daher weltweit in über 180 Jurisdiktionen verbreitet.[64]

(1) FATF-Empfehlungen

Die wesentliche Arbeitsgrundlage der FATF sind die sogenannten „FATF-Empfehlungen“ („FATF Recommendations“), welche einen internationalen Mindeststandard an die Bekämpfung von Geldwäsche und Terrorismusfinanzierung vorgeben. Ursprünglich wurden 40 FATF-Empfehlungen zur

62 *Herzog/Achtelik* in Herzog, Geldwäschegesetz, Einl. Rn. 63.

63 Mitglieder der FATF (Stand: Juli 2023): Argentinien, Australien, Belgien, Brasilien, China, Dänemark, Deutschland, Europäische Kommission, Finnland, Frankreich, Golf-Kooperationsrat, Großbritannien, Griechenland, Hong Kong, Indien, Irland, Island, Italien, Japan, Kanada, Luxemburg, Mexiko, Malaysia, Neuseeland, Niederlande, Norwegen, Österreich, Portugal, Republik Korea, Schweden, Schweiz, Singapur, Spanien, Südafrika, Türkei, Vereinigte Staaten. Die zwei internationalen Organisationen sind die Europäische Kommission und der Kooperationsrat der Golfstaaten. Russland wurde am 24.02.2023 als Mitglied der FATF suspendiert; siehe Internetseite der FATF: https://www.fatf-gafi.org.

64 Weitere assoziierte Mitglieder: Eurasian Group on combating money laundering and financing of terrorism (EAG), Eastern and Southern Africa Anti-Money Laundering Group (ESAAMLG), Council of Europe Committee of Experts on the Evaluation of Anti-Money Laundering Measures and the Financing of Terrorism (MONEYVAL), Financial Action Task Force on Money Laundering in South America (GAFISUD), Inter Governmental Action Group against Money Laundering in West Africa (GIABA), Middle East and North Africa Financial Action Task Force (MENAFATF).

Bekämpfung der Geldwäsche im Jahr 1990 verabschiedet. Im Jahr 1996 wurden diese das erste Mal aktualisiert und in den Jahren 2001 und 2003 fanden weitere Anpassungen statt. Nach dem Terroranschlag vom 11. September 2001 fügte man 9 Sonderempfehlungen zur Bekämpfung der Terrorismusfinanzierung hinzu.[65] Die 40+9 Empfehlungen wurden zuletzt im Februar 2012 insgesamt überarbeitet, wobei der Teil zur Bekämpfung der Terrorismusfinanzierung in die 40 FATF-Empfehlungen integriert wurde.[66] Dabei sehen die FATF-Empfehlungen auch konkrete Vorgaben zu der Verdachtsmeldung vor. In der 20. Empfehlung der FATF heißt es:

> *„Wenn ein Finanzinstitut den Verdacht oder berechtigten Grund zu der Annahme hat, dass Gelder aus einem Erlös aus einer kriminellen Tätigkeit sind oder im Zusammenhang mit Terrorismusfinanzierung stehen, sollte es gesetzlich verpflichtet sein, seinen Verdacht unverzüglich der zentralen Meldestelle (FIU) zu melden."*[67]

(2) Verbindlichkeit der FATF-Empfehlungen

Bei der Betrachtung der FATF-Empfehlungen stellt sich die Frage, ob diese einen verbindlichen Charakter haben. Zunächst kann festgestellt werden, dass die FATF-Empfehlungen weder für die Mitgliedsstaaten noch für die Kreditinstitute rechtlich unmittelbar verbindlich sind. Sie wurden nicht als ein Staatsvertrag ausgestaltet und es handelt sich auch sonst nicht um ein übliches Unterzeichnungs- und Ratifikationsverfahren des internationalen Rechts.[68] Vielmehr weisen sie einen schlicht empfehlenden Charakter auf und sind daher als „soft law" einzuordnen.[69]

---

65 Alle abrufbar auf der Internetseite der FATF http://www.fatf-gafi.org/. Siehe weiter auch die BaFin Internetseite zur Beschreibung der Financial Action Task Force on Money Laundering (FATF), http://www.bafin.de/DE/Internationales/GlobaleZusammenarbeit/FATF/fatf_artikel.html (zuletzt abgerufen am 17.09.2023).

66 Die aktuellen FATF Empfehlungen vom Februar 2023 sind auf der Internetseite der FATF unter https://www.fatf-gafi.org/en/publications/Fatfrecommendations/Fatf-recommendations.html abrufbar (zuletzt abgerufen am 17.09.2023).

67 Siehe 20. FATF Empfehlung (Reporting of suspicious transactions) aus dem Englischen übersetzt: „If a financial institution suspects or has reasonable grounds to suspect that funds are the proceeds of a criminal activity, or are related to terrorist financing, it should be required, by law, to report promptly its suspicions to the financial intelligence unit (FIU)."

68 *Pieth* in Herzog/Mülhausen, Geldwäschebekämpfung und Gewinnabschöpfung, § 4 Rn. 13; *Paeffgen* in Kindhäuser/Neumann/Paeffgen/Saliger, Strafgesetzbuch, § 89c Rn. 5a; *Frey/Pelz* in BeckOK GwG, Frey/Pelz, Einf. Rn. 7.

69 *Ohler* in Möllers/Vosskuhle/Christina Walter, Internationales Verwaltungsrecht, S. 263; *Pieth* in Herzog/Mülhausen, Geldwäschebekämpfung und Gewinnabschöpfung, § 4 Rn. 13; Höche, WM 2005, 8; Herzog/Hoch, WM 2007, 1997; Rößler, WM 2015, 1406, 1407; *Wende* in Zentes/Glaab, GwG, Einl. Rn. 11; Quedenfeld, Handbuch Bekämpfung

Allerdings wird auf der europäischen Ebene im Erwägungsgrund 4 der Vierten EU-Geldwäscherichtlinie (Richtlinie (EU) 2015/849) bestimmt, dass die FATF-Empfehlungen als Mindeststandard beachtet werden müssen.[70] Im Rahmen einer europarechtskonformen Auslegung sollten daher die FATF-Empfehlungen auch für das deutsche Geldwäschegesetz berücksichtigt werden. Sie sind somit zumindest mittelbar zu beachten.[71] In der Fünften EU-Geldwäscherichtline (Richtlinie (EU) 2018/843) wurde der Erwägungsgrund geändert. Es finden sich aber noch Hinweise, dass den Empfehlungen der FATF bei der Umsetzung der Geldwäscheregeln entsprochen werden sollte.[72]

Bemerkenswert ist aber die faktische Durchsetzungskraft der FATF-Empfehlungen, welche sich auf einen ausgefeilten Überprüfungsmechanismus der FATF zurückführen lässt. Denn die Mitgliedsländer müssen zum einen eine jährliche Selbstevaluation („self-evaluation procedure“) anhand eines

---

der Geldwäsche und Wirtschaftskriminalität, Rn. 19. Das „soft law“ ist eine Erscheinungsform, welche vornehmlich im internationalen Kontext vorkommt und bei dem die Vorgaben weder rechtlich verbindlich sind noch Verstöße rechtlich sanktioniert werden. Siehe näher hierzu *Hoffmann-Riem* in Hoffmann-Riem/Schmidt-Aßmann/Voßkuhle, Grundlagen des Verwaltungsrechts Bd. I, § 10 Rn. 12.

70 Der konkrete Wortlaut ist: „Geldwäsche und Terrorismusfinanzierung finden häufig in internationalem Kontext statt. Maßnahmen, die nur auf nationaler oder selbst auf Unionsebene erlassen würden, ohne grenzübergreifende Koordinierung und Zusammenarbeit einzubeziehen, hätten nur sehr begrenzte Wirkung. Aus diesem Grund sollten die von der Union auf diesem Gebiet erlassenen Maßnahmen mit den im Rahmen der internationalen Gremien ergriffenen Maßnahmen vereinbar und mindestens so streng sein wie diese. Insbesondere sollten sie auch weiterhin den Empfehlungen der FATF und den Instrumenten anderer internationaler Gremien, die im Kampf gegen Geldwäsche und Terrorismusfinanzierung aktiv sind, Rechnung tragen.“.

71 Ausführlich zu europäischen Richtlinien und deren Wirkung *Schroeder* in Streinz, EUV/AEUV, Art. 288 Rn. 66 ff. sowie näher Europäische Vorgaben bei der Auslegung des Geldwäschegesetzes, S. 30.

72 Siehe z. B. im Erwägungsgrund 12 der Fünften EU-Geldwäscherichtlinie im Zusammenhang mit Hochrisikostaaten oder im Erwägungsgrund 18 der Fünften EU-Geldwäscherichtlinie in Bezug auf die zentrale Meldestelle. Im Erwägungsgrund 13 der Fünften EU-Geldwäscherichtlinie wird allerdings auch bestimmt, dass ein Gesamtkonzept von der Union festgelegt wird. Es heißt weiter: „Um die ordnungsgemäße Umsetzung der von der Union festgelegten Anforderungen in nationale Systeme zur Bekämpfung der Geldwäsche und der Terrorismusfinanzierung sowie die wirksame Anwendung dieser Vorschriften und die Eignung dieser Systeme für die Schaffung eines wirksamen präventiven Rahmens in diesem Bereich zu überwachen, sollte die Kommission ihre Bewertung auf die nationalen Systeme zur Bekämpfung der Geldwäsche und der Terrorismusfinanzierung stützen; dies sollte unbeschadet der Bewertungen geschehen, die von internationalen Organisationen und Einrichtungen für die Festlegung von Standards mit Kompetenzen im Bereich der Verhinderung von Geldwäsche und der Bekämpfung der Terrorismusfinanzierung (FATF, Expertenausschuss des Europarates für die Bewertung von Maßnahmen gegen Geldwäsche usw.) durchgeführt werden.“

detaillierten Bewertungsfragebogens durchführen. Zum anderen wird in regelmäßigen Abständen eine Vor-Ort-Prüfung durch Experten vorgenommen („mutual evaluation procedure").[73]

Die Bundesrepublik Deutschland wurde demnach im Jahr 2009/2010 im Rahmen einer Vor-Ort-Prüfung geprüft. Dabei stellten die Experten der FATF teilweise erhebliche Mängel bei der Umsetzung der FATF-Empfehlungen fest und hielten sie in einem 386 seitigen Bericht fest („FATF-Deutschlandbericht 2009/2010").[74] Der deutsche Gesetzgeber sah sich gezwungen zu handeln und hat in der Folge das Gesetz zur Umsetzung der Zweiten E-Geld-Richtlinie sowie das Gesetz zur Optimierung der Geldwäscheprävention verabschiedet.[75] Denn folgt ein Land nicht den Empfehlungen der FATF, so droht es als ein Hochrisikostaat oder als ein nicht-kooperativer Staat („High-risk and non-cooperative jurisdictions") eingeordnet zu werden. Die anderen Mitgliedsländer der FATF werden durch regelmäßige Stellungnahmen („Public Statement") dazu aufgerufen, bei dem Kontakt mit diesen Ländern, Unternehmen und Personen aus diesen Ländern hohe Sorgfaltspflichten zu beachten.[76] Aufgrund des umfangreichen FATF-Mitgliederkreises mit den wichtigsten Industrienationen der Welt besteht ein erheblicher Druck, nicht auf einer solchen „Schwarzen oder grauen Liste" („Black and grey lists") zu erscheinen.[77]

Damit erweisen sich die Überprüfungsmechanismen der FATF als sehr effektiv und sind deutlich erfolgreicher als man dies aus dem Umwelt- oder Sozialbereich kennt.[78] In der Literatur stoßen die Prüfungen der FATF auf Kritik, wobei vorgetragen wird, dass die wissenschaftliche Aufarbeitung dieser Berichte unzureichend ist, es an technischen Aspekten der Rechtsvergleichung fehlt und insbesondere politische Fragestellungen im Vordergrund

---

73 *Pieth* in Herzog/Mülhausen, Geldwäschebekämpfung und Gewinnabschöpfung, § 5 Rn. 2; *Allgayer* in Ellenberger/Bunte, Bankrechts-Handbuch, § 11 Rn. 21; *Frey/Pelz* in BeckOK GwG, Frey/Pelz, Einf. Rn. 7. Siehe für einen Überblick den Kalender der FATF zu den Überprüfungen der Länder, abrufbar auf der Internetseite der FATF https://www.fatf-gafi.org/en/calendars/assessments.html (zuletzt abgerufen am 17.09.2023).

74 FATF Mutual Evaluation Report (Germany) Anti-Money Laundering and Combating the Financing of Terrorism vom 19.2.2010, abrufbar auf der Internetseite der FATF www.fatf-gafi.org (zuletzt abgerufen am 17.09.2023).

75 Vgl. BT-Drs. 17/3023, S. 1; BT-Drs. 17/6804, S. 1.

76 Siehe Anlage 2 Nr. 3 lit. a GwG. Daneben veröffentlicht die FATF eine Liste mit Ländern, die Defizite im Hinblick auf wesentliche FATF-Empfehlungen aufweisen und unter Beobachtung stehen („Improving Global AML/CFT Compliance: On-going Process").

77 Siehe zu den aktuellen Ländern auf der grauen und schwarzen Liste auf der Internetseite der FATF, www.fatf-gafi.org (zuletzt abgerufen am 17.09.2023).

78 *Pieth* in Herzog/Mülhausen, Geldwäschebekämpfung und Gewinnabschöpfung, § 4 Rn. 13.

stehen.[79] Zudem wird kritisiert, dass die FATF-Empfehlungen aufgrund der unzureichenden demokratischen Legitimation grundsätzliche verfassungsrechtliche Fragen aufwerfen.[80]

(3) Weitere Veröffentlichungen der FATF

Neben den FATF-Empfehlungen und den Evaluationsberichten veröffentlicht die FATF auch zahlreiche weitere Hinweise zu unterschiedlichen Themenbereichen, z.B. den „Leitfaden zum risikobasierten Ansatz zur Bekämpfung von Geldwäsche und Terrorismusfinanzierung" vom Juni 2007, die auf ihrer Internetseite abrufbar sind.[81] Dabei erscheinen alle Veröffentlichungen der FATF regelmäßig in Englisch oder Französisch. Nur selten lassen sich bisher offizielle deutsche Übersetzungen finden.[82]

e) Financial Intelligence Unit (FIU)

Besonders hervorzuheben nach den FATF-Empfehlungen ist die Notwendigkeit der Einrichtung einer sogenannten „zentralen Meldestelle" in jedem Mitgliedsstaat.[83] In Deutschland wurden die Vorgaben im §27 GwG umgesetzt, wobei die Behörde mit der amtlichen Bezeichnung „Zentralstelle für Finanztransaktionsuntersuchungen" benannt wird. Auf internationaler Ebene ist auch die Bezeichnung „Financial Intelligence Unit" (FIU) gebräuchlich. Die FIU soll nach §27 Abs.2 GwG organisatorisch eigenständig sein und arbeitet im Rahmen ihrer Aufgaben und Befugnisse fachlich unabhängig. Die Aufgaben der FIU bestehen in der Erhebung und Analyse von Informationen im Zusammenhang mit Geldwäsche oder Terrorismusfinanzierung und der Weitergabe dieser Informationen an die zuständigen inländischen öffentlichen Stellen zum Zwecke der Aufklärung, Verhinderung oder Verfolgung relevanter Straftaten.[84] Sie ist insbesondere die zuständige Empfangsbehörde der Verdachtsmeldungen nach §43 Abs. 1 GwG.

---

79 *Pieth* in Herzog/Mülhausen, Geldwäschebekämpfung und Gewinnabschöpfung, §5 Rn.2; Bülte, NZWiSt 2017, 276, 285f.

80 *Wende* in Zentes/Glaab, GwG, Einl. Rn.11f.; Siehe näher zu den verfassungsrechtlichen Fragen *Ohler* in Möllers/Vosskuhle/Christina Walter, Internationales Verwaltungsrecht, S.269ff.

81 Siehe weiter auf der Internetseite der FATF www.fatf-gafi.org.

82 Die BaFin hat den FATF-Leitfaden zum risikoorientierten Ansatz zur Bekämpfung von Geldwäsche und Terrorismusfinanzierung vom 18.6.2007 auf ihrer Internetseite mit einer deutschen Übersetzung zur Verfügung gestellt; abrufbar unter https://www.bafin.de/SharedDocs/Downloads/DE/Leitfaden/lf_fatf_leitfaden_risikoorientierter_ansatz.html (zuletzt abgerufen am 17.09.2023).

83 Die Vorgaben sind in der 29. FATF-Empfehlung sowie im Art.32 der Vierten EU-Geldwäscherichtlinie festgelegt.

84 §28 Abs.1 Satz 1 GwG.

f) Egmont-Gruppe

Zu den Aufgaben der FIU gehört nach § 28 Abs. 1 Nr. 12 GwG auch die Teilnahme an Treffen internationaler Arbeitsgruppen.[85] Hierbei ist die Egmont-Gruppe herauszuheben, die einen internationalen Zusammenschluss aller FIUs der einzelnen Mitgliedstaaten darstellt.[86] Ihren Namen erhielt die Gruppe nach dem Ort des Zusammenschlusses, dem Egmont-Arenberg Palast in Brüssel, wo man sich zum ersten Mal am 9. Juli 1995 traf.[87] Die Empfehlungen der Egmont-Gruppe haben einen maßgeblichen Einfluss auf die Vorgaben und Beschlüsse der FATF. Im Jahr 2013 zählte die Gruppe 139 Mitglieder. Deutschland trat bereits im Juli 2003 der Egmont-Gruppe bei.[88]

2. Europäische Regelungen

Die internationalen Vorgaben der Geldwäschebekämpfung der FATF wurden auf der Ebene der Europäischen Union insbesondere in Richtlinien umgesetzt.[89] Die Richtlinien wenden sich nach Art. 288 Abs. 3 AEUV an die Mitgliedstaaten und sind für die Kreditinstitute nicht unmittelbar verbindlich. Im Folgenden soll ein Überblick der europäischen Richtlinien gegeben werden und insbesondere wesentliche Änderungen für Kreditinstitute und der Verdachtsmeldung hervorgehoben werden.

---

85 *Zentes* in Zentes/Glaab, GwG, § 28 Rn. 38.

86 Die Länder haben das „Egmont Group Statement of Purpose" (Zweckerklärung der Egmont-Gruppe) und deren „Principles for Information Exchange Between Financial Intelligence Units for Money Laundering Cases" (Prinzipien für den Informationsaustausch zwischen Finanzermittlungsgruppen für Geldwäschefälle) zu berücksichtigen. Siehe FATF Empfehlungen vom Februar 2012, Interpretationshilfe (interpretive note) 29, Tz. 13.

87 *Allgayer* in Ellenberger/Bunte, Bankrechts-Handbuch, § 11 Rn. 22.

88 *Allgayer* in Ellenberger/Bunte, Bankrechts-Handbuch, § 11 Rn. 22.

89 Neben den Richtlinien wurden auch europäischen Verordnungen im Bereich der Geldwäsche erlassen. Siehe z. B. Verordnung (EU) 2015/847 des europäischen Parlaments und des Rates vom 20. Mai 2015 über die Übermittlung von Angaben bei Geldtransfers und zur Aufhebung der Verordnung (EU) Nr. 1781/2006. Die Verordnung haben nach Art. 288 Abs. 2 AEUV allgemeine Geltung und gelten unmittelbar in jedem Mitgliedstaat. Zukünftig soll ein neues „AML-Paket" auf der europäischen Ebene umgesetzt werden. Dabei dann soll dann ein Sechste EU-Geldwäscherichtlinie nur noch wenige Regelungsbereiche umfassen (siehe Vorschlag der Europäischen Kommission vom 20.07.2021, COM(2021) 423 final) und wesentliche Regelungen von einer europaweiten Verordnung umgesetzt werden (siehe Vorschlag der Europäischen Kommission vom 20.07.2021, COM(2021) 420 final).

a) Erste Geldwäscherichtlinie

Im Januar 1991 wurde die Richtlinie 91/308/EWG des Rates der Europäischen Gemeinschaft zur Verhinderung der Nutzung des Finanzsystems zum Zwecke der Geldwäsche („Erste Geldwäscherichtlinie“)[90] verabschiedet. Ziel war es, insbesondere das Waschen von Einnahmen aus dem Rauschgifthandel zu verhindern und zu bekämpfen. Die Kredit- und Finanzinstitute standen dabei besonders im Fokus der Regelungen und sollten umfangreiche Aufgaben übernehmen. Im Art. 6 der Richtlinie 91/308/EWG wurde bereits die Verdachtsmeldung verankert, wonach Kredit- und Finanzinstitute die Behörden bei Indizien auf Geldwäsche unterrichten sollen.[91]

b) Zweite Geldwäscherichtlinie

Nach 10 Jahren folgte im Dezember 2001 eine Aktualisierung der Ersten Geldwäscherichtlinie durch die Richtlinie 2001/97/EG zur Änderung der Richtlinie 91/308/EWG des Rates zur Verhinderung der Nutzung des Finanzsystems zum Zwecke der Geldwäsche („Zweite Geldwäscherichtlinie“).[92] Ziel war es, die Schwachpunkte der ersten Richtlinie zu beseitigen sowie weitere Ergänzungen vorzunehmen. Es wurde insbesondere der Kreis der Verpflichteten vergrößert. Nunmehr sollten nicht nur Finanzinstitute, sondern auch Angehörige freier Berufe (u. a. rechtsberatende Berufe, Steuer- und Wirtschaftsberater) eine Verdachtsmeldung erstatten.[93]

c) Dritte EG-Geldwäscherichtlinie

Im Oktober 2005 wurde sodann die Richtlinie 2005/60/EG des Europäischen Parlaments und des Rates zur Verhinderung der Nutzung des Finanzsystems zum Zwecke der Geldwäsche und der Terrorismusfinanzierung („Dritte EG-Geldwäscherichtlinie“)[94] beschlossen.[95] Hierbei handelt es sich um eine vollständig neu gefasste Richtlinie. Dabei wurden zum einen die Änderungen der FATF-Empfehlungen von 2003 umgesetzt, zum anderen sind durch die Anschläge vom 11. September 2001 Maßnahmen für die Bekämpfung der Terrorismusfinanzierung eingearbeitet worden. Für den Bereich der Meldepflichten sah die Dritte EG-Geldwäscherichtlinie ein

---

90 Richtlinie 91/308/EWG, abgedruckt in ABl. 1991, L 166, S. 77.

91 *Wende* in Zentes/Glaab, GwG, Einl. Rn. 14 ff.

92 Richtlinie 2001/97/EG, abgedruckt in ABl. EG 2001, L 344, S. 76.

93 Vgl. Erwägungsgründe 13 bis 20; Art. 2a Richtlinie 2001/97/EG.

94 Richtlinie 2005/60/EG, abgedruckt in ABl. EG L 214, S. 29 ff.

95 Ausführlich zu der Umsetzung der Dritten EG-Geldwäscherichtlinie siehe: Ackmann/Reder, WM 2009, 158 ff und WM 2009, 200 ff.

eigenes Kapitel III „Meldepflichten“ vor.[96] Eine der weiteren wichtigsten Erneuerungen bestand im Paradigmenwechsel von einem regelbasierten Ansatz („Rule-Based Approach”) zu einem risikobasierten Ansatz („Risk-Based Approach”).[97] Mit dem risikobasierten Ansatz soll das tatsächlich bestehende Risiko (z. B. Kundenrisiko, Länderrisiko, Produktrisiko) in einem Institut ermittelt und mit gezielten angemessenen Maßnahmen dagegen vorgegangen werden.[98]

d) Vierte EU-Geldwäscherichtlinie

Mit der Richtlinie EU 2015/849 vom Mai 2015 („Vierte EU-Geldwäscherichtlinie“) wurden im Wesentlichen die neuen FATF-Empfehlungen von 2012 angepasst.[99] Der Bereich der „Meldepflichten“ ist nunmehr im Kapitel IV festgelegt. Im Artikel 33 der Vierten EU-Geldwäscherichtlinie wird die Meldepflicht für die Verpflichteten vorgeschrieben.[100] Daneben wurden aber auch typische europäische Probleme geregelt, wie beispielsweise das Verhältnis zwischen dem Heimatstaat und Gaststaat bei der grenzüberschreitenden Erbringung von Dienstleistungen innerhalb der EU. Für die Kreditinstitute sieht die Richtlinie neben der Erweiterung des risikobasierten Ansatzes eine deutliche Verschärfung der Sanktionen vor. Der europäische Gesetzgeber macht konkrete Vorgaben, wonach den Kreditinstituten zukünftig maximale Geldbußen von mindestens 5 Mio. EUR oder 10 % des jährlichen Gesamtumsatzes als mögliche Sanktionen drohen.[101] Weiterhin sollen verwaltungsrechtliche Sanktionen oder Maßnahmen wegen der Ver-

96 Siehe Kapitel III (Meldepflichten), Art. 20–29 der Richtlinie Dritten EG-Geldwäscherichtlinie. Art. 22 der Dritten EG-Geldwäscherichtlinie bestimmt: „Die Mitgliedstaaten schreiben vor, dass die dieser Richtlinie unterliegenden Institute und Personen sowie gegebenen falls deren leitendes Personal und deren Angestellte in vollem Umfang zusammenarbeiten, indem sie a) die zentrale Meldestelle von sich aus umgehend informieren, wenn sie wissen, den Verdacht oder berechtigten Grund zu der Annahme haben, dass eine Geldwäsche oder Terrorismusfinanzierung begangen oder zu begehen versucht wurde oder wird“.

97 Sotiriadis/Heimerdinger, BKR 2009, 234.

98 *Allgayer* in Ellenberger/Bunte, Bankrechts-Handbuch, § 11 Rn. 31.

99 Erwägungsgrund 4 Sätze 4 und 5 der Vierten EU-Geldwäscherichtlinie.

100 Ähnlich wie schon in der Dritten EG-Geldwäscherichtlinie heißt es im Artikel 33 Abs. 1: „Die Mitgliedstaaten schreiben den Verpflichteten und gegebenenfalls deren leitendem Personal und deren Angestellten vor, in vollem Umfang zusammenzuarbeiten, indem sie umgehend a) die zentrale Meldestelle von sich aus unter anderem mittels einer Meldung umgehend informieren, wenn der Verpflichtete Kenntnis davon erhält oder den Verdacht oder berechtigten Grund zu der Annahme hat, dass Gelder unabhängig vom betreffenden Betrag aus kriminellen Tätigkeiten stammen oder mit Terrorismusfinanzierung in Verbindung stehen, und etwaigen Aufforderungen der zentralen Meldestelle zur Übermittlung zusätzlicher Auskünfte umgehend Folge leisten“.

101 Art. 59 der Vierten EU-Geldwäscherichtlinie.

stoße gegen die Vorschriften des Geldwäschegesetzes von den zuständigen Behörden auf ihrer offiziellen Website veröffentlicht werden.[102]

e) Fünfte EU-Geldwäscherichtlinie

Aufgrund der weiteren Terroranschläge in Europa sowie der offensichtlichen Mängel im internationalen Finanzsystem hat die Europäische Kommission noch während der laufenden Umsetzungsfrist der Vierten EU-Geldwäscherichtlinie im Juni 2016 einen Vorschlag zur Änderung der Vierten EU-Geldwäscherichtlinie veröffentlicht. Dabei stellte man insbesondere im Zusammenhang mit der Bekämpfung der Terrorismusfinanzierung Probleme in Bezug auf unzureichende Überwachung virtueller Währungen, fehlender oder verzögerter Zugänge er zentralen Meldestellen zu Informationen über die Identität von Inhabern von Bank- und Zahlungskonten fest.[103] Am 30. Mai 2018 wurde die Richtlinie (EU) 2018/843 („Fünfte EU-Geldwäscherichtlinie") zur Änderung der Richtlinie (EU) 2015/849 zur Verhinderung der Nutzung des Finanzsystems zum Zwecke der Geldwäsche und der Terrorismusfinanzierung und zur Änderung der Richtlinien 2009/138/EG und 2013/36/EU verabschiedet.

f) Das neue EU-Geldwäschepaket

Inzwischen besteht ein Entwurf eines neuen EU-Geldwäschepaketes. Nach der Europäischen Kommission sollen die Regelungen im Bereich der Geldwäscheprävention in Europa harmonisiert werden. Daher soll es zukünftig eine europäische Geldwäscheverordnung geben, die nach Art. 288 Abs. 2 AEUV in allen ihren Teilen verbindlich ist sowie unmittelbar in jedem Mitgliedstaat gilt.[104] Nach dem gegenwärtigen Entwurf sollen darin umfassende Regelungen getroffen werden, die bisher aufgrund der EU-Richtlinien im Geldwäschegesetz festgelegt sind. Dennoch soll es weiterhin eine EU-Geldwäscherichtlinie geben („Sechste EU-Geldwäscherichtlinie"), die aber nach dem gegenwärtigen Entwurf nur noch wenige Bereiche regeln soll (z. B.

---

102 Art. 60 der Vierten EU-Geldwäscherichtlinie.

103 Vgl. Europäische Kommission, Vorschlag für eine Richtlinie des Europäischen Parlaments und des Rates zur Änderung der Richtlinie (EU) 2015/849 zur Verhinderung der Nutzung des Finanzsystems zum Zwecke der Geldwäsche und der Terrorismusfinanzierung und zur Änderung der Richtlinie 2009/101/EG vom 05.07.2016, COM (2016) 450 final, 2016/0208 (COD).

104 Siehe dazu den Vorschlag der Europäischen Kommission für eine Verordnung des Europäischen Parlaments und des Rates zur Verhinderung der Nutzung des Finanzsystems für Zwecke der Geldwäsche oder der Terrorismusfinanzierung vom 20.07.2021, COM (2021) 420 final.

Zuständigkeiten und Einrichtungen der nationalen Transparenzregister).[105] Weiterhin soll auf der europäischen Ebene eine neue Behörde, die sogenannte „EU-Anti-Money Laundering Authority" (AMLA), geschaffen werden.[106]

IV. Geldwäscheregelungen in Deutschland

Die internationalen und europäischen Vorgaben wurden wiederum auf der nationalen Ebene umgesetzt. Dabei teilen sich die Geldwäscheregelungen in den Straftatbestand der Geldwäsche im Strafgesetzbuch (StGB) und in das Geldwäschegesetz (GwG) auf.[107] Beide Regelungsbereiche hängen eng miteinander zusammen. Im Strafrecht wird im § 261 StGB bestimmt, was unter Geldwäsche zu verstehen ist. Das Geldwäschegesetz verweist wiederum auf diese strafrechtliche Definition.[108] Im Geldwäschegesetz findet sich im § 43 GwG die Pflicht zur Verdachtsmeldung bei Geldwäsche und Terrorismusfinanzierung.

1. Strafrechtliche Regelung (§ 261 StGB)

Die strafrechtliche Regelung der Geldwäsche nach § 261 StGB wurde durch das „Gesetz zur Bekämpfung des illegalen Rauschgifthandels und andere Erscheinungsformen der organisierten Kriminalität (OrgKG)" vom 15. Juni 1992 in die deutsche Strafrechtsordnung aufgenommen.[109]

Seit der Einführung war der Straftatbestand allerdings vielerlei Kritik ausgesetzt. Schon bei formaler Betrachtung des § 261 StGB in der Fassung vor

---

105 Siehe dazu den Vorschlag der Europäischen Kommission für eine Richtlinie des Europäischen Parlaments und des Rates über die von den Mitgliedstaaten einzurichtenden Mechanismen zur Verhinderung der Nutzung des Finanzsystems zum Zwecke der Geldwäsche und der Terrorismusfinanzierung und zur Aufhebung der Richtlinie (EU) 2015/849 vom 20.07.2023, COM(2021) 423 final sowie zum weiteren Überblick Brian, GWuR 2023, 11 ff.; 57 ff.; Link, NZG 2022, 893.

106 Siehe dazu den Vorschlag der Europäischen Kommission für eine Verordnung des Europäischen Parlaments und des Rates zur Errichtung der Behörde zur Bekämpfung der Geldwäsche und Terrorismusfinanzierung und zur Änderung der VO (EU) 1093/2010, (EU) 1094/2010 und (EU) 1095/2010 vp, 20.07.2023, COM (2021) 421 final sowie im Überblick, Höche, WM 2022, 2005.

107 Diese Zweiteilung hat ihren Ursprung schon seit dem ersten Umsetzungsgesetz der Ersten EG-Geldwäscherichtlinie, wodurch der Straftatbestand § 261 StGB durch das „Gesetz zur Bekämpfung des illegalen Rauschgifthandels und andere Erscheinungsformen der organisierten Kriminalität (OrgKG)" vom 15.06.1992 (BGBl. I, S. 1302) und das Geldwäschegesetz (GwG) vom 29.11.1993 (BGBl. I, S. 1770) eingeführt wurde.

108 Siehe § 1 Abs. 1 GwG.

109 BGBl.1992 I, S. 1302.

der Reform im Jahr 2021 fällt die Länge des Paragrafen und die komplizierte Systematik mit vielen Verweisen auf andere Tatbestände auf. Der Straftatbestand wird von Teilen der Literatur als die „umfangreichste Norm“ des Strafrechts bezeichnet.[110] Auch der BGH macht darauf aufmerksam, dass sich der Straftatbestand „an der Grenze der Verständlichkeit“ bewegt und daher eine restriktive Auslegung der Tatbestandsmerkmale geboten ist, um dem Bestimmtheitsgebot nach Art. 103 Abs. 2 GG zu genügen.[111] Der Paragraph zeichnet sich durch eine „Kombination von [...] Katalogtaten (mit teilweise zusätzlichen Erfordernissen) mit einer Vielfalt von Tathandlungen [aus], die nahezu jedweden Umgang mit dem deliktsbehafteten Gegenstand unter Strafe stellen“.[112] Nach dem Gesetzgeber soll die inländische staatliche Rechtspflege und das Ermittlungsinteresse geschützt werden.[113] In der Literatur wird vertreten, dass zudem das durch die Vortat verletzte Rechtsgut geschützt werden soll.[114] Andere Meinungen nehmen als Rechtsgut den Wirtschafts- und Finanzkreislauf[115] oder die innere Sicherheit[116] an. Die Rechtsprechung hält sich hingegen bedeckt. In einer Entscheidung des BGH wurde lediglich geäußert, dass der § 261 StGB einen eigenständigen Unrechtsgehalt hat,[117] ohne dies näher zu erläutern.[118] Das BVerfG hat die Rechtsgutsbestimmung als „vage“ bezeichnet.[119]

Mit der Reform des § 261 StGB im Rahmen der Umsetzung des Gesetzes zur Verbesserung der strafrechtlichen Bekämpfung der Geldwäsche im Jahr 2021 verfolgte der Gesetzgeber das Ziel die Praxistauglichkeit der Norm zu erhöhen und die „Geldwäsche stärker in den Fokus der Strafverfolgungsbehörden zu rücken, um eine noch intensivere Verfolgung zu ermöglichen“.[120] Dabei kam es zur Einführung des sogenannten „All-Crimes-Ansatz“. Danach wurde die abschließende Aufzählung von bestimmten Vortaten der Geldwäsche im § 261 Abs. 1 Satz 2 StGB a. F. aufgegeben. Nach dem neuen § 261 StGB sind alle „rechtswidrigen Taten“ mögliche Vortaten für eine

---

110 *Reichling* in Schork/Groß, Bankstrafrecht, § 9 Rn. 1190; Jahn/Ebner, JuS 2009, 597, 598 sprechen von "enfant terrible des StGB".

111 BGH NStZ 2009, 326.

112 BGH NStZ 2009, 326.

113 BT-Drs. 12/989, S. 27.

114 Hetzler, NJW 1993, 3298, 3299; *Kühl* in Lackner/Kühl, StGB, § 261 Rn. 1.

115 Findeisen, wistra 1997, 121. Kritisch was die Volkswirtschaft angeht: Hassemer, WM-Sonderbeilage 3/1995, 3, 14.

116 *Schmidt/Krause* in Leipziger Kommentar StGB, § 261 Rn. 4; Barton StV 1993, 156, 160. Siehe auch zum weiteren Überblick *Altenhain,* in Kindhäuser/Neumann/Paeffgen/Saliger, Strafgesetzbuch, § 261 Rn. 7.

117 BGHSt 43, 149, 152.

118 Fischer, StGB, § 261 Rn. 2.

119 BVerfGE 110, 226, 251.

120 BT-Drs. 19/24180, S. 20.

Geldwäsche. In der Literatur wird diese weitreichende Änderung kritisch aufgenommen.[121]

2. Geldwäschegesetz und die Entwicklungsgeschichte der Verdachtsmeldung nach § 43 GwG

Das Geldwäschegesetz wurde auf der Grundlage der Bestimmungen durch die Ersten Geldwäscherichtlinie am 29. November 1993 in die deutsche Rechtsordnung aufgenommen.[122] Nach dem Gesetz wurden ursprünglich nur die Kredit- und Finanzinstitute sowie die Deutsche Bundespost verpflichtet.[123] Erst später wurde der Kreis der Adressaten, die als „Verpflichtete" bezeichnet werden, auch auf weitere Teile des Finanzsektors sowie auf große Teile des Nichtfinanzsektors (z. B. Rechtsanwälte, Notare, Immobilienmakler, Güterhändler) ausgeweitet.[124] Die Verpflichteten müssen nach dem Geldwäschegesetz ein Risikomanagement[125] betreiben sowie sogenannte Kundensorgfaltspflichten (z. B. Angaben der Kunden feststellen und überprüfen)[126] durchführen. Sobald ein Verdacht der Geldwäsche oder Terrorismusfinanzierung besteht, muss eine Meldung an die FIU als zuständige Empfangsbehörde abgegeben werden.[127] Sollten die Anforderungen nicht ordnungsgemäß erfüllt werden, so sieht das Geldwäschegesetz hohe Sanktionen in Form von Bußgeldern sowie öffentlichen Bekanntmachungen vor.[128]

Im Folgenden soll konkret die Entwicklungen der Verdachtsmeldung nach § 43 GwG näher untersucht werden, die den Schwerpunkt der vorliegenden Arbeit stellt. Dabei lässt sich erkennen, dass der Anwendungsbereich der Verdachtsmeldung im Laufe der Zeit zunehmend erweitert wurde.

a) Ursprüngliche Fassung aus dem Jahr 1993

In der ursprünglichen Fassung waren lediglich Kredit- und Finanzinstitute, die Deutsche Bundespost sowie Spielbanken zur Abgabe einer Verdachtsmeldung (damals noch „Verdachtsanzeige") verpflichtet.[129] Die erste Fas-

---

121 Siehe dazu *El-Ghazi* in Herzog, Geldwäschegesetz, § 261 StGB Rn. 6 ff., 21 ff; Gazeas, NJW 2021, 1041 ff.; El-Ghazi/Laustetter NZWiSt 2021, 209, 214.

122 Gesetz über das Aufspüren von Gewinnen aus schweren Straftaten (Geldwäschegesetz – GwG) vom 25.10.1993 (BGBl. I, S. 1770).

123 Vgl. § 1 Abs. 1, 2 und 4 GwG a. F.

124 Der Kreis der Verpflichteten ergibt sich aus § 2 GwG.

125 Siehe §§ 4 GwG ff. Hierzu gehört eine Risikoanalyse (§ 5 GwG) und interne Sicherungsmaßnahmen (§§ 6 GwG ff.).

126 Siehe §§ 10 GwG ff.

127 Siehe § 43 GwG.

128 Siehe § 56 und § 57 GwG.

129 BT-Drs. 12/2704, S. 17.

sung im Geldwäschegesetz (§ 11 Abs. 1 Satz 1 a. F.) aus dem Jahr 1993 lautete:[130]

> *„Ein Institut oder eine Spielbank hat bei Feststellung von Tatsachen, die darauf schließen lassen, daß eine Finanztransaktion einer Geldwäsche nach § 261 des Strafgesetzbuches dient oder im Falle ihrer Durchführung dienen würde, diese unverzüglich mündlich, fernmündlich, fernschriftlich oder durch elektronische Datenübermittlung den zuständigen Strafverfolgungsbehörden anzuzeigen."*

Vom Gesetzgeber wird darauf aufmerksam gemacht, dass sich das Finanzsystem durch ein „hohes Maß an Liberalität und das Fehlen staatlicher Kontrollen bei der Abwicklung einzelner Geschäftsvorfälle aus[zeichnet]". Diese Umstände begünstigen jedoch die Geldwäscheaktivitäten, daher ist eine „aktive Mithilfe" der Kredit- und Finanzinstitute, der Deutschen Bundespost sowie der Spielbanken notwendig.[131] Eine Erweiterung auch auf andere Berufsgruppen, welche eine Verdachtsanzeige abgeben müssen, erfolgte im Jahre 2002 durch das Geldwäschebekämpfungsgesetz.[132] Mit dieser Gesetzesnovelle wurde zudem das Thema Terrorismusfinanzierung im Geldwäschegesetz verankert. Nunmehr müssen Institute auch eine Anzeige bei dem Verdacht auf Terrorismusfinanzierung abgeben.[133]

b) Änderungen durch das GwBekErgG aus dem Jahr 2008

Eine wesentliche Änderung für die Verdachtsmeldung erfolgte im Jahr 2008 durch das Geldwäschebekämpfungsergänzungsgesetz (GwBekErgG), welches die Vorgaben der Dritten EG-Geldwäscherichtlinie umsetzte.[134] Im Mittelpunkt stand die Ausweitung der Bekämpfung der Terrorismusfinanzierung auf die zur Geldwäschebekämpfung entwickelten Instrumente.[135] Daher wurde der Kreis der Verpflichteten erweitert, die eine Meldung bei einem Verdacht auf Terrorismusfinanzierung machen müssen. Bislang waren nur Institute zur Anzeige verpflichtet, während die anderen Verpflichteten im Geldwäschegesetz wie Anwälte, Notare, Wirtschaftsprüfer, Steuerberater, Immobilienmakler, Spielbanken und sonstige Gewerbetreibende zwar zur Anzeigenerstattung bei einem Geldwäscheverdacht, nicht aber bei einem Verdacht auf Terrorismusfinanzierung verpflichtet gewesen sind.[136]

---

130 BGBl. 1993 I, S. 1770.

131 BT-Drs. 12/2704, S. 17.

132 BGBl. 2002 I, S. 3105; siehe näher BT-Drs. 14/8739, S. 15.

133 BT-Drs. 14/8739, S. 15. Der Begriff des Institutes umfasste Kreditinstitute, Finanzdienstleistungsinstitute, Investmentaktiengesellschaften, Finanzunternehmen und Versicherungsunternehmen.

134 BGBl. 2008 I, S. 1690.

135 BR-Drs. 168/08, S. 1.

136 BR-Drs. 168/08, S. 96.

Des Weiteren wurde die Pflicht zur Abgabe einer Verdachtsanzeige auch in zeitlicher Hinsicht ausgedehnt. Während vormals nur aktuell angetragene konkrete Transaktionen gemeldet werden mussten, waren nunmehr auch Fälle erfasst, bei denen sich erst nachträglich ein Verdacht auf Geldwäsche oder Terrorismusfinanzierung herausstellt.[137] Besonders erheblich waren die Änderungen bei einem Verstoß gegen die Pflichten zur Verdachtsmeldung. Bislang wurde ein Verstoß gegen die Pflicht zur Verdachtsmeldung nicht sanktioniert. Das änderte sich mit dem GwBekErgG. Nunmehr stellt ein Verstoß gegen die Pflicht zur Verdachtsmeldung eine Ordnungswidrigkeit dar, welcher mit einer Geldbuße bestraft werden kann.[138]

c) Änderungen durch das GWPräOptG aus dem Jahr 2011

Kurz darauf wurde wieder eine Änderung im Wortlaut der Verdachtsmeldung durch das Gesetz zur Optimierung der Geldwäscheprävention (GWPräOptG) vorgenommen.[139] Die Neufassung war aufgrund der von der FATF festgestellten Defizite im Deutschlandprüfbericht vom 19. Februar 2010 notwendig geworden.[140] Die FATF monierte, dass in Deutschland die Höhe der Verdachtsschwelle von den Verpflichteten missverstanden wurde. Der Verpflichtete sollte nicht die rechtlichen Voraussetzungen einer Tat nach § 261 StGB prüfen, sondern einen Sachverhalt nach allgemeinen Erfahrungen und seinem beruflichen Erfahrungswissen beurteilen.[141] Der deutsche Gesetzgeber hat auf diese Monita der FATF reagiert und gestaltete den Wortlaut des § 11 Abs. 1 GwG a. F. um. Es wurden die Wörter von Verdachts- „Anzeige“ in „Meldung“ geändert, womit es nunmehr „Verdachtsmeldung“ und nicht mehr „Verdachtsanzeige“ heißen soll. Damit wollte der Gesetzgeber eine Verwechselung mit dem Begriff der Strafanzeige vermeiden.[142] Weiterhin wurden die Wörter „Feststellung“ in „Vorliegen von Tatsachen“ geändert.[143] Zudem wurde neben dem Tatbestandsmerkmal Transaktion die „Geschäftsbeziehung“ mit in den Tatbestand aufgenommen und eine zusätzliche Meldepflicht für Fälle im Zusammenhang mit einem wirtschaftlich Berechtigten eingeführt.[144] Somit sollen die Verpflichteten auch ohne weitere Anhaltspunkte für Geldwäsche oder Terrorismusfinanzierung

137 BR-Drs. 168/08, S. 96.
138 BT-Drs. 168/08, S. 104. Die Ordnungswidrigkeit konnte mit einer Geldbuße bis zu einhunderttausend Euro nach § 17 Abs. 2 GwG a. F. geahndet werden.
139 BGBl. 2011 I, S. 2959.
140 Vgl. Deutschlandprüfbericht 2010, Rn. 838, 839, 847, 855 – 2. und 3. Aufzählungspunkt und Bewertung zu Empfehlung 17.
141 BT-Drs. 17/6804, S. 35 f.
142 Vgl. BT-Drs. 17/6804, S. 35 f.
143 BT-Drs. 17/6804, S. 35 f.
144 Der wirtschaftlich Berechtigte wird im § 3 GwG definiert.

eine Verdachtsmeldung abgeben, wenn Zweifel über die Richtigkeit des wirtschaftlich Berechtigten bestehen.[145] Die Auswirkungen der Gesetzesänderungen wurden schnell sichtbar. Nach dem FIU-Jahresbericht von 2013 kam es zu einer Steigerung von 33 % der Verdachtsmeldungen im Vergleich zum Vorjahr, was sich nach Meinung der FIU insbesondere auf die niedrige Verdachtsschwelle zurückführen lässt.[146]

d) Änderungen durch die Umsetzung der Vierten EU-Geldwäscherichtlinie aus dem Jahr 2017

Auch im Rahmen der Umsetzung der Vierten EU-Geldwäscherichtlinie wurden die Grundlagen der Verdachtsmeldung wesentlich geändert.[147] Neben der Verschiebung der Verdachtsmeldung in den § 43 GwG wurde die Norm redaktionell angepasst und übersichtlicher gestaltet.[148] Der Abs. 1 zeigt nunmehr drei Nummern mit unterschiedlichen Meldesituationen (Geldwäsche, Terrorismusfinanzierung, Verstoß gegen die Offenlegungspflicht). Weiterhin kommen als Tatbestandsmerkmale das Maklergeschäft sowie der Begriff des Geschäftsvorfalles hinzu. Neben den Besonderheiten im Wortlaut auf der Tatbestandsebene haben sich die Bestimmungen auf der Rechtsfolgenseite für Kreditinstitute erheblich verändert. Zum einen gibt es mit der FIU nunmehr nur noch eine Empfangsbehörde der Verdachtsmeldung. Zum anderen haben sich die Sanktionen deutlich verschärft. Während die Dritte EG-Geldwäscherichtlinie den Sanktionsrahmen nur abstrakt bestimmt hat, wurden mit der Vierten EU-Geldwäscherichtlinie genaue Vorgaben gemacht.[149] Demnach können die Aufsichtsbehörden bei einem Verstoß gegen die Voraussetzungen der Verdachtsmeldung ein Bußgeld von bis zu fünf Millionen Euro oder zehn Prozent des Gesamtumsatzes verhängen.[150] Auch sind Verstöße nach § 57 GwG von den Aufsichtsbehörden öffentlich bekannt zu machen.

e) Zusammenfassung

Betrachtet man die Verdachtsmeldung aus historischer Perspektive, dann lässt sich feststellen, dass die Anforderungen immer wieder verschärft worden sind. Insbesondere war einschneidend, dass der Gesetzgeber sich

145 BT-Drs. 17/6804, S. 36.
146 FIU-Jahresbericht 2013, S. 10.
147 Siehe zu den weiteren Veränderungen: *Barreto da Rosa* in Herzog, Geldwäschegesetz, § 43 Rn. 3 f.
148 BR-Drs. 182/17, S. 182.
149 Vgl. Art. 39 Abs. 1 der Dritten EG-Geldwäscherichtlinie mit Art. 59 Abs. 1 und 2a der Vierten Geldwäscherichtlinie.
150 Siehe näher § 56 Abs. 1 Nr. 69 i. V. m. Abs. 3 GwG.

mit dem GwBekErgG im Jahr 2008 dazu entschieden hat, einen Verstoß gegen die Anforderungen der Verdachtsmeldung als eine Ordnungswidrigkeit zu sanktionieren.[151] Weiterhin stand die Verdachtsmeldung in den Jahren 2009/2010 bei der FATF-Deutschlandprüfung im Fokus, wobei das gesamte Verdachtsmeldewesen kritisiert worden ist. Die darauffolgenden Änderungen des Geldwäschegesetzes hatten insbesondere eine Senkung der Verdachtsmeldeschwelle zum Ziel. Dies führte in den Folgejahren zu einer erheblichen Steigerung der Verdachtsmeldungen.[152] Auch die Umsetzung der Vierten EU-Geldwäscherichtlinie hat zu einer weiteren deutlichen Verschärfung geführt. Die Aufsichtsbehörden können nunmehr Bußgelder von bis zu fünf Millionen Euro oder zehn Prozent des Jahresgesamtumsatzes verhängen.[153] Zudem sind Verstöße nach § 57 GwG öffentlich von den Aufsichtsbehörden bekannt zu machen. Seitdem besteht ein erheblicher Druck auf die Adressaten, die Anforderungen der Verdachtsmeldung einzuhalten.

V. Systematische Einordnung des Geldwäschegesetzes

Bei näherer Betrachtung bereite die genaue systematische Einordnung des Geldwäschegesetzes Schwierigkeiten, da präventive sowie repressive Elemente erkennbar sind. Dies zeigt sich gerade auch bei der Verdachtsmeldung. Eine tiefergehende Untersuchung der systematischen Einordnung des Geldwäschegesetzes wurde bereits in anderen Veröffentlichungen vorgenommen.[154] Daher soll im Folgenden ein Überblick über den Problemkreis gegeben und auf die aktuellen Entwicklungen aufmerksam gemacht werden.

1. Argumente für die Einordnung zum präventiven Bereich

Zunächst lassen sich beim Geldwäschegesetz Anhaltspunkte finden, die typisch für das besondere Gewerberecht (Wirtschaftsverwaltungsrecht) und damit für den präventiven Bereich der Gefahrenabwehr sind. Die Anforderungen des Geldwäschegesetzes umfassen Pflichten für bestimmte Branchen und Berufsgruppen, wie die Identifizierung und Verifizierung von Vertrags-

151 BT-Drs. 168/08, S. 104. Damals noch mit einer Geldbuße bis zu einhunderttausend Euro nach § 17 Abs. 2 GwG a. F.

152 Vgl. FIU-Jahresbericht 2013, S. 10 sowie den aktuellen FIU-Jahresberichte 2021, S. 15.

153 Siehe näher § 56 Abs. 1 Nr. 69 i. V. m. Abs. 3 GwG.

154 Vgl. z. B. Werner, S. 69 ff.; Degen, S. 149 ff.; Kaufmann, S. 171 ff.

partnern[155] sowie deren Dokumentation[156]. Weiterhin müssen die Verpflichteten des Geldwäschegesetzes über ein Risikomanagement verfügen.[157]

Für die Einordnung in das Wirtschaftsverwaltungsrecht spricht auch eine enge funktionale Verknüpfung und Überschneidung mit dem Bankaufsichtsrecht.[158] Das Bankaufsichtsrecht ist anerkanntermaßen im Bereich des besonderen Gewerberechts (Wirtschaftsverwaltungsrecht) anzusiedeln.[159] Zunächst ist im Geldwäschegesetz die zuständige Aufsichtsbehörde der Kreditinstitute nach § 50 Nr. 1 GwG die Bundesanstalt für Finanzdienstleistungsaufsicht (BaFin).[160] Als Aufsichtsbehörde stellt die BaFin den Kreditinstituten regelmäßig aktualisierte Auslegungs- und Anwendungshinweise für die Umsetzung der gesetzlichen Bestimmungen zur Verhinderung von Geldwäsche und von Terrorismusfinanzierung zur Verfügung.[161] Lange Zeit hat die BaFin dies durch sogenannte „Verlautbarungen", „Merkblättern" und „Rundschreiben" gemacht.[162] Diese Form der Veröffentlichung ist für den Bereich des Bankenaufsichtsrechts typisch.[163] Ein weiteres Indiz für die enge Verbindung zum Bankaufsichtsrecht lässt sich durch die zusätzlichen geldwäscherechtlichen Regelungen im KWG (z. B. §§ 25g KWG ff.) sowie in anderen Aufsichtsgesetzen (z. B. § 27 Abs. 1 Nr. 5 ZAG, §§ 52 VAG ff.) feststellen.[164]

In der Literatur vertritt beispielsweise *Werner* die Ansicht, dass das Geldwäscherecht dem Wirtschaftsverwaltungsrecht zugeordnet werden muss. Nach seiner Meinung sei entscheidend, dass der Gesetzgeber in den Gesetzesunterlagen von „Vorfeldmaßnahmen" spricht.[165] Zudem soll das Gesetz die Wirtschaft vor dem kriminellen Missbrauch durch eine verstärkte Kontrolle schützen, was auch eine klassische Aufgabe der Wirtschaftsverwaltung ist.[166] Allerdings wird auch von *Werner* eingeräumt, dass eine funktionale

155 Siehe §§ 10 GwG ff.

156 Siehe § 8 GwG.

157 Vgl. BT-Drs. 17/10745, S. 1. Die Anforderungen für ein Risikomanagement ergeben sich aus §§ 4 GwG ff.

158 Fischer sieht in der Geldwäschebekämpfung einen bankenaufsichtlichen Zweck. *Fischer/Krolop* in Fischer/Schulte-Mattler, KWG, CRR-VO, Einführung Rn. 271.

159 Vgl. Ruthig/Storr, Öffentliches Wirtschaftsrecht, § 1 Rn. 20 ff.

160 Vgl. Kaufmann, S. 173; Degen, S. 150 f.

161 Siehe als Rechtsgrundlage § 51 Abs. 8 GwG.

162 Siehe z. B. Rundschreiben 1/2014 (GW) – Verdachtsmeldung nach §§ 11, 14 GwG und anderes; Rundschreiben 02/2016 (GW) – Erklärung und Informationsbericht der FATF") und sowie eingehend unter S. 117 ff.

163 Siehe auf der Internetseite der BaFin (www.bafin.de) unter dem Stichwort „Verwaltungspraxis".

164 Vgl. Degen, S. 151.

165 Werner, S. 69 mit dem Bezug auf den Bericht des Bundesministeriums der Justiz zur Umsetzung der Drogenkonvention, BT-Drs. 11/5525, S. 16.

166 Werner, S. 69.

Verbindung zum Strafrecht besteht. Demnach soll das Geldwäschegesetz die notwendigen Ermittlungsansätze liefern.[167]

2. Argumente für die Einordnung zum repressiven Bereich

Aus dem Wortlaut und der Systematik des Geldwäschegesetzes lassen sich allerdings auch Hinweise entnehmen, die für ein erweitertes Strafrecht oder Strafverfahrensrecht sprechen. Schon zum direkten Beginn des Geldwäschegesetzes wird im § 1 Abs. 1 GwG auf den materiellen Straftatbestand des § 261 StGB verwiesen.[168] Zudem hat der Gesetzgeber selbst den Zweck in dem Gesetzesverfahren aus dem Jahr 1992 mit der „Vorverlagerung staatlicher Strafverfolgungstätigkeiten in den privaten Bereich" definiert.[169] Daher wird das Geldwäschegesetz auch teilweise als „Ausführungsgesetz" zu § 261 StGB bezeichnet.[170] Weiterhin sprechen für die Einordnung zum repressiven Bereich die Überlegungen bei der Einführung des Geldwäschegesetzes über die zuständige Empfangsbehörde der Verdachtsmeldung. Die BaFin sollte bewusst nicht als zuständige Empfangsbehörde eingerichtet werden, da es sich bei der Verdachtsmeldung nicht um eine Maßnahme der Gewerbeaufsicht handeln würde.[171]

Nach der Ansicht von *Kaufmann* ist auch der Kreis der Verpflichteten im Geldwäschegesetz ein Indikator für das Straf- und Strafverfahrensrecht. Zwar räumt er zunächst ein, dass sich die Adressaten im Wesentlichen auf juristische Personen wie die Kreditinstitute beschränken und eine solche Adressatengruppe dem Straf- und Strafverfahrensrecht fremd ist, da grundsätz-

---

167 Werner, S. 68.

168 Auch bei der Definition der Terrorismusfinanzierung wird im § 1 Abs. 2 GwG auf das Strafrecht verwiesen. Nach § 1 Abs. 2 GwG ist Terrorismusfinanzierung im Sinne dieses Gesetzes 1. die Bereitstellung oder Sammlung von Vermögensgegenständen mit dem Wissen oder in der Absicht, dass diese Vermögensgegenstände ganz oder teilweise dazu verwendet werden oder verwendet werden sollen, eine oder mehrere der folgenden Straftaten zu begehen: a) eine Tat nach § 129a des Strafgesetzbuchs, auch in Verbindung mit § 129b des Strafgesetzbuchs, oder b) eine andere der Straftaten, die in den Artikeln 1 bis 3 des Rahmenbeschlusses 2002/475/JI des Rates vom 13. Juni 2002 zur Terrorismusbekämpfung (ABl. L 164 vom 22.6.2002, S. 3), zuletzt geändert durch den Rahmenbeschluss 2008/919/JI des Rates vom 28. November 2008 (ABl. L 330 vom 9.12.2008, S. 21), umschrieben sind, 2. die Begehung einer Tat nach § 89c des Strafgesetzbuchs oder 3. die Anstiftung oder Beihilfe zu einer Tat nach Nummer 1 oder 2.

169 BT-Drs. 220/92, S. 42; vgl. Bottke, wistra 1995, 121, 128; Degen, 152.

170 Siehe Reithner, S. 99 m. w. N.

171 Siehe hierzu die Hinweise bei *Achsnich/Teichmann* in Herzog/Mülhausen, Geldwäschebekämpfung und Gewinnabschöpfung, § 32 Rn. 2. Siehe ausführlich zum Zweck der Verdachtsmeldung, S. 36 sowie ausführlich über die Entwicklung der zuständigen Empfangsbehörde der Verdachtsmeldung, S. 169.

lich natürliche Personen z. B. im Rahmen von personellen Beweismitteln (z. B. Zeugen, Sachverständige) eingebunden werden. Er kommt allerdings dann zum Schluss, dass die Verfahrensrolle der Kreditinstitute den Strafverfolgungsbehörden ähnlich ist, da die Institute die Ausführung der notwendigen Maßnahmen selbst im Rahmen ihrer innerorganischen Aufgabenverteilungen bestimmen können. Nach seiner Meinung sei es damit vertretbar, dass die privaten Kreditinstitute funktional in die Reihe der Organe aufgenommen werden, die für die Bekämpfung der Geldwäsche zuständig sind.[172]

3. Ansichten zwischen einer präventiven und repressiven Einordnung

Die Argumente in dem präventiven und repressiven Meinungsfeld zeigen, dass eine klare systematische Zuordnung nur schwer möglich ist. Das Geldwäschegesetz regelt im Wesentlichen präventive Anforderungen zur Bekämpfung der Geldwäsche und der Terrorismusfinanzierung und ergänzt repressive Maßnahmen der Strafverfolgung.[173] Aufgrund dieser Vermischungen zwischen präventiven und repressiven Anforderungen wird in der Literatur mehrheitlich festgestellt, dass das Geldwäschegesetz einen multidisziplinären Ansatz verfolgt, bei dem Instrumente der Strafverfolgung und des Gewerbe- und Bankaufsichtsrechts ineinandergreifen und ein funktionaler Zusammenhang besteht. Die beiden Regelungsbereiche lassen sich nicht strikt voneinander trennen.[174]

Degen kommt zu dem Schluss, dass sich zwar die einzelnen Normen einem präventiven oder repressiven Bereich zuordnen lassen, aber das Geldwäschegesetz als gesamtes Regelungswerk aufgrund der Gemengelage seiner Einzelnormen als Gesetz *sui generis* bezeichnet werden muss, welches präventive sowie repressive Ziele verfolgt.[175] Er weist darauf hin, dass der Gesetzgeber bei der Umsetzung der internationalen Vorgaben keine Entscheidung über die systematische Einordnung des Geldwäschegesetzes getroffen hat, was sich schon an den wechselnden Bezeichnungen der Gesetze belegen lässt (z. B. „Gewinnaufspürungsgesetz“[176], „Verbrechensgewinnaufsp

172 Kaufmann, S. 172 f.

173 Vgl. *Teichmann/Achsnich* in Herzog/Mülhausen, Geldwäschebekämpfung und Gewinnabschöpfung, § 29 Rn. 28 f.

174 Vgl. Neuheuser, NZWISt 2015, 241, 243; *Findeisen*, wistra 1997, 121, 122; *Walther* in Schimansky/Bunte/Lwowski, § 42 Rn. 182; Körner/Parazak/Volkmer, BtmG, § 29 BtMG Rn. 27; *Neuheuser* in MüKo, StGB, § 261 Rn. 1; Bottke, wistra, 1995, 121, 125 ff.; Reithner, S. 98 f; *Jekewitz* in Herzog/Mülhausen, Geldwäschebekämpfung und Gewinnabschöpfung, § 9 Rn. 31; Krais, Geldwäsche und Compliance, Rn. 15.

175 Degen, S. 153.

176 Vgl. BT-Drs. 12/2704.

ürungsgesetz"[177] und „Geldwäschegesetz").[178] Zudem werden von ihm die Widersprüchlichkeiten aufgezeigt, wenn in den Gesetzesunterlagen zu lesen ist, dass Regelungen des Geldwäschegesetzes „mit dem Straftatbestand des Geldwaschens nicht unmittelbar zusammen[hängen]"[179], gleichwohl sich aber bezüglich der Freiwilligkeit nach § 261 Abs. 8 StGB und § 43 Abs. 4 GwG Überschneidungen ergeben und eine aktive Beteiligung an der Geldwäschebekämpfung gefordert wird.[180]

Findeisen hebt hervor, dass mit dem Geldwäschegesetz drei wesentliche Ziele verfolgt werden. Zunächst sollen den Ermittlungsbehörden Anhaltspunkte für Geldwäschetransaktionen zur Verfügung gestellt werden, was insbesondere durch die gewerberechtliche Verdachtsmeldung stattfinden soll.[181] Als zweite Maßnahme sollen mit dem Geldwäschegesetz den Ermittlungsbehörden umfangreiche Unterlagen überreicht werden können, was durch die Pflicht zur Identifikation- und Dokumentation sichergestellt wird.[182] Eine gänzlich neue Einordnung stellt *Findeisen* mit der „dritten Säule" des Geldwäschegesetzes fest. Hierbei handelt es sich um Präventionsmaßnahmen, die jenseits und außerhalb des strafrechtlichen und polizeirechtlichen Ordnungsauftrages einzuordnen sind. Er bezog sich auf den Regelungsbereich des § 14 Abs. 2 GwG a. F.,[183] der heute im Wesentlichen den besonderen Anforderungen des Risikomanagements nach §§ 4 GwG ff. entspricht.[184] Der Bereich des Risikomanagements unterliegt einer eigenen Logik und Rationalität und soll nicht zu einer bloßen Nachahmung staatlichen Ermittlerhandels führen.[185] Allerdings wird auch diese Einordnung mit Kri-

---

177 Vgl. Beschlussempfehlung und Bericht des Innenausschusses in BT-Drs. 12/4795 vom 23.04.1993, S. 18.

178 Siehe auch Bottke, wistra 1995, 121, 129 ff.

179 Vgl. BT-Drs. 12/989, S. 26.

180 Degen, S. 152 f.

181 Findeisen, wistra 1997, 121, 122 f.

182 Findeisen, wistra 1997, 121, 123.

183 Der § 14 Abs. 2 GwG a. F. bestimmt damals: Vorkehrungen im Sinne des Absatzes 1 sind 1. die Bestimmung eines der Geschäftsleitung unmittelbar nachgeordneten Geldwäschebeauftragten, der Ansprechpartner für die Strafverfolgungsbehörden und das Bundeskriminalamt – Zentralstelle für Verdachtsanzeigen – sowie die nach § 16 zuständigen Behörden ist, 2. die Entwicklung interner Grundsätze, angemessener geschäfts- und kundenbezogener Sicherungssysteme und Kontrollen zur Verhinderung der Geldwäsche und der Finanzierung terroristischer Vereinigungen, 3. die Sicherstellung, dass die Beschäftigten, die befugt sind, bare und unbare Finanztransaktionen durchzuführen, zuverlässig sind, und 4. die regelmäßige Unterrichtung dieser Beschäftigten über die Methoden der Geldwäsche und die nach diesem Gesetz bestehenden Pflichten.

184 In dem Aufsatz bezog sich Findeisen auf den § 14 GwG a. F., der heute in wesentlichen Teilen den Anforderungen der §§ 4 GwG ff. entspricht.

185 Findeisen, wistra 1997, 121, 124.

tik begegnet, da durch die Verlagerung von Ermittlungspflichten auf Private die rechtsstaatlichen Grenzen von Ermittlungstätigkeiten verschwimmen.[186] Es kommt nach dem Geldwäschegesetz zu einer umfassenden Datensammlung und Datenverwertung, um den Eindruck von Sicherheit zu erwecken. Die Freiheitsrechte der einzelnen Bürger treten bei dieser systematischen Datensammlung zurück und es werden wesentliche Maßstäbe des Präventionsstrafrecht umgangen.[187]

4. Stellungnahme

Zunächst ist für die Gesamtheit aller Normen des Geldwäschegesetzes weder aus dem Wortlaut noch aus der Systematik eine klare Zuordnung für den präventiven oder repressiven Bereich erkennbar. Die Vorgaben auf internationaler und europäischer Ebene wurden von dem deutschen Gesetzgeber umgesetzt, ohne dass eine exakte Einordnung in den präventiven oder repressiven Bereich vorgenommen wurde. Vielmehr wurden durch widersprüchliche Bezeichnungen der Gesetze und Vorgaben in den Gesetzesmaterialen Unklarheiten geschaffen.[188]

Die Zerrissenheit der unterschiedlichen Ansätze konnte man auch eindrucksvoll in der Aufsichtspraxis beobachten. Im Rahmen der Wirtschaftsministerkonferenz der Länder im Jahr 2009 wurde gefordert, dass zukünftig den Innenministerien die Ressortzuständigkeit für das Geldwäschegesetz übertragen werden sollte. Nach der Meinung der Wirtschaftsminister gehen die Regelungen des Geldwäschegesetzes weit über die Zuständigkeiten der Gewerbeordnung hinaus und betreffen Tätigkeiten mit einer polizeilichen bzw. kriminalpräventiven Natur. Die Innenminister der Länder lehnten diese Forderung aber ab, da trotz des kriminalpräventiven Charakters eine Zuständigkeit der Innenressorts des Gesetzgebers nicht beabsichtigt war.[189]

Zuletzt hat im Jahr 2012 der Gesetzgeber im Entwurf zum Gesetz zur Ergänzung des Geldwäschegesetzes vorgegeben, dass das Geldwäschegesetz ebenso wie die Finanzmarktaufsichtsgesetze (KWG, VAG, ZAG) oder die

186 Degen, S. 153.

187 Degen, S. 153; *Herzog* in Hadding/Hopt/Schimansky, Bankrechtstag 2003, S. 75.

188 Siehe Beispiele wie: „Gewinnaufspürungsgesetz“, „Verbrechensgewinnaufspürungsgesetz“ und „Geldwäschegesetz“, so auch Degen, S. 24.

189 Vgl. Umlaufbeschluss der Innenministerkonferenz vom 1.3.2010, Anlage 9, abrufbar unter http://www.w-t-w.org/de/wp-content/uploads/2014/02/Deutscher-Bundestag-Stellungnahme.pdf (zuletzt abgerufen am 7.6.2017). Die Diskussion auf der Länderebene fand für den Bereich des Nichtfinanzsektors im Geldwäschegesetz statt. Darunter zählen Verpflichtete in Abgrenzung zum Finanzsektor wie beispielsweise die Immobilienmakler (§ 2 Abs. 1 Nr. 14) und die Güterhändler (§ 2 Abs. 1 Nr. 16). Eingehend zu den Umsetzungsproblemen im Nichtfinanzsektor *Diekmann/Dragon/Schulze*, GewA 2012, 431, 433 sowie *Wende* in Zentes/Glaab, GwG, § 50 Rn. 22 ff.

Gewerbeordnung (GewO) einen präventiv-gewerberechtlichen Ansatz verfolgen.[190] Trotz dieser Feststellung durch den Gesetzgeber kann nicht darüber hinweggetäuscht werden, dass die gesamten Anforderungen des Geldwäschegesetzes im Ergebnis dazu dienen sollen, dass bei Anhaltspunkten auf eine Straftat der Geldwäsche oder Terrorismusfinanzierung eine Meldung abgegeben werden muss. Es lassen sich im Geldwäschegesetz Pflichten und Obliegenheiten finden, welche im Bereich des gewerberechtlichen Aufsichtsinstrumentariums kaum bekannt sind.[191] Die Verpflichteten des Geldwäschegesetzes müssen faktische Hilfsfunktionen der Strafverfolgungsbehörden übernehmen.[192] Eine strikte Trennung des Geldwäschegesetzes zum repressiven Bereich ist kaum möglich. Dies machen schon Wortlaut und die Systematik deutlich, wonach unmittelbar auf das materielle Strafrecht verwiesen wird.

Im Ergebnis ist daher das Geldwäschegesetz als *sui generis* einzuordnen, was im Wesentlichen dem Wirtschaftsverwaltungsrecht mit einem präventiven Charakter ähnlich ist, allerdings auch repressive Elemente aufzeigt. Aufgrund dieser besonderen Umstände wird zu untersuchen sein, welche Auswirkungen damit verbunden sind. Dies soll in der vorliegenden Arbeit insbesondere an der Verdachtsmeldung geprüft werden.

VI. Besonderheiten bei der Auslegung des Geldwäschegesetzes

Nach der systematischen Einordnung des Geldwäschegesetzes und den festgestellten Besonderheiten soll im Folgenden auch die Frage aufgeworfen werden, wie eine Auslegung des Geldwäschegesetzes stattzufinden hat. Diese Frage stellt sich, da einerseits wesentliche Bestimmungen durch europäische Richtlinien vorgegeben werden (dazu 1.). Andererseits wird mit dem Geldwäschegesetz ein multidisziplinärer Ansatz verfolgt und Verstöße gegen die Anforderungen im Geldwäschegesetz können zu einem Ordnungswidrigkeitsverfahren führen (dazu 2.). Es wird zu untersuchen sein, ob man den Problemen mit der Auslegungsmethode der gespaltenen Auslegung begegnen kann (dazu 3.).

190 BT-Drs. 17/10745, S. 1.

191 *Teichmann/Achsnich* in Herzog/Mülhausen, Geldwäschebekämpfung und Gewinnabschöpfung, § 29 Rn. 36.

192 *Jekewitz* in Herzog/Mülhausen, Geldwäschebekämpfung und Gewinnabschöpfung, § 9 Rn. 31; Krais, Geldwäsche und Compliance, Rn. 15.

1. Europäische Vorgaben bei der Auslegung des Geldwäschegesetzes

Zunächst sind die europäischen Besonderheiten bei der Auslegung des Geldwäschegesetzes zu beachten. Diese sind für all jene Stellen des Geldwäschegesetzes relevant, die auf Vorgaben der Geldwäscherichtlinie zurückgehen. Das Gebot der richtlinienkonformen Auslegung leitet sich normativ aus Art. 288 Abs. 3 AEUV i. V. m. Art. 4 Abs. 3 EUV ab.[193] Es richtet sich an den Gesetzgeber bei der Umsetzung der Richtlinie in nationales Recht sowie an alle Träger der öffentlichen Gewalt, also auch an die nationalen Richter sowie die Aufsichtsbehörden.[194] Die Auslegung des Geldwäschegesetzes darf daher nicht autonom, sondern muss im Rahmen einer richtlinienkonformen Auslegung nach Wortlaut und Sinn und Zweck der Richtlinie erfolgen.[195] Sobald das Geldwäschegesetz einen Interpretationsspielraum eröffnet, ist die Auslegungsmethode zu wählen, welche einen richtlinienkonformen Zustand schafft.[196] Bei der richtlinienkonformen Auslegung ist als Besonderheit zu beachten, dass zusätzlich die Erwägungsgründe als integraler Bestandteil des Gesetzgebungsdokuments heranzuziehen sind.[197]

2. Problemstellung bei der Auslegung von Normen im Geldwäschegesetz

Es hat sich bereits gezeigt, dass es Schwierigkeiten bereitet, das Geldwäschegesetz aufgrund seines multidisziplinären Ansatzes einem bestimmten Rechtsgebiet zuzuordnen. Diese Zuordnung hat auch Auswirkungen auf die Auslegung des Geldwäschegesetzes. Handelt es sich um auslegungsbedürftige Normen aus dem öffentlichen Recht, dann sind die klassischen vier Interpretationskriterien (Savignysche Quant) heranzuziehen.[198] Das Bun-

---

193 EuGH NZA 2008, 581, 586 – Impact; *Ruffert* in Calliess/Ruffert, EUV/AEUV, Art. 288 AEUV Rn. 78. Hiervon ist die Auslegung von Unionsrecht zu unterscheiden. Siehe näher *Borchardt* in Schulz/Janssen/Kadelbach, Europarecht, § 15 Rn. 2.

194 Grundlegend EuGH, NJW 1984, 2021 (2022) – von Colson; *Wegener* in Calliess/Ruffert, EUV/AEUV, Art. 19 EUV Rn. 33.

195 Sodan/Ziekow, Grundkurs Öffentliches Recht, § 62 Rn. 3.

196 Sodan/Ziekow, Grundkurs Öffentliches Recht, § 2 Rn. 17. Die richtlinienkonforme Auslegung ist dem Grundsatz der verfassungskonformen Auslegung ähnlich. Siehe näher *Wegener* in Calliess/Ruffert, EUV/AEUV, Art. 19 EUV Rn. 33.

197 EuGH, Urteil v. 9. November 2000, Rs. C-381/98, Slg. 2000, I-9305, Rn. 23 f.; EuGH, Urteil v. 24.4.2002, Rs. C-183-00, Slg. 2002, I-3901, Rn. 26. Diese erwägungsgrundkonforme Auslegung ist der deutschen Rechtsquellen- und Methodenlehre nicht bekannt. Siehe ausführlich *Köndgen* in Riesenhuber, Europäische Methodenlehre, § 7 Rn. 40 ff.

198 Nach dem Rechtsgelehrten Friedrich Carl von Savigny. Siehe auch Sodan/Ziekow, Grundkurs Öffentliches Recht, § 2 Rn. 4.

desverfassungsgericht hat sie in einem Beschluss aus dem Jahre 1960 zusammengefasst. Dazu gehören „die Auslegung aus dem Wortlaut der Norm (grammatikalische Auslegung), aus ihrem Zusammenhang (systematische Auslegung), aus ihrem Sinn und Zweck (teleologische Auslegung) und aus den Gesetzesmaterialien und der Entstehungsgeschichte (historische Auslegung).“[199] Sollte die Vorschrift mehrdeutig auslegbar sein, dann ist die Auslegung zu wählen, welche mit dem höherrangigen Recht konform ist (europarechts-, verfassungs- bzw. gesetzeskonform).[200]

Es erscheint jedoch fraglich, ob für das Geldwäscherecht die vier Interpretationskriterien herangezogen werden können. Denn das Geldwäschegesetz sieht im § 56 GwG einen umfassenden Katalog von Bußgeldvorschriften als Ordnungswidrigkeiten vor, wenn gegen die Vorschriften des Geldwäschegesetzes verstoßen wird. Auch verweist der Gesetzgeber in Bezug auf die Verdachtsmeldung ausdrücklich auf den Straftatbestand der Geldwäsche.[201] Für Ordnungswidrigkeiten gilt wie im Strafrecht der verschärfte Bestimmtheitsgrundsatz nach Art. 103 Abs. 2 GG, was sich auch unmittelbar aus dem § 3 OWiG ergibt.[202] Danach darf eine Ordnungswidrigkeit nur geahndet werden, wenn die Möglichkeit der Ahndung gesetzlich bestimmt war, bevor die Handlung begangen wurde. Damit ergeben sich hohe Anforderungen an die Auslegung der Norm. Eine Auslegung hat restriktiv zu erfolgen und die Auslegungsgrenze bildet der Wortlaut.[203] Der Betroffene soll wissen können, was verboten ist, damit er in der Lage ist, sein Verhalten entsprechend auszurichten.[204] Die vier Kriterien der klassischen Interpretation sind daher nur eingeschränkt anzuwenden. Ein Richter darf bei der Auslegung nicht über den aus der Sicht eines Laien zu bestimmendem Wortlaut einer Norm hinausgehen.[205]

Für das Geldwäscherecht würde dies bedeuten, dass bei einem Ordnungswidrigkeitsverfahren nach § 56 GwG die Auslegung der Norm restriktiv zu erfolgen hat. Dabei wäre die strenge Auslegung nicht nur auf den § 56 GwG beschränkt, sondern würde vielmehr alle Normen erfassen, auf die im § 56 GwG verwiesen wird und damit eine Grundlage für die Ordnungswidrig-

---

199 BVerfGE 11, 126, 130; vgl. etwa auch BVerfGE 133, 168, 205 f.

200 EuGH, 14.10.1999 – C-223/98, juris, Rn. 24; Franz, Einführung in die Verwaltungswissenschaft, S. 227; Buck-Heeb, WM 2020, 157, 157 f.

201 Siehe näher zur Überlegung der Normspaltung im Verhältnis von Strafrecht im weiteren Sinne und Aufsichtsrecht des § 43 GwG (Bülte, NZWiSt 2017, 276, 283).

202 Für Ordnungswidrigkeiten gilt genauso wie im Strafrecht der Bestimmtheitsgrundsatz, siehe *Krenberg/Krumm* in Bohnert/Krenberger/Krumm, OWiG, § 3 Rn. 6. Zur Abgrenzung zwischen Strafrecht und Ordnungswidrigkeiten siehe näher: *Mitsch* in Karlsruher Kommentar, OWiG, Einleitung Rn. 112 ff.

203 Vgl. BVerfGE 71, 108, 116; 73, 206, 236.

204 *Dannecker* in Leipziger Kommentar, § 1 Rn. 182.

205 *Nolte* in v. Mangoldt/Klein/Starch, GG, Bd. 3, Art. 103 Rn. 158.

keit bilden. Denn es ist anerkannt, dass bei einer sogenannten Blankettnorm die ausfüllenden Verweisungen ihrerseits den strengen Anforderungen des Bestimmtheitsgrundsatzes genügen müssen.[206] Somit sind alle Normen, auf die im § 56 GwG verwiesen wird, von den strengen Anforderungen des Bestimmtheitsgrundsatzes gewissermaßen „infiziert“. Eine solche umfassende Anwendung der restriktiven Auslegung wurde vom BGH auch schon im Bereich des Kapitalmarktrechtes vertreten. Es wurde festgestellt, dass die Mitteilungspflichten der §§ 21 ff. WpHG a. F. unter das Bestimmtheitserfordernis des Art. 103 Abs. 2 GG fallen, da eine Verletzung der Mitteilung eine Ordnungswidrigkeit nach § 39 Abs. 2 Nr. 2 lit. e WpHG a. F. darstellt.[207]

Überträgt man diese Grundsätze auf die Verdachtsmeldung nach § 43 Abs. 1 GwG, dann lässt sich feststellen, dass ein Verstoß gegen die Anforderungen der Verdachtsmeldung auch eine Ordnungswidrigkeit nach § 56 Abs. 1 Nr. 69 GwG darstellen kann. Dabei wird ausdrücklich auf den Tatbestand der Verdachtsmeldung verwiesen.[208] In der Konsequenz müssten alle Tatbestandsmerkmale der Verdachtsmeldung den restriktiven Auslegungsregeln unterliegen.

3. Anwendung der gespaltenen Auslegung

Anstatt grundsätzlich eine restriktive Auslegung der Norm vornehmen zu müssen, soll im Folgenden die Auslegungsmethode der sogenannten „gespaltenen Auslegung“ untersucht werden, welche in ähnlich gelagerten Konfliktfällen im Bereich des Bank- und Kapitalmarktrechtes bereits kontrovers diskutiert wird.[209]

---

206 BVerfGE 48, 48, 57 ff.; BGH NStZ 2009, 273, 274; *Radtke* in BeckOK Grundgesetz, 51. Edition, Art. 103 Rn. 29.

207 BGH NZG 2011, 1147. Die Mitteilungspflichten befinden sich seit dem Zweiten Finanzmarktnovellierungsgesetz (2. FiMaNoG) vom 23.06.2017 (BGBl. I, S. 1693) nunmehr im § 33 WpHG n. F. und die Ordnungswidrigkeiten im § 120 WpHG n. F.

208 Richtigerweise spricht man von einer Binnenverweisung und nicht einer Blankettnorm, da es sich um Ausfüllungsnormen von vorangehenden Vorschriften des GwG und damit um kein Blankett handelt. Siehe *Häberle* in Erbs/Kohlhaas, Strafrechtliche Nebengesetze, 240. ELG 2022, § 56 GwG Rn. 65 m. w. N.

209 Vgl. EuGH v. 22.11.2005 – Rs. C-384/02, WM 2006, 612, 614 f.; BGH NZG 2006, 945; 2011, 1147; BVerfG NJW 2006, 3340, 3341; BVerwGE 133, 358; Cahn, AG 1997, 502, 503; Oechsler, ZIP 2011, 449, 452; Schürnbrand, NZG 2011, 1213; Poelzig, ZBB 2019, 1 ff.; *Fuchs* in Fuchs, WpHG Ein. Rn. 105; *Casper/Terlau* in Casper/Terlau, ZAG, Einleitung Rn. 43 ff.; *Assmann* in Assmann/Schneider/Mülbert, WpHG, Einl. Rn. 35; *Schwark* in Schwarck/Zimmer, Kapitalmarktrechtskommentar, Vor § 33 WpHG Rn 56; *Grundmann* in Staub, HGB, Bd. 11/2, Abschnitt 5 Rn. 849.

a) Grundlagen der gespaltenen Auslegung

Mit der gespaltenen Auslegung soll auf Normen reagiert werden, welche ein Verhaltensgebot mit einer sowohl aufsichtsrechtlichen als auch straf- bzw. ordnungswidrigkeitsrechtlichen Sanktion vorsehen.[210] Die Auslegungsmethodik besteht darin, zu differenzieren, ob es sich um ein Verfahren im Bereich des Ordnungswidrigkeitenrechts handelt oder um eine Maßnahme des Aufsichtsrechtes. Sollte ersteres festgestellt werden, dann ist auch eine restriktive Auslegung wie im Bereich des Straf- oder Ordnungswidrigkeitenrechts üblich vorzunehmen. Bewegt sich jedoch die Maßnahme nur im Bereich des Aufsichtsrechtes, dann können auch die klassischen Auslegungsmethoden angewandt werden. Daher hat die Auslegungsmethode auch ihre Bezeichnung „gespaltene Auslegung“ erhalten. Es muss immer im Einzelfall geprüft werden, welche der beiden Auslegungsmöglichkeiten anzuwenden ist.

Die Rechtsfigur der gespaltenen Auslegung wird von einigen Teilen in der Literatur[211] und auch von Teilen der Rechtsprechung[212] abgelehnt. Insbesondere hat sich bereits der EuGH im Rahmen seiner Grøngaard und Bang-Entscheidung dahingehend geäußert, dass „die Auslegung […] nicht davon abhängen [kann], ob sie in einem zivil-, verwaltungs- oder strafrechtlichen Verfahren geltend gemacht wird“.[213]

Es lässt sich allerdings erkennen, dass die BaFin von der gespaltenen Auslegung Gebrauch macht. In einem Verfahren im Zusammenhang mit dem ZAG hat der BGH festgestellt, dass die Anwendung von bestimmten Normen nicht auf natürliche Personen übertragen werden kann.[214] Daraufhin hat sich die BaFin geäußert, dass der BGH-Beschluss nur für das Strafrecht gelte und „keine Auswirkungen auf die gefahrenabwehrrechtliche Einordnung eines Geschäfts als Zahlungsdienst nach dem ZAG“ habe.[215] Diese Sicht-

---

210 Die gespaltene Auslegung wird auch insbesondere im Zusammenhang mit Aufsichts- und zivilrechtlichen Normen diskutiert, siehe Cahn, ZHR 162 (1998), 1, 10 f.; Buck-Heeb, WM 2020, 157 ff.; *Assmann* in Assmann/Schneider/Mülbert, WpHG, Einl. Rn. 35 m. w. N.

211 *Assmann* in Assmann/Schneider/Mülbert, WpHG, Einl. Rn. 35; *Schwark* in Schwarck/Zimmer, Kapitalmarktrechtskommentar, Vor § 33 WpHG Rn 56; *Fuchs* in Fuchs, WpHG Ein. Rn. 105 f. Zustimmend *Casper/Terlau* in Casper/Terlau, ZAG, Einleitung Rn. 43 ff.; Buck-Heeb, WM 2020, 157 ff.; Cahn, AG 1997, 502, 503; Oechsler, ZIP 2011, 449, 452; Schürnbrand, NZG 2011, 1213; Poelzig, ZBB 2019, 1, 8.

212 BGH NZG 2011, 1147, 1149.

213 EuGH NJW 2006, 133 Rn. 28.

214 Vgl. BGH NStZ-RR 2016, 15.

215 Siehe BaFin, Strafnorm für Zahlungsdienste: Stellungnahme der BaFin zu BGH-Beschluss vom 17.2.2016, abrufbar unter: https://www.bafin.de/SharedDocs/Veroeffentlichungen/DE/Meldung/2016/meldung_160217_zahlungsdienste_bgh.html (zuletzt abgerufen am. 17.9.2023).

weise wurde auch in einer später durchgeführten Anfrage der FDP-Fraktion von der Bundesregierung mit Bezug auf die BaFin noch einmal deutlich bestätigt.[216] Da es sich bei der BaFin um die zuständige Aufsichtsbehörde für die Kreditinstitute nach § 50 Nr. 1 lit. a GwG handelt, sind nicht nur aufgrund einer wissenschaftlichen, sondern auch wegen einer praktischen Sichtweise die Argumente der gespaltenen Auslegung zu erläutern. Ebenso spricht *Bülte* von einer möglichen „Normspaltung" bei der Verdachtsmeldung nach § 43 GwG. Demnach kann eine Situation entstehen, in der eine Strafbarkeit wegen § 261 StGB ausscheidet, obwohl eine Verdachtsmeldepflicht besteht. Deren Verletzung könnte dann aber wegen Art. 103 Abs. 2 GG nicht mit einem Bußgeld belegt werden, weil der Wortlaut des § 261 StGB das nicht zulässt.[217]

b) Gesetzgeberische Regelungsabsicht

Für die gespaltene Auslegung wird die gesetzgeberische Regelungsabsicht hervorgehoben. Nach Teilen der Literatur bringt der Gesetzgeber im Aufsichtsrecht mit der Bebußung oder gar mit einer Strafbewehrung zum Ausdruck, dass ihm eine bestimmte Verhaltenspflicht besonders wichtig ist. Damit stellen die Sanktionen vielmehr ein Mittel zum Zweck dar.[218] Nach dieser Ansicht würde das Anliegen ins Gegenteil verkehrt werden, wenn man die Bebußung zum Anlass nehmen würde, das Bestimmtheitsgebot nach Art. 103 Abs. 2 GG auch außerhalb des Ordnungswidrigkeitsverfahrens anzuwenden. Durch die restriktive Anwendung des Gesetzes würde gerade die Durchsetzung der Verhaltenspflicht eingeschränkt und erschwert werden.[219] Eine solche Überlegung scheint auch für das Geldwäschegesetz zu passen. Nach der Gesetzesbegründung zur Umsetzung der Vierten EU-Geldwäscherichtlinie wird der hohe Bußgeldrahmen im Bereich des Finanzsektors auf die wirtschaftliche und gesellschaftspolitische Bedeutung der Einhaltung der geldwäscherechtlichen Pflichten und dem gesteigerten Bedürfnis nach Schutz vor wiederholtem, gravierendem oder systematisch schuldhaftem Verhalten gerechtfertigt.[220]

---

216 BT-Drs. 19/6034, S. 1 f.
217 Bülte, NZWiSt 2017, 276, 283 f.
218 *Casper/Terlau* in Casper/Terlau, ZAG, Einl. Rn. 45.
219 Vgl. *Cahn*, ZHR 162 (1998), 1, 10 f.; *Verse*, NZG 2009, 1331, 1334.
220 BT-Drs. 18/11555, S. 164.

c) Rechtsprechung der obersten Bundesgerichte

In Bezug auf die gespaltene Auslegung ist die Rechtsprechung der obersten Gerichte uneinheitlich. Das BVerfG[221] und das BVerwG[222] haben sich bereits grundsätzlich für die Möglichkeit einer gespaltenen Auslegung ausgesprochen. Das BVerwG hat festgestellt, dass „ein verwaltungsrechtlicher Erlaubnistatbestand wie § 32 Abs. 1 KWG, den die Strafvorschrift des § 54 Abs. 1 Nr. 2 KWG in Bezug nimmt, nicht generell den strengen Beschränkungen des Art. 103 Abs. 2 GG unterliegt, sondern nur soweit er in Ausfüllung der strafrechtlichen Blankettnorm herangezogen und damit selbst zum Teil der Strafrechtsnorm wird".[223] Dagegen spricht eine Entscheidung des BGH für Zivilsachen im Zusammenhang mit dem Kapitalmarktrecht, welche sich gegen eine gespaltene Auslegung wendet und argumentiert, dass eine andersartig gespaltene Auslegung grundsätzlich nicht in Betracht kommt.[224] Es dürfe bei einer Ordnungswidrigkeitsnorm auch für den Bereich des Zivilrechts grundsätzlich keine Anwendung über den Wortlaut hinaus stattfinden.[225]

d) Problem der Einheit der Rechtsordnung

Insbesondere wird gegen die gespaltene Auslegung vorgebracht, dass damit gegen die Einheit der Rechtsordnung verstoßen wird.[226] Demnach darf sich die Rechtsordnung nicht zu sich selbst in Widerspruch setzen. Die Auslegung einer Norm darf nicht zu zwei unterschiedlichen Verhaltensanordnungen führen.[227] Hiergegen wird von *Schürnbrand* eingewendet, dass diese Prinzipien mit der Anwendung einer gespaltenen Auslegung nicht berührt sind. Ein Ge- oder Verbot im Aufsichtsrecht muss nicht eine strafrechtliche Sanktion oder eine Ordnungswidrigkeit nach sich ziehen. Es stellt keinen Widerspruch zur Rechtsordnung dar, wenn ein rechtswidriges Verhalten im Aufsichtsrecht nicht zugleich auch durch das Strafrecht oder Ordnungswidrigkeitenrecht sanktioniert wird. Vielmehr entspricht es gerade dem subsidiären Charakter des Strafrechts, dass nur wenige bestimmte Tatbestände mit

---

221 BVerfG NJW 2006, 3340, 3341.

222 BVerwGE 133, 358.

223 BVerwGE 133, 358, 375.

224 Vgl. BGH NZG 2011, 1147.

225 Vgl. Veil/Dolff, AG 2010, 385, 389 f.; Fleischer/Bedkowski, DStR 2010, 933, 936 f.; von Bülow/Petersen, NZG 2009, 1373, 1375 f.; Widder/Kocher, ZIP 2010, 457, 459 f.

226 Siehe *Assmann* in Assmann/Schneider/Mülbert, WpHG, Einl. Rn. 35; *Casper/Terlau* in Casper/Terlau, ZAG, Einl. Rn. 45; Danwerth/Hildner, BKR 2019, 57, 60; Schürnbrand, NZG 2011, 1213, 1215; Cahn, ZHR 162 (1998), 1, 10 f.

227 *Sommermann* in v. Mangoldt/Klein/Starck, GG, Bd. II, Art. 20 Abs. 3 Rn. 298; von Bülow/Petersen, NZG 2009, 1373, 1376; Danwerth/Hildner, BKR 2019, 57, 60.

einem besonderen Unwerturteil strafrechtlich verfolgt werden („ultima ratio der Sozialpolitik").[228]

e) Zusammenfassung

Im Ergebnis sollte die „gespaltene Auslegung" schon zumindest wegen des praktischen Umstands beachtet werden, nach der auch die BaFin als zuständige Aufsichtsbehörde für die Kreditinstitute im Geldwäscherecht sich diese Auslegungsmethode zunutze macht. Weiterhin scheinen auch die verfassungsrechtlichen und verwaltungsrechtlichen obersten Gerichte eine gespaltene Auslegung nicht gänzlich auszuschließen. Dagegen spricht jedoch die Meinung des EuGH, wonach eine einheitliche Auslegung gefordert wird. Auch in der Literatur gibt es mehrere Meinungen, die sich gegen eine gespaltene Auslegung aussprechen. Im Folgenden sollte die gespaltene Auslegung allerdings bei der Auslegung des Geldwäschegesetzes aufgrund der oben genannten Umstände nicht gänzlich außer Acht gelassen werden.

VII. Zwischenergebnis

Bei der Betrachtung der Grundlagen des Geldwäschegesetzes und der gesetzlichen Entwicklung der Verdachtsmeldung zeigen sich schon Besonderheiten, die für die folgende Untersuchung zu beachten sind.

Zunächst kann festgestellt werden, dass sich die Ziele der Geldwäschebekämpfung ständig erweitert haben. Während ursprünglich mit Geldwäschebekämpfung insbesondere die Organisierte Kriminalität verfolgt wurde, sind inzwischen auch Steuerdelikte und andere Straftaten relevant. Mit der Erneuerung des Straftatbestandes der Geldwäsche sind bereits alle rechtswidrigen Taten als eine Vortat für die Geldwäsche von Bedeutung. Mit dem Geldwäschegesetz soll zudem die Terrorismusfinanzierung verhindert werden.

Schaut man sich den gesetzlichen Rahmen der Geldwäscheregulierung an, dann lässt sich die Besonderheit feststellen, dass wesentliche Impulse der Geldwäschebekämpfung von der internationalen Organisation FATF kommen. Mit den FATF-Empfehlungen werden internationale Standards für Geldwäschebekämpfung festgesetzt. Dabei handelt es sich eigentlich um unverbindliches Soft Law. Allerding schafft es die FATF, über einen besonderen Prüfungsmechanismus ihren Anforderungen Nachdruck zu verleihen. Dies zeigt sich eindrucksvoll, da nach der FATF-Deutschlandprüfung im Jahr 2009/2010 der deutsche Gesetzgeber das Geldwäschegesetz entspre-

---

228 Schürnbrand, NZG 2011, 1213, 1215. Siehe grundlegend Roxin/Greco, Strafrecht Allgemeiner Teil, Bd. I, § 2 Rn. 97 ff.

chend den Vorgaben des Prüfungsberichtes der FATF anpasste.[229] Auch die europäische Ebene ist für das Geldwäschegesetz von erheblicher Bedeutung. Wesentliche Regelungen wie die der Verdachtsmeldung nach §43 GwG stammen aus den Vorgaben europäischer Geldwäscherichtlinien. Betrachtet man die nationalen Regelungen, dann ist zunächst zwischen dem Straftatbestand der Geldwäsche (§261 StGB) und dem Geldwäschegesetz (GwG) zu unterscheiden. Die Verdachtsmeldung ist im Geldwäschegesetz geregelt und es lässt sich feststellen, dass die Anforderungen aus historischer Perspektive immer wieder verschärft worden sind. Insbesondere war einschneidend, dass der Gesetzgeber mit dem GwBekErgG im Jahr 2008 den Verstoß gegen die Anforderungen der Verdachtsmeldung als eine Ordnungswidrigkeit ausgestaltet hat.[230] Weiterhin wurde das gesamte Verdachtsmeldewesen in den Jahren 2009/2010 bei der FATF-Deutschlandprüfung kritisiert, was zu weiteren gesetzlichen Änderungen führte. Im Jahr 2017 wurden die Bußgelder nochmal deutlich erhöht und ein zusätzlicher Sanktionsmechanismus mit dem „Naming and Shaming" wurde hinzugefügt.

Versucht man das Geldwäschegesetz systematisch einzuordnen, dann hat der deutsche Gesetzgeber nicht ausreichend deutlich gemacht, ob es sich bei dem Geldwäschegesetz um ein präventives Wirtschaftsverwaltungsgesetz handelt oder es als „Ausführungsgesetz" zu §261 StGB verstanden werden muss.[231] Zumindest stellt der Gesetzgeber im Jahr 2012 klar, dass mit dem Geldwäschegesetz ein präventiv-gewerberechtlicher Ansatz verfolgt wird.[232] Trotzdem ist eine strikte Trennung zum repressiven Bereich schwer möglich, da sich an einigen Stellen eine enge Verknüpfung mit dem materiellen Straftatbestand der Geldwäsche und Terrorismusfinanzierung zeigt. Doch nicht nur die systematische Einordnung des Geldwäschegesetzes bereitet Probleme, auch bei der Auslegung des Geldwäschegesetzes sind Besonderheiten zu beachten. Demnach müssen aufgrund des im Ordnungswidrigkeitenrecht anerkannten Bestimmtheitsgrundsatzes alle Normen, auf die der §56 Abs. 1 GwG verweist, eng am Wortlaut ausgelegt werden. Teilweise lassen sich Stimmen finden, die dem Problem mit der „gespaltenen Auslegung" begegnen wollen. Insbesondere scheint die BaFin dieser Auslegungsmethode zu folgen. Dagegen sprechen Meinungen in der Literatur sowie ein Urteil des Europäischen Gerichtshofs. Da es sich bei der BaFin um die zu-

229 In der Folge des FATF-Prüfungsberichtes setzte der Gesetzgeber das Gesetz zur Umsetzung der Zweiten E-Geld-Richtlinie (vgl. BT-Drs. 17/3023, S. 1) sowie das Gesetz zur Optimierung der Geldwäscheprävention (BT-Drs. 17/6804, S. 1) um. Siehe näher zum FATF Mutual Evaluation Report (Germany) Anti-Money Laundering and Combating the Financing of Terrorism vom 19.02.2010, abrufbar auf der Internetseite der FATF www.fatf-gafi.org.

230 BT-Drs. 168/08, S. 104.

231 Vgl. zur Begrifflichkeit Reithner, S. 99 m. w. N.

232 BT-Drs. 17/10745, S. 1.

ständige Aufsichtsbehörde der Kreditinstitute handelt, ist im Folgenden die gespaltene Auslegung zumindest zu berücksichtigen.

C. Die Pflicht zur Meldung von Verdachtsfällen bei Kreditinstituten

Nachdem der grundsätzliche Rahmen des Geldwäschegesetzes aufgezeigt wurde, soll im Folgenden vertieft auf die Verdachtsmeldung nach § 43 GwG eingegangen werden. Die Verdachtsmeldung ist eine der wesentlichen Säulen des gesamten Bekämpfungssystems von Geldwäsche und Terrorismusfinanzierung und war daher auch schon immer fester Bestandteil des Geldwäschegesetzes.[233] Mit der Meldung von Verdachtsmomenten sollen den zuständigen Behörden Anhaltspunkte für mögliche Aktivitäten der Geldwäsche oder Terrorismusfinanzierung verfügbar gemacht werden.[234] Für die folgende Untersuchung soll zunächst die Bedeutung der Verdachtsmeldung im Allgemeinen dargestellt werden (dazu I.). Weiterhin wird das Kreditinstitut als Verpflichteter und das Verfahren der Verdachtsmeldung näher untersucht (dazu II.). In einem nächsten Schritt wird der Charakter sowie vergleichbare Meldepflichten besprochen (dazu III.) und zuletzt soll aus den bestehenden Untersuchungen der Normzweck zusammengefasst werden (dazu IV).

I. Allgemeine Bedeutung der Verdachtsmeldung

Damit zunächst die Bedeutung der Verdachtsmeldung erkennbar wird, soll ein Überblick über die verfügbaren Zahlen der Verdachtsmeldung gegeben werden. Hierzu gibt die Zentralstelle für Finanztransaktionsuntersuchungen nach § 27 GwG, auch als Financial Intelligence Unit („FIU") bezeichnet, in ihren regelmäßigen Jahresberichten Auskunft.[235]

233 Vgl. *Barreto da Rosa* in Herzog, Geldwäschegesetz, § 43 Rn. 1; Bottke, wistra 1995, 121, 128; BMF, Erste Nationale Risikoanalyse, S. 25.

234 Vgl. BT-Drs. 12/2704, S. 1.

235 Siehe auch § 28 Abs. 1 Nr. 11 GwG.

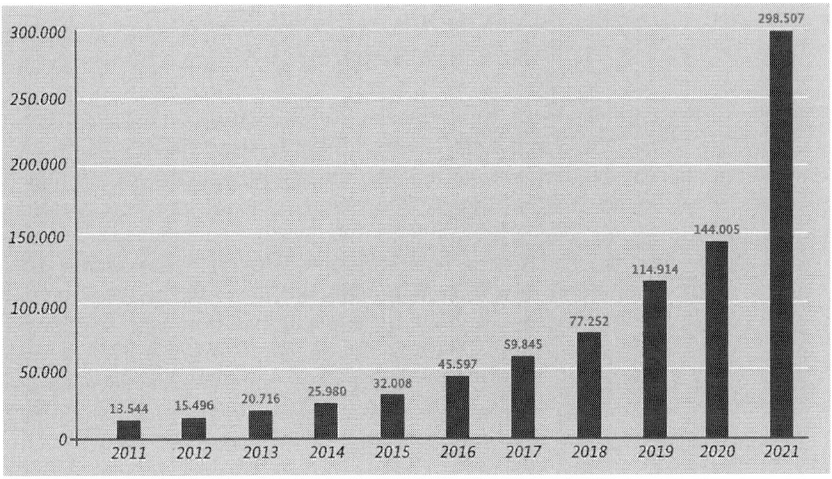

Abbildung 1: Entwicklung der Anzahl der Verdachtsmeldungen nach dem GwG (2011–2021)
Quelle: FIU-Jahresbericht 2021, S. 15.

Das Schaubild der FIU zeigt eindrucksvoll, dass die Verdachtsmeldungen in den letzten Jahren erheblich gestiegen sind. Während 13.544 Verdachtsmeldungen im Jahr 2011 gemeldet wurden, vervielfachten sich die Zahlen innerhalb kürzester Zeit und erreichten einen Höchststand von 298.507 im Jahr 2021. Damit haben sich die Verdachtsmeldungen innerhalb eines kurzen Zeitraumes vervielfacht.[236]

Das Verdachtsmeldewesen nach dem Geldwäschegesetz wird von vielen Seiten öffentlich kritisiert.[237] Insbesondere wird dabei die hohe Zahl der Verdachtsmeldung mit einer gleichzeitig geringen strafrechtlichen Relevanz hervorgehoben. Aus dem Berichtsjahr 2018 der FIU ergibt sich, dass in nur

---

236 Siehe zum Bericht FIU-Jahresbericht 2021, S. 15. Nach dem FIU-Jahresbericht 2018 waren es im Jahr 2008 noch 7.349 Verdachtsmeldungen (FIU-Jahresbericht 2018, S. 18).

237 Auch in der breiten Öffentlichkeit hat das Verdachtsmeldewesen bereits Aufmerksamkeit auf sich gezogen. Das Handelsblatt veröffentlichte im April 2018 einen Artikel mit dem Titel „Deutsche Behörden sind mit 30.000 Geldwäsche-Fällen im Rückstand", dabei wurde insbesondere die mangelnde Personalausstattung und IT hervorgehoben. Handelsblatt vom 03.04.2018, abrufbar unter www.handelsblatt.com/finanzen/banken-versicherungen/finanzkriminalitaet-deutsche-behoerden-sind-mit-30-000-geldwaesche-faellen-im-rueckstand/21135900.html (zuletzt abgerufen am 30.05.2020). Siehe auch Stellungnahme des Bundesrates und Gegenäußerung der Bundesregierung, BT-Drs. 18/11928, S. 11; sowie Äußerung von Sebastian Fiedler, abrufbar unter https://www.bundestag.de/dokumente/textarchiv/2017/kw17-pa-finanzen-geldwaesche/502714 (zuletzt abgerufen 04.07.2023).

275 Fällen Urteile, Strafbefehle und Anklageschriften erfolgten. Hierbei ist allerdings anzumerken, dass diese Zahlen nicht die gesamten abgegebenen Verdachtsmeldungen von 77.252 widerspiegeln, sondern sich lediglich aus den Rückmeldungen der Staatsanwaltschaften an die FIU ergeben. Die Zahlen der Rückmeldungen der Staatsanwaltschaften an die FIU sind wesentlich geringer und belaufen sich insgesamt auf nur 14.065 Rückmeldungen. Trotz dieser Relativierung bleiben die Rückmeldungen mit einer strafrechtlichen Relevanz gering und umfassen nur knapp 2 %.[238]

Im Vergleich dazu sind im Jahr 2021 insgesamt 298.507 Verdachtsmeldungen bei der FIU eingegangen. Davon wurden insgesamt nur rund 40.200 Meldungen an die zuständigen Behörden übermittelt. Dabei handelt es sich im Wesentlichen um Landeskriminalämter und Staatsanwaltschaften.[239] Dies entspricht einer Abgabequote von nur 13,5 %. Die FIU hat im gleichen Zeitraum auch Rückmeldungen von den Staatsanwaltschaften erhalten. Diese betrugen lediglich eine Anzahl von insgesamt 14.186 Fälle. Bei insgesamt 1.352 der Rückmeldungen handelte es sich um Urteile, Strafbefehle, Beschlüsse und Anklageschriften.[240]

In der Literatur wird daher das Konzept des Verdachtsmeldewesen als „gescheitert“ beurteilt.[241] Andere Meinungen fallen nicht ganz so drastisch aus. Es wird hervorgehoben, dass nach dem FIU-Jahresbericht 2018 bei 58 % der Verdachtsmeldungen Anhaltspunkte für Zusammenhänge mit Geldwäsche, Terrorismusfinanzierung oder sonstigen Straftaten von der FIU festgestellt und diese an die zuständigen Strafverfolgungsbehörden weitergeleitet wurden.[242] Hiergegen lässt sich jedoch einwenden, dass somit noch 42 % der gemeldeten Sachverhalte grundlos an hoheitliche Stellen weitergegeben werden und im Monitoring der FIU „versickern“.[243]

Barreto da Rosa versucht die Umstände des Verdachtsmeldewesens in ein größeres Bild einzuordnen. Bei seinen Ausführungen wird deutlich, wie komplex der Ablauf der Verdachtsmeldung im Zusammenhang mit der Geldwäsche ist und wie schwer daraus ein Erfolg abgeleitet werden kann. Zunächst macht er darauf aufmerksam, dass der Vergleich mit den erstatte-

---

238 FIU-Jahresbericht 2018, S. 18.

239 97,1 % der Verdachtsmeldungen wurden von der FIU die an die Landeskriminalämter (LKA) und Staatsanwaltschaften abgegeben. Der Anteil an Abgaben an die Hauptzollämter und Zollfahndungsämter betrugt insgesamt 1,6 %. An die Steuerfahndung waren es 0,9 %. Weitere Stellen, wie beispielsweise Nachrichtendienste oder das Bundeskriminalamt (BKA), erhielten 0,4 % Meldungen. Die nebenstehende Abbildung zeigt eine Differenzierung nach Empfängern der Abgaben..

240 FIU-Jahresbericht 2021, S. 15 ff.

241 Fischer, § 261 Rn. 9.

242 Vgl. FIU-Jahresbericht 2018, S. 17.

243 Vgl. Lenk, WM 2020, 115, 117.

ten Zahlen der Verdachtsmeldungen und der Zahl der aufgeführten Urteile, Strafbefehle und Anklageschriften fehl geht.[244] Aufgrund einer mangelnden klaren statistischen Auswertung in den justiziellen EDV-Systemen kann kaum eine Aussage darüber getroffen werden, welche Verurteilung auf eine Verdachtsmeldung zurückgeht.[245] Weiterhin macht er darauf aufmerksam, dass ein Vergleich zwischen den Meldungen und den Urteilen innerhalb eines Jahres nur in Ausnahmefällen möglich ist. Im Regelfall werden Jahre vergehen, bevor ein strafrechtliches Urteil aus den Anhaltspunkten einer Verdachtsmeldung gefällt wird.[246] Auch sei es zu kurz gegriffen, wenn man davon ausginge, bei nur 2 % der erstatteten Verdachtsmeldungen zu entsprechenden Verurteilungen zu kommen und damit der Prozentsatz der zu Unrecht erstatteten Verdachtsmeldungen bei 98 % läge.[247] Nach *Barreto da Rosa* sind oft keine Rückschlüsse möglich, ob ein Verfahren, welches wegen Geldwäsche eingestellt wird, wegen anderer Vortaten weitergeführt werden kann. Demnach ist es möglich, dass es zu Verurteilungen von anderen Straftaten (z. B. Betrug, Steuerstraftaten) kommt.[248] Dabei fallen die statistisch ausgewiesenen Verurteilungen wegen Geldwäsche in Deutschland ohnehin gering aus, da es sich bei dem Straftatbestand der Geldwäsche nach § 261 StGB um eine unbeliebte Norm handele, weil unter anderem der Beweis in der Strafverfolgungspraxis schwer zu führen sei. Weiterhin weist die Strafverfolgungsstatistik immer nur das schwerste Delikt aus. Der Straftatbestand der Geldwäsche selbst hat aber im Vergleich zu anderen schwerwiegenden Straftaten nur einen geringen Strafrahmen.[249] Insbesondere sei aber zu beachten, dass die Verdachtsmeldung für nationale und internationale Ermittlungsverfahren wichtige Hinweise liefern würden.[250]

244 *Barreto da Rosa* in Herzog, Geldwäschegesetz, Vor Abschnitt 6, Rn. 9.

245 *Barreto da Rosa* in Herzog, Geldwäschegesetz (3. Auflage), Vor Abschnitt 6, Rn. 8. In der aktuellen Auflage weist er noch auf den besonderen Umstand hin, dass in der Statistik der FIU nicht zwischen Verdachtsmeldungen und Nachmeldungen unterschieden wird. Nachmeldungen werden von den Verpflichteten gemeldet, wenn sie bereits eine Verdachtsmeldung abgegebenen haben und sich danach noch weitere verdächtige Situationen (z. B. Transaktionen) ergeben. Demnach kann von einer großen Anzahl Nachmeldungen (wohl im hohen fünfstelligen Bereich) ausgegangen werden. Diese Daten wurden allerdings von der Vorgängerbehörde der FIU (damals noch beim BKA) nicht in die Statistik aufgenommen. Daher können die aktuellen hohen Zahlen der FIU ein falsches Bild von der Entwicklung der Verdachtsmeldungen abgeben (siehe *Barreto da Rosa* in Herzog, Geldwäschegesetz, Vor Abschnitt 6, Rn. 9; BT-Drs. 19/12969, 3).

246 *Barreto da Rosa* in Herzog, Geldwäschegesetz (4. Auflage), Vor Abschnitt 6, Rn. 8.

247 So etwa *Fülbier* in Fülbier/Aepfelbach/Langweg, § 11 GwG Rn. 26; Michalke EuZW 2007, 473, 476.

248 *Barreto da Rosa* in Herzog, Geldwäschegesetz, Vor Abschnitt 6, Rn. 10.

249 *Barreto da Rosa* in Herzog, Geldwäschegesetz, Vor Abschnitt 6, Rn. 14 f. mit dem Verweis auf die BT-Drs. 18/1763, S. 5.

250 *Barreto da Rosa* in Herzog, Geldwäschegesetz, Vor Abschnitt 6, Rn. 20; Europol, „From suspicion to action“, S. 7/8, abrufbar unter https://www.europol.europa.eu/

Zusammenfassend wird schon durch die unterschiedlichen Interpretationen der Zahlen ersichtlich, dass der konkrete Ablauf der Verdachtsmeldung durch die vielen unterschiedlichen Beteiligten (Verpflichtete des Geldwäschegesetz, FIU, Strafverfolgungsbehörden) komplex ist und es bisher keine ausreichenden Statistiken gibt, die den Erfolg des Systems zeigen. Festgehalten werden kann zumindest, dass die Anzahl der Verdachtsmeldungen in den letzten Jahren kontinuierlich gestiegen ist und die FIU nur wenige Meldung an die zuständigen Strafverfolgungsbehörden weitergeleitet haben.

II. Das Kreditinstitut als Verpflichteter der Verdachtsmeldung

Die Pflicht zur Abgabe einer Verdachtsmeldung nach § 43 Abs. 1 GwG trifft alle Verpflichteten des Geldwäschegesetzes. Im Folgenden sollen die Besonderheiten bei den Kreditinstituten als Verpflichtete hervorgehoben werden. Dabei stellt sich zunächst die Frage, welche Bedeutung das Kreditinstitut für die Geldwäschebekämpfung überhaupt hat (dazu 1.) und wie der Begriff des Kreditinstitutes im Sinne des Geldwäschegesetzes zu verstehen ist (dazu 2.). Weiterhin soll dargestellt werden, welche Behörden bei einem Kreditinstitut im Zusammenhang mit der Verdachtsmeldung involviert sind (dazu 3.). Sodann wird der mögliche praktische Ablauf einer Verdachtsmeldung in einem Kreditinstitut erläutert (dazu 4.). Hierbei wird unter anderem deutlich werden, welche organisatorische Vorkehrungen in einem Kreditinstitut getroffen werden müssen, damit überhaupt eine Verdachtsmeldung abgegeben werden kann. Daher stellt sich auch die Frage, welche organisatorischen Pflichten in einem Kreditinstitut erfüllt sein müssen (dazu 5.). Zuletzt soll auf den Geldwäschebeauftragten als „Schlüsselfigur“ der Verdachtsmeldung in einem Kreditinstitut eingegangen werden (dazu 6.).

1. Die allgemeine Bedeutung der Kreditinstitute für die Geldwäschebekämpfung

Kreditinstitute nehmen bei der Geldwäschebekämpfung eine zentrale Rolle ein. Sie standen schon seit dem Ursprung des Geldwäschegesetzes im Fokus der Regulierung.[251] Naturgemäß stellen sie eine Kapitalsammelstelle dar

---

sites/default/files/documents/ql-01-17-932-en-c_pf_final.pdf (zuletzt abgerufen am 17.09.2023).

251 Vgl. Richtlinie 91/308/EWG, abgedruckt in ABl. 1991, L 166, S. 77. Der Wortlaut im § 1 Abs. 1 GwG a. F. lautete damals: „Kreditinstitute sind Unternehmen im Sinne des

und agieren als Intermediäre im nationalen und internationalen Zahlungsverkehr.[252] Diese Geschäftstätigkeiten können allerdings auch von Geldwäschern ausgenutzt werden. Daher sind nach dem Gesetzgeber Gegenmaßnahmen erforderlich und eine aktive Mithilfe der Kreditinstitute notwendig. Nicht nur die Solidität und Stabilität des betreffenden Instituts könnte ernsthaft beschädigt werden, sondern auch das Ansehen des Finanzsystems insgesamt.[253] Auch spielen die Kreditinstitute im Rahmen des Verdachtsmeldewesens eine ganz erhebliche Rolle, wie sich schon anhand der Zahl der Verdachtsmeldungen zeigt. Von insgesamt 77.252 stattgefundenen Meldungen aus dem Jahr 2018 kamen 65.132 von den Kreditinstituten.[254] Im Jahr 2021 waren es von insgesamt 298.507 stattgefundenen Meldungen 180.394 von den Kreditinstituten.[255]

Die Bedeutung der Kreditinstitute in Deutschland für die Geldwäschebekämpfung würde auch noch mal deutlich wachsen, wenn sich die sogenannte „Bargeldobergrenze“ in Deutschland durchsetzen würde. Im Verlauf der Umsetzung der Vierten EU-Geldwäscherichtlinie hat das Bundesministerium der Finanzen dafür geworben, dass ein Höchstbetrag für Barbezahlungen umgesetzt wird.[256] Nach einer durch das Bundesministerium in Auftrag gegebenen Dunkelfeldstudie wurde als zentrales Handlungsergebnis die Einführung eines Höchstbetrages für Bargeldzahlungen (zwischen 2.000 bis 5.000 Euro) vorgeschlagen.[257] Deutschland ist innerhalb der europäischen Union eins von wenigen Ländern, in dem eine Begrenzung von Bargeld noch nicht existiert. In anderen Mitgliedstaaten bestehen Modelle von Meldeschwellen bis hin zu Höchstgrenzen, wobei die gesetzliche Ausgestaltung mitunter stark variiert.[258] Der Vorteil einer Bargeldoberschwelle wäre, dass

---

§ 1 Abs. 1 des Gesetzes über das Kreditwesen mit Ausnahme der in § 2 Abs. 1 Nr. 4, 7 und 8 des Gesetzes über das Kreditwesen erfaßten Unternehmen. Die Bundesanstalt für Finanzdienstleistungsaufsicht kann im Einzelfall bestimmen, daß auf ein Unternehmen im Sinne dieser Vorschrift wegen der Art der von ihm betriebenen Geschäfte die Vorschriften dieses Gesetzes nicht anzuwenden sind.“

252 Findeisen, wistra 1997, 121, 122.

253 Vgl. Erwägungsgründe Richtlinie der 91/308/EWG.

254 FIU-Jahresbericht 2018, S. 14.

255 FIU-Jahresbericht 2021, S. 15, 17.

256 Vgl. FAZ „Plan der Bundesregierung – Bar zahlen künftig nur noch bis 5000 Euro“ vom 02.02.2016 abrufbar unter https://www.faz.net/aktuell/wirtschaft/wirtschaftspolitik/plan-der-bundesregierung-bar-zahlen-kuenftig-nur-noch-bis-5000-euro-14048560.html (zuletzt abgerufen am 22.09.2023).

257 Wissenschaftliche Dienste, Deutscher Bundestag, Diskussion über die Begrenzung von Bargeldzahlungen, WD 4 – 3000 – 043/16, S. 4.

258 Keine gesetzlichen Regeln zu Höchstgrenzen für Bargeldzahlungen haben neben Deutschland nur Lettland, Litauen, Luxemburg, Malta, Österreich, Slowenien und Zypern. In den übrigen zwanzig Mitgliedsländern der EU variieren die Höhe der Obergrenze für Bargeldzahlungen und der Umfang der gesetzlichen Bestimmungen. Einen

die Anonymität des Bargeldes bei hohen Summen erschwert wird. Jegliche Zahlungen über diese Bargeldgrenze müsste mit anderen Zahlungsmitteln (z. B. EC-Karte) vorgenommen werden, wo erkennbar wird, wer wann an wen was bezahlt hat. Zudem hätten die Kreditinstitute eine Übersicht über eine Vielzahl von stattfindenden Geldströmen und könnten aufgrund eines umfangreichen Datensatzes bessere Analysen über mögliche Geldwäschefälle anstellen. Es wird vermutet, dass insbesondere im Bereich des Nichtfinanzsektors (z. B. Immobilienbranche oder Autohandel) ein großes Risiko besteht, dass erhebliche Summen von Bargeld gewaschen werden.[259] Eine gesetzliche Änderung zur Bargeldobergrenze konnte sich allerdings auf deutscher Ebene bisher nicht durchsetzen.[260] Der frühere Präsident des Bundesverfassungsgerichts, Hans-Jürgen Papier, hat das Vorhaben sogar für verfassungswidrig gehalten.[261] Auch auf der europäischen Ebene hat man sich im Jahr 2018 gegen eine europaweite Bargeldobergrenze ausgesprochen. Als Begründung wurde unter anderem hervorgehoben, dass die „Barzahlungsbeschränkungen für die europäischen Bürgerinnen und Bürger ein heikles Thema sind und dass viele von ihnen die Möglichkeit der Barzahlung als eine Grundfreiheit wahrnehmen, die nicht unverhältnismäßig eingeschränkt werden sollte".[262] Zumindest für den Bankenbereich hat die BaFin inzwischen in dem Besonderen Teil für Kreditinstitute der Auslegungs- und Anwendungshinweise deutlich gemacht, dass eine Bartransaktionen, die von Kreditinstituten innerhalb einer Geschäftsbeziehung (z. B. Bareinzahlung auf ein Kundenkonto) durchgeführt werden, und die einen Betrag von 10.000 Euro überschreiten, besonders zu prüfen ist und sich die Kreditinstitute die Herkunft der Vermögenswerte durch aussagekräftige Belege nachweisen lassen müssen.[263]

Überblick dazu im Einzelnen: Wissenschaftliche Dienste, Deutscher Bundestag, Diskussion über die Begrenzung von Bargeldzahlungen, WD 4 – 3000 – 043/16, S. 8 f.

259 Siehe näher zu den Risiken im Nichtfinanzsektor *Bussmann*, Dunkelfeldstudie über den Umfang der Geldwäsche in Deutschland und über die Geldwäscherisiken in einzelnen Wirtschaftssektoren vom August 2015, S. 17 ff.

260 Nach dem Sanktionsdurchsetzungsgesetz II vom 19.12.2022 (BGBl. I S. 2606) dürfen seit dem 1. April 2023 Immobilien nicht mehr in bar bezahlt werden (Vgl. §§ 16a, 59 Abs. 11 GwG).

261 FAZ „Abschaffung von Bargeld ist verfassungswidrig" vom 08.02.2016, abrufbar unter https://www.faz.net/aktuell/wirtschaft/wirtschaftspolitik/ehemaliger-verfassungsrichter-abschaffung-von-bargeld-ist-verfassungswidrig-14059694.html (zuletzt abgerufen am 17.09.2023).

262 Bericht der Kommission an das Europäische Parlament und den Rat über Barzahlungsbeschränkungen vom 12.6.2018, COM (2018) 483 final, S. 10.

263 Bei Bartransaktionen, die außerhalb einer bestehenden Geschäftsbeziehung durchgeführt werden, ist schon das Überschreiten eines Betrages von 2.500 EUR ausreichend. BaFin, Auslegungs- und Anwendungshinweise, Besonderer Teil: Kreditinstitute, S. 4. Kritisch hierzu: Brian/Frey/Krais, CCZ 2019, 245, 247 mit Bezug den Koalitionsver-

2. Das Kreditinstitut als Verpflichteter im Geldwäschegesetz

Das Geldwäschegesetz verweist bei der Begrifflichkeit des Kreditinstitutes in seiner Definition auf das Kreditwesengesetz, allerdings werden auch Abweichungen bestimmt.

Nach § 2 Abs. 1 Nr. 1 GwG sind Verpflichtete,

> *„[...] soweit sie in Ausübung ihres Geschäfts oder Berufs handeln, Kreditinstitute im Sinne des § 1 Abs. 1 des Kreditwesengesetzes, mit Ausnahme der in § 2 Abs. 1 Nr. 3 bis 8 des Kreditwesengesetzes genannten Unternehmen, und im Inland gelegene Zweigstellen und Zweigniederlassungen von Kreditinstituten mit Sitz im Ausland."*

In der Fassung des ursprünglichen Geldwäschegesetzes vom Oktober 1993 wurde das Kreditinstitut eigens im § 1 Abs. 1 GwG a.F. definiert. Es gab noch keinen Verweis auf das Kreditwesengesetz.[264] Um zu vermeiden, dass bei jeder Novellierung des Kreditwesengesetzes auch das Geldwäschegesetz angepasst werden muss, wird seit der Gesetzesänderung im Jahr 1997 auf die Definition im Kreditwesengesetz Bezug genommen.[265]

a) Unterschiede der Begrifflichkeit zum Kreditwesengesetz

Ein Kreditinstitut ist nach dem Geldwäschegesetz verpflichtet, wenn die Voraussetzungen eines Kreditinstitutes im Sinne von § 1 Abs. 1 KWG erfüllt sind oder wenn es sich um eine im Inland gelegene Zweigstelle oder Zweigniederlassung von Kreditinstituten mit Sitz im Ausland handelt.

Das Geldwäschegesetz weicht allerdings auch vom Kreditinstitutsbegriff des Kreditwesengesetzes ab und nennt Besonderheiten. Danach handelt es sich bei Unternehmen nach § 2 Abs. 1 Nr. 3 bis 8 KWG nicht um Verpflichtete im Sinne des Geldwäschegesetzes. Aus der Perspektive des Kreditwesengesetzes werden im § 2 Abs. 1 KWG Ausnahmen festgelegt, da bestimmte Kreditinstitute nicht als solche gelten sollen. Bei diesen Instituten wird es als nicht notwendig erachtet, dass sie die Anforderungen des Kreditwesengesetzes erfüllen müssen und durch die BaFin beaufsichtigt werden.[266] Diese Ausnahmen sollen hingegen für das Geldwäschegesetz

---

trag der Bundesregierung vorsieht, wonach „anonymes Bezahlen mit Bargeld weiterhin möglich bleiben muss." Auf der europäischen Ebene soll nun auch mit der neuen EU-Verordnung eine Bargeldoberschwelle eingeführt werden. Es kann daher davon ausgegangen werden, dass durch eine solche europaweite Bargeldoberschwelle die Bedeutung der Kreditinstitute im Bereich der Geldwäschebekämpfung noch weiter zunehmen wird.

264 Gesetz über das Aufspüren von Gewinnen aus schweren Straftaten (Geldwäschegesetz – GwG) vom 25.10.1993 (BGBl. I, S. 1770).

265 BT-Drs. 13/7143, S. 36.

266 *Schäfer* in Fischer/Schulte-Mattler, CRR-VO/KWG, § 2 KWG Rn 1.

nicht gelten. Somit sind bestimmte Institute auch Verpflichtete im Sinne des Geldwäschegesetzes und müssen die geldwäscherechtlichen Regelungen einhalten. Hierzu gehören beispielsweise die Deutsche Bundesbank, Kreditanstalt für Wiederaufbau. Nach der Gesetzesbegründung gilt für diese beiden Institute aufgrund ihrer Tätigkeit und Geschäfte unstrittig das Geldwäschegesetz.[267]

b) Weiter Anwendungsbereich im Geldwäschegesetz

Der Anwendungsbereich des deutschen Kreditinstitutes im Sinne des Geldwäschegesetzes geht zudem deutlich weiter, als es die europäischen Vorgaben der Geldwäscherichtlinie verlangen. Nach Art. 3 Nr. 1 der Vierten EU-Geldwäscherichtlinie wird im Rahmen der Legaldefinition des „Kreditinstitutes" auf den Begriff in der CRR-Verordnung (EU) Nr. 575/2013 verwiesen. Danach ist ein Kreditinstitut ein Unternehmen, dessen Tätigkeit darin besteht, Einlagen oder andere rückzahlbare Gelder des Publikums entgegenzunehmen (Einlagengeschäfte) und Kredite für eigene Rechnung zu gewähren (Kreditgeschäfte).[268] Relevant ist nach dem europäischen Verständnis somit nur, dass Einlagengeschäfte und Kreditgeschäfte kumulativ ausgeführt werden.[269] Ein Pendant zu dieser Definition kennt auch das deutsche Kreditwesengesetz mit dem CRR-Kreditinstitut im § 1 Abs. 3d Satz 1 KWG. Das Geldwäschegesetz verweist allerdings nicht auf diesen Begriff, sondern auf den weiten Kreditinstitutsbegriff nach § 1 Abs. 1 KWG. Die Bankgeschäfte werden im § 1 Abs. 1 Satz 2 KWG aufgezählt und umfassen deutlich mehr Geschäfte als nur das Einlagen- und das Kreditgeschäft (z. B. das Pfandbriefgeschäft, das Diskontgeschäft, das Finanzkommissionsgeschäft, das Depotgeschäft).

Zwar sind auch Einschränkungen im Anwendungsbereich des Geldwäschegesetzes möglich, allerdings wurde davon aber bisher kein Gebrauch gemacht. Das Bundesministerium der Finanzen kann nach § 2 Abs. 2 GwG durch Rechtsverordnung bestimmte Finanztätigkeiten, welche nur gelegentlich oder in sehr begrenztem Umfang ausgeübt werden und bei denen ein geringes Risiko der Geldwäsche oder Terrorismusfinanzierung besteht, unter bestimmten Bedingungen vom Anwendungsbereich des Geldwäschegesetzes ausnehmen. Damit soll dem risikobasierten Ansatz Rechnung getragen werden.[270] Die Grundlage wurde mit der Umsetzung der Vierten EU-Geldwäscherichtlinie konkretisiert, bestand aber schon in der alten Fassung

267 BR-Drs. 168/08 S. 65.
268 Art. 4 Abs. 1 Unterabs. 1 Verordnung (EU) Nr. 575/2013.
269 *Brogl* in Reischauer/Kleinhans, KWG, EGL. 8/19, § 1 Rn. 364.
270 BR-Drs. 182/17, S. 123.

des Geldwäschegesetzes.[271] Bisher lässt sich keine Rechtsverordnung auf dieser Rechtsgrundlage finden. Es lässt sich lediglich entdecken, dass im Geldwäschegesetz vor dem Jahr 2008 die BaFin noch im Einzelfall bestimmen konnte, dass auf ein Unternehmen wegen der Art der von ihm betriebenen Geschäfte die Vorschriften des Geldwäschegesetzes nicht anzuwenden sind.[272] Diese Vorschrift wurde dem § 2 Abs. 4 KWG nachgebildet.[273] Gebrauch von dieser Ausnahme konnten beispielsweise Bürgschaftsbanken machen, wenn besondere Umstände vorlagen, welche eine Freistellung rechtfertigen.[274]

Im Ergebnis ist die Begrifflichkeit des Kreditinstitutes im Sinne des Geldwäschegesetzes von einem weiten Anwendungsbereich geprägt. Zum einen geht die Begrifflichkeit des Kreditwesengesetzes deutlich über die Anforderungen der EU-Geldwäscherichtlinie hinaus. Zum anderen wird noch die Begrifflichkeit des Kreditinstitutes nach dem Kreditwesengesetz erweitert, da auch Kreditinstitute mit Ausnahme des § 2 Abs. 1 Nr. 3 bis 8 KWG unter das Geldwäschegesetz fallen. Mögliche Einschränkungen nach § 2 Abs. 2 GwG wurden bisher nicht vorgenommen.

3. Zuständige Behörden im Zusammenhang mit der Verdachtsmeldung

Bei den zuständigen Behörden im Zusammenhang mit der Verdachtsmeldung muss im Geldwäschegesetz unterschieden werden. Einerseits gibt es die zuständigen Aufsichtsbehörden nach § 50 GwG. Diese üben nach § 51 Abs. 1 GwG die Aufsicht über die Verpflichteten aus.[275] Hierbei handelt es sich jedoch nicht gleichzeitig um die zuständige Empfangsbehörde für die Verdachtsmeldung.

271 Siehe § 2 Abs. 2 GwG in der Fassung vom 13.8.2008 (BGBl. I, S. 1690).

272 Vgl. § 1 Abs. 1 Satz 2 GwG a. F. Diese Bestimmung galt bis zur Neufassung des Gesetzes über das Aufspüren von Gewinnen aus schweren Straftaten (Geldwäschegesetz – GwG) vom 13.08.2008 (BGBl. I, S. 1690).

273 *Fülbier* in Fülbier/Aepfelbach/Langweg, GwG, § 1 Rn. 7. Siehe näher zum Freistellungsverfahren, BaFin Merkblatt zum Verfahren der Freistellung nach § 2 Abs. 4 KWG für im Inland ansässige Unternehmen vom 26. Februar 2014, zuletzt geändert am 26. November 2015.

274 Vgl. Schreiben des Bundesaufsichtsamtes für das Kreditwesen „Bürgschaftsbanken als Adressat des Geldwäschegesetzes (GwG) vom 24.03.1994, abgedruckt in Consbruch/Möller, KWG, C 40.3.

275 Die konkreten Befugnisse für die Aufsichtsbehörden ergeben sich aus den §§ 51 GwG ff.

a) BaFin als Aufsichtsbehörde

Die zuständige Aufsichtsbehörde für die Durchführung des Geldwäschegesetzes bei Kreditinstituten ist nach § 50 Nr. 1 lit. a GwG die Bundesanstalt für Finanzdienstleistungsaufsicht (BaFin).[276] Als Aufsichtsbehörde übt sie die Aufsicht aus und kann geeignete und erforderliche Maßnahmen und Anordnungen treffen, um die Einhaltung des Geldwäschegesetzes sicherzustellen. Die BaFin ist auch die sachlich zuständige Verwaltungsbehörde für Ordnungswidrigkeiten nach §§ 56 Abs. 5 Satz 1 GwG, 36 Abs. 1 Nr. 1 OWiG. Somit kann die BaFin auch ein Ordnungswidrigkeitsverfahren einleiten, wenn ein Verstoß gegen das Geldwäschegesetz, wie wenn beispielsweise ein Verdacht nach § 56 Abs. 1 Nr. 69 GwG nicht, nicht richtig, nicht vollständig oder nicht rechtzeitig gemeldet wird.

b) FIU als Empfangsbehörde der Verdachtsmeldung

Zuständige Empfangsbehörde für die Verdachtsmeldung ist nicht etwa die zuständige Strafverfolgungsbehörde, sondern die Verdachtsmeldung muss nach § 43 Abs. 1 GwG an die Zentralstelle für Finanztransaktionsuntersuchungen, die auch als Financial Intelligence Unit (FIU) bezeichnet wird, gemeldet werden.[277]

Dabei erfüllt die FIU eine „Filterfunktion".[278] Sobald eine Verdachtsmeldung bei ihr eingeht, muss die Meldung verarbeitet werden. Hierfür wird die Meldung analysiert, um zu prüfen, ob der gemeldete Sachverhalt im Zusammenhang mit Geldwäsche, Terrorismusfinanzierung oder mit einer sonstigen Straftat steht (§ 30 Abs. 2 GwG). Stellt die FIU bei der operativen Analyse fest, dass ein Vermögensgegenstand mit Geldwäsche, mit Terrorismusfinanzierung oder mit einer sonstigen Straftat im Zusammenhang steht, übermittelt sie das Ergebnis ihrer Analyse sowie alle sachdienlichen Informationen unverzüglich an die zuständigen Strafverfolgungsbehörden (§ 32 Abs. 2 GwG).[279] Besonders hervorzuheben ist dabei, dass die FIU bei der Bearbei-

---

276 Weiterhin sieht § 50 GwG für die anderen Verpflichten z. B. die Wirtschaftsprüferkammer, die Steuerberaterkammer oder die jeweils nach Bundes- oder Landesrecht zuständige Stelle als Aufsichtsbehörde vor.

277 Die Zuständigkeiten der Empfangsbehörde wurden in den vergangenen Jahren mehrfach geändert. Siehe ausführlich zur Entwicklung der zuständigen Empfangsbehörde, S. 169.

278 BT-Drs. 18/11555, S. 2. Siehe umfassend zur rechtlichen Einordung des Clearingverfahrens bei der Verdachtsmeldung Richter, S. 238 ff.

279 Die genannten Informationen sind außerdem an den Bundesnachrichtendienst zu übermitteln, soweit tatsächliche Anhaltspunkte vorliegen, dass diese Übermittlung für die Erfüllung der Aufgaben des Bundesnachrichtendienstes erforderlich ist (§ 32 Abs. 2 Satz 2 GwG). Daneben ist eine Meldungen nach § 43 Abs. 1 GwG von der FIU unverzüglich an das Bundesamt für Verfassungsschutz zu übermitteln, soweit tatsäch-

tung der Verdachtsmeldungen nicht dem Legalitätsprinzip unterliegt, sondern im Rahmen ihrer operativen Analyse entscheidet, ob der Sachverhalt an die Strafverfolgungsbehörden abzugeben ist.[280] Gegebenenfalls kann die FIU Informationen von verpflichteten Kreditinstituten einholen, soweit dies zur Erfüllung ihrer Aufgaben erforderlich ist (§ 30 Abs. 3 GwG).[281]

4. Der praktische Ablauf einer Verdachtsmeldung innerhalb eines Kreditinstitutes

Zum besseren Verständnis soll im Folgenden auch der Ablauf in einem Kreditinstitut aufgezeigt werden, unter welchen Umständen ein Verdachtsmoment auf Geldwäsche und Terrorismusfinanzierung auftreten kann. Dabei können zwei Ebenen unterschieden werden. Auf der Ebene 1 (dazu a) werden Situationen dargestellt, wann typischerweise Verdachtsmomente entstehen können. Auf der Ebene 2 (dazu b) wird aufgezeigt, wie diese von den zuständigen Stellen im Kreditinstitut bearbeitet und ausgewertet werden.

a) Ebene 1 – Typische Verdachtsmomente in Kreditinstituten

Ein Verdachtsmoment kann in einem Kreditinstitut insbesondere in vier Situationen auftreten.[282] Die Darstellung gibt dazu einen Überblick:

---

liche Anhaltspunkte dafür bestehen, dass die Übermittlung dieser Informationen für die Erfüllung der Aufgaben des Bundesamtes für Verfassungsschutz erforderlich ist (§ 32 Abs. 1 GwG). In diesem Fall übermittelt die Zentralstelle für Finanztransaktionsuntersuchungen außerdem dem Bundesamt für Verfassungsschutz zu der zuvor übermittelten Meldung auch das entsprechende Ergebnis ihrer operativen Analyse sowie alle sachdienlichen Informationen (§ 32 Abs. 2 Satz 3 GwG).

280 Scherp, CB 2017, 275, 278.

281 Siehe § 30 Abs. 3 GwG.

282 Die FIU veröffentlicht in einem geschützten Bereich Hinweise, wann Verdachtsmomente vorliegen können. Diese Hinweise sind nicht öffentlich und nur Verpflichteten des Geldwäschegesetzes und bestimmten Behörden zugänglich.

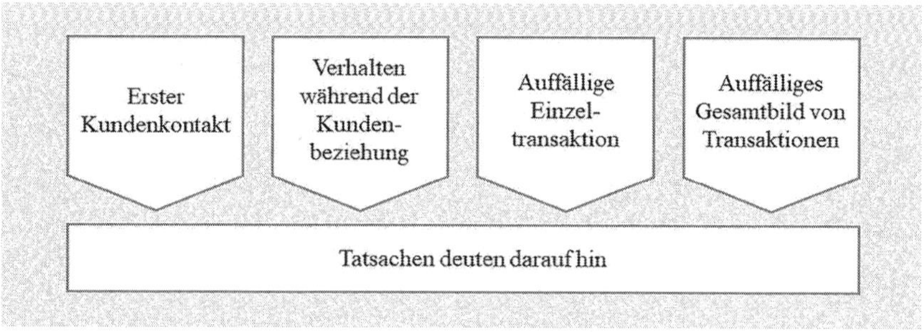

Abbildung 2: Verdachtssituationen in einem Kreditinstitut.
Quelle: Eigene Darstellung.

(1) Situation 1 – Erster Kundenkontakt

Der erste Kundenkontakt ist eine Situation, in der Verdachtsmomente mit Bezug zur Geldwäsche und Terrorismusfinanzierung auftreten können. Ein neuer Bankkunde erscheint etwa persönlich in einem Kreditinstitut, um ein Konto zu eröffnen. Das Geldwäschegesetz verlangt bei der Begründung einer neuen Geschäftsbeziehung, dass der Vertragspartner umfassend identifiziert und die Angaben überprüft werden (z. B. anhand eines Ausweises).[283] Bei diesem Vorgang könnten sich beispielsweise Verdachtsmomente aus Auffälligkeiten des Kundenverhalten (z. B. ein Kunde bricht sein Vorhaben ab, sobald ein Ausweis verlangt wird). Auffällig könnte auch sein, dass die eingebrachten oder in Aussicht gestellten Vermögenswerte mit den finanziellen Verhältnissen des Kunden nicht vereinbar sind, oder dass der neue Kunde weitgehend die Auskunft zur Herkunft der Mittel verweigert.[284]

---

283 Bei einer natürlichen Person müssen Identifikationsmerkmale (wie Name, Staatsangehörigkeit und Anschrift) anhand eines gültigen amtlichen Ausweises festgestellt werden (§ 11 Abs. 4 Nr. 1 GwG). Ist der Vertragspartner hingegen eine juristische Person, muss die Firma, Name oder Bezeichnung, Rechtsform, Registernummer und weitere Daten anhand eines Auszugs aus dem Handelsregister festgestellt werden (§ 11 Abs. 4 Nr. 1 GwG).

284 Vgl. schon Hinweise vom BAKred Rundschreiben Nr. 19/98 vom 2. November 1998, Abs. III 1 Kontoeröffnung/Aufnahme einer Geschäftsbeziehung mit weiteren Indikatoren auf Geldwäsche; aktuelle Hinweise der Aufsicht BaFin Auslegungs- und Anwendungshinweisen, S. 73. Die FIU stellt auch zu unterschiedlichen Themen Typologiepapiere in einem geschützten Bereich zur Verfügung. Dieser Zugang zum geschützten Bereich wird nur nach vorheriger Anmeldung und Feststellung der Verpflichteneigenschaft nach § 2 GwG durch die FIU gewährt.

(2) Situation 2 – Verhalten während der Kundenbeziehung

Weiterhin können während der Kundenbeziehung bestimmte Situationen vorkommen, bei denen Verdachtsmomente mit Bezug zur Geldwäsche und Terrorismusfinanzierung auftreten können. Kreditinstitute sind verpflichtet, die Geschäftsbeziehung kontinuierlich zu überwachen, um sicherzustellen, dass die vorhandenen Informationen über den Vertragspartner noch aktuell sind und mit dokumentierten Informationen übereinstimmen.[285] Mögliche Auffälligkeiten und Verdachtsmomente können dann sein, wenn sich die beruflichen oder wirtschaftlichen Lebensumstände des Vertragspartners verändert haben und nicht mehr mit den jeweiligen Kontoaktivitäten übereinzustimmen scheinen.[286]

(3) Situation 3 – Auffällige Einzeltransaktionen

Eine dritte typische Situation besteht bei auffälligen Einzeltransaktionen. Diese können bei einer bestehenden Geschäftsbeziehung sowie bei einem Gelegenheitskunden vorkommen.[287] Gerade bei Gelegenheitskunden besteht eine größere Gefahr, da diese nur unter bestimmten Voraussetzungen identifiziert werden müssen und die Anonymität die Möglichkeit zur Geldwäsche oder Terrorismusfinanzierung begünstigt.[288] Verdächtig sind in diesem Zusammenhang Situationen, in denen ein Kunde ohne Interesse oder Beachtung höhere Gebühren in Kauf nimmt oder Fremdwährungen wechselt, die in Deutschland wenig verbreitet sind.[289] Auch könnte es einen Verdachtsmoment darstellen, wenn ungewöhnlich hohe Bareinzahlungen stattfinden, insbesondere dann, wenn diese innerhalb eines kurzen Zeitraumes wieder auf ein anderes Konto im Ausland transferiert werden.[290]

---

285 § 10 Abs. 1 Nr. 5 GwG.

286 Vgl. noch BAKred Rundschreiben Nr. 19/98 vom 2. November 1998, Abs. III 1 Kontoeröffnung/Aufnahme einer Geschäftsbeziehung mit weiteren Indikatoren auf Geldwäsche; nunmehr von der Aufsicht allgemeiner formuliert siehe BaFin Auslegungs- und Anwendungshinweisen, S. 30.

287 Gelegenheitskunden sind solche, mit denen keine Geschäftsbeziehung i. S. v. § 1 Abs. 4 GwG besteht.

288 Die allgemeinen Sorgfaltspflichten müssen nach § 10 Abs. 3 GwG durchgeführt werden. Sollte es sich um einen Gelegenheitskunden handeln, dann müssten weitere Umstände, z. B. Transaktion im Wert von 15.000 Euro oder mehr (10 Abs. 3 Nr. 2 lit b GwG), hinzukommen.

289 Vgl. noch BAKred Rundschreiben Nr. 19/98 vom 2. November 1998, Abs. III 8 Sortengeschäfte mit weiteren Indikatoren auf Geldwäsche; aktuelle Hinweise der Aufsicht BaFin Auslegungs- und Anwendungshinweise, S. 73.

290 Vgl. noch BAKred Rundschreiben Nr. 19/98 vom 2. November 1998, Abs. III 7 Bartranskationen mit weiteren Indikatoren auf Geldwäsche; aktuelle Hinweise der Aufsicht BaFin Auslegungs- und Anwendungshinweisen, S. 73.

(4) Situation 4 – Auffälliges Gesamtbild von Transaktionen

Die vierte typische Situation umfasst nicht nur eine auffällige Transaktion, sondern mehrere Transaktionen zusammen, aus denen sich ein auffälliges Gesamtbild der Geschäftsbeziehung ergibt. Damit die Vielzahl von Transaktionen ausreichend überwacht werden kann, müssen Kreditinstitute Datenverarbeitungssysteme nach § 25h Abs. 2 KWG betreiben, mittels derer sie in der Lage sind, auffällige Geschäftsbeziehungen sowie einzelne Transaktionen im Zahlungsverkehr zu erkennen. Auffällig wäre es, wenn auf dem Konto Umsätze getätigt werden, welche nicht zu den wirtschaftlichen Verhältnissen des Vertragspartners passen und auch sonst nicht erklärbar sind. Weitere Verdachtsmomente wären eine sprunghafte Umsatzsteigerung, ohne einen ersichtlichen Grund sowie eine intensive Nutzung des Kontos für Barein- und auszahlungen, obwohl die Geschäftsaktivitäten in der Regel unbar abgewickelt werden.[291]

b) Ebene 2 – Auswertung der Verdachtsmomente

Sobald ein Verdachtsmoment aufgetreten ist, muss dieser untersucht und bewertet werden. Hierzu soll folgende Darstellung einen Überblick geben:

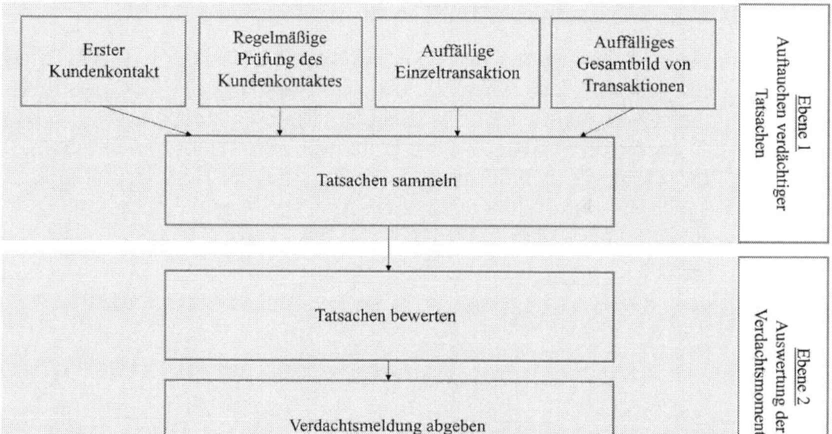

Abbildung 3: Übersicht über die zwei Ebenen der Verdachtsmeldung
Quelle: Eigene Darstellung.

291 Vgl. noch BAKred Rundschreiben Nr. 19/98 vom 2. November 1998, Abs. III 2 Kontoführung im Allgemeinen mit weiteren Indikatoren auf Geldwäsche; die aktuellen Hinweise der Aufsicht sind allgemeiner formuliert siehe BaFin Auslegungs- und Anwendungshinweisen, S. 73.

(1) Verdachtsmomente untersuchen

Die aufgetauchten Verdachtsmomente müssen untersucht und bewertet werden. Diese Aufgabe wird von einem Geldwäschebeauftragten im Kreditinstitut übernommen. Jedes Kreditinstitut ist nach § 7 Abs. 1 GwG gesetzlich zur Bestellung einer solchen Fachpersonalie verpflichtet. Der Geldwäschebeauftragte ist für die Einhaltung der geldwäscherechtlichen Vorschriften zuständig. Die Ausgestaltung und die Anforderungen an den Geldwäschebeauftragten werden in einem weiteren Abschnitt genau dargestellt.[292] Der Geldwäschebeauftragte prüft die Verdachtsmomente und soll dabei die gesamten aus einer Geschäftsbeziehung vorhandenen Informationen heranziehen.[293]

Dazu gehören insbesondere,
- Zweck und Art der Transaktion,
- Besonderheiten in der Person des Kunden oder des wirtschaftlich Berechtigten,
- der finanzielle und geschäftliche Hintergrund des Kunden sowie
- die Herkunft der eingebrachten oder einzubringenden Vermögenswerte.[294]

(2) Abgabe der Verdachtsmeldung an die zuständige Behörde

Wird nach einer Untersuchung des Sachverhaltes durch den Geldwäschebeauftragten festgestellt, dass Hinweise auf Geldwäsche oder Terrorismusfinanzierung bestehen, dann ist eine Verdachtsmeldung nach § 43 Abs. 1 GwG unverzüglich an die Zentralstelle für Finanztransaktionsuntersuchungen zu melden.[295] Der Geldwäschebeauftragte unterliegt bei der Entscheidung nicht dem Direktionsrecht durch die Geschäftsleitung (§ 7 Abs. 5 Satz 6 GwG).

Zusammenfassend bietet das folge Schaubild einen Überblick:

292 Siehe näher zum Geldwäschebeauftragten, S. 58.

293 BaFin Auslegungs- und Anwendungshinweisen, S. 19, 73; BaFin Rundschreiben 1/2014 (GW), Abs. I.

294 BaFin Auslegungs- und Anwendungshinweisen, S. 73; BaFin Rundschreiben 1/2014 (GW), Abs. I. Darüber zählt die BaFin Situationen auf, in denen eine gesteigerte Aufmerksamkeit erforderlich ist, siehe hierzu BaFin Auslegungs- und Anwendungshinweisen, S. 73.

295 Auch im Fall, dass keine Verdachtsmeldung erstatten werden soll, sind die Erwägungsgründe und eine nachvollziehbare Begründung des Bewertungsergebnisses eines Sachverhalts hinsichtlich der Meldepflicht nach § 43 Absatz 1 GwG zu dokumentieren (§ 8 Abs. 1 Nr. 5 GwG).

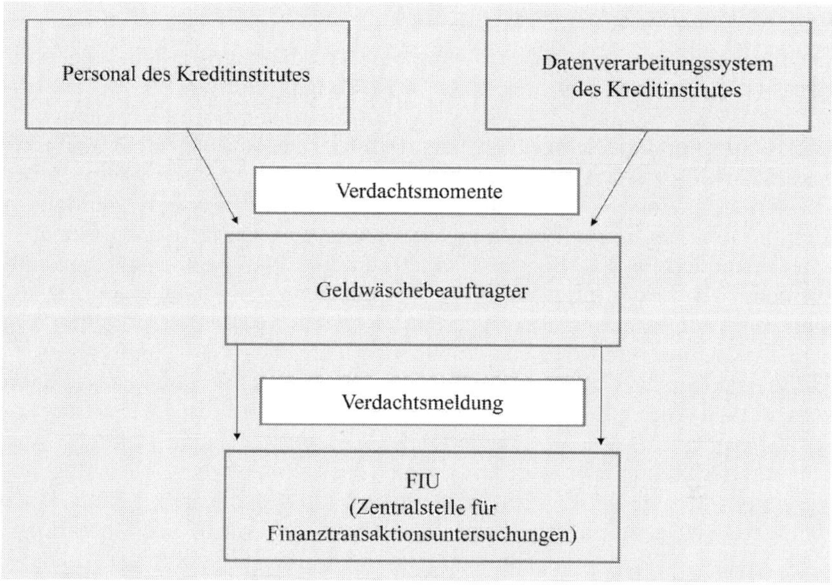

Abbildung 4: Zusammenfassung über den Ablauf der Verdachtsmeldung.
Quelle: Eigene Darstellung.

5. Organisationspflichten und der risikobasierte Ansatz

Aus dem vorherigen Abschnitt über den praktischen Ablauf einer Verdachtsmeldung wird ersichtlich, wie wichtig der Organisationsablauf innerhalb eines Kreditinstitutes ist. Dies hat auch der Gesetzgeber erkannt. Daher sollen im Folgenden die in diesem Zusammenhang bestehenden gesetzlichen Pflichten aufgezeigt werden. Dabei soll auch der risikobasierte Ansatz Erwähnung finden, der für das Geldwäscherecht eine zentrale Rolle spielt. Zunächst erscheint es naheliegend, dass bei einer Verdachtsmeldung auch nähere Informationen zu einem Verdächtigen abgegeben werden. Daher sieht das Geldwäschegesetz sogenannte Kundensorgfaltspflichten vor (dazu a). Weiterhin besteht aufgrund der Größe und umfangreichen Prozesse einer Bank eine Herausforderung in der Organisation (dazu b) sowie bestimmte bankspezifische Risiken (dazu c). Sodann soll näher auf die Risikoanalyse eingegangen werden (dazu d) sowie auf den risikobasierten Ansatz (dazu e). Daraus ableitenden bestehen die internen Sicherungsmaßnahmen (dazu f). Zuletzt sollen die Auswirkungen des Risikomanagements auf die Verdachtsmeldung zusammengefasst werden (dazu g).

a) Kundeninformationen als notwendige Voraussetzung

Damit überhaupt eine Strafverfolgung eines Verdächtigen möglich ist, sollten persönliche Angaben über einen Verdächtigen vorliegen. Das Geldwäschegesetz sieht daher im Abschnitt 3 umfangreiche Sorgfaltspflichten in Bezug auf Kunden (Kundensorgfaltspflichten) vor, die von einem Kreditinstitut erfüllt werden müssen. Alle Vertragspartner müssen demnach bei Begründung einer Geschäftsbeziehung identifiziert werden. Handelt es sich um eine natürliche Person müssen Vorname und Nachname, Geburtsort, Geburtsdatum, Staatsangehörigkeit und eine Wohnanschrift festgestellt werden.[296] Bei einer juristischen Person oder bei einer Personengesellschaft sind es Firma, Name oder Bezeichnung, Rechtsform, Registernummer, Anschrift des Sitzes und die Namen der Mitglieder des Vertretungsorgans.[297] Diese Angaben müssen überprüft werden. Bei einer natürlichen Person kann dies anhand eines gültigen amtlichen Ausweises stattfinden.[298] Bei einer juristischen Person kann dies anhand eines Auszuges aus dem Handels- oder Genossenschaftsregister oder aus einem vergleichbaren amtlichen Register vorgenommen werden.[299] Ein Kreditinstitut muss dann die konkrete Kundenbeziehung nach einem Risiko der Geldwäsche oder Terrorismusfinanzierung einschätzen.[300] Hierfür sind unter anderem Faktoren in der Anlage 1 des Geldwäschegesetzes, die für ein potenziell geringeres Risiko sprechen, und in der Anlage 2 des Geldwäschegesetzes, die für ein potenziell höheres Risiko sprechen, zu berücksichtigen. Je nach der spezifischen Risikoeinschätzung ist der konkrete Umfang der Sorgfaltsmaßnahmen zu bestimmen.[301]

Grundsätzlich gelten die allgemeinen Sorgfaltspflichten nach § 10 Abs. 1 GwG. In diesem Fall müssen Daten der Vertragspartner und der wirtschaftlich Berechtigten sowie Informationen über den Zweck und über die angestrebte Art der Geschäftsbeziehung eingeholt werden. Es muss mit risikoorientierten Verfahren geprüft werden, ob sogenannte politisch exponierte Personen[302] beteiligt sind und die Geschäftsbeziehung muss kontinuierlich überwacht werden. Werden geringe Risiken festgestellt, dann können auch vereinfachte Sorgfaltspflichten nach § 14 GwG erfüllt werden. In dem Fall

296 Siehe § 11 Abs. 4 Nr. 1 GwG.
297 Siehe § 11 Abs. 4 Nr. 2 GwG.
298 Siehe § 12 Abs. 1 Nr. 1 GwG.
299 Siehe § 12 Abs. 2 Nr. 1 GwG.
300 Siehe § 10 Abs. 2 GwG.
301 Siehe § 10 Abs. 2 GwG.
302 Die Legaldefinition der politisch exponierten Personen ergibt sich aus § 1 Abs. 12 GwG. Danach handelt es sich um jede Person, die ein hochrangiges wichtiges öffentliches Amt auf internationaler, europäischer oder nationaler Ebene ausübt oder ausgeübt hat oder ein öffentliches Amt unterhalb der nationalen Ebene, dessen politische Bedeutung vergleichbar ist, ausübt oder ausgeübt hat.

kann der Umfang der Maßnahmen, die zur Erfüllung der allgemeinen Sorgfaltspflichten zu treffen sind, angemessen reduziert werden. Werden hingegen höhere Risiken festgestellt, dann müssen verstärkte Sorgfaltspflichten erfüllt werden. Steht beispielsweise eine Geschäftsbeziehung oder Transaktion im Zusammenhang mit einem Hochrisikostaat, dann müssen zusätzliche Informationen über den Vertragspartner sowie über die Geschäftsbeziehung eingeholt werden, die Begründung einer Geschäftsbeziehung bedarf der Zustimmung eines Mitglieds der Führungsebene und die Geschäftsbeziehung muss verstärkt überwacht werden.[303]

Auch wenn erhöhte Risiken bestehen und verstärkte Sorgfaltspflichten erfüllt werden müssen, ist noch nicht zwingend ein Verdacht zu melden. Eine Verdachtsmeldung ist erst dann abzugeben, wenn nach § 43 Abs. 1 Nr. 1 GwG Tatsachen vorliegen, die darauf hindeuten, dass ein Vermögensgegenstand, der mit einer Geschäftsbeziehung im Zusammenhang steht, aus einer strafbaren Handlung stammt, die eine Vortat der Geldwäsche darstellen könnte. Die verstärkten Sorgfaltspflichten sollen daher dazu dienen, aufgrund der erhöhten Risiken die Geschäftsbeziehung genauer zu untersuchen. Dies entspricht auch dem risikobasierten Ansatz, wonach abhängig vom Risiko der Umfang der Maßnahmen der einzelnen Geschäftsbeziehung bestimmt werden soll.

b) Das Organisationsproblem in einem Kreditinstitut

Ein Kreditinstitut zeichnet sich oft durch umfangreiche und komplexe Geschäftstätigkeiten sowie stark gegliederte Arbeitsschritte aus. Bei der Ausführung von nur einem Bankgeschäft kann es vorkommen, dass mehrere Abteilungen involviert sind und unterschiedliche Personen gleichzeitig oder nacheinander an einem Sachverhalt arbeiten. Aus der Perspektive einer effektiven Geldwächeprävention stellt sich damit die Herausforderung, dass geldwäscherelevante Besonderheiten und Abweichungen erkennbar bleiben müssen. Für ein Verdachtsmoment ist es regelmäßig notwendig, dass der Gesamtzusammenhang überblickt wird. Mit einer komplexen und starkgegliederten Geschäftstätigkeit besteht aber die Gefahr von Informationsverlusten. Auch durch Routinesituationen können Besonderheiten nicht mehr offensichtlich werden.[304]

303 Siehe näher zu den genauen Voraussetzungen und Maßnahmen § 15 Abs. 3 Nr. 2, Abs. 5 GwG.

304 BT-Drs. 12/2704, S. 19.

c) Das Risiko von Geldwäsche und Terrorismusfinanzierung im Zusammenhang mit bankspezifischen Risiken

Das Risiko von Geldwäsche und Terrorismusfinanzierung gehört zum allgemeinen Risikomanagement eines Institutes, wie mit dem Gesetz zur Umsetzung der Zweiten E-Geld-Richtlinie aus dem Jahr 2010 klargestellt wurde.[305] Allerdings ist zu beachten, dass es sich bei der Verhinderung von Geldwäsche und Terrorismusfinanzierung um einen speziellen Risikobereich handelt, welcher einer gesonderten Risikoanalyse sowie entsprechender Risikomaßnahmen bedarf.[306]

Risiken im Zusammenhang mit Geldwäsche und Terrorismusfinanzierung können dem operationellen Risiko oder genauer den Risiken der Verlustereigniskategorie zugeordnet werden.[307] Verlustereignisse sind interne und externe betrügerische Handlungen und Situationen von Kunden, Produkten und Geschäftspraktiken.[308] Welche Anforderungen mit dem operationellen Risiko verbunden sind, kann aus § 25a KWG entnommen werden, welcher besondere Risiken vorschreibt, die bei Kreditinstituten neben den allgemeinen und unternehmenstypischen Risiken (unternehmerisches bzw. strategisches Risiko) vorkommen. Zum besseren Verständnis hat die BaFin ein Rundschreiben über die Mindestanforderungen an das Risikomanagement (MaRisk) veröffentlicht.[309] Die Anforderungen zum operationellen Risiko aus der MaRisk sind jedoch lediglich grundlegend beschrieben, wie z. B. dass „wesentliche operationelle Risiken zumindest jährlich identifiziert und beurteilt werden“ müssen.[310]

Im Geldwäscherecht hat der Gesetzgeber konkrete Anforderungen für das Risikomanagement in den §§ 4 ff. GwG geschaffen. Die Verpflichteten müssen nach § 4 Abs. 2 GwG eine Risikoanalyse nach § 5 GwG sowie interne Sicherungsmaßnahmen nach § 6 GwG umsetzen. Für die Kreditinstitute sind zudem auch noch die internen Sicherungsmaßnahmen nach § 25h KWG (z. B. Betreiben eines Datenverarbeitungssystems für die Erkennung von auffälligen Transaktionen) zu berücksichtigen.

305 BT-Drs. 17/3023, S. 59 f.

306 Auerbach/Vitzthum, WPg 2009, 1119, 1120.

307 So auch Auerbach/Vitzthum, WPg 2009, 1119, 1122.

308 Siehe näher Basel Committee on Banking Supervision, Sound Practices for the Management and Supervision of Operational Risk vom Februar 2003, Nr. 5, abrufbar unter https://www.bis.org/publ/bcbs96.pdf (zuletzt abgerufen am 28.2.2020).

309 BaFin Rundschreiben 05/2023 (BA) – Mindestanforderungen an das Risikomanagement – MaRisk vom 29.06.2023 (Geschäftszeichen BA 54-FR 2210-2023).

310 BRT 4 Nr. 2 MaRisk.

d) Die Risikoanalyse als Kernelement des institutsspezifischen Risikomanagements

Im Mittelpunkt eines angemessenen Risikomanagements im Bereich des Geldwäschegesetzes steht die Risikoanalyse nach § 5 GwG (früher auch als „Gefährdungsanalyse" bezeichnet).[311] Mit der Umsetzung der Vierten EU-Geldwäscherichtlinie wurden die Anforderungen einer Risikoanalyse im Geldwäschegesetz aufgenommen. Zuvor waren sie im BaFin-Rundschreiben 8/2005 (GW) als notwendige Vorkehrung für Kreditinstitute beschrieben.

Die institutsinterne Risikoanalyse ist der Ausgangspunkt eines angemessenen Risikomanagementsystems für Geldwäsche. Das Ziel der Risikoanalyse besteht darin, die institutsspezifischen Risiken zu erfassen, zu identifizieren, zu kategorisieren, zu gewichten sowie darauf aufbauend geeignete Präventionsmaßnahmen zu treffen.[312] Konkret bedeutet dies für ein Kreditinstitut, dass die angebotenen Dienstleistungen und die daraus resultierenden Risiken geprüft und bewertet werden müssen.[313] Die Gefahren können sich deutlich unterscheiden, da unterschiedliche Geschäftsmodelle auch unterschiedliche Risiken mit sich bringen. Während beispielsweise beim Privatkundengeschäft die Höhe der Transaktionen entscheidend für ein Geldwäscherisiko sein kann, bestehen beim Investmentbanking Risiken beim Austausch der Vermögensgegenstände zwischen den Vertragsparteien.[314] Der Gesetzgeber verlangt im § 5 Abs. 1 Satz 2 GwG, dass als Grundlage für die Risikoanalyse insbesondere die Risikofaktoren aus der Anlage 1 (Faktoren für ein potenziell geringeres Risiko) und der Anlage 2 (Faktoren für ein potenziell höheres Risiko) des Geldwäschegesetzes sowie der Nationalen Risikoanalyse herangezogen werden müssen. In Bezug auf die Nationale Risikoanalyse lässt sich feststellen, dass bisher nur eine „Erste Nationale Risikoanalyse" für die Bundesrepublik Deutschland vom Bundesfinanzministerium im Oktober 2019 veröffentlicht wurde.[315] Eine Aktualisierung der Nationalen Risikoanalyse wurde bisher nicht vorgenommen. Es lässt sich bereits aus den Hin-

---

311 DK-Hinweise Rn. 80, die Vorgaben für die Gefährdungsanalyse gelten aus dem BaFin Rundschreiben 8/2005 (GW) näher hierzu Auerbach, Banken- und Wertpapieraufsicht, Teil B, Rn. 701.

312 BT-Drs. 18/11555, S. 109 f.

313 Siehe auch Begründung zum 4. Finanzmarktförderungsgesetz in BT-Drs. 14/8017.

314 Siehe zu den Beispielen FATF, Guidance for a risk-based approach, The banking sector vom Oktober 2014, Rn. 57.

315 Daneben gibt es weitere sektorale und subnationale Risikoanalysen, siehe z. B. BaFin, Subnationale Risikoanalyse 2021/2022 (SRA 3.0) vom 08.09.2021, abrufbar auf der Internetseite der BaFin unter https://www.bafin.de/SharedDocs/Downloads/DE/Bericht/dl_sra_21_gw.html (zuletzt abgerufen am 17.09.2023).

weisen der FATF aus einer Veröffentlichung aus dem Jahr 2007 entnehmen, dass eine Nationale Risikoanalyse erstellt werden sollte.[316]

Für ein Kreditinstitut erweist sich in der Praxis bei dem konkreten Vorgehen ein Stufenplan als sinnvoll.[317] Danach ist erstens eine vollständige Bestandsaufnahme der institutsspezifischen Situation (individuelle Kundenstruktur, Geschäftsbereiche und -abläufe, Produkte, Volumen und Struktur des nationalen und internationalen Zahlungsverkehrs, Vertriebswege sowie die Organisationssituation) vorzunehmen. Zweitens müssen die wesentlichen Risikogruppen (kunden-, produkt- und transaktionsbezogene Risiken) identifiziert werden. Auf der dritten Stufe sind Risikogruppen einzuteilen.[318] Die Kreditinstitute haben die Risikoanalyse zu dokumentieren und regelmäßig zu aktualisieren. Die jeweils aktuelle Fassung ist den Aufsichtsbehörden zur Verfügung zu stellen.[319]

e) Der risikobasierte Ansatz als wesentliches Prinzip für das Risikomanagement

Wesentlich für die Umsetzung des Risikomanagements im Geldwäschegesetz und damit auch für die Risikoanalyse ist der risikobasierte Ansatz. Mit der Umsetzung der Dritten EG-Geldwäscherichtlinie kam es im Geldwäscherecht zu einem Paradigmenwechsel, da der regelbasierte Ansatz durch den risikobasierten Ansatz ersetzt wurde.[320] Nunmehr sollten die Kreditinstitute für ihr konkretes Geschäftsmodell und ihr Kundensegment eigenverantwortlich Risikokategorien bilden und darauf abgestimmte hausinterne Maßnahmen durchführen.[321] Der Gesetzgeber oder die Aufsichtsbehörden veröffentlichen keine detaillierten Maßnahmenkataloge, sondern nur noch

316 Vgl. FATF-Leitfaden zum risikoorientierten Ansatz zur Bekämpfung von Geldwäsche und Terrorismusfinanzierung – Grundsätzliche Prinzipien und Verfahren vom Juni 2007, Rn. 2.3, in der deutschen Übersetzung abrufbar unter https://www.bafin.de/SharedDocs/Downloads/DE/Leitfaden/lf_fatf_leitfaden_risikoorientierter_ansatz.pdf?__blob=publicationFile&v=2 (zuletzt abgerufen am 17.09.2023).

317 BaFin Rundschreiben 8/2005 (GW).

318 BaFin Rundschreiben 8/2005 (GW). Es wird allerdings nicht verlangt, dass die Gefährdungsanalyse selbst alle Daten und Eigenschaften der Produkte, Prozesse, Vertriebswege usw. widerspiegeln muss. Siehe näher Auerbach, Banken- und Wertpapieraufsicht, Teil B, Rn. 705. Siehe auch näher *Kruse* in Zentes/Glaab, GwG, § 5 Rn. 10 ff.

319 § 5 Abs. 2 GwG. Das Risikomanagement ist einer unabhängigen Prüfung zu unterziehen. Dies umfasst eine Überprüfung durch den Geldwäschebeauftragten sowie durch die Innenrevision. Während der Geldwäschebeauftragte seine Prüfung prozessbegleitend oder zumindest zeitnah durchführt, prüft die Innenrevision aus der retrospektiven Sichtweise. Vgl. BT-Drs. 16/9038, S. 43.

320 Näher hierzu Sotiriadis, BKR 2009, 234.

321 *Pieth* in Herzog/Mülhausen, Geldwäschebekämpfung und Gewinnabschöpfung, § 6 Rn. 10 ff.

Risikofaktoren. Damit ist kein starrer Pflichtenkatalog mehr abzuarbeiten, sondern ein Kreditinstitut soll flexibel und selbstbestimmt auf das Risiko in Bezug auf den konkreten Vertragspartner, die konkrete Geschäftsbeziehung oder die konkrete Transaktion reagieren können.[322] Dieser Proportionalitätsgedanke verfolgt das Ziel, den bürokratischen Aufwand in Situationen mit einem geringen Risiko abzubauen und sich auf Fälle mit einem hohen Risiko zu fokussieren.[323] Nach dem Prinzip ist es möglich, flexibler auf die Besonderheiten der einzelnen Institute einzugehen.

Die rechtlichen Grundlagen für die Umsetzung des risikobasierten Ansatzes ergeben sich aus dem Geldwäschegesetz, sowie aus weiteren relevanten Quellen und Verlautbarungen der nationalen und europäischen Aufsichtsbehörden sowie aus den Hinweisen der FATF.[324] Dabei werden oft nur grobe Leitlinien vorgegeben, worauf die Kreditinstitute im Rahmen ihres Ermessenspielraumes institutsspezifische konkrete Lösungen finden sollen.[325] Auch mit der Umsetzung der Vierten EU-Geldwäscherichtlinie wurde die Bedeutung des risikobasierten Ansatzes weiter ausgebaut.[326] Im Geldwäschegesetz zeigt sich dies beispielsweise in den aufgezählten Faktoren für ein potenziell geringeres Risiko (Anlage I) sowie Faktoren für ein potenziell höheres Risiko (Anlage II). Hierbei wird unterschieden zwischen Faktoren der Kundenrisiken, Faktoren der Produkt-, Dienstleistungs-, Transaktions- oder Vertriebskanalrisiken und Faktoren bezüglich des geografischen Risikos.

Aus unterschiedlichen Quellen lassen sich dann weitere Hinweise zu Risikofaktoren finden. Beispielsweise veröffentlicht die BaFin regelmäßig Rundschreiben zur Risikosituation einzelner Länder (z. B. zur Lage des Irans oder Nordkoreas wie im BaFin Rundschreiben 09/2015 (GW))[327]. Auf europäischer Ebene soll nach Art. 6 der EU-Geldwäscherichtlinie die EU-Kommission einen Bericht veröffentlichen, welche Risiken der Geldwäsche und der Terrorismusfinanzierung für den Binnenmarkt bestehen.[328] Enthalten sollen die gängigsten Methoden sein, die von Straftätern zum Waschen von illegal erwirtschafteten Erträgen angewendet werden.[329] Auch die europäischen Aufsichtsbehörden sollen nach Art. 17 der EU-Geldwäscherichtlinie Leitli-

322 BT-Drs. 16/9038, S. 35.

323 BT-Drs. 16/9038, S. 35; *Brand/von Drathen* in Plaumann-Ewerdwalbesloh/Zemke, Bankenkommentar zum GwG, § 9 Rn. 25.

324 Auerbach, Banken- und Wertpapieraufsicht, Teil B, Rn. 700.

325 *Langweg* in Fülbier/Aepfelbach/Langweg, GwG, § 14, Rn. 74.

326 Schon im Richtlinienentwurf der Europäischen Kommission wurde die besondere Bedeutung des risikobasierten Ansatzes betont. Entwurf der Europäischen Kommission, COM (2013) 45, unter rechtliche Aspekte des Vorschlages, S. 11.

327 BaFin Rundschreiben 09/2015 (GW).

328 Art. 6 Abs. 1 der Vierten EU-Geldwäscherichtlinie.

329 Art. 6 Abs. 2 lit. c der Vierten EU-Geldwäscherichtlinie.

nien für die zuständigen Behörden der Mitgliedsländer sowie für die Kreditinstitute herausgeben.[330] Die Leitlinien der EBA aus dem Jahr 2021 geben dabei in einem 136 Seiten langen Dokument Hinweise zu allgemeinen Themenbereiche (z. B. laufende Sorgfaltspflichten gegenüber Kunden, Identitätsnachweisen) sowie sektorspezifische Hinweise zu konkreten Geschäftstätigkeiten (z. B. Privatkundengeschäft, Vermögensverwaltung).[331] Auf der internationalen Ebene veröffentlicht die FATF Leitlinien zu der Ausführung des risikobasierten Ansatzes (z. B. FATF-Leitlinie zum risikobasierten Ansatz vom Juni 2007[332] oder FATF-Leitlinie zum risikobasierten Ansatz für den Bankensektor vom Oktober 2014[333]). Der Zweck der Publikationen nach Ansicht der FATF besteht darin, dass in allen Ländern ein gemeinsames Verständnis über den risikobasierten Ansatz erreicht werden soll.[334] Die Leitlinien richten sich an die Finanzinstitute, die Mitgliedsländer sowie die zuständigen Behörden.[335] Bei näherer Betrachtung wird deutlich, dass eine Vielzahl von möglichen Quellen von unterschiedlichen Institutionen auf unterschiedlichen Ebenen veröffentlicht wird. Daher stellt sich die Frage, ob diese Veröffentlichungen allesamt berücksichtigt werden müssen. Aus dem Geldwäschegesetz lassen sich Hinweise finden, dass zumindest die Länderbewertungen der FATF beachtet werden müssten (siehe Anlage 1 Nr. 3 lit d GwG). Ebenso verweist die BaFin in ihren Auslegungs- und Anwendungshinweisen darauf, dass die Papiere der FATF für das Erfahrungswissen herangezogen werden können.[336] In Bezug auf die Leitlinien der EBA zu den Risikofaktoren stellt die BaFin hingegen klar, dass diese beachtet werden

330 Art. 17 und 18 Abs. 4 der Vierten EU-Geldwäscherichtlinie.

331 Siehe EBA Leitlinien nach Artikel 17 und Artikel 18 Absatz 4 der Vierten EU-Geldwäscherichtlinie über Sorgfaltspflichten und die Faktoren, die Kredit- und Finanzinstitute bei der Bewertung des mit einzelnen Geschäftsbeziehungen und gelegentlichen Transaktionen verknüpften Risikos für Geldwäsche und Terrorismusfinanzierung berücksichtigen sollten („Die Leitlinien zu den Risikofaktoren für Geldwäsche und Terrorismusfinanzierung“), zur Aufhebung und Ersetzung der Leitlinien JC/2017/37 vom 01.03.2021, EBA/GL/2021/02. Eine Aktualisierung der Leitlinien fand im August 2023 statt.

332 FATF-Leitfaden zum risikoorientierten Ansatz zur Bekämpfung von Geldwäsche und Terrorismusfinanzierung vom 18.6.2007, die deutsche Übersetzung hat die BaFin auf ihre Internetseite gestellt, abrufbar unter https://www.bafin.de/SharedDocs/Downloads/DE/Leitfaden/lf_fatf_leitfaden_risikoorientierter_ansatz.html (zuletzt abgerufen am 17.09.2023).

333 FATF, Guidance For A Risk-Based Approach – The Banking Sector vom Oktober 2014, abrufbar unter http://www.fatf-gafi.org/media/fatf/documents/reports/Risk-Based-Approach-Banking-Sector.pdf (zuletzt abgerufen am 17.09.2023).

334 Vgl. Aussage aus FATF-Leitfaden zum risikoorientierten Ansatz zur Bekämpfung von Geldwäsche und Terrorismusfinanzierung vom 18.6.2007, Rn. 1.3.

335 Vgl. Aussage aus FATF-Leitfaden zum risikoorientierten Ansatz zur Bekämpfung von Geldwäsche und Terrorismusfinanzierung vom 18.6.2007, Rn. 1.4 bis 1.6.

336 BaFin, Auslegungs- und Anwendungshinweise, S. 13.

sollen.[337] Trotz der scheinbaren Flexibilität des risikobasierten Ansatz wird somit deutlich, dass es für Kreditinstitute eine Herausforderung darstellt, alle verfügbaren und relevanten Daten zu identifizieren und zu verwerten.

Auch stellen sich bei der Anwendung der Quellen zahlreiche Fragen. Da es an einem vergleichbaren Veröffentlichungsverfahren fehlt, wie es bei Gesetzen oder Rechtsverordnungen bekannt ist, ist fraglich, welche Quellen einbezogen werden sollten. Die BaFin zeigt in ihren Hinweisen auch nur beispielhaft und nicht abschließend auf, welche Informationen herangezogen werden können.[338] Weiterhin stellt sich die Frage, wie sich die Hinweise zueinander verhalten. Beispielsweise gibt es einen speziellen FATF-Leitfaden für den Bankensektor vom Oktober 2014 und einen älteren FATF-Leitfaden von 2007 zum risikobasierten Ansatz. In Bezug auf die Verdachtsmeldung finden sich in den Leitlinien von 2007 detaillierte Hinweise, während die Leitlinien von 2014 dazu lediglich allgemeine Aussagen machen.[339] Unklar ist, ob die Aussagen in den älteren Leitlinien ersetzt oder lediglich ergänzt werden sollen.[340]

Somit wird schon an dieser Stelle deutlich, dass bei der Umsetzung des Geldwäschegesetzes neben den gesetzlichen Vorgaben eine breite Quellenbasis von weiteren Hinweisen relevant ist. Dies ist auch dahingehend nachzuvollziehen, da einerseits eine Vielzahl von sehr unterschiedlichen Wirtschaftszweigen vom Geldwäschegesetz (z. B. Kreditinstitute, Rechtsanwälte, Immobilienmakler) betroffen ist.[341] Andererseits wird auch bei der Bekämpfung von Geldwäsche deutlich, dass sich die Methoden schnell ändern können und sich die Kriminellen ständig neue Wege suchen werden. Mögliche Vorgaben im Bereich der Geldwäscheprävention müssten daher auch eine weitestgehende Ausführlichkeit und Schnelligkeit haben, was der Natur von Gesetzen widerspricht. Dieses Problem wird auch insbesondere vertieft bei der Verdachtsmeldung zu untersuchen sein.

---

337 BaFin, Auslegungs- und Anwendungshinweise, S. 11.

338 Siehe z. B. die Hinweise zu der Risikoanalyse, BaFin, Auslegungs- und Anwendungshinweise, S. 12 f.

339 Vergleiche hier FATF, Leitfaden zum risikoorientierten Ansatz vom Juni 2007, Nr. 3.16 und FATF speziell für Banken, Guidance For A Risk-Based Approach – The Banking Sector vom Oktober 2014, Rn. 71.

340 Für die Verdrängung der älteren Leitlinien sprechen zwei Argumente. Zum einen wird in den neueren FATF-Leitlinien bestimmt, dass es sich um eine überholte Fassung/Neufassung („revised version") handelt (FATF Guidance For A Risk-Based Approach – The Banking Sector vom Oktober 2014, Rn. 1). Zum anderen sind die neuen FATF-Leitlinien spezieller, da sie sich nur auf den Bankensektor beziehen (FATF Leitfaden zum risikoorientierten Ansatz vom Juni 2007, Nr. 1.4.).

341 Siehe § 2 GwG für einen Überblick des gesamten Kreises der Verpflichteten.

f) Ausgestaltung der internen Sicherungsmaßnahmen auf Grundlage der Risikoanalyse

Die Ergebnisse der Risikoanalyse sind dann im Rahmen der internen Sicherungsmaßnahmen in einem Kreditinstitut umzusetzen. Dazu gehören organisatorische, technische und personelle Maßnahmen.[342]

Nach § 6 Abs. 2 GwG gehören zu den internen Sicherungsmaßnahmen verschiedene Vorgaben. Demnach sind beispielsweise Grundsätze, Verfahren und Kontrollen (z. B. in Form von Richtlinien, Arbeitsanweisungen) auszuarbeiten (§ 6 Abs. 2 Nr. 1 GwG), einen Geldwäschebeauftragten und Stellvertreter zu bestellen (§ 6 Abs. 2 Nr. 2 GwG), Gruppenpflichten zu erfüllen (§ 6 Abs. 2 Nr. 3 GwG), geeigneter Maßnahmen zur Verhinderung des Missbrauchs von neuen Produkten und Technologien zur Begehung von Geldwäsche und von Terrorismusfinanzierung oder für Zwecke der Begünstigung der Anonymität von Geschäftsbeziehungen oder von Transaktionen zu schaffen und fortzuentwickeln (§ 6 Abs. 2 Nr. 4 GwG), Zuverlässigkeitsprüfungen der Mitarbeiter durchzuführen (§ 6 Abs. 2 Nr. 5 GwG) oder die Mitarbeiter in Bezug auf Typologien und aktuelle Methoden der Geldwäsche und der Terrorismusfinanzierung zu unterrichten (§ 6 Abs. 1 Nr. 6 GwG) sowie die Einführung eines Hinweisgebersystems (§ 6 Abs. 5 GwG). Weitere interne Sicherungsmaßnahmen für Kreditinstitute ergeben sich noch aus den Vorgaben im Kreditwesengesetz. Nach § 25h Abs. 2 KWG haben Kreditinstitute angemessene Datenverarbeitungssysteme zu betreiben und zu aktualisieren, mittels derer sie in der Lage sind, Geschäftsbeziehungen und einzelne Transaktionen im Zahlungsverkehr zu erkennen, die auf Grund des öffentlich und im Kreditinstitut verfügbaren Erfahrungswissens über die Methoden der Geldwäsche und der Terrorismusfinanzierung im Verhältnis zu vergleichbaren Fällen besonders komplex oder groß sind, ungewöhnlich ablaufen oder ohne offensichtlichen wirtschaftlichen oder rechtmäßigen Zweck erfolgen.[343]

g) Auswirkungen des Risikomanagements auf die Verdachtsmeldung

Zusammenfassend lässt sich sagen, dass für ein erfolgreiches Verdachtsmeldesystem in einem Kreditinstitut ein umfangreiches und funktionierendes Risikomanagement notwendig ist. Werden im Rahmen der Risikoanalyse nicht die relevanten Risiken analysiert und daraufhin notwendige Sicherungsmaßnahmen (z. B. Schulungen zu relevanten Risikofaktoren) abgeleitet, dann werden auch keine Verdachtsmomente von den Bankmitarbeitern

342 Auerbach, Banken- und Wertpapieraufsicht, Teil B, Rn. 701.

343 § 25h Abs. 2 Satz 1 KWG. Siehe ausführlich zu der Ausgestaltung und Aktualisierung risikobasierter Monitoringsysteme Roth, Risikoorientierte Geldwäschebekämpfung, S. 137 ff.

oder von den Datenverarbeitungssystemen zielgerichtet festgestellt werden können. Damit führen Organisationsfehler zu Folgefehlern bei der Verdachtsmeldung.[344] Zudem wird die enge Verzahnung der unterschiedlichen Instrumente im Geldwäscherecht offensichtlich. Wenn eine zutreffende Risikoanalyse erarbeitet wurde und die darauf aufbauenden Maßnahmen wirksam sind, können qualitative Verdachtsmeldungen erwartet und verbessert werden.[345]

6. Der Geldwäschebeauftragte

Verantwortlich für die Einhaltung der geldwäscherechtlichen Vorschriften innerhalb eines Kreditinstitutes ist der Geldwäschebeauftragte. Daher handelt es sich auch um die „Schlüsselfigur" bei der Bekämpfung der Geldwäsche und Terrorismusfinanzierung.[346] Die Bestellung eines Geldwäschebeauftragten und eines Stellvertreters ist auch eine wesentliche interne Sicherungsmaßnahme nach § 6 Abs. 2 Nr. 2 i. V. m. § 7 Abs. 1 Satz 1 GwG. Für die vorliegende Arbeit ist die Funktion des Geldwäschebeauftragten auch deswegen hervorzuheben, da diese Fachpersonalie für die Abgabe der Verdachtsmeldung verantwortlich ist.[347] Es sollen daher im Folgenden die Aufgaben sowie die Anforderungen des Geldwäschebeauftragten untersucht werden.

a) Allgemeines

Die Bezeichnung des Geldwäschebeauftragten ist irreführend, da dieser nicht nur Aufgaben der Bekämpfung der Geldwäsche, sondern auch der Terrorismusfinanzierung übernimmt. Allerdings hat der Gesetzgeber bei der Erweiterung auf die Terrorismusfinanzierung von einer Bezeichnungsänderung abgesehen, da der Begriff mittlerweile gängig war.[348] Bei Kreditinstituten soll der Geldwäschebeauftragte auch noch Pflichten zur Verhinderung strafbarer Handlungen im Rahmen einer gemeinsamen Stelle übernehmen.[349]

Die gesetzliche Grundlage für die Bestellung des Geldwäschebeauftragten wechselte im Laufe der Zeit zwischen dem Geldwäsche- und dem Kreditwesengesetz. Während ursprünglich die Verpflichtung im Geldwäschegesetz stand,[350] waren durch das Gesetz zur Umsetzung der Zweiten E-Geld-

344 Vgl. Anmerkung Peukert zum OLG Frankfurt a. M. NZWiSt 2019, 219, 222, 224.
345 Auerbach, Banken- und Wertpapieraufsicht, Teil B, Rn. 705.
346 *Ziegler* in Gradowski/Ziegler, Geldwäsche, Geschwinnabschöpfung, S. 101.
347 Vgl. § 7 Abs. 5 Satz 6 GwG.
348 *Häberle* in Erbs/Kohlhaas Strafrechtliche Nebengesetze, 240. ELG 2022, § 7 GwG Rn. 1.
349 Siehe § 25h Abs. 7 KWG.
350 § 9 Abs. 2 Satz 1 Nr. 1 GwG a. F.

Richtlinie vom März 2011 nur noch Institute nach dem Kreditwesengesetz angewiesen, einen Geldwäschebeauftragten zu bestellen. Daher hat sich der Gesetzgeber entschlossen, diese Regelungen in das Kreditwesengesetz zu übertragen.[351] Inzwischen sind allerdings auch wieder Adressaten aus dem Nichtfinanzsektor verpflichtet, einen Geldwäschebeauftragten zu bestellen.[352] Mit dem Gesetz zur Umsetzung der Vierten EU-Geldwäscherichtlinie ist die gesetzliche Grundlage wieder zurück in das Geldwäschegesetz versetzt worden.[353]

b) Aufgaben

Der Aufgabenbereich des Geldwäschebeauftragten umfasst den Bereich der Verhinderung der Geldwäsche und Terrorismusfinanzierung. Der Geldwäschebeauftragte hat eine „Allzuständigkeit" in geldwäscherelevanten Fragen.[354] Einen Überblick der notwendigen Aufgaben hat die BaFin in ihren Auslegungs- und Anwendungshinweisen zusammengefasst.[355] Demnach ist der Geldwäschebeauftragte unter anderem verantwortlich für die Schaffung und Fortentwicklung der institutsspezifischen Risikoanalyse sowie sämtlicher weiterer Handlungsschritte der internen Sicherungsmaßnahmen, wie laufende Kontrollmaßnahmen, die Entwicklung und Aktualisierung interner Grundsätze und Verfahren zur Verhinderung von Geldwäsche und Terrorismusfinanzierung, die Schaffung einheitlicher Berichtswege, die laufende Überwachung im Rahmen des risikobasierten Ansatzes, die Information an die Geschäftsleitung und an das Aufsichtsorgan bei festgestellten Defiziten und den jährlichen Bericht sowie die Unterrichtung der relevanten Beschäftigten über die Pflichten zur Verhinderung von Geldwäsche und Terrorismusfinanzierung.[356] Insbesondere trifft den Geldwäschebeauftragten aber auch die Aufgabe, die Verdachtsmeldung nach § 43 Abs. 1 GwG an die FIU zu erstatten, wobei er nach § 7 Abs. 5 Satz 6 GwG diesbezüglich nicht dem Direktionsrecht der Geschäftsleitung unterliegt.

---

351 Dies war im § 25h Abs. 4 Satz 1 KWG a. F. geregelt.

352 Vgl. den Anwendungsbereich des § 7 Abs. 1 GwG.

353 Vgl. BR-Drs. 182/17, S. 129.

354 *Allgayer* in Ellenberger/Bunte, Bankrechts-Handbuch, § 11 Rn. 316.

355 Die BaFin verweis im Bereich der Aufgaben auch auf den Beschluss des OLG Frankfurt a. M. vom 10.04.2018, Az.: 2 Ss-OWi 1059/17, siehe BaFin, Auslegungs- und Anwendungshinweise, S. 18.

356 BaFin, Auslegungs- und Anwendungshinweise, S. 18 ff; siehe auch noch DK-Hinweise, Rn. 84.

c) Abgrenzung zu anderen Aufgabenbereichen

Der Geldwäschebeauftragte muss seine Aufgaben unabhängig und effektiv wahrnehmen können.[357] Daher können zwar grundsätzlich weitere Funktionen im Institut übernommen werden, allerdings darf dabei seine Tätigkeit als Geldwäschebeauftragter nicht beeinträchtigt werden.[358]

Ein grundsätzlicher Konflikt besteht mit einer gleichzeitigen Erfüllung von Geschäftsinteressen des Unternehmens.[359] Daher verlangt die BaFin, dass ein Mitglied auf der Leitungsebene zum Geldwäschebeauftragten nur bestellt werden kann, wenn weniger als 15 Vollzeitäquivalente in dem Kreditinstitut angestellt sind und für diese Tätigkeit keine geeigneten Beschäftigten unterhalb der Leitungsebene vorhanden sind.[360] Weiterhin sollten keine Interessenskollisionen zu anderen Geschäftsbereichen auftreten. Ausdrücklich weist die Aufsicht darauf hin, dass der Geldwäschebeauftragte nicht gleichzeitig die Aufgaben eines Datenschutzbeauftragten erfüllen soll. Es sei denn, den jeweiligen Plichten wird angemessen Rechnung getragen und die Sachverhalte werden nachvollziehbar dokumentiert. Des Weiteren sollen keine Funktionen der Internen Revision übernommen werden.[361] Eine Anbindung an andere Organisations- und Stabsbereiche (z. B. die Rechtsabteilung) sollte grundsätzlich auch nicht stattfinden. Ist eine Anbindung im Einzelfall nicht anders umsetzbar, müssen die Gründe für die Aufsicht prüfungstechnisch nachvollziehbar dokumentiert werden.[362]

---

357 BaFin, Auslegungs- und Anwendungshinweise, S. 16; siehe auch noch DK-Hinweise, Rn. 83.

358 *Herzog* in Herzog, Geldwäschegesetz, § 7 Rn. 12.

359 BaFin, Auslegungs- und Anwendungshinweise, S. 16; siehe auch noch DK-Hinweise, Rn. 85; Diergarten/Fraulob, Geldwäsche, § 7, S. 204.

360 BaFin, Auslegungs- und Anwendungshinweise, S. 16. Nach den DK-Hinweisen wurde noch die Ausnahme vorgenommen, wenn es sich um ein Kreditinstitut mit einer Bilanzsumme am letzten Bilanzstichtag unter 100 Millionen Euro handelt und wenn kein geeigneter Mitarbeiter unterhalb der Geschäftsleitung die nötigen Voraussetzungen besitzt. Relevant ist diese Ausnahmeregelung besonders für ausländische Kreditinstitute, die über eine Zweigniederlassung in Deutschland agieren und nur über wenige Mitarbeiter verfügen (vgl. DK-Hinweise, Rn. 85).

361 BaFin, Auslegungs- und Anwendungshinweise, S. 16; DK-Hinweise, Rn. 85. Siehe näher zu den Abgrenzungen der internen Revision *Brand/von Drathen* in Plaumann-Ewerdwalbesohl/Zemke, Bankenkommentar zum Geldwäscherecht, § 9 Rn. 31.

362 BaFin, Auslegungs- und Anwendungshinweise, S. 16. Hingegen kann bei Kontrollbereichen (wie z. B. die WpHG-Compliance oder dem Risikocontrolling) ein gemeinsamer Organisationsbereich bestehen. Dann muss der Geldwäschebeauftragte allerdings die Leitungsfunktion ausführen, denn aus dem Wortlaut des § 7 Abs. 1 Satz 3 GwG wird deutlich, dass der Geldwäschebeauftragte der Geschäftsleitung unmittelbar nachgeordnet sein muss. Es ist daher nicht mit dem Wortlaut vereinbar, dass ihm der Beauftragte für Compliance Weisungen erteilen kann und hierarchisch über ihm eingeteilt ist (Vgl. DK-Hinweise, Rn. 85).

d) Sachkunde und Zuverlässigkeit des Geldwäschebeauftragten

Aus dem Geldwäschegesetz ergeben sich nur wenige konkrete Anforderungen an die Sachkunde und Zuverlässigkeit eines Geldwäschebeauftragten. Es ist aus § 7 Abs. 4 Satz 2 GwG lediglich ersichtlich, dass eine erforderliche Qualifikation und Zuverlässigkeit vorliegen muss. Im Vergleich dazu werden für den Compliance-Beauftragten in der WpHG-Mitarbeiteranzeigeverordnung (WpHGMaAnzV) genaue Angaben zur notwendigen Sachkunde bestimmt.[363] Nach § 3 Abs. 1 Satz 2 WpHGMaAnzV muss ein Compliance-Beauftragter über umfangreiche rechtliche und fachliche Kenntnisse verfügen (wie z. B. Kenntnisse der Grundzüge der Organisation und Zuständigkeiten der Bundesanstalt; Kenntnisse der Rechtsvorschriften, die vom Wertpapierdienstleistungsunternehmen bei der Erbringung von Wertpapierdienstleistungen und Wertpapiernebendienstleistungen einzuhalten sind).[364]

Es besteht allerdings Einigkeit darüber, dass der Geldwäschebeauftragte über Sachkunde im Hinblick auf die gesetzlichen Vorgaben zur Verhinderung der Geldwäsche und Terrorismusfinanzierung verfügen muss.[365] Die Sachkunde sollte Kenntnisse über typische Situationen umfassen, welche einen Verdacht auf Geldwäsche oder Terrorismusfinanzierung nahelegen. Zudem sollte die Person mit allen (maßgeblichen) Geschäften des Instituts vertraut sein.[366] Während seiner Beschäftigungszeit hat der Geldwäschebeauftragte Schulungen und Fortbildungsveranstaltungen zu besuchen, damit ein aktueller Kenntnisstand sichergestellt wird.[367]

Weiterhin muss der Geldwäschebeauftragte die erforderliche Zuverlässigkeit aufweisen. Nach dem allgemeinen Grundsatz des § 6 Abs. 2 Nr. 5 GwG sind alle Mitarbeiter auf ihre Zuverlässigkeit durch geeignete Maßnahmen zu überprüfen. Hierbei werden sich je nach der konkreten Aufgabe und Position unterschiedliche Anforderungen ergeben. Für den Geldwäschebeauftragten ergibt sich aufgrund seiner Position, dass besonders hohe Anforderungen an seine Zuverlässigkeit zu stellen sind.[368] Im Geldwäscherecht wird die Zuverlässigkeit im § 1 Abs. 20 GwG definiert. Danach ist ein Mitarbeiter zuverlässig,

---

363 Siehe auch BaFin, Rundschreiben 05/2018 (WA) – MaComp vom 19.04.20282010, BT 11.2.

364 Siehe § 3 Abs. 1 Satz 2 WpHGMaAnzV.

365 Vgl. BaFin, Auslegungs- und Anwendungshinweise, S. 17; DK-Hinweise, Rn. 83; *Langweg* in Fülbier/Aepelbach/Langweg, GwG, § 14 Rn. 47; *Kaetzler* in Zentes/Glaab, GwG, § 7 Rn. 31 ff.; *Brian/Krais* in BeckOK GwG, Frey/Pelz, § 7 Rn. 20 ff.

366 *Langweg* in Fülbier/Aepelbach/Langweg, GwG, § 14 Rn. 47 f.

367 *Kaetzler* in Zentes/Glaab, GwG, § 7 Rn. 38.

368 Vgl. *Kaetzler* in Zentes/Glaab, GwG, § 7 Rn. 74 f.; BaFin Auslegungs- und Anwendungshinweise, S. 16 f.; DK-Hinweise, Rn. 86b.

„wenn der Mitarbeiter die Gewähr dafür bietet, dass er

1. die in diesem Gesetz geregelten Pflichten, sonstige geldwäscherechtliche Pflichten und die beim Verpflichteten eingeführten Strategien, Kontrollen und Verfahren zur Verhinderung von Geldwäsche und von Terrorismusfinanzierung sorgfältig beachtet,

2. Tatsachen nach § 43 Absatz 1 dem Vorgesetzten oder dem Geldwäschebeauftragten, sofern ein Geldwäschebeauftragter bestellt ist, meldet und

3. sich weder aktiv noch passiv an zweifelhaften Transaktionen oder Geschäftsbeziehungen beteiligt."

Unzuverlässig wird die Person nach der Meinung in der Literatur hingegen sein, wenn Straftaten mit einem Bezug zur auszuübenden Gewerbetätigkeit vorliegen. Eigentums- und Vermögensdelikte sind insbesondere relevant, wobei schon kleinere Gesetzesverstöße ausreichend sind, wenn diese häufig stattfinden und beim Täter keine Einsicht besteht.[369] Aufgrund des umfangreichen Vortatenkatalogs der strafbaren Handlungen im Rahmen der Geldwäsche nach § 261 Abs. 1 Satz 2 StGB a. F. wird auch in vielen Fällen eine gewerbliche Verbindung hergestellt werden können. Dies wird sich durch die neue Fassung des § 261 StGB, wonach schon jede rechtswidrige Tat relevant ist, erweitert haben.

Im WpHGMaAnzV werden hingegen konkrete Straftaten aufgeführt, die zu Unzuverlässigkeit eines Compliance-Beauftragten führen. Nach § 6 WpHG-MaAnzV liegt die erforderliche Zuverlässigkeit in der Regel nicht vor, wenn eine Person wegen eines Verbrechens oder wegen Diebstahls, Unterschlagung, Erpressung, Betruges, Untreue, Geldwäsche, Urkundenfälschung, Hehlerei, Wuchers, einer Insolvenzstraftat, einer Steuerhinterziehung oder aufgrund des § 38 des Wertpapierhandelsgesetzes rechtskräftig verurteilt worden ist.

e) Stellung und Befugnisse im Institut

Der Geldwäschebeauftragte ist nach § 7 Abs. 1 Satz 3 GwG der Geschäftsleitung unmittelbar nachgeordnet. Allerdings muss der Geldwäschebeauftragte auch die Möglichkeit haben, seine Aufgaben im Zusammenhang mit der Verhinderung von Geldwäsche und Terrorismusfinanzierung unabhängig und mit dem gebotenen Nachdruck durchsetzen zu können.[370] Ein Konflikt kann sich im Zusammenhang mit der Verdachtsmeldung ergeben, wenn sich die Geschäftsleitung mit ihrem Weisungsrecht gegen die Abgabe der

---

369 *Langweg* in Fülbier/Aepelbach/Langweg, GwG, § 14 Rn. 129.

370 BaFin, Auslegungs- und Anwendungshinweise, S. 18; früher noch DK-Hinweise, Rn. 85.

Verdachtsmeldung stellen würde. Daher hat der Gesetzgeber im § 7 Abs. 5 Satz 6 GwG deutlich gemacht, dass, soweit der Geldwäschebeauftragte die Erstattung einer Meldung nach § 43 Abs. 1 GwG beabsichtigt, er nicht dem Direktionsrecht durch die Geschäftsleitung unterliegt.[371] Der Geldwäschebeauftragte sowie sein Stellvertreter müssen rechtsverbindliche Erklärungen für das Institut abgeben können. Dies kann beispielsweise durch eine Einzel- oder Gesamtprokura erfolgen.[372]

7. Zusammenfassung

Zusammenfassend hat sich gezeigt, dass die Kreditinstitute im Bereich der Geldwäschebekämpfung als Kapitalsammelstelle für die Geldwäschebekämpfung eine wesentliche Rolle spielen. Weiterhin wurde erkennbar, dass der Begriff des Kreditinstitutes nach dem Geldwäschegesetz deutlich weiter verstanden wird, als dass es die EU-Gelwäscherichtlinie verlangt. Bei den zuständigen Behörden muss im Zusammenhang mit der Verdachtsmeldung zwischen der Aufsichtsbehörde und der Empfangsbehörde der Verdachtsmeldung unterschieden werden. Die Aufsichtsbehörde für die Kreditinstitute ist nach § 50 Nr. 1 lit. a GwG die BaFin. Diese überwacht die Einhaltung der Anforderungen des Geldwäschegesetzes und ist gegebenenfalls für ein Ordnungswidrigkeitsverfahren verantwortlich. Die FIU hingegen ist für die Entgegennahme der Verdachtsmeldung zuständig. Diese gibt mögliche Verdachtsmomente an die zuständige Strafverfolgungsbehörde weiter. Bei der Darstellung des praktischen Ablaufes einer Verdachtsmeldung wird deutlich, in wie vielen Situationen und an welchen Stellen ein Verdachtsmoment in einem Kreditinstitut auftreten kann. Daher sind umfangreiche organisatorische Vorkehrungen in einem Kreditinstitut notwendig, die durch Kundensorgfaltspflichten, eine Risikoanalyse und interne Sicherungsmaßnahmen umgesetzt werden müssen. Zuletzt zeigt sich beim Geldwäschebeauftragten als Schlüsselfigur für die Verdachtsmeldung, dass ihm gesetzlich eine Entscheidungsfreiheit über die Abgabe einer Verdachtsmeldung gegenüber der Geschäftsleitung zugesichert ist. Die Anforderungen an die persönlichen und fachlichen Fähigkeiten sind hingegen nicht genau bestimmt und werden nicht wie im Wertpapierhandelsgesetz durch eine Verordnung näher benannt. Allerdings ist es notwendig, dass dieser die fachliche Eignung sowie die notwendige Zuverlässigkeit hat.

371 § 6 Abs. 5 Satz 6 GwG.

372 BaFin, Auslegungs- und Anwendungshinweise, S. 18; früher noch DK-Hinweise, Rn. 85.

III. Charakter der Verdachtsmeldung und vergleichbare Meldepflichten

Weiterhin soll sich detaillierter mit dem Charakter der Verdachtsmeldung auseinandergesetzt werden. Dazu wird zunächst aufgezeigt, welche Alternativen dem Gesetzgeber zu der bestehenden Verdachtsmeldepflicht zur Verfügung stehen (dazu 1.). In einem zweiten Schritt wird die Besonderheit untersucht, dass ein Kreditinstitut als Privater eine wichtige Aufgabe der Strafverfolgung übernehmen muss (dazu 2.). Dieser Umstand führt zu Interessenskonflikten bei den Kreditinstituten, die näher beleuchtet werden sollen (dazu 3.). Zuletzt soll nach vergleichbaren Anzeige- und Meldepflichten im deutschen Recht gesucht und dabei Gemeinsamkeiten und Unterschiede in Bezug zur Verdachtsmeldung herausgearbeitet werden (dazu 4.).

1. Mögliche Alternativen zur bestehenden Meldepflicht

Zunächst einmal ist es hilfreich sich zu vergegenwärtigen, welche Gestaltungsmöglichkeiten der Gesetzgeber bei einer Verdachtsmeldung haben könnte. Dabei lassen sich im Wesentlichen drei Modelle festmachen, die im Folgenden aufgezeigt werden.[373]

(a) Modell 1: Ein Melderecht

Denkbar wäre lediglich ein Melderecht gesetzlich festzuhalten. Im Gegensatz zu einer Meldepflicht könnten die Kreditinstitute freiwillig einen Verdacht auf Geldwäsche oder Terrorismusfinanzierung mitteilen. Das Modell wäre eine „Minimallösung" und würde insbesondere dazu dienen, die Kreditinstitute in ihrer Freiheit nicht zu beschränken und wesentliche Informationen über ihre Kunden und Geschäfte nach eigener Prüfung zurückhalten zu können. Damit würden das „Bankgeheimnis"[374] und andere berufliche Verschwiegenheitspflichten in den Vordergrund rücken. Zudem bestünden keine Konflikte mit verfassungsrechtlichen Prinzipien (z. B. dem Bestimmtheitsgrundsatz).[375] Ein solches Melderecht entspricht dem Charakter einer Strafanzeige nach § 158 Abs. 1 StPO. Sie stellt eine Anregung dar, dass geprüft werden soll, ob Anlass für ein Ermittlungsverfahren besteht.[376] Eine Pflicht zu einer Strafanzeige besteht jedoch nicht.[377] Es hat sich aber

---

373 Siehe auch grundlegend zu den ursprünglichen möglichen Überlegungen eines Melderecht oder Meldepflicht im Geldwäschegesetz, Fülbier, WM 1990, 2025, 2028 ff.

374 Siehe näher *Bunte* in Schimansky/Bunte/Lwowski, Bankrechts-Handbuch, § 7 Rn. 1 ff sowie unter Rechtliche Konflikte mit dem Bankgeheimnis, S. 68.

375 Fülbier, WM 1990, 2025, 2028.

376 BayObLG NJW 1986, 441, 442.

377 Siehe näher *Kölbel* in Münchener Kommentar zur StPO, § 158 Rn. 17.

gezeigt, dass die Kreditinstitute nur selten von ihrer freiwilligen Meldepflicht Gebrauch gemacht haben. Daher wurde einer solchen freiwilligen Kooperationslösung schon bei der Einführung des Geldwäschegesetzes eine Absage erteilt.[378]

(b) Modell 2: Systematische Meldepflichten

Weiterhin wäre ein Modell möglich, welches sich an festen Schwellenwerten oder Szenarien orientiert. Tritt ein solcher Schwellenwert oder ein solches Szenario ein, muss der Verpflichtete eine Meldung an die zuständigen Behörden übermitteln. Die staatliche Stelle übernimmt dann die weitere Auswertung. Dabei lässt sich feststellen, dass eine solche systematische Meldepflicht dem Prinzip einer Rasterfahndung entspricht. Damit ergeben sich wesentliche verfassungsrechtliche Probleme.[379] Eine solche Meldepflicht hat sich in Deutschland ebenso nicht durchsetzen können. Es ist zwar nach § 43 Abs. 5 GwG möglich, dass typisierte Transaktionen bestimmt werden können, die stets zu melden sind.[380] Davon wurde allerdings bisher kein Gebrauch gemacht. Hierfür wird es mehrere Gründe geben. Zunächst erscheint fraglich, ob eine solche Lösung zu der liberalen Wirtschaftsordnung mit ihren europäischen Freiheitsrechten nicht in Widerspruch steht. Denn eine umfassende gesetzlich angeordnete Rasterfahndung kann nur schwer mit den Anforderungen eines persönlichen Datenschutzes in Einklang gebracht werden. Weiterhin stellen sich schlicht praktische Fragen. Die vielen denkbaren Konstellationen der Geldwäsche und die damit verbundenen möglichen Schwellenwerte, welche zudem einem ständigen Wandel unterliegen, können wohl kaum in ein Schema eingeordnet werden.[381] Selbst wenn dies möglich sein sollte, wirft ein solches System Fragen in Bezug auf die Effektivität auf. Denn die Geldwäscher oder Terrorismusfinanzierer könnten die Transaktionsformen ausfindig machen und einfach umgehen.[382]

(c) Modell 3: Eine Meldepflicht bei Verdacht

Das letzte Modell setzt auf eine Pflicht zur Meldung, sobald ein Verdacht auf Geldwäsche und Terrorismusfinanzierung besteht. Diese Alternative hat sich in Deutschland durchgesetzt. Dabei soll ein Geldwäschebeauftragter in einem Kreditinstitut eine Auffälligkeit nach allgemeinen Erfahrungen und

---

378 Siehe näher Fülbier, WM 1990, 2025, 2028; Werner, S. 62; *Ziegler* in Gradowski/Ziegler, Geldwäsche, Geschwinnabschöpfung, S. 104.

379 Siehe ausführlich zum Problem der „Rasterfahndung" im Geldwäscherecht Bergles/Eul, BKR 2002, 556.

380 Siehe ausführlich Typisierte Transaktionen nach § 43 Abs. 5 GwG, S. 116.

381 Werner, S. 62.

382 *Barreto da Rosa* in Herzog, Geldwäschegesetz, § 43 Rn. 82.

seinem beruflichen Wissen unter dem Blickwinkel von Ungewöhnlichkeiten und Auffälligkeiten im jeweiligen geschäftlichen Kontext würdigen. Sobald ein Verdacht aufgrund dieser Einschätzung naheliegt, besteht eine Pflicht zur Meldung.[383] Eine Verletzung der Anforderungen der Verdachtsmeldung stellte bis zur Einführung des GwBekErgG im Jahr 2008 noch keine Ordnungswidrigkeit dar und konnte dementsprechend nicht sanktioniert werden.[384] Von Teilen der Literatur wurde damals bei der sanktionslosen Verdachtsmeldung kritisiert, dass sich eine solche Pflicht als ineffektiv erweisen und auf wenige Institute beschränken würde.[385]

Zusammengefasst handelt es sich somit bei der Verdachtsmeldung nicht um eine freiwillige Meldung. Vielmehr handelt es sich um eine Pflicht und sollte eine Verdachtsmeldung nicht, nicht richtig, nicht vollständig oder nicht rechtzeitig abgegeben werden, dann stellt dies eine Ordnungswidrigkeit nach § 56 Abs. 1 Nr. 69 GwG dar. Weiterhin ist eine Meldung auch nicht nach systematischen Vorgaben vorzunehmen. Vielmehr muss ein Geldwäschebeauftragter im Rahmen seiner eigenen Verdachtsschöpfung eine Meldung abgeben.

2. Die Pflicht zur Verdachtsmeldung als Indienstnahme Privater

Die Meldepflicht bei einem Verdacht auf Geldwäsche wirft wesentliche Fragen auf. Vordergründig erscheint die Frage, wie es zu bewerten ist, dass somit die Kreditinstitute aktiv bei der Strafverfolgung mitwirken müssen. Denn eigentlich ist die Strafverfolgung ein „Monopol des Staates" und obliegt den zuständigen Organen der Strafrechtspflege. Eine Pflicht zur Strafverfolgung durch Private ist dem deutschen Rechtssystem weitestgehend fremd.[386]

Zunächst lässt sich feststellen, dass es dem Staat grundsätzlich möglich ist, in Ermangelung oder zur Schonung verwaltungseigener Mittel, die persönlichen oder sachlichen Kräfte von Privaten in Anspruch zu nehmen.[387] Hierfür hat der Staat unterschiedliche Möglichkeiten. Demnach können Private als „Beliehene" eingesetzt werden. Dabei werden auf natürliche oder juristische Personen des Privatrechts Kompetenzen zur selbstständigen hoheitlichen Wahrnehmung bestimmter Verwaltungsaufgaben im eigenen Namen übertragen.[388] Für das Geldwäschegesetz trifft diese Form der Übertragung von

383 BR-Drs. 317/11, S. 49.
384 BT-Drs. 168/08, S. 104.
385 Bottke, wistra 1995, 121, 129.
386 *Mitsch* in Münchener Kommentar zum StGB, Bd. II, Vorbemerkung zu § 77 Rn. 1.
387 *Ipsen*, FS Kaufmann, 1950, S. 141.
388 Maurer/Waldhoff, Allgemeines Verwaltungsrecht, § 23 Rn. 63.

staatlichen Aufgaben nicht zu.[389] Die Verpflichteten nach dem Geldwäschegesetz besitzen keine Hoheitsmacht und haben keinerlei hoheitliche Kompetenzen. Daher können sie auch nicht als „Beliehene" qualifiziert werden. Auch passen nicht die Merkmale von „Verwaltungshelfern".[390] Die Kreditinstitute sind weder in die Verwaltungsorganisation eingebunden, noch wird ihr Handeln der Verwaltung zugerechnet.

Es ist vielmehr naheliegend, dass die Verpflichteten des Geldwäschegesetzes als Private für Verwaltungsaufgaben herangezogen werden, was als gesetzliche „Indienstnahme von Privaten" bezeichnet wird.[391] Der Begriff geht auf *Hans Peter Ipsen* zurück.[392] Für eine solche Einordnung des Geldwäschegesetzes lassen sich auch mehrheitlich Stimmen in der Literatur finden.[393] Eine Indienstnahme liegt vor, wenn einem Privaten gegen seinen Willen im Rahmen einer grundrechtlich geschützten Freiheitsausübung die Erfüllung gemeinwohlbezogener Pflichten auferlegt wird, die nicht notwendiger Teil der Freiheitsausübung sind.[394] Dabei ist mit gemeinwohlbezogener Pflicht die berufs-, eigentums-, unternehmensbezogene oder staatsbürgerliche Pflicht gemeint.[395] Diese Pflichten erledigt der Private eigenverantwortlich

---

389 Siehe näher zur Abgrenzung *Ehlers/Schneider* in Schoch/Schneider/Bier, Verwaltungsgerichtsordnung, Bd. I, § 40 Rn. 291; Jani, Indienstnahme Privater, S. 60; Degen, S. 131; Appel/Ramsauer, NordÖR 2012, 375, 381; a. A. Dahm, WM 1996, 1285, 1288; Behringer, CB 2018, 257, 258.

390 Siehe näher zum Verwaltungshelfer *Ehlers/Schneider* in Schoch/Schneider/Bier, Verwaltungsgerichtsordnung, Bd. I, § 40 Rn. 280 ff. sowie die Abgrenzung zur Indienstnahme von Privaten Rn. 291.

391 Als Synonym zur Indienstnahme wird auch die sogenannte „Inpflichtnahme" verwendet. Siehe hierzu Wolff/Bachof/Stober/Kluth, Verwaltungsrecht II, § 91 Rn. 48 ff.; *Ehlers/Schneider* in Schoch/Schneider/Bier, Verwaltungsgerichtsordnung, Bd. I, § 40 Rn. 290; Götz, NZWiSt 2023, 127.

392 Ipsen, FS Kaufmann, 1950, S. 141 ff.

393 *Ehlers/Schneider* in Schoch/Schneider/Bier, Verwaltungsgerichtsordnung, Bd. I, § 40 Rn. 293; *Lang* in Lang/Schwarz/Kipp, Regelungen zur Bekämpfung der Geldwäsche, S. 501; *Fülbier* in Fülbier/Aepfelbach/Langweg, GwG, § 11 Rn. 132; Werner, S. 65 ff; Uibeleisen, S. 165 ff.; Raue/Roegele, ZRP 2019, 196, 199; Müller/Starre, CCZ 2014, 23; vgl. auch die Argumente im WpHG *Spoerr* in Assmann/Schneider/Mülbert, WpHG, § 23 Rn. 9.

394 Grundlegend zur Indienstnahme BVerfGE 30, 292, 311 ff.; Ipsen, FS Kaufmann, 1950, S. 141; Kube, Verwaltung 2008, 1, 12 ff.; Jani, S. 88 ff.; Uibeleisen, S. 169 ff.; 221 ff. *Ehlers/Schneider* in Schoch/Schneider/Bier, Verwaltungsgerichtsordnung, Bd. I, § 40 Rn. 290; *Ibler* in Maunz/Dürig, GG, Art. 86 Rn. 120; Voßkuhle, VVDStRL 62 (2003), 266, 300.

395 Nicht darunter fällt die Pflicht Abgaben zu zahlen. Siehe weiter Wolff/Bachof/Stober/Kluth, Verwaltungsrecht II, § 91 Rn. 48 ff.; *Ehlers/Schneider* in Schoch/Schneider/Bier, Verwaltungsgerichtsordnung, § 40 Rn. 290.

und selbstständig mit Mitteln des Privatrechts.[396] Die Indienstnahme ist nur durch oder aufgrund eines Gesetzes möglich (Gesetzesvorbehalt).[397] Anerkannt sind als eine Form von der Indienstnahme von Privaten beispielsweise Anlagenbetreiber bei Maßnahmen der Eigenüberwachung (§ 29a Abs. 1 BImSchG), Energieversorgungsunternehmen durch die Gewährleistung der Grundversorgung (§ 36 EnWG), Flughafenbetreiber im Rahmen von Sicherungsmaßnahmen (§ 8 LuftSiG) sowie die verschiedenen Betriebs- und Umweltschutzbeauftragten.[398]

Für das Geldwäschegesetz lässt sich feststellen, dass die Kreditinstitute mitunter zur Teilnahme an der Aufdeckung von Strafverfolgung auf Grundlage eines Gesetzes verpflichtet werden. Dies zeigt sich beim Geldwäschegesetz schon im § 43 Abs. 1 GwG durch die Pflicht zur Meldung von Verdachtsfällen. Bei der Strafverfolgung handelt es sich um eine staatliche Aufgabe. Die Meldungen gehen dabei auch über ein Integritätsinteresse des jeweiligen Berufsstandes hinaus. Vielmehr ist eine „aktive Mithilfe" der Kredit- und Finanzinstitute notwendig.[399] Danach übernehmen die Institute gemeinwohlbezogene Pflichten, die sich gegen ihren Willen auf ihren Beruf und ihre unternehmerische Tätigkeit beziehen. Die Einbindung von Kreditinstituten ist dabei aus Sicht des Gesetzgebers naheliegend, da die Institute regelmäßig schon von Berufswegen über wesentliche Informationen ihrer Kunden verfügen.[400] Damit lassen sich spezifische Merkmale der Indienstnahme von Privaten für die Kreditinstitute nach dem Geldwäschegesetz feststellen.[401] Dabei ist zu beachten, dass erhebliche personelle sowie finanzielle Ressourcen von den Kreditinstituten für die Erfüllung des Geldwäschegesetzes bereitgestellt werden müssen. Somit werden Freiheitsrechte des Kreditinsti-

---

396 *Ehlers/Schneider* in Schoch/Schneider/Bier, Verwaltungsgerichtsordnung, Bd. I, § 40 Rn. 290; Appel/Ramsauer, NordÖR 2012, 375, 381.

397 *Kölbel* in Münchener Kommentar zur StPO, § 158 Rn. 17; *Ehlers/Schneider* in Schoch/Schneider/Bier, Verwaltungsgerichtsordnung, Bd. I, § 40 Rn. 290; Jani, Inpflichtnahme Privater, S. 88 ff.

398 Vgl. z. B. §§ 53 Abs. 1, 54 BImSchG (Immissionsschutzbeauftragter); §§ 59 Abs. 1, 60 KrWG (Abfallbeauftragter); §§ 64 Abs. 1, 65 WHG (Gewässerschutzbeauftragter); § 4f, g BDSG (Beauftragter für den Datenschutz). Weitere Beispiele siehe *Ehlers/Schneider* in Schoch/Schneider/Bier, Verwaltungsgerichtsordnung, Bd. I, § 40 Rn. 293.

399 BT-Drs. 12/2704, S. 17.

400 Vgl. Erwägungsgründe der Richtlinie 91/308/EWG.

401 Vgl. auch weiter *Ehlers/Schneider* in Schoch/Schneider/Bier, Verwaltungsgerichtsordnung, Bd. I, § 40 Rn. 293; *Lang* in Lang/Schwarz/Kipp, Regelungen zur Bekämpfung der Geldwäsche, S. 501; *Fülbier* in Fülbier/Aepfelbach/Langweg, GwG, § 11 Rn. 132; Werner, S. 65 ff; Uibeleisen, S. 165 ff.; Raue/Roegele, ZRP 2019, 196, 199; Müller/Starre, CCZ 2014, 23; vgl. auch die Argumente im WpHG *Spoerr* in Assmann/Schneider/Mülbert, WpHG, § 23 Rn. 9.

tutes beschränkt. Dabei stellen sich auch verfassungsrechtliche Fragen, die auch im Rahmen der Arbeit untersucht werden sollen.[402]

3. Interessenkonflikte aufgrund der Meldepflicht

Durch die Einbindung von Kreditinstituten in die staatliche Strafverfolgung sind mehrere Probleme offensichtlich. Da die Grenzen zwischen staatlicher Strafverfolgung und der Abwicklung privatwirtschaftlicher Geschäftsbeziehungen verschwimmen, kann es zu rechtlichen, wirtschaftlichen und faktischen Interessenkonflikten kommen.[403]

a) Rechtliche Konflikte mit dem Bankgeheimnis

Ein rechtlicher Konflikt zu der Verdachtsmeldung besteht insbesondere mit dem Bankgeheimnis, da ein Kreditinstitut nicht gleichzeitig beide Anforderungen erfüllen kann.[404] Unter dem Bankgeheimnis versteht man nach der anerkannten Definition in Nr. 2 Abs. 1 der Banken-AGB,[405] die Verschwiegenheitspflicht der Bank über alle kundenbezogenen Tatsachen und Wertungen, von denen sie Kenntnis erlangt hat. Eine solche Regelung in den Banken-AGB ist rein deklaratorisch, da eine Verschwiegenheitsverpflichtung auch ohne eine solche ausdrückliche Vereinbarung besteht.[406] Das Bankgeheimnis ist jedoch mit seiner Informationssperre nicht absolut, sondern kann nur im Rahmen der allgemeinen Gesetze bestehen.[407] Schon in der Ersten Geldwäscherichtlinie wurde deutlich gemacht, dass der Schutz des Finanzsystems gegen die Geldwäsche eine Aufgabe ist, welche nicht ohne die Mithilfe der Kreditinstitute stattfinden kann. Daher muss das Bankgeheimnis in diesen Fällen aufgehoben werden.[408] Die AGB-Banken bestimmen, dass eine Durchbrechung des Bankgeheimnisses aufgrund einer gesetzlichen

402 Siehe näher zu den damit verbundenen verfassungsrechtlichen Aspekten der Verdachtsmeldung, S. 209.

403 *Lang* in Lang/Schwarz/Kipp, Regelungen zur Bekämpfung der Geldwäsche, S. 500.

404 So auch *Lang* in Lang/Schwarz/Kipp, Regelungen zur Bekämpfung der Geldwäsche, S. 500; Werner, S. 32 ff. Als weiteres rechtliches Problem ist die Datenweitergabe zu beachten.

405 Bei den AGB-Banken handelt es sich um die Allgemeine Geschäftsbedingungen für Kreditinstitute, die regelmäßig in der Praxis genutzt werden.

406 Der Bundesgerichtshof hat entschieden, dass sich eine Verschwiegenheitspflicht aus den Nebenpflichten der vertraglichen Rechtsbeziehung ergibt. Siehe BGH NJW 2006, 830; *Fandrich* in Graf von Westphalen, Vertragsrecht und AGB-Klauselwerke, Banken- und Sparkassen-AGB Rn. 10 ff.; *Bunte* in Schimansky/Bunte/Lwowski, Bankrechts-Handbuch, § 7 Rn. 1; Weber in Hellner/Steuer, Bankrecht und Bankpraxis, Rn. 1/33.

407 Siehe näher *Hopt* in Hopt, HGB, Bankgeschäfte (7), Rn. A10 ff.

408 Erwägungsgründe der Ersten Geldwäscherichtlinie (91/308/EWG).

Bestimmung möglich ist.[409] Die Verdachtsmeldung im Geldwäscherecht ist als eine solche gesetzliche Offenbarungspflicht anerkannt.[410] Dies wird damit begründet, dass die Verdachtsmeldung zumindest auch im öffentlichen Interesse steht und es daher für ein Kreditinstitut nicht möglich sein kann, durch eine vertragliche Vereinbarung auf das öffentliche Interesse der Meldepflicht zu verzichten.[411] Somit wird der rechtliche Konflikt mit dem Bankgeheimnis zugunsten des Geldwäscherechts gelöst.

b) Wirtschaftliche Konflikte

Weiterhin lassen sich wirtschaftliche Interessenskonflikte erkennen. Für ein Kreditinstitut besteht mit einer Verdachtsmeldung die Gefahr, dass das Kundenverhältnis erheblich gestört wird. Für das Bankgeschäft ist das Kundenvertrauen und die Diskretion eine wesentliche Grundlage.[412] Ein umfassender und freizügiger Informationsfluss gegenüber den Strafverfolgungsbehörden spricht sowohl gegen das Selbstverständnis der Bank sowie gegen die Vorstellung der meisten Bankkunden.[413]

c) Faktische Konflikte

Weiterhin sind faktische Konflikte mit der Verdachtsmeldung zu erwähnen. Es sollte nicht unterschätzt werden, dass sich Mitarbeiter eines Kreditinstitutes in Gefahr bringen können, wenn sie gegen die Organisierte Kriminalität vorgehen. Sollte es zu einem Strafverfahren kommen, könnte ein Geldwäschebeauftragter oder Mitarbeiter eines Kreditinstitutes als Zeuge aussagen müssen. Zudem führen die Anforderungen des Geldwäschegesetzes zu Konflikten innerhalb eines Kreditinstitutes. In der Vierten EU-Geldwäscherichtlinie wird festgehalten, dass es bereits eine Reihe von Fällen gegeben hat, in denen Angestellte, nachdem sie einen Verdacht auf Geldwäsche gemeldet hatten, bedroht oder angefeindet wurden.[414] Die Verdachtsmeldung stellt damit auch einen faktischen Konflikt für Bankmitarbeiter dar, die unfreiwillig in die Strafverfolgung einbezogen werden.[415]

---

409 Nr. 2 Abs. 1 Satz 2 Banken-AGB.

410 *Fandrich* in Graf von Westphalen, Vertragsrecht und AGB-Klauselwerke, Banken- und Sparkassen-AGB Rn. 10; Bunte/Zahrte, AGB-Banken, Nr. 2 Rn. 52.

411 Werner, S. 32.

412 Fülbier, ZBB 1992, 124, 127.

413 Werner, S. 34 f.

414 Erwägungsgrund 41 der Vierten Geldwäscherichtlinie.

415 Siehe auch Werner, S. 36 f.

4. Vergleichbare bestehende Meldepflichten

Weiterhin lohnt sich der Blick in vergleichbare Meldepflichten.[416] Dabei lässt sich feststellen, dass es zwar durchaus unterschiedliche Gesetze mit einer „passiven Kooperationspflicht" gibt, bei denen bestimmte Informationen an die zuständigen Behörden bereitgestellt werden müssen, die sich z. B. aus steuerrechtlichen Gründen (§ 154 Abs. 2 AO) oder aus handelsrechtlichen Gründen (§ 257 HGB) ergeben. Für einen Vergleich mit der „aktiven Kooperationspflicht", wie bei der Verdachtsmeldung nach § 43 Abs. 1 GwG, lassen sich hingegen kaum Beispiele finden.[417]

a) Meldepflichten im Bereich der Verbrechensbekämpfung

Zunächst ist ein Blick in den Finanzmarktbereich naheliegend. Dort besteht ebenso im § 23 WpHG (§ 10 WpHG a. F.) eine Anzeigepflicht.[418] Danach müssen bestimmte Finanzmarktteilnehmer bei einem Verdacht auf Leerverkaufsverstößen eine Anzeige an die BaFin übermitteln.[419] Somit wird auch hier eine aktive Mitwirkung in Form der Indienstnahme von Privaten bei der Verbrechensbekämpfung verlangt.[420] Der Normzweck besteht darin, die Arbeit der BaFin in ihren Aufgaben der Überwachung des Finanzmarktes zu erleichtern.[421] Der Kreis der Normadressaten beschränkt sich dabei auf Akteure im Finanzbereich.[422] Die Zielrichtung des § 23 WpHG wird im präventiven Bereich angesiedelt, da die Bundesanstalt auch präventiv die Gefahren

416 Siehe zum grundsätzlichen Konflikt zwischen dem Strafrecht und Öffentlichen Recht, *Martini* in Voßkuhle/Eifert,/Möllers, Grundlagen des Verwaltungsrechts, Bd. II, § 33 Rn. 69 ff.

417 Findeisen, wistra 1997, 121, 123.

418 *Schlette/Bouchon* in Fuchs, WpHG, § 10 Rn. 2; Findeisen, wistra 1997, 121, 122. Vor dem zweiten Finanzmarktnovellierungsgesetz (2. FiMaNoG) vom 23. Juni 2017 (BGBl. 2017 I, S. 1693) war die Anzeige von Verdachtsfällen noch im § 10 WpHG geregelt.

419 *Hippeli* in BeckOK Wertpapierhandelsrecht, Seibt/Buck-Heeb/Harnos, § 23 GwG Rn. 1. Vgl. auch noch BT-Drs. 15/3174 S. 32; *Schlette/Bouchon* in Fuchs, WpHG, § 10 Rn. 2.

420 *Spoerr* in Assmann/Schneider/Mülbert, WpHG, § 23 Rn. 5; *Schlette/Bouchon* in Fuchs, WpHG, § 10 Rn. 2.

421 *Spoerr* in Assmann/Schneider/Mülbert, WpHG, § 23 Rn. 6; *Schlette/Bouchon* in Fuchs, WpHG, § 10 Rn. 2.

422 Nach § 23 Abs. 1 WpHG sind Wertpapierdienstleistungsunternehmen, andere Kreditinstitute, Kapitalverwaltungsgesellschaften und Betreiber von außerbörslichen Märkten, an denen Finanzinstrumente gehandelt werden, von der Pflicht umfasst.

für die Integrität der Kapitalmärkte überwachen soll.[423] Es wird aber auch die Ansicht vertreten, dass zudem eine repressive Funktion hinzukommt.[424]

Weiterhin finden sich im Strafgesetzbuch vergleichbare Anzeige- oder Meldepflichten für Jedermann im Bereich der Verbrechensbekämpfung. Hervorzuheben ist die Anzeigepflicht im Straftatbestand des § 138 StGB. Danach wird derjenige bestraft, der von dem Vorhaben oder der Ausführung einer besonders schweren Straftat aus den aufgezählten Verbrechen nach § 138 Abs. 1 Nr. 1 bis 8 StGB (z. B. Angriffskrieg nach § 80 StGB, Mord nach § 211 StGB oder Totschlag nach § 212 StGB) zu einer Zeit, zu der die Ausführung oder der Erfolg noch abgewendet werden kann, glaubhaft erfährt und es unterlässt, der Behörde oder dem Bedrohten rechtzeitig Anzeige zu machen.[425] Bei näherer Betrachtung der Strafnorm sind drei wesentliche Merkmale hervorzuheben: Zum einen ist der Katalog der aufgezählten Straftaten eng gefasst und betrifft nur besonders schwere Straftaten.[426] Zweitens bezieht sich der Anwendungsbereich der Norm nur auf bevorstehende und abwendbare Straftaten.[427] Drittens bestehen hohe Anforderungen in Bezug auf die Erkenntnis des Anzeigepflichtigen, der von der Straftat „glaubhaft erfahren" haben muss. Nicht ausreichend ist es demnach, wenn lediglich die Möglichkeit des Erkennens bestand.[428] Es muss festgestellt werden, dass der Anzeigepflichtige mit der Ausführung der Tat ernsthaft rechnet und die Straftat muss tatsächlich geplant sein oder in der Ausführung begriffen.[429] Selbst grobe Fahrlässigkeit ist daher straflos.[430]

Neben der Norm des § 138 StGB können im Strafgesetzbuch noch Anzeige- oder Meldepflichten im Einzelfall vorkommen, wenn unter bestimmten Voraussetzungen Hilfeleistungspflichten im Rahmen von § 323c StGB oder Erfolgsabwendungspflichten bei unechten Unterlassungsdelikten bestehen.[431] Diesen Regelungen ist allen gemein, dass sie Pflichten für bevorstehende Straftaten bestimmen. Die deutsche Rechtsordnung kennt hingegen keine Anzeige- oder Meldepflicht für Jedermann bei bereits begangenen Strafta-

---

423 Schwintek, WM 2005, 861, 863.

424 Vgl. hier: v. *Hein* in Schwark/Zimmer, WpHG, § 10 Rn. 1, 5; *Vogel* in Assmann/Schneider, WpHG, § 10 Rn. 5; *Spoerr* in Assmann/Schneider/Mülbert, WpHG, § 23 Rn. 6.

425 Siehe § 138 StGB.

426 *Hohmann* in Münchener Kommentar zum StGB, Bd. III, § 138 Rn. 2.

427 *Hohmann* in Münchener Kommentar zum StGB, Bd. III, § 138 Rn. 2.

428 Fischer, StGB, § 138 Rn. 9.

429 RG 71, 386; Lackner/Kühl, StGB, § 138 Rn. 3; *Sternberg-Lieben* in Schönke/Schröder, StGB, § 138 Rn. 8.

430 RG 94, 371; *Sternberg-Lieben* in Schönke/Schröder, StGB, § 138 Rn. 8.

431 *Kölbel* in Münchener Kommentar zur StPO, § 158 Rn. 17.

ten.[432] Eine solche Zurückhaltung könnte daran liegen, dass man sich aus traditionellen und historischen Gründen gegen ein System des Denunziantentums und dessen Folgen für die Allgemeinheit und den Gemeldeten stellen will.[433]

Weiterhin ergeben sich Meldepflichten für bestimmte Personen mit hoheitlichen Befugnissen. Das Geldwäschegesetz selbst sieht eine Meldepflicht für die Aufsichtsbehörden im § 44 GwG vor, wenn Tatsachen vorliegen, die darauf hindeuten, dass ein Vermögensgegenstand mit Geldwäsche oder mit Terrorismusfinanzierung im Zusammenhang steht. Auch wenn es Unterschiede in der Formulierung des Wortlautes zum § 43 Abs. 1 GwG gibt, wird in der Literatur teilweise vertreten, dass damit grundsätzlich das gleiche Verfahren, unter den gleichen Voraussetzungen wie bei den Verpflichteten besteht.[434] Schaut man in weiteren Gesetzen, dann lassen sich für bestimmte Personen mit hoheitlichen Befugnissen zahlreiche besondere Anzeigepflichten finden (z.B. § 163 Abs. 1 StPO, 183 GVG, § 41 Abs. 1 OWiG, § 68a EnWG).[435] Aus dem Steuerrecht ergibt sich beispielsweise die Pflicht für die Finanzbehörden, bei einem Verdacht auf Geldwäsche eine Meldung an die zuständigen Behörden zu machen (§ 31b Satz 2 AO). Erwähnenswert ist auch die Pflicht zur Anzeige für Strafverfolgungsbehörden nach §§ 160, 163 StPO, welche sich aus dem Legalitätsprinzip ergibt und ein Verstoß auch nach §§ 258a, 13 StGB strafbewehrt ist.[436] Diese Anzeigepflicht besteht, sobald Anhaltspunkte für eine Straftat im dienstlichen Rahmen bekannt werden.[437] Allerdings wird auch diskutiert, ob die Anzeigepflicht bei einer außerdienstlichen Kenntnis fortwirkt. Mit der herrschenden Meinung kann dies nur angenommen werden, wenn es sich um schwerere Straftaten handelt, die nach Art und Umfang die Belange der Öffentlichkeit und der Volksgesamtheit in besonderem Maße berühren.[438]

---

432 Dies gilt insbesondere für Privatpersonen. Siehe weiter *Griesbaum* in Karlsruher Kommentar zur Strafprozessordnung, § 158 StPO Rn. 25.

433 Bernasconi, Finanzunterwelt, S. 20 ff.; Werner, S. 79.

434 *Greite* in Zentes/Glaab, GwG, § 44 Rn. 10; *Barreto da Rosa* in Herzog, Geldwäschegesetz, § 44 Rn. 5. *Pelz* in BeckOK GwG, Frey/Pelz, § 44 Rn. 3 vertritt hingegen die Ansicht, dass unterschiedliche Anforderungen an die Meldeschwelle bestehen.

435 *Schmitt* in Meyer-Großner/Schmitt, StPO, § 158 Rn. 5.

436 *Kölbel* in Münchener Kommentar zur StPO, § 158 Rn. 18.

437 RGSt 70, 251 f.; BGHSt 5, 225, 229; 12, 277, 281; Roxin/Schünemann, Strafverfahrensrecht, § 14 Rn. 4; *Weingarten* in Karlsruher Kommentar zur Strafprozessordnung, § 158 Rn. 27.

438 BGHSt 4, 167, 169 f.; 5, 225, 229; 12, 277, 279; 38, 388; BVerfG JZ 2004, 303; *Kölbel* in Münchener Kommentar zur StPO, § 158 Rn. 19; *Weingarten* in Karlsruher Kommentar zur Strafprozessordnung, § 158 Rn. 29. Als Orientierung soll dabei der Katalog des § 138 StGB dienen (Roxin/Schünemann, Strafverfahrensrecht, § 39 Rn. 3; kritisch *Weingarten* in Karlsruher Kommentar zur Strafprozessordnung, § 158 Rn. 29).

b) Weitere Meldepflichten außerhalb der Verbrechensbekämpfung

Betrachtet man den Bereich der Anzeige- und Meldepflichten außerhalb der Verbrechensbekämpfung, so lässt sich feststellen, dass es sich um ein gebräuchliches Instrument im Bereich der staatlichen Verwaltungstätigkeit handelt, damit notwendige Informationen beschafft werden.[439] Daher sollte zumindest ein Überblick über wesentliche Meldepflichten gegeben werden.

Zunächst lassen sich Meldepflichten im Bereich der Gefahrenabwehr finden, welche als unmittelbar selbstständige Offenbarungspflichten bezeichnet werden können.[440] Diese haben gemein, dass von dem Normadressaten ein Tätigwerden von sich aus verlangt wird. Die Behörden werden dabei über eine in der Regel noch unbekannte potentielle Gefahr in Kenntnis gesetzt.[441] Zu den selbstständigen Offenbarungspflichten zählen unterschiedliche Anzeige-, Melde- und Mitteilungspflichten (z.B. § 40 KrWG, § 26 SprengG, § 29 AMG, § 21 GenTG, §§ 15, 31 BImSchG).[442] Bei näherer Betrachtung ist für diese Pflichten typisch, dass sie an einen im Gesetz fest umrissenen Offenbarungstatbestand anknüpfen.[443] Die Normen weisen dabei Tatbestandsmerkmale mit unterschiedlicher Bestimmtheit auf. Während es einerseits Regelungen mit objektiv feststellbaren Umständen gibt (die Einstellung eines Anlagenbetriebes nach § 21 Abs. 1b GenTG), lassen sich andererseits Tatbestände finden, welche eine eigenständige Gefahrenprognose erfordern (z.B. Verdacht einer Gefährdung bestimmter Rechtsgüter nach § 21 Abs. 3 GenTG).[444] Weiterhin bestehen insbesondere im Wirtschaftsverwaltungsrecht „neutrale" Kontroll-Anzeigepflichten, welche den Behörden helfen sollen, einen bestimmten Sachbereich zu überwachen. Dazu gehören z.B. §§ 13, 14 KWG (Anzeigepflicht für Groß- und Millionenkredite), § 16 GastVO (Anzeigepflicht für beschäftigte Personen),[445] sowie § 18 BtMG (Meldungen).[446]

c) Gemeinsamkeiten und Unterschiede

Betrachtet man die Gemeinsamkeiten und Unterschiede lässt sich feststellen, dass die Verdachtsmeldung nach § 43 Abs. 1 GwG eine Besonderheit darstellt. Im Rahmen der Finanzmarktaufsicht bestehen wesentliche Ge-

439 Vgl. Werner, S. 80.
440 Der Begriff der Offenbarungspflichten geht auf Hahn zurück, siehe Hahn, S. 97 ff.; Nobbe/Vögele, NuR 1988, 314; *Rengier* in FS für Rudolf Schmitt, S. 265.
441 Hahn, S. 97; Werner, S. 80.
442 Vgl. Kloepfer, Umweltrecht, § 5 Rn. 473; Hahn, S. 97.
443 Vgl. *Rengier* in FS für Rudolf Schmitt, S. 265.
444 Vgl. Werner, S. 81.
445 Landesverordnung zur Ausführung des Gaststättengesetzes (Gaststättenverordnung – GastVO) vom 2. Dezember 1971.
446 Vgl. Werner, S. 81 f.

meinsamkeiten mit der Anzeigepflicht nach § 23 im WpHG.[447] In formeller Hinsicht sind in beiden Fällen die Kreditinstitute als Adressaten der Norm betroffen und ein Verstoß kann als Ordnungswidrigkeit geahndet werden.[448] Unter materiellen Gesichtspunkten ist beiden gemeinsam, dass sie der Verbrechensbekämpfung dienen und zwar auch für bereits begangene Straftaten. Dabei wird den Kreditinstituten eine Bewertung über ein strafrechtliches Verhalten abverlangt, was nicht zu den berufstypischen Aufgaben eines Kreditinstitutes gehört. Ein entscheidender Unterschied besteht jedoch darin, welche Straftaten gemeldet werden sollen. Während sich die Anzeigepflicht im WpHG auf den Insiderhandel und die Marktmanipulation beschränkt, soll die Verdachtsmeldung im Geldwäscherecht alle Straftaten im Zusammenhang mit Geldwäsche und Terrorismusfinanzierung umfassen. Dabei sind die Vortaten der Geldwäsche nach § 261 Abs. 1 Satz 2 StGB a. F. schon umfangreich gewesen. Durch den neuen § 261 StGB wurde der Bereich auf alle rechtswidrigen Taten als Vortaten der Geldwäsche erweitert.

Für den sonstigen Bereich der Verbrechensbekämpfung ist der Gesetzgeber eher zurückhaltend. Im Vergleich zur Nichtanzeige von Straftaten nach § 138 StGB bestehen deutliche Unterschiede.[449] Zunächst einmal lassen sich formale Unterschiede feststellen, da der § 138 StGB im Strafgesetzbuch zu verorten ist. Ein Verstoß gegen die Verdachtsmeldung stellt hingegen eine Ordnungswidrigkeit dar.[450] Des Weiteren wird die Anzeigepflicht nach § 138 StGB nur bei Verbrechen, also bei schwersten Straftaten, ausgelöst.[451] Für die Verdachtsmeldung sind hingegen auch schon Vergehen ausreichend.[452] Der § 138 StGB richtet sich an Jedermann, die Verdachtsmeldung im Geldwäscherecht nur an einen bestimmten Verpflichtetenkreis.[453] Nicht zuletzt unterscheiden sich die subjektiven Voraussetzungen erheblich voneinander. Während es für die Anzeige im Strafgesetzbuch notwendig ist, dass der Tä-

---

447 *Schlette/Bouchon* in Fuchs, WpHG, § 10 Rn. 2; Findeisen, wistra 1997, 121, 122.

448 Die vorsätzliche oder leichtfertige ordnungsgemäße Mitteilung eines Verdachtsfalls nach § 10 WpHG a. F. stellt nach § 39 Abs. 2 Nr. 2b eine Ordnungswidrigkeit dar und es kann ein Bußgeld bis zu einer Höhe von 50 000 Euro, in den Fällen von § 39 Abs. 2 Nr. 1, Abs. 4 WpHG a. F. sogar bis zu 200 000 Euro verhängt werden.

449 Vgl. Werner, S. 84 f; *Ziegler* in Gradowski/Ziegler, Geldwäsche, Geschwinnabschöpfung, S. 102; Degen, S. 120.

450 Vgl. Werner, S. 85.

451 Verbrechen sind nach § 12 Abs. 1 StGB rechtswidrige Taten, die im Mindestmaß mit Freiheitsstrafe von einem Jahr oder darüber bedroht sind.

452 Vergehen sind nach § 12 Abs. 2 StGB rechtswidrige Taten, die im Mindestmaß mit einer geringeren Freiheitsstrafe oder die mit Geldstrafe bedroht sind.

453 Die sogenannten Verpflichteten ergeben sich aus § 2 GwG. Siehe auch: Neuheuser, NZWISt 2015, 241, 245.

ter von einer Straftat „glaubhaft erfahren“ muss, sind bei der Verdachtsmeldung weitestgehend schon Zweifel ausreichend.[454]

Auch bei den behördlichen Anzeigepflichten ergeben sich grundsätzliche Unterschiede. Trotz der inhaltlich ähnlichen Pflichten ist die Legitimation eine andere. Die Anforderungen aus dem Legalitätsprinzip gelten nur für die Strafverfolgungsbehörden und sind nicht auf Private zu übertragen.[455] Auch bei den anderen Anzeigepflichten von hoheitlichen Pflichtenträgern wäre ein Vergleich nicht passend, da sie oft nur einen Teilaspekt im Rahmen einer umfassenden Aufsicht darstellen. Die Verdachtsmeldung stellt hingegen eine zentrale Aufgabe für Kreditinstitute bei der Bekämpfung von Geldwäsche und Terrorismusfinanzierung dar.[456]

Für den Bereich außerhalb der Verbrechensbekämpfung ergibt sich ein Vergleich mit den sogenannten unmittelbaren selbstständigen Offenbarungspflichten im Bereich der Gefahrenabwehr. Genau wie bei der Verdachtsmeldung sind die Offenbarungspflichten dadurch gekennzeichnet, dass die Behörden über eine im Regelfall noch unbekannte potenzielle akute Gefahr informiert werden sollen.[457] Die Begründung ist dabei für alle Mitteilungspflichten ähnlich. Aufgrund eines gesonderten Wissens oder bestimmter Informationen müssen die Behörden informiert werden, da ihnen ohne diese Kenntnis eine Gefahrenabwehr nicht möglich wäre.[458] Für den Bereich der Geldwäschebekämpfung besteht ein besonderes Risikowissen bei den Banken. Sie verfügen zudem über relevante Daten der Bankkunden. Daher ist der Staat auf ihre Mitwirkung angewiesen.[459] Dabei ist der Vorgang der Verdachtsschöpfung im Geldwäscherecht vom Prinzip her den Gefahrenprognosen bestimmter Mitteilungspflichten (z.B. §21 Abs.3 GenTG; §6 Hess. UniversitätsG[460]) sehr ähnlich. Die Entscheidung über eine Meldung muss auch oft in diesen Fällen auf einem nicht vollständig ausermittelten Sachverhalt getroffen werden.[461]

454 Siehe näher zu den Tatbestandsvoraussetzungen Hindeuten und die Schwelle der Verdachtsmeldung, S. 80 ff.

455 Vgl. Werner, S. 85.

456 Vgl. Werner, S. 85.

457 Vgl. für die Offenbarungspflichten: Hahn, S. 97.

458 BVerfGE 47, 327, 382; Hahn, S. 131 ff.

459 Vgl. Erwägungsgründe Richtlinie 91/308/EWG; Findeisen, wistra 1997, 121, 122; Werner, S. 85.

460 Siehe ausführlich dazu den vor dem Bundesverfassungsgericht entschiedenen Fall zu der Offenbarungspflicht nach §6 Hess. UniversitätsG: BVerfGE 47, 327 ff.

461 So auch Werner, S. 86.

IV. Normzweck der Verdachtsmeldung nach § 43 GwG

Im Folgenden soll nunmehr auch der genaue Normzweck der Verdachtsmeldung ermittelt werden. Bei der systematischen Einordnung des Geldwäschegesetzes hat sich schon gezeigt, dass es Schwierigkeiten bereitet, eine klare Zuordnung des Gesetzes zum präventiven und repressiven Bereich vorzunehmen.[462] Dieses Problem zeigt sich insbesondere auch bei der Verdachtsmeldung.

1. Präventiver Zweck der Verdachtsmeldung

Ebenso wie das gesamte Geldwäschegesetz, soll nach dem Gesetzgeber mit der Verdachtsmeldung (auch) ein präventiver Zweck verfolgt werden.[463] Diese Feststellung aus einem Gesetzgebungsverfahren aus dem Jahr 2012 wurde nochmal bei der Umsetzung der Vierten EU-Geldwäscherichtlinie im Jahr 2017 ausdrücklich für die Verdachtsmeldung wiederholt, da es sich um eine „gewerberechtliche Meldeverpflichtung" handelt.[464] Durch geeignete Präventionsmaßnahmen sollen die Einschleusung von Strafgewinnen in den legalen Geldkreislauf verhindert oder mindestens erschwert werden.[465] Mit der Einbindung von Verpflichteten soll das „Geldwaschen" risikoreicher werden und die potentiellen Geldwäscher sollen durch die Gefahr der Verdachtsmeldung als ein Instrument der vorgeschalteten Strafverfolgung abgeschreckt werden.[466] Schon im Jahr 1997 hat *Findeisen* vertreten, dass es sich bei der Verdachtsmeldung um eine gewerberechtliche Meldepflicht handelt, die nicht als Strafanzeige i. S. d. § 158 StPO zu verstehen ist.[467] Auch die BaFin betont in den aktuellen Auslegungs- und Anwendungshinweisen aus dem Jahr 2021, dass es sich bei der Verdachtsmeldung um eine „selbstständige gewerbliche Verpflichtung" handelt.[468]

---

462 Siehe zum Abschnitt des Geldwäschegesetzes und die systematische Einordnung des Gesetzes, S. 19.

463 Vgl. BT-Drs. 17/10745, S. 1. Gegen eine „gewerberechtliche" Meldeverpflichtung hingegen *Baretto da Rosa* in Herzog, Geldwäschegesetz, § 43 Rn. 5; siehe auch Lenk, WM 2020, 115, 117.

464 BT-Drs. 18/11928, S. 26.

465 Vgl. BT-Drs. 12/2704, S. 1 und 19.

466 Vgl. Reithner, S. 98; *Lang* in Lang/Schwarz/Kipp, Regelungen zur Bekämpfung der Geldwäsche, S. 501.

467 Findeisen, wistra 1997, 121, 122.

468 BaFin, Auslegungs- und Anwendungshinweise, S. 76.

2. Repressiver Zweck der Verdachtsmeldung

Die Verdachtsmeldung dient allerdings auch der Unterstützung der Strafverfolgungsbehörden bei der Geldwäschebekämpfung und hat somit repressive Elemente.[469] Dabei handelt es sich nicht um eine Strafanzeige im Sinne von § 158 Abs. 1 StPO.[470] Die Mitwirkung der Verpflichteten durch die Verdachtsmeldung ist besonders hilfreich, da nicht nur die Kundendaten gesammelt und analysiert, sondern auch weitere relevante Informationen und Auffälligkeiten der Geschäftsbeziehung an die zuständigen Behörden weitergegeben werden.[471] Die Kreditinstitute werden somit aktiv bei der Strafverfolgung eingebunden und können einen wesentlichen Beitrag zu den Ermittlungen der Behörden leisten. In der Literatur wird diese umfassende Einbindung kritisiert und teilweise von dem „Banker als Fahnder" oder vom „Hilfsbeamten der Staatsanwaltschaft" gesprochen.[472] Gegen diese Einordnung wehrt sich *Findeisen*, da die Bankangestellten als Ermittler nicht ausgebildet sind. Vielmehr kommt es seiner Meinung nach auf das besondere Bankerwissen und die Bankerfahrung bei der Verdachtsmeldung an.[473]

Zudem lassen sich bei genauerer Betrachtung im Rahmen des repressiven Zwecks zwei unterschiedliche Schwerpunktsetzungen erkennen. Der Gesetzgeber hat in einem Gesetzgebungsverfahren im Jahr 1992 betont, dass die Ermittlungen einer Straftat durch die Verdachtsmeldung „schnellstmöglich" aufgenommen werden sollen.[474] Von Teilen der Literatur wird hingegen hervorgehoben, dass der Hauptzweck nicht in der Fokussierung auf den Einzelfall besteht, sondern vielmehr darin, die Strukturen der organisierten Kriminalität zu erkennen.[475] Für eine schnelle Bearbeitung sprechen besonders Verdachtsmeldungen im Zusammenhang mit schweren Straftaten, insbesondere dann, wenn eine Terrorismusfinanzierung vorliegt. Teilweise werden in diesen Fällen nicht nur begangene Straftaten aufgedeckt, sondern es können zukünftige Straftaten mit Gefahren für Leib und Leben verhindert

469 Körner/Dach, Geldwäsche, S. 53; *Baretto da Rosa* in Herzog, Geldwäschegesetz, § 43 Rn. 5 ff.; Neuheuser, NZWISt 2015, 241, 243; Richter, S. 165; Lenk, WM 2020, 115, 117; vgl. im WpHG *Spoerr* in Assmann/Schneider/Mülbert, WpHG, § 23 Rn. 6.

470 BT-Drs. 17/6804, 35; BT-Drs. 18/11928, 26; *Baretto da Rosa* in Herzog, Geldwäschegesetz, § 43 Rn. 5.

471 *Schnabl* in Handbuch Wirtschafts- und Steuerstrafrecht, 6. Kapitel, Rn. 41; *Fischbeck* in Schimansky/Bunte/Lwowski, Bankrechts-Handbuch (4. Auflage), § 42 Rn. 29; *Teichmann/Achsnich* in Herzog/Mülhausen, Geldwäschebekämpfung und Gewinnabschöpfung, § 29 Rn. 37.

472 *Lang* in Lang/Schwarz/Kipp, Regelungen zur Bekämpfung der Geldwäsche, S. 499; Herzog, WM 1996, 1753; siehe auch Fülbier, WM 1990, 2025.

473 Findeisen, wistra 1997, 121, 124.

474 BT-Drs. 12/2704 S. 17 f.; BT-Drs. 12/2747, S. 3 f.; siehe auch Findeisen, wistra 1997, 121, 123.

475 *Fülbier* in Fülbier/Aepelbach/Langweg, GwG, § 11 Rn. 3.

werden. Geht es jedoch grundsätzlich um die Bekämpfung der Organisierten Kriminalität, dann kann eine Beobachtung über Jahre andauern und einen Austausch über Ländergrenzen hinweg verlangen.[476]

3. Vertrauen und Stabilität der Finanzwirtschaft

Zudem ist aus den Gesetzesunterlagen noch ein weiterer Zweck der Verdachtsmeldung ersichtlich. Im Gesetzesentwurf zum ersten Geldwäschegesetz aus dem Jahr 1992 wird betont, dass sich das Finanzsystem durch ein „hohes Maß an Liberalität und das Fehlen staatlicher Kontrollen bei der Abwicklung einzelner Geschäftsvorfälle“[477] auszeichnet. Die Kehrseite ist, dass diese Freiheiten für Geldwäscheaktivitäten ausgenutzt werden können. Es besteht die Gefahr, dass nicht nur das betroffene Institut ernsthaft Schaden erleidet, sondern auch das Ansehen des Finanzsystems insgesamt. Die Folge wäre ein Vertrauensverlust in der Öffentlichkeit.[478] Daher ist die Mithilfe der Kreditinstitute für den Schutz des Finanzsystems notwendig.[479]

Die Forderung kann auch als ein Appell an die Kredit- und Finanzinstitute verstanden werden, da ein Verstoß gegen die Verdachtsmeldung damals noch nicht sanktioniert war. Die Literatur kritisierte daher, dass sich die bestehende Pflichtenansprache auf die „Aufspürungslust“ weniger Institute beschränken wird. Das Geldwäschegesetz wurde in seiner ursprünglichen Form auch von der Literatur als ineffektiv qualifiziert.[480] Erst mit dem GwBekErgG im Jahr 2008 stellte eine Verletzung der Pflicht zur Verdachtsmeldung eine Ordnungswidrigkeit dar.[481]

Die Beschränkung auf das Vertrauen und die Stabilität der Finanzwirtschaft greift aus heutiger Sicht zu kurz. Vielmehr kann durch die Erweiterung auf die Nichtfinanzsektor im Geldwäschegesetz (z. B. Immobilienmakler, Güterhändler, Rechtsanwälte)[482] das Vertrauen und Integrität des jeweiligen Gewerbes als Normzweck angesehen werden. Dies lässt sich auch mit den Schätzungen der Vereinten Nationen für Drogen- und Verbrechensbekämpfung (United Nations Office on Drugs and Crime – UNODC) begründen. Danach liegt der Anteil von gewaschenem Geld zwischen 2 und 5 % des

---

476 *Fülbier* in Fülbier/Aepelbach/Langweg, GwG, § 11 Rn. 3; siehe noch *Herzog/Achtelik* in Herzog, Geldwäschegesetz (2. Auflage), § 11 Rn. 8.

477 BT-Drs. 12/2704, S. 17.

478 Erwägungsgründe Richtlinie 91/308/EWG; BT-Drs. 12/2704, S. 17.

479 Erwägungsgründe Richtlinie 91/308/EWG; BT-Drs. 12/2704, S. 17; siehe auch weitergehend in der Begründung Findeisen, wistra 1997, 121, 124.

480 Bottke, wistra 1995, 121, 129.

481 BT-Drs. 168/08, S. 104.

482 Nach § 43 Abs. 1 GwG müssen alle Verpflichtete eine Verdachtsmeldung abgeben. Der Kreis der Verpflichteten ergibt aus § 2 GwG.

gesamten globalen Bruttoinlandsproduktes.[483] Die Auswirkungen von Geldwäsche betreffen schon längst viele gefahrengeneigte Gewerbebereiche und stellen ein Problem für die gesamte Volkswirtschaft dar.

4. Zusammenfassung

Der Normzweck der Verdachtsmeldung ist ebenso wie bei dem gesamten Geldwäschegesetz nicht trennscharf zwischen einem präventiven und einem repressiven Ziel abzugrenzen.[484] Es kann daher auch als Meldung eigener Art „sui generis" verstanden werden.[485] Mit dem Instrument der Verdachtsmeldung wird ein doppelfunktionaler Zweck verfolgt.[486] Zum einen soll es den potenziellen Geldwäscher und Terrorismusfinanzier schwer gemacht werden, Strafgewinnen in den legalen Geldkreislauf einzuschleusen. Zum anderen soll den zuständigen Behörden ein Ermittlungsansatz geliefert werden. Die Norm ist die Verbindung zwischen den Erkenntnissen der Verpflichteten und den zuständigen Behörden für die Strafverfolgung der Geldwäsche und Terrorismusfinanzierung. Zudem lässt sich als weiterer Zweck der Verdachtsmeldung die Aufrechterhaltung des Vertrauens und die Stabilität der Finanzwirtschaft feststellen, wobei aufgrund der erheblichen globalen Bedeutung der Geldwäsche und der Einbindung vieler weiterer Adressaten aus dem Nichtfinanzsektor vielmehr die gesamte Volkswirtschaft betroffen ist. Schon anhand der unterschiedlichen Zweckrichtungen wird die Komplexität der Verdachtsmeldung sichtbar.

V. Zwischenergebnis

Zusammengefasst lässt sich festhalten, dass die Verdachtsmeldung immer weiter steigen. Nach dem FIU-Jahresbericht 2021 sind es inzwischen fast 300.000 Meldung im Jahr, davon werden mehr als die Hälfte mit 180.394

---

483 Siehe Angaben von Europol, abrufbar unter https://www.europol.europa.eu/crime-areas-and-trends/crime-areas/economic-crime/money-laundering (zuletzt abgerufen am 17.09.2023).

484 Vgl. auch den doppelfunktionalen Zweck der Anzeigepflicht im WpGH *Spoerr* in Assmann/Schneider/Mülbert, WpHG, § 23 Rn. 6.

485 *Baretto da Rosa* in Herzog, Geldwäschegesetz, § 43 Rn. 5.

486 Lenk, WM 2020, 115, 117; *Baretto da Rosa* in Herzog, Geldwäschegesetz, § 43 Rn. 5 sieht den Zweck primär in den Belangen der Verbrechensbekämpfung. Siehe insgesamt zu der doppelten Funktion im Geldwäschegesetz Neuheuser, NZWISt 2015, 241, 243; *Findeisen*, wistra 1997, 121, 122; *Walther* in Schimansky/Bunte/Lwowski, § 42 Rn. 182; Körner/Parazak/Volkmer, BtmG, § 29 BtMG Rn. 27; *Neuheuser* in MüKo, StGB, § 261 Rn. 1; Bottke, wistra, 1995, 121, 125 ff.; Reithner, S. 98 f; *Jekewitz* in Herzog/Mülhausen, Geldwäschebekämpfung und Gewinnabschöpfung, § 9 Rn. 31; Krais, Geldwäsche und Compliance, Rn. 15.

Meldungen von Kreditinstituten abgegeben.[487] Nur wenige Verdachtsmeldungen werden von der FIU an die Strafverfolgungsbehörden weitergeleitet. Im Jahr 2021 waren es nur rund 40.200 Meldungen und damit 13,5% der eingegangenen Verdachtsmeldungen. Wertet man die Seite aus, die von Strafverfolgungsbehörden zurück an die FIU gemeldet werden, dann lassen sich da für das Jahr 2021 insgesamt nur 14.186 Rückmeldungen feststellen. Davon handelt es sich bei 1.352 um Urteile, Strafbefehle, Beschlüsse und Anklageschriften.[488] Daher besteht erhebliche Kritik an dem gesamten Verdachtsmeldesystem. Teilweise wird auch auf die bisher unzureichende Zahlenlage sowie auf bestehende Fehlinterpretationen hingewiesen.

Betrachtet man die Rolle der Kreditinstitute, dann lässt sich feststellen, dass diese für die Geldwäschebekämpfung besonders wichtig sind, da sie als Intermediäre im nationalen und internationalen Zahlungsverkehr agieren. Die Verdachtsmeldung stellt die Kreditinstitute dabei vor Herausforderungen, da umfassende organisatorische Pflichten wie die Risikoanalyse und die internen Sicherungsmaßnahmen erfüllt werden müssen. Von diesen Maßnahmen wird abhängig sein, ob ein Verdacht erfolgreich von den Mitarbeitern oder den internen Datensystemen erkannt und gemeldet wird. Verantwortlich für die Verdachtsmeldung ist der Geldwäschebeauftragte. An diesen werden im Gegensatz zum Compliancebeauftragten keine genauen Anforderungen in einer Verordnung geregelt. Bei den zuständigen Behörden der Verdachtsmeldung ist zwischen der Aufsichtsbehörde (BaFin) und der Empfangsbehörde der Verdachtsmeldungen (FIU) zu unterscheiden.

Bei dem Charakter der Verdachtsmeldung wird zunächst deutlich, dass es sich um eine verpflichtende Meldung handelt und diese von dem subjektiven Verdacht eines Geldwäschebeauftragten abhängig ist. Die Pflichten des Geldwäschegesetzes und auch die Verdachtsmeldung ist dabei als Indienstnahme von Privaten einzuordnen und es bestehen grundlegende Interessenskonflikte in rechtlicher, wirtschaftlicher und faktischer Hinsicht. Bei einem Vergleich zu anderen Meldepflichten wird deutlich, dass die Verdachtsmeldung Besonderheiten aufweist. Die Verdachtsmeldung erfasst im Gegensatz zur Anzeige im Wertpapierhandelsgesetz deutlich mehr Straftaten und ist damit umfangreicher. Trotz des besonderen Risikowissens innerhalb einer Bank, gehört es nicht zu deren berufstypischen Aufgaben, auch eine Bewertung mit einem strafrechtlichen Zusammenhang vorzunehmen. Damit unterscheidet sie sich auch von anderen Meldepflichten im Bereich der Gefahrenabwehr.

Beim Normzweck kann nicht trennscharf zwischen einem präventiven und einem repressiven Ziel abgegrenzt werden. Vielmehr werden beide Zielrich-

487 FIU-Jahresbericht 2021, S. 15, 17.
488 FIU-Jahresbericht 2021, S. 15 ff.

tungen verfolgt. Zudem sind als Normzweck auch das Vertrauen und die Stabilität der Finanzwirtschaft zu erwähnen, wobei die Zielrichtung weitergehend ist und inzwischen auf den Schutz der gesamten Volkswirtschaft ausgedehnt werden müsste.

Insgesamt wird deutlich, dass die Verdachtsmeldung schon bei einer grundsätzlichen Betrachtung eine komplexe Natur aufweist. Es werden rechtliche sowie praktische Fragestellungen erkennbar. Daher ist ein Blick auf die genauen Voraussetzungen, Rechtsfolgen und Auswirkungen der Verdachtsmeldung vorzunehmen.

D. Die Voraussetzungen der Meldepflicht nach § 43 Abs. 1 GwG

Für die Meldepflichten stellt der § 43 Abs. 1 GwG die Rechtsgrundlage dar und ist damit wesentlicher Untersuchungsgegenstand der vorliegenden Arbeit. Bei näherer Betrachtung weist die gesetzliche Meldepflicht nach § 43 Abs. 1 GwG drei Bezugspunkte auf. Zum einen den Verdachtsfall auf Geldwäsche, den Verdachtsfall auf Terrorismusfinanzierung und den Verstoß gegen die Offenlegung des wirtschaftlich Berechtigten.

Seit der Umsetzung der Vierten EU-Geldwäscherichtlinie im Jahr 2017 lautet die Norm der Meldepflicht:[489]

> *„Liegen Tatsachen vor, die darauf hindeuten, dass*
>
> *1. ein Vermögensgegenstand, der mit einer Geschäftsbeziehung, einem Maklergeschäft oder einer Transaktion im Zusammenhang steht, aus einer strafbaren Handlung stammt, die eine Vortat der Geldwäsche darstellen könnte,*
>
> *2. ein Geschäftsvorfall, eine Transaktion oder ein Vermögensgegenstand im Zusammenhang mit Terrorismusfinanzierung steht oder*
>
> *3. der Vertragspartner seine Pflicht nach § 11 Absatz 6 Satz 3 [GwG], gegenüber dem Verpflichteten offenzulegen, ob er die Geschäftsbeziehung oder die Transaktion für einen wirtschaftlich Berechtigten begründen, fortsetzen oder durchführen will, nicht erfüllt hat,*
>
> *so hat der Verpflichtete diesen Sachverhalt unabhängig vom Wert des betroffenen Vermögensgegenstandes oder der Transaktionshöhe unverzüglich der Zentralstelle für Finanztransaktionsuntersuchungen zu melden.“*

Alle drei Alternativen werden eingeleitet durch die Tatbestandsmerkmale „Liegen Tatsachen vor, die darauf hindeuten“. Was genau unter „Tatsachen“ und „Hindeuten“ zu verstehen ist, soll zunächst untersucht werden (siehe hierzu I.). Da die vorliegende Arbeit den Schwerpunkt auf den Geldwäscheverdacht setzt, soll insbesondere der Verdachtsfall der Geldwäsche nach § 43

489 BR-Drs. 182/17, S. 51, 182 ff. Seither wurde der § 43 Abs. 1 GwG auch nicht durch neue Gesetzesänderungen verändert (Stand: September 2023). Mit dem Finanzkriminalitätsbekämpfungsgesetz soll der Tatbestand nunmehr sprachlich angepasst werden. Demnach soll es nunmehr lauten: „ein Vermögensgegenstand, der mit einer Geschäftsbeziehung, einem Maklergeschäft oder einer Transaktion im Zusammenhang steht, aus einer rechtswidrigen Tat im Sinne des § 261 Strafgesetzbuches stammen könnte“. Siehe Referentenentwurf des Bundesministeriums der Finanzen eines Gesetzes zur Verbesserung der Bekämpfung von Finanzkriminalität (Finanzkriminalitätsbekämpfungsgesetz – FKBG), S. 68, 184.

Abs. 1 Nr. 1 GwG vertieft untersucht werden (siehe hierzu II.). Hierbei handelt es sich auch aus der Sicht der Praxis um die mit Abstand wichtigste Meldung. Nach dem FIU-Jahresbericht 2021 lag der Anteil der Verdachtsmeldungen mit einem potenziellen Bezug zur Terrorismusfinanzierung lediglich bei 1 % am Gesamtaufkommen.[490] Über die dritte Alternative lassen sich in den aktuellen FIU-Jahresberichten keine Hinweise finden. Lediglich in älteren FIU-Jahresberichten werden dazu Aussagen getroffen. In dem FIU-Jahresbericht 2012 wird darauf hingewiesen, dass diese Meldungen nur einen Anteil von 0,6 % am Gesamtaufkommen der Meldungen ausmachen.[491] Trotzdem sollen die zwei Meldepflichten nach § 43 Abs. 1 Nr. 2 und 3 GwG zumindest vergleichend und gerade in der Abgrenzung zum Geldwäscheverdacht herangezogen und Besonderheiten herausgearbeitet werden (siehe hierzu III. und IV.). Zuletzt soll der Frage nachgegangen werden, was stattfinden muss, wenn zwar Verdachtsmomente bestanden, diese sich aber nicht zu einem Verdacht verdichtet haben. Es soll untersucht werden, welche Maßnahmen in diesem Fall vorgenommen werden müssen (dazu V.).

I. Hindeuten auf Tatsachen

Der Wortlaut der Meldepflicht wird eingeleitet durch die Tatbestandsmerkmale „Liegen Tatsachen vor, die darauf hindeuten, dass“. Im Folgenden soll zunächst untersucht werden, wie der Begriff der „Tatsachen“ zu verstehen ist (dazu 1.). Weiterhin soll geprüft werden, wann ein „Hindeuten“ vorliegt und welche Schwelle dabei zu beachten ist (dazu 2.). Zuletzt soll untersucht werden, ob ein Beurteilungsspielraum für den Geldwäschebeauftragten besteht, der über die Relevanz des Verdachtsfalles entscheiden und ihn gegebenenfalls melden muss (dazu 3.).

1. Tatsachen

Ein Verdacht soll auf der Grundlage von „Tatsachen“ begründet sein. Der Begriff selbst wird nicht im Geldwäschegesetz definiert. Er ist allerdings bekannt aus dem Straf- und Zivilrecht. Dort wurde nach der herrschenden Meinung in der Rechtsprechung und Literatur herausgearbeitet, dass Tatsachen als etwas Geschehenes oder Bestehendes verstanden werden müssen, welche zur Erscheinung gelangen und in die Wirklichkeit getreten sind und daher dem Beweis zugänglich gemacht werden können (z. B. Alter, die Iden-

490 FIU-Jahresbericht 2021, S. 16.
491 FIU-Jahresbericht 2012, S. 15.

tität[492], die körperlichen[493] und finanziellen Verhältnisse einer Person[494]).[495] Keine Tatsachen sind hingegen bloße Werturteile und reine Meinungsäußerungen als Mitteilung subjektiver persönlicher Wertungen, da sie durch das Element der Stellungnahme und des Dafürhaltens gekennzeichnet sind und sich deshalb nicht als wahr oder unwahr erweisen lassen.[496]

In vielen finanzmarktaufsichtsrechtlichen Gesetzen (z. B. WpHG, KWG) wird hingegen ein weites Auslegungsverständnis bei dem Begriff der Tatsachen vertreten.[497] *Hippeli* weist im Zusammenhang mit dem WpHG sogar auf die Notwendigkeit unterschiedlicher Interpretationen des Tatsachenbegriffes hin und verneint einen einheitlichen Tatsachenbegriff für das WpHG.[498] Demnach muss unterschieden werden, ob es sich um einen Tatsachenbegriff, der im Zusammenhang mit Straftaten (vgl. § 11 WpHG), mit Ordnungswidrigkeiten (vgl. § 23 WpHG), oder in Bezug auf Verschwiegenheitspflichten (vgl. § 21 WpHG) handelt.[499] Dabei lässt sich erkennen, dass im Zusammenhang mit anderen Verdachtsmeldungen (z. B. Art. 16 VO (EU) 596/2014 in Bezug auf die Vorbeugung und Aufdeckung von Marktmissbrauch) vertreten wird, dass ein Verdacht auf der Grundlage von Tatsachen auch bei „fundierten Erfahrungswerten" vorliegen kann. Hingehen sollen bloße Spekulationen, Annahmen, Gerüchte oder Prognosen nicht ausreichend sein.[500]

---

492 OLG Düsseldorf NJW 1987, 3145, 3146.

493 RGSt 4, 352 f.

494 OLG Düsseldorf StV 1992, 77.

495 Vgl. RGSt 24, 387 f.; 41, 193, 194 f.; 55, 129, 131; 56, 227 ff.; BGHSt 15, 24, 26; OLG Stuttgart NJW 1958, 1833; 1979, 2573 f.; *Hefendehl* in Münchener Kommentar zum StGB, Bd. V § 263 Rn. 96; *Kindhäuser/Hoven* in Kindhäuser/Neumann/Paeffgen/Saliger, Strafgesetzbuch, § 263 Rn. 73; *Frey/Pelz* in BeckOK GwG, Frey/Pelz, Einf., Rn. 7.

496 Siehe dazu näher die Ausführungen BGH NJW 2006, 830, 836 m. w. N.

497 Vgl. VGH Kassel, Urteil vom 11.03.2015 – 6 A 1071/13 = WM 2015, 1750, 1758; *Beck* in Schwark/Zimmer, Kapitalmarktrechts-Kommentar, § 8 WpHG Rn. 6 m. w. N.; *Döhmel* in Assmann/Schneider/Mülbert, WpHG, § 21 Rn. 20 f.; *Lindemann* in Fischer/Schulte-Mattler, CRR-VO/KWG, § 9 KWG Rn. 8; *Müller-Feyen* in Luz/Neus/Scharpf/Schneider/Weber, KWG, § 9 Rn. 4; *Brocker* in Schwennicke/Auerbach, KWG, § 9 Rn. 9; *Kumpan/Misterek* in Schwark/Zimmer, Kapitalmarktrechts-Kommentar, VO (EU) 596/2014 Art. 16, Rn. 54.

498 *Hippeli* in Seibt/Buck-Heeb/Harnos, BeckOK Wertpapierhandelsrecht, § 23 Rn. 28. Im Zusammenhang mit dem WpHG wird sich aber auch für eine einheitliche Begrifflichkeit ausgesprochen (siehe: *Ritz* in Just/Voß/Ritz/Becker, WpHG, § 10 Rn. 15).

499 *Hippeli* in Seibt/Buck-Heeb/Harnos, BeckOK Wertpapierhandelsrecht, § 23 Rn. 28.

500 *Kumpan/Misterek* in Schwark/Zimmer, Kapitalmarktrechts-Kommentar, VO (EU) 596/2014 Art. 16 Rn. 54; *Mülbert* in Assmann/Schneider/Mülbert, WpHG, Art. 16 VO Nr. 596/2014 Rn. 54.

Auch für das Geldwäschegesetz betont der Gesetzgeber eine weite Auslegung. Nach der Gesetzesbegründung zum Gewinnaufspürungsgesetz aus dem Jahr 1992 wird hervorgehoben: „Der Begriff „Tatsachen" im Sinne dieser Vorschrift ist weit auszulegen und umfasst allgemein alle Auffälligkeiten bei der Abwicklung von Finanztransaktionen bzw. alle Abweichungen vom gewöhnlichen Geschäftsgebahren der Wirtschaftsbeteiligten, sofern in ihnen ein Bezug zu Geldwäscheaktivitäten erkennbar wird."[501] Auffällig ist dabei, dass der Gesetzgeber im Zusammenhang mit dem Begriff der Tatsachen auch immer wieder den Begriff der „Anhaltspunkte" verwendet. In der Gesetzesbegründung heißt es nämlich im Zusammenhang mit der Verdachtsmeldung dann weiter: „Dies wird etwa bei einer signifikanten Häufung der vom Bundeskriminalamt und der Zollverwaltung erarbeiteten und der Wirtschaft zur Verfügung gestellten „Anhaltspunkte für Geldwäsche" der Fall sein."[502] Auch die BaFin als Aufsichtsbehörde der Kreditinstitute benutzt oft in ihren Hinweisen im Zusammenhang mit der Verdachtsmeldung den Begriff der „Anhaltspunkte".[503]

Ebenso deutet eine europarechtskonforme Auslegung darauf hin, dass von einem weiten Verständnis auszugehen ist, da in der EU-Geldwäscherichtlinie vielfach der Begriff „*Informationen*" in diesem Zusammenhang verwendet wird. Da mit dem Begriff „Informationen" jegliche Hinweise eingeschlossen werden können (also z. B. auch bloße Werturteile oder reine Meinungsäußerungen), kann der Begriff weiter verstanden werden als den der Tatsachen. Im Art. 33 Abs. 2 EU-Geldwäscherichtlinie wird bestimmt: „Die Person [...] leitet die in Absatz 1 genannten Informationen an die zentrale Meldestelle desjenigen Mitgliedstaats weiter, in dessen Hoheitsgebiet der Verpflichtete, der diese Informationen übermittelt, niedergelassen ist."[504] Im Gegensatz dazu erwähnt der europäische Gesetzgeber bei der Meldepflicht der Behörden, welche im § 44 GwG festgelegt sind, wiederum auch den Begriff der „Tatsachen".[505] Im Art. 36 Abs. 1 EU-Geldwäscherichtlinie wird bestimmt: „Die Mitgliedstaaten sorgen dafür, dass die in Artikel 48 genann-

501 BT-Drs. 12/2704, S. 15.

502 BT-Drs. 12/2704, S. 15. Bei den erwähnten Anhaltspunktpapieren handelt es sich um unterschiedliche Veröffentlichungen von öffentlichen Stellen speziell für den Bereich der Geldwäsche (z. B. FIU-Typologien).

503 Vgl. BaFin Auslegungs- und Anwendungshinweise, S. 72.

504 Siehe auch Art. 32 Abs. 3, Art. 34 Abs. 3 EU-Geldwäscherichtlinie.

505 Der Normtext von § 44 Abs. 1 GwG (Meldepflicht von Aufsichtsbehörden) lautet: Liegen Tatsachen vor, die darauf hindeuten, dass ein Vermögensgegenstand mit Geldwäsche oder mit Terrorismusfinanzierung im Zusammenhang steht, meldet die Aufsichtsbehörde diese Tatsachen unverzüglich der Zentralstelle für Finanztransaktionsuntersuchungen. Dies gilt nicht, wenn Verpflichtete nach § 2 Absatz 1 Nummer 10 und 12 gemäß § 43 Absatz 2 nicht zur Meldung verpflichtet sind und daher von einer Meldung abgesehen haben.

ten zuständigen Behörden die zentrale Meldestelle umgehend unterrichten, wenn sie im Rahmen von Kontrollen von Verpflichteten oder bei anderen Gelegenheiten Tatsachen aufdecken, die mit Geldwäsche oder Terrorismusfinanzierung zusammenhängen könnten." Ob der europäische Gesetzgeber hier einen bewussten Unterschied zwischen der Meldung der Verpflichteten und der Meldung der zuständigen Behörden machen wollte, ist unklar. Für eine bewusste Unterscheidung könnte sprechen, dass zuständige Behörden regelmäßig einen geschulten Blick auf einen Verdacht werfen können (z. B. aufgrund von umfassenden kriminologischen Kenntnissen) und damit ein engeres Verständnis im Sinne von „Tatsachen" notwendig ist. Die Verpflichteten sollen hingegen möglichst viele Informationen melden, da sie oft nicht ein gesamtes Bild des Verdächtigen haben, keine Ermittlungsmaßnahmen durchführen können und regelmäßig über keine kriminologischen Kenntnisse verfügen. Eine strafrechtliche Beurteilung des einzelnen Sachverhaltes wird damit im Regelfall kaum in vollem Umfang vorgenommen werden können. Daher wären für einen Verdacht alle relevanten *Informationen* zu melden.[506]

Bemerkenswert ist weiterhin, dass im Wortlaut der Norm der Plural verwendet wird („Tatsachen"). Daraus könnte der Schluss gezogen werden, dass mehrere Tatsachen oder Anhaltspunkte für einen Verdachtsfall notwendig sind. Würde man dieser Überlegung folgen, wäre es nicht ausreichend, wenn beispielsweise nur eine Tatsache oder ein Anhaltspunkt vorliegen würde (z. B. eine hohe Bargeldtransaktion). Vielmehr bedarf es dann auch noch weiterer zusätzlicher Anhaltspunkte (z. B. geringe Umsätze des Bankkunden). Die BaFin weist in ihren Auslegungs- und Anwendungshinweisen darauf hin, dass gesteigerte Aufmerksamkeit dann erforderlich ist, wenn eine hohe Transaktion nicht zu den bekannten Lebensumständen des Bankkunden passt.[507] Dass mehrere Anhaltspunkte vorliegen müssen, wird bereits auch teilweise in der Literatur vertreten.[508]

Die bestehenden Unklarheiten, ob der Begriff der Tatsachen im weiteren Sinne verstanden werden muss und was damit genau gemeint ist, sowie ob mehrere Tatsachen oder Anhaltspunkte vorliegen müssen, deuten schon auf ein wesentliches Problem hin. Es bestehen zahlreiche denkbare Konstellationen, die auffällig sein könnten. Dabei wird es nur in wenigen

---

506 In der Kommentarliteratur zum § 44 GwG lässt sich finden, dass grundsätzlich bei § 44 GwG von einem gleichen Verständnis wie im § 43 GwG auszugehen ist: *Greite* in Zentes/Glaab, GwG, § 44 Rn. 10; *Barreto da Rosa* in Herzog, Geldwäschegesetz, § 44 Rn. 5. *Pelz* in BeckOK GwG, Frey/Pelz, § 44 Rn. 3 vertritt hingegen die Ansicht, dass Unterschiede bestehen sollen (z. B. in Bezug auf die Meldeschwelle).

507 Vgl. BaFin Auslegungs- und Anwendungshinweise, S. 73.

508 Siehe *Häberle* in Erbs/Kohlhaas, Strafrechtliche Nebengesetze, 246. ELG 2023, § 10 GwG Rn. 20.

Fällen vorkommen, dass man aus der Sicht eines Kreditinstitutes oder eines Geldwäschebeauftragten sicher feststellen kann, dass Geldwäsche oder Terrorismusfinanzierung vorliegt. Ein Bankkunde wird wohl kaum in eine Bank mit einer Tüte Bargeld kommen und sagen, dass dieses Geld aus einer Straftat stammt. Vielmehr treten bei näherer Betrachtung oft nur bestimmte Verdachtsmomente durch die Angaben oder ein bestimmtes Verhalten des Kunden oder durch eine oder mehrere Transaktionen auf.

Ein weites Auslegungsverständnis sollte aber auch kritisch hinterfragt werden. Durch die Pflicht eine Verdachtsmeldung abzugeben, wird in die Unternehmensfreiheit der Kreditinstitute eingegriffen.[509] Zudem hat auch jede Verdachtsmeldung Auswirkungen auf den gemeldeten Bankkunden.[510] Auch der Gesetzgeber versucht dieses Problem einzugrenzen. In der oben erwähnten Gesetzesbegründung wird der weite Anwendungsspielraum auch eingeschränkt. Demnach muss „der gewonnene Verdacht einen konkreten Anhaltspunkt haben […]. Bloße Vermutungen ohne jeden realen Hintergrund oder einen konkreten Bezug zur Wirklichkeit reichen dagegen nicht aus."[511] In einem späteren Gesetzgebungsverfahren wurde dann auch davon gesprochen, dass eine Meldung „ins Blaue hinein" unzulässig ist.[512] Auch der Terminus „ins Blaue hinein" ist in der juristischen Sprache zwar bekannt, er bleibt aber doch nebulös. Von den Zivilgerichten wird der Begriff beispielsweise im Zusammenhang mit der arglistigen Täuschung gem. § 123 Abs. 1 Var. 1 BGB als „ohne hinreichende Erkenntnisgrundlage"[513] oder „ohne tatsächliche Grundlage"[514] beschrieben. Nach einer anderen zivilgerichtlichen Entscheidung stellt dies ein Verhalten dar, bei dem „jeder tatsächliche Anhaltspunkt fehlt".[515] Nach der Meinung von *Werner* wird für das Vorliegen eines Geldwäscheverdachtes eine sachliche und damit objektivierbare Grundlage gefordert.[516] Teilweise wird deutlicher in der Literatur hervorgehoben, dass es verfassungsrechtlich bedenklich wäre, wenn eine Datensammlung auf Vorrat zur Verdachtsgewinnung auf Grundlage von ungesicherten Vermutungen vorgenommen werden würde.[517]

Insgesamt lässt sich feststellen, dass bereits das Tatbestandsmerkmal „Tatsachen" einige Unklarheiten aufwirft. Insbesondere ist eine genaue Grenze

509 Siehe zu der umfangreichen verfassungsrechtlichen Prüfung der Unternehmerische Freiheit, S. 213.
510 Siehe zu der umfangreichen verfassungsrechtlichen Prüfung, des Schutzes der personenbezogenen Daten von Bankkunden, S. 218.
511 BT-Drs. 12/2704, S. 15.
512 BR-Drs. 317/11, S. 49.
513 BGH NJW 2006, 2839, 2840.
514 BGH NJW 1975, 642, 645.
515 LG Frankfurt a. M. NZG 2009, 149, 152.
516 Vgl. Werner, S. 133.
517 Vgl. Körner/Dach, Geldwäsche, S. 55.

schwer greifbar, wann es sich noch um Tatsachen im Sinne der Norm handeln soll. Der Gesetzgeber scheint bemüht zu sein, den Tatbestand einzuschränken (z. B. „keine Meldung ins Blaue hinein"). Trotzdem ist eine vom Gesetzgeber gewollte weite Auslegung erkennbar. Dabei ist zu bemerken, dass durch eine Verdachtsmeldung auch verfassungsgeschützte Rechte des Kreditinstituts und des Bankkunden betroffen sind. Insbesondere ist eine weite Auslegung dann fragwürdig, wenn wegen einem Verstoß der Abgabe einer Verdachtsmeldung nach § 56 GwG ein Ordnungswidrigkeitsverfahren stattfindet.

2. Hindeuten und die Schwelle der Verdachtsmeldung

Weiterhin stellt sich die Frage, was unter dem Tatbestandsmerkmal „hindeuten" zu verstehen ist. Mit dem Begriff wird schon die Nähe zu einem Verdacht deutlich, da nicht etwas feststehen muss, sondern es schon ausreicht, dass etwas darauf hinweist. Damit einhergehend wird sich die Frage stellen, wie stark ein Verdacht sein muss und welche Schwellen bestehen, damit ein „hindeuten" für das Vorliegen eines Geldwäscheverdachtes im Sinne des Tatbestandes ausreicht.

Das Tatbestandsmerkmal wurde erst durch das Gesetz zur Optimierung der Geldwäscheprävention (GWPräOptG) aus dem Jahr 2011 aufgenommen.[518] In der vorhergehenden Fassung hieß es noch: „Tatsachen, die darauf schließen lassen, dass eine Tat nach § 261 des Strafgesetzbuches [...]". Mit der Änderung des Wortlautes verfolgte der Gesetzgeber das Ziel, die Höhe der Verdachtsschwelle zu bestimmen.[519]

Die Bestimmung der genauen Höhe der Verdachtsschwelle hat auch eine erhebliche Auswirkung. Denn ein über der Schwelle liegender Verdacht könnte eine verspätete und somit nicht mehr rechtzeitige Verdachtsmeldung darstellen. Damit besteht die Gefahr eines Ordnungswidrigkeitsverfahrens nach § 56 Abs. 1 Nr. 69, 4. Var. GwG.[520] Solche Verstöße konnten schon in der Praxis beobachtet werden.[521] Meldet das Kreditinstitut den Behörden hingegen den Verdacht zu frühzeitig, dann besteht die Gefahr, dass eine Meldung „ins Blaue hinein" stattfindet. Auch damit können empfindliche Folgen verbunden sein. Demnach würde die gesetzliche Haftungsbefreiung

518 BGBl. 2011 I, S. 2959.
519 BT-Drs. 17/6804, S. 35 f.
520 Dazu ausführlich Objektiver Tatbestand, S. 200.
521 Vgl. z. B. OLG Frankfurt, Beschluss vom 13.2.2013 – 19 U 210/12; „N26: 50 verspätete Verdachtsmeldungen = 4,25 Mio. EUR Geldbußen", abrufbar unter www.it-finanzmagazin.de/n26-50-verspaetete-verdachtsmeldungen-4-25-mio-eur-geldbussen-126076/ (zuletzt abgerufen am 23.07.2023).

nach § 48 GwG nicht greifen.[522] Zudem könnten sich die Mitarbeiter eines Kreditinstitutes in besonders gravierenden Fällen strafbar machen wegen falscher Verdächtigung (§ 164 StGB) oder dem Vortäuschen einer Straftat (§ 145d StGB). Damit erscheint die Bestimmung der genauen Schwelle als notwendig.

a) Hindeuten

Nach der Gesetzesbegründung zum GWPräOptG aus dem Jahr 2011 soll durch die Formulierung „hindeuten" deutlich werden, dass es keiner detaillierten rechtlichen Subsumtion des Sachverhalts bedarf.[523] Wichtig ist nach dem Gesetzgeber, dass der Meldepflichtige nicht die rechtlichen Voraussetzungen einer Geldwäschetat nach § 261 StGB prüfen, sondern einen Sachverhalt nach allgemeinen Erfahrungen und seinem beruflichen Erfahrungswissen unter dem Blickwinkel einer Ungewöhnlichkeit und Auffälligkeit im jeweiligen geschäftlichen Kontext würdigen soll.[524] Damit besteht ein ähnliches Verständnis des Tatbestandmerkmals wie bei anderen Normen. Für die Beschlagnahme nach § 108 Abs. 1 Satz 1 StPO wird beispielsweise vertreten, dass mit „hindeuten" kein Anfangsverdacht im Sinne von § 152 Abs. 2 StPO („zureichende tatsächliche Anhaltspunkte") notwendig ist, sondern schon ein ungewisser Verdacht ausreicht.[525] In der Literatur wird für das Geldwäschegesetz hervorgehoben, dass das Vorliegen der Verdachtsmomente also nur wahrscheinlich und nicht etwa erwiesen sein muss.[526] Für die Verdachtsmeldung ist somit schon eine gewisse Wahrscheinlichkeit einer richtigen Bewertung ausreichend. Auch wird vereinzelt hervorgehoben, dass das aber auch in der Konsequenz bedeutet, dass schon von vorherein ein Tatsachenirrtum einkalkuliert ist.[527]

---

522 Vgl. OLG Hamburg, Urt. v. 17.03.2022 – 13 U 178/21.

523 BGBl. I, S. 2959.

524 BT-Drs. 17/8043, S. 7.

525 Siehe ausführlich *Hegmann* in BeckOK StPO, § 108 Rn. 1 ff. Diese Norm bestimmt, dass wenn bei Gelegenheit einer Durchsuchung Gegenstände gefunden werden, die zwar in keiner Beziehung zu der Untersuchung stehen, aber auf die Verübung einer anderen Straftat hindeuten, so sind sie einstweilen in Beschlag zu nehmen. Diese sogenannten „Zufallsfunde" können wegen ihres Inhalts oder der Umstände ihres Auffindens als Beweismittel oder Einziehungsgegenstand (§ 111b Abs. 4 StPO) für anderen Straftaten herangezogen werden.

526 Körner/Dach, Geldwäsche, S. 55.

527 Werner, S. 134. Näher zum Tatsachenirrtum *Joecks* in Münchener Kommentar zum StGB, Bd. I, § 16 Rn. 67 ff.

b) Frühere Ansichten über die Meldeschwelle im Geldwäscherecht

Die genaue Schwelle der Verdachtsmeldung wurde in der Vergangenheit viel diskutiert. Auch für das heutige Verständnis ist es hilfreich, wenn die historische Entwicklung des Begriffes betrachtet wird. In einer früheren Fassung der Norm von 2008 (damals noch im § 11 Abs. 1 GwG a. F. verankert) ließ sich noch folgende Formulierung finden:

> *§ 11 Anzeige von Verdachtsfällen*
>
> *„Ein Verpflichteter hat unabhängig von der Höhe der Transaktion bei Feststellung von Tatsachen, die darauf schließen lassen, dass eine Tat nach § 261 des Strafgesetzbuches oder eine Terrorismusfinanzierung begangen oder versucht wurde oder wird, diese unverzüglich [...] anzuzeigen. “*[528]

In der Literatur wurde nach vorwiegender Ansicht angenommen, dass die Schwelle der Verdachtsmeldung der des strafprozessualen Anfangsverdachts im Sinne des § 152 Abs. 2 StPO entspreche.[529] Ein Anfangsverdacht besteht in diesem Sinne, wenn tatsächliche Anhaltspunkte vorliegen, die nach der kriminalistischen Erfahrung eine Beteiligung an einer Straftat als möglich erscheinen lassen.[530] Für eine solche Meinung lässt sich zum einen der Vergleich mit dem Wortlaut anführen, wonach die „Feststellung von Tatsachen“ vorausgesetzt wurde und im Vergleich der § 152 Abs. 2 StPO ebenso von „zureichenden tatsächlichen Anhaltspunkten“ spricht.[531] Zum anderen wurden rechtsstaatliche Gründe vorgebracht. Demnach sei zwar festzustellen, dass sich der Gesetzgeber mit dem Begriff „Verdacht“ aus der Normüberschrift nicht ausdrücklich auf einen bekannten Verdachtsgrad aus der StPO bezogen habe, aber es könne auch nicht gewollt sein, den Verdachtsbegriff bewusst und zielgerichtet unscharf zu halten. Es würde rechtsstaatliche Probleme aufwerfen, wenn jeder einen irgendwie bekannt gewordenen Fall einer verdächtigen Transaktion bei den Behörden anzeigen müsste. Daher sei es geboten, den Verdachtsgrad in eine bekannte Systematik einzuordnen,

---

528 In der alten Fassung vom 13.08.2008 (BGBl. I, S. 1690).

529 *Herzog/Achtelik* in Herzog, Geldwäschegesetz (2. Auflage), § 11 Rn. 16; umfassend zum Verdachtsfall noch *Herzog* in Herzog, Geldwäschegesetz (1. Auflage), § 11 Rn. 26; *Fülbier* in Fülbier/Aepfelbach/Langweg, GwG, § 11, Rn. 53; Körner/Dach, Geldwäsche, S. 55; dagegen Werner, S. 141 f; *Kirchhof* in Hadding/Hopt/Schimansky, Bankrechtstag 2003, S. 91. Bei anderen ähnlichen gesetzlichen Meldepflichten wird in der Literatur immer noch auf den Anfangsverdachtsverdacht verwiesen, siehe im Energiewirtschaftsgesetz z. B. *Theobald/Werk* in Danner/Theobald, Energierecht, 120. EL März 2023, EnWG, § 68a Rn. 4.

530 BGH NJW 1989, 96, 97; BVerfG NStZ-RR 2004, 206 f.; Beulke/Swoboda, Strafprozessrecht, § 15 Rn. 479; Roxin/Schünemann, Strafverfahrensrecht, § 39 Rn. 15; *Schmitt* in Meyer-Goßner/Schmitt, StPO, § 152 Rn. 4.

531 Werner, S. 141.

wobei der Bereich des Strafverfahrensrechts offensichtlich sei.[532] Passend zu der Verdachtsmeldung im Geldwäscherecht sei daher der Anfangsverdacht nach § 152 Abs. 2 StPO, da dieser grundsätzlich die Einleitung des Ermittlungsverfahrens und die Schwelle für Eingriffsbefugnisse festlege.[533] Teilweise wurde sogar ein doppelter Anfangsverdacht, wie es bei dem Straftatbestand des § 261 StGB üblich ist, verlangt.[534]

c) Deutschlandprüfung durch die FATF 2009/2010

Als die Bundesrepublik Deutschland durch die FATF im Jahr 2009/2010 auf Defizite im Bereich der Bekämpfung der Geldwäsche und Terrorismusfinanzierung umfangreich geprüft worden ist, war das gesamte deutsche Verdachtsmeldewesen besonderer Gegenstand der Kritik.[535] In dem Abschlussbericht der FATF vom 19. Februar 2010 wurde festgestellt, dass die Verdachtsschwelle in Deutschland als viel zu hoch verstanden wird.[536] Im Vergleich zu anderen FATF-Mitgliedsländern generiert Deutschland für seine Größe und sein hochentwickeltes Finanzsystem ungewöhnlich wenige Verdachtsmeldungen.[537] Während in Deutschland nur 7.312 Verdachtsmeldungen im Jahr 2008 abgegeben wurden, waren es in Italien 14.069 und im Vereinigten Königreich sogar 210.524 Meldungen.[538] Zwar räumte die FATF auch ein, dass in den Ländern unterschiedliche Methoden angewandt werden, aber in Deutschland waren es so wenige Meldungen, dass nicht mehr von einem angemessenen Verhalten gesprochen werden könnte. Zurückgeführt wurde dieses Missverhältnis auf die falsch verstandene Meldeschwelle. Die nach dem Geldwäschegesetz verpflichteten Institute sollten nicht erst umfangreiche Nachforschungen über ihre Bankkunden anstellen, bevor sie den Verdacht an die Staatsanwaltschaft weiterleiten.[539] Als Grundlage für diese Kritik diente die Empfehlung 13 (heute Empfehlung 20) der internationalen FATF-Empfehlungen. Danach soll ein Kreditinstitut, welches einen Verdacht hegt oder vernünftige Gründe für einen Verdacht hat, dass ein Ver-

---

532 *Barreto da Rosa* in Herzog, Geldwäschegesetz, § 43 Rn. 16 ff.; sowie für *Herzog* in Herzog, Geldwäschegesetz (1. Auflage) § 11 Rn. 19.

533 *Herzog/Achtelik* in Herzog, Geldwäschegesetz (2. Auflage), § 11 Rn. 16; umfassend zum Verdachtsfall noch *Herzog* in Herzog, Geldwäschegesetz (1. Auflage), § 11 Rn. 26.

534 Körner/Dach, Geldwäsche, S. 54; a. A. OLG Frankfurt, Beschluss vom 13.02.2013 – 19 U 210/12; *Kampermann* in Gropp/Sinn, Organisierte Kriminalität und kriminelle Organisationen, S. 597.

535 Näher zur Deutschlandprüfung der FATF siehe Verbindlichkeit der FATF-Empfehlungen, S. 13.

536 FATF-Deutschlandbericht 2010, Rn. 712.

537 FATF-Deutschlandbericht 2010, Rn. 714 und 716.

538 FATF-Deutschlandbericht 2010, Rn. 716.

539 FATF-Deutschlandbericht 2010, Rn. 718.

mögen aus Einnahmen krimineller Aktivitäten stammt oder mit der Finanzierung von Terrorismus zusammenhängt, direkt per Gesetz oder Regelung aufgefordert werden, seine Verdächtigungen der Finanzermittlungsgruppe (FIU) zu melden.[540]

d) Klarstellung durch das GWPräOptG

Die Monita der FATF im Deutschland-Bericht wurden vom deutschen Gesetzgeber aufgenommen und führten zu einer Gesetzesänderung durch das GWPräOptG im Dezember 2011.[541] Dabei sollten Unklarheiten im Zusammenhang mit der Verdachtsschwelle beseitigt werden.[542] Aus der Gesetzesbegründung lässt sich entnehmen:

> *„Die Gründe für diese zu enge Auslegung der „Verdachtsschwelle" sind vielfältiger Natur. So wurde beispielsweise hinsichtlich der bisherigen Fassung des § 11 Absatz 1 in der Fachliteratur und auf Seminaren und Schulungen zur Umsetzung des Geldwäschegesetzes propagiert, dass eine Meldung erst erstattet werden müsse, wenn ein strafprozessualer Anfangsverdacht vorliege […]. Eine Meldung nach § 11 Absatz 1 dieses Gesetzes stellt auf Grund der Änderung des Absatzes 1 nunmehr unzweifelhaft keine Strafanzeige im Sinne des § 158 Absatz 1 Satz 1 Strafprozessordnung (StPO) dar. […] Sie erfordert daher auch keinen Anfangsverdacht im Sinne des § 152 Absatz 2 Strafprozessordnung."*[543]

Weiterhin wurde der Begriff der „Anzeigenpflicht" im Gesetz durch den Begriff der „Meldepflicht" ersetzt, um einer Fehlinterpretation des Begriffs „Anzeige" im Sinne einer Strafanzeige entgegenzuwirken. Daher heißt es nunmehr „Verdachtsmeldung" und nicht mehr „Verdachtsanzeige" wie in den vorherigen Gesetzesfassungen.[544] Die Verdachtsmeldung soll nicht erst bei weitgehend „ausermittelten Fällen" stattfinden.[545]

Insgesamt verlief die Suche nach einem neuen Wortlaut im Gesetzgebungsverfahren durchaus kontrovers. Es wurde im Rahmen der Ressortabstimmung der Bundesregierung zunächst auch überlegt, die Formulierung „Tatsachen, die darauf schließen lassen" in die Formulierung „Hat ein Ver-

---

540 Eine deutsche Übersetzung der FATF-Empfehlungen von 2003 lässt sich unter http://www.stbverband.de/klcms2/mediathek/files/2011_R-40_Empfehlungen_FATF2003.pdf finden (zuletzt abgerufen am 07. 11.2020).

541 Gesetz zur Optimierung der Geldwäscheprävention vom 22. Dezember 2011 (BGBl. 2011 I, S. 2959).

542 Siehe BR-Drs. 317/11 S. 48 f.

543 BR-Drs. 317/11, S. 48 f.

544 BR-Drs. 317/11 S. 48 f.

545 BR-Drs. 317/11 S. 48.

pflichteter Grund zu der Annahme“ zu ändern, um der Empfehlung 13 (heute: Empfehlung 20) der FATF möglichst in Wortlaut und Inhalt zu entsprechen. Aufgrund datenschutzrechtlicher Bedenken des Bundesbeauftragten für den Datenschutz und die Informationsfreiheit sei in die Formulierung wieder das objektive Tatbestandselement „Vorliegen von Tatsachen“ aufgenommen worden. Um dem Petitum der FATF zu der Empfehlung gleichwohl Rechnung zu tragen, wurde dann mit der nunmehr bestehenden Formulierung eine Kompromisslösung für alle am Gesetzgebungsverfahren Beteiligten gefunden, mit der das Verständnis der FATF über den Sinn und Charakter einer Verdachtsmeldung zum Ausdruck kommen sollte.[546]

e) Folgen durch die Änderungen des GWPräOptG

Durch das GWPräOptG wurde in Deutschland ein „Systemwechsel“ im Verdachtsmeldewesen eingeleitet.[547] Während vor der Gesetzesänderung im Jahr 2012 lediglich 14.361 Verdachtsmeldungen abgegeben wurden, waren es im darauffolgenden Jahr 2013 bereits 19.095 und im Jahr darauf 24.054.[548] Das ist ein jährlicher Anstieg von ca. 33 Prozent.[549] Allerdings ist alleine aus dem erhöhten Meldeaufkommen noch kein Erfolg ableitbar. Denn es zeigt sich bei näherer Betrachtung, dass die Verurteilungen in diesem Zusammenhang niedrig blieben. Die Gesamtzahl der Urteile, Strafbefehle und Anklageschriften lag im Jahr 2012 bei 505, im Jahr 2013 bei 471 und im Jahr 2014 bei 548.[550] Damit sank die Anzahl der überführten Straftäter trotz des erhöhten Meldeaufkommens im Verhältnis deutlich. Besonders zeigt sich dies auch in den aktuellen Zahlen. Im Jahr 2021 wurden bei 298.507 abgegebenen Meldungen nur insgesamt 1.352 Urteile, Strafbefehle, Beschlüsse und Anklageschriften gemeldet.[551]

Bei näherer Betrachtung der FIU-Jahresberichte muss allerdings erwähnt werden, dass viele relevante Informationen nicht erkennbar sind. Demnach fehlt es an genauen Aussagen über das Verhältnis zwischen Verdachtsmeldung und Verurteilung. Beispielsweise kann man sich die Frage stellen, ob regelmäßig eine Verdachtsmeldung zu einer Verurteilung führt oder ob es vorkam, dass auch mehrere Verdachtsmeldungen zu einer Verurteilung führ-

546 BT-Drs. 17/8043, S. 7.
547 Höche/Rößler, WM 2012, 1505, 1509.
548 Siehe FIU-Jahresbericht 2013, S. 10 und FIU-Jahresbericht 2014, S. 8. Die Kreditinstitute haben davon den Hauptteil der Verdachtsmeldung abgegeben. Vor dem GWPräOptG im Jahr 2012 waren es bei den Kreditinstituten 12.308 Verdachtsmeldungen, im darauffolgende Jahr 16.686 und darauf 20.998.
549 Die Steigerungsquote beträgt im Jahr 2013: ca. 33 % und im Jahr 2014: 26 %, siehe FIU-Jahresbericht 2014, S. 8.
550 Siehe ausführlich FIU-Jahresbericht 2014, S. 20 ff.
551 FIU-Jahresbericht 2021, S. 22.

ten. Dies würde eine hohe Anzahl von Meldungen relativieren. Weiterhin kann fraglich sein, ob eine Verdachtsmeldung in einem Jahr schon zu einer Verurteilung im gleichen Jahr führt. Zumindest ist bekannt, dass die durchschnittliche Dauer von Strafverfahren immer mehr zunimmt.[552] Im Ergebnis bleibt jedoch die erhebliche Diskrepanz zwischen Meldungen und Erfolgen (Urteile, Strafbefehle und Anklageschriften), die in den letzten Jahren immer mehr zugenommen hat. Damit scheint nicht nur die Qualität des Verdachtsmeldewesens in Deutschland schlechter geworden zu sein, sondern das gesamte System muss hinterfragt werden.

Berechtigterweise wurde daher in der Literatur die Kritik über das bestehende Verdachtsmeldesystem laut.[553] So wurde beanstandet, dass schon die Monita der FATF den Erfolg der Verdachtsmeldungen unzureichend in ihre Analyse einbezogen haben. Wenn bei dem FATF-Deutschlandbericht das Meldesystem zwischen Deutschland und dem Vereinigten Königreich verglichen wird, dann ist es nicht zielführend, nur die Zahlen der abgegebenen Verdachtsmeldungen beider Länder zu vergleichen.[554] Durch eine niedrige Meldeschwelle bestehen ganz neue Herausforderungen und Probleme. Es müssen organisatorische Anforderungen geändert werden (z. B. Aufstockung der zuständigen Behörden) und spezielle Fragen geklärt werden (z. B. was sind noch mögliche Verdachtsgründe).[555] Anderweitig entsteht der Eindruck, dass es um einen Zirkelschluss geht: „Es muss mehr Meldungen geben, weil es mehr Meldungen geben muss“.[556] An anderer Stelle in der Literatur wird noch drastischer formuliert: „In paradoxer Logik speist sich die Legitimität so aus der Erfolglosigkeit: Je erfolgloser die Bekämpfung bleibt, desto größer muss wohl die Gefahr sein.“[557]

f) Verdachtsschwelle als ein strafrechtliches Stadium der Vorermittlung?

Trotz der Klarstellungen durch das GWPräOptG erscheint die genaue Bestimmung der Schwelle der Verdachtsmeldung nach wie vor schwer. Gemäß

552 Die durchschnittliche Dauer erstinstanzlicher Strafverfahren vor den Landgerichten ist im Jahr 2021 auf einen neuen Höchstwert von durchschnittlich 8,2 Monaten gestiegen (siehe beck-aktuell, „Strafprozesse dauern immer länger“ vom 22.08.2022).

553 *Barreto da Rosa* in Herzog, Geldwäschegesetz (3. Auflage), § 43 Rn. 18; Klugmann, NJW 2012, 641, 644.

554 Siehe Monierung im Deutschlandbericht: FATF-Deutschlandbericht 2010, Rn. 716. Kritisch hierzu: Höche/Rößler, WM 2012, 1505, 1510.

555 Siehe Höche/Rößler, WM 2012, 1505, 1510 mit dem Verweis auf die Evaluation von Fleming, UK Law Enforcement Agency Use and Management of Suspicious Activity Reports: Towards Determining the Value of the Regime, vom 30 Juni 2005.

556 Höche/Rößler, WM 2012, 1505, 1509.

557 Fischer (68. Auflage), § 261 StGB, Rn. 4d. In der aktuellen Auflage lässt sich diese Aussage nicht mehr finden.

dem Gesetzgeber darf die Verdachtsschwelle nicht mehr mit einem strafprozessualen Anfangsverdacht gleichgesetzt werden und stellt auch keine Strafanzeige im Sinne von § 158 Abs. 1 StPO dar.[558] Auch die BaFin als die zuständige Aufsichtsbehörde der Kreditinstitute stellt in ihren Auslegungs- und Anwendungshinweisen klar, dass der Verdachtsgrad „unterhalb" des strafprozessualen Anfangsverdachtes nach § 152 Abs. 2 i. V. m. § 160 StPO rangiert.[559]

Es stellt sich in der Folge die Frage, was mit „unterhalb" des strafprozessualen Anfangsverdachtes gemeint sein kann. Naheliegend wäre daher zu prüfen, ob es etwa ein vorgeschaltetes Verfahren zum strafprozessualen Anfangsverdacht gibt. In diesem Zusammenhang findet man das Stadium der sogenannten „Vorermittlungen".[560] Hierbei handelt es sich um ein Verfahren, das von der Staatsanwaltschaft genutzt wird, um lediglich behördenintern die vorliegenden Verdachtsgründe in rechtlicher bzw. tatsächlicher Hinsicht zu überprüfen und festzustellen, ob ein Einschreiten notwendig wäre.[561] Durch eine Vorermittlung soll zunächst geklärt werden, ob ein strafrechtliches Verhalten vorliegt oder wer daran beteiligt sein könnte.[562] Da das Vorermittlungsverfahren nicht gesetzlich kodifiziert ist, wird in der Literatur vertreten, dass die Vorermittlung auf Fälle beschränkt werden sollen, in denen den Strafverfolgungsorganen die Beantwortung des Anfangsverdachts entweder aus rechtlichen oder tatsächlichen Gründen gänzlich unmöglich ist.[563] Das Vorermittlungsverfahren soll dem Schutz des Betroffenen dienen, da es mit der Einleitung eines formellen Ermittlungsverfahrens zu wesentlichen privaten und beruflichen Nachteilen kommen kann, sobald der Tatvorwurf aktenkundig bzw. öffentlich bekannt wird.[564] Solange kein Anfangsverdacht erhoben wird, haben die Betroffenen die Stellung eines

558 BR-Drs. 317/11, S. 48.

559 BaFin, Auslegungs- und Anwendungshinweise, S. 72. Siehe auch Lenk, WM 2020, 115, 116.

560 Die Vorermittlung muss von der „Vorfeldermittlung" abgegrenzt werden. Hierbei handelt es sich um Ermittlungen, die um Straftaten vorzubeugen ohne jeglichen verdachtsbegründenden Anlass gegen bestimmte Personen oder Gruppen gerichtet sind. Sie sollen gerade dazu dienen, Anhal*tspunkte zu gewinnen. Vgl. hierzu *Schmitt* in Meyer-Goßner/Schmitt, StPO, § 152 Rn. 4a sowie *Diemer* in Karlsruher Kommentar zur Strafprozessordnung, § 152 Rn. 10. Zwar ist das Geldwäschegesetz auch darauf ausgelegt, Anhaltspunkte für Straftaten zu gewinnen, allerdings führen dabei die Kreditinstitute keine Vorfeldermittlungen durch, sondern werden für eine Sachaufklärung herangezogen. Siehe hier näher: *Schmitt* in Meyer-Goßner/Schmitt, StPO, § 152 Rn. 4a; sowie ausführlich: Brunhöber GA 2010, 571 ff; Keller NStZ 1990, 416 ff.

561 *Beulke* in Löwe-Rosenberg, StPO, § 152 Rn. 43.

562 *Beulke* in Löwe-Rosenberg, StPO, § 152 Rn. 43.

563 Näher hierzu Beulke/Swoboda, Strafprozessrecht, § 15 Rn. 479.

564 *Schmitt* in Meyer-Goßner/Schmitt, StPO, § 152 Rn. 4a; Beulke/Swoboda, Strafprozessrecht, § 15 Rn. 479.

Nichtbeschuldigten.[565] In der Praxis wird regelmäßig ein AR-Aktenzeichen (Allgemeinen Register), nicht aber ein Js-Aktenzeichen (Js steht für das Ermittlungsverfahren der Staatsanwaltschaft)[566] geführt.[567]

Trotz möglicher Gemeinsamkeiten überzeugt ein Vergleich zu der strafprozessualen Vorermittlung bei dem Geldwäscheverdacht nicht. Denn es lässt sich bei genauer Betrachtung feststellen, dass kaum ein Anwendungsbereich bestehen würde. Dies ergibt sich schon aus der Überlegung, dass es sich bei den Vorermittlungen um ein vorgeschaltetes Verfahren zum strafprozessualen Anfangsverdacht handelt. Die Schwelle zum strafprozessualen Anfangsverdacht ist für sich genommen schon sehr niedrig. Insbesondere unterliegt aber der strafprozessuale Anfangsverdacht einer Abwägung. Je gewichtiger das zu schützende Rechtsgut ist, desto geringer dürfen die Wahrscheinlichkeit sowie die Fundiertheit der Tatsachen sein, die dem Verdacht zugrunde liegen.[568] Da die Verdachtsmeldung nach § 43 Abs. 1 GwG im Zusammenhang mit gewichtigen Rechtsgütern durch die Straftaten der Geldwäsche und der Terrorismusfinanzierung steht, würde für eine Vorermittlung kaum ein Anwendungsbereich bestehen bleiben.[569] Insgesamt stellt sich daher auch die Frage, ob ein Vergleich mit dem Strafrechtprozessrecht zielführend ist.

g) Verdachtsschwelle als eigener gewerblicher Begriff

Die Schwelle bei der Verdachtsmeldung ist vielmehr als eine eigenständige Begrifflichkeit (*sui generis*) einzuordnen, welche nicht strafprozessrechtlich, sondern vielmehr gewerberechtlich verstanden werden muss.[570] Hierfür sprechen wesentliche Argumente.

---

565 *Beulke* in Löwe-Rosenberg, StPO, § 152 Rn. 43. Wohlgleich kann es zu einem Eingriff in das informelle Selbstbestimmungsrecht kommen. Siehe näher Roxin/Schünemann, Strafverfahrensrecht, § 39 Rn. 18.

566 Wenn es schon einen namentlich bekannten Beschuldigten gibt.

567 *Schmitt* in Meyer-Goßner/Schmitt, StPO, § 152 Rn. 4a; Roxin/Schünemann, Strafverfahrensrecht, § 39 Rn. 17.

568 BVerfGE 100, 313, 392; *Diemer* in Karlsruher Kommentar zur Strafprozessordnung, § 152 Rn. 7.

569 Bei der Terrorismusfinanzierung handelt es sich um ein besonders schwerwiegendes Delikt, welches gewichtigen Rechtsgüter schützen soll (Leib und Leben vieler Personen). Nach dem Straftatbestand der Geldwäsche wird inzwischen nicht mehr nur die Organisierte Kriminalität verfolgt werden. Vielmehr besteht durch den All-Crimes-Ansatz inzwischen ein weiter Anwendungsspielraum. Daher besteht das Problem, dass der Anwendungsbereich sehr weit geht und man auf den jeweiligen Einzelfall abstellen müsste.

570 Höche/Rößler, WM 2012, 1505, 1509; unklar OLG Frankfurt, Beschluss vom 13.02.2013 – 19 U 210/12; BaFin, wonach der Verdachtsgrad „unterhalb“ des strafprozessualen Anfangsverdachtes nach § 152 Abs. 2 i. V. m. § 160 StPO rangiert. Später

Zunächst lässt sich anführen, dass mit der Verdachtsmeldung auch präventiv verhindert werden soll, dass die Kreditinstitute nicht zur Geldwäsche ausgenutzt werden.[571] Damit wird die Gefahrenabwehr und die Gefahrenvorsorge verfolgt, welche typische Ziele von neueren Wirtschafts- und Umweltgesetzen sind.[572] Die möglichen Straftäter sollen aufgrund der Pflicht zur Verdachtsmeldung erst gar nicht den Weg über die Banken nutzen können, um ihrer Gelder zu waschen.

Für eine gewerberechtliche Einordnung spricht insbesondere die Prüfungsleistung, welche bei einem Verdachtsfall vom Gesetzgeber und den Aufsichtsbehörden erwartet wird. Danach soll der Geldwäschebeauftragte weder das Vorliegen sämtlicher Tatbestandsmerkmale des § 261 StGB oder einer seiner Vortatenprüfen. Insbesondere soll der Sachverhalt nicht ausermittelt werden, oder eine rechtliche Subsumtion des Sachverhalts unter die entsprechenden Straftatbestände vorgenommen werden.[573] Es wird dem Geldwäschebeauftragten auch in der Regel gar nicht möglich sein, umfassende strafrechtliche Einschätzungen vorzunehmen. Dies liegt zunächst daran, dass die Geldwäschebeauftragten und Mitarbeiter eines Kreditinstituts selten über eine entsprechende strafrechtliche Ausbildung sowie kriminalistische Erfahrungen verfügen und dies auch nicht müssen.[574] Zudem ist die eingeschränkte Informationslage zu beachten. Während ein Geldwäschebeauftragter lediglich über institutsinterne und öffentlich zugängliche Informationen verfügen kann, haben die zuständigen Behörden die Möglichkeit, auf gesammelte Informationen von anderen Verpflichteten (z. B. anderer Banken oder anderer Verpflichteten des Geldwäschegesetzes), (geheimen) Ermittlungen zurückzugreifen und sich mit anderen Institutionen und Behörden auszutauschen. Auch fehlt es den Geldwäschebeauftragten an notwendigen Ermittlungsinstrumenten (z. B. Zeugenbefragung), womit weitere Informationen eingeholt werden können. Die Einschätzung eines Geldwäscheverdachtes soll sich somit lediglich auf das vorhandene bankspezifische Wissen und die Erfahrungen des einzelnen Geldwäschebeauftragten beschränken.[575]

---

wird bei der Meldepflicht von einer „selbständigen gewerberechtlichen Verpflichtung" gesprochen (siehe BaFin, Auslegungs- und Anwendungshinweise, S. 72, 76).

571 *Barreto da Rosa* in Herzog, Geldwäschegesetz, § 43 Rn. 5 sieht die Meldepflicht als Meldung eigener Art (sui generis), die primär den Belangen der Verbrechensbekämpfung dient.

572 Siehe näher zu den Begriffen der Gefahrenabwehr und Gefahrenvorsorge mit Beispielen aus unterschiedlichen Gesetzen *Ehlers* in Ehlers/Fehling/Pünder, Besonderes Verwaltungsrecht, Bd. 1, S. 13 f.

573 BaFin, Auslegungs- und Anwendungshinweise, S. 72.

574 Findeisen, wistra 1997, 121, 124; Lang, Die Pflichten der Kreditwirtschaft bei der Bekämpfung der Geldwäsche, S. 49.

575 Vgl. Lang, Die Pflichten der Kreditwirtschaft bei der Bekämpfung der Geldwäsche, S. 49; LG München, wistra 2005, 398. Vgl. zum Beurteilungsspielraum beim strafpro-

Nicht zuletzt spricht auch die Systematik des Gesetzes für eine gewerberechtliche Meldung. Seit der Umsetzung der Vierten EU-Geldwäscherichtlinie soll die Meldung von den Verpflichteten an die „Zentralstelle für Finanztransaktionsuntersuchungen“ übermittelt werden. Diese Behörde soll dem Namen nach zunächst die Meldungen untersuchen und nur bei einem strafrechtlich relevanten Verdacht an die zuständigen Strafverfolgungsbehörden weiterleiten. In den Gesetzesunterlagen wird in diesem Zusammenhang betont, dass die bislang polizeilich ausgerichtete zentrale Meldestelle („Zentralstelle für Verdachtsmeldungen“ beim Bundeskriminalamt) nunmehr als eine administrativ präventiv handelnde Behörde neu beim Zoll eingerichtet wird.[576]

Konsequent wäre es daher den Begriff des Verdachtes vielmehr im Sinne der im öffentlichen Recht geprägten Begriffe „Gefahr“ oder „Gefahrenverdacht“ anstatt eines strafrechtlichen „Verdachtes“ zu verstehen.[577] Auch wenn die Verdachtsmeldeschwelle somit im Wesentlichen aus einem gewerblichen Blickwinkel gesehen werden muss und es auf das vorhandene

---

zessualen Anfangsverdachts Beulke/Swoboda, Strafprozessrecht, § 15 Rn. 479; Roxin/Schünemann, Strafverfahrensrecht, § 39 Rn. 17.

576 BT-Drs. 18/11555, S. 136.

577 Der Gefahrbegriff ist aus dem Polizei- oder Ordnungsrecht bekannt. Danach ist eine konkrete Gefahr eine Sachlage, die im Einzelfall tatsächlich oder jedenfalls aus der (ex-ante-)Sicht des für die Polizei handelnden Amtswalters bei verständiger Würdigung in absehbarer Zeit die hinreichende Wahrscheinlichkeit eines Schadenseintritts in sich birgt (BVerwGE 39, 190, 193 f.; BVerwG NVwZ 2003, 95; Schenke, Polizei- und Ordnungsrecht, Rn. 95; *Würtenberger* in Ehlers/Fehling/Pünder, Besonderes Verwaltungsrecht, Bd. 3, S. 707, Rn. 106; *Schenke* in Schenke/Graulich/Ruthig, Sicherheit des Bundes, § 14 BPolG Rn. 30; Poscher/Rusteberg, JuS 2011, 984, 988). Regelmäßig werden jedoch beim Geldwäscheverdacht die Anhaltspunkte bei verständiger Würdigung der Sachlage noch keine hinreichende sichere Prognose über eine Geldwäsche- oder Terrorismusfinanzierungssituation zulassen, sodass vielmehr ein Vergleich mit dem „Gefahrenverdacht“ herangezogen werden müsste (Schenke, Polizei- und Ordnungsrecht, Rn. 95; Thiel, Polizei- und Ordnungsrecht, § 8 Rn. 60 ff.). Dieser vom Gesetzgeber nicht verwendete Begriff ist umstritten und soll dann vorliegen, wenn die Polizei- oder Ordnungsbehörde Anhaltspunkte hat, die auf eine Gefahr hindeuten, die Anhaltspunkte aber bei vollständiger Würdigung der Sachlage noch keine hinreichende Wahrscheinlichkeit zulassen, dass ein Schaden eintritt (BVerwGE 39, 190, 193 f.; BVerwG NVwZ 2003, 95; Schenke, Polizei- und Ordnungsrecht, Rn. 95; *Würtenberger* in Ehlers/Fehling/Pünder, Besonderes Verwaltungsrecht, Bd. 3, S. 707, Rn. 106; *Schenke* in Schenke/Graulich/Ruthig, Sicherheit des Bundes, § 14 BPolG Rn. 30; Poscher/Rusteberg, JuS 2011, 984, 988). Da es noch an einer Gefahr fehlt, sollen lediglich Gefahrerforschungsmaßnahmen unternommen werden. Es soll somit nicht schon die Gefahr beseitigt werden dürfen, sondern vielmehr sind weitere Sachverhaltsermittlungen durchzuführen. Schon wegen des Verhältnismäßigkeitsgrundsatzes sind die möglichen Maßnahmen zu beschränken (siehe näher Schenke, Polizei- und Ordnungsrecht, Rn. 95; Thiel, Polizei- und Ordnungsrecht, § 8 Rn. 60 ff.).

bankspezifische Wissen und die Erfahrungen sowie die Würdigung von Ungewöhnlichkeiten und Auffälligkeiten im jeweiligen geschäftlichen Kontext des Geldwäschebeauftragten ankommt, sollen mit der Verdachtsmeldung auch Straftaten im Zusammenhang der Geldwäsche oder Terrorismusfinanzierung aufgedeckt werden. Den Strafverfolgungsbehörden sollen Ermittlungsansätze geliefert werden. Daher wird eine Einordnung als schlichte gewerberechtliche Meldung auch kritisiert.[578]

h) Zusammenfassung

Der Begriff des „hindeuten" ist mit der Schwelle der Verdachtsmeldung eng verbunden. Ab wann ausreichende Tatsachen darauf hindeuten können, dass ein Geldwäscheverdacht abgegeben werden muss, ist wohl eins der meistdiskutierten Probleme im Geldwäschegesetz. Die genaue Bestimmung der Schwelle ist für die Praxis wesentlich, da eine nicht rechtzeitige Abgabe einer Verdachtsmeldung empfindliche Folgen hat und ein Ordnungswidrigkeitsverfahren nach sich ziehen kann. Trotz der Änderungen durch das GWPräOptG fällt die konkrete Bestimmung der Schwelle schwer. Jedenfalls lässt sich feststellen, dass der Geldwäscheverdacht und damit auch die Verdachtsschwelle im Wesentlichen gewerblich verstanden werden muss und nicht mit dem Anfangsverdacht im Strafprozess gleichgestellt werden kann. Dafür sprechen schon die faktischen Voraussetzungen der Betroffenen (regelmäßig keine kriminologische Ausbildung, fehlende ausreichende Kenntnislage verfügbarer Informationen, keine Ermittlungsbefugnisse usw.). Somit kommt es für einen Verdacht vielmehr auf das vorhandene bankspezifische Wissen und die Erfahrungen des Geldwäschebeauftragten in seiner konkret leistbaren Situation an.[579] Allerdings wirft eine gewerbliche Sichtweise auch Fragen auf, da mit der Verdachtsmeldung im Ergebnis Straftaten aufgedeckt und den Strafverfolgungsbehörden Ermittlungsansätze geliefert werden sollen.

3. Beurteilungsspielraum des Geldwäschebeauftragten

Weiterhin stellt sich die Frage, ob ein Verpflichteter des Geldwäschegesetzes auch einen Beurteilungsspielraum bei der Entscheidung hat, ob ein Verdacht nach § 43 Abs. 1 GwG vorliegt. Die Entscheidung der Abgabe einer Verdachtsmeldung wird regelmäßig von dem Geldwäschebeauftragten getroffen. Da ein Verdacht auch immer eine subjektive Komponente in sich trägt und von der Bewertung des Betroffenen abhängt, sollen im Folgenden

578 Vgl. *Ziegler* in Gradowski/Ziegler, Geldwäsche, Geschwinnabschöpfung, S. 106; *Barreto da Rosa* in Herzog, Geldwäschegesetz, § 43 Rn. 7.

579 BR-Drs. 317/11, S. 49.

die Notwendigkeit und die Grenzen eines Beurteilungsspielraumes untersucht werden.

a) Notwendigkeit eines Beurteilungsspielraumes

Vom Gesetzgeber[580], von der Rechtsprechung[581], von den Aufsichtsbehörden[582] sowie von der Literatur[583] wird vertreten, dass die Verpflichteten des Geldwäschegesetzes bei der Abgabe einer Verdachtsmeldung einen „Beurteilungsspielraum“ haben. Teilweise wird auch von einem „Ermessen“ gesprochen.[584] Der Unterschied zwischen einem „Beurteilungsspielraum“ und einem „Ermessen“ besteht im Öffentlichen Recht darin, dass ein Beurteilungsspielraum die Tatbestandsseite betrifft. Das Ermessen hingegen erscheint auf der Rechtsfolgenseite.[585] Richtigerweise würde es sich bei der Entscheidung über das Vorliegen eines Verdachtes nicht um ein Ermessen handeln. Dem Geldwäschebeauftragten im Kreditinstitut obliegt es nicht, eine Entscheidung zu treffen, ob ein Verdachtsfall gemeldet wird (Rechtsfolgenseite), sondern nur, ob es sich überhaupt um einen relevanten Verdachtsfall handelt (Tatbestandsseite).

Der Begriff des „Beurteilungsspielraumes“ wird im Zusammenhang mit dem Öffentlichen Recht benutzt, wenn der Gesetzgeber die Verwaltung durch die Verwendung eines unbestimmten Rechtsbegriffes ermächtigt, eine eigenverantwortliche Entscheidung zu treffen, welche sodann von den Gerichten nur noch eingeschränkt überprüft werden kann.[586] Grundsätzlich kann ein Beurteilungsspielraum im Öffentlichen Recht nur unter engen Voraussetzungen anerkannt werden, denn ein solch eingeschränkter justiziabler Raum ist mit Blick auf Art. 19 Abs. 4 GG sowie die Effektivität des Rechtsschutzes problematisch.[587] Als Voraussetzung bedarf es eines unbestimmten Rechtsbegriffes, den die Verwaltung auslegen und die letztverbindliche Entscheidung treffen soll.[588] Es soll in diesen Fällen gerade nicht an den Gerichten liegen, solche Begriffe zu konkretisieren.[589] Die Gründe hierfür

580 BR-Drs. 317/11, S. 48 f.

581 OLG Frankfurt, Beschluss vom 13.02.2013 – 19 U 210/12.

582 BaFin Rundschreiben 1/2014 (GW), Abs. I; BaFin, Auslegungs- und Anwendungshinweise, S. 72 f.

583 *Greite* in Zentes/Glaab, GwG, § 43 Rn. 23; Diergarten/Fraulob, Geldwäsche, § 43 S. 489 f.; *Fülbier* in Fülbier/Aepfelbach/Langweg, GwG, § 11 Rn. 53; Werner, S. 216; Komma, CB 2019, 197, 198.

584 Komma, CB 2019, 197, 198.

585 Maurer/Waldhoff, Allgemeines Verwaltungsrecht, § 7 Rn. 26.

586 Eisenberg/Conen, NJW 1998, 2241, 2248.

587 Maurer/Waldhoff, Allgemeines Verwaltungsrecht, § 7 Rn. 31 ff.

588 *Schmidt-Aßmann* in Maunz/Dürig, GG, Art. 19 Abs. 4 Rn. 184.

589 BVerwGE 59, 213, 216; Schmidt-Aßmann/Groß, NVwZ 1993, 617, 623; Eisenberg/Conen, NJW 1998, 2241, 2248; Kment/Vorwalter, JuS 2015, 193.

können darin liegen, dass die Exekutive in dem konkreten Regelungsbereich über eine größere Sachkunde, Erfahrung sowie Sachnähe verfügt.[590] Die gerichtliche Kontrolle würde an ihre Funktionsgrenze stoßen, wenn sie die Verwaltungsentscheidung diesbezüglich umfassend nachvollziehen will.[591]

Für die Verdachtsmeldung kann das Rechtsinstitut des Beurteilungsspielraumes nicht unmittelbar angewendet werden, da weder das verpflichtete Kreditinstitut noch der Geldwäschebeauftragte ein Teil der Verwaltung ist. Wie oben bereits untersucht, wird aber das Kreditinstitut im Rahmen der Inpflichtnahme von Privaten in das Strafverfolgungssystem eingebunden.[592] Da im Rahmen der Verdachtsmeldung aber über ein verdächtiges Verhalten eines Dritten (z. B. Bankkunden) entschieden wird und dessen Daten in der Folge an zuständige Behörden weitergeleitet werden, erscheint es schon aus rechtsstaatlichen Gründen notwendig, dass die anerkannten Erwägungen des Beurteilungsspielraumes entsprechend herangezogen werden. Dabei ist auch erkennbar, dass der Gesetzgeber die Voraussetzungen dafür geschaffen hat, einen konkreten Regelungsbereich aufgrund der größeren Sachkunde, Erfahrung sowie Informationslage den Verpflichteten zu übertragen. Der Tatbestand der Verdachtsmeldung ist bewusst weit gefasst, wie sich schon bei den Tatbestandsmerkmalen „Hindeuten auf Tatsachen" gezeigt hat und bei den noch zu untersuchenden Tatbestandsmerkmalen erkennbar wird. Die möglichen Tatsachen, die einen Verdacht auf Geldwäsche oder Terrorismusfinanzierung auslösen können, sind mannigfaltig und unterliegen zudem ständig neuen Entwicklungen.[593] Damit ist die Erfahrung und die Sachnähe des Verpflichteten und insbesondere des Geldwäschebeauftragten besonders wichtig. Da die Verwendung unbestimmter Rechtsbegriffe für die Anerkennung eines Beurteilungsspielraumes allein nicht ausreichend ist, muss zudem geprüft werden, ob der Gesetzgeber einen Entscheidungsspielraum auf die Verpflichteten des Geldwäschegesetzes übertragen wollte. Aus der Begründung zum GWPräOptG lässt sich entnehmen, dass es dem Gesetzgeber gerade auf die Sachkunde und Sachnähe des Verpflichteten an-

590 *Schmidt-Aßmann* in Maunz/Dürig, GG, Art. 19 Abs. 4 Rn. 184; Eisenberg/Conen, NJW 1998, 2241, 2248. In der Praxis lassen sich bestimmte Fallgruppen erkennen, bei denen ein Beurteilungsspielraum grundsätzlich angenommen wird. Dazu zählen: Prüfungsentscheidungen (vgl. BVerwGE 12, 359, 363), prüfungsähnliche Fachbeurteilungen (inkl. beamtenrechtliche Beurteilungen) (vgl. BVerwGE 65, 303, 311), Entscheidungen wertender Art durch weisungsfreie, mit Sachverständigen und/oder Interessenvertretern besetzte Ausschüsse (BVerwGE 80, 224, 225 f.); sowie Prognoseentscheidungen und Risikobewertungen vor allem im Bereich des Umwelt- und Wirtschaftsrechts (vgl. BVerwGE 72, 300, 316 f.; BVerwGE 81, 185, 190 ff.; BVerwGE 82, 295, 299 ff.).

591 BVerfGE 84, 34, 50.

592 Siehe Indienstnahme von Privaten, S. 66.

593 Vgl. Komma, CB 2019, 197, 198.

kommt („Wichtig ist, dass der Meldepflichtige [...] einen Sachverhalt nach allgemeinen Erfahrungen und seinem beruflichen Erfahrungswissen unter dem Blickwinkel einer Ungewöhnlichkeit und Auffälligkeit im jeweiligen geschäftlichen Kontext würdigen soll.")[594]. Nicht zuletzt handelt es sich bei der Verdachtsschöpfung um einen typischen Vorgang, bei dem die Verdachtslage einer subjektiven Einschätzung unterliegt.[595] Die Einschätzung des Verpflichteten in der konkreten, nicht wiederholbaren Situation ist somit relevant.[596] Im Ergebnis ist daher davon auszugehen, dass ein Beurteilungsspielraum für den Geldwäschebeauftragten besteht.

b) Grenzen und kritische Auseinandersetzung mit dem Beurteilungsspielraum

Der Beurteilungsspielraum des Geldwäschebeauftragten kann jedoch nicht grenzenlos sein. Daher sollen im Folgenden mögliche Grenzen untersucht werden. Die Grenzen für einen Beurteilungsspielraum im Öffentlichen Recht bestehen nach herrschendem Verständnis in einer Vertretbarkeitsprüfung und im allgemeinen Willkürverbot.[597] Folgende Grenzen sind für den Beurteilungsspielraum im Öffentlichen Recht anerkannt:

- es dürfen keine sachfremden Erwägungen vorliegen,
- der Sachverhalt muss vollständig und zutreffend erfasst sein,
- die Verfahrensregeln und die rechtlichen Bewertungsgrundsätze müssen eingehalten werden,
- das anzuwendende Recht wurde verkannt.[598]

Diese Grundsätze würden für das Geldwäschegesetz bedeuten, dass der Geldwäschebeauftragte bei der Beurteilung einer Verdachtsmeldung keine sachfremden Erwägungen vornehmen oder gar das anzuwendende Recht verkennen darf. Es besteht in diesem Zusammenhang auch einheitlich von dem Gesetzgeber und den zuständigen Aufsichtsbehörden der Hinweis, dass eine Meldung „ins Blaue hinein" nicht stattfinden darf.[599] Auch muss ein

594 BT-Drs. 317/11, S. 49.

595 Vgl. Werner, S. 134.

596 *Fülbier* in Fülbier/Aepfelbach/Langweg, GwG, § 11 Rn. 53; Werner, S. 134.

597 Vgl. BGH NJW 1989, 96; BVerfG NStZ 1984, 228; 2004, 447; Heinrich NStZ 1996, 110. Eine Entscheidung muss gerichtlich wieder voll überprüfbar sein, wenn die Grenzen des Beurteilungsspielraumes überschritten werden (Vgl. Kment/Vorwalter, Beurteilungsspielraum und Ermessen, JuS 2015, 193, 197).

598 Die Maßstäbe orientieren sich an dem § 4a Abs. 2 Satz 2 Umwelt-Rechtsbehelfsgesetz (UmwRG). Diese Regelung besitzt zwar keine Allgemeingültigkeit für andere Rechtsbereiche. Allerdings dient die Norm der Orientierungshilfe für den eingeschränkten Prüfungsmaßstab der Gerichte bei Beurteilungsspielräumen. Vgl. Kment/Vorwalter, JuS 2015, 193, 197.

599 BR-Drs. 317/11, S. 49; Siehe oben dazu bei dem Tatbestandsmerkmal Tatsachen, S. 100.

Sachverhalt vollständig und zutreffend erfasst worden sein. Demnach sollten alle vorliegenden und verfügbaren Informationen über einen verdächtigen Bankkunden innerhalb eines Kreditinstituts eingeholt werden, bevor ein Verdacht abschließend beurteilt wird. Weiterhin müssten Verfahrensregeln und Bewertungsgrundsätze von dem Geldwäschebeauftragten beachtet werden. Bei näherer Betrachtung erscheint diese Grenze für den Beurteilungsspielraum des Geldwäschebeauftragten problematisch, da viele Quellen in Betracht kommen, die Verfahrensregeln und Bewertungsgrundsätze für die Verdachtsmeldung bestimmen. Zusätzlich zum Gesetz kommen unterschiedliche Hinweise und Risikofaktoren der beteiligten Behörden, Gerichte und der europäischen und internationalen Standardsetzer in Frage (z. B. Hinweise von der BaFin, Typologien und sonstige Hinweise von der FIU, Hinweise von der FATF, Hinweise von der Europäischen Bankenaufsichtsbehörde (EBA), Gerichtsentscheidungen).[600] Auch nach aktueller Rechtsprechung des EuGHs wird hervorgehoben, dass nicht nur gesetzliche Vorgaben zu beachten sind, sondern auch die Hinweise der Aufsichtsbehörden, sofern sie in geeigneter Weise veröffentlicht wurden.[601] Die BaFin macht beispielsweise in den Auslegungs- und Anwendungshinweisen im Zusammenhang mit der Abgabe der Verdachtsmeldung deutlich, dass „der Beurteilungsspielraum in der Regel stark reduziert sein [wird], wenn Sachverhalte vorliegen, die in den von der FIU den Verpflichteten zur Verfügung gestellten Typologiepapieren und Hinweisen enthalten sind."[602] Neben der Vielzahl von möglichen Quellen stellt sich zudem das Problem, wenn der Inhalt der Quellen unklar, widersprüchlich oder fragwürdig ist. Beispielhaft soll der Beschluss des OLG Frankfurt a. M. aus dem Jahr 2018 näher untersucht werden. Der Beschluss des OLG Frankfurt a. M. ist auch deswegen besonders hervorzuheben, da dieser von der BaFin im Rahmen der Auslegungs- und Anwendungshinweise mehrfach erwähnt wird.[603] In dem Beschluss des OLG Frankfurt heißt es unter anderem:

> *„Eine in jeder Hinsicht gesetzeskonforme Herkunft des in dieser Höhe eingezahlten Bargeldes war für die Bank mit den ihr zur Verfügung stehenden Mitteln vorliegend nicht sicher belegbar, sodass bereits bei den Bareinzahlungen, erst Recht aber bei der Überweisung […] die Voraussetzungen der Verdachtsmeldung gegeben waren."*[604]

600 Die BaFin bemerkt ebenso, dass „der Beurteilungsspielraum in der Regel stark reduziert sein [wird], wenn Sachverhalte vorliegen, die in den von der FIU den Verpflichteten zur Verfügung gestellten Anhaltspunkten enthalten sind". Siehe BaFin, Auslegungs- und Anwendungshinweise, S. 72 f.

601 EuGH, C-562/20 – SIA Rodl & Partner, 17.11.2022, Rn. 51.

602 BaFin, Auslegungs- und Anwendungshinweise, S. 73.

603 Siehe BaFin, Auslegungs- und Anwendungshinweise, S. 18, 74.

604 OLG Frankfurt a. M. (2. Strafsenat), Beschluss vom 10.04.2018 – 2 Ss-Owi 1059/17, BeckRS 2018, 30810, Rn. 26.

Daraus könnte der Bewertungsgrundsatz entnommen werden, dass eine Bank sicher belegen muss, welche gesetzeskonforme Herkunft ein eingezahlter Bargeldbetrag hat. Ein Geldwäschebeauftragter würde einen Bewertungsgrundsatz und damit einen Beurteilungsspielraum verletzen, wenn nicht belegt wird, woher die eingezahlten Beiträge kommen. Dabei stellt sich auch die Frage, ob diese weitreichende Auslegung noch mit dem Geldwäschegesetz in Einklang gebracht werden kann. Die Herkunft der Mittel wird regelmäßig erst dann zu erfragen sein, wenn Hinweise für erhöhte Risiken bestehen und damit verstärkte Sorgfaltspflichten zu erfüllen sind. Selbst in diesen Fällen ist es nach dem Gesetzgeber ausreichend, wenn „angemessene Maßnahmen" ergriffen werden, mit denen die Herkunft der Vermögenswerte bestimmt werden kann (vgl. § 15 Abs. 4 Nr. 2 GwG). In der Praxis wird in vielen Fällen auch nicht immer „sicher belegbar" sein, woher die Gelder stammen (z. B. eine ältere Frau spart über viele Jahrzehnte Bargeld zu Hause an und zahlt es dann wieder auf die Bank ein). Eine solch weitgehende Auslegung von dem OLG Frankfurt a. M. wird daher auch in der Literatur zu Recht kritisiert. Demnach darf eine Verdachtsmeldung nicht schon dann zur Pflicht werden, wenn die legale Mittelherkunft nicht nachgewiesen werden kann.[605] Damit stellt sich insgesamt die Frage, ob ein solcher Bewertungsgrundsatz vom OLG Frankfurt a. M. nun herangezogen werden muss oder nicht.

Das Gericht führt an weiterer Stelle aus:

> *„Die von der Betroffenen veranlasste telefonische Nachfrage bei der Kontoinhaberin zur Mittelherkunft war damit rechtlich nicht geboten. Sie war auch von Anfang an ungeeignet, die Verdachtsfälle zu beseitigen. Egal welche Angaben die Kontoinhaberin zur Herkunft des Bargeldes gemacht hätte, es wären Bargeldeinzahlungen geblieben und damit Verdachtsfälle. Die Bewertung der Glaubwürdigkeit der Kontoinhaberin und der Glaubhaftigkeit ihrer Angaben stehen der Betroffenen nicht zu."*[606]

Als Verfahrensregel und Bewertungsgrundsatz könnte sich daraus ergeben, dass einem Geldwäschebeauftragten die Bewertung der Glaubwürdigkeit eines Bankkunden nicht zusteht. Insbesondere dürften entkräftende Informationen eines Kunden bei schon bestehenden Verdachtsmomenten nicht mehr von dem Geldwäschebeauftragten angefragt sowie berücksichtigt werden. Hierbei muss sicher genau differenziert werden. Handelt es sich um einen bereits bestehenden Verdacht des Geldwäschebeauftragten, dann besteht

605 Rößler/Malko-Stahl, WuB 2019, 344, 345; Lenk, WM 2020, 115, 166; Komma, CB 2019, 197, 199; Pelz, jurisPR-Compl 1/2019 Anm. 2; Barreto da Rosa/Diergarten, NStZ 2020, 173, 177 ff.

606 OLG Frankfurt a. M. (2. Strafsenat), Beschluss vom 10.04.2018 – 2 Ss-Owi 1059/17 = BeckRS 2018, 30810, Rn. 38 f.

nach § 47 GwG die Gefahr gegen das Verbot der Informationsweitergabe zu verstoßen. Ist die Verdachtslage aber noch nicht ausreichend begründet, dann bestünde die Gefahr, dass einfach aufklärbare Fälle zu Verdachtsmeldungen führen könnten, ohne dass eine Rücksprache mit dem Bankkunden stattfinden darf. Dabei werden teilweise bestimmte Sachverhalte sogar nur nach Rücksprache mit dem Kunden aufgeklärt werden können.[607] Zahlt beispielsweise ein Student einen hohen Betrag auf sein Konto ein und stellt sich nach der Befragung heraus, dass der Student sein Auto in bar verkauft hat, kann diese Ungewöhnlichkeit ausreichend aufgeklärt werden.[608] Hier wird auch offensichtlich wie konfliktträchtig, die niedrige Verdachtsmeldeschwelle auf der einen Seite und ein möglicher Beurteilungsspielraum des Geldwäschebeauftragten ist. Oft können die möglichen Erkenntnisse aus einem Kundengespräch dazu führen, dass der Geldwäschebeauftragte im Verdacht bestärkt ist, oder aber, dass sich die Auffälligkeiten aufklären lassen. Dabei soll der Geldwäschebeauftragte auch die Glaubwürdigkeit des Bankkunden bewerten dürfen.

Aufgrund vieler nicht auflösbaren Zweifelsfällen besteht die Gefahr in der Praxis, dass tendenziell die Geldwäschebeauftragten von einem Verdachtsfall ausgehen werden. Auch wird eine endgültige Aufklärung insbesondere einer Straftat von den Verpflichteten gerade nicht gefordert. Es genügt also, dass viele Anhaltspunkte für Auffälligkeiten sprechen und auch nach durchgeführter Untersuchung nicht entkräftet werden konnten.

4. Zusammenfassung

Aus den einleitenden Tatbestandsmerkmalen der Norm („Liegen Tatsachen vor, die darauf hindeuten, dass“) können schon einige wichtige Erkenntnisse abgeleitet werden. Zunächst sind mögliche relevante Tatsachen denkbar weit zu verstehen. Dazu zählen auch jegliche Informationen und Anhaltspunkte. Die Tatsachen müssen auf einen Bezugspunkt (wie Geldwäsche) hindeuten. Damit ist die Schwelle der Verdachtsmeldung relevant, die von dem Gesetzgeber aufgrund der Monita der FATF bewusst niedrig angesetzt wurde. Der Verdachtsgrad ist dabei nicht strafrechtlich, sondern gewerberechtlich zu verstehen. Es kommt auf die subjektive Einschätzung des Geldwäschebeauftragten in der jeweiligen konkreten Situation mit den vorliegenden Erkenntnissen an. Zuletzt lässt sich feststellen, dass Einigkeit über das Vorliegen eines Beurteilungsspielraumes des Verpflichteten und

607 Komma, CB 2019, 197, 200.

608 Siehe auch den Beispielsfall bei Diergarten/Fraulob, Geldwäsche, § 43 S. 493 f. Mit dem wichtigen Hinweis, dass aufgrund des § 47 GwG Vorsicht geboten ist. Eine Befragung soll daher zumindest eingeschränkt stattfinden können. Es soll das Thema „Geldwäsche“ nicht erwähnt werden.

des Geldwäschebeauftragten besteht. Ein Beurteilungsspielraum des Geldwäschebeauftragten scheint aber bei näherer Betrachtung viele Fragen aufzuwerfen. Zunächst wird man feststellen müssen, dass es schon aus dem Grundsatz der Rechtsstaatlichkeit Grenzen für einen Beurteilungsspielraum geben muss. Neben der Grenze, dass keine sachfremden Erwägungen (z.B. Meldung „ins Blaue hinein") stattfinden dürfen, muss ein Sachverhalt vollständig und zutreffend erfasst worden sein. Problematisch erscheinen die Grenzen des Beurteilungsspielraums durch mögliche Verfahrensregeln und Bewertungsgrundsätze. Als mögliche Verfahrensregeln und Bewertungsgrundsätze kommen eine Vielzahl von unterschiedlichen Veröffentlichungen in Frage (z.B. Hinweise von der BaFin, Typologien und sonstige Hinweise von der FIU, Hinweise von der FATF, Hinweise von der EBA, Gerichtsentscheidungen). Bei näherer Untersuchung der Hinweise anhand eines Beschlusses des OLG Frankfurt a.M. als Beispiel stellen sich ebenfalls Fragen in Bezug auf die konkreten Anforderungen.

Zusammengefasst lässt sich absehen, dass bei vielen nicht auflösbaren Zweifelsfällen die Gefahr besteht, dass die Geldwäschebeauftragten tendenziell von einem Verdachtsfall ausgehen werden müssen. Es wird weder eine endgültige Aufklärung noch das konkrete Vorliegen einer Geldwäschestraftat verlangt. Somit genügt es, wenn viele Anhaltspunkte für ein auffälliges Verhalten sprechen und auch nach durchgeführter Untersuchung nicht entkräftet werden konnten. Damit müsste nicht positiv belegt werden, dass bei einem Verdachtsfall ein Bezug zur Geldwäsche besteht, sondern es würde ausreichen, dass Auffälligkeiten bestehen und es keine Gründe gibt, die diese Auffälligkeiten entkräften könnten. Hierbei bestehen auch erhebliche Einschränkung (z.B. Gefahr durch Befragung des Kunden). Im Kern scheint somit lediglich eine Plausibilitätskontrolle von dem Geldwäschebeauftragten verlangt zu werden.

II. Der Verdacht auf Geldwäsche

Weiterhin soll sich näher mit der Meldepflicht konkret in Bezug auf Geldwäsche befasst werden. Bei der Geldwäscheverdachtsmeldung handelt es sich um die praktisch relevanteste Meldung nach §43 Abs. 1 GwG. Nach dem FIU-Jahresbericht 2021 wurden nahezu ausschließlich Verdachtsmeldungen mit dem Bezug zur Geldwäsche abgegeben.[609]

Ein Verdacht ist nach §43 Abs. 1 Nr. 1 GwG zu melden, sobald Tatsachen vorliegen, die darauf hindeuten, dass

609 Der Anteil der Verdachtsmeldungen mit einem potenziellen Bezug zur Terrorismusfinanzierung lag lediglich bei 1% am Gesamtaufkommen, siehe FIU-Jahresbericht 2021, S. 16.

„ein Vermögensgegenstand, der mit einer Geschäftsbeziehung, einem Maklergeschäft oder einer Transaktion im Zusammenhang steht, aus einer strafbaren Handlung stammt, die eine Vortat der Geldwäsche darstellen könnte."

1. Vermögensgegenstand im Zusammenhang mit einer Geschäftsbeziehung, einem Maklergeschäft oder einer Transaktion

Im Folgenden soll untersucht werden, was mit einem Vermögensgegenstand (dazu a) im Zusammenhang mit einer Geschäftsbeziehung (dazu b), einem Maklergeschäft (dazu c) oder einer Transaktion (dazu d) gemeint ist und in welchen Fällen dies im Zusammenhang mit der Verdachtsmeldung für ein Kreditinstitut relevant werden kann.

a) Vermögensgegenstand

Zunächst muss ein Zusammenhang mit einem Vermögensgegenstand bestehen. Der Begriff des Vermögensgegenstandes wurde erst mit der Umsetzung der Vierten EU-Geldwäscherichtlinie im Jahr 2017 in das Geldwäschegesetz aufgenommen. Die Begriffswahl des Gesetzgebers erscheint wechselhaft, da man vorher anstatt Vermögensgegenstand den Begriff „Vermögenswerte" verwendete, welcher selbst erst durch das GWPräOptG im Jahr 2011 in den Tatbestand eingeführt wurde.[610] Zumindest schafft der Gesetzgeber inzwischen mehr Klarheit, indem der Begriff im Geldwäschegesetz legal definiert wird. Nach § 1 Abs. 7 GwG ist ein Vermögensgegenstand

„1. jeder Vermögenswert, ob körperlich oder nichtkörperlich, beweglich oder unbeweglich, materiell oder immateriell, sowie

2. Rechtstitel und Urkunden in jeder Form, einschließlich der elektronischen und digitalen Form, die das Eigentumsrecht oder sonstige Rechte an Vermögenswerten nach Nr. 1 verbriefen."

Die Definition geht auf eine Vorgabe aus dem Art. 3 Nr. 3 der Vierten EU-Geldwäscherichtlinie zurück. Der Gesetzgeber betont dabei, dass die Definition bewusst weit zu verstehen ist und alle denkbaren Gegenstände von

---

610 Auch aus der Gesetzesbegründung ließ sich nicht genau entnehmen, was unter dem Begriff verstanden werden soll. Es wurde lediglich darauf hingewiesen, dass es sich bei Vermögenswerten um Erträge krimineller Aktivitäten handelt oder die Vermögenswerte im Zusammenhang mit Terrorismusfinanzierung stehen müssen (vgl. BT-Drs. 17/6804, S. 35). Der Begriff „Vermögenswert" lässt sich auch im § 6a KWG finden, wonach von einem weiten Verständnis auszugehen ist (*Kaetzler* in Zentes/Glaab, § 1 Rn. 86).

Geldwäsche und Terrorismusfinanzierung umfasst sein sollen.[611] Für Kreditinstitute sind damit beispielsweise das Bar- und Buchgeld in in- und ausländischen Währungen erfasst sowie andere Vermögenswerte wie Wertpapiere, Forderungen sowie kostbare Gegenstände wie Edelsteine.[612]

Damit besteht insgesamt ein weiter Anwendungsspielraum. Der Vermögensgegenstand muss nach dem Gesetzestext weiterhin mit einer Geschäftsbeziehung, einem Maklergeschäft oder einer Transaktion im Zusammenhang stehen.

b) Geschäftsbeziehung

Weiterhin ist die Begrifflichkeit der Geschäftsbeziehung im Zusammenhang mit der Verdachtsmeldung näher zu beleuchten. Der Begriff der Geschäftsbeziehung wird im § 1 Abs. 4 GwG definiert als

> *„jede Beziehung, die unmittelbar in Verbindung mit den gewerblichen oder beruflichen Aktivitäten der Verpflichteten steht und bei der beim Zustandekommen des Kontakts davon ausgegangen wird, dass sie von gewisser Dauer sein wird."*

Für die Geschäftsbeziehung sind somit im Wesentlichen zwei Merkmale entscheidend. Zum einen muss es sich um eine unmittelbare gewerbliche oder berufliche Aktivität des Verpflichteten handeln. Hier wird sich in der Konsequenz die Frage stellen, welche Aktivitäten in Abgrenzung dazu als *nicht* gewerblich oder *nicht* beruflich in diesem Sinne gelten würden. Zum anderen muss die Geschäftsbeziehung auf eine gewisse Dauer angelegt sein. Beide Merkmale sollen im Folgenden genauer untersucht werden.

(1) Gewerbliche oder berufliche Beziehung für Kreditinstitute

Um eine Geschäftsbeziehung handelt es sich, wenn sie unmittelbar in Verbindung mit den gewerblichen oder beruflichen Aktivitäten des Verpflichteten steht. Anlehnend an den Gewerbebegriff sind gewerbliche Aktivitäten all jene geschäftlichen Kontakte, die im Rahmen einer nicht sozial unwertigen, auf Dauer angelegten, mit Gewinnerzielungsabsicht ausgeübten, selbstständigen beruflichen Tätigkeit, die weder freie Berufe, Urproduktion oder Verwaltung eigener Vermögen betrifft.[613] Dabei ist auf die konkreten Geschäftstätigkeiten des einzelnen Verpflichteten im Sinne des § 2 GwG abzustellen, denn ein Kreditinstitut führt regelmäßig andere gewerbliche Aktivitäten als

---

611 Referentenentwurf des BMF zum Gesetz zur Umsetzung der Vierten EU-Geldwäscherichtlinie, S. 105.

612 Vgl. BT-Drs. 12/989, S. 27; Kaetzler in Verdacht auf Geldwäsche, S. 26.

613 Siehe zum Gewerbebegriff BVerwG, Beschluss v. 11.3.2008, 6 B 2/08, Rn. 5 m. w. N. sowie *Kaetzler* in Zentes/Glaab, GwG, § 1 Rn. 51.

die sonstigen Verpflichteten des Geldwäschegesetzes aus (z. B. ein Immobilienmakler oder ein Güterhändler).[614] Es kommt daher auf die konkrete geschäftliche Ausrichtung des Verpflichteten an.[615]

Die typischen gewerblichen Aktivitäten von Kreditinstituten sind Bankgeschäfte. Aus dem Gesetzesentwurf zum GwBekErgG lässt sich entnehmen, dass für die Geschäftsbeziehungen die „vertragliche Beziehung" relevant ist.[616] Vertragliche Beziehungen werden von einem Kreditinstitut regelmäßig entweder mit Bankkunden oder mit anderen Finanzmarktteilnehmern abgeschlossen.[617] Aus einer zivilrechtlichen Perspektive ist der Begriff des „Bankgeschäftes" nur schwer greifbar. Der Gesetzgeber hat sich gegen die Schaffung eines eigenen Bankvertragsgesetzes entschieden.[618] Zudem war lange Zeit umstritten, ob es einen allgemeinen Bankvertrag als eigenständigen Vertragstyp gibt.[619] Der BGH hat sich gegen einen solchen allgemeinen Bankvertrag als eigenständigen Rahmenvertrag entschieden.[620] Die Idee wird in der Literatur aber gleichwohl aufrechterhalten.[621]

Weiterhin sollte für ein Verständnis der Begrifflichkeit der Geschäftsbeziehung auch berücksichtigt werden, warum ein Kreditinstitut überhaupt ein Verpflichteter im Sinne des Geldwäschegesetzes ist. Denn nach der systematischen Verweisung im § 2 Abs. 1 Nr. 1 GwG wird deutlich, dass es auf die Bankgeschäfte eines Kreditinstitutes nach § 1 Abs. 1 KWG ankommt. Dabei können auch Überschneidungen mit der zivilrechtlichen Einordnung von Bankgeschäften vorkommen, die damit zumindest eine Indizwirkung haben. In den Auslegungs- und Anwendungshinweisen der BaFin werden als Hinweis die Konto- und Depoteröffnung als die Hauptanwendungsfälle

---

614 Immobilienmakler sind nach § 2 Abs. 1 Nr. 14 GwG und Güterhändler sind nach § 2 Abs. 1 Nr. 16 GwG verpflichtet.

615 *Kaetzler* in Zentes/Glaab, GwG, § 1 Rn. 51 ff.

616 BT-Drs. 16/9038, S. 29.

617 Andere Finanzmarktteilnehmer können z. B. anderen Kreditinstituten, Finanzdienstleistungsinstitute oder Kapitalverwaltungsgesellschaften sein.

618 *Heermann* in Münchener Kommentar zum BGB, § 675 Rn. 56.

619 Dieser sollte aus einem Grund- oder Rahmenvertrag bestehen, welcher rechtlich als Dienstvertrag mit einer Geschäftsbesorgung zu qualifizieren ist (§ 675 Abs. 1 BGB). Im Rahmen eines Grundvertrages finden einzelne Bankgeschäfte (z. B. Darlehen, Verwahrung) statt, die rechtlich von dem Grundvertrag zu unterscheiden sind. Siehe näher *Heermann* in Münchener Kommentar zum BGB, § 675 Rn. 56; *Hopt/Roth* in Ellenberger/Bunte, Bankrechts-Handbuch, § 1 Rn. 17.

620 BGH NJW 2002, 3695, 3696.

621 Siehe etwa *Hopt/Roth* in Ellenberger/Bunte, Bankrechts-Handbuch, § 1 Rn. 17; *Hopt* in Hopt, HGB, Bankgeschäfte (7) Rn. A/6; Martinek/Omlor in Staudinger, § 675 Rn. B 31 ff.

für das Geldwäschegesetz genannt.[622] Eine klare Abgrenzung ist jedoch bei näherer Betrachtung problematisch.

(2) Grenzen für Geschäftsbeziehung bei Kreditinstituten

Damit die Begrifflichkeit der Geschäftsbeziehung deutlicher wird, lohnt sich die Grenzen im Rahmen eines Umkehrschlusses zu ermitteln, also zu prüfen, wann keine Geschäftsbeziehungen im Sinne der Norm mehr vorliegt. Eine solche Grenze dürfte dann vorliegen, wenn keine unmittelbare Verbindung mit den gewerblichen oder beruflichen Aktivitäten eines Kreditinstitutes besteht. Problematisch erscheint in diesem Zusammenhang, wenn ein Kreditinstitut neben Bankgeschäften im Sinne des § 1 Abs. 1 Satz 2 KWG auch Nichtbankgeschäfte oder bloße Hilfsgeschäfte ausführen würde. Es ist dann fraglich, ob auch bei der Ausführung von Nichtbankgeschäften die geldwäscherechtlichen Pflichten bestehen und gegebenenfalls eine Verdachtsmeldung abgegeben werden muss. Als Nichtbankgeschäfte können etwa Geschäfte im Touristikbereich[623] sowie sonstige Nebendienstleistungen (z. B. Verwaltung von Immobilien, Geschäfte bezüglich Datenverarbeitungsdiensten)[624] auftreten.

Zunächst kann geprüft werden, ob sich aus den EU-Geldwäscherichtlinien Hinweise für die Grenzen der Geschäftsbeziehung ergeben. Die Begrifflichkeit der Geschäftsbeziehung ist europarechtlich geprägt. Die Definition geht auf den Art. 3 Nr. 9 der Dritten EG-Geldwäscherichtlinie zurück.[625] Mit dem

---

622 BaFin Auslegungs- und Anwendungshinweise, S. 26; so auch schon DK-Hinweise, Rn. 8.

623 Aufzählung bankfremder Geschäfte *Reschke* in Beck/Samm/Kokemoor, KWG, EGL 203. Okt. 2018, § 1 Rn. 57.

624 Vgl. hier auch das Verständnis der CRR: Wonach „Anbieter von Nebendienstleistungen" ein Unternehmen, dessen Haupttätigkeit im Besitz oder in der Verwaltung von Immobilien, der Verwaltung von Datenverarbeitungsdiensten oder einer ähnlichen Tätigkeit besteht, die im Verhältnis zur Haupttätigkeit eines oder mehrerer Institute den Charakter einer Nebentätigkeit hat, Art. 4 Nr. 18 Verordnung (EU) Nr. 575/2013.

625 Auch schon in der Ersten Geldwäscherichtlinie (RL 91/308/EWG) wurde der Begriff verwendet, allerdings ohne näher erläutert zu werden. So sollten nach Art. 3 Abs. 1 der Ersten Geldwäscherichtlinie die Kreditinstitute „von ihren Kunden die Bekanntgabe ihrer Identität durch ein beweiskräftiges Dokument verlangen, wenn diese mit ihnen Geschäftsbeziehungen anknüpfen, insbesondere, wenn sie ein Sparkonto oder ein anderes Konto eröffnen oder Vermögensverwahrungsleistung anbieten". Vgl. Richtlinie des Rates vom 10. Juni 1991 zur Verhinderung der Nutzung des Finanzsystems zum Zwecke der Geldwäsche (91/308/EWG). Auch in der Zweiten Geldwäscherichtlinie (RL 2001/97/EG) gab es diesbezüglich keine weitere Erläuterung. Vgl. Richtlinie 2001/97/EG des Europäischen Parlaments und des Rates vom 4. Dezember 2001 zur Änderung der Richtlinie 91/308/EWG des Rates zur Verhinderung der Nutzung des Finanzsystems zum Zwecke der Geldwäsche. In der Vierten EU-Geldwäscherichtlinie wird der Begriff im Art. 3 Nr. 13 definiert.

Geldwäschebekämpfungsergänzungsgesetz (GwBekErgG) im Jahr 2008 wurde die Definition nahezu wortgleich in das deutsche Geldwäschegesetz aufgenommen.[626] Lediglich das Wort „kommerzielle" Beziehung ließ man in der deutschen Umsetzung im § 1 Abs. 4 GwG weg. Eine Erwähnung des Wortes wäre bei näherer Betrachtung wohl auch überflüssig. Dem allgemeinen Verständnis nach ist eine kommerzielle Beziehung eine den Handel betreffende geschäftliche Beziehung.[627] Es handelt sich somit lediglich um ein Synonym zu dem Begriff „geschäftlich". In der Vierten EU-Geldwäscherichtlinie steht wiederum in der amtlichen Übersetzung anstatt „kommerzielle" das Wort „gewerblich".[628] In der englischen Fassung wird in der Dritten EG-Geldwäscherichtlinie sowie in der Vierten EU-Geldwäscherichtlinie das Wort „commercial" verwendet. Die Unterschiede sind daher wohl auf eine ungleiche Übersetzung zurückzuführen. Zumindest kann mit einer europarechtskonformen Auslegung davon ausgegangen werden, dass im Umkehrschluss zumindest alle Tätigkeiten vom Geldwäschegesetz ausgeschlossen werden, die sich auf rein *private* Handlungen beziehen. Auch in der Literatur wird daher hervorgehoben, dass rein private Beziehungen keine Geschäftsbeziehungen im Sinne des Geldwäschegesetzes darstellen.[629]

Für die Verdachtsmeldung könnte dies jedoch im Einzelfall schon fragwürdig sein. Zunächst kann festgestellt werden, dass wenn ein Geldwäschebeauftragter auffällige Informationen (z. B. durch einen Presseartikel) über eine Person mit dem Bezug zur Geldwäsche erhält, zu dem das Kreditinstitut *keine* Geschäftsbeziehung unterhält, auch *keine* Verdachtsmeldung abgeben müsste. Es würde schlicht an den Tatbestandsvoraussetzungen fehlen, dass ein Vermögensgegenstand besteht, der mit einer Geschäftsbeziehung im Zusammenhang steht. Anders müsste dies aber bei solchen Fällen sein, wenn ein Geldwäschebeauftragter auffällige Informationen über eine Person in seiner Freizeit erhält und mit dem Kreditinstitut eine Geschäftsbeziehung besteht. Einerseits wäre denkbar, dass der Geldwäschebeauftragte am Sonntagmorgen über eine auffällige Person in der Zeitung liest, welcher auch Kunde des Kreditinstitutes ist. Andererseits könnte der Geldwäschebeauftragte in seiner Freizeit an seinem Stammtisch mit Freunden von einer auffälligen Person erfahren, über die bisher sonst keine Informationen öf-

---

626 BT-Drs. 16/9038, S. 29.

627 Siehe Online-Duden, abrufbar unter: https://www.duden.de/rechtschreibung/kommerziell (zuletzt abgerufen am 21.07.2023).

628 Die amtliche Übersetzung der Vierten EU-Geldwäscherichtlinie im Art. 3 Nr. 13 lautet: „jede geschäftliche, berufliche oder gewerbliche Beziehung, die mit den beruflichen Tätigkeiten eines Verpflichteten in Verbindung steht und bei der bei Zustandekommen des Kontakts davon ausgegangen wird, dass sie von gewisser Dauer sein wird".

629 *Häberle* in Erbs/Kohlhaas, Strafrechtliche Nebengesetze, 240. EGL 2022, § 2 GwG Rn. 2; *Figura* in Herzog, Geldwäschegesetz, § 1 Rn. 29; *Kaetzler* in Zentes/Glaab, GwG, § 1 Rn. 51.

fentlich verfügbar sind. In beiden Fällen würde der Geldwäschebeauftragte die Informationen in seiner Freizeit und damit im Rahmen eines privaten Bereichs erhalten. Im ersten Fall wäre allerdings hervorzuheben, dass die Informationen auch öffentlich verfügbar sein würden. Der Geldwäschebeauftragte könnte somit die Informationen auch während seiner Arbeitszeit erhalten haben. In dem zweiten Fall würde es an der öffentlichen Verfügbarkeit der Information fehlen. Vergleicht man die rechtliche Situation bei Strafverfolgungsbeamten, die Hinweise auf Straftaten in ihrer Freizeit erhalten, wird differenziert, wie schwerwiegend die Straftat ist. Bei besonders schwerwiegenden Straftaten besteht eine Anzeigepflicht des Strafverfolgungsbeamten.[630] Diese Maßstäbe können aber nicht auf den Geldwäschebeauftragten übertragen werden. Die weitgehende Pflicht ergibt sich für Strafverfolgungsbeamten aus dem Legalitätsprinzip.[631] Das Legalitätsprinzip gilt allerdings nur für staatliche Behörden und da auch insbesondere nur für den Bereich der Strafverfolgung. Damit ergeben sich besondere Grenzfragen, die aber durchaus eine Praxisrelevanz haben können.

Offensichtlich wird bei dem Beispiel, dass relevante Informationen für einen Geldwäscheverdacht aus vielen unterschiedlichen Quellen kommen können. Dazu gehören beispielsweise mögliche Auffälligkeiten der Kundenangaben oder des Kundenverhaltens an einem Bankschalter. Allerdings ist auch denkbar, dass sich Informationen aus Presseartikeln ergeben können (z. B. Bericht über Steuervergehen eines Kunden)[632]. Auch die BaFin weist in ihren Auslegungs- und Anwendungshinweisen darauf hin, dass neben internen Hinweisen von Beschäftigten des Verpflichteten auch externe Hinweise, wie beispielsweise Presseveröffentlichungen als Erkenntnisquelle in Betracht kommen.[633] Somit wird deutlich, wie weit der Tatbestand durch den Begriff der Geschäftsbeziehung ausgedehnt werden kann. Denn zu einer Geschäftsbeziehung können jegliche Umstände zählen, die mit der Kundenbeziehung verbunden werden können.

Untersucht man diesen Umstand weiter, dann kann man feststellen, dass das Tatbestandsmerkmal der Geschäftsbeziehung nicht immer schon Teil des

630 BGHSt 4, 167, 169 f.; 5, 225, 229; 12, 277, 279; 38, 388; BVerfG JZ 2004, 303; *Kölbel* in Münchener Kommentar zur StPO, § 158 Rn. 19; *Weingarten* in Karlsruher Kommentar zur Strafprozessordnung, § 158 Rn. 29. Als Orientierung soll dabei der Katalog des § 138 StGB dienen (Roxin/Schünemann, Strafverfahrensrecht, § 39 Rn. 3; kritisch *Weingarten* in Karlsruher Kommentar zur Strafprozessordnung, § 158 Rn. 29).

631 Siehe näher dazu *Goers* in BeckOK StPO, § 158 Rn. 21.

632 Siehe als Beispiel die öffentliche Berichterstattung um den Fall von Uli Hoeneß im Zusammenhang mit Steuerhinterziehung unter anderem von dem Tagesspiegel, „Verurteilt Bayern-Manager Der Fall Hoeneß und die Spur des Geldes“ vom 18.03.2014, abrufbar unter https://www.tagesspiegel.de/meinung/der-fall-hoeness-und-die-spur-des-geldes-4371124.html (zuletzt abgerufen 17.09.2023).

633 BaFin Auslegungs- und Anwendungshinweise, S. 74.

Tatbestandes der Verdachtsmeldung war. Bei der Einführung der Definition der Geschäftsbeziehung in das Geldwäschegesetzes durch das GwBekErgG im Jahr 2008 war der Begriff noch nicht im Tatbestand der Verdachtsmeldung enthalten.[634] Im Rahmen der Deutschlandprüfung der FATF 2009/2010 wurde dann festgestellt, dass „das gesamte Verdachtsmeldewesen angepasst werden [muss]".[635] Erst mit dem GWPräOptG im Jahr 2011 wurde dann der Begriff als Tatbestandsmerkmal in die Verdachtsmeldung aufgenommen.[636] Wie schon bei der Schwelle der Verdachtsmeldung dargestellt wurde, gestaltete man die Verdachtsmeldung durch diese Gesetzesnovelle grundlegend um. Während vorher nur der Anknüpfungspunkt der Transaktion („Ein Verpflichteter hat unabhängig von der Höhe der Transaktion bei Feststellung von Tatsachen, die darauf schließen lassen, dass…")[637] relevant war, ist nunmehr auch eine Verdachtsmeldung abzugeben, wenn verdächtige Tatsachen bei Vermögenswerten im Zusammenhang mit einer Geschäftsbeziehung auftreten. Als Folge war somit nicht mehr nur eine konkrete Transaktion notwendig, sondern alle Informationen aus einer Geschäftsbeziehung konnten nunmehr taugliche Anknüpfungspunkte für eine Verdachtsmeldung sein („Liegen Tatsachen vor, die darauf hindeuten, dass es sich bei Vermögenswerten, die mit einer Transaktion oder Geschäftsbeziehung im Zusammenhang stehen")[638].

Weiterhin kann man sich die Frage stellen, welche gewerblichen Aktivitäten für eine Geschäftsbeziehung relevant sind. Einerseits könnte man sagen, dass alle ausgeführten Geschäftsbeziehungen in Betracht gezogen werden sollen. Bei einem Kreditinstitut würde dies bedeuten, dass neben Bankgeschäften auch Nichtbankgeschäfte oder bloße Hilfsgeschäfte einbezogen werden müssen. Als Nichtbankgeschäfte können etwa Geschäfte im Touristikbereich[639] sowie sonstige Nebendienstleistungen (z. B. Verwaltung von Immobilien, Geschäfte bezüglich Datenverarbeitungsdiensten)[640] auftreten.

---

634 Im Geldwäschegesetz fand sich der der Begriff nur im Zusammenhang mit der Durchführung der allgemeinen Sorgfaltspflichten (§§ 10 GwG ff.). Somit lässt sich auch die Begrifflichkeit regelmäßig in dem Zusammenhang finden, wann eine Geschäftsbeziehung die allgemeinen Sorgfaltspflichten auslöst (vgl. BaFin, Auslegungs- und Anwendungshinweise, S. 26 f.).

635 BT-Drs. 17/6804, S. 35.

636 Gesetz zur Optimierung der Geldwäscheprävention vom 22. Dezember 2011 (BGBl. I, S. 2959).

637 § 11 GwG a. F. in der vor dem 29.12.2011 geltenden Fassung (BGBl. I, S. 2959).

638 § 11 GwG a. F. in der vor dem 29.12.2011 geltenden Fassung (BGBl. I, S. 2959).

639 Aufzählung bankfremder Geschäfte *Reschke* in Beck/Samm/Kokemoor, KWG, EGL 203. Okt. 2018, § 1 Rn. 57.

640 Vgl. hier das Verständnis der Capital Requirements Regulation (CRR): Wonach „Anbieter von Nebendienstleistungen" ein Unternehmen, dessen Haupttätigkeit im Besitz oder in der Verwaltung von Immobilien, der Verwaltung von Datenverarbeitungsdiensten oder einer ähnlichen Tätigkeit besteht, die im Verhältnis zur Haupttätigkeit

Es ist dann fraglich, ob auch bei der Ausführung von Nichtbankgeschäften die geldwäscherechtlichen Pflichten bestehen und gegebenenfalls auch in diesem Zusammenhang die Pflicht für die Abgabe einer Verdachtsmeldung vorliegt. Andererseits könnte der Begriff der Geschäftsbeziehung teleologisch reduziert werden. Demnach wären nur solche Geschäftsbeziehungen relevant, die typischerweise von Kreditinstituten ausgeführt werden. Bei Kreditinstituten würden dies entsprechend Bankgeschäfte nach § 1 Abs. 1 KWG sein.

Aus den Auslegungs- und Anwendungshinweisen der BaFin lassen sich teilweise Anhaltspunkte finden.[641] Demnach sollen bei bestimmten Geschäftsbeziehungen keine Sorgfaltspflichten begründet werden müssen. Hierzu gehören „allgemeine, nicht betriebstypische Rechtsbeziehungen wie z. B. jene, die der Aufrechterhaltung des Betriebes als solche dienen (z. B. Verträge mit Energieversorgern sowie sonstige Beschaffungsverträge, IT-Wartungs-/Dienstleistungsverträge, Dienstverträge mit Gebäudereinigungsunternehmen) oder die Eingehung gesellschaftsrechtlicher Beteiligungen (z. B. Mitgliedschaft in einer Kreditgenossenschaft)".[642] Auch sollen Geschäftsbeziehungen nicht dazugehören, „die nicht auf einer unmittelbaren Vertragsbeziehung zu Kunden beruhen, wie z. B. zu Mietern einer Immobilie aus Immobilienfonds, Vertragspartnern von Immobilientransaktionen oder zu Dienstleistern im Zusammenhang mit der Verwaltung von Investmentvermögen."[643] Die BaFin erwähnt diese Beispiele der Geschäftsbeziehungen im Zusammenhang mit Sorgfaltspflichten nach §§ 10 GwG und nicht direkt im Zusammenhang mit den Verdachtsmeldungen. Allerdings wird von einem einheitlichen Verständnis des Begriffes Geschäftsbeziehungen innerhalb des Geldwäschegesetzes auszugehen sein.

---

eines oder mehrerer Institute den Charakter einer Nebentätigkeit hat, Art. 4 Nr. 18 Verordnung (EU) Nr. 575/2013.

641 Auch schon die DK-Hinweise sahen Ausnahmen vor. Ebenso waren sind Verträge mit Versorgern (z. B. Energie), IT-Wartungs-/Dienstleistungsverträge, Dienstverträge mit Gebäudereinigungsunternehmen und sonstige allgemeine Beschaffungsgeschäfte zur Aufrechterhaltung des Geschäftsbetriebes keine Geschäftsbeziehung im Sinne des Geldwäschegesetzes. Als weiteres Beispiel wird die Mitgliedschaft in einer Kreditgenossenschaft angegeben. Schließlich werden Verträge angeführt, die eine Einbeziehung eines Dritten in das Vertragsverhältnis aufweisen. Demnach soll es sich bei einem Vertrag mit einem Drittsicherheitengeber zu Gunsten eines (Kredit-)Kunden nicht um eine banktypische Rechtsbeziehung handeln. Ein Drittsicherheitengeber ist ein Kreditsicherheitenbesteller ohne auch gleichzeitig der Kreditnehmer zu sein. Die Sicherheit des Dritten kann beispielsweise in einer Bürgschaft bestehen. Zuletzt werden Beziehungen zwischen dem Kreditinstitut und dem Avalbegünstigten genannt. Vgl. DK-Hinweise, Rn. 8.

642 BaFin, Auslegungs- und Anwendungshinweise, S. 26.

643 BaFin, Auslegungs- und Anwendungshinweise, S. 26.

Bei genauerer Betrachtung wären nach dem Hinweis der BaFin aber nur solche Rechtsbeziehungen ausgenommen, die nicht mit den regelmäßigen Geschäften zusammenhängen. Unklar wäre damit weiterhin, ob auch sonstige Nebendienstleistungen eines Kreditinstitutes (z. B. Verwaltung von Immobilien) ausgeschlossen werden. Gegen ein weites Verständnis der Geschäftsbeziehung spricht, dass durch eine Geschäftsbeziehung auch immer empfindliche Daten der Bankkunden erhoben und bei einer Verdachtsmeldung auch an staatliche Stellen weitergeleitet werden. Damit sind verfassungsrelevante Rechte des Unternehmens sowie insbesondere des Bankkunden betroffen.

Weiterhin spricht auch die Systematik des Geldwäschegesetzes für eine enge Auslegung. Demnach wird durch die Verweisung im § 2 Abs. 1 Nr. 1 GwG deutlich, dass es auf die Bankgeschäfte nach § 1 Abs. 1 KWG ankommen soll. Es ist zudem davon auszugehen, dass es nach dem Sinn und Zweck des Gesetzes darum geht, gerade solche typischen Geschäfte der Verpflichteten nach § 2 Abs. 1 GwG durch das Geldwäschegesetz zu regeln, da bei diesen Geschäftstätigkeiten eine besondere Gefahr möglicher Geldwäschehandlungen besteht. Sonst hätte der Gesetzgeber auch festlegen können, dass alle Unternehmen mit all ihren Geschäftstätigkeiten die Bestimmungen des Geldwäschegesetzes berücksichtigen müssen. Daher spricht viel dafür, dass Nebengeschäfte bei Kreditinstituten grundsätzlich keine Geschäftsbeziehungen des Geldwäschegesetzes wären, solange sie nicht einem Charakter der Geschäftstätigkeiten nach § 2 GwG entsprechen. Das Kreditinstitut kann demnach auch weitere für das Geldwäschegesetz relevante Tätigkeiten ausüben, wenn es sich um typische Geschäftstätigkeiten von anderen Verpflichteten nach § 2 GwG handelt (z. B. Finanzdienstleistungen,[644] Zahlungsdienste[645] oder Geschäftstätigkeiten eines Immobilienmaklers). In diesen Fällen hat der Gesetzgeber mit den Bestimmungen im § 2 Abs. 1 GwG zum Ausdruck gebracht, dass bei der Ausübung der Geschäftstätigkeit ein potenzielles Risiko für Geldwäsche besteht. Andere Geschäftstätigkeiten wären darü-

---

644 Die Finanzdienstleistungen ergeben sich aus § 1 Abs. 1a KWG. Die Eigenschaft des Kreditinstituts wird dadurch nicht berührt, da Finanzdienstleistungen subsidiär sind. Vgl. *Schwennicke* in Schwennicke/Auerbach, KWG, § 1 Rn. 78. Zu den Finanzdienstleistungen zählen die Anlagevermittlung; die Anlageberatung; der Betrieb eines multilateralen Handelssystems; das Platzierungsgeschäft; die Abschlußvermittlung; die Finanzportfolioverwaltung; der Eigenhandel; die Drittstaateneinlagenvermittlung; das Sortengeschäft; das Factoring; das Finanzierungsleasing; die Anlageverwaltung sowie das eingeschränktes Verwahrgeschäft.

645 Zahlungsdienstleistungen im Sinne von § 1 Satz 2 ZAG sind das Ein- oder Auszahlungsgeschäft; das Lastschriftgeschäft; das Überweisungsgeschäft; das Zahlungskartengeschäft; das Zahlungsgeschäft; das Zahlungsgeschäft mit Kreditgewährung; Zahlungsauthentifizierungsgeschäft; das digitalisiertes Zahlungsgeschäft sowie das Finanztransfergeschäft.

ber hinaus nicht vom Geldwäschegesetz erfasst.[646] In diesen Fällen müssten dann aufgrund einer fehlenden Geschäftsbeziehung auch in der Konsequenz entsprechend keine Verdachtsmeldungen abgegeben werden. Hätte der Gesetzgeber eine Einbindung aller Geschäftstätigkeiten gewollt, müsste man auch den Verpflichtetenkreis dahingehend anpassen. Insgesamt bleibt aber festzustellen, dass Geschäftsbeziehungen, die nicht unmittelbar das typische Kerngeschäft eines Verpflichteten betreffen, schwer einzuordnen sind. Die Aufzählung der BaFin von Ausnahmen ist dabei nur beispielhaft. Die Kreditinstitute müssen daher zunächst selbst eine Einschätzung vornehmen, welche Geschäftsbeziehungen vom Geldwäschegesetz nicht betroffen sein sollen. Dabei können die Beispiele der BaFin helfen. Eine Fehleinschätzung eines Kreditinstitutes kann allerdings erhebliche Folgen haben, da mit einer nicht erfassten Geschäftsbeziehung die gesamten Kundensorgfaltspflichten des Geldwäschegesetzes nicht erfüllt werden würden. Jegliche Fehler im Zusammenhang mit den Kundensorgfaltspflichten sind als Ordnungswidrigkeiten mit Bußgeldern ausgestaltet. Sollten hingegen die Kreditinstitute aus Vorsicht auch irrelevante Geschäftsbeziehungen erfassen, würden umfassende Daten von Personen erhoben und gegebenenfalls im Rahmen einer Verdachtsmeldungen an Behörden gemeldet werden.

(3) Auf eine gewisse Dauer angelegt

Weiterhin ist für die Geschäftsbeziehung relevant, dass diese von einer „gewissen Dauer" ist. Nach dem allgemeinen Gewerberecht besteht eine Dauerhaftigkeit, wenn es sich um eine nachhaltige, planmäßige und nicht nur gelegentliche, zufällige, auf vorübergehende Zeit ausgerichtete Tätigkeit handelt.[647] Damit sollen Bagatellfälle nicht erfasst werden, sondern erst solche Tätigkeiten mit einer Intensität, die eine gewerberechtliche Überwachung rechtfertigen.[648] Für das Geldwäscherecht sind demnach einmalige Geschäfte keine dauerhaften Vertragsbeziehungen. Zu den Einmalgeschäften von Kreditinstituten zählen beispielsweise Reisescheck- oder Sortenge-

---

646 Es wird dabei nicht erforderlich sein, dass die geldwäscherelevante Tätigkeit nach § 2 GwG die Haupttätigkeit des Verpflichteten darstellt. Nach dem Kreditwesengesetz berührt die Ausübung von Nichtbankgeschäften die Institutseigenschaft des Kreditinstitutes nicht. Selbst wenn Nichtbankschäfte deutlich überwiegen und das Bankgeschäft lediglich ein Hilfsgeschäft darstellt, untersteht ein Kreditinstitut der Bankaufsicht nach dem Kreditwesengesetz. Siehe auch näher der Vergleich zum Bankaufsichtsrecht: Ruthig/Storr, Öffentliches Wirtschaftsrecht, § 6 Rn. 543; *Schäfer* in Fischer/Schulte-Mattler, KWG, CRR-VO, § 1 KWG Rn. 31 ff.

647 *Eisenmenger* in Landmann/Rohmer, Gewerbeordnung, § 1 Rn. 29; *Ennuschat* in Tettinger/Wank/Ennuschat, Gewerbeordnung, § 1 Rn. 7. Dort handelt es sich bei der „dauerhaften Tätigkeit" um ein positives Merkmal im Zusammenhang mit dem Gewerbebegriff.

648 Ruthig/Storr, Öffentliches Wirtschaftsrecht, § 3 Rn. 222.

schäfte von Touristen am Schalter, Bareinzahlungen von Nichtkunden auf Konten Dritter, oder die Abwicklung des Finanztransfergeschäftes für Gelegenheitskunden.[649] Allerdings wird in der Literatur daraufhin gewiesen, dass bei Kreditinstituten durch die Einbindung der AGB-Banken und das damit bestehende „besondere Vertrauensverhältnis" regelmäßig von einer auf Dauer angelegten Geschäftsbeziehung ausgegangen werden kann.[650] Somit kann schon die Einbindung der AGB-Banken bei einem Einmalgeschäft zu einer Geschäftsbeziehung führen. Nach dem Wortlaut ist für die Beurteilung der Geschäftsbeziehung nicht die *ex post* Betrachtung, sondern der Zeitpunkt des Vertragsschlusses entscheidend („bei der beim Zustandekommen des Kontakts davon ausgegangen wird, dass sie von gewisser Dauer sein wird").[651]

c) Maklergeschäft

Sollte keine Geschäftsbeziehung vorliegen, dann besteht noch die Tatbestandsalternative, dass auch ein Maklergeschäft als Anknüpfungspunkt relevant wäre. Das Maklergeschäft wurde durch das Gesetz zur Umsetzung der Vierten EU-Geldwäscherichtlinie neu in das Geldwäschegesetz aufgenommen. Nach der Gesetzesbegründung dient die Aufnahme des Tatbestandsmerkmales der Klarstellung, da sich sowohl ein Immobilienmaklergeschäft als auch ein Versicherungsmaklergeschäft auf eine Geschäftsbeziehung oder eine Transaktion beziehen, ihr aber nicht unterfallen.[652] Für Kreditinstitute wäre das Tatbestandsmerkmal nur relevant, wenn ein bestimmtes Bankgeschäft auch Elemente von Maklergeschäften enthalten und es sich dabei um keine Geschäftsbeziehung handeln würde.

d) Transaktion

Selbst wenn keine Geschäftsbeziehung oder ein Maklergeschäft vorliegen würde, dann kann immer noch die Transaktion ein Anknüpfungspunkt für einen Verdachtsfall darstellen. Der Begriff der Transaktion wird im § 1 Abs. 5 GwG des Geldwäschegesetzes legal definiert. Danach handelt es sich, um

649 *Figura* in Herzog, Geldwäschegesetz, § 1 Rn. 30 f. Zu beachten ist, dass es sich noch um eine Transaktion i. S. v. § 1 Abs. 5 GwG handeln könnte.

650 *Figura* in Herzog, Geldwäschegesetz, § 1 Rn. 29; *Mülhausen* in Herzog/Mülhausen, Geldwäschebekämpfung und Gewinnabschöpfung, § 41 Rn. 4.

651 *Figura* in Herzog, Geldwäschegesetz, § 1 Rn. 30; *Kaetzler* in Zentes/Glaab, § 1 GwG Rn. 54.

652 Referentenentwurf des BMF zum Gesetz zur Umsetzung der Vierten EU-Geldwäscherichtlinie, S. 163.

„eine oder, soweit zwischen ihnen eine Verbindung zu bestehen scheint, mehrere Handlungen, die eine Geldbewegung oder eine sonstige Vermögensverschiebung bezweckt oder bezwecken oder bewirkt oder bewirken."

Anders als bei der Geschäftsbeziehung wird in den EU-Geldwäscherichtlinien keine Definition vorgegeben, was unter einer Transaktion zu verstehen ist. Im deutschen Geldwäschegesetz wurde noch vor dem GwBekErgG vom August 2008 der Begriff der „Finanztransaktion" verwendet und auch definiert.[653] Eine Finanztransaktion war demnach jede Handlung, die eine Geldbewegung oder eine sonstige Vermögensverschiebung bezweckt oder bewirkt (§ 1 Abs. 6 GwG a. F.). Mit dem GwBekErgG wurde der Begriff „Finanztransaktion" in „Transaktion" verkürzt, ohne die Legaldefinition zu verändern. Nunmehr sollten davon nicht mehr nur Tätigkeiten im Finanzwesen erfasst, sondern bewusst auch der Nichtfinanzsektor im Geldwäschegesetz eingebunden werden.

Der Gesetzgeber wollte mit dem Transaktionsbegriff ein weites Verständnis erreichen und es sollte jede auf Vermögensverschiebung gerichtete Aktivität von Wirtschaftssubjekten erfasst werden.[654] Somit sind neben dem sachenrechtlichen Eigentumswechsel auch Vertragsabschlüsse und sonstige Bankgeschäfte wie etwa Überweisungen oder die Rückführung eines Kredits inbegriffen.[655] Weiterhin kann eine Transaktion angenommen werden, wenn eine Annahme und Abgabe von Bargeld, Wertpapieren oder Edelmetallen vorliegt.[656] Auch sind unbare Transaktionen einschließlich elektronisch durchgeführter Transaktionen (Buchtransaktionen) sowie sonstige Vermögensverschiebungen wie z. B. die Inzahlungnahme von Wertgegenständen, die Sicherungsübereignung oder Schenkungen von dem Begriff eingeschlossen.[657] Keine Transaktion im Sinne des Geldwäschegesetzes stellt eine einmalige Dienstleistung ohne Transaktionscharakter dar (z. B. Geldzählen durch eine Bank).[658] Dies erscheint zumindest nach dem Sinn und Zweck des Geldwäschegesetzes konsequent, da in dem bloßen Zählen von Geld auch kein Risiko für Geldwäsche erkennbar ist. Hierbei wird es sich aber um wenige praktisch relevante Fälle handeln.

Als Abgrenzung zur Geschäftsbeziehung kann zumindest der Umstand gelten, dass eine Transaktion nicht auf eine gewisse Dauer angelegt sein muss. Somit könnte der Transaktionsbegriff als Auffangtatbestand gelten und zur Anwendung kommen, wenn es an der Voraussetzung der gewissen

653 Geldwäschebekämpfungsergänzungsgesetz (BGBl. 2008 I, S. 1690 ff).
654 Vgl. BT-Drs. 16/9038, S. 29 f.
655 BT-Drs. 16/9038, S. 29 f.
656 BaFin, Auslegungs- und Anwendungshinweise, S. 28.
657 BaFin-Rundschreiben 1/2014 (GW), Abs. I.
658 DK-Hinweise, Rn. 9.

Dauer bei einer Geschäftsbeziehung fehlt. Allerdings ist es auch möglich, die Transaktion als konkreteren Anknüpfungspunkt im Rahmen einer Geschäftsbeziehung zu sehen, womit sie als spezieller gelten kann. Im Zusammenhang mit den Sorgfaltspflichten wird vom Gesetzgeber ausdrücklich angeordnet, dass durch die Transaktionen die allgemeinen Sorgfaltspflichten ausgelöst werden, wenn sie „außerhalb einer Geschäftsbeziehung durchgeführt wurden".[659] Eine Abgrenzung ist insofern erforderlich, als dass bei der Abgabe der Verdachtsmeldung nach dem Handbuch goAML zwischen den Gründen „Transaktion i. Z.m. Geldwäsche" und „Geschäftsbeziehung i. Z.m. Geldwäsche" unterschieden werden soll.[660]

Problematisch erscheint auch, dass die Definition der Transaktion keine Einschränkungen in Bezug auf die gewerbliche oder berufliche Beziehung enthält. In der Konsequenz könnten damit plötzlich Transaktionen Tatbestandsgrundlage für die Verdachtsmeldung sein, die im Rahmen der Geschäftsbeziehung insbesondere auch von der BaFin ausgeschlossen werden (z. B. Transaktionen mit Energieversorgern).[661] Allerdings werden bei teleologischer Betrachtung nach dem Geldwäschegesetz grundsätzlich nur solche Transaktionen relevant sein, die auch einen gewerblichen oder beruflichen Bezug zu den Aktivitäten des Verpflichteten haben. Auch spricht § 2 Abs. 1, 1. Halbsatz GwG dafür, wonach die Verpflichteteneigenschaft im Sinne des Geldwäschegesetzes nur begründet wird, wenn sie „in Ausübung ihres Gewerbes oder Berufs handeln".

e) Zusammenfassung

Bei der Betrachtung des Vermögensgegenstandes, welcher im Zusammenhang mit einer Geschäftsbeziehung, einem Maklergeschäft oder einer Transaktion stehen muss, wird deutlich, dass allesamt weit verstanden werden und eine Vielzahl von Konstellationen einbeziehen können. Insbesondere bei der Geschäftsbeziehung wird deutlich, dass jegliche Informationen im Zusammenhang mit einem Unternehmen oder einer Person relevant sein können. Hierbei scheinen interne Informationen (z. B. Auffälligkeiten am Bankschalter) sowie externe Informationen (z. B. ein Presseartikel über den Bericht einer straffälligen Person) möglich. Darüber hinaus kommt es zu Auslegungsschwierigkeiten, da nicht eindeutig erkennbar wird, ob bestimmte Tätigkeiten einer typischen unmittelbaren gewerblichen oder beruf-

659 Siehe § 10 Abs. 3 Nr. 2 GwG.

660 Siehe FIU, Handbuch goAML Web Portal, S. 32 sowie ausführlich bei Abschnitt der Form der Verdachtsmeldung, S. 183. Ebenfalls ist bei der Abgabe der Verdachtsmeldung bei der Maske von goAML zu differenzieren, ob es sich um eine Geschäftsbeziehung mit oder ohne Transaktion handelt. Bei einer Geschäftsbeziehung mit einer Transaktion müssen genaue Daten zu der Transaktion eingegeben werden.

661 Vgl. BaFin, Auslegungs- und Anwendungshinweise, S. 26.

lichen Aktivität eines Verpflichteten zuzuordnen sind. Gerade in Bezug auf sonstige nebengeschäftliche Tätigkeiten lassen sich Argumente finden, dass nur geschäftliche Tätigkeiten im Sinne des § 2 Abs. 1 GwG relevant sind. Problematisch erscheint aber, dass die Gefahr in der Praxis besteht, dass Kreditinstitute sich im Zweifel für das Vorliegen einer Geschäftsbeziehung entscheiden werden, da eine fehlerhafte Einschätzung erhebliche Folgefehler nach sich zieht und eine Ordnungswidrigkeit darstellt. Ein solch weiter Anwendungsspielraum wirft verfassungsrechtliche Fragen in Bezug auf die geschützten Rechte der Kreditinstitute und der Bankkunden auf.

2. Bezugspunkt: Verdacht auf eine Vortat der Geldwäsche

Für die Meldepflicht nach § 43 Abs. 1 Nr. 1 GwG ist es weiterhin notwendig, dass „ein Vermögensgegenstand [...] aus einer strafbaren Handlung stammt, die eine Vortat der Geldwäsche darstellen könnte". Nachfolgend sollen die Anforderungen untersucht werden, wann ein Verdacht auf Geldwäsche bestehen kann und welche Informationsquellen zwingend einzubeziehen sind.

a) Vortaten der Geldwäsche als strafbare Handlung

Der Vermögensgegenstand, der mit einer Geschäftsbeziehung, einem Maklergeschäft oder einer Transaktion im Zusammenhang steht, muss

> *„aus einer strafbaren Handlung stamm[en], die eine Vortat der Geldwäsche darstellen könnte".*

Im Gegensatz zu der älteren Fassung der Verdachtsmeldung nach § 11 GwG a. F. wird nicht mehr auf den gesamten Straftatbestand der Geldwäsche gem. § 261 StGB insgesamt verwiesen, sondern lediglich auf die Vortaten der Geldwäsche. Früher hieß es noch:

> *„dass es sich bei Vermögenswerten [...] um den Gegenstand einer Straftat nach § 261 des Strafgesetzbuchs handelt".*[662]

(1) Grammatikalische und systematische Auslegung

Nach dem Wortlaut und der Systematik wäre ein strafrechtliches Verständnis relevant, da ausdrücklich auf die Tatbestände im Strafrecht verwiesen wird. Der Tatbestand verlangt, dass es sich um eine strafbare Handlung handelt, die eine Vortat der Geldwäsche darstellen könnte. Der Begriff der Geldwäsche wurde mit der Umsetzung der Vierten EU-Geldwäscherichtlinie in den

662 § 11 Abs. 1 GwG der Fassung vom 22.12.2011 (BGBl. I, S. 2959).

Definitionskatalog im § 1 Abs. 1 GwG aufgenommen und verweist explizit auf die Straftat nach § 261 StGB.[663]

Bis zum Gesetz zur Verbesserung der strafrechtlichen Bekämpfung der Geldwäsche im Jahr 2021 gab es einen Vortatenkatalog der Geldwäsche nach § 261 Abs. 1 Satz 2 StGB. Der Gesetzgeber verfolgte mit der Bestrafung der Geldwäsche ursprünglich das Ziel, die Organisierte Kriminalität zu bekämpfen. Aus diesem Grund enthielten die Vortaten hierfür typische Elemente, wie das der Gewerbsmäßigkeit[664] oder das Handeln als Mitglied in einer Bande[665]. Der Vortatenkatalog wurde immer wieder erweitert. Daher wurde von der Literatur kritisiert, dass ein Bezug zu der Organisierten Kriminalität kaum noch erkennbar sei.[666]

Der Katalog der möglichen Straftaten nach § 261 Abs. 1 Satz 2 StGB a. F. war umfangreich und umfasste im Einzelnen:

- Verbrechen (Nr. 1),
- Vergehen aus dem Bereich
  - der Bestechungsdelikte (Nr. 2a),
  - des Betäubungsmittelstrafrechts (Nr. 2b),
  - der Steuerdelikte (Nr. 3),
  - des Kernstrafrechts (Nr. 4a) und
  - des Ausländerrechts, der Steuerhinterziehung, des Nebenstrafrechts, der Produktfälschung, der Produktpiraterie, des Insiderhandels, der Marktmanipulation (Nr. 4b) sowie
- Vergehen gemäß §§ 129, 129a Abs. 3 StGB und Vergehen, die von einem Mitglied einer kriminellen oder terroristischen Vereinigung begangen wurden (Nr. 5).

Durch das Gesetz zur Verbesserung der strafrechtlichen Bekämpfung der Geldwäsche im Jahr 2021 wurde der umfangreiche Vortatenkatalog ge-

---

663 In der vorherigen Fassung der Verdachtsmeldung nach § 11 Abs. 1 GwG a. F. wurde im Tatbestand der Verdachtsmeldung direkt auf den Straftatbestand verwiesen („Gegenstand einer Straftat nach § 261 des Strafgesetzbuchs").

664 Gewerbsmäßig handelt jeder, der die Absicht hat durch eine wiederholte Tatbegehung eine fortlaufende Einnahmequelle von einiger Dauer und einigem Umfang zu schaffen. Ausreichend ist schon die erste Begehung, wenn die Absicht zur wiederholten Tatbegehung besteht. Vgl. BGH, NStZ 1995, 85; BGH, NJW 1996, 1069.

665 Eine Bande ist eine Gruppe von Personen, die sich ausdrücklich oder stillschweigend zur Verübung fortgesetzter im Einzelnen noch ungewisser Straftaten verbunden hat. Allerdings muss kein Mindestmaß an konkreter Organisation oder festgelegter Struktur bestehen. Auch ist nach dem Wortlaut schon ausreichend, dass die Tat durch ein „Mitglied einer Bande" und nicht ein Bandenmitglied begangen werden muss. Demnach ist selbst eine Person erfasst, die Tat „auf eigene Rechnung" begangen hat. Vgl. BGHSt 46, 321, 329; Fischer, StGB, § 244 Rn. 34; *El-Ghazi* in Herzog, Geldwäschegesetz, § 261 StGB Rn. 5.

666 *El-Ghazi* in Herzog, Geldwäschegesetz, § 261 StGB Rn. 4 f.

strichen. Nunmehr ist es ausreichend, dass es sich bei der Vortat um eine „rechtswidrige Tat“ handelt.[667] Somit wäre es ausreichend, dass Tatsachen vorliegen, die darauf hindeuten, dass ein Vermögensgegenstand, der mit einer Geschäftsbeziehung im Zusammenhang steht, aus einer strafbaren Handlung stammt, die eine Vortat (jede rechtswidrige Tat) der Geldwäsche darstellen könnte.

(2) Historische Auslegung

Nach dem Willen des Gesetzgebers sind die spezifischen Merkmale des Straftatbestandes nach § 261 StGB allerdings nicht von den Kreditinstituten zu prüfen. In der Gesetzesbegründung wird klargestellt, dass

> *„die Verpflichteten alle aus ihrer Sicht geldwäscherelevanten Transaktionen und Geschäftsbeziehungen melden sollen, ohne zuvor eine detaillierte rechtliche Subsumtion des Sachverhalts vornehmen zu müssen. Wichtig ist, dass der Meldepflichtige nicht die rechtlichen Voraussetzungen einer Tat nach § 261 StGB prüfen, sondern einen Sachverhalt nach allgemeinen Erfahrungen und seinem beruflichen Erfahrungswissen unter dem Blickwinkel seiner Ungewöhnlichkeit und Auffälligkeit im jeweiligen geschäftlichen Kontext würdigen soll.“*[668]

Dieser Auffassung haben sich die Aufsichtsbehörden angeschlossen. Die BaFin hat die Begründung des Gesetzgebers teilweise wortgleich in dem Rundschreiben 1/2014 (GW) veröffentlicht.[669] Ebenso bestimmen die später erschienenen Auslegungs- und Anwendungshinweise der BaFin, dass die Ausermittlung des Sachverhalts und der Vortaten „Sache der Strafverfolgungsbehörden“ sei.[670]

(3) Teleologische Auslegung

Auch eine teleologische Auslegung entspricht dem Willen des Gesetzgebers und der Aufsichtsbehörden, dass eine strafrechtliche Prüfung durch die Kreditinstitute nicht erfolgen soll.

---

667 Die Norm des § 261 Abs. 1 Satz 1 StGB lautet nunmehr: „Wer einen Gegenstand, der aus einer rechtswidrigen Tat herrührt, 1. verbirgt, 2. in der Absicht, dessen Auffinden, dessen Einziehung oder die Ermittlung von dessen Herkunft zu vereiteln, umtauscht, überträgt oder verbringt, 3. sich oder einem Dritten verschafft oder 4. verwahrt oder für sich oder einen Dritten verwendet, wenn er dessen Herkunft zu dem Zeitpunkt gekannt hat, zu dem er ihn erlangt hat, wird mit Freiheitsstrafe bis zu fünf Jahren oder mit Geldstrafe bestraft.

668 BR-Drs. 317/11, S. 49.

669 BaFin Rundschreiben 1/2014 (GW), Abs. I.

670 BaFin, Auslegungs- und Anwendungshinweise, S. 72 ff.

Ein wesentlicher Sinn und Zweck der Verdachtsmeldung besteht darin, den zuständigen Behörden relevante Informationen im Zusammenhang mit Geldwäsche mitzuteilen.[671] Betrachtet man dabei eine konkrete Verdachtssituation in einem Kreditinstitut, dann stellt sich die Frage, über welche Informationen die Mitarbeiter und der Geldwäschebeauftragte überhaupt verfügt und was er in dieser Situation konkret leisten kann. Regelmäßig wird es nämlich kaum möglich sein zu erkennen, ob die eingezahlten Gelder aus einer strafbaren Handlung stammen, die eine Vortat der Geldwäsche darstellen könnte.[672] Der Bankkunde wird dem Bankangestellten kaum erklären, dass seine Einzahlungen aus einem Raubüberfall herrühren oder er als Mitglied von einem Drogenkartell Geld auf ein Konto überweist.[673] Vielmehr wird die Grundlage für einen Verdacht darin bestehen, dass Ungewöhnlichkeiten und Auffälligkeiten in einem geschäftlichen Kontext auftauchen. Diese Anhaltspunkte für einen Verdacht können bei einer Transaktion beispielsweise vorliegen, weil kein wirtschaftlicher Hintergrund erkennbar ist oder das Verhalten nicht zu seinem bisherigen Geschäftsgebaren oder den bekannten Lebensumständen des Bankkunden passt. Ungewöhnlich wäre es auch, wenn eine einfache Transaktion auf kompliziertem Weg abgewickelt wird.[674]

Nicht zuletzt fehlt es den Mitarbeitern und dem Geldwäschebeauftragten eines Kreditinstitutes für eine strafrechtliche Prüfung regelmäßig an den notwendigen juristischen Kenntnissen und Fähigkeiten. Es gehört nicht zu den notwendigen Qualifikationen des Geldwäschebeauftragten, dass kriminologische Kenntnisse erforderlich sind.[675] Der Geldwäschebeauftragte hat auch keine weiteren Ermittlungsbefugnisse (z. B. Zeugenbefragungen). Auch wäre eine strafrechtliche Einschätzung schon aus rechtsstaatlichen Gründen fragwürdig, da eine umfassende Beurteilung den Strafverfolgungsbehörden oder den Richtern vorbehalten ist. Daher ist von einer vorwiegend gewerblichen Beurteilung des Verdachtes auszugehen, wie schon im Rahmen der Verdachtsschwelle aufgezeigt wurde.[676] Unter Beachtung dieser Überlegungen erscheint es demnach möglich, dass der Geldwäschebeauftragte auch lediglich Vermutungen aufgrund von Auffälligkeiten hat, welche nicht einen nachvollziehbaren strafrechtlichen Bezug haben müssen.[677]

---

671 Siehe ausführlich zum Normzweck der Verdachtsmeldung, S. 86.

672 Vgl. Werner, S. 135; Komma, CB 2019, 197, 197 f.

673 Körner/Dach, Geldwäsche, S. 58.

674 Siehe Beispiele im BaFin Rundschreiben 1/2014 (GW), Abs. I; BaFin, Auslegungs- und Anwendungshinweise zum Geldwäschegesetz, S. 73.

675 Siehe näher zur Sachkunde und Zuverlässigkeit des Geldwäschebeauftragten, S. 45.

676 Siehe näher zur Verdachtsschwelle als eigner gewerblicher Begriff, S. 92.

677 Vgl. Fülbier, WM, 1990, 2025, 2030; Werner, S. 136; sich auch zur Diskussion nach dem Verlangen eines doppelten Tatverdachtes: Körner/Dach, Geldwäsche, S. 54, 127 f.; Hetzer, NJW 1993, 3298, 3299.

b) Kritische Auseinandersetzung mit dem Bezugspunkt

Der Bezugspunkt der Geldwäsche bei der Verdachtsmeldung weist somit einige Probleme bei der Auslegung auf. Nach dem Willen des Gesetzgebers soll keine strafrechtliche Prüfung vorgenommen werden. Trotzdem kann der strafrechtliche Bezug bei einem Verdacht auf Geldwäsche nicht gänzlich losgelöst werden. Denn das gesamte Geldwäschegesetz ist durch den Begriff der Geldwäsche aus dem Strafrecht geprägt. Auch der Wortlaut im § 43 Abs. 1 Nr. 1 GwG stellt auf strafrechtliche Begriffe ab. Nicht zuletzt muss das Ergebnis eines Verdachts auf Geldwäsche einen strafrechtlichen Bezug haben, denn nur ein Verstoß gegen ein Strafgesetz kann zu strafrechtlichen Ermittlungen und gegebenenfalls zu einer Verurteilung wegen Geldwäsche führen.

Folglich soll eine kritische und weitere vertiefte Untersuchung vorgenommen werden, in welchem Rahmen eine Prüfung für einen Geldwäschebeauftragten in einem Kreditinstitut möglich erscheint und ob es genauere Hinweise gibt, wann eine Verdachtsmeldung bei Geldwäsche stattfinden muss.

(1) Uneinheitlicher Sprachgebrauch des Begriffes Geldwäsche

Zunächst soll sich grundsätzlich dem Begriff der Geldwäsche angenähert werden. Die Verdachtsmeldung soll von Geldwäschebeauftragten abgegeben werden, die nicht zwingend eine kriminologische Ausbildung benötigen und auch die Verdachtsmomente nicht weiter strafrechtlich untersuchen sollen. Daher ist der Begriff der Geldwäsche zunächst nach seinem allgemeinen Sprachgebrauch zu untersuchen. Geldwäsche wird im Duden als „das Umwandeln von Geldern illegaler Herkunft (insbesondere aus Raub, Erpressung, Drogen, Waffen- und Frauenhandel) in offiziell registrierte Zahlungsmittel“ beschrieben.[678] Allerdings besteht daneben auch eine zweite Bedeutung. Danach ist Geldwäsche „das Weiterleiten unbeschränkt steuerbegünstigter Spendengelder an eine Institution, besonders an eine politische Partei, für deren Spenden nur eine teilweise Steuervergünstigung besteht“.[679] In anderer Literatur findet man, dass der Begriff der Geldwäsche für alle möglichen Formen des Verschiebens von Geldern oder Vermögenswerten genutzt wird, bei denen gegen interne betriebliche oder behördliche Anweisungen, Deklarations- und Offenlegungspflichten oder strafrechtlich bewehrte Verbote verstoßen wird.[680] Geldwäsche taucht beispielsweise im

---

678 Siehe Online-Duden, abrufbar unter: https://www.duden.de/rechtschreibung/Geldwaesche (zuletzt abgerufen am 17.09.2023).

679 Siehe Online-Duden, abrufbar unter: https://www.duden.de/rechtschreibung/Geldwaesche (zuletzt abgerufen am 17.09.2023).

680 *Pieth* in Herzog/Mülhausen, Geldwäschebekämpfung und Gewinnabschöpfung, § 1 Rn. 1.

Zusammenhang mit Korruptionsskandalen[681], Unregelmäßigkeiten bei der Parteienfinanzierung[682] sowie bei verbotenen Finanzgeschäften bei Banken[683] auf.

Somit lassen sich aus dem allgemeinen Sprachgebrauch ein sehr weites Verständnis mit wenigen Konturen feststellen. Der Begriff scheint vielmehr für alle illegalen Handlungen im Zusammenhang mit finanziellen Mitteln genutzt zu werden.

(2) Fehlen des spezifischen Charakters von § 261 StGB

Bis zur Novellierung des § 261 StGB durch das Gesetz zur Verbesserung der strafrechtlichen Bekämpfung der Geldwäsche im Jahr 2021 hatte der Begriff der Geldwäsche aus strafrechtlicher Sicht einen spezifischen Charakter. Zunächst ist hervorzuheben, dass es sich bei dem Straftatbestand der Geldwäsche um ein Anschlussdelikt handelt.[684] Es bedarf demnach für die Begehung der Straftat einer spezifischen Vortat. Diese konnte man aus dem Katalog des § 261 Abs. 1 Satz 2 StGB a. F. entnehmen. Damit verfolgte der Gesetzgeber ursprünglich das Ziel, die Organisierte Kriminalität zu bekämpfen.[685] Aus diesem Grund enthielten die Vortaten hierfür typische Elemente. Entweder es handelte sich um besonders schwere Vortaten, wie Verbrechen nach § 261 Abs. 1 Satz 2 Nr. 1 StGB a. F. oder die Vortaten müssten durch eine qualifizierte Begehungsweise begangen worden sein, wie ein gewerbsmäßiges Handeln oder das Handeln als Mitglied in einer Bande. Ein Diebstahl nach § 242 StGB war damit nur eine taugliche Vortat der Geldwäsche, wenn dieser auch gewerbsmäßig oder bandenmäßig begangen wurde.[686] Ein „einfacher" Diebstahl hätte hingegen nicht ausgereicht. Somit entspricht es dem strafrechtlichen Verständnis, dass nicht jede strafbare Handlung auch eine taugliche Vortat für die Geldwäsche sein konnte, sondern nur eine sol-

681 Siehe z. B. Wirtschaftswoche, Rebecca Eisert „Korruptionsskandal – Siemens-Sumpf nimmt kein Ende", abrufbar unter http://www.wiwo.de/unternehmen/industrie/korruptionsskandal-untreue-bestechung-geldwaesche/5833612-2.html (zuletzt abgerufen am 17.09.2023).

682 Siehe z. B. Welt, Hans-Jörg Schmidt „Geldwäsche-Vorwürfe gegen slowakischen Ex-Premier" vom 09.02.2010, abrufbar unter https://www.welt.de/welt_print/politik/article6311799/Geldwaesche-Vorwuerfe-gegen-slowakischen-Ex-Premier.html (zuletzt abgerufen am 17.09.2023).

683 Manager Magazin Online berichtet über einen Geldwäsche-Verdacht bei der Deutschen Bank. Darin wird der Deutschen Bank vorgeworfen Kundengelder aus Russland in beträchtlichem Außmaß gewaschen zu haben, abrufbar unter http://www.manager-magazin.de/unternehmen/banken/verdacht-auf-millionenschwere-geldwaesche-in-der-deutschen-bank-a-1034618.html (zuletzt abgerufen am 17.09.2023).

684 *Bülte* in Rotsch, Criminal Compliance, § 29 Rn. 16.

685 Siehe zur Übersicht der gesetzlichen Entwicklung Fischer, StGB, § 261 Rn. 1.

686 Siehe Wortlaut von § 261 Abs. 1 Nr. 4 StGB.

che, die den besonderen Anforderungen des Kataloges nach § 261 Abs. 1 Satz 2 StGB a. F. genügt.

Mit dem Gesetz zur Verbesserung der strafrechtlichen Bekämpfung der Geldwäsche im Jahr 2021 ist nunmehr jede „rechtswidrige Tat" eine Vortat. Damit scheint der neue sehr weitreichende Straftatbestand der Geldwäsche mit dem sehr weiten Anwendungsbereich der Verdachtsmeldung nach § 43 GwG mehr übereinzustimmen.[687] Allerdings sind damit auch die charaktertypischen Vortaten mit Bezug zu schwerwiegenden Straftaten weggefallen und selbst Bagatelldelikte können taugliche Geldwäschevortaten sein.[688] Nach wie vor wird aber der Begriff der „Geldwäsche" eine mächtige Bedeutung haben und im allgemeinen Sprachgebrauch auch mit schweren Straftaten in Verbindung gebracht werden. Der deutsche Gesetzgeber ist auch mit dem „All-crimes Ansatz" deutlich weiter gegangen, als es Art. 2 Nr. 1 Satz 2 der Fünften EU-Geldwäscherichtlinie verlangt. Danach sind „kriminelle Tätigkeiten" beispielsweise Beteiligung an einer organisierten kriminellen Vereinigung und Erpressung, Menschenhandel und Schleusung von Migranten sowie illegaler Waffenhandel.[689] Auch in den FATF-Empfehlungen lassen sich als Mindeststandard nur die Erfassung von schweren Straftaten feststellen.[690] Es wird sich zeigen, wie sich die Folgen der Veränderung des Straftatbestandes entwickeln werden und ob sich damit auch der allgemeine Eindruck des Begriffes in Deutschland verändern wird.[691]

(3) Extensiver Anwendungsbereich

Regelmäßig werden die Kreditinstitute Auffälligkeiten und Ungewöhnlichkeiten feststellen, ohne dass ein konkreter Bezug zu einer Straftat hergestellt werden kann.[692] Es wird aus der Sicht eines Geldwäschebeauftragten regelmäßig kaum möglich sein zu erkennen, ob irgendein Bezug zu einer schweren Straftat, qualifizierten Begehung als Bande oder in der Form der Gewerbsmäßigkeit besteht. Damit läuft die Verdachtsmeldung Gefahr, ihren Ausnahmecharakter zu verlieren. In diesem Zusammenhang ist bemerkenswert, dass in der Literatur bereits frühzeitig gefordert wurde, dass auch

687 Siehe auch hier noch die Überlegung von Bülte, den Straftatbestand des § 261 StGB zu ändern oder den § 43 GwG mit einem eigenen Begriff der Geldwäsche zu bestimmen (Bülte, NZWiSt 2017, 276, 284).

688 Siehe kritisch zu der Entwicklung: Travers/Michaelis, NZWiSt 2021, 125, 126.

689 Siehe weitere Beispiel im Art. 2 Nr. 1 Satz 2 der Fünften EU-Geldwäscherichtlinie.

690 Siehe auch Travers/Michaelis, NZWiSt 2021, 125, 126.

691 In der Gesetzbegründung wird von einer Steigerung von 20.000 Verfahren im Jahr gesprochen (BT-Drs. 19/24180, 26). Siehe auch zu den möglichen Folgen *El-Ghazi* in Herzog, Geldwäschegesetz, § 261 StGB, Rn. 21 ff.

692 Siehe dazu die empirische Untersuchung über die Befragung, welchen Verdacht ein Kreditinstitut schöpfen kann. Oswald, S. 178.

eine weite Formulierung vom Gesetzgeber vorgenommen werden muss, um dem Anwender des Gesetzes die Ausmaße der Verdachtsmeldung deutlich zu machen. Demnach wurde eine Formulierung vorgeschlagen, dass eine Verdachtsmeldung schon dann erforderlich sei, „wenn Tatsachen vorliegen, die darauf hindeuten, dass ein Vermögensgegenstand aus einer Straftat herrührt".[693] Warum eine solch weitreichende Formulierung bisher nicht gewählt wurde, wird in der Literatur mit Vermutungen begegnet. Demnach soll der Eindruck einer Beschränkung auf bestimmte schwere Straftaten schon aus rechtspolitischen Gründen aufrechterhalten werden.[694] Es erscheint in der Tat fragwürdig, warum der Gesetzgeber selbst mit der Änderung des Straftatbestandes der Geldwäsche im Jahr 2021 nicht auch die Meldepflicht nach § 43 Abs. 1 GwG verändert hat und direkt nur noch auf die Vortat (jede rechtswidrige Tat) verweist. Demnach hätte der Gesetzgeber auch den § 43 Abs. 1 GwG dahingehend ändern können, dass ein Verdacht gemeldet werden muss, wenn „Tatsachen vorliegen, die darauf hindeuten, dass ein Vermögensgegenstand, der mit einer Geschäftsbeziehung, einem Maklergeschäft oder einer Transaktion im Zusammenhang steht, aus einer rechtswidrigen Tat stammt". Ein Bezug zu dem Begriff der Geldwäsche wäre überflüssig, da ohnehin jede „rechtswidrige Tat" eine Vortat darstellt. Mit dem Bezug des Wortes „Geldwäsche" besteht aber zumindest der Eindruck von schwereren Straftaten.[695]

(4) Extensiver Anwendungsspielraum als Folge

Eine Folge des weiten Anwendungsbereiches ist, dass eine Vielzahl von „Zufallsfunden" mitgeliefert werden, bei denen der Bezug zur Organisierten Kriminalität oder schweren Straftaten gänzlich fehlen wird.[696]

Erwähnenswert ist der Hinweis der BaFin in Bezug auf die Steuerhinterziehung im Abschnitt II des älteren Rundschreibens 1/2014 (GW). Die Kreditinstitute werden in dem Rundschreiben dazu aufgerufen, eine Verdachtsmeldung nach § 43 Abs. 1 GwG abzugeben, sobald Hinweise auf die

693 Vgl. Werner, S. 137. Siehe auch die Überlegungen von Bülte zur Änderung des Wortlautes (Bülte, NZWiSt 2017, 276, 284).

694 Vgl. auch Werner, S. 136 f.

695 Mit dem Finanzkriminalitätsbekämpfungsgesetz soll der Tatbestand nunmehr sprachlich angepasst werden. Demnach soll es nunmehr lauten: „ein Vermögensgegenstand, der mit einer Geschäftsbeziehung, einem Maklergeschäft oder einer Transaktion im Zusammenhang steht, aus einer rechtswidrigen Tat im Sinne des § 261 Strafgesetzbuches stammen könnte". Als Begründung des Gesetzgebers wird lediglich angemerkt, dass die Änderung der sprachlichen Anpassung der Norm an die Änderung des § 261 StGB aus dem Jahr 2021 dienen. Siehe Referentenentwurf des Bundesministeriums der Finanzen eines Gesetzes zur Verbesserung der Bekämpfung von Finanzkriminalität (Finanzkriminalitätsbekämpfungsgesetz – FKBG), S. 68, 184.

696 Vgl. Werner, S. 137.

Steuerhinterziehung insbesondere bei einer Selbstanzeige nach § 371 AO auftreten.[697] Zwar war die Steuerhinterziehung eine taugliche Vortat der Geldwäsche nach § 261 Abs. 1 Satz 2 Nr. 4 lit. b StGB a. F., allerdings nur insoweit sie gewerbsmäßig oder von einem Mitglied einer Bande begangen wird. In der Literatur wurde daher kritisiert, dass in vielen Fällen der Steuerhinterziehung die qualifizierte Begehungsform der „Bande" oder der „Gewerbsmäßigkeit" nicht vorliegen wird.[698] Sollte ein Ehepaar selbst in Abstimmung mit seinem Steuerberater eine Steuerhinterziehung begehen, dann ergibt sich daraus noch keine bandenmäßige oder gewerbsmäßige Qualifizierung.[699] Das Rundschreiben der BaFin hat in der Praxis trotzdem Wirkung gezeigt. Die FIU konnte in ihrem Jahresbericht 2014 feststellen, dass es aufgrund der Mitteilung der BaFin zu vermehrten Meldungen in diesem Zusammenhang kam.[700]

Weiterhin ist bedenklich, dass teilweise sogar jeglicher Bezug zu einer Straftat fehlen wird. Dies kann auch aus den Zahlen des FIU-Jahresberichtes 2021 entnommen werden. Von den insgesamt 298.507 Verdachtsmeldungen hat die FIU nur rund 40.200 Meldungen an die zuständigen Strafverfolgungsbehörden übermittelt.[701] Dies entspricht einer Abgabequote von nur 13,5 %. Der weit überwiegende Teil wurde von der FIU nicht an die zuständigen Strafverfolgungsbehörden weitergegeben. Dies kann unterschiedliche Gründe haben. Teilweise wird der FIU vorgeworfen, dass zahlreiche Verdachtsmeldung erst gar nicht oder zumindest unzureichend bearbeitet wurden.[702] Weiterhin kann vermutet werden, dass die FIU durch ihre „Filterfunktion" unter Umständen erst eine Verdachtsmeldung an die Strafverfolgungsbehörden weiterleitet, wenn diese durch weitere Verdachtsmeldung

697 BaFin, Rundschreiben 1/2014 (GW), Abs. II.

698 Siehe hier ausführlich: Bohnert/Szesny, BKR 2015, 265 ff. Ebenso Bülte, NZWiSt 2017, 276, 280 im Zusammenhang mit den Auslegungshinweisen der Verdachtsmeldung der Behörden und dem Hinweis, dass sie mit Blick auf § 261 StGB unrichtig sind und sich soweit es die Finanzverwaltung betrifft, am Rande der Anstiftung zur Verletzung des Steuergeheimnisses bewegen.

699 Siehe näher zu dem Problem Wulf, wistra 2008, 321, 322 ff.; Bittmann, wistra 2010, 125, 126; *Schmitz/Wulf* in Münchener Kommentar zum StGB, Bd. VII, § 370 AO Rn. 494; *Joecks* in Franzen/Gast/Joecks, Steuerstrafrecht, § 370 AO Rn. 522.

700 Jede 50. Verdachtsmeldung wurde mit diesem Bezug gemeldet. Siehe FIU-Jahresbericht 2014, S. 28.

701 97,1 % der Verdachtsmeldungen wurden von der FIU die an die Landeskriminalämter (LKA) und Staatsanwaltschaften abgegeben. Der Anteil an Abgaben an die Hauptzollämter und Zollfahndungsämter betrugt insgesamt 1,6 %. An die Steuerfahndung waren es 0,9 %. Weitere Stellen, wie beispielsweise Nachrichtendienste oder das Bundeskriminalamt (BKA), erhielten 0,4 % Meldungen. Die nebenstehende Abbildung zeigt eine Differenzierung nach Empfängern der Abgaben.

702 Vgl. Kleine Anfrage der Fraktion der CDU/CSU (BT-Drs. 20/6107) zur Übersicht bestehender Herausforderungen die Antworten der Bundesregierung (BT-Drs. 20/6467).

angereichert und so ein größeres Bild von möglichem strafrechtlichen Verhalten besteht.[703] Doch es ist nicht auszuschließen, dass ein Großteil der Verdachtsmeldungen schlicht keinen strafrechtlichen Bezug hat.[704]

c) Konkretisierung der gesetzlichen Anforderungen der Verdachtsmeldung

Nach der näheren Auseinandersetzung mit dem Tatbestand lässt sich feststellen, dass viele Unklarheiten erkennbar sind. Wenn die konkrete Prüfungsleistung eines Geldwäschebeauftragten darin besteht, mögliche Auffälligkeiten zu erkennen und relevante Informationen zu verarbeiten, dann stellt sich auch in der Konsequenz die Frage, wann hätte ein Geldwäschebeauftragter ein Verdachtsmoment erkennen müssen. Insbesondere da ein Verstoß gegen die Meldung nach § 43 Abs. 1 GwG eine Ordnungswidrigkeit darstellt, wenn sie nicht, nicht richtig, nicht vollständig oder nicht rechtzeitig abgegeben wird.[705]

Um den Tatbestand einzugrenzen, ist es fraglich, ob eine Konkretisierung des Bezugspunktes der Geldwäsche anderweitig als durch Auslegung des Gesetzes vorgenommen werden kann. Möglich erscheinen weitere Interpretationshilfen. Dabei lässt sich die Besonderheit feststellen, dass sich im Zusammenhang mit dem Geldwäschegesetz bisher wenige Gerichtsentscheidungen finden lassen.[706] Erst in den letzten Jahren kam es vermehrt zu einigen öffentlichen verfügbaren Gerichtsentscheidungen.[707] Dabei ist der

---

703 Von *Barreto da Rosa* wird auch darauf hingewiesen, dass in der Statistik der FIU nicht zwischen Verdachtsmeldungen und Nachmeldungen unterschieden wird. Nachmeldungen werden von den Verpflichteten gemeldet, wenn sie bereits eine Verdachtsmeldung abgegebenen haben und sich danach noch weitere verdächtige Situationen (z. B. Transaktionen) ergeben. Demnach kann von einer großen Anzahl Nachmeldungen (wohl im hohen fünfstelligen Bereich) ausgegangen werden. Diese Daten wurden allerdings von der Vorgängerbehörde der FIU (damals noch beim BKA) nicht in die Statistik aufgenommen. Daher können die aktuellen hohen Zahlen der FIU ein falsches Bild von der Entwicklung der Verdachtsmeldungen abgeben (siehe *Barreto da Rosa* in Herzog, Geldwäschegesetz, Vor Abschnitt 6, Rn. 9).

704 Hierfür spricht auch ein im Jahr 2023 erschienenes Eckpunktepapier der FIU zu Sachverhalten, die Verpflichtete dazu aufruft in bestimmten Fällen keine Verdachtsmeldung durchzuführen, da die Voraussetzungen des § 43 Absatz 1 GwG nicht vorliegen. Offensichtlich kam es zu vielen Falschmeldungen. Dieses Eckpunktepapier ist bisher nur im abgeschlossenen Bereich der FIU verfügbar.

705 Siehe § 56 Abs. 1 Nr. 69 GwG.

706 Siehe z. B. LG München wistra 2005, 398. Im Bereich der zivilrechtlichen Verfahren lassen sich mehrere Entscheidungen finden, wie z. B. BGHZ 176, 281; OLG Karlsruhe NJW-Spezial 2016, 602; LG Frankfurt a. M., Urteil vom 13.07.2012 – 2-21 O 319/11; OLG Frankfurt, Beschluss vom 13.2.2013 – 19 U 210/12.

707 Siehe OLG Frankfurt vom 10.04.2018 – 2 Ss-OWi 1059/17; OLG Hamburg, Urt. v. 17.3.2022 – 13 U 178/21; LG Stuttgart (6. Zivilkammer), Beschluss vom 06.07.2023 –

Beschluss des OLG Frankfurt a. M. aus dem Jahr 2018 im Zusammenhang mit der Verdachtsmeldung hervorzuheben.[708] Dieser wurde auch von der BaFin in ihren Auslegungs- und Anwendungshinweisen ausdrücklich mehrfach erwähnt.[709] Auch wenn sich aus dem Beschluss vereinzelt Hinweise für die Auslegung der Verdachtsmeldung finden lassen, handelt es sich doch um einen Einzelfall. Daher stellt sich die Frage, ob sich darüber hinaus noch weitere Konkretisierungsvorgaben für den Bezugspunkt der Geldwäsche finden lassen.

Neben der Rechtsprechung kann die Exekutive unbestimmte Rechtsbegriffe konkretisieren. Eine solche Konkretisierung kann vom Gesetzgeber im Gesetz durch die Schaffung von Ermächtigungsgrundlagen angelegt werden. Im Geldwäschegesetz lässt sich erkennen, dass die Exekutive vielfach ermächtigt werden, nähere Bestimmungen zur Anwendung des Gesetzes vorzunehmen (z. B. § 2 Abs. 2 GwG; § 12 Abs. 5 GwG; 13 Abs. 2 GwG; 14 Abs. 4 GwG; 15 Abs. 10 GwG; § 18 Abs. 6 GwG; § 22 Abs. 3 und 4 GwG; § 23 Abs. 7 GwG; § 45 Abs. 5 GwG; § 47 Abs. 6 GwG).[710] Hervorzuheben ist der § 51 Abs. 8 GwG, wonach die zuständigen Aufsichtsbehörden angehalten werden, regelmäßig aktualisierte Auslegungs- und Anwendungshinweise für die Umsetzung der Sorgfaltspflichten und der internen Sicherungsmaßnahmen nach den gesetzlichen Bestimmungen zur Verhinderung von Geldwäsche und von Terrorismusfinanzierung zur Verfügung zu stellen. Die Verlagerung der Konkretisierung von der Legislative auf die Exekutive ist keine Besonderheit des Geldwäscherechts, sondern lässt sich in der gesamten Finanzmarktregulierung an vielen Stellen wiederfinden.[711]

---

6 O 234/22. Bemerkenswert ist die Zunahme von Entscheidungen im Bereich der Rechtsanwälte und Notare, siehe z. B. OLG Karlsruhe (1. Senat für Bußgeldsachen), Beschluss vom 22.06.2022 – 1 Rb 34 Ss 122/22; Urteil BayObLG, Beschluss vom 25.05.2023 – 202 ObOWi 264/23; VGH München Beschluss vom 11.7.2023 – 22 ZB 21.12; LG München I, Beschluss vom 8. Juni 2022 – 9 Qs 14/22.

708 Beschluss des OLG Frankfurt vom 10.04.2018 – 2 Ss-OWi 1059/17. Im konkreten Fall wurde festgestellt, dass ein meldepflichtiger Sachverhalt vorliegt, wenn ein Bankkunde innerhalb eines halben Jahres mindestens 44.000 Euro in bar auf ein Anlagekonto bzw. Privatgirokonto einzahlt, und über die Herkunft der Beträge sowie über Einkünfte des Kunden aus selbstständiger und unselbstständiger Tätigkeit oder sonstigen Quellen nichts bekannt ist.

709 Die BaFin nutzt den OLG Frankfurt Beschluss auch als Grundlage für ihre Auslegung der Verdachtsmeldung. Siehe BaFin Auslegungs- und Anwendungshinweisen, S. 73, 74.

710 Auch sollen die europäischen Aufsichtsbehörden gem. Art. 17 und 18 Abs. 4 der Vierten EU-Geldwäscherichtlinie die Anforderungen des Geldwäschegesetzes näher bestimmen.

711 Vgl. hierzu Gurlit, ZHR 2013, 862, 868.

d) Normkonkretisierende Vorgaben

Im Folgenden soll daher geprüft werden, welche Veröffentlichungen sich finden lassen, die die Verdachtsmeldepflicht näher konkretisieren können. Dabei lassen sich unterschiedliche Möglichkeiten erkennen. Im § 43 GwG gibt es gleich zwei Ermächtigungsgrundlagen mit dem § 43 Abs. 5 GwG sowie dem § 43 Abs. 6 GwG (dazu 1). Für die Kreditinstitute sind weiterhin die Veröffentlichungen der BaFin im Zusammenhang mit der Verdachtsmeldung zu untersuchen. Der BaFin steht ein umfassendes Instrumentarium an Handlungsmöglichkeiten für ihre Aufsichtstätigkeit zur Verfügung.[712] Die Maßnahmen der BaFin im Zusammenhang mit der Geldwäschebekämpfung werden regelmäßig auf der Internetseite (www.bafin.de) unter dem Sammelbegriff der „Verwaltungspraxis" veröffentlicht.[713] Daneben lassen sich „Rundschreiben" oder „Auslegungsentscheidungen"[714] finden. Für die folgende Untersuchung sollen relevante Veröffentlichungen im Zusammenhang mit der Verdachtsmeldungen näher betrachtet werden: das „Rundschreiben 1/2014 (GW) – Verdachtsmeldung nach §§ 11, 14 GwG und anderes" (dazu 2), die BaFin Auslegungs- und Anwendungshinweise zum Geldwäschegesetz (dazu 3) sowie die Rundschreiben, welche auf den neuesten Stand der Länderprüfung der FATF verweisen (dazu 4).

(1) Konkretisierungen nach § 43 Abs. 5 und Abs. 6 GwG

Zunächst ist die Ermächtigungsgrundlage des § 43 Abs. 5 GwG näher zu untersuchen. Danach sieht der Gesetzgeber die Möglichkeit vor, dass die Zentralstelle für Finanztransaktionsuntersuchungen (FIU) im Benehmen mit den Aufsichtsbehörden typisierte Transaktionen bestimmen kann, die stets als Verdachtsmeldung nach § 43 Abs. 1 GwG zu melden sind. Nach der Gesetzesbegründung sollen den Kreditinstituten bestimmte Typisierungen helfen, geldwäscherechtliche Anhaltspunkte zu sehen, die eine Meldepflicht auslösen.[715] Eine Aufzählung solcher Transaktionen hätte den Vorteil, dass Kreditinstitute sicher wissen würden, wann eine Verdachtsmeldung stattzu-

712 *Schäfer* in Fischer/Schulte-Mattler, CRR-VO/KWG, § 6 KWG Rn. 9 ff.

713 Früher wurde noch vielfach die Bezeichnung „Verlautbarungen" verwendet, siehe z. B. bei Consbruch/Fischer, C 40.1 – C 40.122. Eine der älteren Veröffentlichungen der Aufsicht im Geldwäschebereich ist die „Verlautbarung über Maßnahmen der Kreditinstitute zur Bekämpfung und Verhinderung der Geldwäsche" vom 26. Oktober 1994. Eine Überarbeitung dieser Verlautbarungen wurde am 30. März 1998 veröffentlich und im Aufsatz WM 1998, 2410 ff. nimmt der damalige Leiter des Referats „Grundsatzfragen der Geldwäschebekämpfung" im Bundesaufsichtsamt für das Kreditwesen Findeisen umfassend Stellung.

714 Siehe z. B. BaFin Auslegungs- und Anwendungshinweise der Bausparkassen vom 3. März 2015.

715 BR-Drs. 182/17, S. 183.

finden hat. Eine entsprechende rechtliche Grundlage bestand schon in der früheren Fassung des Geldwäschegesetzes (§ 11 Abs. 7 GwG a. F.).[716]

Bisher lassen sich jedoch keine typisierten Transaktionen auf dieser Rechtsgrundlage finden.[717] Es bleibt abzuwarten, wie intensiv von der Ermächtigungsgrundlage in der Zukunft Gebrauch gemacht wird. Es wurde bereits darauf eingegangen, dass eine solche systematische Meldepflicht mit Problemen verbunden ist.[718] Denn bei genauerer Betrachtung wird ein wesentlicher Grundkonflikt des Geldwäscherechts offensichtlich. Sobald genaue Vorgaben für die Verpflichteten veröffentlicht werden, könnten potenzielle Geldwäscher davon erfahren und würden sie umgehen. Zudem wird hervorgebracht, dass pauschalisierte Vorgaben die Kreditinstitute zu einer schematischen Prüfung von Verdachtsfällen verleiten würden, was gegen die Notwendigkeit der Einzelfallprüfung spricht.[719] Trotzdem erscheint die Möglichkeit der typisierten Transaktionen nicht gänzlich nutzlos. Sie könnten insbesondere zusätzlich zu einer bestehenden Meldepflicht etabliert werden, wenn eindeutige Transaktionsmuster vorliegen, die zwingend auf Geldwäsche schließen lassen.

Weiterhin besteht die Rechtsgrundlage nach § 43 Abs. 6 GwG, wonach das Bundesministerium der Finanzen im Einvernehmen mit dem Bundesministerium der Justiz und für Verbraucherschutz durch Rechtsverordnung ohne Zustimmung des Bundesrates Sachverhalte bei Erwerbsvorgängen nach § 1 des Grunderwerbsteuergesetzes bestimmen kann, die von Verpflichteten nach § 2 Abs. 1 Nr. 10 und 12 GwG stets zu melden sind. Schon aus dem Wortlaut kann aber entnommen werden, dass sich der Anwendungsbereich nicht an Kreditinstitute richtet. Demnach sind nur Verpflichtete nach § 2 Abs. 1 Nr. 10 und 12 GwG (also z. B. Rechtsanwälte, Steuerberater, Notare) betroffen. Für diesen Verpflichtetenkreis wurde auch bereits eine Verordnung zu den nach dem Geldwäschegesetz meldepflichtigen Sachverhalten im Im-

716 Der Wortlaut nach § 11 Abs. 7 GwG a. F. war: „Das Bundesministerium des Innern und das Bundesministerium der Finanzen können zur Bekämpfung der Geldwäsche oder der Terrorismusfinanzierung durch Rechtsverordnung mit Zustimmung des Bundesrates einzelne typisierte Transaktionen bestimmen, die stets nach Abs. 1 Satz 1 von den Verpflichteten zu melden sind. Die Rechtsverordnung soll befristet werde."

717 Im Jahr 2023 hat die FIU ein „Eckpunktepapier zur Bestimmung solcher Sachverhalte, die grundsätzlich nicht die Meldepflicht des § 43 Absatz 1 GwG auslösen" in dem internen Bereich für Verpflichtete veröffentlicht. In dem FIU Eckpunktepapier lässt sich nicht der Hinweis auf § 43 Abs. 5 GwG finden. Auch von Wortlaut § 43 Abs. 5 GwG sollen Meldungen bestimmt werden, die „stets zu melden sind" und nicht solche, die nicht zu melden sind.

718 Siehe zu den Ausführungen der Systematische Meldepflicht, S. 70.

719 Vgl. *Barreto da Rosa* in Herzog, Geldwäschegesetz, § 43 Rn. 82; *Teichmann/Achsnich* in Herzog/Mülhausen, Geldwäschebekämpfung und Gewinnabschöpfung, § 31 Rn. 84 f.

mobilienbereich (Geldwäschegesetzmeldepflichtverordnung-Immobilien) erlassen.[720] Darin sind unterschiedliche Sachverhalte (z. B. Meldepflichten wegen eines Bezugs zu Risikostaaten oder Sanktionslisten, Meldepflichten wegen Auffälligkeiten im Zusammenhang mit den beteiligten Personen oder dem wirtschaftlich Berechtigten, Meldepflichten wegen Auffälligkeiten im Zusammenhang mit dem Preis oder einer Kauf- oder Zahlungsmodalität) bestimmt, die detailliert Verdachtsmeldesituationen beschreiben.

(2) BaFin Rundschreiben 1/2014 (GW)

Für die Kreditinstitute sind die Veröffentlichungen der BaFin im Zusammenhang mit der Verdachtsmeldung zu untersuchen. Die BaFin hat diesbezüglich das „Rundschreiben 1/2014 (GW) – Verdachtsmeldung nach §§ 11, 14 GwG und anderes" am 5. März 2014 veröffentlicht und am 10. November 2014 überarbeitet.[721] Inzwischen wurden auch die Auslegungs- und Anwendungshinweise der BaFin mit Hinweisen zur Verdachtsmeldung veröffentlicht. Diese sind dem Wortlaut des Rundschreibens ähnlich. Es lässt sich auf der BaFin Internetseite aber bisher nicht finden, dass das Rundschreiben 1/2014 (GW) nunmehr aufgehoben wurde.[722]

Das Rundschreiben unterteilt sich in vier Abschnitte, wobei sich insbesondere der erste Abschnitt mit den grundsätzlichen Anforderungen der Verdachtsmeldung beschäftigt.[723] Es werden die wesentlichen Voraussetzungen der Verdachtsmeldung dargestellt sowie Angaben gemacht, wie sich ein Kreditinstitut bei einem Verdachtsfall verhalten soll. Ursprünglich stammt der Inhalt des Rundschreibens aus einer Veröffentlichung des Bundesministeriums der Finanzen mit dem Titel „Auslegungshinweise des Bundesministeriums der Finanzen zur Handhabung des Verdachtsmeldewesens (§ 11 GwG)".[724] Die BaFin hat sich dem BMF angeschlossen und die Anforde-

720 Geldwäschegesetzmeldepflichtverordnung-Immobilien vom 20. August 2020 (BGBl. I S. 1965).

721 BaFin Rundschreibens 1/2014 (GW), vom 05.03.2014, geändert am 10.11.2014, Geschäftszeichen GW 1-GW 2001-2008/0003.

722 Vgl. BaFin Internetseite (www.bafin.de) zu dem Thema „aufgehobene Rundschreiben.

723 Im Abschnitt II wird das Erfordernis einer Verdachtsmeldung auch bei Kenntnis von einer steuerlichen Selbstanzeige durch den Vertragspartner dargestellt. Im Abschnitt III wird die Auslegung des § 6 Abs. 2 Nr. 2 GwG („nicht persönlich anwesend") und im Abschnitt IV wird die Verwaltungspraxis zu den gesetzlichen Vorschriften zur Verhinderung von Geldwäsche und Terrorismusfinanzierung im Geldwäschegesetz und Kreditwesengesetz besprochen.

724 Internetseite des Bundesministeriums der Finanzen, Auslegungshinweise zum Verdachtsmeldewesen im Bereich der Geldwäschebekämpfung vom 07. November 2014, abrufbar unter http://www.bundesfinanzministerium.de/Content/DE/Standardartikel/Themen/Internationales_Finanzmarkt/Finanzmarktpolitik/

rungen als Verwaltungspraxis in ihrem Rundschreiben 1/2014 (GW) übernommen.[725]

Bei dem Rundschreiben lässt sich erkennen, dass nur sehr allgemeine Anforderungen und Hinweise in Bezug auf die Verdachtsmeldung erläutert werden. Besonders hervorzuheben sind die Aussagen in Bezug auf bekannte Anhaltspunkte (dazu a) und wann eine gesteigerte Aufmerksamkeit (dazu b) stattzufinden hat.[726]

(a) Bekannte Anhaltspunkte für einen Verdachtsfall

Aus dem Rundschreiben lässt sich entnehmen, dass die Voraussetzungen für eine Verdachtsmeldung „regelmäßig" dann vorliegen, wenn „bekannte Anhaltspunkte für Geldwäsche oder Terrorismusfinanzierung erfüllt sind". Als „bekannt" gelten nicht nur eigene Hinweise der BaFin, sondern auch Veröffentlichungen von anderen Institutionen, welche in dem Rundschreiben aufgezählt werden. Die Aufzählung wird von der BaFin ausdrücklich als nicht abschließend bezeichnet und umfasst folgende Veröffentlichungen:
- Anhaltspunkte der Financial Intelligence Unit (FIU);
- Typologienpapiere der Financial Action Task Force (FATF);
- Hinweise von Mitarbeitern und den Strafverfolgungsbehörden sowie den zuständigen Aufsichtsbehörden;
- Presseveröffentlichungen.

Es wurde bei dem Tatbestandsmerkmal „Hindeuten auf Tatsachen" bereits darauf hingewiesen, dass nach dem Gesetzgeber ein möglicher Verdachtsfall vorliegt, sobald eine signifikante Häufung von Anhaltspunkten im Zusammenhang mit Geldwäsche oder Terrorismusfinanzierung vorkommt.[727] Somit nennt die BaFin durch das Rundschreiben, woher mögliche Anhaltspunkte stammen könnten. Problematisch ist nur, dass die Aufzählung beispielhaft und nicht abschließend ist und unklar bleibt, welche andere Quellen für die Kreditinstitute noch relevant sind und entsprechend herangezogen werden müssten.

Finanzmarktregulierung/2014-01-29-11-GwG-anlage2.html;jsessionid=D24D56C54989C9E406BEECBA3000E60D (zuletzt abgerufen am 17. Juni 2016).

725 Vgl. die Hinweise der BaFin im Rundschreibens 1/2014 (GW), Abschnitt I.

726 In einer früheren Verlautbarung wurde noch deutlich umfassender auf die Verdachtsmeldung und die möglichen Voraussetzungen eingegangen. Vgl. hierzu „Verlautbarung über Maßnahmen der Kreditinstitute zur Bekämpfung und Verhinderung der Geldwäsche" vom 26. Oktober 1994. Eine Überarbeitung dieser Verlautbarungen wurde am 30. März 1998 veröffentlich und im Aufsatz WM 1998, 2410 ff. nimmt der damalige Leiter des Referats „Grundsatzfragen der Geldwäschebekämpfung" im Bundesaufsichtsamt für das Kreditwesen Findeisen umfassend Stellung.

727 Siehe ausführlich Hindeuten auf Tatsachen, S. 76 sowie BT-Drs. 12/2704, S. 15.

(b) Gesteigerte Aufmerksamkeit

Die BaFin beschreibt weiterhin bestimmte Situationen, in denen die Kreditinstitute einen Sachverhalt mit „gesteigerter Aufmerksamkeit" prüfen müssen. In diesen Fällen erscheint ein Verdacht auf Geldwäsche zumindest demnach als wahrscheinlich. Auch diese aufgezählten Fälle sind nicht abschließend, wie sich aus dem Wort „insbesondere" erkennen lässt. Es wird zudem deutlich gemacht, dass die genannten Sachverhalte nur zu einer besonders aufmerksamen Prüfung führen sollen. Ob ein Verdacht nach § 43 Abs. 1 GwG gemeldet werden muss, hängt wiederum vom Einzelfall und der Beurteilung des zuständigen Geldwäschebeauftragten ab.

Eine „*gesteigerte Aufmerksamkeit des Verpflichteten wird insbesondere dann erforderlich sein, wenn*

- *die Transaktion oder Geschäftsbeziehung keinen wirtschaftlichen Hintergrund erkennen lässt und deren Umstände bzw. hierzu erteilte Angaben undurchsichtig oder schwer überprüfbar sind; letzteres betrifft insbesondere die Identität der an der Transaktion oder Geschäftsbeziehung Beteiligten und den Zweck der Transaktion oder Geschäftsbeziehung;*
- *die Art und Höhe bzw. die Herkunft der Vermögenswerte bzw. der Empfänger der Transaktion im Übrigen nicht zu den dem Verpflichteten bekannten Lebensumständen bzw. zu der Geschäftstätigkeit des Kunden passen;*
- *die Transaktion über Umwege abgewickelt werden soll bzw. Transaktionswege gewählt werden, die kostenintensiv sind und/oder wirtschaftlich sinnlos erscheinen.*"

(3) BaFin Auslegungs- und Anwendungshinweise zum Geldwäschegesetz

Neben dem Rundschreiben 1/2014 (GW) hatten sich die Deutsche Kreditwirtschaft (DK), das Bundesministerium der Finanzen und die Bundesanstalt für Finanzdienstleistungsaufsicht auf die Auslegungs- und Anwendungshinweise der DK zur Verhinderung von Geldwäsche, Terrorismusfinanzierung und sonstigen strafbaren Handlungen (kurz: DK-Hinweise) vom 01. Februar 2014 verständigt.[728] In Bezug auf die Verdachtsmeldung wurde dabei auf

---

728 Abrufbar unter https://die-dk.de/kontofuehrung/geldwaescheverhinderung/ (zuletzt abgerufen am 17.09.2023). Siehe ausführlich zu den DK-Hinweisen *Allgayer* in Ellenberger/Bunte, Bankrechts-Handbuch, § 11 Rn. 54. Die DK hat keine eigene Rechtspersönlichkeit. Es handelt sich dabei um einen Zusammenschluss des Bundesverbandes der Deutschen Volksbanken und Raiffeisenbanken, des Bundesverbandes deutscher Banken, des Bundesverbandes Öffentlicher Banken Deutschlands, des Deutschen Sparkassen- und Giroverbandes und des Verbandes deutscher Pfandbriefbanken die Interessenvertretung der kreditwirtschaftlichen Spitzenverbände. Die Deutsche Kre-

das Rundschreiben 1/2014 (GW) verwiesen und lediglich weitere „Spezialregelungen“ zum Thema der Verdachtsmeldung veröffentlicht.[729]

Im Dezember 2018 wurden dann die Auslegungs- und Anwendungshinweise zum Geldwäschegesetz herausgegeben, die Oktober 2021 aktualisiert wurden.[730] Während die DK-Hinweise noch von den Bundesverbänden der Banken, dem Bundesfinanzministerium sowie der BaFin gemeinsam entwickelt wurden, sind die Auslegungs- und Anwendungshinweise zum Geldwäschegesetz von der BaFin allein herausgegeben worden. Dabei wurde zumindest ein öffentliches Anhörungsverfahren durchgeführt. Als Rechtsgrundlage für die Auslegungs- und Anwendungshinweise wird ausdrücklich auf den § 51 Abs. 8 GwG hingewiesen.[731] Die BaFin weist darauf hin, dass die Auslegungs- und Anwendungshinweise für alle Verpflichteten gelten, die unter der Aufsicht der BaFin gemäß § 50 Nr. 1 GwG stehen.

In dem Abschnitt 10 der Auslegungs- und Anwendungshinweise werden Anforderungen an das Verdachtsmeldeverfahren nach § 43 GwG festgelegt. Dabei wird ersichtlich, dass die Bestimmungen im Wesentlichen dem Abschnitt I des BaFin Rundschreibens 1/2014 (GW) gleichen. Der Wortlaut sowie die neuen rechtlichen Grundlagen durch die Umsetzung der Vierten EU-Geldwäscherichtlinie wurden angepasst, teilweise wurden Ergänzungen vorgenommen.[732] Es ist dabei unklar, welches Verhältnis zwischen dem Rundschreiben 1/2014 (GW) und den Auslegungs- und Anwendungshinweisen besteht. Da die Auslegungs- und Anwendungshinweise später erschienen sind, spricht es nach dem Argument *lex posterior derogat legi priori* dafür, dass damit das Rundschreiben abgelöst wurde. Allerdings hat sich bei der BaFin die Praxis etabliert, dass nicht mehr geltende Rundschreiben „aufgehoben“ werden. Dies ist bei dem Rundschreiben 1/2014 (GW) bisher nicht der Fall.[733] Auch das Verhältnis zwischen den Auslegungs- und An-

---

ditwirtschaft, das Bundesministerium der Finanzen und die Bundesanstalt für Finanzdienstleistungsaufsicht hatten sich damals auf die DK-Hinweise verständigt.

729 DK-Hinweise, S. 77.

730 BaFin, Auslegungs- und Anwendungshinweise zum Geldwäschegesetz vom Dezember 2018, akualisiert im Oktober 2021. Siehe einen Überblick zu den Änderungsfassungen unter https://www.bafin.de/DE/Aufsicht/Geldwaeschepraevention/Rechtsquellen/BaFin_Vorgaben/BaFin_Vorgaben_node.html (zuletzt abgerufen am 17.09.2023).

731 Siehe auch der ausdrückliche Hinweis auf die Rechtsgrundlage BaFin, Auslegungs- und Anwendungshinweise zum Geldwäschegesetz, S. 5.

732 Siehe z. B. Handlungsspielräume der Verpflichteten in den BaFin, Auslegungs- und Anwendungshinweise zum Geldwäschegesetz, S. 73.

733 Die BaFin weist auf ihrer Internetseite mit einer Liste auf die aufgehobenen Rundschreiben hin. Abrufbar auf der Internetseite der BaFin https://www.bafin.de/DE/RechtRegelungen/AufgehobeneDokumente/AufgehobeneRundschreiben/aufgehobeneRundschreiben_artikel.html (zuletzt abgerufen am 17.09.2023).

wendungshinweisen und den vormals erschienen DK-Hinweise ist problematisch. In der Literatur wird auf eine mündliche Aussage der BaFin hingewiesen, dass die DK-Hinweise weiterhin anwendbar bleiben würden, sofern die Auslegungs- und Anwendungshinweise und gesetzliche Vorgaben nicht entgegenstünden.[734]

Dies führt zu Rechtsunsicherheiten. Auch entsteht bei den Betroffenen dadurch ein erheblicher Mehraufwand, wenn alle Veröffentlichungen der BaFin verglichen werden müssen. Dabei können bei näherer Betrachtung Abweichungen bei den Veröffentlichungen festgestellt werden. Beispielsweise wird in den Auslegungs- und Anwendungshinweisen bestimmt, dass eine Verdachtsmeldung, die auf Hinweise von Presseveröffentlichungen oder von Typologiepapieren der FATF entstanden ist, einen „ausdrücklichen Hinweis" enthalten sollte, woher die Grundlage für den Verdacht stammt.[735] Eine solche Forderung lässt sich in dem Rundschreiben 1/2014 (GW) noch nicht finden.

(4) FATF-Rundschreiben der BaFin

Weiterhin veröffentlicht die BaFin Rundschreiben zu dem Umgang mit Hochrisikostaaten. Ursprünglich bezogen sich diese auf aktuelle Entwicklungen der Länderprüfungen der FATF („FATF-Rundschreiben"). Die FATF veröffentlicht regelmäßig eine sogenannte „Schwarze Liste", welche auf aktuelle Prüfungsuntersuchungen von Ländern mit defizitären Strukturen in Bezug auf Geldwäsche und Terrorismusfinanzierung hinweist.[736] Diese Risikoeinschätzung der Länder durch die FATF wurde von der BaFin regelmäßig übernommen und in Form eines Rundschreibens veröffentlicht (z. B. das „Rundschreiben 2/2016 (GW) – Erklärung und Informationsbericht der FATF vom 5. Februar 2016").[737] Diese Veröffentlichungen treffen auch teilweise Aussagen zu der Abgabe von Verdachtsmeldungen. Inzwischen spielen auch die Hochrisikoländerlisten der Delegierten Verordnung (EU) 2016/1675 eine Rolle, welche regelmäßig aktualisiert werden.[738]

---

734 Siehe zum Verweis der mündlichen Aussage der BaFin sowie kritisch zu dem Verhältnis Kunz, CB 2019, 99, 101.

735 BaFin, Auslegungs- und Anwendungshinweise, S. 74.

736 BT-Drs. 17/6804, S. 31.

737 Siehe weiter: Rundschreiben 09/2015 (GW) – Erklärung und Informationsbericht der FATF vom 25. November 2015; Rundschreiben 06/2015 (GW) – Erklärung und Informationsbericht der FATF vom 10. Juli 2015; Rundschreiben 03/2015 (GW) – Erklärung und Informationsbericht der FATF vom 26. März 2015; Rundschreiben 8/2014 (GW) – Erklärung und Informationsbericht der FATF vom 21. November 2014; Rundschreiben 6/2014 (GW) – Erklärung und Informationsbericht der FATF vom 14. Juli 2014, alle abrufbar unter www.bafin.de.

738 Die delegierte Verordnung (EU) 2016/1675 vom 14.07.2016 Drittstaaten mit hohem Risiko wurde zuletzt geändert durch die Delegierte Verordnung (EU) 2023/1219 vom

Das FATF-Rundschreiben der BaFin teilte sich gewöhnlich in zwei Abschnitte. Zum einen aktuelle Erklärung über Risikostaaten (dazu a) und fortlaufende Prüfung durch die FATF (dazu b). Hierbei soll im Folgenden einen Überblick gegeben werden. Dabei soll insbesondere der Aussagewert in Bezug auf die Abgabe der Verdachtsmeldung untersucht werden. Zuletzt soll noch auf die aktuellen Rundschreiben eingegangen werden (dazu c).

(a) Aktuelle Erklärung über Risikostaaten (Abschnitt I)

Im ersten Abschnitt wird auf die aktuelle sogenannte Erklärung der FATF („FATF Public Statement“) Bezug genommen. Dabei findet eine weitere Trennung in zwei Kategorien statt. Unter die „Kategorie 1“ fallen Länder bei denen „gravierende Defizite“ im Zusammenhang mit Geldwäsche und Terrorismusfinanzierung festgestellt wurden. So verweist beispielsweise die BaFin in ihrem Rundschreiben 2/2016 (GW) auf den Iran und Nordkorea als Länder der Kategorie 1. Die BaFin fordert bei dem Kontakt mit diesen Ländern mit gravierenden Defiziten, die Maßnahmen aus dem Rundschreiben 2/2010 (GW) zu befolgen. Das Rundschreiben 2/2010 (GW) verweist wiederum auf die notwendigen zu ergreifenden Gegenmaßnahmen aus dem Rundschreiben 13/2008 (GW).

Diese Verweisungskette ist für den Anwender unübersichtlich. Konkret verlangt die BaFin von Kreditinstituten bestimmte Maßnahmen zu beachten (z. B. eine „händische“ Überprüfung unter dem Vier-Augen-Prinzip bei Begründung von Geschäftsbeziehungen).[739] In Bezug auf die Verdachtsmeldung wird von der BaFin betont, dass nur bei Kontakt mit einem Hochrisikoland noch keine „automatische“ Pflicht zur Verdachtsmeldung besteht. Vielmehr muss unter Einbeziehung der nächsthöheren Führungsebene im Einzelfall eine Entscheidung darüber getroffen werden, ob eine Verdachtsmeldung zu erstatten ist.[740]

Ein geringeres Risiko stellen Länder der „Kategorie 2“ dar. Diese Kategorie wurde zum Zeitpunkt der Veröffentlichung des Rundschreibens 2/2016 (GW) gestrichen, da es keine Länder gab, bei denen die Umstände vorlagen. Im Rundschreiben 9/2015 (GW) fiel noch Myanmar in diese Kategorie. My-

17.05.2023. Sie umfasst die folgenden Hochrisikoländer: Nordkorea, Iran, Afghanistan, Barbados, Burkina Faso, D. R. Kongo, Gibraltar, Haiti, Jamaika, Jemen, Jordanien, Kaimaninseln, Mali, Mosambik, Myanmar, Nigeria, Panama, Philippinen, Senegal, Südafrika, Südsudan, Syrien, Tansania, Trinidad und Tobago, Uganda, Vereinigte Arabische Emirate und Vanuatu.

739 BaFin Rundschreiben 13/2008 (GW).

740 BaFin Rundschreiben 13/2008 (GW).

anmar wies damals „strategische Mängel“ bei der Bekämpfung von Geldwäsche und Terrorismusfinanzierung auf.[741]

Auch in diesen Fällen hat die BaFin auf das Rundschreiben 2/2010 (GW) verwiesen.[742] Die Kreditinstitute sind von der BaFin dazu angehalten, zusätzliche Sorgfalts- und Organisationspflichten zu erfüllen, welche sich im Wesentlichen nach dem gemeinsam erarbeiteten Aktionsplan der FATF und den festgestellten Defiziten der geprüften Länder richten. Zu den genauen Defiziten von Myanmar gehörten unter anderem: Die Einrichtung einer operationell unabhängigen und effektiv arbeitenden Zentralstelle für Verdachtsmeldungen und die Stärkung der Maßnahmen betreffend die Sorgfaltspflichten in Bezug auf Kundenidentifizierung.[743] Für die Verdachtsmeldung ergeben sich keine besonderen Hinweise der BaFin, die bei Ländern der Kategorie 2 eingehalten werden müssen.[744]

(b) Fortlaufende Prüfung durch die FATF (Abschnitt II)

Im zweiten Abschnitt des FATF-Rundschreibens verweist die BaFin auf den Informationsbericht über Länder, die unter einer fortlaufenden Prüfung durch die FATF und die FATF Regionalgruppen[745] stehen („Improving Global AML/CFT Compliance: on-going process“). Diese Länder zeigen Defizite bei der Bekämpfung von Geldwäsche und Terrorismusfinanzierung und haben die FATF Empfehlungen nicht ausreichend erfüllt. Nach dem Rundschreiben 2/2016 (GW) sind das Afghanistan, Bosnien und Herzegowina, Guyana, Irak, Jemen, Laos, Myanmar, Papua- Neuguinea, Syrien, Uganda und Vanuatu. Bei dem Kontakt mit diesen Ländern verlangt die BaFin keine unmittelbaren Handlungspflichten von den Instituten. Wohlgleich müssen die Risiken „angemessen“ berücksichtigt werden.[746] Was unter angemessen verstanden wird, wird nicht näher bestimmt. Ähnlich wie schon in der Kategorie 2 zeigt die FATF die festgestellten Defizite der einzelnen Länder auf. Demnach muss der Sudan beispielsweise eine vollständig funktionsfähige und effektive Zentralstelle für Verdachtsanzeigen (FIU) gewährleisten.

---

741 BaFin Rundschreiben 9/2015 (GW).

742 BaFin Rundschreiben 2/2010 (GW).

743 Presseerklärung der FATF vom 27. Februar 2015 über die nicht kooperierende Hoch-Risiko Jurisdiktionen, Erklärung der FATF („FATF Public Statement“), S. 3, auf Deutsch von der BaFin übersetzt, abrufbar unter http://www.bafin.de/SharedDocs/Downloads/DE/Bericht/dl_rs_1503_gw_anlage1.pdf?__blob=publicationFile&v=3 (zuletzt abgerufen am 23.4.2015).

744 Das BaFin Rundschreiben 3/2015 (GW) verweist bei den Ländern der Kategorie 1 und 2 auf das Rundschreiben 2/2010 (GW). Jedoch wird dort nur bei den Ländern der Kategorie 1 auf das Rundschreiben 13/2008 (GW) referenziert.

745 Sogenannte „FATF-Style Regional Bodies – FSRBs“.

746 Vgl. hier BaFin Rundschreiben 02/2016 (GW).

(c) Aktuelle FATF-Rundschreiben der BaFin

Inzwischen lassen sich von der BaFin auch Rundschreiben in Bezug auf Hochrisiko-Staaten finden, die in drei Teile aufgeteilt sind.[747] Auch wird auf die Hochrisikoländer nach der Delegierten Verordnung (EU) 2016/1675 Bezug genommen.[748] Zumindest wird auf die komplizierte Verweisungstechnik im Vergleich zu anderen älteren BaFin Rundschreiben verzichtet und direkt auf die Anforderungen nach dem Geldwäschegesetz Bezug genommen. Zunächst wird auf die Delegierte Verordnung (EU) 2016/1675 eingegangen, worin Drittstaaten mit hohem Risiko von der Europäischen Kommission festgelegt werden (Abschnitt I).[749] Dann wird auf die aktuelle Erklärung der FATF („FATF Public Statement") (Abschnitt II) und zuletzt auf den Informationsbericht der FATF zu Ländern unter Beobachtung (Abschnitt III) hingewiesen.

(5) Zusammenfassung der vorhandenen Konkretisierungen

Der Bezugspunkt des Verdachts im Zusammenhang mit Geldwäsche ist im Gesetz weitgefasst und die Auslegung des Tatbestandes insbesondere der Bezugspunkt der Vortaten nach dem Straftatbestand der Geldwäsche (§ 261 StGB) wirft Unklarheiten auf. Als Möglichkeit zur Konkretisierung wurde vom Gesetzgeber der § 43 Abs. 5 GwG geschaffen, mit dem typisierte Transaktionen bestimmt werden können. Bisher lassen sich diesbezüglich keine Veröffentlichungen feststellen und es bleibt abzuwarten, ob dies zukünftig stattfinden wird. In der Praxis sind bisher vielmehr Rundschreiben sowie Auslegungs- und Anwendungshinweise der BaFin üblich, um die Anforderungen der Verdachtsmeldung näher zu konkretisieren. Mit dem Rundschreiben 1/2014 (GW) wurden teilweise detaillierte Aussagen in Bezug auf die Verdachtsmeldung getroffen. Diese wurden dann in dem Abschnitt der Verdachtsmeldung in den Auslegungs- und Anwendungshinweisen der BaFin

---

747 Siehe z. B. BaFin, Rundschreiben 14/2019 (GW).

748 Auf der Grundlage des Artikels 9 der Vierten EU-Geldwäscherichtlinie hat die Europäische Kommission mit der Delegierten Verordnung (EU) 2016/1675 vom 14.07.2016 Drittstaaten mit hohem Risiko festgelegt. Diese Verordnung wird regelmäßig aktualisiert, z. B. durch die Delegierte Verordnung (EU) 2023/1219 vom 17.05.2023. Danach sind die folgenden Länder umfasst: Nordkorea, Iran, Afghanistan, Barbados, Burkina Faso, D. R. Kongo, Gibraltar, Haiti, Jamaika, Jemen, Jordanien, Kaimaninseln, Mali, Mosambik, Myanmar, Nigeria, Panama, Philippinen, Senegal, Südafrika, Südsudan, Syrien, Tansania, Trinidad und Tobago, Uganda, Vereinigte Arabische Emirate und Vanuatu. Siehe hierzu näher das BaFin, Rundschreiben 07/2023 (GW) vom 09.08.2023.

749 Siehe Delegierte Verordnung (EU) 2016/1675 vom 14.07.2016, zuletzt geändert durch die Delegierte Verordnung (EU) 2018/1467 vom 27.07.2018. Sie umfasst die folgenden Länder: Nordkorea, Iran, Afghanistan, Äthiopien, Bosnien und Herzegowina, Guyana, Irak, Jemen, Laos, Pakistan, Sri Lanka, Syrien, Trinidad und Tobago, Tunesien, Uganda sowie Vanuatu.

aktualisiert und an die neue Rechtslage angepasst. Daneben veröffentlicht die BaFin regelmäßig Rundschreiben über die aktuellen Länderprüfungen der FATF und weist die Kreditinstitute an, je nach Risiko bestimmte Vorkehrungen zu treffen. Teilweise sind unterschiedliche Aussagen zwischen den Veröffentlichungen erkennbar und die Hinweise verweisen wiederum auf weitere Veröffentlichungen (z. B. FIU, FATF, Presseberichte). Der Anwender steht somit vor der Herausforderung zu prüfen, welche Hinweise wie beachtet werden müssen. Diese Rechtsunsicherheiten sind insbesondere aufgrund der bestehenden Ausgestaltung als Ordnungswidrigkeit bei einem Verstoß gegen die Anforderungen der Verdachtsmeldung und der damit verbundenen erheblichen Sanktionsmöglichkeiten bedenklich.

e) Exkurs: Veröffentlichungen der BaFin als normkonkretisierende Vorgaben?

Aufgrund der erheblichen Bedeutung für die Praxis sind die Rechtswirkungen der Auslegungs- und Anwendungshinweise sowie die Rundschreiben der BaFin im Folgenden näher zu untersuchen. Dabei ist insbesondere die Frage zu klären, ob die Veröffentlichungen der BaFin von den Kreditinstituten zwingend beachtet werden müssen. Dies würde voraussetzen, dass sie rechtlich verbindlich sind. Für die rechtliche Verbindlichkeit ist die konkrete Rechtsnatur entscheidend.

In der Rechtsprechung und Literatur ist die Rechtsnatur der BaFin-Rundschreiben nicht abschließend geklärt. Es findet sich ein breites Spektrum an Meinungen, die sie als schlicht-hoheitliches Handeln ohne Regelungscharakter[750] bis hin zu sogenannten „Programmsätzen“[751] einordnen. Eine überwiegende Auffassung sieht die Rundschreiben der BaFin als norminter-

---

750 Fett, WM 1999, 613 ff.; Pitschas, WM 2000, 1121, 1126; *Vogel* in Assmann/Schneider, WpHG, § 4 Rn. 75; *Müller-Feyen/Müller-Feyen* in Luz/Neus/Schaber/Schneider/Wagner/Weber, KWG, § 6 Rn. 6 f.

751 VG Berlin, WM 1996, 1309, 1311. Siehe auch „atpischer faktischer Bindungswirkung“ Michael, VersR 2010, 141, 142 oder mit einer präsumtiven rechtlichen Verbindlichkeit im Außenverhältnis Fekonja, S. 87 ff.

pretierende Verwaltungsvorschriften an,[752] teilweise werden sie als normkonkretisierende Verwaltungsvorschriften qualifiziert.[753]

Die Auslegungs- und Anwendungshinweise werden von der BaFin vorwiegend im Bereich der Geldwäschebekämpfung verwendet. Neben den veralteten DK-Hinweisen hat die BaFin Auslegungs- und Anwendungshinweise für die Bausparkassen veröffentlicht.[754] Die Rechtsnatur der DK-Hinweise sowie der Auslegungs- und Anwendungshinweise wird bisher in der Literatur oft nur angedeutet.[755]

(1) Vorüberlegung

Neben den Rundschreiben und den Auslegungs- und Anwendungshinweisen lassen sich auch auf der Internetseite der BaFin diverse Veröffentlichungen finden, welche z. B. mit Rundschreiben, Verlautbarung, Auslegungsentscheidung bezeichnet werden. All diesen Begrifflichkeiten ist gemeinsam, dass sie den bekannten Handlungsformen der Verwaltung (z. B. Rechtsver-

---

752 BGHZ 147, 343, 350; BGH NJW 2006, 1429, 1431; BVG AG 2008, 380; OLG Düsseldorf NJW-RR, 2004, 409; *Syfried* in Kümpel/Wittig, Bank- und Kapitalmarktrecht, S. 137, Rn. 3.41 f.; *Freis-Janik* in Kümpel/Mülbert/Früh/Syfried, Bank- und Kapitalmarktrecht, S. 157, Rn. 2.389; *Allgayer* in Ellenberger/Buntc, Bankrechts-Handbuch, § 11 Rn. 53a; *Seiler/Kniehase* in Schimansky/Bunte/Lwowski, Bankrechts-Handbuch (4. Auflage), vor § 104 Rn. 72; *Fuchs* in Fuchs, WpHG Ein. Rn. 112; Bürkle, VersR 2009, 866, 867; Schmitz-Lippert/Schneider, WPg 2005, 1353, 1356 f.; Fleischer, NZG 2007, 401, 404; Claussen/Florian, AG 5005, 745, 746 f.; Merkner/Sustmann, NZG 2005, 729, 730; Möllers/Ganten, ZGR 1998, 773, 881 f.; Gurlit, ZHR 2013, 862, 892 ff.; Bohnert/Szesny, BKR 2015, 265, 266.

753 Lösler, WM 2010, 1917, 1918; Junker, Gewährleistungsaufsichts über Wertpapierdienstleistungsunternehmen nach dem Zweiten Finanzmarkförderungsgesetz, S. 131 f.; Kuthe/Zipperle, Corparte Finance Law, S. 337. Näher insgesamt *Schäfer* in Fischer/Schulte-Mattler, KWG/CRR-VO, § 6 KWG Rn. 20 und *Fülbier* in Fülbier/Aepfelbach/Langweg, GwG, Einl Rn. 112.

754 BaFin Auslegungs- und Anwendungshinweise der Bausparkassen zur Verhinderung von Geldwäsche, Terrorismusfinanzierung und sonstigen strafbaren Handlungen vom 3. März 2015, abrufbar unter https://www.bafin.de/SharedDocs/Downloads/DE/Auslegungsentscheidung/dl_ae_auas_bauspar.html (zuletzt abgerufen am 17.09.203).

755 Vgl. Peukert/Sinn, Newsdienst Compliance 2019, 91001 lediglich der Hinweise, dass mit den Auslegungs- und Anwendungshinweisen bei den Verpflichteten ein verbessertes Bewusstsein für die Gefahren und Risiken von Geldwäsche und Terrorismusfinanzierung geschaffen und ein verbesserter Austausch zwischen den Verpflichteten und den Aufsichtsbehörden ermöglicht werden sollte. Zu diesem Zweck haben die Auslegungs- und Anwendungshinweise konkrete Erläuterungen in Bezug auf die gesetzlichen Pflichten, welche die Verpflichteten zu erfüllen haben. Siehe weiter *Frey* in Frey/Pelz, BeckOK GwG, § 3 Rn. 24, wonach den Hinweisen eine gewisse Leitfunktion, wenn nicht im rechtlichen, so doch im rechtspolitischen Sinne zukommt. Kunz, CB 2019, 99, 101 kritisiert die weiterbestehende Anwendung der DK-Hinweise und die damit verbundene Rechtsunsicherheit.

ordnungen, Verwaltungsakte, Satzungen) zunächst nicht zugeordnet werden können. Bei genauerer Betrachtung scheint die Wahl des einzelnen Handlungsinstruments von der persönlichen Einschätzung des jeweiligen Abteilungsleiters innerhalb der BaFin abhängig zu sein.[756] Zudem kann ein System dahingehend erkannt werden, dass mit den Veröffentlichungen der BaFin zumindest ein bestimmter Zweck verfolgt wird. Demnach werden „Auslegungsentscheidungen" verwendet, wenn es einen Anlass für einen konkreten Aufsichtsfall gibt und alle beaufsichtigten Finanzinstitute über die behördliche Auslegung einer Vorschrift informiert werden sollen.[757] Die „Rundschreiben" weisen hingegen in der Regel keinen konkreten Fallbezug auf, vielmehr wird die Auslegung der Aufsicht in Zweifelsfragen dargestellt.[758] Das Instrument der „Verlautbarungen" wird heute von der Aufsicht kaum noch verwendet, obwohl es im Bereich der Geldwäschebekämpfung lange Zeit eine große Bedeutung hatte.[759] Die Begrifflichkeit der „Auslegungs- und Anwendungshinweise" wird selbst im Geldwäschegesetz im § 51 Abs. 8 GwG verwendet.

(2) Keine Rechtsverordnung oder Verwaltungsakt

Untersucht man die Veröffentlichungen der BaFin zur Verdachtsmeldung, dann lässt sich zunächst feststellen, dass sie weder als Rechtsverordnung noch als Verwaltungsakt qualifiziert werden können.

Für eine Rechtsverordnung im Sinne von Art. 80 Abs. 1 GG wäre eine qualifizierte Ermächtigungsgrundlage notwendig. Die Ermächtigungsgrundlage müsste zudem aufgrund des Zitiergebotes angegeben werden.[760] Weder in dem Rundschreiben 1/2014 (GW) noch für die FATF-Rundschreiben lässt sich ein Hinweis auf eine Ermächtigungsgrundlage finden. Zudem werden

---

756 Vgl. Fekonja, S. 71.

757 Gurlit, ZHR 2013, 862, 893. Als Beispiel sind hier „Auslegungs- und Anwendungshinweise der Bausparkassen zu Geldwäsche" oder die Auslegungs- und Anwendungshinweise der DK vom 1.2.2014 zu nennen.

758 Gurlit, ZHR 2013, 862, 893; *Schäfer* in Fischer/Schulte-Mattler, CRR-VO/KWG, § 6 KWG Rn. 22. Als Beispiel ist das Rundschreiben 04/2016 (GW) – Videoidentifikationsverfahren vom 10. Juli 2016. Oft wird auch der Begriff „Merkblatt" verwendet. Die Abgrenzung anhand von sachlichen Kriterien ist dabei nicht erkennbar, siehe weiter Gurlit, ZHR 2013, 862, 893.

759 Siehe heute noch die Bezeichnung „Verlautbarungen" bei Consbruch/Fischer, C 40.1 – C 40.122. Eine der älteren Veröffentlichungen der Aufsicht im Geldwäschebereich ist die „Verlautbarung über Maßnahmen der Kreditinstitute zur Bekämpfung und Verhinderung der Geldwäsche" vom 26. Oktober 1994. Eine Überarbeitung dieser Verlautbarungen wurde am 30. März 1998 veröffentlich und im Aufsatz WM 1998, 2410 ff. nimmt der damalige Leiter des Referats „Grundsatzfragen der Geldwäschebekämpfung" im Bundesaufsichtsamt für das Kreditwesen Findeisen umfassend Stellung.

760 Maurer/Waldhoff, Allgemeines Verwaltungsrecht, § 13 Rn. 12.

die Rundschreiben lediglich auf der Internetseite der BaFin veröffentlicht. Üblich für eine Rechtsverordnung wäre eine Verkündung im Bundesgesetzblatt oder im Bundesanzeiger.[761] Dies ist anders bei den Auslegungs- und Anwendungshinweisen der BaFin. Hier wird auf die Ermächtigungsgrundlage nach § 51 Abs. 8 GwG ausdrücklich verwiesen.[762] Allerdings fehlt es auch hier an einer Verkündung im Bundesgesetzblatt oder im Bundesanzeiger.

Auch als Verwaltungsakt im Sinne von § 35 VwVfG lassen sich die Veröffentlichungen der BaFin nicht einstufen. Schon bei einer formellen Betrachtung fällt auf, dass sie weder als Verwaltungsakt bezeichnet noch die Institute über eine Rechtsbehelfsbelehrung informiert werden. In anderen Fällen hat die BaFin ihre Veröffentlichungen konkret als Verwaltungsakt benannt und auch eine Rechtsbehelfsbelehrung beigefügt.[763] Zudem fehlt es materiell an einer Einzelfallregelung, denn ein Verwaltungsakt kann nicht eine abstrakte, sondern nur eine konkrete Gefahr regeln.[764] Bei den Veröffentlichungen der BaFin zur Verdachtsmeldung wird lediglich abstrakt gefordert, dass eine „gesteigerte Aufmerksamkeit" erforderlich ist, wenn eine „Transaktion über Umwege abgewickelt werden soll" oder „wirtschaftlich sinnlos" erscheint.

(3) Norminterpretierende Verwaltungsvorschrift

Regelmäßig lassen sich eine Vielzahl der Veröffentlichungen der BaFin als norminterpretierende Verwaltungsvorschriften einstufen. Nach der Rechtsprechung und der überwiegenden Mehrheit in der Literatur sind die Rundschreiben als norminterpretierende Verwaltungsvorschriften im Sinne des Art. 84 Abs. 2 GG einzuordnen.[765]

---

761 Siehe Art. 82 Abs. 1 Satz 2 GG i. V. m. Gesetz über die Verkündigung von Rechtsverordnungen vom 30. Januar 1950 (Sart. Nr. 70); *Schäfer* in Fischer/Schulte-Mattler, CRR-VO/KWG, § 6 KWG Rn. 10; Maurer/Waldhoff, Allgemeines Verwaltungsrecht, § 13 Rn. 13.

762 BaFin, Auslegungs- und Anwendungshinweise, S. 1.

763 Siehe nur: Allgemeinverfügung: Neu begebene Geschäftsanteile als Instrumente des harten Kernkapitals; Rückzahlung von Geschäftsguthaben aufgrund gekündigter Genossenschaftsanteile vom 01. Januar 2016; Allgemeinverfügung zu Nettingvereinbarungen im Anwendungsbereich des deutschen Insolvenzrechts vom 09. Juni 2016; Allgemeinverfügung gemäß § 36 b Abs. 1 und Abs. 2 WpHG bezüglich der Werbung in Form des „cold calling" vom 27. Juli 1999 (alle abrufbar unter www.bafin.de).

764 *Stelkens* in Stelkens/Bonk/Sachs, Verwaltungsverfahrensgesetz, § § 35 Rn. 287, 289.

765 BGHZ 147, 343, 350; BGH NJW 2006, 1429, 1431; BVG AG 2008, 380; OLG Düsseldorf NJW-RR, 2004, 409; *Syfried* in Kümpel/Wittig, Bank- und Kapitalmarktrecht, S. 137, Rn. 3.41 f.; *Freis-Janik* in Kümpel/Mülbert/Früh/Syfried, Bank- und Kapitalmarktrecht, S. 157, Rn. 2.389; *Allgayer* in Ellenberger/Bunte, Bankrechts-Handbuch, § 11 Rn. 53a; *Seiler/Kniehase* in Schimansky/Bunte/Lwowski, Bankrechts-Handbuch (4. Auflage), vor § 104 Rn. 72; *Fuchs* in Fuchs, WpHG Einl. Rn. 112; Bürkle, VersR

Bei Verwaltungsvorschriften handelt es sich um abstrakt-generelle Regelungen oder Anordnungen innerhalb einer Verwaltungsorganisation von übergeordneten Verwaltungsinstanzen oder Vorgesetzten an nachgeordnete Bedienstete.[766] Damit ist es ein Handlungsinstrument, welches sich auf den Innenbereich der Verwaltung beschränkt und nicht auf das Verhältnis zwischen Bürger und Staat gerichtet ist.[767] Der Zweck der norminterpretierenden Verwaltungsvorschriften besteht in der Auslegung und Anwendung von Rechtsnormen, damit nachgeordnete Behörden eine Interpretationshilfe bei unbestimmten Rechtsbegriffen haben und eine einheitliche Anwendung des Gesetzes sichergestellt ist.[768] Da sich die Legitimation von Verwaltungsvorschriften aus der Organisationsgewalt der Verwaltung ergibt, bedarf es kaum formaler Voraussetzungen.[769] Es ist weder eine besondere gesetzliche Ermächtigung notwendig noch sind bestimmte Verfahrensvorschriften einzuhalten.[770]

Eine Einordnung als norminterpretierende Verwaltungsvorschrift erscheint auch für das Rundschreiben 1/2014 (GW) sowie für die FATF-Rundschreiben naheliegend. Die Rundschreiben werden lediglich auf der Internetseite der BaFin veröffentlicht.[771] Es sind keine besonderen formellen Merkmale erkennbar, die auf gesetzliche Verfahrensvorschriften hindeuten. Insbesondere erscheint das Erstellungsverfahren bei dem Rundschreiben 1/2014 (GW) ein gewichtiges Indiz dafür zu sein, dass es sich um eine Verwaltungsvorschrift handelt. Ursprünglich wurde ein Schreiben vom Bundesministerium der Finanzen („Auslegungshinweise zur Handhabung des Verdachtsmeldewesens (§ 11 GwG))“ veröffentlicht.[772] Das BMF ist innerhalb der Bundesregierung für das Geldwäschegesetz zuständig und hat nach § 2

2009, 866, 867; Schmitz-Lippert/Schneider, WPg 2005, 1353, 1356 f.; Fleischer, NZG 2007, 401, 404; Claussen/Florian, AG 5005, 745, 746 f.; Merkner/Sustmann, NZG 2005, 729, 730; Möllers/Ganten, ZGR 1998, 773, 881 f.; Gurlit, ZHR 2013, 862, 892 ff.; Bohnert/Szesny, BKR 2015, 265, 266; Poelzig, ZBB 2019, 1, 8.

766 Detterbeck, Allgemeines Verwaltungsrecht, § 3 Rn. 100; Peine/Siegel, Allgemeines Verwaltungsrecht, § 22 Rn. 855; Detterbeck, Öffentliches Recht, Rn. 22; *Klein* in Festgabe für Forsthoff, S. 172 f.

767 Detterbeck, Öffentliches Recht, Rn. 23.

768 Maurer/Waldhoff, Allgemeines Verwaltungsrecht, § 24 Rn. 9 ff.

769 Michael, VersR 2010, 141, 142.

770 *Ossenbühl* in Isensee/Kirchhof, Handbuch des Staatsrechts, Band V, § 104 Rn. 76 ff; Maurer/Waldhoff, Allgemeines Verwaltungsrecht, § 24 Rn. 49 ff.

771 Siehe www.bafin.de.

772 Zu finden auf der Internetseite des BMF unter http://www.bundesfinanzministerium.de/Content/DE/Standardartikel/Themen/Internationales_Finanzmarkt/Finanzmarktpolitik/Finanzmarktregulierung/2014-01-29-11-GwG.html (zuletzt abgerufen am 27.6.2014).

FinDAG auch die Rechts- und Fachaufsicht über die BaFin.[773] Die BaFin hat dieses Schreiben inhaltsgleich als Rundschreiben 1/2014 (GW) übernommen. Dabei wurde kenntlich gemacht, dass die Interpretationen für alle Mitarbeiter der Behörde gelten und es der „Verwaltungspraxis" entspricht.

In Bezug auf die Auslegungs- und Anwendungshinweise der BaFin lässt sich bisher kein vertiefter Diskurs über die Rechtsnatur feststellen. Teilweise wird hervorgehoben, dass den Hinweisen eine gewisse Leitfunktion, wenn nicht im rechtlichen so doch im rechtspolitischen Sinne zukommen soll.[774] In der weiteren finanzmarktrechtlichen Literatur lässt sich lediglich der Begriff der „Auslegungsentscheidungen" finden, welche regelmäßig für eine Entscheidung der BaFin zu konkreten Einzelfragen genutzt wird und auch für andere Institute von Interesse sein könnte.[775] Bei den Auslegungs- und Anwendungshinweisen der BaFin besteht der Unterschied zu den Rundschreiben, dass sich eine Ermächtigungsgrundlage im § 51 Abs. 8 GwG finden lässt und diese auch von der BaFin zitiert wird.[776] Zudem wurde eine Anhörung durchgeführt, bei welcher die Verpflichteten und die Interessenverbände mögliche Bedenken äußern konnten.[777] Ein solcher Konsultationsprozess ist jedoch nicht untypisch für das schlichte Verwaltungshandeln der BaFin. Damit sollen der Praxisbezug erhöht und die Beteiligten schon in einem frühen Stadium eingebunden werden.[778] Da es ihnen aber an den weiteren Merkmalen einer Rechtsverordnung fehlt, wie schon oben untersucht worden ist (z. B. Verkündung im Gesetzblatt),[779] sind sie auch als norminterpretierende Verwaltungsvorschriften einzuordnen.

(a) Wirkung als norminterpretierende Verwaltungsvorschrift

Hans Klein hob hervor, dass das Besondere an Verwaltungsvorschriften nicht der Regelungsgegenstand, sondern die Regelungswirkung ist: „Verwaltungsverordnungen sind Rechtsnormen mit beschränktem Geltungsbereich".[780] Die rechtliche Wirkung der norminterpretierenden Verwaltungsvorschriften

773 Das Weisungsrecht nach § 2 FinDAG ist eingeschränkt und nicht im Einzelfall ausgeübt werden. Vielmehr soll es sich auf die Grundsätze und die organisatorischen Rahmenbedingungen beschränken. Vgl. hier: BT. Drs. 16/7078, S. 7; Laars, Finanzdienstleistungsaufsichtsgesetz, § 2 Rn. 2.

774 *Frey* in Frey/Pelz, BeckOK GwG, § 3 Rn. 24.

775 *Albert* in Reischauer/Kleinhans, KWG, EGL. 1/14, § 6 Rn. 34.

776 BaFin, Auslegungs- und Anwendungshinweise, S. 1.

777 Siehe Aufruf der BaFin durch die Veröffentlichung „Konsultation 05/2018 – Auslegungs- und Anwendungshinweise zum Geldwäschegesetz" vom 15.3.2018, abrufbar unter https://www.bafin.de/SharedDocs/Veroeffentlichungen/DE/Konsultation/2018/kon_0518_auas_gw.html (zuletzt abgerufen am 28.1.2019).

778 *Albert* in Reischauer/Kleinhans, KWG, EGL. 1/14, § 6 Rn. 30.

779 Siehe näher zur Rechtsverordnung, S. 133.

780 *Klein* in Festgabe für Forsthoff, S. 173.

beschränkt sich naturgemäß auf eine staatliche Innenwirkung. Sie richten sich an die nachgeordneten Behörden und Bediensteten und sollen deren Handeln regeln.[781] Somit werden für Kreditinstitute unmittelbar keine Rechte und Pflichten begründet.[782] Allerdings wird den Verwaltungsvorschriften eine mittelbare Außenwirkung zugesprochen, welche sich nach der herrschenden Lehre aus der Verwaltungspraxis und dem Gleichheitssatz nach Art. 3 Abs. 1 GG herleiten lässt.[783] Durch die Anwendung einer gleichmäßigen Verwaltungspraxis bindet sich die Verwaltung selbst (Selbstbindung der Verwaltung). Daher kann sich ein Kreditinstitut darauf berufen, so behandelt zu werden, wie es in den Verwaltungsvorschriften festgelegt wurde.[784] Aufgrund der Grundsätze des Gleichheitssatzes nach Art. 3 Abs. 1 GG kann die Verwaltung nicht mehr von ihren eigenen Vorgaben ohne einen rechtfertigenden sachlichen Grund abweichen.[785]

(b) Bedenken gegen Einordnung als norminterpretierende Verwaltungsvorschrift

Die rechtliche Einordnung der Veröffentlichungen als Verwaltungsvorschriften mit einem norminterpretierenden Charakter erscheint jedoch bei näherer Betrachtung fragwürdig. Denn die lediglich auf den Innenbereich der Behörde begrenzte Wirkung passt nicht dazu, dass die Kreditinstitute gezielt adressiert werden. Diese Bedenken zeigen sich nicht nur bei den Rundschreiben 1/2014 (GW), den FATF-Rundschreiben und den Auslegungs- und Anwendungshinweisen der BaFin, sondern lassen sich bei einer Vielzahl anderer Veröffentlichungen der BaFin feststellen.

Demnach scheint eine Außenwirkung von der Aufsicht bewusst gewollt zu sein. Die Einleitung lautet regelmäßig: „Das Rundschreiben richtet sich an alle Kreditinstitute [...]“.[786] In den Auslegungs- und Anwendungshinweisen heißt es: „Sie gelten für alle Verpflichteten nach dem Geldwäschegesetz, die unter der Aufsicht der Bundesanstalt für Finanzdienstleistungsaufsicht

781 Detterbeck, Allgemeines Verwaltungsrecht, § 3 Rn. 100; Maurer/Waldhoff, Allgemeines Verwaltungsrecht, § 24 Rn. 11; Peine/Siegel, Allgemeines Verwaltungsrecht, § 22 Rn. 866.

782 Maurer/Waldhoff, Allgemeines Verwaltungsrecht, § 24 Rn. 37 ff.; Erbguth/Guckelberger, Allgemeines Verwaltungsrecht, § 7 Rn. 8.

783 Umstritten ist dabei, ob sich die Außenwirkungen über die Verwaltungspraxis und den Gleichheitssatz hergestellt wird (so Maurer/Waldhoff, Allgemeines Verwaltungsrecht, § 24 Rn. 26 ff; Detterbeck, Allgemeines Verwaltungsrecht, § 14, Rn. 870 ff.) oder über den Grundsatz des Vertrauensschutzes (so *Klein* in Festgabe für Forsthoff, S. 179 ff.). Näher hierzu Maurer/Waldhoff, Allgemeines Verwaltungsrecht, § 24 Rn. 26 ff.

784 *Albert* in Reischauer/Kleinhans, KWG, EGL. 1/14, § 6 Rn. 30 f.

785 Maurer/Waldhoff, Allgemeines Verwaltungsrecht, § 24 Rn. 29.

786 Siehe nur BaFin Rundschreiben 1/2014 (GW) sowie für die FATF-Rundschreiben z. B. BaFin Rundschreiben 02/2016 (GW).

gemäß § 50 Nr. 1 GwG stehen".[787] Auch innerhalb der Veröffentlichungen werden Formulierungen genutzt, die die Kreditinstitute unmittelbar ansprechen: „Der Verpflichtete hat durch die Erstellung von Arbeits- und Organisationsanweisungen sicherzustellen, dass alle internen Verdachtsfälle [...] in prüfungstechnisch nachvollziehbarer Art und Weise zur Beurteilung und Entscheidung vorgelegt und dort auch dokumentiert werden".[788] Selbst die Bezeichnung „Rundschreiben" lässt schon fraglich erscheinen, ob damit nur ein internes Schreiben einer Behörde gemeint sein kann.[789]

Weiterhin lassen sich erhebliche faktische Auswirkungen der Veröffentlichungen feststellen.[790] Dies wird deutlich, sobald ein Kreditinstitut mal nicht einen Hinweis der BaFin befolgen sollte. Die Rundschreiben und Auslegungs- und Anwendungshinweise der BaFin stellen den Prüfungsmaßstab für die Abschlussprüfer dar.[791] Werden daher Abweichungen von den Vorgaben festgestellt, werden diese von den Abschlussprüfern bemängelt.[792] Allein aus haftungsrechtlichen Gründen werden die Veröffentlichungen der BaFin in die Prüfung mit einbezogen. Erfährt die BaFin von den Abweichungen, kann es zu Nachfragen beim Institut kommen. Darüber hinaus ist es möglich, dass Sonderprüfungen nach § 44 KWG durchgeführt werden.[793] Im äußersten Fall kann sogar die Unzuverlässigkeit des Leitungsorgans (z.B. Geschäftsführer oder Vorstand) festgestellt und dessen Abberufung verlangt werden.[794]

787 BaFin, Auslegungs- und Anwendungshinweise, S. 5.

788 Rundschreiben 1/2014 (GW), Abschnitt I. Ähnliche Hinweise ergeben sich auch im Zusammenhang mit den DK-Hinweisen. Danach werden den Kreditinstituten genauen Fristen gesetzt, wann Vorgaben z.B. für den Betrieb und die Aktualisierung angemessener Datenverarbeitungssysteme nach § 25h Abs. 2 KWG umgesetzt werden müssen: „Sie [Kreditinstitute] haben spätestens 18 Monate nach Veröffentlichung dieser Hinweise die Anforderungen zu erfüllen" (DK-Hinweise, Rn. 86d). Die DK-Hinweise müssen insgesamt zu einer bestimmten Frist umgesetzt werden, wie im Rundschreiben 1/2014 (GW) von der BaFin klargestellt wird. Weiterhin bestimmt die BaFin, dass es sich bei den Auslegungs- und Anwendungshinweisen, um „Mindestanforderungen für die Verpflichteten handelt", wie es z.B. bei den Mindestanforderungen an das Risikomanagement (MaRisk) der Fall ist. Vgl. BaFin Rundschreiben 1/2014 (GW), Abs. IV. Als weiteres Beispiel nennt die BaFin die Mindestanforderungen an die Compliance-Funktion und die weiteren Verhaltens-, Organisations- und Transparenzpflichten nach §§ 31 ff. WpHG für Wertpapierdienstleistungsunternehmen (MaComp); BaFin Auslegungs- und Anwendungshinweise S. 54.

789 Gurlit, ZHR 2013, 862, 897.

790 Poelzig, ZBB 2019, 1, 8.

791 *Allgayer* in Ellenberger/Bunte, Bankrechts-Handbuch, § 11 Rn. 53a.

792 *Fülbier* in Fülbier/Aepfelbach/Langweg, GwG, Einl. Rn. 120.

793 *Allgayer* in Ellenberger/Bunte, Bankrechts-Handbuch, § 11 Rn. 53a.

794 Gurlit, ZHR 2013, 862, 893.

Nicht zuletzt geht ein Institut die Gefahr von erheblichen Reputationsrisiken ein, wenn Unstimmigkeiten und Beanstandungen der Aufsicht öffentlich bekannt werden. Das Geschäftsmodell der Institute basiert auf dem Vertrauen der Anleger und des Kapitalmarktes. Kleine Irritationen könnten schon ausreichen, so dass etwa das Kapital vom Institut abgezogen wird und die Kosten für die Refinanzierung steigen. Auch aus diesen Gründen ziehen die Kreditinstitute die Veröffentlichungen nicht nur als Hinweise heran, sondern folgen den Anweisungen regelmäßig im „vorauseilenden Gehorsam".[795]

Zusammenfassend lässt sich sagen, dass die Kreditinstitute im Sinne einer „gedeihlichen Zusammenarbeit" grundsätzlich jeden Konflikt oder Rechtsstreit mit der BaFin vermeiden. Die Hinweise der Rundschreiben und der Auslegungs- und Anwendungshinweise werden befolgt. Somit besteht eine faktische Bindung für die Kreditinstitute, die im Wesentlichen der Wirkung einer Rechtsverordnung entspricht.[796]

(4) Übertragung auf die Rechtsnatur der normkonkretisierenden Verwaltungsvorschriften

Aufgrund dieser erheblichen praktischen Folgen stellt sich die Frage, ob die rechtliche Einordnung als norminterpretierende Verwaltungsvorschrift überdacht werden muss. Eine rechtlich stärkere Bindung ist bei den sogenannten „normkonkretisierenden Verwaltungsvorschriften"[797] anerkannt. Diese weitreichende Kategorie von Verwaltungsvorschriften entfaltet unter engen Voraussetzungen auch eine unmittelbare Außenwirkung.[798] Diese besondere Rechtsnatur wurde vom Bundesverwaltungsgericht[799] entwickelt und weist in vielerlei Hinsicht Ähnlichkeiten mit der Rechtsverordnung auf.[800] Bisher hat das Bundesverfassungsgericht diese Form nur im Bereich des Umwelt- und technischen Sicherheitsrechts anerkannt.[801] Allerdings finden sich für das Geldwäscherecht vereinzelt Meinungen, die sich für eine solche Rechtsnatur bei den Rundschreiben aussprechen.[802]

795 Sedlak, S. 168; Bohnert/Szesny, BKR 2015, 265, 266.

796 Vgl. Gurlit, ZHR 2013, 862, 893; Michael, VersR 2010, 141, 143.

797 Diese Form ist abzugrenzen von den sogenannten gesetzesvertretenden Verwaltungsvorschriften, welche im Sozialrecht, Steuerrecht oder Subventionsrecht vorkommen. Siehe näher: *Hill/Martini* in Hoffmann-Riem/Schmidt-Aßmann/Voßkuhle, Grundlagen des Verwaltungsrechts Bd. II, § 34 Rn. 43.

798 Maurer/Waldhoff, Allgemeines Verwaltungsrecht, § 24 Rn. 31 ff.

799 BVerwGE 72, 300, 320 f.; 107, 338, 341 f.; 110, 216, 218.

800 Michael, VersR 2010, 141, 144.

801 BVerfGE 72, 300 ff. Siehe weitere Entwicklung des Bundesverfassungsgerichtes in BVerfGE 107, 338, 341; 110, 216, 218; 114, 342, 344; 129, 209.

802 So Bohnert/Szesny, BKR 2015, 265 (266) für das Rundschreiben 1/2014 (GW). Daneben wurden die „Verlautbarungen über Maßnahmen der Kreditinstitute zur Bekämp-

(a) Besonderheiten der normkonkretisierenden Verwaltungsvorschriften

Die Außenwirkung der normkonkretisierenden Verwaltungsvorschriften ist an enge Voraussetzungen geknüpft. Das Bundesverwaltungsgericht spricht sich für die Wirkung von normkonkretisierenden Verwaltungsvorschriften nur aus, wenn:

- „höherrangige Gebote" und „die im Gesetz getroffenen Wertungen" beachtet werden,
- sie in einem sorgfältigen Verfahren unter Einbeziehung des wissenschaftlichen und technischen Sachverstandes erarbeitet worden und
- nicht durch Erkenntnisfortschritte in Wissenschaft und Technik überholt sind.[803]

Die Wirkung von normkonkretisierenden Verwaltungsvorschriften zeigt sich darin, dass die Gerichte unmittelbar an die Vorschriften gebunden sind. Nach dem Bundesverfassungsgericht sind sie „für die Gerichte verbindlich und […] wie Normen auszulegen".[804] Aufgrund der Außenwirkung rücken die normkonkretisierenden Verwaltungsvorschriften in die Nähe der Rechtsverordnungen. Allerdings bestehen Besonderheiten, die schon aufgrund des Unterscheidungs- und Abstandsgebotes notwendig sind. Es wäre verfassungsrechtlich bedenklich, wenn die Voraussetzungen der Rechtsverordnungen nach Art. 80 GG umgangen würden.[805] Im Unterschied zu den Rechtsverordnungen beschränkt sich die unmittelbare Bindungswirkung bei den normkonkretisierenden Verwaltungsvorschriften auf Regelfälle.[806] Sobald ein atypischer Sachverhalt vorliegt oder neue gesicherte Erkenntnisse durch den technischen bzw. wissenschaftlichen Fortschritt bestehen, kann von der Verbindlichkeit der Verwaltungsvorschriften abgewichen werden.[807]

---

fung und Verhinderung der Geldwäsche" eine solche Rechtsqualität beigemessen, vgl. Findeisen WM 1998, 2410.

803 BVerwGE 107, 338, 341.

804 BVerwGE 107, 338, 341.

805 Michael, VersR 2010, 141, 145. Allgemein zu den Abgrenzungsmerkmalen zwischen Rechtverordnung und Verwaltungsvorschriften, siehe *Hill/Martini* in Hoffmann-Riem/Schmidt-Aßmann/Voßkuhle, Grundlagen des Verwaltungsrechts Bd. II, § 34 Rn. 46 ff.

806 BVerwGE 72, 300, 320 f.; BVerwG NVWZ 1995, 994.

807 Dieses Abgrenzungsmerkmal wird kritisch gesehen, da für Rechtsverordnung nicht anderes gelten soll. Siehe: *Hill/Martini* in Hoffmann-Riem/Schmidt-Aßmann/Voßkuhle, Grundlagen des Verwaltungsrechts Bd. II, § 34 Rn. 44, 46.

(b) Anwendung auf die Veröffentlichungen im Geldwäscherecht

Zunächst ist eine gesetzliche Ermächtigungsgrundlage für normkonkretisierende Verwaltungsvorschriften notwendig.[808] Das Bundesverwaltungsgericht hat bei den Verwaltungsvorschriften mit einem normkonkretisierenden Charakter offengelassen, ob vergleichbare Anforderungen nach dem Art. 80 Abs. 1 Satz 2 GG analog eingehalten werden müssen.[809] Zumindest kann als Vergleich die anerkannte Ermächtigungsgrundlage des § 48 BImSchG aus dem Umweltrecht herangezogen werden. Auf dieser Grundlage wurden die Technische Anleitung zum Schutz gegen Lärm (TA Lärm)[810] und die Technische Anleitung zur Reinhaltung der Luft (TA Luft)[811] mit genauen Immissionswerten festgelegt. Anhand dieser Regelungen kann im Einzelfall bestimmt werden, ob eine schädliche Umwelteinwirkung im Sinne des § 3 Abs. 1 BImSchG vorliegt.

Im Geldwäscherecht kommt als Ermächtigungsgrundlage der § 51 Abs. 8 GwG in Frage.[812]

> *„Die Aufsichtsbehörde stellt den Verpflichteten regelmäßig aktualisierte Auslegungs- und Anwendungshinweise für die Umsetzung der Sorgfaltspflichten und der internen Sicherungsmaßnahmen nach den gesetzlichen Bestimmungen zur Verhinderung von Geldwäsche und von Terrorismusfinanzierung zur Verfügung. Sie kann diese Pflicht auch dadurch erfüllen, dass sie solche Hinweise, die durch Verbände der Verpflichteten erstellt worden sind, genehmigt.“*

Es ist anerkannt, dass eine solche Rechtsgrundlage von der Aufsicht herangezogen werden kann, um die teilweise sperrigen und formalistisch gefassten Normen im Geldwäschegesetz zu erklären und zu ergänzen.[813] Fraglich erscheint jedoch, ob sie auch eine Ermächtigung für normkonkretisierende

808 BVerwGE 110, 216, 219.

809 Michael, VersR 2010, 141, 145.

810 Technische Anleitung zum Schutz gegen Lärm vom 26. August 1998 (GMBl. S. 503).

811 Technische Anleitung zur Reinhaltung der Luft vom 30. Juli 2002 (GMBl. S. 511).

812 Eine ähnliche Grundlage befindet sich für das Aufsichtsrecht für das Versicherungsrecht noch im § 318 VAG (früher im § 103 VAG a. F., geändert durch das Gesetz zur Modernisierung der Finanzaufsicht über Versicherungen vom 01.04.2015 – Bundesgesetzblatt Teil I 2015 Nr. 14 10.04.2015 S. 434).

813 So schon Findeisen WM 1998, 2410 (2412) als (damalige) Leiter für das Referat der BaFin „Grundsatzfragen der Geldwäschebekämpfung“ zum § 14 Abs. 2 Nr. 2 GwG a. F. als eine taugliche Ermächtigungsgrundlage für Verwaltungsvorschriften im Geldwäscherecht. Auf dieser Grundlage wurden die „Verlautbarungen über Maßnahmen der Kreditinstitute zur Bekämpfung und Verhinderung der Geldwäsche“ als „norminterpretierendes und konkretisierendes Verwaltungshandeln“ erlassen (Siehe BAKred, Schreiben vom 24.1.1995 (I5-B102), Maßnahmen zur Bekämpfung der Geldwäsche; Wirksamkeit des Geldwäschegesetzes und des § 261 StGB, abgedruckt in Consbruch/Möller u. a., KWG, Nr. 11.11, I 5); Findeisen WM 1998, 2410, 2412.

Verwaltungsvorschriften darstellen kann. Im Vergleich ist schon die amtliche Normüberschrift vom § 48 BImSchG deutlicher formuliert, wonach der Begriff „Verwaltungsvorschriften" verwendet wird. Mit dem Begriff der „Hinweise" anstatt „Vorschriften" ist ein deutlich zurückhaltendes Wort vom Gesetzgeber gewählt worden. Aufgrund der erheblichen faktischen Bedeutung der Rundschreiben und der bisweilen über den Gesetzestext hinausgehenden Anweisungen an die Kreditinstitute, wäre eine klare Verwendung der Begrifflichkeit wünschenswert gewesen.[814]

Weiterhin spricht gegen die Annahme von normkonkretisierenden Verwaltungsvorschriften, dass kein vergleichbares sorgfältiges Verfahren unter Einbeziehung des technischen und wissenschaftlichen Sachverstandes durchgeführt worden ist. Im Gegensatz zu der TA Lärm und TA Luft mit exakten Immissionswerten lassen sich in den Veröffentlichungen im Geldwäscherecht keine entsprechend genauen Vorgaben finden. Es handelt sich oft nur um allgemeine Hinweise (z. B. „eine gesteigerte Aufmerksamkeit", wenn „die Transaktion oder Geschäftsbeziehung keinen wirtschaftlichen Hintergrund erkennen lässt") finden.[815] Zudem werden auf weitere Quellen (z. B. FIU, FATF, Presseartikel) verwiesen, ohne dass diese abschließend benannt werden. Gerade wenn man im Vergleich die zahlreichen konkreten Sachverhalte in der Verordnung zu den nach dem Geldwäschegesetz meldepflichtigen Sachverhalten im Immobilienbereich (GwGMeldV-Immobilien) für Verpflichtete nach § 2 Abs. 1 Nr. 10 und 12 GwG vergleicht, sind noch Unterschiede offensichtlich.[816] Diese klaren Hinweise fehlen bisher in Bezug auf die Verdachtsmeldung bei den Auslegungs- und Anwendungshinweisen. Nach dem Gesetzgeber besteht auch bei den Auslegungs- und Anwendungshinweisen das Ziel, „den Verpflichteten aktuelle und umfassende Auslegungshilfen zur Verfügung zu stellen" und es soll „so der Informationsaustausch zwischen den Verpflichteten und den zuständigen Behörden verbessert werden, um so ein ausgeprägteres Bewusstsein hinsichtlich der Risiken von Geldwäsche und Terrorismusfinanzierung zu schaffen." Auch „sollen die Auslegungs- und Anwendungshinweise dazu dienen, durch konkrete Hinweise und Vorgaben an die Verpflichteten adäquat und zielgerichtet auf die Ergebnisse des Forums für Geldwäscheprävention und Verhinderung der Terrorismusfinanzierung in der Implementierung dieses Gesetzes reagie-

814 Für eine klare Formulierung in diesem Bereich siehe schon Herzog WM 1999, 1905, 1909.

815 Rundschreiben 1/2014 (GW), Abs. I.

816 Nach § 5 GwGMeldV-Immobilien hat beispielsweise der Verpflichtete zu melden, wenn ein an dem Erwerbsvorgang Beteiligter aufgrund einer Vollmacht handelt, die nicht der Schriftform genügt, und dem Verpflichteten die Vollmacht nicht innerhalb von zwei Monaten nach dessen Aufforderung schriftlich nachgewiesen wird. Siehe auch weiter zur Meldepflicht für Notare nach der Geldwäschegesetzmeldeverordnung (Bülte/Marinitsch, DNotZ 2021, 804).

ren zu können."[817] Damit scheint auch vom Gesetzgeber, die Auslegungs- und Anwendungshinweise mehr als Forum zwischen den Verpflichteten und den zuständigen Aufsichtsbehörden verstanden zu werden. Somit scheint es eher ein Mittel für ein Durchlaufstadium darzustellen. Wenn sich die Bestimmungen der Auslegungs- und Anwendungshinweise als so praxistauglich erweisen, dass sie ein allgemeiner (zwingender) Standard werden sollen, sollte vielmehr von dem Instrument einer Rechtsverordnung mit konkreten Bestimmungen Gebrauch gemacht werden. Diese strenge Interpretation scheint notwendig, wenn man bedenkt, dass durch die Einstufung einer normkonkretisierenden Verwaltungsvorschrift auch eine Verbindlichkeit besteht. Mit Blick auf den Bestimmtheitsgrundsatz wären dann zumindest in Bezug auf die Verdachtsmeldung genaue Vorgaben notwendig, insbesondere auch abschließend welche weiteren Quellen herangezogen werden müssen.[818]

In der Literatur wird grundsätzlich für die gesamten finanzmarktrechtlichen Verhaltens- oder Organisationsnormen der BaFin angezweifelt, dass ein vergleichbarer technisch und wissenschaftlicher Sachverstand wie bei normkonkretisierenden Verwaltungsvorschriften möglich ist.[819] Somit passen die Voraussetzungen vom Bundesverwaltungsgericht in Bezug auf die normkonkretisierenden Verwaltungsvorschriften für das Geldwäscherecht nicht.

(5) Zwischenergebnis: Keine verbindliche Konkretisierung durch die Veröffentlichungen

Im Ergebnis handelt es sich bei den Veröffentlichungen der BaFin lediglich um Verwaltungsvorschriften mit einem norminterpretierenden Charakter. Für die Gerichte sowie für die Kreditinstitute sind die untersuchten Veröffentlichungen damit unverbindlich. Es besteht nur eine mittelbare Außen-

---

817 BT-Drs. 17/5417, 14; siehe auch BT-Drs. 17/6804, 38.

818 Inzwischen hat auch der EuGH Stellung zu dem Problem der Hinweise außerhalb von gesetzlichen Vorgaben bei den Regelungen im Geldwäscherecht genommen. In einem Urteil wird ausgeführt (EuGH, C-562/20 – SIA Rodl & Partner, 17.11.2022, Rn. 51): „Hierzu ist erstens festzustellen, dass, wie der Generalanwalt in den Nrn. 55 und 56 seiner Schlussanträge im Kern ausgeführt hat, das Unionsrecht, insbesondere die Grundsätze der Rechtmäßigkeit und der Rechtssicherheit, angesichts des dynamischen Charakters sowohl der Wirtschaftsbeziehungen als auch der kriminellen Aktivitäten dem nicht entgegensteht, dass in den nationalen Gesetzen nicht alle möglichen Faktoren eines erhöhten Risikos der Geldwäsche und der Terrorismusfinanzierung erschöpfend festgelegt sind, sofern diese Faktoren später in Rechtsakten präzisiert werden, die nicht zwingend den Rang eines Gesetzes haben müssen, die aber in geeigneter Weise veröffentlicht werden müssen." Dies spricht aus Sicht des EuGHs für ein sehr weites Verständnis und Einbindung möglicher Veröffentlichungen der Aufsichtsbehörden. Allerdings wird auch hier deutlich, dass die Faktoren „präzise" sein müssen.

819 Ablehnend Gurlit, ZHR 2013, 862, 896.

wirkung. Die BaFin bindet sich mit den Veröffentlichungen selbst (Selbstbindung der Verwaltung). Ein Kreditinstitut kann sich auf die festgelegten Vorgaben der BaFin berufen und die Verwaltung kann nicht mehr von ihren eigenen Vorgaben ohne einen rechtfertigenden sachlichen Grund abweichen.[820]

Trotzdem zeigt sich, dass die Veröffentlichungen bei näherer Betrachtung weit über den Normalfall von Verwaltungsvorschriften hinausgehen.[821] Es erscheint für einen unbefangenen Leser fernliegend, dass es sich um Veröffentlichungen ohne eine unmittelbare Außenwirkung handeln soll. Vielmehr besteht der Anschein einer Verordnungsvorschrift mit Rechtspflichten.[822] Weiche Formulierungen, wie dass es sich nur um „Hinweise“ oder um die „Verwaltungspraxis“ handelt, können daran nichts ändern. Im Umwelt- und Sicherheitsrecht hat das Bundesverfassungsgericht erreicht, dem Phänomen der faktischen Außenwirkung von Verwaltungsvorschriften mit einer rechtlichen Grundlage zu begegnen. Damit konnten verfassungsrechtliche Bedenken zumindest abgemildert werden.[823] Eine Übertragung der Rechtsfigur auf die Veröffentlichungen im Geldwäscherecht kann bisher aufgrund der teilweise ungenauen und nicht abschließenden Angaben nicht vorgenommen werden.

Im Ergebnis ist die bestehende Situation verfassungsrechtlich bedenklich, wenn die Rundschreiben oder Auslegungs- und Anwendungshinweise mit einer zumindest faktischen Außenwirkung einen Rechtsscheincharakter von Rechtsverordnungen aufweisen und aufgrund des „vorauseilenden Gehorsams“ der Kreditinstitute eine gerichtliche Überprüfbarkeit faktisch nicht gegeben ist.[824]

f) Anhaltspunkte als Konkretisierungsvorgabe

Nachdem sich gezeigt hat, mit welchen Problemstellungen die Veröffentlichungen der Aufsichtsbehörden verbunden sind, soll nunmehr noch auf wesentliche Hinweise der Aufsichtsbehörden zurückgekommen werden. Im Rahmen der Untersuchung des Begriffes „Tatsachen“ hat sich gezeigt, dass von einem Verdachtsfall auszugehen ist, wenn eine signifikante Häufung von bekannten „Anhaltspunkten“ für Geldwäsche vorliegt.[825] Diese Aussage lässt sich auch in weiteren Veröffentlichungen des Gesetzgebers und der

820 Vgl. Maurer/Waldhoff, Allgemeines Verwaltungsrecht, § 24 Rn. 29.
821 Michael, VersR 2010, 141, 143.
822 Michael, VersR 2010, 141, 144.
823 Michael, VersR 2010, 141, 147.
824 Siehe zum Rechtsschutz gegen Maßnahmen mit schlichtem Verwaltungscharakter *Albert* in Reischauer/Kleinhans, KWG, EGL. 1/14, § 6 Rn. 30.
825 Siehe hierzu näher, S. 82.

BaFin finden.[826] Im Folgenden soll sich daher näher mit den möglichen Anhaltspunkten beschäftigt werden. Das Rundschreiben 1/2014 (GW) sowie die Auslegungs- und Anwendungshinweise der BaFin weisen dabei auf eine mögliche Auswahl relevanter Quellen hin, wobei deutlich gemacht wird, dass es sich um keine abschließende Aufzählung handelt. Zudem deuten die Formulierungen der BaFin darauf hin, dass manche Hinweise zwingend zu beachten sind (z. B. „Der Beurteilungsspielraum wird in der Regel stark reduziert sein, wenn Sachverhalte vorliegen, die in den von der FIU den Verpflichteten zur Verfügung gestellten Anhaltspunkten enthalten sind.")[827], während andere Hinweise lediglich herangezogen werden können (z. B. „Darüber hinaus kommen neben internen Hinweisen von Beschäftigten des Verpflichteten auch externe Hinweise, wie beispielsweise Presseveröffentlichungen, Typologienpapiere der Financial Action Task Force (FATF) (www.fatf-gafi.org), Hinweise der BaFin oder der Strafverfolgungsbehörden als aktuelle Erkenntnisquellen in Betracht.").[828]

Schon durch die Vielzahl der Quellen wird deutlich, wie umfangreich und auch unübersichtlich Vorbereitungshandlungen und die Prüfung einer Verdachtsmeldung sein können. Im Folgenden sollen die wesentlichen Quellen im Überblick dargestellt und näher untersucht werden.

(1) Vorsicht bei dem Umgang mit Anhaltspunkten

Zunächst ist aber noch hervorzuheben, dass bei dem Umgang mit den Veröffentlichungen von Anhaltspunkten Vorsicht geboten ist. So soll den Anhaltspunkten nur eine Indizfunktion zukommen, welche grundsätzlich widerlegt werden kann.[829] Eine Verdachtsmeldung ist noch nicht zwingend abzugeben, sobald ein Anhaltspunkt vorliegt.[830] Vielmehr sind die Umstände des Einzelfalls relevant.[831] Der Gesetzgeber stellt in der Gesetzesbegründung klar, dass der Verpflichtete einen Sachverhalt nach allgemeinen Erfahrungen und seinem beruflichen Erfahrungswissen unter dem Blickwinkel seiner Ungewöhnlichkeit und Auffälligkeit im jeweiligen geschäftlichen Kontext würdigen muss.[832] Die Ungewöhnlichkeiten und Auffälligkeiten können sich entweder aus dem Verhalten eines Kunden (persönlicher Bezug) oder aus den Eigenheiten einer Transaktion (sachlicher Bezug) ergeben.[833] Als

---

826 BT-Drs. 12/2704, S. 15; so auch BaFin Rundschreiben 1/2014 (GW), Abs. I; BaFin, Auslegungs- und Anwendungshinweise, S. 73 f.

827 BaFin Auslegungs- und Anwendungshinweise, S. 72.

828 BaFin Auslegungs- und Anwendungshinweise, S. 72.

829 Vgl. Bock, ZIS 2009, 68, 75.

830 Siehe zum Tatbestandsmerkmal der Tatsachen, S. 82.

831 Vgl. Komma, CB 2019, 197, 198; siehe zum Beurteilungsspielraum de, S. 86.

832 BR-Drs. 317/11, S. 49.

833 Lang, Die Pflichten der Kreditwirtschaft bei der Bekämpfung der Geldwäsche, S. 48.

allgemeine Regel kann gelten, dass ein Verdachtsfall desto wahrscheinlicher ist, je mehr Anhaltspunkte vorliegen.[834] Ein vollständiger Katalog mit allen möglichen Anhaltspunkten ist schwer vorstellbar, da die möglichen Geldwäschevorgänge mannigfaltig sind und einer ständigen Veränderung unterliegen.[835] Eine abschließende Aufzählung von Anhaltspunkten wird daher wohl auch in Zukunft immer unwahrscheinlich bleiben.[836]

Trotzdem hat die Sammlung von möglichen Anhaltspunkten einen erheblichen Vorteil. Umso mehr Informationen über mögliche Geldwäschevorgänge vorliegen, desto besser wird sich die Sensibilität der Verpflichteten entwickeln können. Die Expertise eines Geldwäschebeauftragten wird durch aktuelle Informationen im Geldwäschebereich gefördert und auch die sonstigen Angestellten eines Kreditinstitutes können durch aufgearbeitete Anhaltspunkte besser geschult und informiert werden.[837]

(2) Gesetzliche Anhaltspunkte für Risikofaktoren

Zunächst kann geprüft werden, ob es gesetzliche Vorgaben zu Anhaltspunkten gibt. Mit der Umsetzung der Vierten EU-Geldwäscherichtlinie wurden erstmalig konkrete Risikofaktoren im Geldwäschegesetz verankert. Am Ende des Geldwäschegesetzes lassen sich zwei Anlagen, die über potenziell geringere Risiken (Anlage I) und potenziell höhere Risiken (Anlage II) aufklären. Die Anlagen I und II teilen sich dabei in unterschiedliche Risikokategorien, dazu gehören (a) Faktoren bezüglich des Kundenrisikos, (b) Faktoren bezüglich des Produkt-, Dienstleistungs-, Transaktions- oder Vertriebskanalrisikos sowie (c) Faktoren bezüglich des geografischen Risikos. Aus der Überschrift der Anlagen wird allerdings deutlich, dass es sich dabei um Anlagen zu den §§ 5, 10, 14, 15 GwG handelt. Diese Normen befinden sich im Abschnitt Risikomanagement (§ 5 Risikoanalyse) und Sorgfaltspflichten in Bezug auf Kunden (§ 10 Allgemeine Sorgfaltspflichten, § 14 Vereinfachte Sorgfaltspflichten, § 15 Verstärkte Sorgfaltspflichten). Ein unmittelbarer Bezug zu der Verdachtsmeldung kann demnach nicht entnommen werden.[838]

Allerdings lassen sich zumindest mittelbar Verbindungen der genannten Risikofaktoren zu der Verdachtsmeldung feststellen, denn die genannten Risikofaktoren aus der Anlage 2 lassen auf erhöhte Risiken schließen. Werden

834 Vgl. Komma, CB 2019, 197, 198.
835 BT-Drs. 12/2704, S. 15; Körner/Dach, Geldwäsche, S. 55; Werner, S. 137.
836 Werner, S. 137.
837 Körner/Dach, Geldwäsche, S. 56.
838 Schon aus den ersten Gesetzgebungsverfahren lässt sich entnehmen, dass der Gesetzgeber darauf verzichten wollte, einen Katalog von konkreten Verdachtsmomenten im Gesetz aufzustellen (Vgl. BT-Drs. 12/2704, S. 15).

im Einzelfall viele Risikofaktoren festgestellt und lassen diese sich nicht durch weitere verstärkte Maßnahmen mitigieren, dann kann das eine Grundlage für Verdachtsmomente darstellen. Beispielhaft kann das geografische Risiko genannt werden. Im Jahr 2014 hatte laut FIU-Jahresbericht nahezu die Hälfte der durch eine Verdachtsmeldung gemeldeten Personen einen Auslandsbezug.[839] Allerdings besteht keine allgemeingültige Definition, wann ein Land ein höheres Risiko für Geldwäsche und Terrorismusfinanzierung aufweist.[840] Vielmehr werden in der Anlage 2 Nr. 3 GwG weitreichende Faktoren bezüglich des geografischen Risikos genannt.[841] Für die Kreditinstitute sind zudem die schon oben beschriebenen FATF-Rundschreiben der BaFin besonders relevant.[842] Auch müssen die Anforderungen in Bezug auf verstärkte Risiken nach § 15 Abs. 3 Nr. 2 GwG beachtet werden. Danach sind die aktuellen Hochrisikoländer nach der Europäischen Kommission besonders zu berücksichtigen.[843]

(3) Anhaltspunkte aus Modellen und Erscheinungsformen der Geldwäsche

Für ein weiteres grundsätzliches Verständnis kann es helfen, den Ablauf eines Geldwäschevorganges zu verstehen. Da der Geldwäschevorgang oft sehr komplex sein kann, wurden zur Vereinfachung Modelle entwickelt. Die bekanntesten Modelle teilen den Geldwäschevorgang in unterschiedliche Stadien ein (z. B. „Kreislaufmodell Zünd", „Zyklus Modell", „Zielmodell" und „Drei-Phasen-Modell").[844] Dabei wird aufgezeigt, welche Aktivitäten zwischen den bemakelten bis hin zu den unbemakelten Vermögenswerten

839 FIU-Jahresbericht 2014, S. 14 sowie BT-Drs. 18/11555, S. 167.

840 *Figura* in Herzog, Geldwäschegesetz, § 10 Rn. 44.

841 Beispielweise könnten Quellen wie Embargo/OFAC-Listen, OECD-Listen, die Gleichwertigkeitsliste der EU-Mitgliedstaaten, Veröffentlichungen von IWF, Weltbank, Egmont Group of Financial Intelligence Units sowie Corruption Perceptions Index von Transparency International (TI) relevant sein (siehe auch noch dazu DK-Hinweise, Rn. 80).

842 Siehe hier nur: BaFin Rundschreiben 2/2015 (GW); BaFin Rundschreiben 8/2014 (GW). Siehe ausführlich oben FATF-Rundschreiben der BaFin, S. 114.

843 Die Europäische Kommission hat im Juli 2016 die Delegierte Verordnung (EU) 2016/1675 veröffentlicht, welche regelmäßig aktualisiert werden. Darin sind Drittstaaten mit hohem Risiko festgelegt. Bei den delegierten Rechtsakten nach Art. 290 AEUV handelt es sich um eine exekutive Rechtsetzung durch die Kommission. Sie werden mit Rechtsverordnungen in der bundesdeutschen Rechtsordnung nach Art. 80 GG verglichen und sind Akte der materiellen Gesetzgebung (vgl. *Gellermann* in Streinz, EUV/AEUV, Art. 290 Rn. 2.). Daher hat die Delegierte Verordnung (EU) 2016/1675 der Europäischen Kommission einen rechtsverbindlichen Charakter und muss von den Kreditinstituten beachtet werden.

844 Siehe ausführlich zu allen Modellen Hoyer/Klos, Regelungen zur Bekämpfung der Geldwäsche und ihre Anwendung in der Praxis, S. 9 ff.

stattfinden können.[845] Bei dem Kreislaufmodell von *Zünd* wird der Geldwäschevorgang mit einem Wasserkreislauf in der Natur verglichen. Dabei werden Stationen vom Niederschlag (Bargeldanfall) über die Pumpstation (Eintritt in die legale Finanzwelt) bis hin zur Verdunstung (legale Rückführung) durchschritten.[846] Beim Zielmodell von *Ackermann* hingegen werden die Ziele von Geldwäschern definiert und dann die Handlungsmöglichkeiten sowie Unterstützungsfaktoren aufgezeigt.[847]

Das herrschende Modell im Geldwäschebereich beruht auf einem Drei-Phasen-Modell und wurde ursprünglich von den US-Zollbehörden zur Bekämpfung des Drogenhandels entwickelt.[848] Der Geldwäschevorgang wird dabei in drei Phasen eingeteilt: die Platzierung („Placement"), das Verwirrspiel („Layering") und die Integration („Integration"). In allen Phasen können die Banken eine zentrale Rolle spielen.[849]

(a) Phase 1: Placement

In der ersten Phase wird das „schmutzige" Geld aus einer Vortat in den regulären Finanzkreislauf eingeschleust („Placement"). Hierbei werden klassischerweise große Bargeldmengen in Buchgeld umgewandelt, damit das Entdeckungsrisiko der Geldwäscher geringer bleibt und das Geld besser transferiert werden kann. Bei einer möglichen Spielart kann das Geld über mehrere Mittelsmänner an einen anderen Ort transportiert werden. Dabei handelt es sich oft um Länder mit freizügigen Regelungen im Finanz- und Bankenwesen, wie Steueroasen oder Offshore-Zentren.[850] Damit die hohen Bargeldsummen bei den Banken nicht auffallen, werden die Beträge oft gestückelt und in mehreren kleinen Teilbeträgen eingezahlt („smurfing").[851] Zudem werden andere Personen (Strohleute) eingesetzt, welche Geldbeträge auf ihre persönlichen Konten einzahlen.[852] In dieser Phase besteht regelmäßig noch die größte Chance, die Geldwäscher zu entdecken.[853]

---

845 *Herzog/Achtelik* in Herzog, Geldwäschegesetz, Einl. Rn. 5 ff.

846 Ausführlich siehe Hoyer/Klos, Regelungen zur Bekämpfung der Geldwäsche und ihre Anwendung in der Praxis, S. 10.

847 Siehe weiter Hoyer/Klos, Regelungen zur Bekämpfung der Geldwäsche und ihre Anwendung in der Praxis, S. 11.

848 *Herzog/Achtelik* in Herzog, Geldwäschegesetz, Einl. Rn. 6 ff.

849 Hoyer/Klos, Regelungen zur Bekämpfung der Geldwäsche und ihre Anwendung in der Praxis, S. 27.

850 *Allgayer* in Ellenberger/Bunte, Bankrechts-Handbuch, § 11 Rn. 5.

851 *Herzog/Achtelik in* Herzog, Geldwäschegesetz, Einl. Rn. 8.

852 *Allgayer* in Ellenberger/Bunte, Bankrechts-Handbuch, § 11 Rn. 5.

853 Hoyer/Klos, Regelungen zur Bekämpfung der Geldwäsche und ihre Anwendung in der Praxis, S. 12.

(b) Phase 2: Layering

Nachdem das Geld beispielsweise auf Buchgeldkonten eingezahlt worden ist, soll in einer zweiten Phase durch eine Vielzahl von komplexen Finanztransaktionen eine Verschleierung („Layering“) stattfinden. Das Ziel der Geldwäscher besteht darin, die „Papierspuren“ („paper trail“) zu verwischen.[854] Hierzu werden mehrere Transaktionen im Zahlungsverkehr hintereinandergeschaltet. Dabei können Offshore-Finanzzentren wie die Kaimaninseln (Cayman Islands), Hongkong, die Kanalinseln (Channel Islands), Liechtenstein und die Schweiz genutzt werden.[855] Auffällig für ein Kreditinstitut kann in dieser Phase sein, dass hohe Transaktionskosten ohne erkennbaren Grund geduldet werden. Denn dem Kriminellen geht es nicht um eine gute Geldanlage, sondern lediglich darum, die Spuren zu verwischen.[856] Oft erschweren die unterschiedlichen Rechtssysteme den Behörden die Ermittlungen.[857] In dieser Phase wird es schon deutlich schwerer, die Aktivitäten der Geldwäscher aufzudecken.[858]

(c) Phase 3: Integration

In der dritten Phase („Integration“) wird das „verschleierte“ Geld wieder so in den Finanzkreislauf eingebracht, dass der Eindruck entsteht, es würde aus einem rechtmäßigen Geschäft entspringen. Zu diesem Zweck können ausgeklügelte Systeme mit gegründeten oder gekauften Unternehmen aus kontaminierten Geldern (sogenannte Frontgesellschaften) aufgebaut werden.[859] Durch die oft stattfindende Vermischung mit legal erworbenem Geld kann in der Integrationsphase kaum noch festgestellt werden, welches Geld einer illegalen Quelle entstammt.[860] Das Geld wird dann in Geschäftsbeteiligungen, Aktien, in den Kauf von Immobilien, oder auf EURO, US-Dollar- oder Schweizer Franken-Festgeldkonten im In- und Ausland angelegt.[861] Auch wird der Nicht-Finanzsektor genutzt, wobei sich in der Vergangenheit besonders bargeldintensive Bereiche wie Taxiunternehmen, Spielhallen, Wech-

854 *Herzog/Achtelik* in Herzog, Geldwäschegesetz, Einl. Rn. 10.

855 *Allgayer* in Ellenberger/Bunte, Bankrechts-Handbuch, § 11 Rn. 8.

856 *Herzog/Achtelik* in Herzog, Geldwäschegesetz, Einl. Rn. 10.

857 *Allgayer* in Ellenberger/Bunte, Bankrechts-Handbuch, § 11 Rn. 8.

858 Hoyer/Klos, Regelungen zur Bekämpfung der Geldwäsche und ihre Anwendung in der Praxis, S. 11 f; *Kaetzler* in Verdacht auf Geldwäsche, S. 27. Es werden nach Schätzungen von United Nations bei ca. 75 % des Drogenhandels für Geldgeschäfte auf Offshore-Finanzzentren genutzt. Siehe weiter United Nations, Office for Drug Control and Crime Prevention, Financial Havens, Banking Secrecy and Money Laundering, 1998, 5–11 und 35–46.

859 Hoyer/Klos, Regelungen zur Bekämpfung der Geldwäsche und ihre Anwendung in der Praxis, S. 13.

860 *Allgayer* in Ellenberger/Bunte, Bankrechts-Handbuch, § 11 Rn. 9.

861 *Herzog/Achtelik* in Herzog in Geldwäschegesetz, Einl. Rn. 11.

selstuben und Im- und Exportgesellschaften als tauglich erwiesen haben.[862] Bei einer Dunkelfeldstudie wurde geschätzt, dass der Nicht-Finanzsektor in Deutschland besonders betroffen sei. Es soll demnach jährlich 15.000 bis 28.000 Verdachtssituationen in dem Bereich geben, die nicht gemeldet werden.[863] Trotzdem steht der Finanzsektor und damit die Banken im besonderen Fokus, da das kontaminierte Geld früher oder später wieder auf Konten gelangt und von da aus weiterbewegt wird.[864]

(d) Zwischenergebnis

Bei der Betrachtung des Drei-Phasen-Modelles wird deutlich, dass es für ein besseres Verständnis von möglichen Geldwäschehandlungen hilft. Allerdings wird auch offensichtlich, dass Geldwäsche als Sammelbegriff für bestimmte Phänomene herangezogen wird und die Geldwäschehandlungen so vielfältig sein können, dass dieses Modell nur ein Rahmen für ein besseres Verständnis geben kann.[865] Der Begriff Geldwäsche ist damit weiterhin schwer greifbar. Es soll daher weiter untersucht werden, welche möglichen weiteren Anhaltspunkte es geben kann, um einen Geldwäscheverdacht näher zu konkretisieren.

(4) Anhaltspunkte aus Typologien

Weiterhin sind für die Kreditinstitute bei der Vorbereitung und Beurteilung einer Verdachtsmeldung sogenannte „Typologienpapiere" relevant. Dabei handelt es sich um gesammelte Fälle oder Szenarien, welche bereits im Zusammenhang mit der Verdachtsmeldung aufgetreten sind oder auftreten können.[866] Im Gegensatz zu den Geldwäschemodellen sind sie konkreter auf bestimmte Fälle bezogen. Die Typologienpapiere eignen sich nach der Ansicht der FATF dazu, ein breiteres Publikum über die Eigentümlichkeiten und Tendenzen bei der Geldwäsche zu informieren.[867]

Daher soll sich im Folgenden näher mit relevanten Typologiepapieren auseinandergesetzt werden. Dabei lässt sich feststellen, dass sich nationale Typologiepapiere (dazu a), europäische Typologiepapiere (dazu b) sowie internationale Typologiepapiere (dazu c) finden lassen. Zuletzt soll mit dem

862 *Allgayer* in Ellenberger/Bunte, Bankrechts-Handbuch, § 11 Rn. 11.

863 *Bussmann*, Dunkelfeldstudie über den Umfang der Geldwäsche in Deutschland und über die Geldwäscherisiken in einzelnen Wirtschaftssektoren, S. 16.

864 Findeisen, wistra 1997, 121, 122.

865 Siehe auch Bülte, NZWiSt 2017, 276, 277 f.

866 *Aus dem Moore* in Berndt, Risikoorientierte Geldwäsche- und Betrugsprävention, Der risikobasierte Überwachungsansatz aus Sicht des Geldwäschebeauftragten, Rn. 31.

867 Vgl. FATF Bericht über Typologien der Geldwäsche und der Terrorismus-Finanzierung 2004–2005, S. 4.

sogenannten „Finanzagent“ ein in der Praxis besonders häufig vorkommendes Phänomen aus den Typologiepapieren erläutert werden (dazu d).

(a) Nationale Typologiepapiere

Auf der nationalen Ebene ist die Zentralstelle für Finanztransaktionsuntersuchungen (FIU) für den Austausch mit den Verpflichteten und für die Aufklärung, Verhinderung oder Verfolgung der Geldwäsche und der Terrorismusfinanzierung verantwortlich und soll insbesondere auch über Typologien und Methoden informieren (§ 28 Abs. 1 Nr. 9 GwG). Ebenso veröffentlicht die FIU regelmäßig einen Jahresbericht, wo auch über Typologien und erfolgten operativen Analysen informiert wird (§ 28 Abs. 1 Nr. 11 GwG). Die BaFin macht in den Auslegungs- und Anwendungshinweisen im Zusammenhang mit der Abgabe der Verdachtsmeldung deutlich, dass „der Beurteilungsspielraum in der Regel stark reduziert sein [wird], wenn Sachverhalte vorliegen, die in den von der FIU den Verpflichteten zur Verfügung gestellten Typologiepapieren und Hinweisen enthalten sind.“[868] Damit sind aus der Sicht der BaFin die Typologiepapiere der FIU hervorzuheben und sollten bei der Verdachtsmeldung insbesondere berücksichtigt werden.

Die FIU stellt unterschiedliche Typologien für den Finanzsektor und den Nichtfinanzsektor in einem internen Bereich auf ihrer Internetseite für die Verpflichteten zur Verfügung. Allerdings können die Typologien nur nach einer vorherigen Anmeldung bei der FIU eingesehen werden, dabei muss die Eigenschaft einer Verpflichtetenstellung nach dem Geldwäschegesetz nachgewiesen werden. Die FIU-Typologien stehen damit nicht der allgemeinen Öffentlichkeit zur Verfügung. Dabei lassen sich allgemeine und besondere Anhaltspunktpapiere sowie zu speziellen Themenbereichen (z. B. Betrugs- und Geldwäscheaktivitäten im Zusammenhang mit COVID-19) finden. Regelmäßig werden dabei kurze prägnante Hinweise gegeben, wann beispielsweise eine erhöhte Aufmerksamkeit beim Verpflichteten bestehen soll (z. B. Es werden (gehäuft) Transaktionen abgewickelt, die außergewöhnlich komplex und/oder wirtschaftlich unplausibel erscheinen). Es erscheint zwar nachvollziehbar, dass diese Dokumente nur einem eingeschränkten Publikum zur Verfügung gestellt werden. Denn unter Umständen bestünde die Gefahr, dass diese in die Hände von Kriminellen kommt. Aus einer Anfrage im Bundestag wird aber deutlich, dass der potenzielle Verpflichtetenkreis auf über eine Millionen Unternehmen und Personen geschätzt wird.[869] Damit besteht ein so großer Empfängerkreis, dass allein schon deswegen nicht verhindert werden kann, dass diese Typologien auch von Kriminellen genutzt werden.

868 BaFin, Auslegungs- und Anwendungshinweise, S. 73.
869 Vgl. BT-Drs. 19/23662, S. 9 f.

Dagegen werden die FIU-Jahresberichte öffentlich zur Verfügung gestellt und lassen sich auf der Internetseite der FIU finden.[870] Diese beinhalten die Auswertungen von abgegebenen Verdachtsmeldungen und geben einen Überblick über die aktuellen Entwicklungen. Im FIU-Jahresbericht von 2015 werden beispielsweise Auffälligkeiten im Zusammenhang mit „Financial Agents“ sowie neuen elektronischen Zahlungssystemen aufgeführt.[871] Des Weiteren geben die FIU-Jahresberichte Auskunft über die ermittelten Vortaten der Geldwäsche, welche bei den abgegebenen Verdachtsmeldungen aufgetreten sind (sogenannter „Clearingvorgang“).[872] Demnach ist beispielsweise im FIU-Jahresbericht 2013 die häufigste Vortat der Betrug sowie der Computerbetrug mit 77,9 % der Gesamtsumme. Auf dem zweiten Platz folgt die Urkundenfälschung, welche nur noch einen Anteil von 9,5 % ausmacht. Weitere Delikte kommen kaum noch vor und machen 1,3 % (Raub) oder lediglich 0,6 % (z. B. Betäubungsmittel, Unterschlagung, Marktmanipulation) aus.[873]

Tabelle 6: Vortaten der Geldwäsche und andere Delikte, auf die sich die Entscheidungen beziehen

Vortat	Anzahl	in %
Betrug	246	77,9
davon Computerbetrug	161	
Urkundenfälschung	30	9,5
Bankrott	4	1,3
Hehlerei	3	1,0
Verstoß Zahlungsdiensteaufsichtsgesetz	3	1,0
Betäubungsmittel	2	0,6
Raub	2	0,6
Unterschlagung	2	0,6
Marktmanipulation	2	0,6
Diebstahl	1	0,3
Ohne Deliktsangabe	21	6,6
Summe	316	100

(Mehrfachnennungen pro Fall möglich)

Abbildung 5: Vortat der Geldwäsche und andere Delikte auf die sich die Entscheidungen beziehen.
Quelle: FIU-Jahresbericht 2013, S. 26.

870 Siehe hierzu auf der Internetseite der FIU sowie für Jahresberichte vor dem Jahr 20217 auf der Internetseite vom BKA (www.bka.de).

871 FIU-Jahresbericht 2015, 22 ff.

872 Siehe z. B. FIU-Jahresbericht 2014, S. 17. Siehe umfassend zur rechtlichen Einordung des Clearingverfahrens bei der Verdachtsmeldung Richter, S. 238 ff.

873 FIU-Jahresbericht 2013, S, 26.

Bei einer vertieften Suche lassen sich auch noch das ältere Rundschreiben 19/98 vom Bundesaufsichtsamt für das Kreditwesen (Vorgängerbehörde der BaFin) vom 2. November 1998 (Z 5 – B 214) mit dem Titel „Geldwäsche-Typologienpapier“ finden.[874] Es zeichnet sich durch eine besondere Ausführlichkeit aus, nennt mögliche Auffälligkeiten bei den einzelnen Bankgeschäften und bietet daher eine gute Hilfestellung für die Kreditinstitute. Unklar ist aber das Verhältnis zu den aktuellen Veröffentlichungen der BaFin insbesondere zu dem für die Verdachtsmeldung relevanten Rundschreiben 1/2014 (GW) und den Auslegungs- und Anwendungshinweisen der BaFin. Alle Veröffentlichungen äußern sich zum Geldwäscheverdachtsfall. Das Rundschreiben 19/98 zeigt dabei allgemeine sowie spezielle Problemindikatoren auf. Während die allgemeinen Problemindikatoren den Hinweisen aus dem Rundschreiben 1/2014 (GW) und den Auslegungs- und Anwendungshinweisen entsprechen, werden die speziellen Problemindikatoren der einzelnen Bankgeschäfte (Kreditgeschäft, Sortengeschäft usw.) in dem Rundschreiben 1/2014 (GW) nicht genannt. Es lässt sich allerdings kein Verweis im Rundschreiben 1/2014 (GW) sowie in den Auslegungs- und Anwendungshinweisen auf das ältere Rundschreiben 19/98 finden.[875]

(b) Europäische Typologiepapiere

Auch auf der europäischen Ebene lassen sich relevante Veröffentlichungen finden. Die BaFin weist in ihren Auslegungs- und Anwendungshinweisen darauf hin, dass die „Leitlinien zu den Risikofaktoren für Geldwäsche und Terrorismusfinanzierung“[876] von den europäischen Aufsichtsbehörden im Zusammenhang mit der Risikoanalyse und den Sorgfaltspflichten beachtet

874 Es ist vollständig abgedruckt in der ZBB 1999, 63–66. Weiterhin finden sich noch Hinweise in dem Jahresbericht des BAKred 1998, S. 92, abrufbar unter https://www.bafin.de/SharedDocs/Downloads/DE/Jahresbericht/dl_jb_1998_bakred.pdf?__blob=publicationFile&v=3 (zuletzt abgerufen am 17.09.2023).

875 Auch wird das Rundschreiben 19/98 nicht auf der Internetseite der BaFin als ein aufgehobenes Rundschreiben abgebildet (vgl. das Register der aufgehobenen Dokumente auf der Internetseite der BaFin, www.bafin.de).

876 Leitlinien nach Artikel 17 und Artikel 18 Absatz 4 der Dritten EG-Geldwäscherichtlinie über Sorgfaltspflichten und die Faktoren, die Kredit- und Finanzinstitute bei der Bewertung des mit einzelnen Geschäftsbeziehungen und gelegentlichen Transaktionen verknüpften Risikos für Geldwäsche und Terrorismusfinanzierung berücksichtigen sollten („Die Leitlinien zu den Risikofaktoren für Geldwäsche und Terrorismusfinanzierung“), zur Aufhebung und Ersetzung der Leitlinien JC/2017/37 vom März 2021 (EBA/GL/2021/02), abrufbar unter https://www.eba.europa.eu/sites/default/documents/files/document_library/Publications/Guidelines/2021/Guidelines%20on%20ML-TF%20risk%20factors%20%28revised%29%202021-02/Translations/1016923/Guidelines%20ML%20TF%20Risk%20Factors_DE.pdf (zuletzt abgerufen am 17.09.2023).

werden müssen.[877] Es lassen sich keine Hinweise finden, dass diese unmittelbar auch bei der Verdachtsmeldung zu berücksichtigen sind. Allerdings ergibt sich aus dem Konzept des Geldwäschegesetzes, dass die Hinweise im Bereich der Risikoanalyse und der Sorgfaltspflichten zu beachten sind und damit auch für die Verdachtsmeldung mittelbar relevant sein können. Sollten in der Risikoanalyse bestimmte Hinweise oder Quellen nicht beachtet worden sein und fehlen, dann kann das in der Folge auch dazu führen, dass relevante Risikofaktoren für die Verdachtsmeldung nicht berücksichtigt werden. Daher können diese Hinweise auch für die Verdachtsmeldung relevant werden. Bei genauer Betrachtung der Leitlinien zu den Risikofaktoren für Geldwäsche und Terrorismusfinanzierung werden im Zusammenhang mit den laufenden Sorgfaltspflichten gegenüber Kunden bestimmte Informationsquellen hervorgehoben, die „stets" zu berücksichtigen sind und solche, die beachtet werden können[878]. Zu den Hinweisen, die stets zu beachten sind, gehören folgende Informationsquellen:[879] die supranationale Risikobewertung der Europäischen Kommission; die Liste der Drittländer mit hohem Risiko der Europäischen Kommission; Regierungsdaten (z.B. nationale Risikobewertungen, Grundsatzerklärungen und Warnungen sowie Erläuterungen zu relevanten Rechtsvorschriften); Informationen von Regulierungsbehörden (z.B. Leitlinien und Begründungen zu verhängten Strafen); Informationen von zentralen Meldestellen (Financial Intelligence Units, FIUs) und Strafverfolgungsbehörden (z.B. Gefahrenberichte, Warnungen und Typologien); und Erkenntnisse aus der Erstüberprüfung im Rahmen der Sorgfaltspflichten gegenüber Kunden und der laufenden Überwachung. Zu den Informationsquellen, die in Erwägung gezogen werden sollten, gehören: das eigene Wissen und die eigene Fachkenntnis; Informationen von Industrieverbänden (z.B. Typologien und Meldungen zu aufkommenden Risiken); Informationen aus der Zivilgesellschaft (z.B. Korruptionswahrnehmungsindizes und Länderberichte); Informationen von internationalen Standardsetzern (wie gegenseitige Evaluierungsberichte oder rechtlich nicht bindende schwarze Listen); Informationen aus glaubwürdigen und zuverlässigen öffentlichen Quellen (z.B. Berichte in angesehenen Zeitungen); Informationen von glaubwürdigen und zuverlässigen gewerblichen Einrichtungen (z.B. Risiko- und Untersuchungsberichte); und Informationen von statistischen und akademischen Einrichtungen.

877 Vgl. BaFin, Auslegungs- und Anwendungshinweise, S. 11 ff., 58 ff.

878 Der Wortlaut der EBA, in den Leitlinien zu den Risikofaktoren für Geldwäsche und Terrorismusfinanzierung, S. 13 ist: („Unternehmen sollten die Einbeziehung unter anderem der folgenden weiteren Informationsquellen in Erwägung ziehen").

879 Leitlinien zu Risikofaktoren der Europäischen Aufsichtsbehörden, S. 8 f.

(c) Internationale Typologiepapiere

Auf internationaler Ebene sind insbesondere die Typologienpapiere von der FATF hervorzuheben. Auch die BaFin verweist in ihren Veröffentlichungen auf die Typologienpapiere der FATF hin. Im Gegensatz zu den Typologienpapiere der FIU wählt sie aber eine andere Formulierung. Demnach „kommen […] auch externe Hinweise, wie beispielsweise Presseveröffentlichungen, Typologienpapiere der Financial Action Task Force (FATF) […] als aktuelle Erkenntnisquellen in Betracht“[880]. Auch soll nach der BaFin bei einer Verdachtsmeldung ausdrücklich vermerkt werden, wenn Verdachtsmomente aus den Typologienpapiere der FATF stammen.[881]

Die Typologienpapiere der FATF lassen sich auf der Internetseite der FATF finden und es kommen regelmäßig neue Veröffentlichungen hinzu.[882] Dabei kann beobachtet werden, dass früher eher allgemeinere Typologieberichte veröffentlicht wurden, wie z. B.:

- „Money Laundering Typologies 2002–2003“[883]
- „Money Laundering Typologies 2003–2004“[884]
- „Money Laundering and Terrorist Financing Typologies 2004–2005“[885]

Die aktuelleren Veröffentlichungen beschäftigen sich nunmehr mit speziellen Problemkreisen, wie z. B.:

---

880 BaFin, Auslegungs- und Anwendungshinweise, S. 73 f. Zudem sollte nach der BaFin „ausdrücklich“ auf diese Informationsquelle hingewiesen werden, wenn man eine Verdachtsmeldung abgibt.

881 BaFin, Auslegungs- und Anwendungshinweise, S. 74.

882 FATF-Internetseite unter Topic: Methods and Trends, abrufbar unter http://www.fatf-gafi.org/publications/methodsandtrends/?hf=10&b=0&s=desc(fatf_releasedate) (zuletzt abgerufen am 23.02.2020).

883 FATF Money Laundering Typologies 2002–2003 vom 14. Februar 2003, abrufbar unter http://www.fatf-gafi.org/publications/methodsandtrends/documents/moneylaunderingtypologies2002-2003.html (zuletzt abgerufen am 16.07.2023).

884 FATF Money Laundering Typologies 2003–2004 vom 26. Februar 2004, abrufbar unter http://www.fatf-gafi.org/publications/methodsandtrends/documents/moneylaunderingtypologies2003-2004.html (zuletzt abgerufen am 16.07.2023).

885 FATF Money Laundering and Terrorist Financing Typologies 2004–2005 vom 26.2.2004 abrufbar unter http://www.fatf-gafi.org/publications/methodsandtrends/documents/moneylaunderingandterroristfinancingtypologies2004-2005.html (zuletzt abgerufen am 16.07.2023). Dieser Bericht ist ins Deutsche mit Genehmigung des FATF Secretariats durch das deutsche Bundessprachenamt im Auftrag für das Bundeskriminalamt in Wiesbaden übersetzt worden, abrufbar unter http://www.bka.de/nn_204310/SharedDocs/Downloads/DE/Publikationen/JahresberichteUndLagebilder/FIU/FatfGafi/fiuGeldwaeschetypo2004Bis2005,templateId=raw,property=publicationFile.pdf/fiuGeldwaeschetypo2004Bis2005.pdf (zuletzt abgerufen am 20.5.2017).

- „The role of Hawala and other similar service providers in money laundering and terrorist financing“[886]
- „Money Laundering Using New Payment Methods“[887]
- „Virtual Currencies: Key Definitions and Potential AML/CFT Risks“[888].

Alle Berichte sind regelmäßig nur in Englisch oder Französisch, nicht aber in der deutschen Sprache auf der Internetseite der FATF abrufbar. Nur vereinzelt lassen sich Übersetzungen in Deutsch finden.[889]

(d) Der Finanzagent als Phänomen

Eine besonders häufige Typologie in Deutschland war lange Zeit der sogenannte „Finanzagent“. Die BaFin hat über diese Erscheinung schon im Jahr 2005 berichtet.[890] Aus dem FIU-Jahresbericht 2013 lässt sich entnehmen, dass der Finanzagent der häufigste Meldegrund war.[891] Auch im FIU-Jahresbericht 2015 liegt der Anteil der Finanzagenten an der Gesamtsumme der abgegebenen Verdachtsmeldungen noch bei 10 %.[892]

Die Grafik zeigt die Entwicklung des Phänomens der Finanzagenten im Verhältnis zu den abgegebenen Verdachtsmeldungen in den Jahren von 2006 bis 2015.

---

886 FATF, The role of Hawala and other similar service providers in money laundering and terrorist financing vom 03.12.2013, abrufbar unter http://www.fatf-gafi.org/publications/methodsandtrends/documents/role-hawalas-in-ml-tf.html (zuletzt abgerufen am 16.07.2023).

887 FATF Money Laundering Using New Payment Methods vom 22.10.2010, abrufbar unter http://www.fatf-gafi.org/publications/methodsandtrends/documents/moneylaunderingusingnewpaymentmethods.html (zuletzt abgerufen am 16.07.2023).

888 FATF Virtual Currencies: Key Definitions and Potential AML/CFT Risks vom 27.6.2014, abrufbar unter http://www.fatf-gafi.org/media/fatf/documents/reports/Virtual-currency-key-definitions-and-potential-aml-cft-risks.pdf (zuletzt abgerufen am 16.07.2023).

889 Siehe z.B. FATF/GAFI, Bericht über Geldwäsche-Typologien und Typologien der Finanzierung des Terrorismus 2003–2004, abrufbar unter https://www.bafin.de/SharedDocs/Downloads/DE/Bericht/dl_rs_0402_gw_anlage_typologiebericht.pdf?__blob=publicationFile&v=1 (zuletzt abgerufen am 16.07.2023).

890 BaFin, Verbrauchermitteilung „BaFin warnt vor einer Tätigkeit als Finanzagent“ vom 05.05.2005, abrufbar unter http://www.bafin.de/SharedDocs/Veroeffentlichungen/DE/Verbrauchermitteilung/weitere/vor_2007/vm_050517_finanzagent.html (zuletzt abgerufen am 22.04.2015).

891 FIU-Jahresbericht 2013, S. 14. Von insgesamt 19 095 abgegeben Verdachtsmeldungen weisen 3493 ein Bezug zum Finanzagenten auf, was 18 % der Gesamtsumme entspricht.

892 FIU-Jahresbericht 2015, S. 22. Auch in aktuellen FIU-Jahresberichten taucht das Phänomen immer wieder auf, siehe FIU-Jahresbericht 2021, S. 49 ff.

Grafik 11: Anteil der Meldungen zu „Financial Agents" an der Gesamtzahl der Verdachtsmeldungen 2006–2015

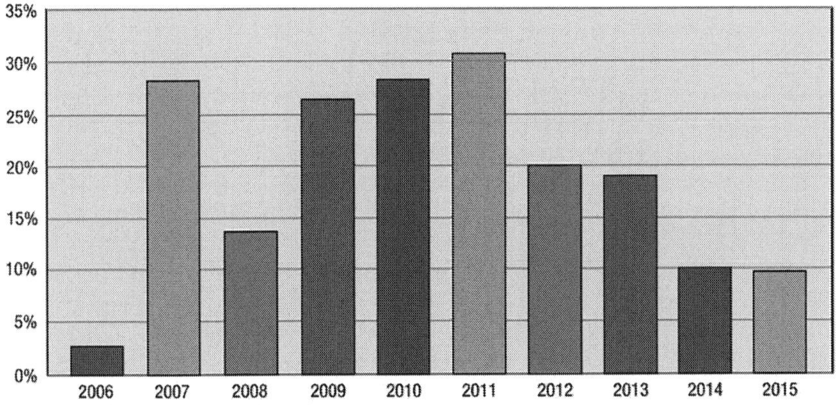

Abbildung 6: Anteil der Meldungen zu „Financial Agents" an der Gesamtzahl der Verdachtsmeldungen 2006–2015.
Quelle: FIU-Jahresbericht 2015, S. 41.

Bei den Finanzagenten handelt es sich um Personen, welche ihr Konto im Auftrag für einen Dritten nutzen.[893] Die Vorgehensweise ist das oft unseriöse Dritte gezielt mit Personen über eine Internetseite oder per E-Mail-Kontakt aufnehmen, mit dem Ziel, Geld auf das Konto des Finanzagenten zu überweisen. Der Finanzagent soll dann das überwiesene Geld abheben und per Bargeldüberweisung (wie z. B. per Western Union) ins Ausland auf ein anderes Konto transferieren. Diese umständliche Abwicklungsmethode wird den Finanzagenten beispielsweise damit erklärt, dass Kosten gegenüber Auslandsüberweisungen gespart werden können oder empfindliche Kundeninformationen nicht übermittelt werden sollen. Es kommt auch vor, dass dem eingesetzten Finanzagenten eine Provision für seine Tätigkeit versprochen wird.[894] Durch diese Abwicklungsmethode werden die Transferwege verwischt. Die Gelder der unseriösen Dritten kommen meist aus kriminellen Vortaten.[895] Oft hat der

893 Diese Tätigkeit ist erlaubnispflichtig und entspricht der Tätigkeit eines Finanztransfergeschäftes im Sinne des § 1 Abs. 2 Nr. 6 Zahlungsdiensteaufsichtsgesetz (ZAG).

894 Siehe Beschreibung BaFin, Verbrauchermitteilung „BaFin warnt vor einer Tätigkeit als Finanzagent" vom 05.05.2005, abrufbar unter http://www.bafin.de/SharedDocs/Veroeffentlichungen/DE/Verbrauchermitteilung/weitere/vor_2007/vm_050517_finanzagent.html (zuletzt abgerufen am 22.04.2015), sowie *Altenhain, in* Kindhäuser/Neumann/Paeffgen/Saliger, § 261 Rn. 100.

895 Als eine typische Vortat kommt auch oft das sogenannte „Phishing" (Passwort Fishing) vor. Hierbei werden von Personen die Transaktionendaten (wie PIN und TAN) rechtswidrig ausgespäht. (siehe *Altenhain*, in Kindhäuser/Neumann/Paeffgen/Saliger, § 261 Rn. 100).

Finanzagent keine Kenntnis von der rechtswidrigen Vortat. Das Phänomen des Finanzagenten hat bereits die höchsten deutschen Gerichte in strafrechtlichen und zivilrechtlichen Fragestellungen beschäftigt.[896]

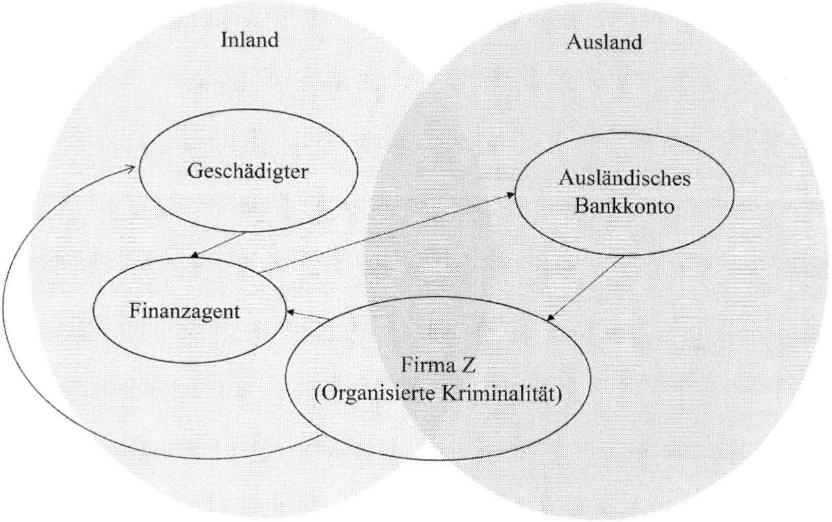

Abbildung 7: Übersicht zum Vorgang beim Finanzagent.
Quelle: Eigene Darstellung.

(5) Anhaltspunkte aus der Rückmeldung einer Verdachtsmeldung

Als eine weitere Grundlage für die Prüfung und Beurteilung von einer Verdachtsmeldung könnten Hinweise der zuständigen Behörde aus der Rückmeldung bereits gemeldeter Verdachtsfälle dienen. Das Geldwäschegesetz hat mit dem § 41 Abs. 2 Satz 1 GwG eine gesetzliche Grundlage geschaffen, wonach die FIU dem Verpflichteten in angemessener Zeit Rückmeldung zur Relevanz seiner Meldung geben soll.[897] Somit könnte das Kreditinstitut nähere Informationen zu der Qualität der Meldungen erhalten und darauf sein Meldeverhalten anpassen und verbessern. Das Ziel des Gesetzgebers besteht mit dieser Regelung darin, die Verpflichteten in Sachen Geldwäscheprävention und Bekämpfung der Terrorismusfinanzierung zu sensibilisieren und

896 Siehe z. B. BGH MMR 2013, 674 sowie OLG München WM 2015, 676.

897 Die gesetzliche Grundlage im § 41 GwG geht auf den Art. 46 Abs. 3 der Vierten EU-Geldwäscherichtlinie zurück. Danach sollen die Mitgliedstaaten dafür sorgen, dass eine zeitnahe Rückmeldung an die Verpflichteten in Bezug auf die Wirksamkeit von Verdachtsmeldungen bei Geldwäsche oder Terrorismusfinanzierung und die daraufhin getroffenen Maßnahmen erfolgt, soweit dies praktikabel ist.

zugleich wichtige Informationen zu vermitteln.[898] Aus öffentlichen Stellungnahmen von Verbänden lässt sich entnehmen, dass Verpflichtete über einen längeren Zeitraum nicht erfahren, ob die abgegebene Verdachtsmeldung an die zuständige Strafverfolgungsbehörde weitergeleitet worden ist oder nicht.[899] Aus der Literatur waren schon frühzeitig Stimmen laut, die sich für solche Rückmeldung ausgesprochen haben.[900] Auch nach der Ansicht vom Chefjustiziar des Bankenverbandes würde eine solche Rückmeldung wichtig sein, damit die Geldhäuser ihre eigenen Verfahren überprüfen und verbessern können.[901]

Vom Gesetzgeber wurde zudem klargestellt, dass die Verpflichteten des Geldwäschegesetzes auf der Grundlage des § 41 Abs. 2 Satz 1 GwG keinen Anspruch auf Auskunft zu jeder einzelnen Meldung haben.[902] Die FIU hat vielmehr einen Beurteilungsspielraum, ob und inwieweit eine Rückmeldung im konkreten Einzelfall sinnvoll ist. Der Gesetzgeber macht zudem darauf aufmerksam, dass neben der einzelfallbezogenen Rückmeldung auch eine abstrakt-generelle Rückmeldung zu bestimmten Sachverhaltskonstellationen oder an bestimmte Gruppen von Verpflichteten besteht.[903]

Aus dem FIU-Jahresbericht 2021 lässt sich entnehmen, dass im Rahmen der Rückmeldeberichte mitgeteilt wird, ob eine analysierte Meldung im Ergebnis an eine Strafverfolgungsbehörde abgegeben oder zurück in den Datenpool der FIU übertragen wurde. Dabei wird auf einen Berichtsintervall für alle Verpflichteten einheitlich auf einen vierteljährlichen Turnus hingewiesen. Zudem soll losgelöst von den festgelegten Berichtsintervallen individuell und adressatenorientiert bilaterale Gespräche mit den Verpflichteten stattfinden.[904]

Nach der alten Fassung des Geldwäschegesetzes konnten Kreditinstitute nur auf Antrag nach § 475 StPO Auskünfte von der zuständigen Staatsanwaltschaft aus den Akten erteilt werden, soweit dies zur Überprüfung des Meldeverhaltens erforderlich war.[905] Es lassen sich diesbezüglich keine öffentlichen Angaben darüber finden, wie der Rücklauf der Strafverfolgungsbehörden war.

898 BT-Drs. 18/11555, S. 155.

899 DK, Stellungnahme zum Konsultationsverfahren 2/2018 der FIU zu einem Konzept der gesetzlichen Rückmeldung gemäß § 41 Abs. 2 GwG vom 15.11.2018.

900 Oswald, S. 305 f.

901 Tagesspiegel, „Nur zwei Prozent der Geldwäsche-Meldungen kommen zur Anzeige“ vom 9.10.2019, abrufbar unter https://www.tagesspiegel.de/wirtschaft/bankenverband-nur-zwei-prozent-der-geldwaesche-meldungen-kommen-zur-anzeige/25100294.html (zuletzt abgerufen am 16.07.2023).

902 BT Drs. 18/11555, S. 155.

903 BT Drs. 18/11555, S. 155.

904 FIU-Jahresbericht 2021, S. 72.

905 § 11 Abs. 8 Satz 3 GwG a. F.

(6) Anhaltspunkte aus dem Austausch der Kreditinstitute untereinander

Weiterhin können sich wesentliche Anhaltspunkte zu konkreten Fällen aus dem Austausch der Kreditinstitute untereinander ergeben. Nach § 47 Abs. 2 Nr. 5 GwG können zwischen Verpflichteten nach § 2 Abs. 1 Nr. 1 bis 3, 6, 7, 9, 10 und 12 GwG Informationen in Fällen weitergegeben werden, die sich auf denselben Vertragspartner und auf dieselbe Transaktion beziehen, an der zwei oder mehr Verpflichtete beteiligt sind.[906]

Schon vor der Umsetzung der Vierten EU-Geldwäscherichtlinie bestand nach dem Geldwäschegesetz in seiner alten Fassung die Möglichkeit eines Austausches der Kreditinstitute untereinander.[907] Dem Gesetzgeber nach soll somit die Möglichkeit bestehen, von gemeldeten Sachverhalten anderer Kreditinstitute zu erfahren, um möglichst eigene notwendige Sicherungsmaßnahmen treffen zu können. Denn gerade bei einem geldwäscherelevanten Sachverhalt wird eine Transaktion über verschiedene Konten von mehreren Kreditinstituten abgewickelt werden.[908]

Bei genauerer Betrachtung stellen sich jedoch in der Praxis einige Probleme. Demnach handelt es sich bei dem § 47 Abs. 2 GwG um eine Ausnahme zu dem Verbot der Informationsweitergabe, was aufgrund der besonderen Relevanz eine „Kardinalspflicht" im Geldwäschegesetz darstellt.[909] Bei einem Verstoß nach § 47 Abs. 1 GwG handelt es sich um eine sehr weitgehende Ordnungswidrigkeit nach § 56 Abs. 2 Nr. 7 GwG. Demnach ist schon fahrlässiges Verhalten relevant und ein Verstoß kann mit einer Geldbuße bis zu einhundertfünfzigtausend Euro bestraft werden. Daher besteht in der Praxis eine Zurückhaltung bei dem Austausch von Informationen. Weiterhin kann von der Ausnahme nur Gebrauch gemacht werden, wenn es sich „auf dieselbe Transaktion" bezieht. Oft entstehen aber Verdachtsmomente nicht nur aufgrund einer einzelnen Transaktion. Vielmehr können Verdachtsmomente aus dem Verhalten des Bankkunden stammen oder einer Vielzahl von bestehenden Transaktionen oder Transaktionsmustern. Nicht zuletzt kann auch eine Zurückhaltung aufgrund von Wettbewerbsgründen bestehen, sodass die

---

906 Das Gesetz verlangt weiterhin, dass (a) die Verpflichteten ihren Sitz in einem Mitgliedstaat der Europäischen Union oder in einem Drittstaat haben, in dem die Anforderungen an ein System zur Verhinderung von Geldwäsche und Terrorismusfinanzierung den Anforderungen der Richtlinie (EU) 2015/849 entsprechen, (b) die Verpflichteten derselben Berufskategorie angehören und (c) für die Verpflichteten vergleichbare Verpflichtungen in Bezug auf das Berufsgeheimnis und auf den Schutz personenbezogener Daten gelten.

907 Siehe § 12 Abs. 3 GwG a. F.

908 BT-Drs. 16/9038, S. 46.

909 Nach dem Gesetzgeber handelt es sich demnach auch hierbei um eine für das Geldwäschegesetz „essentielle" Grundpflicht (siehe BT-Drs. 19/15196, S. 49 f.).

Kreditinstitute nur in besonderen Ausnahmefällen Interesse an dem Austausch ihrer Kundendaten mit anderen Kreditinstituten haben.

(7) Anhaltspunkte aus Presseveröffentlichungen

Weiterhin können sich Anhaltspunkte für einen Verdacht auf Geldwäsche aus Presseveröffentlichungen ergeben.[910] Auch die BaFin weist in den Auslegungs- und Anwendungshinweisen darauf hin, dass „auch externe Hinweise, wie beispielsweise Presseveröffentlichungen [...] als aktuelle Erkenntnisquellen in Betracht"[911] kommen.[912]. Denkbar wäre, dass über einen Bankkunden berichtet wird wegen einer Straftat vor Gericht zu stehen. Relevant können Berichte über bestimmte Personen oder Unternehmen sein, welche im Zusammenhang mit Straftaten oder Geldwäsche erwähnt werden. Besonders hervorzuheben sind auch die umfangreichen Berichte der „Panama Papers" oder ähnliche Veröffentlichungen.[913]

Dabei stellen sich grundsätzliche Fragen in Bezug auf den Umgang mit Presseveröffentlichungen im Rahmen von Auffälligkeiten für Verdachtsmeldungen. Allein die Fülle der möglichen Zeitungen ist kaum überschaubar.[914] Weiterhin ist fraglich, ob ein Kreditinstitut die aktuelle Presse in Bezug auf ihren gesamten Kundenstamm regelmäßig überprüfen muss sowie weiterhin welche Zeitungen für ein Kreditinstitut dann relevant sind und

---

910 Siehe auch einen Überblick zu weiteren Quellen, welche bei der Entscheidungsfindung hilfreich sein können *Barreto da Rosa* in Diergarten/Barreto da Rosa, Praxiswissen Geldwäscheprävention, Kapitel 7 Rn. 12.

911 BaFin, Auslegungs- und Anwendungshinweise, S. 73 f. Siehe auch BaFin Rundschreiben 1/2014 (GW), Abs. I.

912 BaFin, Auslegungs- und Anwendungshinweise, S. 73 f. Nach der BaFin sollen in diesen Fällen dann auch im Rahmen der Verdachtsmeldung ausdrücklich darauf hingewiesen werden, woher die Verpflichteten die Hinweise erhalten haben.

913 Hinter dem Schlagwort „Panama Papers" verbergen sich vertrauliche Unterlagen der Firma Mossack Fonseca aus dem Land Panama über Vorgänge der legalen Steuervermeidung bis hin zu Geldwäschedelikten von zahlreichen Unternehmen und Personen auf der ganzen Welt. Diese Unterlagen wurden von einem anonymen Hinweisgeber (sogenannte „Whistleblower") an Zeitungen (z. B. Süddeutsche Zeitung) weitergeleitet. Siehe näher hierzu mit regelmäßigen aktuellen Informationen auf einer eigens erstellten Internetseite der Süddeutschen Zeitung (panamapapers.sueddeutsche.de). Die „Panama Papers" waren ein wesentlicher Anstoß für die weitere Verschärfung der europäischen Regeln im Bereich der Geldwäschebekämpfung. Siehe dazu näher Europäische Kommission – Factsheet, Fragen und Antworten: Geldwäscherichtlinie vom 05.07.2016, abrufbar unter http://europa.eu/rapid/press-release_MEMO-16-2381_de.htm (zuletzt abgerufen am 17.09.2023). Später folgten auch ähnliche Fälle von Veröffentlichungen wie z. B. „Pandora Papers".

914 In der Praxis kann teilweise auf technische Unterstützung durch Datenbankenanbieter zurückgreifen, die Bankkunden auf negative Berichterstattung prüfen (sogenanntes „Adverse Media Screening").

mindestens überblickt werden müssen. Muss jedes Institut regionale, überregionale, nationale und internationale Veröffentlichungen gleichermaßen berücksichtigen? In den Leitlinien zu den Risikofaktoren für Geldwäsche und Terrorismusfinanzierung der europäischen Aufsichtsbehörden lässt sich zumindest der Hinweis finden, dass als Informationsquellen, Informationen aus glaubwürdigen und zuverlässigen öffentlichen Quellen (z. B. Berichte in angesehenen Zeitungen) in Erwägung gezogen werden sollen.[915] Auch dabei stellt sich die Frage, welche Zeitungen als solche „angesehene" Zeitung eingestuft werden können.

Weiterhin ist fraglich, welche Prüfungsleistung von den Kreditinstituten erwartet wird und wann es eine Grundlage für einen Verdachtsfall darstellen könnte. Muss über eine konkrete Straftat berichtet werden? Wäre es ausreichend, dass ein Verdacht für eine Straftat vorliegt oder muss über eine Verurteilung berichtet werden? Reicht bereits die bloße Erwähnung eines Bankkunden im Zusammenhang mit den „Panama Papers", obwohl sich bei näherer Betrachtung in den Veröffentlichungen nicht nur illegale Wege der Steuerhinterziehung, sondern auch legale Wege der Steuervermeidung feststellen lassen. Teilweise wird es damit offenkundig an einer Straftat fehlen und eine Verurteilung von Geldwäsche wäre ausgeschlossen. In dem BaFin Jahresbericht 2017 lässt sich finden, dass die BaFin im Jahr 2016 insgesamt 15 Institute aufgefordert hat, Auskünfte zu Geschäften in Panama zu erteilen. Elf der befragten Institute konnten nicht ausschließen, dass sie dorthin Geschäftsbeziehungen unterhielten. Die BaFin untersuchte daraufhin die Sachlage genauer. Im Ergebnis konnten keine erheblichen Verstöße der Institute gegen geldwäscherechtliche Vorschriften festgestellt werden. Auch hat die BaFin im Ergebnis darauf hingewiesen, dass die vorgefundenen Modelle und Konstruktionen nach deutscher Rechtslage weltweit erlaubt sind.[916]

Sicherlich werden Kreditinstitute in der Praxis auf mögliche technische Unterstützung (z. B. Datenbanken) zurückgreifen können, die einen Kunden umfangreich auf auffällige Veröffentlichungen hin überprüfen kann. Somit könnte zumindest die Vielzahl von relevanten Informationen technisch unterstützt ausgelesen werden. Gleichwohl bleiben aber wesentliche Fragen auch weiterhin wie oben dargestellt bestehen (z. B. reicht schon die Erwähnung im Zusammenhang mit einer Straftat). Im Ergebnis lässt sich feststellen, dass bisher keine ausreichenden Vorgaben der Aufsichtsbehörden in Bezug auf die Presseveröffentlichungen bestehen und sich in diesem Zusammenhang eine Vielzahl von Fragestellungen ergeben.

---

915 EBA, Leitlinien zu den Risikofaktoren für Geldwäsche und Terrorismusfinanzierung vom März 2021 (EBA/GL/2021/02), S. 13 f.

916 Jahresbericht der BaFin 2017, S. 79.

(8) Zwischenergebnis: Anhaltspunkte

Im Rahmen der Untersuchung wurde offensichtlich, dass es viele Quellen für Anhaltspunkte gibt, die auf internationaler, europäischer und nationaler Ebene veröffentlicht werden. Die Anhaltspunkte sind Voraussetzungen für die Tatsachen und den Bezugspunkt der Geldwäsche und können daher eine wesentliche Grundlage für die Verdachtsmeldung darstellen. Wichtige Quellen werden von der BaFin im Rundschreiben 1/2014 (GW) und in den Auslegungs- und Anwendungshinweisen genannt, wobei es sich um keinen abschließenden Katalog handelt. Teilweise wird bestimmt, dass auf die Erkenntnisquellen bei der Verdachtsmeldung ausdrücklich hingewiesen werden sollte.[917]

Bei der Verwendung von Anhaltspunkten ist Vorsicht geboten. Die bisherigen Aufzählungen von möglichen Anhaltspunkten sind nur unvollständig und müssen nicht zwingend einen Geldwäscheverdachtsfall darstellen. Grundsätzlich werfen die bestehenden Quellen Fragen auf. So erscheint es beispielsweise bei der praktischen Umsetzung problematisch, welche Zeitungen von den Kreditinstituten beachtet werden müssen. Weiterhin stellt sich das Problem, dass teilweise ein strafbares Verhalten nicht zweifelsfrei festgestellt werden kann, wie es beispielsweise bei den „Panama Papers" der Fall ist.

Eine regelmäßige offizielle Bekanntmachung von den wesentlichen Anhaltspunkten und deren Handhabung wäre wünschenswert und würde zu einem einheitlichen Sorgfaltsmaßstab aller Banken und deren Mitarbeitern führen. Insbesondere erscheint eine intensivere Auseinandersetzung mit den einzelnen Anhaltspunkten und deren Bedeutung von Seiten der Aufsichtsbehörden notwendig. Die Europäischen Aufsichtsbehörden haben diesbezüglich zumindest eine unterschiedliche Gewichtung der Anhaltspunkte vorgenommen in solche, die zwingend berücksichtigt werden müssen und solche, die neben anderen beachtet werden können.[918] Insbesondere sollte eine Rückmeldung der FIU über gemeldete Kunden stattfinden, auch im konkreten Einzelfall. Aus den Ergebnissen können die Kreditinstitute ihr Verdachtsmeldewesen anpassen.

g) Zusammenfassung

Das Tatbestandsmerkmal des Verdachtes auf Geldwäsche erweist sich bei näherer Betrachtung als äußerst problematisch. Es stellen sich viele Fragen

917 BaFin, Auslegungs- und Anwendungshinweise, S. 73 f.

918 Siehe Risikoleitlinien der Europäischen Aufsichtsbehörden („The Risk Factors Guideline", JC 2017 37), S. 33 ff., abrufbar unter https://www.eba.europa.eu/documents/10180/1890686/Final+Guidelines+on+Risk+Factors+%28JC+2017+37%29.pdf (zuletzt abgerufen am 17.09.2023).

bei der Anwendung, die weder vom Gesetzgeber noch von den Aufsichtsbehörden bisher ausreichend beantwortet wurden.

Trotz des Wortlautes mit der Verweisung auf den Straftatbestand ist von den Kreditinstituten keine strafrechtliche Prüfung vorzunehmen. Vielmehr soll nach dem Gesetzgeber das Kreditinstitut einen Sachverhalt nach allgemeinen Erfahrungen und seinem beruflichen Erfahrungswissen unter dem Blickwinkel seiner Ungewöhnlichkeit und Auffälligkeit im jeweiligen geschäftlichen Kontext würdigen.[919] Ob diese vom Wortlaut entfernte Auslegung noch den Anforderungen des Bestimmtheitsgrundsatzes entsprechen kann, wird wohl im Wesentlichen davon abhängen, wie weit insbesondere die zuständigen Aufsichtsbehörden genauere Vorgaben machen. Wie sich gezeigt hat, lässt sich auch beim Gesetzgeber durch die vielen Ermächtigungsgrundlagen im Geldwäschegesetz erkennen, dass diese Konkretisierungsleistung von den zuständigen Behörden (z. B. Aufsichtsbehörden) erwartet wird. Bisher hat die BaFin allerdings Veröffentlichungen im Zusammenhang mit der Verdachtsmeldung publiziert, die insbesondere aufgrund der ungenauen Vorgaben lediglich als norminterpretierende Verwaltungsvorschriften einzuordnen sind. Trotz des damit unverbindlichen Charakters haben die Rundschreiben und Auslegungs- und Anwendungshinweise eine erhebliche praktische Bedeutung und die Kreditinstitute folgen den Hinweisen im vorauseilenden Gehorsam. Für die Verdachtsmeldung scheinen insbesondere Anhaltspunkte in Bezug auf Geldwäsche relevant. Hierbei lässt sich feststellen, dass zahlreiche mögliche Hinweise über Anhaltspunkte von unterschiedlichen Institutionen (z. B. FATF, FIU) veröffentlicht werden. Das Rundschreiben 1/2014 (GW), die Auslegungs- und Anwendungshinweise der BaFin sowie die Leitlinien der Europäischen Aufsichtsbehörden geben einen Überblick über mögliche Quellen zu den Anhaltspunkten. Dabei ist allerdings festzustellen, dass in den Veröffentlichungen der BaFin keine abschließende Aufzählung der relevanten Quellen stattfindet und teilweise Anwendungsfragen bestehen.

Diese Fülle an Informationen führt zu der Frage, wann ein Kreditinstitut sicher davon ausgehen kann, dass alle relevanten Anhaltspunkte für einen Verdachtsfall berücksichtigt wurden. Denn es muss immer noch beachtet werden, dass eine nicht genutzte Quelle dazu führen könnte, dass man dem Geldwäschebeauftragten vorwirft, er hätte wesentliche Informationen bei einer Verdachtssituation übersehen und keine Verdachtsmeldung abgegeben. Man könnte im Nachgang sagen: „Das hätte man doch sehen müssen, das steht doch in den FATF Typologien aus dem Februar 2023“. Dabei hilft auch nicht der bestehende Beurteilungsspielraum, da auch dieser Grenzen hat. Demnach müssen insbesondere „Verfahrensregeln und die rechtlichen

919 BR-Drs. 317/11, S. 49.

Bewertungsgrundsätze“ eingehalten werden. Daher erscheint es notwendig, dass die zuständigen Aufsichtsbehörden verbindliche und klare Vorgaben in Bezug auf die weiteren Quellen für Anhaltspunkte machen, die zwingend zu berücksichtigen sind. Für eine klare Bestimmtheit spricht auch der Umstand, dass ein Verstoß bei einer nicht gemeldeten Verdachtsmeldung zu einem Ordnungswidrigkeitsverfahren führen kann.[920]

III. Bezugspunkt: Der Verdacht auf Terrorismusfinanzierung

Weiterhin soll im Vergleich auch die zweite Tatbestandsalternative der Terrorismusfinanzierung untersucht werden. Ein Verdacht ist nach § 43 Abs. 1 Nr. 2 GwG zu melden, sobald Tatsachen vorliegen, die darauf hindeuten, dass

> *„ein Geschäftsvorfall, eine Transaktion oder ein Vermögensgegenstand im Zusammenhang mit Terrorismusfinanzierung steht.“*

Dabei wird erkennbar, dass der Gesetzgeber mit dem Geschäftsvorfall anstatt der Geschäftsbeziehung einen anderen Anknüpfungspunkt für einen Verdacht wählt (dazu 1). Weiterhin stellt sich die Frage, was ein Verdachtsfall im Zusammenhang mit Terrorismusfinanzierung sein kann (dazu 2).

1. Geschäftsvorfall

Im Gegensatz zu einem Verdacht im Zusammenhang mit Geldwäsche kommen als Anknüpfungspunkte ein Geschäftsvorfall, eine Transaktion oder ein Vermögensgegenstand in Frage. Der Begriff des Geschäftsvorfalles wurde neu durch das Gesetz zur Umsetzung der Vierten EU-Geldwäscherichtlinie in den Tatbestand eingefügt. Es bleibt dabei unklar, was mit dem „Geschäftsvorfall“ gemeint ist und welche Unterschiede zu der Geschäftsbeziehung bestehen sollen. Es lässt sich keine Legaldefinition im Geldwäschegesetz finden und der Begriff wird auch an keiner anderen Stelle im Geldwäschegesetz verwendet. Ebenso ergeben sich aus den Gesetzesunterlagen keine weiteren Hinweise.[921] Anhaltspunkte lassen sich allerdings in anderen Rechtsbereichen wie im Steuerrecht (z. B. §§ 138a Abs. 2 Nr. 4 lit. a, 145 Abs. 1, 146a Abs. 1, 2 und 4, 162 Abs. 3 AO) finden.[922] In diesem Zusammenhang ist ein weites Verständnis üblich und umfasst nahezu alle Sachverhalte im geschäftlichen Verkehr, bei dem nicht nur eine schuldrechtliche Beziehung, sondern auch tatsächliche Handlungen unter den Begriff

---

920 Vgl. § 56 Abs. 1 Nr. 69 GwG.
921 Vgl. BT-Drs. 18/11555, S. 49.
922 Siehe auch andere Gesetze wie beim Außensteuergesetz, z. B. § 1 Abs. 4 AStG.

subsumiert werden.[923] Damit geht der Begriff deutlich weiter als der einer Geschäftsbeziehung.

2. Besonderheiten im Zusammenhang mit Terrorismusfinanzierung

Die praktische Bedeutung ist im Vergleich zu den Verdachtsmeldung im Bereich Geldwäsche gering. Nach dem FIU-Jahresbericht sind im Jahr 2016 insgesamt 784 Verdachtsfälle mit dem Verdachtsgrund Terrorismusfinanzierung von den Verpflichteten gemeldet worden. Das entspricht lediglich 1,9 % des Gesamtaufkommens der Verdachtsmeldungen. Auch im Jahr 2021 sind die Zahlen gering. Insgesamt sind bei der FIU 3.183 Verdachtsmeldungen mit einem potentiellen Bezug zur Terrorismusfinanzierung und sonstiger staatsschutzrelevanter Kriminalität eingegangen. Damit liegt der Anteil am Gesamtaufkommen lediglich bei 1 %.[924] Nicht immer geben die Verpflichteten dabei formal den Verdachtsgrund der Terrorismusfinanzierung an, allerdings ließ sich dies dann von den zuständigen Behörden aus dem mitgelieferten Sachverhalt ermitteln.[925] Bemerkenswert in diesem Zusammenhang ist, dass die Kreditinstitute und zuständigen Behörden mit unnötiger Arbeit durch sogenannte „Spaßüberweisungen“ belastet werden. Bei dem Verwendungszweck wird dann ein offensichtlicher nicht ernstzunehmender Hintergrund angegeben (z. B. „waffenfähiges Plutonium“).[926]

Im Folgenden soll zunächst das Tatbestandsmerkmal der Terrorismusfinanzierung ausgelegt werden (dazu a). In einem weiteren Schritt soll geprüft werden, welche Konkretisierungsmöglichkeiten es gibt (dazu b).

a) Auslegung des Tatbestandsmerkmals

Will man den Begriff der Terrorismusfinanzierung auslegen, dann lässt sich hierfür im Geldwäschegesetz eine Legaldefinition finden. Nach § 1 Abs. 2 GwG ist Terrorismusfinanzierung

> *„1. die Bereitstellung oder Sammlung von Vermögensgegenständen mit dem Wissen oder in der Absicht, dass diese Vermögensgegenstände ganz oder teilweise dazu verwendet werden oder verwendet werden sollen, eine oder mehrere der folgenden Straftaten zu begehen:*

923 Vgl. BR-Drs. 302/12, 103; 179; *Greite* in Zentes/Glaab, GwG, § 43 Rn. 38; *Pelz* in BeckOK GwG, Frey/Pelz, § 43 Rn. 30. Vgl. auch dazu im Steuerrecht: *Pohl* in Brandis/Heuermann, AStG, § 1 Rn. 179 f.

924 FIU-Jahresbericht 2021, S. 16.

925 FIU-Jahresbericht 2016, S. 23.

926 FIU-Jahresbericht 2016, S. 24. Im Jahr 2016 wurde 50 Verdachtsmeldungen als Spaßüberweisungen qualifiziert.

a) eine Tat nach § 129a des Strafgesetzbuchs, auch in Verbindung mit § 129b des Strafgesetzbuchs, oder

b) eine andere der in den Artikeln 3, 5 bis 10 und 12 der Richtlinie (EU) 2017/541 des Europäischen Parlaments und des Rates vom 15. März 2017 zur Terrorismusbekämpfung und zur Ersetzung des Rahmenbeschlusses 2002/475/JI des Rates und zur Änderung des Beschlusses 2005/671/JI des Rates (ABl. L 88 vom 31.3.2017, S. 6) umschriebenen Straftaten,

2. die Begehung einer Tat nach § 89c des Strafgesetzbuchs oder

3. die Anstiftung oder Beihilfe zu einer Tat nach Nummer 1 oder 2.“

Ebenso wie bei dem Begriff der Geldwäsche wird für die Definition in das Strafrecht verwiesen (§§ 129a und 129b, 89c StGB). Die Verweisung auf die Richtlinie (EU) 2017/541 umfassen ebenfalls Straftaten im Zusammenhang mit dem Terrorismus.[927] Ebenso wie bei der Verdachtsmeldung auf Geldwäsche will der Gesetzgeber auch bei dem Verdachtsfall auf Terrorismusfinanzierung, dass der Meldepflichtige nicht die rechtlichen Voraussetzungen einer Straftat prüft, sondern einen Sachverhalt nach allgemeinen Erfahrungen und beruflichen Erfahrungswissen unter dem Blickwinkel seiner Ungewöhnlichkeit und Auffälligkeit im jeweiligen geschäftlichen Kontext würdigen soll. Wenn eine Terrorismusfinanzierung aufgrund dieser Erfahrungen naheliegt oder ein Sachverhalt darauf schließen lässt, soll demnach eine solche Meldepflicht bestehen.[928]

Zwar kann bei der Meldeschwelle bei einem Verdacht auf Terrorismusfinanzierung im Wesentlichen auf die Ausführungen im Zusammenhang der Geldwäsche verwiesen werden.[929] Allerdings sind bei näherer Betrachtung auch schon im Wortlaut Besonderheiten zu beachten. Während sich der Geldwäscheverdacht grundsätzlich auf vergangene Straftaten richtet, bezieht sich die Terrorismusfinanzierung auch auf zukünftige Ereignisse.[930] In der Konsequenz müsste auch der Geldwäschebeauftragte in einem Kreditinstitut eine Prognoseentscheidung darüber abgeben, ob einem Bankkunden bei einem Geschäftsvorfall oder bei einer Transaktion ein Zusammenhang

927 In der Richtlinie (EU) 2017/541 werden ebenfalls Straftaten im Zusammenhang mit Terrorismus aufgezählt: Artikel 3 (Terroristische Straftaten), Artikel 5 (Öffentliche Aufforderung zur Begehung einer terroristischen Straftat), Artikel 6 (Anwerbung für terroristische Zwecke), Artikel 7 (Durchführung einer Ausbildung für terroristische Zwecke), Artikel 8 (Absolvieren einer Ausbildung für terroristische Zwecke), Artikel 9 (Reisen für terroristische Zwecke), Artikel 10 (Organisation oder sonstige Erleichterung von Reisen für terroristische Zwecke), Artikel 12 (Andere Straftaten im Zusammenhang mit terroristischen Aktivitäten).

928 BT-Drs. 17/6804, S. 35.

929 Siehe Meldeschwelle Hindeuten und die Schwelle der Verdachtsmeldung, S. 78.

930 Scherp, CB 2016, 408, 409.

mit einer Terrorismusfinanzierung zuzutrauen sei.[931] Daher müsste ein Geldwäschebeauftragter die bekannten Umstände nach dem beruflich vorhandenen Erfahrungswissen in ihrem jeweiligen geschäftlichen Kontext prüfen. Sollten ungewöhnliche und auffällige Umstände bestehen, die dann auch zukünftige Ereignisse betreffen, würde ein meldepflichtiger Sachverhalt naheliegen.[932] Damit wird wiederum der Anwendungsbereich der Verdachtsmeldung erheblich erweitert.

Eine weitere Besonderheit liegt vor, wenn bei den Bankkunden eine Übereinstimmung mit terroristischen Personen und Organisationen besteht, da die Beteiligten auf internationalen bzw. europäischen Listen geführt werden (sogenannte „Listentreffer"). Hierüber wurde beispielsweise im FIU-Jahresbericht 2014 berichtet.[933] Solche Listen befinden sich beispielsweise in den Verordnungen VO (EG) 2580/2001 und VO (EG) 881/2002 und bieten für die Kreditinstitute den Vorteil, dass keine komplizierte Beurteilung oder Abwägung vorgenommen werden muss, wenn ein Geschäftsvorfall, Transaktion oder Vermögensgegenstand im Zusammenhang mit einer terroristischen Person oder Organisationen steht.[934]

b) Konkretisierungsbedürftigkeit

Es fragt sich auch in diesem Zusammenhang, wie eine weitere Konkretisierung des Tatbestandes stattfinden kann. Wie schon im Rahmen des Geldwäscheverdachtes soll daher im Folgenden untersucht werden, welche Anhaltspunkte sich bei dem allgemeinen Begriff der Terrorismusfinanzierung (dazu 1) oder der fachlichen Begriffsdefinition (dazu 2) ergeben können. Ebenso soll geprüft werden, ob es Modelle für das Erkennen von Terrorismusfinanzierung (dazu 3) oder Typologien für Terrorismusfinanzierung gibt (dazu 4).

931 Scherp, CB 2016, 408, 409.

932 Vgl. BT-Drs. 17/6804, S. 35.

933 FIU-Jahresbericht 2014, S. 38.

934 Schwieriger scheint die Einschätzung zu sein, wenn nicht unmittelbar der Begriff „Terrorismus" in den Gesetzestexten genutzt wird. Beispielsweise im Zusammenhang der Sanktionsbestimmungen lässt sich nicht immer auch gleich der Begriff Terrorismus finden. Die Sanktionsbestimmungen haben durch den Angriffskrieg von Russland auf die Ukraine deutlich zugenommen (siehe z. B. Verordnung (EU) Nr. 208/2014; Verordnung (EU) Nr. 269/2014; Verordnung (EU) Nr. 692/2014; Verordnung (EU) Nr. 833/2014; Verordnung (EU) 2022/263). In diesem Zusammenhang weist die FIU auf ihrer Internetseite (www.zoll.de) darauf hin, dass im Rahmen von Meldungen, die im Zusammenhang wegen eines Verdachts von Geldwäsche oder Terrorismusfinanzierung abgegeben werden, bei der Darstellung des Sachverhalts den einschlägigen Sanktionstatbestand benannt werden sollen und folgenden Indikator zu verwenden: B2305 – Transaktion in/aus Staaten, gegen die beispielsweise die EU oder die UN Sanktionen, Embargos oder ähnliche Maßnahmen verhängt hat/haben.

(1) Der Begriff der Terrorismusfinanzierung im allgemeinen Sprachgebrauch

Zur Ermittlung von möglichen Anhaltspunkten kann ebenso wie bei dem Begriff der Geldwäsche gefragt werden, was im Allgemeinen unter Terrorismusfinanzierung verstanden werden kann. Während das Merkmal der Finanzierung durch den gesetzlichen Wortlaut als die Bereitstellung oder Sammlung finanzieller Mittel nachvollziehbar erscheint, handelt es sich bei dem Begriff des Terrorismus um ein hochkomplexes Phänomen.[935] Trotz umfassender wissenschaftlicher und politischer Diskussionen fehlt es bisher an einer einheitlichen Definition. Die Gründe bestehen zum einen darin, dass der Begriff von einem ideologischen Verständnis geprägt ist und in unterschiedlichen Erscheinungsformen vorkommt. Zum anderen handelt es sich um einen politischen Kampfbegriff, welcher negativ belegt ist und gegen mögliche politische Feinde genutzt werden kann.[936] Diese Umstände erschweren damit ein einheitliches Verständnis.

(2) Fachliche Begriffsdefinition

Auf internationaler Ebene wird der Begriff durch die FATF geprägt, wonach die Terrorismusfinanzierung als die Finanzierung von terroristischen Akten, Einzeltätern oder terroristischen Organisationen verstanden wird.[937] Dabei sind terroristische Akte solche, die einer Straftat unterschiedlicher internationaler Abkommen[938] sowie einer schweren Straftat wie Totschlag oder schweren Körperverletzungen entsprechen.[939]

---

935 Siehe ausführlich dazu: Hess, Spielarten des Terrorismus, Kriminologisches Journal 2002, S. 84 ff.

936 *Herzog/Achtelik* in Herzog, Geldwäschegesetz, Einl. Rn. 133.

937 FATF Empfehlungen vom Februar 2012, General Glossary, S. 122 f.

938 Die Aufzählung der Abkommen, welche beachtet werden müssen, ist umfassend: (i) Convention for the Suppression of Unlawful Seizure of Aircraft (1970); (ii) Convention for the Suppression of Unlawful Acts against the Safety of Civil Aviation (1971); (iii) Convention on the Prevention and Punishment of Crimes against Internationally Protected Persons, including Diplomatic Agents (1973); (iv) International Convention against the Taking of Hostages (1979); (v) Convention on the Physical Protection of Nuclear Material (1980); (vi) Protocol for the Suppression of Unlawful Acts of Violence at Airports Serving International Civil Aviation, supplementary to the Convention for the Suppression of Unlawful Acts against the Safety of Civil Aviation (1988); (vii) Convention for the Suppression of Unlawful Acts against the Safety of Maritime Navigation (2005); (viii) Protocol for the Suppression of Unlawful Acts against the Safety of Fixed Platforms located on the Continental Shelf (2005); (ix) International Convention for the Suppression of Terrorist Bombings (1997); and (x) International Convention for the Suppression of the Financing of Terrorism (1999).

939 FATF Empfehlungen vom Februar 2012, zuletzt geändert im Februar 2023, siehe hier zu Begrifflichkeiten im „General Glossary", S. 133 f.

Das Verständnis in Deutschland entspricht dieser internationalen Definition im Wesentlichen. Danach wird der Begriff in der Literatur als ein nachhaltig geführter Kampf für politische Ziele gesehen, wobei die Ziele mit Anschlägen auf Leib, Leben und Eigentum anderer Menschen durchgesetzt werden sollen.[940] Bei dem kriminologischen Begriffsverständnis steht im Mittelpunkt die Gewaltausübung gegen willkürliche Opfer.[941] Terrorismus ist danach „*erstens* eine Reihe von vorsätzlichen Akten direkter physischer Gewalt, die *zweitens* punktuell und unvorhersehbar sind, *drittens* aber systematisch mit der Absicht psychischer Wirkung auf weit mehr Personen als nur die unmittelbar getroffenen Opfer, *viertens* im Rahmen einer Gruppe mit bestimmten politischen Zielen durchgeführt werden und *fünftens* den Gegner zu einer Reaktion provozieren sollen, die jene politischen Ziele, die man direkt nicht erreichen kann, indirekt fördert".[942]

(3) Modelle für die Terrorismusfinanzierung

Aus der Vorgehensweise einer typischen Terrorismusfinanzierung können ebenso Anhaltspunkte entnommen werden. Dabei kann auf die Modelle aus dem Bereich der Geldwäsche zurückgegriffen werden, da sich der Vorgang zur Finanzierung von terroristischen Vereinigungen oft nicht von denen der organisierten Kriminalität unterscheidet.[943] Eine wichtige Finanzierungsquelle für terroristische Gruppen ist ebenso der Drogenschmuggel. Zudem lässt sich feststellen, dass terroristische Gruppen Entführungen durchführen und Lösegeld fordern sowie Personen erpressen (sogenannte „Revolutionssteuer" oder „Schutzgelder").[944]

Allerdings besteht eine wesentliche Besonderheit gegenüber dem Bereich der Geldwäsche. Die Terrorismusfinanzierung findet nämlich nicht nur durch Einnahmen von kriminellen Geldern statt, sondern kann auch aus legalen Quellen stammen. Als teilweise gemeinnützige Vereine getarnt nehmen sie beispielsweise Spenden, Mitgliedsbeiträge, Eintrittsgelder entgegen oder verkaufen Publikationen für kulturelle oder soziale Veranstaltungen. Dabei müssen die Spender nicht notwendigerweise wissen, dass die Gelder für terroristische Zwecke genutzt werden sollen.[945] Somit müssen die eingenommenen Gelder nicht über komplizierte Wege gewaschen werden, wo ein mögliches Entdeckungsrisiko besteht. Sie können insgesamt unauf-

940 *Allgayer* in Ellenberger/Bunte, Bankrechts-Handbuch, § 11 Rn. 12.

941 *Herzog/Achtelik* in Herzog, Geldwäschegesetz, Einl. Rn. 134.

942 Hess, Spielarten des Terrorismus, Kriminolgisches Journal 2002, S. 84 f.

943 FATF Bericht über Geldwäsche-Typologien 2002–2003, S. 9. Siehe weiter Anhaltspunkte aus Modellen und Erscheinungsformen der Geldwäsche und der Terrorismusfinanzierung, S. 130.

944 FATF Bericht über Geldwäsche-Typologien 2002–2003, S. 9.

945 FATF Bericht über Geldwäsche-Typologien 2002–2003, S. 9.

fälliger bewegt werden. Typisch sind zudem kleine Transaktionssummen. Nach Meinung der FIU besteht mit den Einnahmen aus legalen Quellen eine besondere Herausforderung, da sie nur schwer von der Aufsicht und den Kreditinstituten erkannt werden können.[946]

Zusammenfassend ergibt sich eine folgende Übersicht über die Finanzierungsquellen von Terroristischen Vereinigungen:

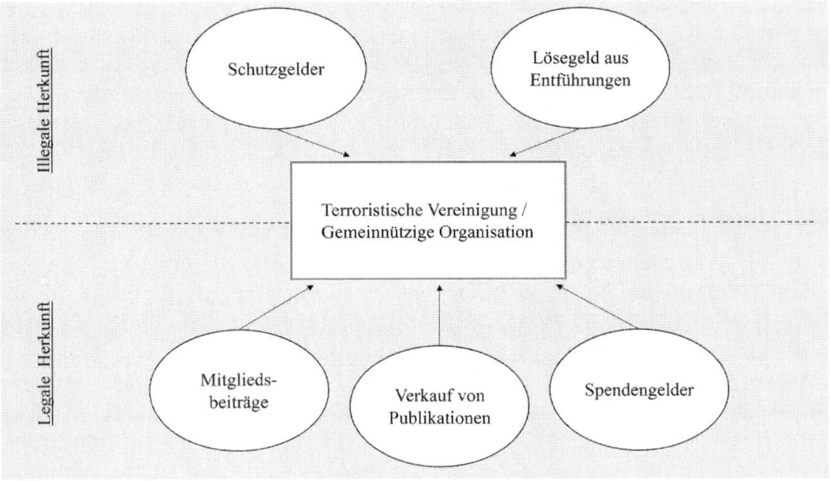

Abbildung 8: Übersicht über die Finanzierungsquellen von terroristischen Vereinigungen.
Quelle: Eigene Darstellung.

(4) Typologien und Anhaltspunkte für die Terrorismusfinanzierung

Aufgrund der ähnlichen Strukturen können viele Typologien aus dem Geldwäschebereich auch für die Terrorismusfinanzierung herangezogen werden.[947] Allerdings macht die FIU in ihrem Jahresbericht 2016 deutlich, dass Aussagen über klassische Typologien im Bereich der Terrorismusfinanzierung weiterhin schwierig sind. Zwar konnten Erkenntnisse durch stattgefundene Verdachtsmeldungen gewonnen werden, wie in Einzelfällen eine Terrorismusfinanzierung durchgeführt wurde, jedoch sind daraus keine Verdachtskriterien genereller Art abzuleiten.[948]

946 FIU-Jahresbericht 2002, S. 23.

947 Vgl. hierzu beispielsweise FATF/GAFI Bericht über Typologien der Geldwäsche und der Terrorismus-Finanzierung 2004–2005 im Zusammenhang mit alternative Überweisungssysteme (Alternative Remittance Systems/ARS), S. 7.

948 FIU-Jahresbericht 2016, S. 25.

Allgemeine Typologien für den Bereich der Terrorismusfinanzierung auf internationaler Ebene sind auf der Internetseite der FATF abrufbar (z. B. FATF/GAFI Bericht über Geldwäsche-Typologien 2002–2003, Kapitel 1).[949] Dabei ergibt sich unter anderem, dass Aktivitäten von terroristischen Gruppen mit dem illegalen Handel von Diamanten finanziert werden. Vor allem Edelmetalle und Edelsteine sollen besonders praktisch sein, da sie einen hohen materiellen Wert haben, umwandelbar sind und eine potenzielle Anonymität bei dem Transfer bieten.[950] Weiterhin können als Quellen die aktuellen Entwicklungen aus dem jährlichen Verfassungsschutzbericht vom Bundesministerium des Innern herangezogen werden. Im Verfassungsschutzbericht von 2014 wird beispielsweise eine besondere terroristische Bedrohung durch den Islamismus sowie durch den Auswuchs der rechtsextremistischen Gewalt festgestellt und bestimmte Gruppen werden explizit genannt.[951]

Ebenso gibt es auch Berichte im Bereich der Terrorismusfinanzierung, welche nur einem eingeschränkten Publikum zur Verfügung stehen. In der Literatur lässt sich finden, dass bestimmte Veröffentlichungen der FATF (z. B. „Detecting Terrorist Financing: Relevant Risk Indicators" vom Juni 2016)[952] nicht mehr der breiten Öffentlichkeit zugänglich sind.[953] Auch die FIU hat in ihrem internen Bereich Typologien für den Bereich der Terrorismusfinanzierung erstellt, welche nur den Verpflichteten des Geldwäschegesetz nach vorheriger Registrierung zugänglich sind.

3. Zusammenfassung

Im Ergebnis stellen Verdachtsmeldungen im Zusammenhang mit der Terrorismusfinanzierung bisher nur einen geringen einstelligen Prozentanteil der insgesamt eingegangenen Verdachtsmeldungen dar.[954] Für den Verdacht auf Terrorismusfinanzierung lassen sich ähnliche Probleme bei der Auslegung wie beim Geldwäscheverdacht feststellen. Obwohl nach dem Wortlaut auf das Strafrecht verwiesen wird, soll vom Geldwäschebeauftragten eben-

949 FATF/GAFI, Bericht über Geldwäsche-Typologien 2002–2003 abrufbar unter http://www.bafin.de/SharedDocs/Downloads/DE/Bericht/dl_rs_0402_gw_anlage_typologiebericht_de.pdf?__blob=publicationFile (zuletzt abgerufen am 25.5.2020).

950 FATF, Bericht über Geldwäsche-Typologien 2002–2003, Rn. 42 ff.

951 Bundesministerium des Innern, Verfassungsschutzbericht 2014, abrufbar unter https://www.verfassungsschutz.de/embed/vsbericht-2014.pdf (zuletzt abgerufen am 17.09.2023).

952 Dieses Risikopapier ist eine Erweiterung eines Papieres aus dem Oktober 2015, welches unter dem Titel „Emerging Terrorist Financing Risks" auf der Internetseite von der FATF noch abgerufen werden kann. Vgl. hierzu Scherp, CB 2016, 408, 409.

953 Vgl. Scherp, CB 2016, 408, 409.

954 Vgl. z. B. FIU-Jahresbericht 2013, S, 41 ff.; FIU-Jahresbericht 2016, S. 23; FIU-Jahresbericht 2021, S. 16.

so wie im Geldwäschefall keine strafrechtliche Subsumtion vorgenommen werden. Im Unterschied zur Verdachtsmeldung aufgrund von Geldwäsche wird es bei der Terrorismusfinanzierung insbesondere auch auf zukünftige Straftaten ankommen. Zudem können auch sogenannte Listentreffer vorkommen, die auch zwingend zu einer Verdachtsmeldung führen müssen. Untersucht man weiter, was allgemein unter Terrorismus zu verstehen ist, dann lässt sich feststellen, dass ebenso wie bei der Geldwäsche der Begriff schwer greifbar ist. Insbesondere handelt es sich bei Terrorismus auch um einen hochpolitischen Begriff. Damit ist ein einheitliches Verständnis schwierig. Bei den Strukturen der Terrorismusfinanzierung ergibt sich zusätzlich ein weiteres Problem. Die Einnahmen der Terroristen können nicht nur aus illegalen, sondern auch aus legalen Quellen stammen. Dafür werden beispielweise gemeinnützige Organisationen eingebunden. Damit wird die Entdeckungsmöglichkeit deutlich erschwert.[955] Für Kreditinstitute wird damit die Erkennbarkeit von Auffälligkeiten noch schwieriger.

Eine Konkretisierung des Gesetzes, welche Situationen für die Terrorismusfinanzierung nach dem Geldwäschegesetz relevant sind, findet durch die zuständigen Behörden (z. B. FIU) regelmäßig auf einem geheimen Weg statt. Auch der sonstige Informationsaustausch bietet Herausforderungen. Im FIU-Jahresbericht 2013 lässt sich beispielsweise lesen, dass keine Rückmeldungen der Behörden bei dem Verdacht auf Terrorismusfinanzierung stattgefunden haben.[956] Im Ergebnis ist auch die Pflicht der Verdachtsmeldung in Bezug auf Terrorismusfinanzierung nur mit Hilfe von weiteren Anhaltspunktepapier näher zu ermitteln. Hierbei scheinen sich noch weniger Informationsquellen finden zu lassen. Damit ist der Tatbestand für den Anwender nur schwer greifbar.

IV. Der Verstoß gegen die Offenlegungspflicht

Die dritte Tatbestandsalternative umfasst die Meldepflicht bei einem Verstoß gegen die Offenlegungspflicht. Damit handelt es sich um eine eigenständige Meldepflicht, welche unabhängig von dem Verdacht auf Geldwäsche oder Terrorismusfinanzierung ist.[957] Eine Meldung ist nach § 43 Abs. 1 Nr. 3 GwG dann vorzunehmen, sobald Tatsachen vorliegen, die darauf hindeuten, dass

> *„der Vertragspartner seine Pflicht nach § 11 Abs. 6 Satz 3 [GwG], gegenüber dem Verpflichteten offenzulegen, ob er die Geschäftsbeziehung oder die Transaktion für einen wirtschaftlich Berechtigten begründen, fortsetzen oder durchführen will, nicht erfüllt hat.“*

955 Scherp, CB 2016, 408, 409.
956 FIU-Jahresbericht 2013, S, 26.
957 BaFin, Auslegungs- und Anwendungshinweise, S. 74.

Der wirtschaftlich Berechtigte wird im § 3 GwG definiert.[958] Ziel des Gesetzgebers war es, Strohmanngeschäften entgegenzuwirken und denjenigen sichtbar zu machen, in dessen wirtschaftlichem oder rechtlichem Interesse eine Transaktion erfolgt.[959] Die Meldepflicht besteht somit für einen Verpflichteten, sobald die Offenlegung des wirtschaftlich Berechtigten nicht erfüllt wird. Der Tatbestand dieser zusätzlichen Meldepflicht wurde mit dem GWPräOptG im Jahr 2011 ergänzt.[960] Der Grund für die Erweiterung waren die Monita der FATF in dem Deutschlandbericht. Es wurde die mangelnde Transparenz von Geschäftsbeziehungen kritisiert, bei denen ein wirtschaftlich Berechtigter eine tatsächliche Rolle spielt (d. h. Treuhandverhältnisse und ähnliche Rechtskonstruktionen).[961]

Aus dem Wortlaut der Meldevariante wird deutlich, dass schon die fehlende Offenlegung für die Meldepflicht ausreichend ist. Hingegen ist es nicht notwendig, dass weitere Anhaltspunkte darauf hindeuten, dass eine strafbare Handlung insbesondere der Geldwäsche vorliegt.[962] Der Gesetzgeber begründet die Pflicht zur Meldung in diesen Fällen damit, dass anderweitig Verschleierungsmöglichkeiten und somit gesteigerte Risiken des Missbrauchs zu Geldwäsche und Terrorismusfinanzierung bestehen.[963]

In der Literatur wird der fehlende Straftatenbezug kritisiert.[964] Eine solche erhebliche Erweiterung der Meldepflicht ist in Hinblick auf die Rechte des Gemeldeten sehr bedenklich.[965] Zudem wurde nach der alten Gesetzeslage kritisiert, warum ein „Nicht-Verdachtsfall" unmittelbar den Strafverfolgungsbehörden mitzuteilen ist.[966] Diese Kritik wird mit der Gesetzesänderung durch die Umsetzung der Vierten EU-Geldwäscherichtlinie zumindest teilweise abgeschwächt sein, da die Verdachtsmeldung nach § 43 Abs. 1 GwG der Zentralstelle für Finanztransaktionsuntersuchungen (FIU) und

958 Dabei handelt es sich nach § 3 Abs. 1 GwG um die natürliche Person, in deren Eigentum oder unter deren Kontrolle eine juristische Person, sonstige Gesellschaft oder eine Rechtsgestaltung letztlich steht, oder die natürliche Person, auf deren Veranlassung eine Transaktion letztlich durchgeführt oder eine Geschäftsbeziehung letztlich begründet wird. In den § 3 Abs. 2–4 GwG werden weiteren Ausführungen dazu gemacht.

959 BT-Drs. 16/9038 S. 30.

960 Damals noch im § 11 Abs. 1 Satz 2 GwG in der Fassung vom 29.12.2011 (BGBl. I, S. 2959).

961 BT-Drs. 17/6804, S. 36.

962 BT-Drs. 17/6804, S. 36.

963 BT-Drs. 17/6804, S. 36. Die Meldepflicht besteht nach dem Gesetzgeber auch unabhängig von der Beendigungsverpflichtung der Geschäftsbeziehung nach § 10 Abs. 9 GwG.

964 *Barreto da Rosa* in Herzog, Geldwäschegesetz, § 43 Rn. 51; Höche/Rößler WM 2012, 1505, 1510.

965 *Herzog/Achtelik* in Herzog, Geldwäschegesetz (2. Auflage), § 11 Rn. 23.

966 *Herzog/Achtelik* in Herzog, Geldwäschegesetz (2. Auflage), § 11 Rn. 23; Höche/Rößler WM 2012, 1505, 1510.

nicht mehr unmittelbar den Strafverfolgungsbehörden gemeldet werden muss. Allerdings stellt sich weiterhin die Frage nach dem Straftatenbezug.

Die praktische Bedeutung dieser Verdachtsmeldung scheint bisher gering zu sein. Entgegen einem erwarteten signifikant steigenden Meldeaufkommen seit der Einführung der zusätzlichen Meldepflicht im Dezember 2011 kann aus dem FIU-Jahresbericht 2012 festgestellt werden, dass lediglich 86 Meldungen aufgrund eines Verstoßes gegen die Offenlegungspflichten erstattet wurden.[967] Dabei handelte es sich lediglich um einen Anteil von 0,6 % am Gesamtaufkommen der Geldwäscheverdachtsmeldungen. In den folgenden Jahren stieg der Anteil unwesentlich (im Jahr 2013: 211 Verdachtsmeldungen[968], im Jahr 2014: 328 Verdachtsmeldungen[969]). In den FIU-Jahresberichten aus den folgenden Jahren lassen sich dazu keine konkreten Hinweise mehr entnehmen.[970]

V. Dokumentationspflicht von nicht erstatteten Verdachtsmeldungen

Weiterhin stellt sich die Frage, was gesetzlich erforderlich ist, wenn ein Geldwäschebeauftragter zu dem Ergebnis kommt, dass es sich um keinen meldepflichtigen Sachverhalt handelt. Das Gesetz sieht in diesen Fällen eine umfassende Dokumentationspflicht vor. Nach § 8 Abs. 1 Nr. 4 GwG sind die Erwägungsgründe und eine nachvollziehbare Begründung des Bewertungsergebnisses eines Sachverhalts hinsichtlich der Meldepflicht nach § 43 Abs. 1 GwG aufzuzeichnen und aufzubewahren.[971] Die Dokumentation ist nach Ansicht der BaFin deswegen notwendig, damit eine Entscheidung für oder gegen eine Verdachtsmeldung durch die BaFin oder die interne bzw.

967 FIU-Jahresbericht 2012, S. 15.

968 FIU-Jahresbericht 2013, S. 15.

969 FIU-Jahresbericht 2014, S. 13.

970 Vgl. beispielsweise FIU. Jahresbericht 2015; FIU-Jahresbericht 2016; FIU-Jahresbericht 2021.

971 Diese Regelung wurde erst mit der Umsetzung der Vierten EU-Geldwäscherichtlinie in das Geldwäschegesetz aufgenommen. Zuvor bestand hier eine Lücke für einen großen Teil der Verpflichteten aus dem Nichtfinanzsektor, da die Erwägungsgründe für eine Nichterstattung einer Verdachtsmeldung nicht von der Dokumentationspflicht erfasst waren (siehe BT-Drs. 18/11555, S. 114). Der Wortlaut des § 25h Abs. 3 Satz 2 KWG in der Fassung vor der Umsetzung des Gesetzes zur Umsetzung der Vierten EU-Geldwäscherichtlinie lautetet: „Über diese Sachverhalte hat das Institut angemessene Informationen nach Maßgabe des § 8 des Geldwäschegesetzes aufzuzeichnen und aufzubewahren, die für die Darlegung gegenüber der Bundesanstalt erforderlich sind, dass diese Sachverhalte nicht darauf schließen lassen, dass eine Tat nach § 261 des Strafgesetzbuchs oder eine Terrorismusfinanzierung begangen oder versucht wurde oder wird."

externe Revision auf sachfremde Erwägungen oder offenkundig unrichtige Tatsachen oder auf allgemein gültigen Bewertungsmaßstäbe überprüft werden kann.[972]

VI. Zwischenergebnis

Die Untersuchung der Voraussetzungen der Meldepflichten nach § 43 Abs. 1 GwG hat gezeigt, dass es eine Vielzahl von Unklarheiten gibt und die Auslegung der einzelnen Tatbestandsmerkmale Fragen aufwerfen.

Zunächst lässt sich bei dem Tatbestandsmerkmal der „Tatsachen“ feststellen, dass eine weite Auslegung vom Gesetzgeber erwartet wird und insbesondere Anhaltspunkte relevant sind. Weiterhin fällt die genaue Bestimmung der Verdachtsschwelle schwer. Es soll auf das vorhandene bankspezifische Wissen und Erfahrungen des Geldwäschebeauftragten ankommen.[973] Allerdings wirft eine schlichte gewerbliche Sichtweise Fragen auf, da mit der Verdachtsmeldung im Ergebnis auch Straftaten aufgedeckt und den Strafverfolgungsbehörden Ermittlungsansätze geliefert werden sollen. Der Beurteilungsspielraum kann dieses Problem nicht lösen. Vielmehr stellen sich auch grundlegende Fragen, insbesondere worin die Grenzen des Beurteilungsspielraums liegen.

Die Begrifflichkeiten der Geldwäsche und Terrorismusfinanzierung sind nach allgemeinem Verständnis sehr weitläufig und teilweise hochpolitisch. Bei näherer Betrachtung zeigt sich, dass relevante Vorgaben von den Aufsichtsbehörden bisher nicht ausreichend konkretisiert wurden. Die bisherigen Veröffentlichungen weisen nur norminterpretierende Wirkung auf und binden lediglich die Aufsichtsbehörden selbst. Auch wenn relevante Anhaltspunkte genannt werden, wird deutlich, dass diese aus vielen Informationsquellen stammen können und die Aufsichtsbehörden bisher nicht abschließend definieren, welche Quellen zwingend genutzt werden müssen.

Es besteht damit die Gefahr, dass jegliches auffälliges Verhalten vom Tatbestand der Norm umfasst sein kann. Daher soll im weiteren Verlauf untersucht werden, welche Auswirkungen eine Verdachtsmeldung für das Kreditinstitut und die Bankkunden hat.

972 Vgl. BaFin Auslegungs- und Anwendungshinweise, S. 75. Die Aufzeichnungen sind mindestens fünf Jahre aufzubewahren (vgl. § 8 Abs. 4 Satz 1 GwG).
973 BR-Drs. 317/11, S. 49.

E. Die Rechtsfolge der Meldepflicht nach § 43 Abs. 1 GwG

Im Folgenden soll untersucht werden, was ein Kreditinstitut machen muss, wenn die Tatbestandsvoraussetzungen einer Verdachtsmeldung vorliegen. Aus § 43 Abs. 1 GwG ergibt sich als Rechtsfolge, dass ein Sachverhalt unabhängig von dessen Transaktionshöhe der Zentralstelle für Finanztransaktionsuntersuchungen (dazu I.) unverzüglich (dazu II.) zu melden ist. Das Geldwäschegesetz formuliert zudem konkrete Vorgaben bezüglich der Form einer Verdachtsmeldung (dazu III.). Die genauen Voraussetzungen sollen im Folgenden untersucht werden, damit die Auswirkungen für die Kreditinstitute sowie für die Bankkunden erkennbar werden.

I. Empfänger der Verdachtsmeldung

Seit der Umsetzung der Vierten EU-Geldwäscherichtlinie ist die zuständige Empfangsbehörde für Verdachtsmeldungen die neu beim Bundesfinanzministerium aufgestellte Financial Intelligence Unit (FIU), die im amtlichen Gesetzestext als „Zentralstelle für Finanztransaktionsuntersuchungen“ bezeichnet wird. Die zuständigen Empfangsbehörden für die Verdachtsmeldung wurden seit dem Bestehen des Geldwäschegesetzes mehrfach geändert. Im Folgenden sollen die Entwicklung und die Änderungen der zuständigen Empfangsbehörden sowie die damit verbundenen Ziele des Gesetzgebers aufgezeigt werden (dazu 1.). In einem weiteren Schritt sollen die gegenwärtigen Auswirkungen hervorgehoben werden (dazu 2.).

1. Änderungen der FIU als Empfangsbehörde für Verdachtsmeldungen

Die FIU als zuständigen Empfangsbehörde für die Verdachtsmeldungen wurden vielfach diskutiert und im Laufe der Zeit mehrfach gesetzlich geändert. Ursprünglich wurde überlegt, die FIU unter das Dach der BaFin zu stellen. Dieser Gedanke wurde jedoch verworfen, da es sich nach der damaligen Meinung bei den Verdachtsmeldungen nicht um eine Maßnahme im Rahmen der Gewerbeaufsicht handeln sollte.[974] Zudem bestand bereits seit dem Jahr 2000 im Bundeskriminalamt (BKA) eine „Gemeinsame Finanzermittlungsgruppe BKA/ZKA“ als zentrale Meldestelle in Deutschland.

---

974 *Achsnich/Teichmann* in Herzog/Mülhausen, Geldwäschebekämpfung und Gewinnabschöpfung, § 32 Rn. 2.

Die vorhandene Stelle musste somit lediglich ausgebaut werden. Im August 2002 nahm die FIU beim Bundeskriminalamt ihre Arbeit auf.[975]

Damals war die Verdachtsmeldung nach dem Gesetzeswortlaut der zuständigen Strafverfolgungsbehörde und „in Kopie" der FIU anzuzeigen.[976] Die FATF kritisierte dann aber in ihrem Deutschlandbericht vom 19. Februar 2010 die deutschen Regelungen zu den Empfangsbehörden. Die Berichterstatter der FATF wiesen darauf hin, dass es wünschenswert sei, die bisherige doppelte Verdachtsmeldung – an die FIU beim Bundeskriminalamt sowie an die Ermittlungsbehörden der Länder – möglichst zu vermeiden.[977] Grundlage für die Feststellung des Mangels war die FATF-Empfehlung 13, wonach die Meldung in jedem Fall der FIU als zentrale Stelle zu erstatten ist. Der deutsche Gesetzgeber hat auf die Monita der FATF in der Folge mit einem Kompromiss reagiert. Durch das GWPräOptG im Jahr 2011 wurde der Wortlaut dahingehend geändert, dass die Verdachtsmeldung dem Bundeskriminalamt als Zentralstelle für Verdachtsmeldungen sowie der zuständigen Strafverfolgungsbehörde zu melden ist. Auf den Zusatz „in Kopie" wurde verzichtet. Nach dem Gesetzgeber fungierte die FIU somit als Zentrale Stelle gemeinsam mit den Strafverfolgungsbehörden als gleichgewichtige „Erstanlaufstelle" für die Entgegennahme von Verdachtsmeldungen.[978] Der Gesetzgeber wollte nicht, dass die Meldung ausschließlich der FIU zu erstatten sei, da diese jede Meldung sodann an die zuständige Ermittlungsbehörde weiterleiten muss, wodurch Zeit verloren geht und wertvolle polizeiliche Ressourcen für administrative Zwecke gebunden würden.[979] Der FIU soll keine „Filterfunktion" zukommen. Aus den Gesetzesunterlagen ergibt sich:

> *„Die Meldewege sollen nunmehr neben den Strafverfolgungsbehörden gleichgewichtig über die FIU erfolgen, um ihrer Funktion als Zentralstelle, bei der sämtliche relevanten Informationen in Bezug auf Geldwäsche und Terrorismusfinanzierung zusammenlaufen, gerecht zu werden, ohne dass ihr eine Filterfunktion in Bezug auf die Weitergabe der Informationen an die strafrechtlichen Ermittlungsbehörden zukommen soll. Es geht vielmehr um die Bündelung und Anreicherung von Informationen an zentraler Stelle, um hierdurch einen Zuwachs an Erkenntnissen und Zusammenhängen zu generieren".*[980]

975 *Achsnich/Teichmann* in Herzog/Mülhausen, Geldwäschebekämpfung und Gewinnabschöpfung, § 32 Rn. 2.

976 Vgl. § 11 GwG in der alten Fassung vor dem Gesetz zur Optimierung der Geldwäscheprävention vom 22.12.2011 (BGBl. I, S. 2959).

977 BT-Drs. 17/8043, S. 7.

978 BT-Drs. 17/6804, S. 35.

979 BT-Drs. 17/8043, S. 7.

980 BT-Drs. 17/6804, S. 21.

Dass eine „Filterung" der Verdachtsmeldungen nicht stattfinden soll, wurde auch in den Diskussionen des Finanzausschusses noch einmal betont:

> *„Ein Filtern der Meldungen mit der Folge, dass nur solche Meldungen weiterzuleiten wären, aus denen sich aus Sicht der FIU ein Anfangsverdacht ergibt, wäre unzulässig. Die Prüfung, ob ein Anfangsverdacht im strafprozessualen Sinne vorliege, stehe in der alleinigen Verantwortung der sachleitenden Staatsanwaltschaft, nicht der FIU. Die FIU müsse daher auch in den Fällen, in denen ein Anfangsverdacht nicht auszuschließen sei, eine Meldung an die Staatsanwaltschaft machen, die ihrerseits prüfe, ob zureichende tatsächliche Anhaltspunkte für eine verfolgbare Straftat vorlägen. Im Ergebnis beträfe die Weiterleitungspflicht damit sämtliche Verdachtsmeldung[en] mit dem entsprechenden administrativen Aufwand und Ressourcenbindung."*[981]

Im Jahr 2017 hat sich mit dem Gesetz zur Umsetzung der Vierten EU-Geldwäscherichtlinie die zuständige Empfangsbehörde dann wieder wesentlich geändert. Nunmehr ist die Verdachtsmeldung an die FIU (jetzige amtliche Bezeichnung: „Zentralstelle für Finanztransaktionsuntersuchungen") als einzige zuständige Empfangsbehörde zu richten. Insbesondere betont der Gesetzgeber nunmehr genau entgegengesetzt zu der vorherigen Ansicht, dass der FIU eine „wichtige Filterfunktion" zukommen soll. Die FIU soll mit dem neuen Gesetz Meldungen entgegennehmen, analysieren und bei einem Verdacht auf Geldwäsche oder Terrorismusfinanzierung an die zuständigen öffentlichen Stellen weiterleiten.[982]

Mit der neuen Aufstellung der Empfangsbehörde wurde die Hoffnung verbunden, dass damit wesentliche praktische Probleme gelöst werden. Denn die Änderung des Wortlautes der Verdachtsmeldung sowie insbesondere die Senkung der Meldeschwelle durch das GWPräOptG[983] führten zu einem beträchtlichen Anstieg der Verdachtsmeldungen innerhalb kürzester Zeit. Im Jahr 2015 haben sich die Verdachtsmeldungen seit dem Jahr 2011 mehr als verdoppelt (von 12.868 auf 29.108 Verdachtsmeldungen).[984] Die zuständigen Strafverfolgungsbehörden standen vor der Herausforderung, diese erhebliche Steigerung abzuarbeiten. Zudem hatten die Verdachtsmeldungen aufgrund der niedrigen Meldeschwelle auch eine geringere Aussagekraft, was umfangreiche Ermittlungen sowie zusätzliche notwendige Ressourcen bei den Strafverfolgungsbehörden nach sich zog. Das Verdachtsmeldesystem schien damit *ad absurdum* geführt worden zu sein. Während die Anfor-

---

981 BT-Drs. 17/8043, S. 7.
982 BT-Drs. 18/11555, S. 2.
983 BGBl. 2011 I, S. 2959.
984 FIU-Jahresbericht 2015, S. 9.

derungen an die Kreditinstitute immer weiter angehoben wurden, konnten die zuständigen Behörden die gemeldeten Verdachtsfälle nicht mehr hinreichend abarbeiten. Das gesamte Ausmaß lässt sich nur vermuten. Aus dem FIU-Jahresbericht 2016 ist in Bezug auf die Arbeit der Strafverfolgungsbehörden zu entnehmen: Es wurden „erheblich weniger Clearingvorgänge abgeschlossen als im Vorjahreszeitraum. Ursache ist der enorme Anstieg des gesamten Fallaufkommens.“[985] Drastischer ist die Aussage des damaligen stellvertretenden Vorsitzenden des Bundes deutscher Kriminalbeamter, Sebastian Fiedler, welcher die völlig unzureichende Personalausstattung beklagte und deutlich machte, dass die Mitarbeiter im Bereich der Geldwäschebekämpfung so überlastet seien, dass die Situation „nahe bei Strafvereitelung im Amt“ sei.[986]

2. Auswirkungen der neuen Empfangsbehörde

Damit wird die Zerrissenheit über die genaue Einordnung der FIU sichtbar. Der Gesetzgeber hat innerhalb kurzer Zeit seine Ansicht über die FIU als Filterbehörde komplett geändert. Mit der neuen Aufstellung der FIU als einzige Empfangsbehörde sollten diese Herausforderungen besser bewältigt werden. Nach der Bundesregierung führt die nunmehr gewünschte „Filterfunktion“ der FIU zu einer erheblichen Entlastung der Strafverfolgungsbehörden.[987] Bei einer konstant steigenden Zahl von Verdachtsmeldungen darf davon ausgegangen werden, dass auch in beachtlichem Umfang polizeilich nicht relevante Meldungen enthalten sind. Die Strafverfolgungsbehörden können sich daher in Zukunft nach der Filterung durch die FIU nur noch auf die „werthaltigen“ Fälle konzentrieren.[988] Die früheren Bedenken gegen eine Filterfunktion wurden hingegen nicht mehr problematisiert. Diese Kehrtwende erscheint von praktischen Erwägungen getrieben zu sein, die Vielzahl der Verdachtsmeldungen möglichst effektiv abzuarbeiten. Doch auch der neue Lösungsansatz wirft in der Praxis Probleme auf. Die Verdachtsmeldungen scheinen auch mit der neuen Behörde kaum bewältig zu werden. Das Handelsblatt veröffentlichte im April 2018 einen Artikel mit dem Titel „Deutsche Behörden sind mit 30.000 Geldwäsche-Fällen im Rückstand“, dabei wurde insbesondere die mangelnde Personalausstattung und IT der FIU hervorgehoben.[989] Die Bundesregierung hat sich dahinge-

985 FIU-Jahresbericht 2016, S. 12.

986 Siehe Artikel vom Deutschen Bundestag „Anti-Geldwäschegesetz unter Sachverständigen umstritten“, abrufbar unter https://www.bundestag.de/dokumente/textarchiv/2017/kw17-pa-finanzen-geldwaesche/502714 (zuletzt abgerufen 16.07.2023).

987 Siehe auch schon für eine bundeseinheitliche Zentralstelle, Oswald, S. 304.

988 BT-Drs. 18/11928, S. 25.

989 Handelsblatt vom 3.4.2018, abrufbar unter www.handelsblatt.com/finanzen/banken-versicherungen/finanzkriminalitaet-deutsche-behoerden-sind-mit-30-000-geld-

hend geäußert, dass das Auswahlverfahren zur Gewinnung neuer Mitarbeiter einen außergewöhnlich hohen und breit gefächerten Anklang gefunden hat und der weitere Ausbau im Jahr 2018 abgeschlossen sein wird.[990] Im Februar 2019 antwortete die Bundesregierung auf eine kleine Anfrage im Bundestag über die Missstände in der FIU im Wesentlichen, dass die Fragestellungen zur „Sicherstellung der fortlaufenden Erfüllung der gesetzlichen Aufgaben des Zollkriminalamtes, insbesondere der Zentralstelle für Finanztransaktionsuntersuchungen, besonders schutzwürdig" seien und „die Offenlegung entsprechender Informationen die Sicherheit und die Interessen der Bundesrepublik Deutschland unter dem Blickwinkel der gebotenen frühzeitigen Verhinderung sowie Bekämpfung von Geldwäsche und Terrorismusfinanzierung gefährden" würde.[991]

Nach den aktuellen FIU-Jahresberichten steigen die Zahlen der Verdachtsmeldungen weiter an. Im FIU-Jahresbericht 2021 werden die Verdachtsmeldezahlen inzwischen auf 298.507 Meldungen beziffert. Im Rahmen einer kleinen Anfrage im Bundestag der CDU/CSU-Fraktion vom März 2023 wurde gefragt, wie viele Verdachtsmeldungen im Rahmen der Abarbeitung des Rückstaus der entweder als nicht endbearbeitet oder als mit unklarem (End-) Status identifizierten Verdachtsmeldungen durch die FIU an die Strafverfolgungsbehörden weitergeleitet wurden und wie sich diese Zahl zu den bisher insgesamt endbearbeiteten Verdachtsmeldungen des Rückstaus verhält.[992] Die Bundesregierung antwortete daraufhin, dass die Beantwortung der Frage nicht offen erfolgen kann, weshalb die Antwort als „Verschlusssache – Vertraulich" gemäß der VSA eingestuft und zur Einsichtnahme in die Geheimschutzstelle des Deutschen Bundestages eingestellt wird.[993]

Auch wenn sich die genaue Entwicklung aufgrund der unzureichenden Informationslage nicht abschließend bewerten lässt, zeigen sich doch die erheblichen Herausforderungen für die Behörden mit dem erheblichen Anstieg der Verdachtsmeldungen umzugehen.

---

waesche-faellen-im-rueckstand/21135900.html (zuletzt abgerufen am 30.5.2020). Siehe auch Stellungnahme des Bundesrates und Gegenäußerung der Bundesregierung, BT-Drs. 18/11928, S. 11; sowie Äußerung von Sebastian Fiedler, abrufbar unter https://www.bundestag.de/dokumente/textarchiv/2017/kw17-pa-finanzen-geldwaesche/502714 (zuletzt abgerufen 16.07.2023).

990 BT-Drs. 18/11928, S. 25.

991 BT-Drs. 19/7575, S. 4.

992 BT-Drs. 20/6107.

993 BT-Drs. 20/6467, S. 5.

II. Unverzüglichkeit der Verdachtsmeldung

Weiterhin ist als Rechtsfolge der Umstand zu untersuchen, dass eine Verdachtsmeldung auch „unverzüglich" abgegeben werden muss. Dabei ist zu beachten, dass eine nicht unverzügliche Abgabe auch eine „nicht rechtzeitige" Verdachtsmeldung darstellt. Dies könnte bei einem Verstoß zu einer Ordnungswidrigkeit nach § 56 Abs. 1 Nr. 69 Var. 4 GwG führen. Es wäre daher schon aus Gründen der Rechtssicherheit notwendig, die genauen Grenzen einer unverzüglichen Verdachtsmeldung zu bestimmen.

1. Unverzüglichkeit im Sinne des Geldwäscherechts

Unter dem Begriff der „Unverzüglichkeit" versteht man im Allgemeinen ein Handeln ohne schuldhaftes Zögern im Sinne des § 121 Abs. 1 Satz 1 BGB.[994] Diese unbestimmte Begrifflichkeit muss auf die Besonderheiten des Geldwäscherechts angepasst werden. Dafür ist zunächst notwendig sich zu vergegenwärtigen, was alles bei einer Verdachtsmeldung passiert. Ein typischer Ablauf für einen Verdachtsvorgang in einem Kreditinstitut wurde bereits oben dargestellt.[995] Für das Geldwäscherecht lässt sich daher feststellen, dass für die Bestimmung der Unverzüglichkeit einer Verdachtsmeldung der Zeitraum zwischen dem ersten Verdachtsmoment und der Abgabe der Meldung an die zuständigen Behörden relevant scheint. Auch aus den Auslegungs- und Anwendungshinweisen der BaFin lässt sich entnehmen, dass im Wesentlichen organisatorische Anforderungen mit der Unverzüglichkeit verbunden werden. Ein verdächtiger Sachverhalt muss danach „unverzüglich registriert, an die intern für die Meldung zuständige Stelle weitergeleitet sowie von dort bei Bejahung eines meldepflichtigen Sachverhalts an die FIU gemeldet werden"[996]. Auch schon in dem früheren Rundschreiben 1/2014 (GW) mit dem Schwerpunkt der Verdachtsmeldung hat die BaFin auf die organisatorische Ausgestaltung des Verdachtsmeldeverfahrens hingewiesen.[997] In allen diesen Stadien der Bearbeitung der Verdachtsmeldung muss damit sichergestellt werden, dass der organisatorische Ablauf in einem Kreditinstitut unverzüglich erfolgt.

---

994 Vgl. auch *Fülbier* in Fülbier/Aepfelbach/Langweg, GwG, § 11 Rn. 109; *Barreto da Rosa* in Geldwäschegesetz, § 43 GwG Rn. 54; Beschluss des OLG Frankfurt vom 10. April 2018; 2 Ss-OWi 1059/17; BaFin Auslegungs- und Anwendungshinweise, S. 74. Siehe weiter zum Begriff BGHSt 21, 334, 339.

995 Siehe zum praktischen Ablauf einer Verdachtsmeldung bei einem Kreditinstitut, S. 54.

996 BaFin, Auslegungs- und Anwendungshinweise, S. 74 f.

997 BaFin Rundschreiben 1/2014 (GW), Abs. I. Die Hinweise aus dem Rundschreiben 1/2014 (GW) wurden dann in vielen Teilen in den BaFin Auslegungs- und Anwendungshinweise aufgenommen.

Zunächst wird dabei deutlich, dass zur Sicherstellung der Unverzüglichkeit die Bankmitarbeiter über die Notwendigkeit eines schnellen Verfahrens ausreichend geschult und angewiesen sein müssen, mögliche Verdachtsmomente umgehend an die zuständige Stelle weiterzuleiten. Ebenso müssen die Monitoringsysteme so eingestellt sein, dass Verdachtsmomente umgehend an die zuständige Stelle übersendet werden.[998] Das OLG Frankfurt a. M. macht darauf aufmerksam, dass eine nicht rechtzeitige Verdachtsmeldung als Folge von unzureichenden internen Sicherungsmaßnahmen entstehen kann.[999] Auch der Hinweis der BaFin erscheint konsequent, dass es gegen die Vorgaben des Geldwäschegesetzes verstoßen würde, wenn ein Bankmitarbeiter bei einem Verdachtsmoment erst seinen Vorgesetzten nach seiner Einschätzung fragen würde, bevor der Verdacht dem Geldwäschebeauftragten zugeleitet werden würde.[1000] Es obliegt nur dem Geldwäschebeauftragten über das Bestehen eines Geldwäscheverdachts zu entscheiden. Hierfür legt das Geldwäschegesetz ausdrücklich im § 7 Abs. 5 Satz 6 GwG fest, dass der Geldwäschebeauftragte bei der Erstattung einer Meldung nach § 43 Abs. 1 GwG nicht dem Direktionsrecht durch die Geschäftsleitung unterliegt. Sollten daher langwierige Diskussionen mit der Führungsebene über einen Verdachtsfall stattfinden, könnte dies bereits einen Verstoß darstellen. Auch für den Fall, dass ein Geldwäschebeauftragter als Ansprechpartner verhindert ist (z. B. durch Urlaub oder Krankheit), muss das Kreditinstitut ausreichend organisatorische Vorkehrungen durch einen Stellvertreter treffen.[1001]

Weiterhin muss auch der Geldwäschebeauftragte als zuständige Stelle einen verdächtigen Sachverhalt umgehend prüfen. Hiermit ist ebenso der damit verbundene Aufklärungs- und Beurteilungszeitraum eingeschlossen.[1002] Es wird somit deutlich, dass die Unverzüglichkeit auch im engen Zusammenhang mit der Entscheidung über einen verdächtigen Sachverhalt im Rah-

---

998 Ein Kreditinstitut muss nach § 25h Abs. 2 KWG Datenverarbeitungssysteme betreiben und aktualisieren, mittels derer sie in der Lage sind, Geschäftsbeziehungen und einzelne Transaktionen im Zahlungsverkehr zu erkennen, die auf Grund des öffentlich und im Kreditinstitut verfügbaren Erfahrungswissens über die Methoden der Geldwäsche, der Terrorismusfinanzierung und über die sonstigen strafbaren Handlungen im Verhältnis zu vergleichbaren Fällen besonders komplex oder groß sind, ungewöhnlich ablaufen oder ohne offensichtlichen wirtschaftlichen oder rechtmäßigen Zweck erfolgen. Nach der BaFin sind Treffer kenntlich zu machen. Diese generierten Treffer sind vom Verpflichteten manuell auf ihre Geldwäscherelevanz hin einzuschätzen (siehe BaFin, Auslegungs- und Anwendungshinweise, S. 54 f.).

999 Vgl. Beschluss des OLG Frankfurt vom 10.04.2018; 2 Ss-OWi 1059/17 = BeckRS 2018, 30810, Rn. 44.

1000 BaFin, Auslegungs- und Anwendungshinweise, S. 76.

1001 Schon aus dem Gesetz ergibt sich, dass immer ein Geldwäschebeauftragter sowie auch ein Stellvertreter bestellt werden müssen (§ 7 Abs. 1 GwG).

1002 BaFin, Auslegungs- und Anwendungshinweise, S. 74; Komma, CB 2019, 197, 198 f.

men mit dem Beurteilungsspielraum des Geldwäschebeauftragten steht.[1003] Zudem gibt es Überschneidungspunkte mit der Meldeschwelle.[1004] Denkbar und problematisch erscheinen daher Fälle, wenn es zu einer anderen Bewertung über einen verdächtigen Sachverhalt zwischen dem Verständnis der Aufsichtsbehörde und des Geldwäschebeauftragten kommen würde. Ob es sich um einen Verdachtsfall handelt, wurde beispielsweise in der Literatur von *Barreto da Rosa* und *Diergarten* bei dem Beschluss des OLG Frankfurt aus dem Jahr 2018 kontrovers diskutiert.[1005]

Eine konkrete Zeitangabe von Stunden oder Tagen lässt sich bisher von den Aufsichtsbehörden nicht finden. In der Literatur wird von *Allgayer* vertreten, dass noch kein schuldhaftes Zögern vorliegt, wenn ein Bankmitarbeiter Auffälligkeiten feststellt und eine Erörterung mit dem Geldwäschebeauftragten stattfindet. In jedem Fall müssen alle einzuschaltenden Stellen des Instituts die geldwäscherelevanten Hinweise zügig behandeln.[1006] Von *Peukert* wird deutlich gemacht, dass es schwierig sei, zu bestimmen, was „verspätet“ bedeutet.[1007] Teilweise wird vertreten, dass es auch auf das konkrete Geschäft ankommt. Wenn es sich um ein eilbedürftiges Geschäft handelt, dann kommt dementsprechend auch nur ein kurzer Aufklärungszeitraum in Frage.[1008] Weiterhin wird von *Fülbier* verlangt, dass dem Institut eine angemessene Überlegungsfrist zugestanden werden muss.[1009] Auch wird in der Literatur hervorgehoben, dass ein schuldhaftes Zögern erst dann anzunehmen ist, wenn der Verdacht über mehrere Tage in dem Institut ohne erkenntlichen Grund herumgereicht wird oder untätig die Entwicklungen abgewartet werden.[1010] Aus anderen Meldepflichten lässt sich noch der Hinweis entnehmen, dass Verzögerungen unerheblich sein werden, die der Verpflichtete nicht zu vertreten hat.[1011] Auch wird die Frage aufgeworfen, wie eine schnelle Abarbeitung der Verdachtsmeldungen stattfinden soll, wenn die Verdachtsschwelle weiter sinkt und es damit zu einer ansteigenden Zahl von Verdachtsmeldungen kommt.[1012] Konkrete Hinweise aus der Rechtsprechung im Bereich des Geldwäscherechtes lassen sich bisher nur wenig finden. Der Beschluss des OLG Frankfurt a. M. aus dem Jahr 2018 weist darauf

1003 Siehe näher zu den Voraussetzungen Beurteilungsspielraum der Kreditinstitute, S. 95.

1004 Siehe näher zu den Voraussetzungen des Tatbestandsmerkmales Hindeuten und die Schwelle der Verdachtsmeldung, S. 78.

1005 Siehe hierzu die Anmerkung von Barreto da Rosa und Diergarten zum OLG Frankfurt, Beschl. v. 10.04.2018 – 2 Ss-Owi 1059/17, NStZ 2020, 173, 178 ff.

1006 *Allgayer* in Ellenberger/Bunte, Bankrechts-Handbuch, § 11 Rn. 588.

1007 Peukert, NZWiSt 2019, 219, 223.

1008 Komma, CB 2019, 197, 199.

1009 *Fülbier* in Fülbier/Aepfelbach/Langweg, GwG, § 11 Rn. 109.

1010 Körner/Dach, Geldwäsche, S. 61.

1011 Vgl. *Hohmann* in Münchener Kommentar zum StGB, Bd. III, § 138 Rn. 18.

1012 Rößler/Malkoc-Stahl, WuB 2019, 343, 345.

hin, dass eine Mitteilung „ohne schuldhaftes Zögern unter Vermeidung jeder Zeitverzögerung zu erfolgen“ hat. In dem zugrundeliegenden Fall sollte eine Verdachtssituation *über* mehrere Monate hinweg nicht bearbeitet worden sein.[1013]

2. Exkurs: Meldesystem von unterschiedlichen Geschwindigkeiten?

Es erscheint überlegenswert, ob ein Meldesystem von unterschiedlichen Geschwindigkeiten mit Tagessätzen als Richtwerte von den Aufsichtsbehörden vorgegeben werden sollte. Gegebenenfalls könnte damit den Interessen der Kreditinstitute, der zuständigen Behörden aber auch schlussendlich den gemeldeten Bankkunden besser Rechnung getragen werden. Überlegenswert wäre beispielsweise, dass man ein dreistufiges System aufsetzen könnte: Fälle im Zusammenhang mit Terrorismusfinanzierung müssten sofort gemeldet werden, da gegebenenfalls auch noch mögliche Terrorismusfälle verhindert werden könnten. Eindeutige Fälle der Geldwäsche beispielsweise innerhalb von 3 Tagen und uneindeutige Fälle der Geldwäsche innerhalb von beispielsweise 10 Tagen. Unterschiedliche Geschwindigkeiten kommen auch in anderen gesetzlichen Vorgaben vor (siehe z. B. § 138 Abs. 1 StGB und § 138 Abs. 2 StGB).[1014] Im Einzelfall könnte von diesen Richtwerten abgewichen werden, wenn diese aufgrund der besonderen Umstände des Einzelfalls erforderlich sind.

Der Vorteil von diesen Tagesvorgaben könnte darin bestehen, dass die Behörden eine konkrete Erwartungshaltung formulieren und Kreditinstitute mit diesen Richtwerten ihr Verhalten besser messen können. Damit bestünde insgesamt mehr Rechtssicherheit. Denn es lässt sich feststellen, dass auch wenn die Verdachtsfälle vom Einzelfall abhängig sind, feste zeitliche Vorgaben sinnvoll wären. Denn gegenwärtig besteht durch die besondere Betonung der Unverzüglichkeit die Gefahr, dass die Kreditinstitute eine Verdachtsmeldung auch für komplexe Sachverhalte schon bei geringsten Auffälligkeiten umgehend melden, ohne dass weitere relevante Informationen eingeholt werden, die der FIU sowie den Strafverfolgungsbehörden bei der Beurteilung des konkreten Sachverhaltes helfen können. Dies geht zu Lasten der Qualität des gesamten Verdachtsmeldesystems, da mögliche bedeutsame Informationen erst gar nicht zu Tage treten.

1013 Beschluss des OLG Frankfurt vom 10. April 2018; 2 Ss-OWi 1059/17, NStZ 2020, 173, 175.

1014 Der Wortlaut im § 138 Abs. 1 StGB spricht von „rechtzeitig“ und der § 138 Abs. 2 StGB spricht von „unverzüglich“.

Auch nach dem Sinn und Zweck der Verdachtsmeldung stellen sich bei näherer Betrachtung Fragen. Zwar betont der Gesetzgeber mit der Ausgestaltung als Ordnungswidrigkeit nach § 56 Abs. 1 Nr. 69 4. Var. GwG die Notwendigkeit einer schnellen Abgabe der Verdachtsmeldung. Ebenso wird schon in einem Gesetzgebungsverfahren im Jahr 1992 hervorgehoben, dass die Ermittlungen einer Straftat durch die Verdachtsmeldung „schnellstmöglich" aufgenommen werden sollen.[1015] Allerdings erscheint es fraglich, ob dem eigentlich übergeordneten Ziel, der Verfolgung der Organisierten Kriminalität, auf diese Weise entsprochen wird. Von Teilen der Literatur wird hervorgehoben, dass der Hauptzweck nicht in der Fokussierung auf den Einzelfall besteht, sondern vielmehr darin, die Strukturen der organisierten Kriminalität zu erkennen.[1016] Eine Auffälligkeit eines Bankkunden (z. B. eine auffällige hohe Transaktion) kann Anhaltspunkte zu anderen Personen oder Unternehmen aufzeigen. Erst daraus können sich gegebenenfalls wesentliche Informationen über eine Organisierte Kriminalität ergeben. Diese Recherchen werden umfangreich sein und Zeit in Anspruch nehmen. Wenn die Schnelligkeit von Verdachtsmeldung im Vordergrund steht, dann besteht die Gefahr, dass schon kleinste Auffälligkeiten ohne eine weitere vertiefte Recherche gemeldet werden. In der Folge kann es zu erheblichen Informationsverlusten kommen.

Gepaart mit der niedrigen Meldeschwelle der Verdachtsmeldung besteht zudem die Gefahr, dass viele Bankkunden aufgrund von geringen Auffälligkeiten gemeldet werden, ohne dass sich bei näherer Prüfung ein Verdacht bestätigen wird. Das zeigen auch die Ergebnisse der ausgewerteten Verdachtsmeldungen bei der FIU. Im Jahr 2018 wurden bei nur 58 % der gemeldeten Vorfällen nach § 43 GwG von der FIU ein Zusammenhang mit Geldwäsche, Terrorismusfinanzierung oder sonstigen Straftaten festgestellt und die Informationen an weitere zuständige Stellen (z. B. Landeskriminalamt) weitergeleitet.[1017] Betrachtet man die Zahlen, die dann auch zu weiteren Strafmaßnahmen geführt haben, dann lässt sich feststellen, dass von 14.065 Rückmeldungen der Staatsanwaltschaften lediglich 275 Rückmeldungen darauf hinweisen, dass auch Urteile, Strafbefehle und Anklageschriften erlassen worden sind.[1018]

Eine Vorgabe von Tagessätzen als Richtwerte kann dieses Problem zumindest abmildern. Die Kreditinstitute können zunächst ihre gesamte Organisation danach ausrichten, die vorgegebenen Tagessätze einzuhalten. Bei

---

1015 BT-Drs. 12/2704 S. 17 f.; BT-Drs. 12/2747, S. 3 f.; siehe auch Findeisen, wistra 1997, 121, 123.

1016 *Fülbier* in Fülbier/Aepelbach/Langweg, GwG, § 11 Rn. 3.

1017 FIU-Jahresbericht 2018, S. 17.

1018 Siehe näher FIU-Jahresbericht 2018, S. 14 sowie bei dem Abschnitt zur Bedeutung der Verdachtsmeldung im Allgemeinen, S. 34.

der Beurteilung der Verdachtsmeldung durch den Geldwäschebeauftragten könnten noch bei verbleibender Zeit ausreichende Überlegungen und Recherchen angestellt werden.[1019] Dabei bestünde beim Geldwäschebeauftragten nicht die Befürchtung, dass durch die Überlegungen und Recherchen schon die Unverzüglichkeit nicht mehr eingehalten wird. Die Aufsichtsbehörden könnten auch durch feste Richtwerte eine Erwartungshaltung vorgeben, wann typischerweise ein Verdachtsmeldevorgang abzuschließen ist. Auch im Zusammenhang mit verfassungsrechtlichen Anforderungen wird zu prüfen sein, inwiefern die zuständigen Behörden um eine bestmögliche Klarheit von unbestimmten Rechtsbegriffen bemüht sein müssen.[1020]

III. Form der Verdachtsmeldung nach § 45 GwG

Weiterhin soll sich auch mit der notwendigen Form der Verdachtsmeldung auseinandergesetzt werden. Mit der Umsetzung der Vierten EU-Geldwäscherichtlinie wurden weiterhin die Anforderungen an die Form der Verdachtsmeldung neu geregelt. Die genauen Vorgaben ergeben sich aus § 45 GwG sowie aus dem elektronischen Formular der FIU. Außerdem weist die BaFin in ihren Auslegungs- und Anwendungshinweisen auf Anforderungen hin. Die BaFin betont dabei, dass es sich bei der Verdachtsmeldung um eine gewerberechtliche Pflicht handelt und daher einem Formzwang unterliegt.[1021]

1. Elektronische Übermittlung

Grundsätzlich soll seit der Umsetzung der Vierten EU-Geldwäscherichtlinie die Verdachtsmeldung ausschließlich elektronisch übertragen und nur noch in Ausnahmefällen auf dem Postweg versendet werden. Der Gesetzgeber legt ausdrücklich fest, dass die Meldung nach § 43 Abs. 1 GwG elektronisch zu erfolgen hat.[1022] Die FIU hat daher als zuständige Empfangsbehörde ein elektronisches Web-Portal („goAML“) aufgebaut, wo man als Kreditinstitut nach einer durchgeführten Anmeldung die Verdachtsmeldung abgeben

1019 Dabei darf der betroffene Bankkunde nicht gewarnt werden. Siehe näher dazu Verbot der Informationsweitergabe, S. 193.

1020 Siehe hier ausführlich Abschnitt G. Verfassungsrechtliche Bedenken bei der Verdachtsmeldung und Lösungsmöglichkeiten, S. 242.

1021 BaFin, Auslegungs- und Anwendungshinweise, S. 76.

1022 Eine elektronische Übertragung wurde auch schon in früheren Gesetzgebungsverfahren diskutiert. Bei dem GWPräOptG aus dem Jahr 2011 wurde im Finanzausschuss besonders die Reduzierung des Aufwandes bei den Verpflichteten durch ein elektronisches Verfahren als eine mögliche positive Folge hervorgehoben. Siehe näher BT-Drs. 17/8043, S. 7.

kann.[1023] Die vorgegebene IT-Schnittstelle wurde aber durch öffentliche Berichterstattung deutlich kritisiert und es gab dazu auch eine Kleine Anfrage im Bundestag.[1024] Zudem wirft ein solches elektronisches System neben praktischen Fragen auch weitere rechtliche Fragen auf.[1025] Zur besseren Verständlichkeit wird den Verpflichteten ein Handbuch auf der Internetseite der FIU bereitgestellt („Handbuch goAML Web Portal").

Daraus kann entnommen werden, dass die verpflichteten Kreditinstitute einen Grund bei der Abgabe der Verdachtsmeldung angeben müssen („Für die Abgabe einer Verdachtsmeldung müssen Sie mindestens einen Indikator durch Anhaken in der rechten Spalte auswählen.").[1026] Zu den Gründen gehören dann aber, z. B. „Betrug und Untreue (Code: D1002)" oder „andere Straftat (Code: D1019)".[1027] Somit können die Verpflichteten eine strafrechtliche Einschätzung angeben und dies obwohl an anderer Stelle ausdrücklich darauf hingewiesen wird, dass keine strafrechtliche Prüfung vorgenommen werden soll.

1023 Siehe näher auf der Internetseite der FIU unter http://www.zoll.de/DE/Der-Zoll/FIU/Fachliche-Informationen/Verdachtsmeldungen/verdachtsmeldungen_node.html (zuletzt abgerufen am 4.12.2020).

1024 Siehe Kleine Anfrage zur Neuorganisation der Financial Intelligence Unit und Zusammenarbeit mit den Strafverfolgungsbehörden im Bereich der Geldwäsche sowie auch den Hinweis auf den Bericht im Handelsblatt vom 3.4.2018 mit dem Titel „Deutsche Behörden sind mit 30.000 Geldwäsche-Fällen im Rückstand" (BT-Drs. 19/1959).

1025 So haben Kreditinstitute nach § 25a Abs. 1 KWG auch die Anforderungen an das Risikomanagement zu beachten. Hierfür hat die BaFin ein Rundschreiben über die Mindestanforderungen an das Risikomanagement (MaRisk) bei Nutzung von IT-Systemen (Hardware- und Softwarekomponenten), beim Einsatz von selbst entwickelten Anwendungen (individuelle Datenverarbeitung – „IDV") sowie für technische Auslagerungen herausgegeben (siehe Rundschreiben 10/2017 (BA) – Bankaufsichtliche Anforderungen an die IT (BAIT) vom 3.11.2017). Auf der Internetseite der FIU lässt sich dazu finden, dass nach gemeinsamer Bewertung von FIU und BaFin die MaRisk auf goAML keine Anwendung finden soll. Es wird ausgeführt, dass die FIU als staatlicher Systembetreiber gewährleistet, dass goAML ordnungsgemäß, sicher und seinem Zweck entsprechend funktioniert. Somit sind für Kreditinstitute keine Software- oder Prüfzertifikate erforderlich (Siehe auf der Internetseite der FIU unter dem Abschnitt Anwendungsbereich der MaRisk auf goAML", abrufbar unter https://www.zoll.de/DE/FIU/Software-goAML/Anwendungsbereich-MaRisk/anwendungsbereich-marisk_node.html, zuletzt abgerufen am 17.09.2023).

1026 FIU, Handbuch goAML Web Portal, S. 32.

1027 Daneben können zahlreiche andere Gründe angegeben werden, z. B. „Auffälliger/nicht nachvollziehbarer wirtschaftlicher Hintergrund des Kunden" oder „Kunde, der sich als nicht anerkannte NGO oder NPO darstellt".

2. Amtlicher Vordruck für den Postweg

Seit der neuen Gesetzeslage soll nur noch in Ausnahmefällen die Möglichkeit bestehen, dass der Postweg als Übermittlung der Verdachtsmeldung genutzt wird. Demnach ist der Postweg lediglich dann zulässig, wenn die elektronische Datenübermittlung gestört ist (§ 45 Abs. 1 Satz 2 GwG) oder wenn zur Vermeidung von unbilligen Härten auf die elektronische Übermittlung verzichtet wird (§ 45 Abs. 2 GwG). Die BaFin bestimmt in ihren Auslegungs- und Anwendungshinweisen, dass von einer gestörten elektronischen Datenübermittlung erst dann auszugehen ist, wenn mindestens 2 Stunden vergangen sind. In diesen Fällen soll die Meldung per Fax stattfinden. Nur wenn ein Fax unmöglich ist, soll auf den Postweg zurückgegriffen werden.[1028] Für die Übermittlung auf dem Postweg ist dann allerdings ein amtlich vorgeschriebener Vordruck zu verwenden (§ 45 Abs. 3 GwG.).

Nach der alten Gesetzeslage war die Verdachtsmeldung noch auf vielen Wegen möglich. So wurde für die Übermittlung nach § 11 GwG a. F. ein mündlicher, telefonischer, fernschriftlicher oder elektronischer Übertragungsweg zugelassen.[1029] Die BaFin hat in dem Rundschreiben 1/2014 (GW) allerdings darauf hingewiesen, dass die schnellstmögliche Übertragung zu bevorzugen sei. Da eine briefliche Übersendung nicht dem Anspruch einer unverzüglichen Meldung nachkommen kann, wurde schon damals der elektronische Weg erwartet.[1030] Auch wurden konkrete Angaben bezüglich der Form in Rundschreiben gefordert.[1031] Da die Rundschreiben keinen Rechtsnormcharakter aufweisen, wäre es daher nicht möglich gewesen, dass bei einem Ver-

1028 BaFin, Auslegungs- und Anwendungshinweise, S. 76.

1029 Nach § 11 Abs. 1 GwG in der Fassung vom 13.8.2008 (BGBl. I, S. 1690) lautete der Tatbestand noch: Liegen Tatsachen vor, die darauf hindeuten, dass es sich bei Vermögenswerten, die mit einer Transaktion oder Geschäftsbeziehung im Zusammenhang stehen, um den Gegenstand einer Straftat nach § 261 des Strafgesetzbuchs handelt oder die Vermögenswerte im Zusammenhang mit Terrorismusfinanzierung stehen, hat der Verpflichtete diese Transaktion unabhängig von ihrer Höhe oder diese Geschäftsbeziehung unverzüglich mündlich, telefonisch, fernschriftlich oder durch elektronische Datenübermittlung dem Bundeskriminalamt – Zentralstelle für Verdachtsmeldungen – und der zuständigen Strafverfolgungsbehörde zu melden.

1030 Vorausgesetzt die Strafverfolgungsbehörden stellen eine sichere Übermittlung bereit, vgl. BaFin Rundschreiben 1/2014 (GW), Abs. I.

1031 Die BaFin bestimmt, dass sie bei jeder Verdachtsmeldung Angaben machen zum Institut (Name, Adresse, Geldwäschebeauftragter), Angaben zu den Beteiligten (vollständiger Name, Anschrift, Geburtsdatum, Staatsangehörigkeit, Ausweisnummer, Art des Ausweises, ausstellende Behörde, wenn vorhanden Geburtsnamen, Geburtsort, sowie alle vorhandenen Konto-, Depot- und Schließfachnummern sowie Vertragsnummern oder vergleichbare Zuordnungskennzahlen) und Angaben zur Transaktion (Art, Betrag, Datum, Filiale sowie Begünstigte). Es sollten offizielle Formulare der FIU, der Strafverfolgungsbehörden oder der BaFin genutzt werden. Einen Vordruck hatte die FIU auf der Internetseite des Bundeskriminalamtes mit dem

stoß auf der Grundlage des Rundschreibens eine Ordnungswidrigkeit hätte verhängt werden können.[1032] Später wurden diese Vorgaben allerdings durch das Gesetz zur Umsetzung der Vierten EU-Geldwäscherichtlinie im § 45 GwG gesetzlich festgeschrieben.

IV. Zwischenergebnis

Die teilweise festgestellten Unklarheiten auf der tatbestandlichen Ebene der Verdachtsmeldung setzen sich auch in der Rechtsfolge fort.

Dies lässt sich zunächst anhand der Entwicklung der Empfangsbehörde für die Verdachtsmeldungen zeigen. Aus den ursprünglichen Überlegungen des Geldwäschegesetzes lässt sich noch entnehmen, dass es sich bei den Verdachtsmeldungen nicht um eine Maßnahme im Rahmen der Gewerbeaufsicht handeln sollte.[1033] Nunmehr wird betont, dass die bislang polizeilich ausgerichtete zentrale Meldestelle als eine administrativ präventiv handelnde Behörde neu eingerichtet wird.[1034] Weiterhin lässt sich in den Gesetzesbegründungen finden, dass der FIU keine Filterfunktion in Bezug auf die Weitergabe der Informationen an die strafrechtlichen Ermittlungsbehörden zukommen soll. Durch die Umsetzung der Vierten EU-Geldwäscherichtlinie wird gerade wiederum die „wichtige Filterfunktion" der FIU hervorgehoben.[1035] Diese entgegengesetzten Aussagen erschweren das Verständnis erheblich und zeigen die Schwierigkeiten bei dem Verständnis der Verdachtsmeldung.

Bei den Entwicklungen der Empfangsbehörde werden insbesondere der Einfluss der FATF und die daraus resultierenden Probleme deutlich. Neben der schon im Tatbestand erwähnten Monita über die Verdachtsschwelle hat die FATF in dem Deutschlandbericht aus dem Jahr 2010 die Zuständigkeiten der Empfangsbehörde der Verdachtsmeldung kritisiert. Die daraufhin vorgenommenen Änderungen des deutschen Gesetzgebers hatten erhebliche

Titel „Verdachtsmeldung nach § 11 und § 14 Geldwäschegesetz (GwG)" zur Verfügung gestellt. Siehe BaFin Rundschreiben 1/2014 (GW), Abs. I.

1032 Vgl. in diesem Zusammenhang auch die Aussage des Gesetzgebers im Zusammenhang mit der MaRisk, wo deutlich gemacht wird, dass die MaRisk als Rundschreiben keinen Rechtsnormcharakter hat. Sie kann daher direkt weder als Grundlage für Verwaltungsakte noch für die Verhängung von Bußgeldern herangezogen werden (BT-Drs. 18/5009, S. 73).

1033 *Achsnich/Teichmann* in Herzog/Mülhausen, Geldwäschebekämpfung und Gewinnabschöpfung, § 32 Rn. 2.

1034 BT-Drs. 18/11555, S. 136. Der Gesetzgeber regelt auch dementsprechend die Kompetenzen der Behörde nun erstmals durch detaillierte Bestimmungen im Geldwäschegesetz.

1035 BT-Drs. 18/11555, S. 2.

Auswirkungen in der Praxis. Die Verdachtsmeldungen stiegen um das Vielfache, gleichzeitig haben die zuständigen Behörden die Fülle der Verdachtsmeldungen nicht mehr ausreichend abarbeiten können. Die durch die Umsetzung der Vierten EU-Geldwäscherichtlinie neu aufgestellte FIU konnte dieses Problem bisher noch nicht ersichtlich lösen. Insbesondere ergaben sich aber erhebliche rechtlich widersprüchliche Aussagen des Gesetzgebers im Rahmen der Neuaufstellung, die nicht näher aufgeklärt wurden.

Ebenso wirft die unverzügliche Abgabe der Verdachtsmeldung Fragen auf. Es ist eingänglich, dass Verdachtsmomente möglichst schnell an die zuständigen Behörden gemeldet werden müssen. Fraglich erscheint jedoch, ob durch die besondere Betonung auf die Schnelligkeit der Meldung mögliche relevante Informationen erst gar nicht von den Kreditinstituten festgestellt werden können. Die Geldwäschebeauftragten werden schon aufgrund möglicher Sanktionen sehr sensibel reagieren und schnell einen Verdacht melden. Damit dieses Problem zumindest etwas abgemildert wird, wäre eine Vorgabe von möglichen Tagesrichtwerten überlegenswert. Es zeigt sich auch hier, dass aufgrund der Komplexität der Verdachtsmeldung konkrete Vorgaben der Aufsichtsbehörden wünschenswert sind.

Bei der Form der Verdachtsmeldung lässt sich zumindest die Entwicklung feststellen, dass von ursprünglichen Hinweisen der Aufsichtsbehörden ein Übergang zu gesetzlichen Vorgaben im § 45 GwG stattgefunden hat. Allerdings stellen sich weiterhin Fragen. Demnach ist es fragwürdig, warum eine Zuordnung im Rahmen der Verdachtsmeldung in Bezug auf eine Straftat stattfinden soll, wenn keine strafrechtlichen Erwägungen vorgenommen werden dürfen.

F. Weitere Auswirkungen der Verdachtsmeldung

Neben den Rechtsfolgen des § 43 Abs. 1 GwG hat eine Verdachtsmeldung auch weitere umfangreiche Auswirkungen, die zusätzlich von Kreditinstituten berücksichtigt werden müssen. Dabei soll zwischen den Auswirkungen einer ordnungsgemäßen Abgabe einer Verdachtsmeldung (dazu I.) und den Auswirkungen, wenn keine ordnungsgemäße Abgabe einer Verdachtsmeldung stattgefunden hat (dazu II) unterschieden werden. Darauf soll im Folgenden näher eingegangen werden.

I. Auswirkungen bei einer ordnungsgemäßen Abgabe einer Verdachtsmeldung

In diesem Abschnitt sollen die Auswirkungen der Verdachtsmeldung aufgezeigt werden, welche sich bei einer ordnungsgemäßen Abgabe durch die Kreditinstitute ergeben. Denn sobald eine Verdachtsmeldung nach § 43 Abs. 1 GwG an die zuständige Behörde weitergeleitet worden ist, ergeben sich für das Kreditinstitut Folgepflichten. Dazu gehören die folgenden drei wesentlichen Maßnahmen: die Durchführung der allgemeinen Sorgfaltspflichten nach § 10 Abs. 3 Nr. 3 GwG (dazu 1); die Stillhaltepflicht nach § 46 GwG (dazu 2); sowie das Verbot der Informationsweitergabe nach § 47 GwG (dazu 3). Daneben stellt sich die Frage, ob ein Kreditinstitut verpflichtet ist, die Geschäftsbeziehung zu einem verdächtigen Kunden zu beenden (dazu 4). Zuletzt soll die Perspektive auf den Bankkunden gelenkt und das Problem aufgeworfen werden, welche Rechte der Bankkunde hat, wenn ihm ein Schaden durch die Verdachtsmeldung entstanden ist (dazu 5).

1. Erfüllung der allgemeinen Sorgfaltspflichten

Das Geldwäschegesetz legt im § 10 Abs. 3 Nr. 3 GwG fest, dass ein Verpflichteter allgemeine Sorgfaltspflichten erfüllen muss, wenn die Voraussetzungen für eine Verdachtsmeldung vorliegen. Diese Regelung ist insbesondere dann relevant, wenn die allgemeinen Sorgfaltspflichten nicht bereits erfüllt worden sind.[1036] Zu den allgemeinen Sorgfaltspflichten zählen nach § 10 Abs. 1 GwG: die Identifizierung des Vertragspartners (Nr. 1); die Abklärung des wirtschaftlich Berechtigten (Nr. 2); die Einholung von Informationen über den Zweck und über die angestrebte Art der Geschäftsbeziehung

---

1036 Die allgemeinen Sorgfaltspflichten müssen schon immer dann durchgeführt werden, wenn eine Geschäftsbeziehung begründet wird, oder wenn es sich um eine Transaktion mit einem bestimmten Schwellenwert handelt (siehe näher § 10 Abs. 3 Nr. 1 und 2 GwG).

(Nr. 3); die Feststellung, ob es sich bei dem Vertragspartner oder dem wirtschaftlich Berechtigten um eine politisch exponierte Person handelt (Nr. 4) und die kontinuierliche Überwachung der Geschäftsbeziehung (Nr. 5). Aus dem Gesetzestext folgt, dass die Pflicht ungeachtet etwaiger nach dem Geldwäschegesetz oder anderen Gesetzen bestehenden Ausnahmeregelungen, Befreiungen oder Schwellenbeträgen besteht.[1037]

Dabei wird die Pflicht zur Erfüllung der allgemeinen Sorgfaltspflichten genau genommen nicht erst bei oder nach der Abgabe der Verdachtsmeldung bestehen, sondern fällt vielmehr zeitlich mit dem Verdacht zusammen. Denn aus dem Sinn und Zweck der Regelung ergibt sich das Ziel, dass das Kreditinstitut ausreichend Informationen über den verdächtigen Sachverhalt mitliefern sollte. Eine Verdachtsmeldung ohne Angaben zu den beteiligten Personen wird den zuständigen Behörden kaum weiterhelfen. Daher soll den zuständigen Behörden ein Ermittlungsansatz verschafft werden.[1038] Bei genauerer Überlegung erscheint dann aber wieder ein Konflikt mit der Unverzüglichkeit der Verdachtsmeldung möglich, wenn erst Informationen des Bankkunden im Rahmen der allgemeinen Sorgfaltspflichten eingeholt werden müssten.[1039] Zu Recht wird daher in der Literatur darauf hingewiesen, dass damit die Kundensorgfaltspflichten auch erst nach der Abgabe einer Verdachtsmeldung stattfinden müssen.[1040] Ebenso besteht ein Konflikt mit dem Problem des Verbotes der Informationsweitergabe bei einem Verdachtsfall nach § 47 GwG. Durch die Einholung von notwendigen Informationen, wobei der Kunde direkt auch befragt werden muss, könnte immer auch die Gefahr bestehen, dass der Kunde gewarnt wird.[1041] In der Praxis wird für Kreditinstitute diese Regelung allerdings nur eine geringe Bedeutung haben, da oft schon mit den Bankkunden eine Geschäftsbeziehung bestehen wird.[1042]

1037 Siehe BT-Drs. 18/11555, S. 117.

1038 *Figura* in Herzog, Geldwäschegesetz, § 10 Rn. 98.

1039 Es wird auch zu prüfen sein, ob nicht schon regelmäßig verstärkte Sorgfaltspflichten nach § 15 GwG notwendig sind.

1040 *Krais* in BeckOK GwG, Frey/Pelz, § 10 Rn. 37.

1041 *Krais* in BeckOK GwG, Frey/Pelz, § 10 Rn. 37 ff. Der sogar für den Bereich der Güterhändler eine andere Verdachtsschwelle als im § 43 GwG als sinnvoll erachtet.

1042 Vgl. *Figura* in Herzog, Geldwäschegesetz § 10 Rn. 104; *Mende/Mühlhausen/Mühlhausen/Achsnich/Mühlhausen/Mühlhausen/Mende* in Herzog/Mülhausen, Geldwäschebekämpfung und Gewinnabschöpfung § 42 Rn. 44. Für andere Bereiche z. B. für Güterhändler nach § 2 Abs. 1 Nr. 16 GwG kann diese Regelung besonders relevant sein, da teilweise keine Sorgfaltspflichten durchgeführt werden müssen (siehe § 10 Abs. 6a GwG). Wenn Verdachtsmomente auftreten, sollten die Verpflichten dann die notwendigen Informationen über die Vertragspartner im Rahmen der Sorgfaltspflichten einholen.

2. Stillhaltepflicht von Transaktionen

a) Grundlagen der Stillhaltepflicht

Von besonderer praktischer Relevanz ist die Stillhaltepflicht von Transaktionen nach § 46 GwG. Sobald ein Kreditinstitut eine Verdachtsmeldung nach § 43 Abs. 1 GwG an die zuständigen Behörden übermittelt hat, darf die relevante Transaktion nur noch eingeschränkt ausgeführt werden.[1043] Mit der Stillhaltepflicht ist gemeint, dass die verdächtige Transaktion frühestens durchgeführt werden darf, wenn

> *„1. dem Verpflichteten die Zustimmung der Zentralstelle für Finanztransaktionsuntersuchungen oder der Staatsanwaltschaft zur Durchführung übermittelt wurde oder*
>
> *2. der dritte Werktag nach dem Abgangstag der Meldung verstrichen ist, ohne dass die Durchführung der Transaktion durch die Zentralstelle für Finanztransaktionsuntersuchungen oder die Staatsanwaltschaft untersagt worden ist."*

Den zuständigen Behörden soll mit dieser Regelung die Möglichkeit gegeben werden, auf Grundlage des gemeldeten Verdachtes über die Einleitung eines Ermittlungsverfahrens zu entscheiden.[1044] Die Fokussierung auf die Schnelligkeit wurde in der Literatur fortwährend kritisiert.[1045] Es entspricht regelmäßig nicht der Realität, dass eine Entscheidung über eine Ermittlung innerhalb dieser kurzen Zeit von drei Werktagen abgeschlossen ist. Eine Entscheidung wird nur in Ausnahmefällen möglich sein, in denen bereits ausreichende Kenntnisse vorhanden sind.[1046] Somit wird in der Literatur festgestellt, dass das Interesse des Gesetzgebers eher einem „Wunschbild" als der Realität entspricht.[1047] Gerade im Bereich der Organisierten Kriminalität werden Ermittlungen oft über lange Zeiträume geführt werden. Auf der anderen Seite wird hervorgehoben, dass durch die lange Wartezeit von drei Werktagen der verdächtigen Transaktion die potentiellen Geldwäscher gewarnt werden könnten.[1048]

1043 *Barreto da Rosa* in Herzog, Geldwäschegesetz, § 46 Rn. 1.

1044 BT-Drs. 12/2704, S. 18. Ursprünglich sollte diese Regelung insbesondere den Strafverfolgungsbehörden dienen (siehe auch *Barreto da Rosa* in Herzog, § 46 GwG, Rn. 1). Durch die Änderungen der FIU als Filterbehörde und alleiniger Adressat der Verdachtsmeldung hat sich aber daran nichts weiter geändert. Der Zentralstelle für Finanztransaktionsuntersuchungen ist es mit der Regelung möglich Sofortmaßnahmen nach § 40 GwG zu ergreifen.

1045 *Fülbier* in Fülbier/Aepelbach/Langweg, GwG, § 11 Rn. 2, 178 ff.

1046 *Fülbier* in Fülbier/Aepelbach/Langweg, GwG, § 11 Rn. 2.

1047 *Herzog/Achtelik* in Herzog, Geldwäschegesetz (2. Auflage), § 11 Rn. 26; Remmers, S. 155.

1048 Vgl. Oswald, S. 304. Siehe auch zur Rechtsnatur sowie vertieft zum Thema der Transaktionsuntersagung durch die FIU und Staatsanwaltschaft Paul, CCZ 2022, 307.

Bei näherer Betrachtung der historischen Entwicklung lässt sich feststellen, dass es mit der Umsetzung der Vierten EU-Geldwäscherichtlinie zu einer zeitlichen Erweiterung der Stillhaltepflicht kam. Die Stillhaltepflicht wurde von vormals zwei Werktagen auf drei Werktage hochgesetzt.[1049] Die zuständigen Behörden haben somit mehr Zeit, sich zu entscheiden, ob Ermittlungen eingeleitet werden. Im Gesetzesentwurf wird dazu ausgeführt, dass diese Veränderung der Umsetzung des Art. 35 der Vierten EU-Geldwäscherichtlinie dienen würde.[1050] Im Art. 35 der Vierten EU-Geldwäscherichtlinie lässt sich jedoch keine konkrete Vorgabe insbesondere nicht über eine Frist von drei Werktagen finden. Ob die Verlängerung um einen Werktag wirklich hilfreich ist, kann bezweifelt werden. Auch schon in einem frühen Gesetzgebungsverfahren im Jahr 1991 wurde eine Verlängerung gefordert,[1051] was auf erheblichen Widerstand gestoßen ist. Schon damals wurde vorgetragen, dass eine Veränderung an den Bedürfnissen der Ermittlungspraxis vorbeiführen würde.[1052] Das Landeskriminalamt NRW hat diesbezüglich bereits vor langer Zeit festgestellt, dass eine Ausdehnung der Stillhaltepflicht zu keiner Erhöhung der Beschlagnahme geführt hat. Zudem hat die Fristfallregelung eine sehr geringe polizeiliche Bedeutung.[1053] Nicht zuletzt wirft die Regelung auch rechtliche Fragestellungen auf, da die Stillhaltepflicht einer vorläufigen Sicherstellung oder Beschlagnahme gleichkommt, wenn die Transaktion angehalten und „eingefroren" wird.[1054] Bei solchen strafprozessualen Maßnahmen sind jedoch bestimmte formelle Voraussetzungen erforderlich.[1055] Betrachtet man die Maßnahme hingegen noch als präventiv-polizeiliche Sicherstellung, dann wurde vom OVG Lüneburg bereits ein weiter Anwendungsbereich vertreten. Demnach kann eine Sicherstellung

1049 Vgl. § 42 Abs. 1 Nr. 2 GwG mit der vorherigen Fassung des § 11 Abs. 1a GwG alte Fassung. Siehe zur genauen Berechnung bei Feiertagen noch BaFin, Auslegungs- und Anwendungshinweise (Stand: März 2019), S. 77. In den neuen BaFin, Auslegungs- und Anwendungshinweise (Stand: Oktober 2021), S. 77 wurde diese Hinweise zur Berechnung geändert.

1050 BT-Drs. 18/11555, S. 158.

1051 Vgl. BT-Drs. 12/5421, S. 3. Im Vermittlungsausschuss wurde sich im Ergebnis auf zwei Tage geeinigt.

1052 *Fülbier* in Fülbier/Aepelbach/Langweg, GwG, § 11 Rn. 2.

1053 LKA NRW, Lagebericht 1996, Anhang A, S. 2.

1054 *Herzog/Achtelik* in Herzog, Geldwäschegesetz (2. Auflage), § 11 Rn. 27.

1055 *Barreto da Rosa* in Herzog, Geldwäschegesetz, § 46 Rn. 1 weist darauf hin, dass für eine vorläufige Sicherung von Vermögenswerten gemäß §§ 111b ff. StPO schon der sogenannte einfache Tatverdacht nach § 152 Abs. 2 StPO ausreichend ist, welcher sich noch nicht gegen einen bestimmten Beschuldigten richten muss. Es müssen lediglich Gründe für die Annahme vorhanden sein, dass die Voraussetzungen für eine Einziehung vorliegen. Die Staatsanwaltschaft kann daher Vermögenssicherungsmaßnahmen ergreifen, wenn die Möglichkeit besteht, dass nach kriminalistischer Erfahrung eine verfolgbare Straftat gegeben ist und jemand durch diese Tat etwas erlangt hat.

von Bargeld gerechtfertigt sein, wenn dies nach dem Sicherheits- und Ordnungsgesetz zur Abwehr einer gegenwärtigen Gefahr erforderlich ist. Eine gegenwärtige Gefahr liegt dann vor, wenn das Geld nach den vorliegenden Erkenntnissen aller Wahrscheinlichkeit nach aus Drogengeschäften stammt und im Falle einer Herausgabe dafür unmittelbar wieder eingesetzt werden soll. Nach dem Gericht sind allerdings hohe Anforderungen an den Grad der Wahrscheinlichkeit des Schadenseintritts zu stellen.[1056] Bei der Beurteilung wird sich die Frage stellen, ob es bei der Verdachtsmeldungen um eine gegenwärtige Gefahr handelt oder es eher nur einem Gefahrenverdacht entsprechen wird.[1057]

Insgesamt ist noch zu betonen, dass es mit dem Gesetz zur Umsetzung der Fünften EU-Geldwäscherichtlinie zu einer Verschärfung der Norm kam. Seitdem ist ein Verstoß gegen die Stillhaltepflicht nach § 56 Abs. 2 Nr. 6 GwG eine Ordnungswidrigkeit, bei der schon jegliches fahrlässiges Verhalten ausreichend ist.[1058] In den meisten anderen Verstößen nach dem Geldwäschegesetz ist zumindest ein leichtfertiges Verhalten erforderlich.[1059] Der Gesetzgeber hält diese erhebliche Haftungserweiterung deswegen für notwendig, da es sich bei der Stillhaltepflicht um eine „essentielle geldwäscherechtliche Grundpflicht" handelt.[1060]

b) Ausnahmen von der Stillhaltepflicht

Das Geldwäschegesetz bestimmt zwei Ausnahmen von der Stillhaltepflicht. Die Transaktion darf durchgeführt werden, wenn ein Aufschub nicht möglich ist (§ 46 Abs. 2, 1. Var. GwG) oder dadurch die Verfolgung einer mutmaßlichen strafbaren Handlung behindert werden könnte (§ 46 Abs. 2, 2. Var. GwG). Die Pflicht zur Verdachtsmeldung nach § 43 Abs. 1 GwG bleibt

---

1056 OVG Lüneburg, NVwZ-RR 2009, 954.

1057 Naheliegend wäre oft vielmehr die Situation eines Gefahrenverdachtes. Eine gegenwärtige Gefahr ist in einzelnen Landesgesetzen legaldefiniert (z. B. § 54 Nr. 3b ThürOBG). Damit wird eine besondere zeitliche Nähe der Gefahrenverwirklichung und ein gesteigertes Maß an die Wahrscheinlichkeit des Schadenseintrittes verbunden. Siehe weiter Schenke, Polizei- und Ordnungsrecht, Rn. 78.

1058 Siehe BT-Drs. 19/15196, S. 50. Siehe dazu näher Leichtfertig und Fahrlässigkeit, S. 203.

1059 Vergleiche dazu § 56 Abs. 1 und 2 GwG. Inzwischen wurde auch ein Verstoß in diesem Zusammenhang auf der Internetseite der BaFin veröffentlicht. Danach führte die Kreissparkasse Groß-Gerau nach einer Verdachtsmeldung eine Transaktion aus, ohne dass die Zustimmung der FIU oder der Staatsanwaltschaft vorlag oder der dritte Werktag nach Abgabe der Meldung verstrichen war (siehe näher https://www.bafin.de/SharedDocs/Veroeffentlichungen/DE/Massnahmen/60b_KWG_84_WpIG_und_57_GwG/meldung_2023_07_24_Kreissparkasse_Gross_Gerau.html, zuletzt abgerufen am 10.09.2023).

1060 Siehe BT-Drs. 19/15196, S. 50.

dabei bestehen und ist vom Kreditinstitut unverzüglich nachzuholen. Die BaFin macht in ihren Auslegungs- und Anwendungshinweisen deutlich, dass von den Ausnahmen kein Gebrauch gemacht werden darf, wenn sich Geldwäschehandlung oder eine Terrorismusfinanzierung geradezu aufdrängen (z. B. bei einer wegen Terrorismusfinanzierung gelisteten Person).[1061]

Die erste Alternative stellt die sogenannte „Eilfallregelung“ dar.[1062] Es soll sich um Situationen handeln, in denen der Kunde unverzüglich eine Ausführung der Transaktion verlangt. In der Gesetzesbegründung wird nur ein Beispiel aus dem Bereich der Spielbanken genannt. Demnach stellt der Wechsel von Geld in Jetons einen möglichen Eilfall dar.[1063] Daraus kann geschlossen werden, dass es sich um Situationen handeln muss, in denen Transaktionen typischerweise sofort abgewickelt werden.[1064] Allerdings stellen diese Konstellationen in der heutigen Bankenwelt die Regel und nicht die Ausnahme dar.[1065] Weiterhin können sich relevante Situationen insbesondere im Bereich der Eilaufträge im Sinne von Nr. 11 Abs. 3 der AGB-Banken,[1066] Bargeschäfte wie Geldwechsel,[1067] das Instant Payment sowie der Kauf von Sorten oder Reiseschecks ergeben.[1068] Von den Aufsichtsbehörden werden keine Hinweise gemacht, in welchen Fällen die Kreditinstitute von dieser Ausnahmeregelung Gebrauch machen können.[1069] Aus der Systematik des Gesetzes ergibt sich zumindest, dass es sich um eine Ausnahmeregelung handeln soll. Es stellt sich daher die Frage, wie sich ein Kreditinstitut verhalten soll, wenn eine gesetzliche Ausnahme die Vielzahl der regelmäßigen täglichen Geschäfte umfasst. Es besteht ein Konflikt zwischen der praktischen und rechtlichen Anwendung des Regel-Ausnahme-Prinzips. Bisher scheint die Praxis mit dieser Unsicherheit allein gelassen zu werden, obwohl eine solche Entscheidung eines Kreditinstitutes erhebliche aufsichtsrechtliche, zivilrechtliche und sogar strafrechtliche Auswirkungen haben kann.[1070]

1061 BaFin, Auslegungs- und Anwendungshinweise, S. 78.

1062 BT-Drs. 12/2704, S. 18; BaFin, Auslegungs- und Anwendungshinweise, S. 77 f.

1063 BT-Drs. 12/2704, S. 18.

1064 Vgl. *Fülbier* in Fülbier/Aepfelbach/Langweg, Geldwäschegesetz, § 11 Rn. 175.

1065 Siehe schon *Herzog/Achtelik* in Herzog, Geldwäschegesetz (2. Auflage), § 11 Rn. 28.

1066 *Fülbier* in Fülbier/Aepfelbach/Langweg, Geldwäschegesetz, § 11 Rn. 174.

1067 *Fülbier* in Fülbier/Aepfelbach/Langweg, Geldwäschegesetz, § 11 Rn. 174.

1068 *Häberle* in Erbs/Kohlhaas, Strafrechtliche Nebengesetze 240. ELG 2022, § 46 GwG Rn. 2.

1069 Vgl. BaFin, Auslegungs- und Anwendungshinweise, S. 77 f.

1070 *Herzog/Achtelik* in Herzog, Geldwäschegesetz (2. Auflage), § 11 Rn. 28. Inzwischen wurde auf der Internetseite der BaFin ein Fall einer Sparkasse veröffentlicht, wonach die BaFin wegen einem Verstoß gegen § 46 GwG eine Geldbuße in Höhe von 10.000 Euro festgesetzt hat. Zum Grund wird lediglich angegeben, dass das Institut bei der Zentralstelle für Finanztransaktionsuntersuchungen (Financial Intelligence Unit – FIU) eine Geldwäscheverdachtsmeldung zu Transaktionen eines Kunden abgegeben hatte. Trotz der Verdachtsmeldung führte die Sparkasse die Transaktionen aus, und

Nach der zweiten Alternative kann eine verdächtige Transaktion ausgeführt werden, wenn durch den Aufschub die Verfolgung einer mutmaßlichen strafbaren Handlung behindert werden würde.[1071] Auch hier wird in der Literatur kritisiert, dass eine zuverlässige Beurteilung durch die Kreditinstitute kaum stattfinden kann.[1072] Ein Kreditinstitut wird einen Einblick in die Ermittlungen der zuständigen Behörden haben. Daher würde ein Institut nur von dieser Ausnahme Gebrauch machen können, wenn es sich vorher mit den zuständigen Behörden abgestimmt hat.[1073] Allerdings wirft dies wiederum Fragen der praktischen Durchführung auf, wenn das Kreditinstitut einerseits die Transaktion schnell abwickeln soll und andererseits vorher mit den zuständigen Behörden eine Kommunikation aufbauen muss.

c) Zusammenfassung

Die Stillhaltepflicht im § 46 GwG lässt teilweise rechtliche und praktische Fragen offen. Demnach ist schon kritisch zu sehen, ob eine Stillhaltepflicht von drei Werktagen zweckdienlich und sinnvoll ist. Auch sind die rechtlichen Bedenken hervorzuheben, dass die Stillhaltepflicht einer Sicherstellung oder Beschlagnahme gleichkommen könnte. Die Folgen der Stillhaltepflicht führen zu wesentlichen Einschränkungen bei den Bankkunden, ohne dass ein erheblicher Mehrwert für die Ermittlungen erkennbar wird. Genauso fragwürdig sind die Ausnahmen der Stillhaltepflicht. Die erste Alternative entspricht dem geschäftlichen Regelfall, da die meisten Geschäftsvorgänge in der heutigen Bankenwelt umgehend abgewickelt werden. Es besteht somit ein Konflikt zwischen der gesetzlichen Ausnahmeregelung und der geschäftlichen Wirklichkeit. Die zweite Ausnahmealternative erscheint wenig praktikabel. Diese Unklarheiten erscheinen noch problematischer, wenn der Gesetzgeber die Stillhaltepflicht als essenzielle geldwäscherechtliche Grundpflicht sieht und daher schon jegliches fahrlässige Verhalten als Grundlage für eine Ordnungswidrigkeit sanktionieren will.

---

zwar ohne, dass die Zustimmung der FIU oder der Staatsanwaltschaft vorlag oder der dritte Werktag nach Abgabe der Meldung verstrichen war (abrufbar unter https://www.bafin.de/SharedDocs/Veroeffentlichungen/DE/Massnahmen/60b_KWG_84_WpIG_und_57_GwG/meldung_2023_07_24_Kreissparkasse_Gross_Gerau.html, zuletzt abgerufen am 17.09.2023).

1071 Siehe auch: Art. 35 Abs. 2 Vierte EU-Geldwäscherichtlinie.

1072 *Häberle* in Erbs/Kohlhaas, Strafrechtliche Nebengesetze 240. ELG 2022, § 46 GwG Rn. 2.

1073 *Herzog/Achtelik* in Herzog, Geldwäschegesetz (2. Auflage), § 11 Rn. 29; vgl. auch *Barreto da Rosa* in Herzog, Geldwäschegesetz, § 46 Rn. 17 ff.; *Ziegner* in BeckOK GwG, Frey/Pelz, § 46 Rn. 7.

3. Verbot der Informationsweitergabe

Des Weiteren wird mit der Verdachtsmeldung das Verbot der Informationsweitergabe nach § 47 GwG ausgelöst.[1074] Danach darf ein Kreditinstitut den Vertragspartner, den Auftraggeber der Transaktion und sonstige Dritte nicht von einer beabsichtigten oder erstatteten Meldung nach § 43 Abs. 1 GwG oder von einem Ermittlungsverfahren in diesem Zusammenhang in Kenntnis setzen.[1075] Ein Verstoß gegen diese Regelung stellt eine Ordnungswidrigkeit nach § 56 Abs. 2 Nr. 7 GwG dar. Ebenso wie bei der Stillhaltepflichte kann seit dem Gesetz zur Umsetzung der Fünften EU-Geldwäscherichtlinie ein Verstoß gegen das Verbot der Informationsweitergabe schon bei jeglichem fahrlässigen Verstoß eine Ordnungswidrigkeit begründen. Nach dem Gesetzgeber handelt es sich demnach auch hierbei um eine für das Geldwäschegesetz „essentielle" Grundpflicht.[1076] Im Folgenden sollen die genauen Anforderungen untersucht und mögliche praktische Probleme für die Kreditinstitute und Bankkunden herausgearbeitet werden.

a) Grundlagen des Verbotes der Informationsweitergabe

Das Regelungsziel des Verbotes der Informationsweitergabe besteht darin, den Erfolg der Ermittlungsbehörden zu sichern. Die Geldwäscher sollen nicht über Verdachtsmeldungen und laufende Ermittlungsverfahren informiert werden und damit die Gelegenheit erhalten, Gelder in Sicherheit zu bringen.[1077] Das Verbot hat eine wesentliche Bedeutung und wird vom Gesetzgeber auch als ein „Eckpfeiler des Geldwäschegesetzes" bezeichnet.[1078] Der Anwendungsbereich ist dabei weit zu verstehen. Es werden sowohl ausdrückliche als auch stillschweigende Warnungen umfasst.[1079] Mit dem GWPräOptG aus dem Jahr 2011 wurde der Wortlaut genauer bestimmt, sodass deutlich wird, dass die Informationsweitergabe auch schon vor der Abgabe der Meldung und nicht erst ab dem Zeitpunkt der Übermittlung verboten ist („beabsichtigten oder erstatteten Meldung").[1080] Wie schon im

---

1074 Das Verbot der Informationsweitergabe wird auch als Hinweis- oder Unterrichtungsverbot oder „Tipping off" bezeichnet, vgl. BT-Drs. 16/9038, S. 46.

1075 Vgl. § 47 Abs. 1 Nr. 1 und 2 GwG.

1076 Siehe BT-Drs. 19/15196, S. 49 f. Siehe dazu näher Leichtfertig und Fahrlässigkeit, S. 203.

1077 BT-Drs. 16/9038, S. 45 f.; aber auch schon der Gesetzentwurf der Bundesregierung vom 29.05.1992 formuliert dieses Ziel in der BT-Drs. 12/2704, S. 18.

1078 BT-Drs. 16/9038, S. 46.

1079 *Fühlbier* in Fülbier/Aepfelbach/Langweg, Geldwäschegesetz, § 11 Rn. 216; *Barreto da Rosa* in Herzog, Geldwäschegesetz, § 47 Rn. 5.

1080 Gesetz zur Optimierung der Geldwäscheprävention vom 22.12.2011 (BGBl. 2011 Teil I, S. 2959). Eine Klarstellung wurde auch von der FATF in ihrem Deutschland-Prüfungsbericht gefordert. Allerdings entsprach es schon der damals der vorherr-

Rahmen des Tatbestandes sowie in der Rechtsfolge der Unverzüglichkeit untersucht wurde, wirft die genaue Bestimmung des Zeitpunktes eines Verdachtsmoments allerdings Fragen auf.[1081]

Aus dem Wortlaut der Norm lässt sich als Adressat der Verpflichtete (z.B. ein Kreditinstitut) entnehmen, wobei der Gesetzgeber klarstellt, dass die Regelungen auch für das leitendende Personal und die Angestellten entsprechend gelten.[1082] Diese Personen dürfen nicht den Vertragspartner, den Auftraggeber der Transaktion und sonstige Dritte in Kenntnis setzen. Dabei ist mit dem Begriff „sonstige Dritte" nicht wie etwa in § 123 Abs. 2 BGB nur ein bestimmter Personenkreis gemeint, sondern jegliche Personen.[1083] Das Gesetz bestimmt allerdings auch Ausnahmen. Demnach gilt das Verbot nicht, wenn Informationen beispielsweise an staatliche Stellen weitergegeben werden.[1084]

b) Folgen des Verbotes der Informationsweitergabe

Die Folgen dieser gesetzlichen Regelung sind erheblich. Das Kreditinstitut wird in der Kommunikation zu seinem Bankkunden eingeschränkt. In der Literatur wird vertreten, dass ein Bankangestellter seinen Kunden nach einem auffälligem Verhalten nur eingeschränkt befragen soll, ohne dabei das Thema „Geldwäsche" oder „Terrorismusfinanzierung" zu erwähnen.[1085] Sollte der Bankkunde Fragen stellen, warum beispielsweise seine Transaktion noch nicht ausgeführt worden ist, so wird das Kreditinstitut nicht die Wahrheit sagen können und muss Ausreden finden.[1086] Da ständig die Gefahr besteht dem Kunden etwas falsches zu sagen, wird die gesamte Kundenkommunikation eingeschränkt. Damit kann das Vertrauen in die bestehende Kundenbeziehung nachhaltig gestört werden. Diese Folgen sind insbesondere vor dem Hintergrund kritisch zu sehen, da eine Verdachtsmeldung auf der anderen Seite schon bei solch geringen Voraussetzungen stattfinden soll und sich zudem nicht immer bei der Analyse der FIU eine strafrechtliche Relevanz der Meldungen finden lassen.[1087]

---

schenden Meinung, die Informationen über eine Verdachtsmeldung vor der Abgabe nicht weiterzugeben. Vgl. hierzu: *Barreto da Rosa* in Herzog, Geldwäschegesetz, § 47 Rn. 8; *Fülbier* in Fülbier/Aepfelbach/Langweg, Geldwäschegesetz, § 11 Rn. 216.

1081 Siehe Kritische Auseinandersetzung mit dem Beurteilungsspielraum, S. 95 sowie zur Unverzüglichkeit, S. 177.

1082 BT-Drs. 16/9038, S. 46.

1083 *Barreto da Rosa* in Herzog, Geldwäschegesetz, § 47 Rn. 7.

1084 Siehe alle Ausnahmen des Verbotes im § 47 Abs. 2 GwG.

1085 Diergarten/Fraulob, Geldwäsche, § 43 S. 493.

1086 Vgl. Fülbier ZBB 1992, 124, 127.

1087 Vgl. schon Fülbier ZBB 1992, 124, 127. Siehe zu den Verdachtsmeldungen mit einer strafrechtlichen Relevanz bereits obenstehend. Im Jahr 2018 wurden 77.252 Verdachtsmeldungen von den Verpflichteten abgeben, wobei nur 58 % von der FIU an

Ebenso bleibt fraglich, wann ein Kreditinstitut nach einem gemeldeten Verdacht mit seinem Bankkunden wieder eine geordnete Kommunikation aufnehmen kann. Das Geldwäschegesetz enthält dazu keine Angaben.[1088] Da es sich bei der Informationsweitergabe um eine Ordnungswidrigkeit nach § 56 Abs. 2 Nr. 7 GwG handelt, wobei schon fahrlässiges Verhalten relevant ist, wird sich ein Kreditinstitut in der Praxis besonders vorsichtig verhalten. Nur aus dem Sinn und Zweck der Norm lässt sich argumentieren, dass sobald ein Ermittlungsverfahren nicht mehr beeinträchtigt werden kann, ein „normaler" Austausch wieder möglich erscheint. In einem alten Schreiben der Aufsichtsbehörden (I 5-B 603) aus dem Dezember 1994 wird zudem auf die Anwendung einer teleologischen Auslegung hingewiesen, wonach ein Informationsverbot dann nicht mehr besteht, wenn die zuständigen Behörden dem Kreditinstitut eine Einstellungsverfügung über das Verfahren übersendet haben.[1089] Das Schreiben erscheint allein aufgrund der überholten Rechtslage nicht mehr anwendbar. In der Praxis stellt sich ohnehin die Frage, ob die Kreditinstitute auch regelmäßig nach ihren Verdachtsmeldungen über die weiteren Vorgänge der zuständigen Behörden informiert werden. Wenn keine Rückmeldung zu dem Verdachtsfall im Einzelfall von der FIU oder sonstigen zuständigen Behörden kommt, wird das Kreditinstitut weiterhin von einem verdächtigen Geldwäscher ausgehen müssen.[1090] Allgemeine Meldungen und quartalsweise Berichte der FIU sind dabei nicht ausreichend.[1091]

Im Ergebnis werden vom Gesetzgeber wesentliche Fragen im Zusammenhang mit der Informationsweitergabe offengelassen, was zu einer Rechtsunsicherheit führt. Auch die zuständigen Behörden scheinen bisher die Problemlage nicht durch nähere Bestimmungen oder durch einen Informationsaustausch im Einzelfall zu lösen. Die Auswirkungen treffen nicht nur die

---

die zuständigen Strafverfolgungsbehörden weitergeleitet worden sind (FIU-Jahresbericht 2018, S. 14 ff.). Im Jahr 2021 wurden 298.507 Verdachtsmeldungen abgegebenen und nur 40.200 Meldungen wurden von der FIU an die weiteren zuständigen Strafverfolgungsbehörden übermittelt, was einer Abgabequote von 13,5 % entspricht (FIU-Jahresbericht 2021, S. 20).

1088 *Pelz* in BeckOK GwG, Frey/Pelz, § 47 Rn. 10a.

1089 Schreiben des Bundesaufsichtsamtes für Kreditwesen (Vorgängerbehörde der BaFin) vom 20. Dezember 1994 (I 5 – B 603).

1090 Siehe ebenfalls kritisch: *Pelz* in BeckOK GwG, Frey/Pelz, § 47 Rn. 10a.

1091 Aus dem FIU-Jahresbericht 2021 lässt sich entnehmen, dass im Rahmen der Rückmeldeberichte mitgeteilt wird, ob eine analysierte Meldung im Ergebnis an eine Strafverfolgungsbehörde abgegeben oder zurück in den Datenpool der FIU übertragen wurde. Dabei wird auf einen Berichtsintervall für alle Verpflichteten einheitlich auf einen vierteljährlichen Turnus hingewiesen. Die FIU berichtet weiter von individuell und adressatenorientiert bilaterale Gespräche mit den Verpflichteten. Hierzu werden aber keine Zahlen genannt und auch nicht wie schnell und in welcher Form dies genau stattfindet (FIU-Jahresbericht 2021, S. 72).

Kreditinstitute, sondern insbesondere auch die Bankkunden, welche nicht mehr über Unregelmäßigkeiten im Geschäftsbetrieb informiert werden dürfen. Dies führt zu einer erheblichen Einwirkung auf die Vertrauensbeziehung zwischen dem Kreditinstitut und dem Bankkunden.

4. Abbruch der Geschäftsbeziehung

Es stellt sich weiterhin die Frage, ob mit der Abgabe der Verdachtsmeldung auch die Geschäftsbeziehung zu dem verdächtigen Bankkunden weitergeführt oder abgebrochen werden muss. Das Geldwäschegesetz sieht auch diesbezüglich keine ausdrückliche Regelung vor. Im Folgenden soll daher untersucht werden, welche Handlungsmöglichkeiten für ein Kreditinstitut bestehen.

a) Pflicht zur Kündigung der Geschäftsbeziehung

Der Gesetzgeber hat keine gesetzliche Regelung geschaffen, wie im Fall einer Verdachtsmeldung mit einer Geschäftsbeziehung weiter zu verfahren ist.[1092] Lediglich in den Fällen, in denen die Sorgfaltspflichten nicht mehr ordnungsgemäß erfüllt werden können, ist im § 10 Abs. 9 GwG geregelt, dass die Geschäftsbeziehung beendet werden muss. Früher ließen sich noch Hinweise einer Veröffentlichung vom Bundesaufsichtsamt für das Kreditwesen (Vorgängerbehörde der BaFin) finden.[1093] In dem Schreiben vom 29. Januar 1996 (I5-B600) mit dem Titel „Kündigung der Geschäftsbeziehungen nach Abgabe einer Verdachtsanzeige gemäß § 11 GwG“ wird klargestellt, dass ein Kreditinstitut die Geschäftsbeziehung kündigen sollte, sobald eine Verdachtsmeldung abgegeben wurde.[1094] Die Verlautbarung wurde mit dem BaFin Rundschreiben 2/2009 (GW) aufgehoben.[1095] Daraufhin fehlte eine Stellungnahme der Aufsichtsbehörden. Erst mit den Auslegungs- und Anwendungshinweisen der BaFin vom Dezember 2018 wurde wieder auf dieses Problem eingegangen. Danach wird festgestellt, dass die Verdachtsmeldung nicht automatisch die Beendigung der Kundenbeziehung nach sich ziehen muss. Die BaFin weist darauf hin, dass die Entscheidung, ob eine Geschäftsbeziehung abgebrochen wird oder nicht, allein dem betroffenen

---

1092 Vgl. Feststellung auch bei Schnabl in Handbuch Wirtschafts- und Steuerstrafrecht, 6. Kapitel Rn. 45a.

1093 Das BAKred war die Aufsichtsbehörde für Kreditinstitute und Banken. Durch ein Zusammengehen mit den Bundesaufsichtsämtern für Wertpapierhandel (BAWe) und Versicherungswesen (BAV) entstand im Jahre 2002 aus dem BAKred die BaFin.

1094 Schreiben vom 29. Januar 1996 (I5-B600) mit dem Titel „Kündigung der Geschäftsbeziehungen nach Abgabe einer Verdachtsanzeige gemäß § 11 GwG“, Ziff. 30.

1095 BaFin Rundschreiben 2/2009 (GW) – Aufhebung/Gegenstandsloserklärung von Verlautbarungen, Rundschreiben und Einzelschreiben vom 13. Januar 2009.

Verpflichteten obliegt.[1096] In der Literatur wird die Meinung vertreten, dass die meisten Kreditinstitute ohnehin wegen möglicher Reputationsschäden sowie aufgrund der Nähe zum strafrechtlichen Verhalten dazu tendieren werden, die Geschäftsbeziehung zu beenden.[1097] Es soll aber eine unternehmerische Entscheidung bleiben.[1098] Zu beachten ist in diesem Zusammenhang noch das Zahlungskontengesetz (ZKG), wonach ein Anspruch auf ein „Basiskonto“ besteht und eine Kündigung der Geschäftsbeziehung nur unter bestimmten gesetzlichen Voraussetzungen möglich ist.[1099]

Sollte ein Institut die Geschäftsbeziehungen weiterführen wollen, dann wird es notwendig sein, äußerste Vorsicht walten zu lassen. Selbst in den Fällen, in denen sich eine Verdachtsmeldung als nicht begründet herausstellt, stellt sich die Frage, ob die Kreditinstitute nach dem risikobasierten Ansatz die Geschäftsbeziehung zukünftig verstärkt überwachen müssten,[1100] denn immerhin bestanden bereits Anhaltspunkte für einen Verdacht auf Geldwäsche oder Terrorismusfinanzierung. Die Auslegungs- und Anwendungshinweise der BaFin stellen diesbezüglich klar, dass mit Abgabe einer Verdachtsmeldung dem Meldenden grundsätzlich Anzeichen für ein potenziell höheres Risiko im Sinne des § 15 Abs. 2 Satz 1 GwG vorliegen, so dass verstärkte Sorgfaltspflichten zu erfüllen sind.[1101] Dabei ist zu bedenken, dass für das

---

1096 BaFin, Auslegungs- und Anwendungshinweise, S. 78 f. Die BaFin weist noch darauf hin, dass sobald die Geschäftsbeziehung abgebrochen wird, eine Dokumentation für die interne und externe Revision sowie der BaFin zur Überprüfung vorgenommen werden muss.

1097 *Allgayer* in Ellenberger/Bunte, Bankrechts-Handbuch, § 11 Rn. 644; Diergarten, Die Verdachtsmeldung nach dem Geldwäschegesetz, S. 89. Ebenso die Verlautbarung der BAKred im Schreiben vom 5. Dezember 1996 (I5-B630-Me). Diese Auffassung wurde vom BAKred nochmal bestätigt mit dem Schreiben 7. Juli 1999 (Z5-B630).

1098 *Allgayer* in Ellenberger/Bunte, Bankrechts-Handbuch, § 11 Rn. 644; *Schnabl* in Handbuch Wirtschafts- und Steuerstrafrecht, 6. Kapitel Rn. 45b, Verlautbarungen des BAKred vom 30.3.1998, Ziffer 30; Lang, Die Pflichten der Kreditwirtschaft bei der Bekämpfung der Geldwäsche, S. 54 f.

1099 Zahlungskontengesetz vom 11.04.2016 (BGBl. I, S. 720). Hier ergeben sich aber auch Möglichkeiten, den Abschluss eines Basiskontovertrags abzulehnen, wenn Anforderungen an das Geldwäschegesetz nicht durchgeführt werden können (§ 36 Abs. 1 Nr. 3 ZKG). Die Kündigungsmöglichkeiten ergeben sich aus § 42 ZKG sowie zum Thema über die Pflicht zur Einräumung eines Bankkontos, *Grundmann* in Ebenroth/Boujong/Joost/Strohn, Handelsgesetzbuch, Bd. II Rn. I 220.

1100 Vgl. Verlautbarungen des BAKred vom 30.3.1998, Ziffer 30; Lang, Die Pflichten der Kreditwirtschaft bei der Bekämpfung der Geldwäsche, S. 54 f.

1101 BaFin, Auslegungs- und Anwendungshinweise (Stand März 2019), S. 78 f. In den aktualisierten BaFin, Auslegungs- und Anwendungshinweise (Stand Oktober 2021), S. 79 f., wird nunmehr darauf hingewiesen, dass soweit nach der Abgabe einer Verdachtsmeldung keine weiteren Auffälligkeiten im Hinblick auf den gemeldeten Vertragspartner während eines Zeitraumes von drei Monaten ab Abgabe der Verdachtsmeldung an die FIU oder ab einer späteren behördlichen Nachfrage auftreten,

Kreditinstitut bei der Durchführung von erhöhten Sorgfaltspflichten erheblich höherer Aufwand und damit Kosten entstehen. Es liegt damit nicht fern, dass sich die Kreditinstitute in der Folge von diesen Kunden trennen wollen. Dabei werden nicht nur Kostengründe relevant sein, insbesondere besteht für ein Kreditinstitut ein möglicher Reputationsverlust aufgrund eines Kunden, der im Zusammenhang mit Geldwäsche steht.[1102] Im Ergebnis kann es daher dazu kommen, dass viele Bankkunden von ihren Kreditinstituten aufgrund einer Verdachtsmeldung gekündigt werden. Dies ist schon aufgrund der sehr hohen Anzahl von Verdachtsmeldungen (im Jahr 2018 waren es 77.252 Verdachtsmeldungen; im Jahr 2021 sind es bereits 298.507 Verdachtsmeldungen) bedenklich.[1103]

In der Praxis kommen auch Fälle vor, dass die Strafverfolgungsbehörden ein Interesse daran haben, die Geschäftsbeziehung aufrecht zu erhalten, um wertvolle Hinweise über Hintermänner oder Strukturen der organisierten Kriminalität zu gewinnen.[1104] Hierzu besteht allerdings keine Verpflichtung für die Kreditinstitute, da es regelmäßig an einer gesetzlichen Grundlage fehlen wird. Eine Weisungsbefugnis oder Anordnungsmöglichkeit der Strafbehörden erscheint daher fraglich. Insbesondere würde eine solche Pflicht über das im Geldwäschegesetz angelegte Kooperationsverhältnis zwischen den Ermittlungsbehörden und den Kreditinstituten hinausgehen.[1105] Auch die BaFin empfiehlt in ihren Auslegungs- und Anwendungshinweisen, vor dem Abbruch einer Geschäftsbeziehung die FIU über die geplante Maßnahme zu unterrichten und sich gegebenenfalls zusätzlich mit den jeweils zuständigen Strafverfolgungsbehörden in Verbindung zu setzen. Dabei wird aber auch eingeräumt, dass die Entscheidung allein dem Kreditinstitut obliegt.[1106] Zu

---

grundsätzlich die Möglichkeit besteht, auf den Kunden risikobasiert wieder weniger strenge Sorgfaltspflichten anzuwenden. Eine Einstufung in das erhöhte Risiko allein wegen der abgegebenen Verdachtsmeldung ist nach der Ansicht der BaFin ab diesem Zeitpunkt jedenfalls nicht mehr erforderlich. Soweit eine Meldung wegen Anhaltspunkten auf Terrorismusfinanzierung abgegeben worden ist, sollte nach der BaFin ein verstärktes Monitoring hiervon abweichend mindestens sechs Monate lang erfolgen.

1102 Siehe auch Diergarten, Die Verdachtsmeldung nach dem Geldwäschegesetz, S. 89.

1103 FIU-Jahresbericht 2018, S. 14; FIU-Jahresbericht 2021, S. 15. Bisher lassen sich bisher keine Zahlen dazu finden, wie häufig die Kreditinstitute in der Praxis dazu übergehen, ihre Bankkunden nach den Verdachtsmeldungen zu kündigen.

1104 *Allgayer* in Ellenberger/Bunte, Bankrechts-Handbuch, § 11 Rn. 645; *Schnabl* in Handbuch Wirtschafts- und Steuerstrafrecht, 6. Kapitel Rn. 45b; *Ziegler* in Gradowski/Ziegler, Geldwäsche, Geschwinnabschöpfung, S. 113.

1105 Lang, Die Pflichten der Kreditwirtschaft bei der Bekämpfung der Geldwäsche, S. 54 f.; *Schnabl* in Handbuch Wirtschafts- und Steuerstrafrecht, 6. Kapitel Rn. 45b.

1106 BaFin, Auslegungs- und Anwendungshinweise, S. 80. Dabei wird zu beachten sein, dass die Kreditinstitute einen hohen Aufwand und praktische Herausforderungen haben würden, die FIU sowie die zuständige Staatsanwaltschaft zu informieren. Grund-

beachten sind besondere Fälle von Auskunftsersuchen durch das Bundesamt für Verfassungsschutz oder andere Sicherheitsbehörden. Unter diesen Umständen könnte es den Kreditinstituten verboten sein, einseitige Handlungen vorzunehmen.[1107]

b) Zivilrechtliche Grundlagen bei einer Kündigung

Für ein Kreditinstitut stellen sich bei der Kündigung der Geschäftsbeziehung zivilrechtliche Herausforderungen. Dabei ist zwischen einer ordentlichen und einer außerordentlichen Kündigung zu unterscheiden.

Eine außerordentliche Kündigung ist regelmäßig nach der Nr. 19 Abs. 3 AGB-Banken möglich.[1108] Danach kann eine Geschäftsbeziehung fristlos gekündigt werden, wenn ein wichtiger Grund vorliegt, welcher der Bank deren Fortsetzung auch unter Berücksichtigung der berechtigten Belange des Kunden unzumutbar werden lässt. Es ist anerkannt, dass es sich bei dem Verdacht auf Geldwäsche oder Terrorismusfinanzierung um einen solchen wichtigen Grund handelt.[1109] Jedoch besteht für ein Kreditinstitut das Problem, dass es aufgrund des Verbotes der Informationsweitergabe nach § 47 GwG nicht möglich sein wird, dem Bankkunden den Kündigungsgrund mitzuteilen.[1110] Ohne die Angabe eines Kündigungsgrundes kann es im Einzelfall möglich sein, dass ein Bankkunde ein Gerichtsverfahren anstreben wird. Ein ähnlicher Fall passierte beispielsweise vor dem OLG München.[1111] Das Gericht bestimmte, dass in einer solchen Situation ein Kündigungsgrund auch später – selbst im Gerichtsverfahren – nachgeschoben werden kann,

---

sätzlich kann ein Kreditinstitut schon in der Verdachtsmeldung an die FIU darauf hinweisen, dass geplant ist, die Geschäftsbeziehung mit dem Kunden zu beenden. Sollte sich nach einer Verdachtsmeldung keine Strafverfolgungsbehörde bei dem Kreditinstitut gemeldet haben, dann wird es auch für das Kreditinstitut kompliziert sein, die zuständige Strafverfolgungsbehörde zu finden und auf den konkreten Fall zu verweisen. Oft wissen die Kreditinstitute nicht, ob die FIU die Verdachtsmeldung an die zuständige Staatsanwaltschaft weitergeleitet hat.

1107 Siehe hier näher BaFin, Auslegungs- und Anwendungshinweise, S. 79.

1108 Die Allgemeinen Geschäftsbedingungen (sog. AGB-Banken) handelt es sich allgemeinen Marktstandard. AGB-Banken (Stand: Januar 2023) bilden die vertragliche Grundlage für die oftmals auf Jahre angelegte Geschäftsbeziehung zwischen Bank und Kunde. Neben den AGB-Banken können geschäftsspezifische Bedingungswerke zwischen Bank und Kunde vereinbart werden (z. B. Bedingungen für den Überweisungsverkehr).

1109 *Bunte* in Schimansky/Bunte/Lwowski, Bankrechts-Handbuch, § 24 Rn. 42; mit dem Verweis auf den Erwägungsgrund 29 der Verbraucherkreditrichtlinie, Richtlinie 2008/48/EG vom 23. April 2008.

1110 *Schnabl* in Handbuch Wirtschafts- und Steuerstrafrecht, 6. Kapitel Rn. 45b.

1111 OLG München WM 1996, 1623 sowie inzwischen zum Geldwäschegesetz OLG Hamburg, Urt. v. 17.03.2022 – 13 U 178/21; LG Stuttgart (6. Zivilkammer), Beschluss vom 06.07.2023 – 6 O 234/22).

solange er nur zum Zeitpunkt der Kündigung vorgelegen hat. Der Zeitpunkt, wann der Bankkunde von dem Kündigungsgrund Kenntnis erlangt hat, ist somit unerheblich.[1112] Zu Recht wird in der Literatur kritisiert, dass es eine Zumutung für ein Kreditinstitut sowie für die Bankkunden darstellt, dass bei jeder fristlosen Kündigung ein Gerichtsverfahren riskiert werden muss.[1113] Zudem kann auch die Frage gestellt werden, ob nicht schon die bloße fristlose Kündigung auf Unregelmäßigkeiten aufmerksam machen könnte. Diese wäre im Zusammenhang mit dem Verbot der Informationsweitergabe nach § 47 GwG höchst problematisch.

Auch die Möglichkeiten einer ordentlichen Kündigung gestalten sich für ein Kreditinstitut schwierig. Die Grundlage einer ordentlichen Kündigung ergibt sich regelmäßig aus Nr. 19 Abs. 1 AGB-Banken.[1114] Eine Geschäftsbeziehung kann danach jederzeit unter Einhaltung einer angemessenen Kündigungsfrist gekündigt werden. Bei der Bemessung der Kündigungsfrist wird die Bank auf die berechtigten Belange des Kunden Rücksicht nehmen müssen.[1115] Innerhalb dieser Zeit wäre aber das Kreditinstitut verpflichtet, das möglicherweise kontaminierte Konto zu betreuen. Daraus würden sich weitere aufsichtsrechtliche und strafrechtliche Konflikte ergeben. Zudem ist zu beachten, dass für Sparkassen aufgrund des Kontrahierungszwangs Besonderheiten bestehen können.[1116]

c) Zwischenergebnis

Im Ergebnis ist festzustellen, dass es keine gesetzliche Pflicht zur Kündigung der Geschäftsbeziehung gibt, sobald eine Verdachtsmeldung abgegeben wurde. Es liegt vielmehr bei dem Kreditinstitut selbst, eine Entscheidung über den weiteren Verlauf der Geschäftsbeziehung zu treffen. Dabei wird für ein Institut die Gefahr von Reputationsschäden und die Nähe zum strafrechtlichen Verhalten eines ihrer Kunden bei der Entscheidung besonders berücksichtigt werden.[1117] Eine Beendigung der Geschäftsbeziehung

1112 OLG München WM 1996, 1623.

1113 *Fülbier* in Fülbier/Aepfelbach/Langweg, GwG, § 11, Rn. 193.

1114 AGB-Banken in der Fassung vom 1. Juli 2018.

1115 Dabei ist der Einzelfall entscheidend, wobei allgemein eine Frist von vier bis sechs Wochen üblich ist. Siehe weiter: *Bunte* in Schimansky/Bunte/Lwowski, Bankrechts-Handbuch, § 24 Rn. 46. Es können sich jedoch Besonderheiten ergeben (z. B. Verbraucherdarlehensvertrag nach § 498 BGB). Siehe hierzu: *Fülbier* in Fülbier/Aepfelbach/Langweg, GwG, § 11, Rn. 195.

1116 Z. B. § 5 Sparkassenverordnung des Landes Sachsen-Anhalt vom 3. Dezember 2012. Siehe weiter zu dem Problem der Sparkassen bereits *Fülbier* in Fülbier/Aepfelbach/Langweg, GwG, § 11, Rn. 196.

1117 *Allgayer* in Ellenberger/Bunte, Bankrechts-Handbuch, § 11 Rn. 644. So auch die Verlautbarung der BAKred im Schreiben vom 5. Dezember 1996 (I5-B630-Me). Diese

kann zivilrechtlich zwar stattfinden, trotzdem werden die Kreditinstitute in der Praxis unterschiedlicher Gefahren ausgesetzt.

Aus der Sicht des Bankkunden erscheint bedenklich, dass sobald ein Kreditinstitut eine Verdachtsmeldung abgegeben hat, eine Kündigung der Geschäftsbeziehung droht. Dabei ist es unerheblich, ob sich der Verdacht als begründet oder nicht begründet herausstellt. Bisher scheinen den Kreditinstituten kaum Rückmeldungen über ihre abgegebenen Verdachtsmeldungen im Einzelfall gegeben zu werden. Auch verlangt die BaFin in ihren Auslegungs- und Anwendungshinweisen, dass nach einer Verdachtsmeldung erhöhte Sorgfaltspflichten bezüglich des auffälligen Kunden zu erfüllen sind. In der Gesamtschau der geringen Meldeschwelle der Verdachtsmeldung auf der einen Seite und der Gefahr der Kündigung der Geschäftsbeziehung als wahrscheinliche mögliche Folge auf der anderen Seite erscheint auch dahingehend das Verdachtsmeldewesen in der Gesamtkonzeption gegenwärtig problematisch.

5. Verantwortlichkeitsfreistellung der Kreditinstitute nach § 48 GwG

Im Folgenden soll sich damit auseinandergesetzt werden, welche Regressansprüche für Bankkunden bestehen. Problematisch erscheinen Fälle, wenn sich eine Verdachtsmeldung später als strafrechtliche unbegründet herausstellt und ein Schaden für den Bankkunden entstanden ist. Das Geldwäschegesetz nimmt diesbezüglich die Kreditinstitute deutlich in Schutz und bestimmt eine umfassende Freistellung. Im § 48 Abs. 1 GwG ist geregelt:

> *„Wer Sachverhalte nach § 43 Absatz 1 [GwG] meldet oder eine Strafanzeige nach § 158 der Strafprozessordnung erstattet, darf wegen dieser Meldung oder Strafanzeige nicht verantwortlich gemacht werden, es sei denn, die Meldung oder Strafanzeige ist vorsätzlich oder grob fahrlässig unwahr erstattet worden."*

a) Freistellung des Kreditinstituts

Der Gesetzgeber hat sich dazu entschieden, die Kreditinstitute umfangreich vor Regressansprüchen der Bankkunden zu schützen. Damit wird vom Gesetzgeber das Ziel verfolgt, die Bereitschaft zur Abgabe einer Verdachtsmeldung zu erhöhen.[1118] Anderweitig würden eine erhebliche Haftungsgefahr für die Kreditinstitute bestehen, da es in der Natur eines Verdachtes liegt,

---

Auffassung wurde vom BAKred nochmal bestätigt mit dem Schreiben 7. Juli 1999 (Z5-B630).

1118 BT-Drs. 12/2704, S. 18.

dass dieser durch weitere Nachforschung entkräftet, zerstreut wird oder sich als falsch herausstellen kann.[1119]

Die Freistellung umfasst alle denkbaren zivilrechtlichen einschließlich der dienst- und arbeitsrechtlichen Schadensersatz-, Unterlassungs- oder sonstigen Ansprüche sowie Disziplinartatbestände.[1120] Auch eine Verletzung des Bankgeheimnisses sowie sonstiger Verschwiegenheitspflichten sind von der Freistellung erfasst.[1121] Häufig wird es vorkommen, dass der Bankkunde einen Verzögerungsschaden geltend machen möchte, da die auffällige Transaktion angehalten wurde und sich daraus ein Schaden ergeben hat.[1122] Auch in diesen Fällen wäre das Kreditinstitut aufgrund der gesetzlichen Freistellung vor möglichen Ansprüchen geschützt.[1123] Es besteht zudem Einigkeit, dass von der Freistellung auch Straftatbestände (z. B. §§ 164, 145d, 203 StGB) erfasst sind.[1124]

Sollte eine Verdachtsmeldung vorsätzlich oder grob fahrlässig unwahr erstattet worden sein, dann werden die Kreditinstitute nicht von der Verantwortlichkeit freigestellt. Damit wollte der Gesetzgeber für missbräuchliche oder unüberlegte Erstattungen eine Regelung schaffen.[1125] Unwahr meint dabei nicht, dass der Verdachtsfall sich auch als wahr im strafrechtlichen Sinne bestätigt haben muss.[1126] Eine Verdachtsmeldung muss vielmehr „ins Blaue hinein“ und ohne eine Grundlage von Tatsachen abgegeben worden sein.[1127] Aufgrund der niedrigen Meldeschwelle sowie des Beurteilungsspielraumes des Geldwäschebeauftragten wird es wohl selten vorkommen, dass ein Kreditinstitut gar keine Anhaltspunkte für einen Verdacht darlegen kann. Wie bereits geprüft worden ist, können die mögliche Tatsachen und Anhaltspunkte aus den subjektiven „Erfahrungen des Bankangestellten“ sowie den zahlreichen Anhaltspunkten umfangreich sein.[1128] Die Untersuchungen im Tatbestand hat gezeigt, dass grundsätzlich von einer weiten Auslegung der Tatbestandsmerkmale auszugehen ist. Sollten Unsicherhei-

1119 BaFin, Auslegungs- und Anwendungshinweise, S. 77; *Barreto da Rosa* in Herzog, Geldwäschegesetz, § 48 Rn. 5.

1120 BT-Drs. 12/2704, S. 19; OLG Hamburg, Urt. v. 17.03.2022 – 13 U 178/21.

1121 BT-Drs. 12/2704, S. 19.

1122 Vgl. OLG Hamburg, Urt. v. 17.3.2022 – 13 U 178/21; *Allgayer* in Ellenberger/Bunte, Bankrechts-Handbuch, § 11 Rn. 608; *Barreto da Rosa* in Herzog, Geldwäschegesetz, § 48 Rn. 8.

1123 BT- Drs. 12/2704, S. 19.

1124 So auch: *Barreto da Rosa* in Herzog, Geldwäschegesetz, § 48 Rn. 10; *Fülbier* in Fülbier/Aepfelbach/Langweg, GwG, § 12, Rn. 13; *Teichmann/Achsnich* in Herzog/Mülhausen, Geldwäschebekämpfung und Gewinnabschöpfung, § 32 Rn. 18.

1125 BT-Drs. 12/2704, S. 19.

1126 Vgl. *Barreto da Rosa* in Herzog, Geldwäschegesetz, § 48 Rn. 10.

1127 BaFin Rundschreiben 1/2014 (GW), Abs. I. Siehe näher zum Begriff Tatsachen, S. 100.

1128 Vgl. BaFin, Auslegungs- und Anwendungshinweise, S. 73.

ten bestehen, werden sich die Kreditinstitute aufgrund der hohen Sanktionen in Zweifelsfällen eher für eine Verdachtsmeldung entscheiden.[1129] Dies wirkt sich zulasten der Bankkunden aus, die zudem auch nur über eine eingeschränkte Informationslage aufgrund des §47 GwG verfügen.[1130] Dies ist auch verfassungsrechtlich bedenklich, insbesondere wenn sich aus den FIU-Jahresberichten ergibt, dass offensichtlich nur wenige Verdachtsfälle überhaupt eine strafrechtliche Relevanz haben. Im Jahr 2018 wurden 77.252 Verdachtsmeldungen von den Verpflichteten abgegeben und nur bei 58% wurden unmittelbar Anhaltspunkte im Zusammenhang mit Geldwäsche, Terrorismusfinanzierung oder sonstigen Straftaten festgestellt.[1131] Im Jahr 2021 wurden 298.507 Verdachtsmeldungen abgegeben und nur 40.200 Meldungen wurden von der FIU an die weiteren zuständigen Strafverfolgungsbehörden übermittelt. Dies entspricht einer Abgabequote von nur 13,5%.[1132]

b) Entschädigungsanspruch gegenüber dem Staat?

Weiterhin stellt sich noch die Frage, welche weiteren Möglichkeiten der Bankkunde haben könnte, seinen Schaden geltend zu machen, wenn die Kreditinstitute als Anspruchsgegner umfassend freigestellt werden. Da es sich bei den Pflichten des Geldwäschegesetzes um eine Indienstnahme von staatlichen Aufgaben eines Privaten handelt, könnte auch über einen Entschädigungsanspruch gegen den Staat angedacht werden. Ein solcher Anspruch könnte sich beispielsweise aus §2 Abs. 1 des Strafverfolgungsentschädigungsgesetzes ergeben.

Der Gesetzestext lautet:

> *„Wer durch den Vollzug der Untersuchungshaft oder einer anderen Strafverfolgungsmaßnahme einen Schaden erlitten hat, wird aus der Staatskasse entschädigt, soweit er freigesprochen oder das Verfahren gegen ihn eingestellt wird oder soweit das Gericht die Eröffnung des Hauptverfahrens gegen ihn ablehnt.“*

Hierfür wäre es jedoch erforderlich, dass es sich um eine Maßnahme der Strafverfolgungsbehörde handelt. Nicht dazu zählen präventivpolizeiliche

---

1129 Auf die Sanktionen bei dem Verstoß einer Verdachtsmeldung wird noch genauer eingegangen, siehe S. 230.

1130 Nach dem OLG Hamburg, Urt. v. 17. 3. 2022, 13 U 178/21 liegt die Beweislast beim Kläger. Aufgrund des Verbotes der Informationsweitergabe nach §47 Abs. 1 GwG hat der Kläger allerdings nur eine eingeschränkte Einsicht über die Sachlage. Daher wird teilweise gefordert, dass unter bestimmten Bedingungen die Gerichtskosten entfallen (siehe hierzu Paul NJW 2022, 1769, 1774; Kirchner, BKR 2022, 878, 881 sowie auch schon erste Entscheidungen LG Stuttgart (6. Zivilkammer), Beschluss vom 06.07.2023 – 6 O 234/22).

1131 FIU-Jahresbericht 2018, S. 14ff.

1132 FIU-Jahresbericht 2021, S. 20.

oder sonstige Maßnahmen, die nicht ihre Grundlage in den Strafverfahrensgesetzen haben.[1133] Die schadensauslösende Handlung wird regelmäßig von den Kreditinstituten ausgehen (z. B. der Verzögerungsschaden durch eine nicht ausgeführte Transaktion).[1134] Denn mit der Abgabe der Verdachtsmeldung ist das Kreditinstitut nach § 46 GwG gezwungen, die verdächtige Transaktion anzuhalten. Hierdurch könnten Bankkunden ein mögliches Geschäft, Zinsen oder ein Gewinn entgehen. Das Anhalten der Transaktion ist jedoch keine Maßnahme einer Strafverfolgungsbehörde, sondern liegt im Verantwortungsbereich des Kreditinstitutes.[1135]

Sollte der Verdächtige die Stellung einer nicht beschuldigten Person haben, dann könnten sich noch Ansprüche aus dem allgemeinen Staatshaftungsrecht nach § 839 BGB i. V. m. Art. 34 GG ergeben. Hierfür wird es allerdings auch regelmäßig an einer vorsätzlichen oder fahrlässigen Amtspflichtverletzung fehlen.[1136]

6. Zusammenfassung

Es hat sich gezeigt, dass mit der Abgabe einer Verdachtsmeldung weitere Folgepflichten zu erfüllen sind, die erhebliche Auswirkungen auf die Geschäftsbeziehung zwischen Kreditinstitut und Bankkunden haben.

Zunächst müssen die Kreditinstitute die allgemeinen Sorgfaltspflichten erfüllen, wenn sie diese noch nicht vorgenommen haben. Weiterhin weisen die Anforderungen der Stillhaltepflicht und das Verbot der Informationsweitergabe Unklarheiten auf und dies, obwohl sie vom Gesetzgeber als „Grundpflichten des Geldwäschegesetzes" bezeichnet werden. Die uneindeutigen Anforderungen führen im Ergebnis auch dazu, dass das Vertrauensverhältnis zum Kunden nachhaltig gestört werden kann. Den Kreditinstituten steht es offen, in einem Verdachtsfall den Bankkunden zu kündigen. Sollte ein Schaden für einen Bankkunde entstehen (z.B durch eine verzögerte Transaktion), kann dieser regelmäßig keinen Regressanspruch weder gegenüber dem Kreditinstitut noch gegenüber dem Staat geltend machen. Aufgrund des Informationsverbotes hat der Bankkunde oft noch nicht einmal die Möglichkeit sich ein Bild über die konkrete Sachlage zu machen. Erst bei einem

---

1133 *Grommes* in BeckOK OWiG, 39. Edition, StrEG § 2 Rn. 2.

1134 *Allgayer* in Ellenberger/Bunte, Bankrechts-Handbuch, § 11 Rn. 608; *Barreto da Rosa* in Herzog, Geldwäschegesetz, § 48 Rn. 8.

1135 *Barreto da Rosa* in Herzog, Geldwäschegesetz, § 48 Rn. 8; so bereits *Herzog/Achtelik* in Herzog, Geldwäschegesetz, § 13 Rn. 3. A.A. Körner/Dach, Geldwäsche, S. 71 mit der Begründung, dass regelmäßig ein Strafverfahren mit einem Js-Aktenzeichen geführt wird.

1136 Siehe näher Park, Durchsuchung und Beschlagnahme, § 5 Rn. 948 ff. sowie Dahm, WM 1996, 1285, 1288.

Gerichtsverfahren wird dem Bankkunden das gesamte Bild offensichtlich. In diesen Fällen wird der Bankkunde aufgrund der Haftungsfreistellung im Gerichtsverfahren unterliegen und muss regelmäßig noch die Kosten des Verfahrens tragen.[1137]

II. Auswirkungen beim Verstoß gegen die Pflicht zur Verdachtsmeldung

Im Folgenden sollen die Auswirkungen untersucht werden, wenn ein Kreditinstitut gegen die Anforderungen der Verdachtsmeldung verstößt. Aus dem Geldwäschegesetz ergibt sich nach § 56 Abs. 1 Nr. 69 GwG, dass ordnungswidrig handelt, „wer vorsätzlich oder leichtfertig […] entgegen § 43 Absatz 1 [GwG] eine Meldung nicht, nicht richtig, nicht vollständig oder nicht rechtzeitig abgibt.“ Dabei soll insbesondere untersucht werden, welcher rechtlicher Druck auf die Kreditinstitute durch diese Sanktionierung aufgebaut werden kann.

Dabei stellt sich zunächst die Frage, wer überhaupt als möglicher Täter bei einem Verstoß in Frage kommen kann (dazu 1). Weiterhin besteht die Frage, was genau für Verstöße im objektiven Tatbestand möglich sind (dazu 2) und welcher subjektive Tatbestand ausreichend ist (dazu 3). Zuletzt soll nochmal auf die möglichen Sanktionen eingegangen werden (dazu 4).

1. Tauglicher Täterkreis

Zunächst stellt sich die Frage, wer als möglicher Täter für einen Verstoß gegen die Anforderung der Verdachtsmeldung in Betracht kommt. Im Geldwäschegesetz lässt sich an unterschiedlichen Stellen feststellen, dass bei den Adressaten der Ordnungswidrigkeit auf den Verpflichteten abgestellt wird.[1138] Wie im gesamten Bankaufsichtsrecht sind die Vorschriften somit nicht mitarbeiterbezogen, sondern institutsbezogen.[1139] Die Kreditinstitute sind als Verpflichtete nach § 2 Nr. 1 GwG regelmäßig als juristische Person organisiert.[1140] Eine juristische Person kann nicht Täter einer Ordnungswidrigkeit sein, da es bisher an einem Unternehmens- oder Verbandsstrafrecht

---

1137 Vgl. dazu OLG Hamburg, Urt. v. 17. 03. 2022, 13 U 178/21; LG Stuttgart (6. Zivilkammer), Beschluss vom 06.07.2023 – 6 O 234/22); sowie zu möglichen Lösungen Paul NJW 2022, 1769, 1774; Kirchner, BKR 2022, 878, 881.

1138 Siehe z. B. § 56 Abs. 3 Satz 3 und 5 GwG.

1139 *Findeisen*, wistra 1997, 121, 122.

1140 Allerdings ist zu beachten, dass die Eigenschaft des Kreditinstituts unabhängig von der Rechtsform erlangt werden kann. Siehe näher *Schäfer* in Fischer/Schulte-Mattler, KWG/CRR-VO, KWG, § 1 Rn. 19 f.

fehlt.[1141] Anknüpfungspunkt für eine Ordnungswidrigkeit kann stets nur eine natürliche Person sein, da die persönliche Schuld eine Voraussetzung für die Ahndbarkeit ist.[1142] Damit dennoch der eigentliche Normadressat zur Rechenschaft gezogen werden kann, sieht das Ordnungswidrigkeitenrecht verschiedene Zurechnungsvorschriften wie die §§ 9, 30 und § 130 OWiG vor. Verantwortlich für die Verdachtsmeldung in einem Institut ist der Geldwäschebeauftragte.[1143] Daher wird es sich auch regelmäßig bei der Zurechnungsperson im Geldwäschegesetz um den Geldwäschebeauftragten handeln.[1144]

2. Objektiver Tatbestand

Der objektive Tatbestand der Ordnungswidrigkeit umfasst vier Tatbestandsalternativen. Es handelt sich dabei um eine Binnennorm, da auf die Voraussetzungen der Meldepflicht nach § 43 Abs. 1 GwG verwiesen wird.[1145] Die Tatbestandsmerkmale knüpfen an einem schlichten Unterlassen der jeweiligen Pflicht der gebotenen Handlung an. Es handelt sich somit um ein echtes Unterlassungsdelikt.[1146]

Ordnungswidrig handelt nach § 56 Abs. 1 Nr. 69 GwG, wer entgegen § 43 Abs. 1 GwG eine Meldung

- nicht,
- nicht richtig,
- nicht vollständig oder
- nicht rechtzeitig abgibt.

Die erste Variante wird den Fall umfassen, dass eine Verdachtsmeldung nicht gemacht worden ist. Es muss also, obwohl die Voraussetzungen für einen Verdacht nach § 43 Abs. 1 GwG vorlagen, gar keine Meldung abgegeben worden sein. Dabei kann in der Praxis als Problem auftreten, dass es zu unterschiedlichen Ansichten über einen Verdachtsfall kommt. In diesem Zu-

---

1141 Siehe ausführlich zu dem Problemkreis der Unternehmensstrafbarkeit *Momsen/Laudien* in BeckOK StGB, 58. Edition, § 14 Rn. 31 ff. Siehe zu den aktuellen Entwicklungen zum Entwurf eines Verbandssanktionengesetzes z. B. Köllner, NZI 2020, 60 ff.

1142 *Breit* in Zentes/Glaab, GwG, § 56 Rn. 10 ff.; *Kurz* in Karlsruher Kommentar zum OWiG, § 66 Rn. 5 ff.; Jarass, BImSchG, § 62 Rn. 4.

1143 Vgl. § 7 Abs. 5 Satz 6 GwG; BaFin, Auslegungs- und Anwendungshinweise, S. 18 f.

1144 Vgl. OLG Frankfurt a. M. (2. Strafsenat), Beschluss vom 10.04.2018 – 2 Ss-Owi 1059/17, Rn. 42. Siehe ausführlich *Breit* in Zentes/Glaab, GwG, § 56 Rn. 16 ff.; siehe auch weiter Rößler/Malkoc-Stahl, WuB 2019, 343, 346; Rütters/Wagner, NZWiSt 2015, 282.

1145 *Häberle* in Erbs/Kohlhaas Strafrechtliche Nebengesetze, 240. ELG 2022, § 56 GwG Rn. 2.

1146 *Häberle* in Erbs/Kohlhaas, Strafrechtliche Nebengesetze, 240. ELG 2022, § 46 GwG Rn. 2; Werner, S. 203.

sammenhang werden die genauen Voraussetzungen der Verdachtsmeldung sowie die Grenzen des Beurteilungsspielraumes des Geldwäschebeauftragten zu prüfen sein.

Die zweite Variante und dritte Variante scheinen nur schwer trennbar zu sein. Es muss eine Verdachtsmeldung entweder nicht richtig oder nicht vollständig abgegeben worden sein. Während bei der zweiten Variante wohl auf das formelle Verfahren der Abgabe abzustellen ist,[1147] wird mit der dritten Variante der materielle Inhalt einer Verdachtsmeldung gemeint sein.[1148]

Sollte eine nicht richtige Verdachtsmeldung das notwendige formelle Verfahren betreffen, dann ist damit die Art und Form der Abgabe entscheidend. Das Geldwäschegesetz fordert nach § 45 GwG, dass eine bestimmte Form eingehalten werden muss. Eine Verdachtsmeldung hat elektronisch zu erfolgen und darf nur in bestimmten Fällen auf dem Postweg übermittelt werden.[1149] Dabei ist ein Verstoß gegen § 45 GwG für sich genommen nicht bußgeldbewährt, sondern könnte durch den § 56 Abs. 1 Nr. 69 GwG sanktioniert werden.[1150] Bei einer nicht vollständigen Verdachtsmeldung wird wohl hingegen auf den notwendigen Inhalt der Verdachtsmeldung abzustellen sein. Relevante Angaben können sich auch aus der Eingabe einer Verdachtsmeldung durch das neue elektronische Verfahren auf dem goAML-Web-Portal ergeben.[1151] Die Angaben sollten möglichst umfassend ausgefüllt werden, damit die zuständigen Behörden einen Ermittlungsansatz haben. Sollten In-

1147 *Barreto da Rosa* in Herzog, Geldwäschegesetz, § 56 Rn. 89. A.A. Teilweise wird hingegen werden vertreten, dass es sich dabei um den Fall handelt, dass die in der Meldung gemachten Angaben über Tatsachen nicht mit der Wirklichkeit übereinstimmen, also falsch sind (*Breit* in Zentes/Glaab, GwG, § 56 Rn. 82; *Pelz* in BeckOK GwG, Frey/Pelz, § 56 Rn. 100).

1148 Vgl. *Barreto da Rosa* in Herzog, Geldwäschegesetz, § 56 Rn. 69. A.A. *Pelz* in BeckOK GwG, Frey/Pelz, § 56 Rn. 100, wonach eine Meldung erstattet wird, wenn nicht alle für die Beurteilung von Geldwäsche oder Terrorismusfinanzierung relevanten Informationen mitgeteilt worden sind.

1149 Zudem kann ein Antrag gestellt werden, bei dem die Übermittlung auf dem Postweg genehmigt wird, siehe § 45 Abs. 2 GwG sowie Amtlicher Vordruck für den Postweg, S. 165.

1150 Vgl. auch *Barreto da Rosa* in Herzog, Geldwäschegesetz, § 45 Rn. 3.

1151 Vor 2017 hatte die vormalige FIU, welche noch beim BKA angesiedelt war, ein Formular auf ihrer Internetseite mit dem Titel „Verdachtsmeldung nach § 11 und § 14 Geldwäschegesetz (GwG)" zur Verfügung gestellt. Siehe näher Formular „Verdachtsmeldung nach § 11 und § 14 GwG" sowie weitere Hinweise, abrufbar unter http://www.bka.de/nn_242046/DE/ThemenABisZ/Deliktsbereiche/GeldwaescheFIU/Veroeffentlichungen/Verdachtsmeldung/FormularFormular,templateId=processForm.html (zuletzt abgerufen am 27.03.2020).

formationen vorsätzlich oder leichtfertig nicht mitgeteilt werden, dann kann die Gefahr einer nicht vollständigen Verdachtsmeldung bestehen.[1152]

Die vierte Variante liegt vor, wenn eine Verdachtsmeldung nicht rechtzeitig abgegeben wurde. Notwendig ist, dass eine Verdachtsmeldung „unverzüglich" abgegeben wird. Die Voraussetzungen wurden bereits obenstehend untersucht.[1153] Diese Variante war auch Gegenstand von gerichtlichen Entscheidung wie dem OLG Frankfurt a. M. aus dem Jahr 2018, wonach das Gericht das Bußgeldverfahren gegenüber einem Geldwäschebeauftragten wegen einer nicht rechtzeitigen Erstattung einer Meldung bestätigt hat.[1154] Diese Entscheidung wurde in der Literatur stark kritisiert, wobei auch die Unbestimmtheit des Gesetzes in Bezug auf die nicht rechtzeitige Meldung besonders hervorgehoben wurde.[1155]

3. Subjektiver Tatbestand

Für die Ordnungswidrigkeit ist beim Verdachtsfall nach dem Geldwäschegesetz das vorsätzliche, leichtfertige oder fahrlässige Handeln relevant.

Vorsatz ist nach der in der Rechtsprechung und Literatur anerkannten Kurzformel, das Wissen und Wollen der Tatbestandsverwirklichung.[1156] Obwohl das Gesetz lediglich von Vorsatz spricht, werden unterschiedliche Vorsatzarten differenziert (Absicht, direkter Vorsatz und Eventualvorsatz). Die Absicht liegt vor, wenn es dem Täter gerade darauf ankommt, das Ziel der Tatbestandsverwirklichung zu erreichen.[1157] Dieser Fall wird selten vorkommen, da dies eine bewusste und gewollte Sabotage der Einhaltung der Anforderungen an eine Verdachtsmeldung voraussetzen würde.[1158] Der direkte Vorsatz liegt vor, sobald der Täter weiß oder es als sicher voraussieht, dass es zu einer Tatbestandsverwirklichung kommt.[1159] Die meisten Fälle der Vorsatztäter im Bereich der Verdachtsmeldung werden wohl eventualvorsätzliche Taten sein.[1160] Hierbei findet sich der Täter mit der Pflichtverletzung ab, beziehungsweise nimmt sie billigend in Kauf.[1161]

1152 Siehe ausführlich zu dem Konflikt zwischen der vollständigen und unverzüglichen Verdachtsmeldung, S. 174.

1153 Siehe zur Unverzüglichkeit der Verdachtsmeldung, S. 174.

1154 Vlg. OLG Frankfurt a. M. vom 10.04. 2018 – 2 Ss-Owi 1059/17, BeckRS 2018, 30810.

1155 Barreto da Rosa/Diergarten NStZ 2020, 173 ff.; Scherp/Friedrich CB 2022, 51, 54.

1156 Vgl. nur RGSt 51, 305, 311; BGHSt 36, 1, 9 f.; *Kühl* in Lackner/Kühl, StGB, § 15 Rn. 3 m. w. N.

1157 Vgl. nur BGHSt 21, 283, 284; *Kühl* in Lackner/Kühl, StGB, § 15 Rn. 20.

1158 *Barreto da Rosa* in Herzog, Geldwäschegesetz, § 56 Rn. 9.

1159 *Kühl* in Lackner/Kühl, StGB, § 15 Rn. 21.

1160 *Barreto da Rosa* in Herzog, Geldwäschegesetz, § 56 Rn. 9.

1161 Hier die Billigungstheorie der Rechtsprechung, vgl. grundlegend BGHSt 7, 363, 369.

Bemerkenswert ist in diesem Zusammenhang das OLG Frankfurt, welches ein sehr weites Verständnis im Bereich des Vorsatzes beim Geldwäschegesetz annimmt. Das Gericht führt aus:

> „*Wer ein Amt und eine Position, die von Gesetzeswegen angelegt ist, übernimmt und den ihm dadurch übertragenen Pflichten nicht nachkommt und damit nicht in der Lage ist, die ihm von Gesetzeswegen übertragenen Aufgaben zu erfüllen, handelt, wenn er dies, wie die Betroffene weiß und trotzdem nicht tut, vorsätzlich. Schlägt dann in der Folge das durch vorsätzliches Nichthandeln angelegte Problem durch und wird in Kenntnis der vorangegangenen Defizite, wie hier, weiter nicht gehandelt, ist dies kein leichtfertiges Unterlassen mehr, sondern vertieft wiederum vorsätzlich den bereits vorsätzlich verursachten Schaden.*“[1162]

Damit wird deutlich, wie eng die Verzahnung im Geldwäschegesetz zwischen dem institutsspezifischen Risikomanagement und der einzelnen Verdachtsmeldung sein kann. Demnach können schon Versäumnisse bei einem Aufbau der organisatorischen Strukturen im Verdachtsmeldeverfahren zu einem vorsätzlichen Verhalten im Einzelfall führen.[1163] In der Literatur wird darauf hingewiesen, dass dieser weitgehend subjektive Vorsatz zu pauschalisierend sei und eine genauere Prüfung vorgenommen werden muss.[1164]

Besonders hervorzuheben ist, dass der Tatbestand unabhängig von einer strafrechtlichen Geldwäsche im kriminologischen bzw. juristischen Sinne ist. Entscheidend ist allein für die Tatbestandsverwirklichung die formale Pflichtverletzung. Im Gegensatz dazu verlangt das Bundesverfassungsgericht für die Einleitung eines Strafverfahrens bei der Geldwäsche nach § 261 StGB die Darlegung eines sogenannten doppelten Anfangsverdachtes.[1165] Demnach ist es nicht nur notwendig, dass hinreichende Anhaltspunkte für die Geldwäschehandlung vorliegen, sondern es müssen auch Anhaltspunkte für eine Vortat bestehen, da es sich um wesentliche Merkmale der Strafbarkeit handelt.[1166]

1162 OLG Frankfurt a.M. vom 10. 04. 2018 – 2 Ss-Owi 1059/17, BeckRS 2018, 30810 Rn. 45.

1163 Siehe auch weiter kritisch zu den subjektiven Merkmalen aus dem Beschluss des OLG Frankfurt, Rößler/Malkoc-Stahl, WuB 2019, 343, 345.

1164 Peukert, NZWiSt 2019, 219, 224; Rößler/Malkoc-Stahl, WuB 2019, 343, 345.

1165 BVerfG NJW 2006, 2974, 2975; BVerfG, NJW 2021, 1452, 1453 f. Anders hingegen das LG Saarbrücken, wonach schon ein Verdacht auf Geldwäsche im strafprozessualen Sinne bejaht wurde, als Ein- und Auszahlungen stets im Beisein eines weiteren Italieners vorgenommen wurden, keine Kontobewegungen im unbaren Zahlungsverkehr vorgenommen und regelmäßig größere Bareinzahlungen sofort durch Vorlage von Barschecks verfügt worden sind. Siehe LG Saarbrücken wistra 1995, 32. Beispiel bei *Fülbier* in Fülbier/Aepfelbach/Langweg, GwG, § 11 Rn. 58.

1166 *Altenhain* in Kindhäuser/Neumann/Paeffgen, Strafgesetzbuch, § 261 Rn. 47.

Neben dem Vorsatz liegt eine Ordnungswidrigkeit auch vor, wenn der Täter leichtfertig handelt. Leichtfertigkeit ist ein höheres Maß an fahrlässigem Verhalten.[1167] Die in der Rechtsprechung und herrschenden Lehre bekannte Definition für Leichtfertigkeit lautet „wer die Sorgfalt außer Acht lässt, zu der er nach den besonderen Umständen des Falles und seinen persönlichen Fähigkeiten verpflichtet und imstande ist, obwohl sich ihm hätte aufdrängen müssen, dass dadurch eine Rechtsgutsverletzung eintreten wird".[1168] Dies obliegt der Würdigung aller objektiven und subjektiven Tatumstände im Einzelfall.[1169] Dabei können grundsätzlich nur solche Maßnahmen geschuldet sein, welche den Grundsätzen der Möglichkeit, Erforderlichkeit und Zumutbarkeit entsprechen. Es darf nicht tatsächlich oder rechtlich Unmögliches verlangt werden.[1170] Bei der Ermittlung des objektiven Sorgfaltsmaßstabes sind neben den rechtsverbindlichen Vorgaben alle sonstigen Verkehrsgepflogenheiten der Branche zu beachten.[1171]

Nach dem Referentenentwurf des Bundesfinanzministeriums zur Umsetzung der Fünften Geldwäscherichtlinie sollte auch jegliches fahrlässige Verhalten eine Ordnungswidrigkeit darstellen.[1172] Damit wäre es zu einer erheblichen Haftungserweiterung bei der Verdachtsmeldung gekommen. Fahrlässigkeit liegt schon dann vor, wenn der Täter objektiv gegen die Sorgfaltspflicht verstößt und dies nach seinen subjektiven Kenntnissen und Fähigkeiten vorhersehbar und vermeidbar war.[1173] Dagegen wurden erhebliche Bedenken geäußert, da somit jegliches fehlerhafte Handeln von Mitarbeitern im Kontext der geldwäscherechtlichen Regularien zu einer Ordnungswidrigkeit führen würde und eine solche Verschärfung im Kontext des Geldwäscherechts unverhältnismäßig sei.[1174] Daraufhin wurde der Vorschlag im ersten Gesetzesentwurf wieder zurückgenommen.[1175] Allerdings wurde im Rahmen der Beschlussempfehlung des Finanzausschusses festgestellt, dass „zur Ermöglichung einer effizienten Aufsicht und zur wirksamen Sanktionierung von Verstößen die Einführung des Verschuldensmaßstabs der Fahr-

1167 *Duttge* in Münchener Kommentar zum StGB, Bd. I, § 15 Rn. 188.

1168 Vgl. nur BGHSt 33, 66, 67; *Duttge* in Münchener Kommentar zum StGB, Bd. I, § 15 Rn. 192.

1169 Siehe näher zur Abgrenzung z. B. BGH NJW 2007, 2988 f.

1170 Bock, ZIS 2009, 68, 74.

1171 Von Buttlar/Hammermaier, ZBB 2017, 1, 9.

1172 Referentenentwurf des Bundesministeriums der Finanzen, Entwurf eines Gesetzes zur Umsetzung der Änderungsrichtlinie zur Vierten EU-Geldwäscherichtlinie [Richtlinie (EU) 2018/843], S. 34.

1173 Fischer, StGB, § 15 Rn. 20.

1174 DK-Stellungnahme zum Referentenentwurf eines Gesetzes zur Umsetzung der Richtlinie (EU) 2018/843, S. 2.

1175 Vgl. BT-Drs. 19/13827.

lässigkeit für einige Tatbestände geboten [ist]".[1176] Nunmehr lassen sich im § 56 Abs. 2 GwG bestimmte besondere Tatbestände finden, bei denen schon ein fahrlässiges Verhalten eine Ordnungswidrigkeit begründen kann. Die Erweiterung der Sanktionierung auf die Fahrlässigkeit wird nach dem Gesetzgeber damit begründet, dass die europarechtlichen Sanktionsvorgaben und die Standards der FATF ein System klarer, effektiver und abschreckender Sanktionen fordern.[1177] Im Zusammenhang mit dem Verdachtsmeldewesen betrifft dies insbesondere die schon erwähnte Stillhaltepflicht und das Verbot der Informationsweitergabe.[1178] Bei diesen Pflichten handelt es sich nach dem Gesetzgeber um „essentielle geldwäscherechtliche Grundpflichten."

4. Erhebliche Sanktionen als Rechtsfolge

Liegen die Tatbestandsmerkmale der Ordnungswidrigkeit vor, dann kann dieses Verhalten sanktioniert werden. Die BaFin ist für Kreditinstitute nach § 56 Abs. 5 Satz 1 GwG für die Verfolgung und Ahndung von Verstößen zuständig.

Im Rahmen der Vierten EU-Geldwäscherichtlinie wurden die Sanktionen erheblich verschärft. Aus Artikel 59 Abs. 1 lit. b i. V. m. Abs. 2 der Vierten EU-Geldwäscherichtlinie ergibt sich, dass bei schwerwiegenden, wiederholten oder systematischen Verstößen oder einer Kombination davon gegen die Anforderung der Verdachtsmeldung die Sanktion mindestens Folgendes umfassen muss: Geldbußen; die öffentliche Bekanntgabe der natürlichen oder juristischen Person und der Art des Verstoßes; eine Anordnung, nach der die natürliche oder juristische Person ihre Verhaltensweise einzustellen und von einer Wiederholung abzusehen hat; bei Verpflichteten, die einer Zulassungspflicht unterliegen, Entzug oder Aussetzung der Zulassung; vorübergehendes Verbot für jede für den Verstoß verantwortlich gemachte Person, die Leitungsaufgaben bei einem Verpflichteten wahrnimmt, oder jede andere für den Verstoß verantwortlich gemachte natürliche Person, bei Verpflichteten Leitungsaufgaben wahrzunehmen.

a) Geldbußen

Schon aufgrund der erheblichen Höhe sind die Geldbußen besonders relevant im Geldwäschegesetz. Die Bußgelder wurden schon vor der Umsetzung der Vierten EU-Geldwäscherichtlinie von der BaFin intensiv verfolgt. Im Jahr 2015 hat die BaFin im Bereich der Geldwäschebekämpfung ein

1176 BT-Drs. 19/15196, S. 50.
1177 BT-Drs. 19/15196, S. 50.
1178 Siehe § 56 Abs. 2 Nr. 6 und 7 GwG.

Einzelbußgeld von rund 40 Millionen Euro verhängt, welches bis dahin die höchste Geldbuße ihrer Geschichte darstellte.[1179]

Das Geldwäschegesetz sieht bei der Geldbuße ein dreistufiges System vor.[1180] Auf der ersten Stufe besteht ein Bußgeldrahmen von bis zu einhundertfünfzigtausend Euro (§ 56 Abs. 1 Satz 2 und § 56 Abs. 2 Satz 2 GwG).[1181] Auf der zweiten Stufe können nach § 52 Abs. 3 GwG schwerwiegende, wiederholte und systematische Verstöße wie folgt geahndet werden kann:

> *„1. Mit einer Geldbuße bis zu einer Million Euro oder*
>
> *2. mit einer Geldbuße bis zum Zweifachen des aus dem Verstoß gezogenen wirtschaftlichen Vorteils."*

Nach der Gesetzesbegründung liegt ein „schwerwiegender" Verstoß vor, wenn er im Rahmen einer Gesamtabwägung als gravierend zu bewerten ist. „Wiederholt" ist ein Verstoß, wenn er mehr als einmal begangen wird. „Systematisch" ist ein Verstoß, wenn er einem Muster folgt.[1182]

Auf der dritten Stufe ist mit noch erheblich höheren Geldbußen zu rechnen. Diese Stufe richtet sich nur gegen den Finanzsektor,[1183] also auch gegen die Kreditinstitute. Dabei darf die Geldbuße den höheren der folgenden Beträge nicht übersteigen:

> *„1. fünf Millionen Euro oder*
>
> *2. zehn Prozent des Gesamtumsatzes, den die juristische Person oder die Personenvereinigung im Geschäftsjahr, das der Behördenentscheidung vorausgegangen ist, erzielt hat."*

1179 Börsen-Zeitung, „BaFin kündigt höhere Bußen an – Rekordzahlung wegen Geldwäsche" vom 11.05.2015; Zeit Online, „BaFin ließ Deutsche Bank 40 Millionen Euro Strafe zahlen" vom 24.06.2016 (abrufbar unter https://www.zeit.de/wirtschaft/2016-06/ggeldwaesche-deutsche-bank-bafin-strafe-zahlung-finanzaufsicht, zuletzt abgerufen am 16.07.2023).

1180 BT-Drs. 18/11555, S. 164.

1181 Im Rahmen der Umsetzung der Fünften EU-Geldwäscherichtlinie kam es nochmal zu Änderungen im Bußgeldkatalog. Demnach sieht der § 56 Abs. 1 Satz 2 GwG bei vorsätzlicher Begehung eine Geldbuße bis zu einhundertfünfzigtausend Euro und im Übrigen eine Geldbuße bis zu einhunderttausend Euro vor und im § 56 Abs. 2 Satz 2 GwG bei vorsätzlicher Begehung eine Geldbuße bis zu einhundertfünfzigtausend Euro, bei leichtfertiger Begehung eine Geldbuße bis zu einhunderttausend Euro und im Übrigen eine Geldbuße bis zu fünfzigtausend Euro vor. Siehe § 56 GwG n. F. vom 12.12.2019 (BGBl. I, S. 2602).

1182 BT-Drs. 18/11555, S. 164. Aus § 56 Abs. 3 Satz 2 GwG ergibt sich, dass der wirtschaftliche Vorteil erzielte Gewinne und vermiedene Verluste umfasst und geschätzt werden können.

1183 Dies umfasst Verpflichteten gemäß § 2 Abs. 1 Nr. 1 bis 3 und 6 bis 9, die juristische Person oder Personenvereinigungen sind.

Die Wahlmöglichkeit zwischen diesen beiden Alternativen entspricht den Vorgaben der Vierten EU-Geldwäscherichtlinie und soll die Möglichkeiten der Aufsichtsbehörden verbessern, dem Einzelfall angemessene, effektive und gleichzeitig verhältnismäßige Sanktionen zu verhängen.[1184] Einer möglichen verfassungsrechtlichen Ungleichbehandlung nach Art. 3 GG zwischen den Verpflichteten des Geldwäschegesetzes im Finanz- und Nichtfinanzsektor scheint der Gesetzgeber in den Gesetzesunterlagen mit einer Rechtfertigung zu begegnen. Danach sind die hohen Sanktionen aufgrund der wirtschaftlichen und gesellschaftspolitischen Bedeutung bei der Einhaltung der geldwäscherechtlichen Pflichten und das gesteigerte Bedürfnis nach Schutz vor wiederholtem, gravierendem oder systematisch schuldhaftem Verhalten im Finanzsektor gerechtfertigt.[1185]

Für die Zumessung der Geldbuße ist die Vorschrift des § 17 OWiG maßgebend, wonach die Bedeutung der Ordnungswidrigkeit und der Vorwurf, der den Täter trifft, eine Grundlage darstellt. Zudem kommen auch die wirtschaftlichen Verhältnisse des Täters in Betracht. Es kann davon ausgegangen werden, dass die Vorgehensweise der BaFin ähnlich ablaufen wird, wie es die BaFin in den WpHG-Bußgeldleitlinien II beschreibt.[1186] Zunächst ermittelt die Aufsichtsbehörde einen Grundbetrag, der sich aus der Schwere des Verstoßes innerhalb des jeweils anzuwendenden Bußgeldrahmens ergibt. Sodann sind alle für und gegen den Betroffenen sprechenden Umstände gegeneinander abzuwägen, welche sich auf das Maß der Bußgeldhöhe erschwerend oder mildernd auswirken. Dabei werden von der BaFin als mildernde Anpassungskriterien das leichtfertige Handeln, ein Geständnis, die Mitwirkung an der Sachverhaltsaufklärung, Besserungsversprechen und Besserungsmaßnahmen sowie eine lange Verfahrensdauer berücksichtigt. Die für eine erschwerende Anpassung des Bußgeldes sprechenden Faktoren sind die Umstände, dass es sich um eine Wiederholungstat handelt oder der Betroffene im Sinne einer rechtsfeindlichen Gesinnung zum Ausdruck bringt, die Rechtsordnung auch künftig nicht einhalten zu wollen.[1187]

b) Öffentliche Bekanntgabe des Verstoßes

Neben den Geldbußen sieht das Gesetz weitere empfindliche Sanktionen vor. Demnach haben gem. § 57 Abs. 1 GwG die Aufsichtsbehörden als Annex bestandskräftige Maßnahmen und unanfechtbare Bußgeldentscheidun-

---

1184 BT-Drs. 18/11555, S. 164. Der Begriff des Gesamtumsatzes wird im § 56 Abs. 4 GwG umfangreich dargestellt. Zudem sieht das Geldwäschegesetz vor, dass gegenüber natürlichen Personen eine Geldbuße bis zu fünf Millionen Euro verhängt werden kann (§ 56 Abs. 3 Satz 5 GwG).

1185 BT-Drs. 18/11555, S. 164.

1186 Siehe BaFin WpHG-Bußgeldleitlinien II vom Februar 2017.

1187 Vgl. BaFin, WpHG-Bußgeldleitlinien II vom Februar 2017, S. 9 ff.

gen nach Unterrichtung des Adressaten die Maßnahme auf ihrer Internetseite bekannt zu machen. Damit werden die Forderungen des europäischen Gesetzgebers umgesetzt, der eine rein finanzielle Sanktion als nicht mehr ausreichend streng und abschreckend sieht.[1188] Es sind Art und Charakter des Verstoßes und die für den Verstoß verantwortlichen natürlichen und juristischen Personen oder Personenvereinigungen zu benennen. Die Bekanntmachung muss fünf Jahre lang auf der Internetseite der Aufsichtsbehörden veröffentlicht werden.[1189]

Dieser Sanktionsmechanismus wird als „Naming and Shaming" bezeichnet und verändert den gesamten Finanzmarkt gravierend.[1190] In der Literatur wird im Zusammenhang mit Familienunternehmen hervorgehoben, dass dieser Mechanismus gegebenenfalls den Erfolg von jahrzehntelang aufgebauter Reputation beschädigen kann.[1191] Die Veröffentlichung für die Kreditinstitute kann einen empfindlicheren Schaden als die Verhängung der Geldbußen bedeuten, da die Gefahr eines grundsätzlichen Vertrauensverlustes der Kunden und anderer Finanzmarktteilnehmer besteht. Es wird daher ein erhebliches Interesse bestehen, solche Veröffentlichungen zu vermeiden. Bemerkenswert ist dabei auch, dass verantwortliche natürliche Personen benannt werden sollen.[1192] Dies wird regelmäßig bei der Verdachtsmeldung der Geldwäschebeauftragte als Zurechnungsperson der Ordnungswidrigkeit sein.[1193] Damit sind persönliche Schicksale an eine Sanktion gebunden. Es erscheint je nach Verstoß fraglich, ob der Betroffene in der Folge überhaupt noch für eine Beschäftigung als Geldwäschebeauftragter im Finanzsektor in Frage kommt. Die öffentliche Bekanntmachung wird sich auf die notwen-

1188 COM (2010) 716 final vom 08.12.2010, S. 7, 12; Clos/Hildner/Glasow, CCZ 2017, 83, 88.

1189 § 53 Abs. 3 GwG.

1190 *Geiling* in Zentes/Glaab (1. Auflage), GwG, § 57 Rn. 1 f.; Zentes/Glaab, BB 2017, 67, 72; Clos/Hildner/Glasow, CCZ 2017, 83, 88; Spoerr/Roberts, WM 2017, 1142, 1148; Krais, Geldwäsche und Compliance, Rn. 15; Armbrüster/Böffel, ZIP 2019, 1885, 1889; VG Ansbach (4. Kammer), Beschluss vom 12.05.2023 – AN 4 E 23.697, BeckRS 2023, 11969 Rn. 14.

1191 Kotzenberg/Lorenz NJW 2017, 2433, 2432. Siehe auch die Ausführungen dazu vom VG Ansbach (4. Kammer), Beschluss vom 12.05.2023 – AN 4 E 23.697, BeckRS 2023, 11969 Rn. 42, wonach sich aus der Bekanntmachung und ihrer Prangerwirkung für die Betroffenen erhebliche Folgen ergeben können. Es könnte erwartet werden, dass sich Geschäftspartner vor dem Hintergrund der fehlenden Geldwäscheprävention abwenden. Aufgrund der weltweit verfügbaren Informationen einer Bekanntmachung im Internet, ist ein langfristiger Reputationsschaden und eine dauerhafte Stigmatisierung zu befürchten, die zu einem wirtschaftlichen „Todesurteil" des Betroffenen führen kann.

1192 Unter bestimmten Voraussetzungen ist auch eine anonymisierte Bekanntmachung nach § 57 Abs. 2 Satz 2 GwG.

1193 *Breit* in Zentes/Glaab, GwG, § 56 Rn. 16 ff.

dige Zuverlässigkeit auswirken. Es wurde bereits untersucht, dass gerade beim Geldwäschebeauftragten hohe Maßstäbe an die Zuverlässigkeit anzusetzen sind.

5. Zusammenfassung

Bei der Betrachtung der Auswirkungen beim Verstoß gegen die Pflicht der Verdachtsmeldung wird deutlich, dass der Geldwäschebeauftragte aufgrund seiner Verantwortung über die Verdachtsmeldung als Zurechnungsperson bei einem Verstoß regelmäßig in Frage kommt. Dabei ist es ausreichend, dass eine Verdachtsmeldung nicht, nicht richtig, nicht vollständig oder nicht rechtzeitig abgegeben wurde. Aufgrund der vielen unklaren Bestimmungen im Bereich des Tatbestandes stellt sich schon die Frage, wann eine Verdachtsmeldung vollständig ist. Insbesondere erscheint problematisch, wenn eine Verdachtsmeldung nicht rechtzeitig abgegeben wird. Die unklaren Voraussetzungen der Unverzüglichkeit wurden bereits besprochen. Erheblich ist der gravierende Sanktionsrahmen von hohen Bußgeldern, wobei schon Leichtfertigkeit relevant ist. Im Bereich der Verstöße § 46 GwG und § 47 GwG ist sogar schon fahrlässiges Verhalten ausreichend, da es sich nach der Ansicht des Gesetzgebers um „essentielle geldwäscherechtliche Grundpflichten" handelt.[1194] Besonders hervorzuheben sind jedoch der Mechanismus des § 57 GwG, wonach bestandskräftige Maßnahmen und unanfechtbare Bußgeldentscheidungen auf der Internetseite der BaFin bekannt gemacht werden können. Dies kann besonders empfindliche Folgen für das Kreditinstitut sowie für den Geldwäschebeauftragten haben.

III. Zwischenergebnis

Der Abschnitt der weiteren Auswirkungen der Verdachtsmeldung hat deutlich gemacht, dass mit der Abgabe einer Verdachtsmeldung weitere umfangreiche Folgepflichten zu erfüllen sind, welche erhebliche Auswirkungen auf die Geschäftsbeziehung zwischen Kreditinstitut und Bankkunden haben. Nach der Stillhaltepflicht darf die von Bankkunden in Auftrag gegebene Transaktion innerhalb einer bestimmten Frist grundsätzlich nicht mehr ausgeführt werden. Weiterhin besteht ein Informationsverbot, wonach der Bankkunde oder Dritte nicht über den bestehenden Verdacht informiert werden dürfen. Jegliche Verstöße gegen diese Grundsätze werden nach der Umsetzung der Fünften EU-Geldwäscherichtlinie sogar schon bei fahrlässigem Verhalten sanktioniert. Weiterhin ist der Umstand hervorzuheben, dass die Kreditinstitute von der BaFin angewiesen werden, nach einer Verdachtsmel-

---

1194 BT-Drs. 19/15196, S. 50.

dung erhöhte Sorgfaltspflichten für den betroffenen Bankkunden durchzuführen. Damit sind ein erheblicher Mehraufwand sowie Kosten verbunden. Zudem besteht auch ein Reputationsrisiko für das Kreditinstitut, ein Konto für einen Geldwäscher zu führen. Die Kreditinstitute werden sich wohl schon deswegen von den betroffenen Kunden trennen wollen, was regelmäßig sowohl durch eine ordentliche sowie außerordentliche Kündigung möglich ist. Dabei ist es unerheblich, ob sich die Verdachtsmeldung als strafrechtlich relevant herausstellt. Oft bekommen die Kreditinstitute kaum Rückmeldung im Einzelfall zu den abgegebenen Verdachtsmeldungen. Der Bankkunde kann sich bei einem entstandenen Schaden weder an das Kreditinstitut noch an den Staat halten und wird ihn regelmäßig selbst tragen müssen. Insgesamt sind diese Umstände aufgrund der ungenauen und geringen Anforderung an die Verdachtsmeldung und der daraus korrespondierenden immer weiter steigenden hohen Zahl der Verdachtsmeldungen höchst bedenklich.

Weiterhin besteht auch ein erheblicher Druck für die Kreditinstitute, sodass den Anforderungen der Verdachtsmeldung extensiv gefolgt wird. Jegliche Verstöße gegen die Verdachtsmeldung sind als Ordnungswidrigkeit ausgestaltet. Danach ist mit der Umsetzung der Fünften EU-Geldwäscherichtlinie selbst schon leichtfertiges Verhalten im Zusammenhang mit der Verdachtsmeldung relevant. Dabei ist zu bemerken, dass nach dem OLG Frankfurt a.M. schon direkt von Vorsatz ausgegangen werden muss, wenn keine ausreichenden Strukturen für ein ordnungsgemäßes Verdachtsmeldeverfahren geschaffen wurden.[1195] Neben den Geldbußen, welche im Finanzsektor bis zu 10% des Gesamtumsatzes des Jahres ausmachen können, sind für die Kreditinstitute die öffentliche Bekanntgabe nach § 57 GwG durch die Aufsichtsbehörden besonders empfindlich. Dabei kann es nicht nur zu einem Vertrauensverlust des betroffenen Kreditinstitutes im Markt kommen, sondern die Nennung des Geldwäschebeauftragten als Zurechnungsperson im Ordnungswidrigkeitsverfahren kann zum Verlust dessen Zuverlässigkeit führen.

Diese Umstände sind in der Zusammenschau mit den Unklarheiten des Tatbestandes, welche in den vorherigen Abschnitten festgestellt wurden, äußerst bedenklich und es stellen sich verfassungsrechtliche Fragen.

1195 Siehe dazu auch die Kommentierung zum Beschluss Peukert, NZWiSt 2019, 219, 224.

G. Verfassungsrechtliche Bedenken bei der Verdachtsmeldung und Lösungsmöglichkeiten

Nachdem die Voraussetzungen und die Folgen der Verdachtsmeldung besprochen worden sind, stellt sich im Folgenden die Frage, wie die bereits aufgeworfenen Probleme unter verfassungsrechtlichen Aspekten zu begutachten sind. Dabei können die verfassungsrechtlichen Aspekte aufgrund der vielen möglichen Probleme nicht umfassend und insbesondere abschließend beleuchtet werden. Vielmehr sollen im folgenden Abschnitt auf eine Auswahl möglicher Probleme und Herausforderungen hingewiesen werden.

I. Verfassungsrechtliche Aspekte der Verdachtsmeldung

Teilweise wird in der Literatur aufgezeigt, dass durch die Verdachtsmeldung verfassungsrechtliche Konflikte bestehen. Dabei werden überwiegend die Einschränkungen des Grundrechts auf die informelle Selbstbestimmung der Bankkunden hervorgehoben.[1196] Daneben finden auch die Einschränkungen der Berufsfreiheit Erwähnung.[1197] Inzwischen wurden bereits Verfassungsbeschwerden beim Bundesverfassungsgericht eingereicht, wobei auch die Verdachtsmeldung nach § 43 Abs. 1 Nr. 1 GwG gerügt wurden. Die Verfassungsbeschwerden wurden jedoch bisher nicht zur Entscheidung angenommen.[1198]

Daher soll im Folgenden zunächst geprüft werden, ob und inwieweit die nationalen Grundrechte anwendbar sind (dazu 1.). In einem weiteren Schritt soll geprüft werden, welche Grundrechte durch die Pflicht zur Verdachtsmeldung berührt sind (dazu 2.). Zuletzt sollten die Besonderheiten des Bestimmtheitsgrundsatzes besprochen werden (dazu 3.).

1. Anwendbarkeit der nationalen Grundrechte

Zunächst stellt sich die grundlegende Frage, ob das deutsche Verfassungsrecht überhaupt Anwendung finden kann. Beim Geldwäschegesetz besteht nämlich die Besonderheit, dass die Normen größtenteils auf die europäi-

---

1196 Vgl. Fülbier, WM 1990, 2025, 2028; Werner, S. 91 ff; Bohnert/Szesny, BKR 2015, 265, 267; Raue/Roegele, ZRP 2019, 196, 198 f.; *Herzog/Achtelik* in Herzog, Geldwäschegesetz (2. Auflage), § 11 Rn. 11; Bülte, NZWiSt 2017, 276, 281 f.

1197 Vgl. Raue/Roegele, ZRP 2019, 196, 198.

1198 Vgl. BVerfG, Beschl. der 1. Kammer des Ersten Senats vom 19.11.2018 (1 BvR 1335/18); BVerfG, Beschl. der 1. Kammer des Ersten Senats v. 9.11.2022 (BvR 161/21); BVerfG (3. Kammer des Zweiten Senats), Nichtannahmebeschluss vom 07.07.2021 (2 BvR 2200/18).

schen EU-Geldwäscherichtlinien zurückzuführen sind. Dies lässt sich auch für die Verdachtsmeldung feststellen, womit die Anforderungen des Art. 33 der Vierten EU-Geldwäscherichtlinie umgesetzt worden sind.[1199]

Beruhen deutsche Rechtsnormen auf europäischen Vorgaben, so muss danach gefragt werden, ob und inwieweit noch die nationalen Grundrechte Anwendung finden können. Das Bundesverfassungsgericht hat sich mit dieser Frage intensiv auseinandergesetzt. Eine grundlegende Entscheidung wurde mit dem sogenannten „Solange II-Beschluss" getroffen, in dem der grundsätzliche Anwendungsvorrang des Unionsrecht vor dem nationalen Recht festgestellt wurde.[1200] Damit folgte man der ständigen Rechtsprechung des Europäischen Gerichtshofes.[1201] Das Bundesverfassungsgericht hat in dem Beschluss deutlich gemacht, dass „solange die Europäischen Gemeinschaften […] einen wirklichen Schutz der Grundrechte gegenüber der Hoheitsgewalt der Gemeinschaften generell gewährleisten, der dem vom Grundgesetz als unabdingbar gebotenen Grundrechtsschutz im wesentlichen gleichzuachten ist, […] wird das Bundesverfassungsgericht seine Gerichtsbarkeit über die Anwendbarkeit von abgeleitetem Gemeinschaftsrecht […] nicht mehr ausüben und dieses Recht mithin nicht mehr am Maßstab der Grundrechte des Grundgesetzes überprüfen".[1202] Gleichwohl soll ein „Kooperationsverhältnis" zwischen dem Bundesverfassungsgericht und dem Europäischen Gerichtshof bei der Gewährleistung des Grundrechtschutzes in Deutschland bestehen.[1203] Somit sollen die innerstaatlichen Grundrechte dann Prüfungsmaßstab für die innerstaatlichen Durchführungsrechte sein, wenn die Richtlinie den Mitgliedstaaten einen Entscheidungsspielraum lässt. Sieht

---

1199 BT-Drs. 18/11555, S. 156. Anders ist dies bei deutschen Besonderheiten wie bei den Ausnahmen bezüglich der Anwälte. Diese sollen nach Meinung von Reithner am nationalen Verfassungsrecht geprüft werden (vgl. Reithner, S. 177 f.).

1200 BVerfGE 73, 339, 376, 387.

1201 EuGH – Costa/ENEL, Rs. 6/64 – Slg 1964, 1269; EuGH – Internationale Handelsgesellschaft, Rs. 11/70 – Slg 1970, 1125; EuGH – Simmenthal II, Rs. 106/77 – Slg 1978, 639; EuGH – Kommission/Italien, Rs. 168/85 – Slg 1986, 2945; EuGH – Factortame, Rs. C-213/89 – Slg 1990, I-2433, Rn 17 ff.; *Geismann* in von der Groeben/Schwarze/Hatje, Europäisches Unionsrecht, Art. 288 AEUV Rn. 4.

1202 BVerfGE 73, 339, Rn 117. Zwar hatte das Bundesverfassungsgericht in dem „Solange II-Beschluss" noch gesagt, dass europäische Richtlinien noch Grundrechte verletzten können. In folgenden Entscheiden, wie dem sogenannten „Maastricht-Urteil" (BVerfGE 89, 155) und im „Bananenbeschluss" (BVerfGE 102, 147), wird dann aber ausdrücklich die Anerkennung der Gleichwertigkeit des Grundrechtsschutzes durch die europäische Rechtsordnung festgestellt.

1203 BVerfGE 89, 155, 174 f.; BVerfGE 102, 147; *Geismann* in von der Groeben/Schwarze/Hatje, Europäisches Unionsrecht, Art. 288 AEUV Rn. 6.

die Richtlinie hingegen zwingende Vorgaben vor, sollen keine nationalen Grundrechte herangezogen werden können.[1204]

Der Vorrang des Unionsrechtes ist jedoch nicht grenzenlos. Das Bundesverfassungsgericht behält sich seit dem Maastricht-Urteil[1205] eine sogenannte „Ultra-vires-Kontrolle“ vor.[1206] Danach gelte der Anwendungsvorrang zwar „soweit es der entgegenstehende gemeinschafts- und unionsrechtliche Regelungsgehalt verlangt“;[1207] dies allerdings nur, wenn die „unverfügbare Verfassungsidentität“ des Grundgesetzes gewahrt bleibe.[1208] Das Gericht prüft weiterhin zwei Voraussetzungen. Zum einen soll das Zustimmungsgesetz über die Kompetenzübertragung an die europäische Union kontrolliert werden können. Zum anderen wird überprüft, ob sich die Union innerhalb ihrer Grenzen bewegt und nicht der „unantastbare Kerngehalt der Verfassungsidentität“ nach Art. 23 Abs. 1 Satz 3 in Verbindung mit Art. 79 Abs. 3 GG durch Unionsrecht angegriffen oder gar beseitigt wird.[1209] Diese Kontrolle soll aber nur unter engen Voraussetzungen und ausdrücklich für „seltene Grenzfälle“ stattfinden.[1210] Nach neuer Rechtsprechung überprüft das Bundesverfassungsgericht die Vereinbarkeit eines nationalen Gesetzes mit dem Grundgesetz auch, wenn zugleich Zweifel an der Vereinbarkeit des Gesetzes mit Sekundärrecht der Europäischen Union bestehen.[1211]

Schon in den Gesetzgebungsunterlagen lässt sich finden, dass die Meldepflicht nach § 43 GwG der Umsetzung von Art. 33 der Vierten EU-Geldwäscherichtlinie dient.[1212] In wesentlichen Zügen ist die Norm auf europäische Vorgaben zurückzuführen. Mit der Auffassung des Europäischen Gerichtshofes würde somit der Prüfungsmaßstab anhand der Grundrechte-Charta (GRCh) der Europäischen Union stattfinden. Es ist allerdings nicht gänzlich auszuschließen, dass das Bundesverfassungsgericht gerade in Bezug auf die neuere Rechtsprechung trotzdem die Verdachtsmeldung anhand der

1204 BVerfGE 118, 79, 95 f.; 125, 260, 306 f.; 129, 186, 199, BVerfG, Beschluss der 2. Kammer des Ersten Senats vom 18. Mai 2016 – 1 BvR 895/16 –, Rn. 29.

1205 BVerfGE 89, 155, 174 f.

1206 BVerfGE 89, 155; 126, 286 siehe auch Anmerkung zur Entscheidung von Classen, JZ 2010, 1186.

1207 BVerfGE 123, 267, 335.

1208 BVerfGE 123, 267, 339; *Geismann* in von der Groeben/Schwarze/Hatje, Europäisches Unionsrecht, Art. 288 AEUV Rn. 5.

1209 BVerfGE 123, 267; BVerfGE 113, 273, 296: ausführlich siehe *Geismann* in von der Groeben/Schwarze/Hatje, Europäisches Unionsrecht, Art. 288 AEUV Rn. 7.

1210 BVerfGE 126, 286; Pötters/Traut, EuR 2011, 580 ff.; zur Ultra-vires-Rspr Classen, JZ 2010, 1186 ff.

1211 Vgl. BVerfG, Beschluss vom 21.3.2018 – 1 BvF 1/13.

1212 Vgl. BT-Drs. 18/11555, S. 156.

deutschen Grundrechte prüft.[1213] Insbesondere lassen die Vorgaben der europäischen Richtlinie dem deutschen Gesetzgeber Entscheidungsspielräume (wie sich beispielsweise bei der Meldeschwelle zeigt).[1214] Die Meldesysteme des Geldwäscheverdachts sind trotz der gleichen rechtlichen Grundlage innerhalb Europas durchaus unterschiedlich ausgestaltet.[1215] In dem oben erwähnten erschienenen Beschluss des Bundesverfassungsgerichts im Zusammenhang mit dem Geldwäschegesetz wird in Bezug auf die aufgeworfenen unionsrechtlichen Fragen auf die Fachgerichte verwiesen, die gegebenenfalls den Europäischen Gerichtshof im Wege des Vorabentscheidungsverfahrens anrufen können.[1216]

Im Folgenden soll die Verdachtsmeldung anhand der Grundrechte-Charta sowie der deutschen Grundrechte überprüft werden. Diese umfassende Vorgehensweise bietet sich auch schon aus wissenschaftlicher Sichtweise an, um gegebenenfalls mögliche Unterschiede herauszuarbeiten und zu benennen.

2. Prüfung der relevanten Grundrechte

Im Folgenden sollen die Grundrechte-Charta sowie die deutschen Grundrechte näher beleuchtet werden, welche für die Verdachtsmeldung nach § 43 Abs. 1 GwG relevant sind. In der Vierten EU-Geldwäscherichtlinie werden im Erwägungsgrund 65 die relevanten Grundrechte-Charta der Europäischen Union aufgezählt, welche durch die Geldwäscheregelungen grundsätzlich betroffen sein können. Für die Verdachtsmeldung sind dabei die unternehmerische Freiheit (Art. 16 GRCh), das Recht auf Schutz personen-

1213 Siehe hierzu auch der Hinweis von Bülte, dass soweit das Unionsrechts nun vorsieht, dass deutsche Behörden Sanktionen aus dem Bußgeldrecht der Vierten EU-Geldwäscherichtlinie unter Außerachtlassung der Vorgaben der deutschen Verfassung für das Ordnungswidrigkeitenrecht verhängen, könnte die vom Bundesverfassungsgericht apostrophierte Frage nach der Verletzung der Verfassungsidentität auftreten (Bülte, NZWiSt 2017, 276, 283).

1214 Der Wortlaut von Art. 33 der EU-Geldwäscherichtlinie lautet: „Die Mitgliedstaaten schreiben den Verpflichteten und gegebenenfalls deren leitendem Personal und deren Angestellten vor, in vollem Umfang zusammenzuarbeiten, indem sie umgehend die zentrale Meldestelle von sich aus unter anderem mittels einer Meldung umgehend informieren, wenn der Verpflichtete Kenntnis davon erhält oder den Verdacht oder berechtigten Grund zu der Annahme hat, dass Gelder unabhängig vom betreffenden Betrag aus kriminellen Tätigkeiten stammen oder mit Terrorismusfinanzierung in Verbindung stehen, […]".

1215 Vgl. FATF-Deutschlandbericht 2010, Rn. 716.

1216 BVerfG (1. Kammer des Ersten Senats), Beschluss vom 19.11.2018 – 1 BvR 1335/18, WM 2019, 64, 66.

bezogener Daten (Art. 8 GRCh), die Unschuldsvermutung und die Rechte der Verteidigung (Art. 48 GRCh) hervorzuheben.[1217]

a) Unternehmerische Freiheit für die Kreditinstitute

Zunächst sind die Kreditinstitute unmittelbar durch die Pflicht der Verdachtsmeldung betroffen. Die gesetzlichen Anforderungen müssen in den Arbeitsablauf des Instituts implementiert werden. Dies erfordert einen erheblichen Organisations- und Kostenaufwand. Entstehen hierbei Fehler, können dem Kreditinstitut gewichtige Sanktionen auferlegt werden. Dabei könnte das Grundrecht der unternehmerischen Freiheit nach Art. 16 GRCh beeinträchtigt sein. Während das deutsche Grundgesetz ein einheitliches Grundrecht der Berufsfreiheit nach Art. 12 GG vorsieht, wird in den europäischen Grundrechte-Chartas zwischen der Berufsfreiheit nach Art. 15 GRCh und der unternehmerischen Freiheit nach Art. 16 GRCh unterschieden. Die Trennung ist dabei aus Sicht des deutschen Verfassungsverständnisses nicht immer leicht nachzuvollziehen.[1218]

(1) Schutzbereich

Die unternehmerische Freiheit schützt alle Betätigungen von (selbstständigen) Unternehmern.[1219] Es wird die wirtschaftliche Betätigungsfreiheit in allen ihren Ausprägungen gewährleistet.[1220] Für den Schutz juristischer Personen ist die unternehmerische Freiheit im Verhältnis zur Berufsfreiheit gem. Art. 15 Abs. 1 2. Var. GRCh lex specialis.[1221] Es sind normative sowie nicht-normative Eingriffe denkbar. Dabei kann die aus dem deutschen Verfassungsrecht entwickelte Grundrechtsdogmatik der Drei-Stufen-Theorie nicht auf das europäische Gemeinschaftsrecht übertragen werden.[1222] Je-

---

1217 Zu weitergehenden Fragen, wie die Frage nach der aktiven Mitwirkung des Bankangestellten seiner eigenen strafrechtlichen Überführung siehe Werner, S. 107 ff.

1218 *Ruffert* in Calliess/Ruffert, EUV/AEUV, EU-GRCh, Art. 15 Rn. 4.

1219 Die berufliche Betätigung Unselbständiger sind sie von Art. 15 erfasst. Vgl. *Ruffert* in Calliess/Ruffert, EUV/AEUV, EU-GRCh, Art. 16 Rn. 1.

1220 Vgl. EuGH, Rs. C-317/00, Slg. 2000, I-9541, Rn. 57 („Invest“ Import und Export und Invest Commerce/Kommission), sowie Rs. C-1/11, ECLI:EU:C:2012:194, Rn. 43 (Interseroh Scrap and Metals Trading); Ruffert in Calliess/Ruffert, EUV/AEUV, EU-GRCh, Art. 16 Rn. 1; *Folz* in Vedder/Heintschel von Heinegg, Europäisches Unionsrecht, Art. 16 GRCh Rn. 3.

1221 Sasse, EuR 2012, 628, 629.

1222 Der EuGH deutet den Unterschied zwischen Regelungen der Berufswahl und solchen der Berufsausübung nur an. Vgl. EuGH, Rs. 44/79, Slg. 1979, 3727, Rn. 32 (Hauer); Rs. 116/82, Slg. 1986, 2519, Rn. 27 (Kommission/Deutschland); Rs. 234/85, Slg. 1986, 2897, Rn. 9 (Keller); Rs. C-306/93, Slg. 1994, I-5555, Rn. 24 (SMW Winzersekt).

doch lässt sich im Rahmen der europäischen Rechtsprechung eine differenzierte Prüfung der Verhältnismäßigkeit erkennen, welche die unterschiedlich starken Eingriffe in die unternehmerische Freiheit berücksichtigt.[1223] Im Zusammenhang mit der Verdachtsmeldung nach dem Geldwäscherecht ergibt sich, dass die Kreditinstitute gesetzliche Verpflichtungen für umfangreiche Maßnahmen zur Bekämpfung der Geldwäsche und der Terrorismusfinanzierung erfüllen müssen. Dafür müssen erhebliche personelle sowie finanzielle Ressourcen bereitgestellt werden. Es muss ein Risikomanagement durchgeführt und ein Geldwäschebeauftragter bestellt werden, damit ein effektives Meldesystem besteht. Zudem wird mit der Verdachtsmeldung in den Kernbestandteil des Gewerbebetriebes der Bank eingegriffen.[1224] Die Kreditinstitute müssen ihre Kunden überwachen und in Verdachtsfällen den zuständigen Behörden melden. Die Anforderungen des Geldwäschegesetzes greifen damit unmittelbar in die unternehmerischen Freiheiten des Kreditinstitutes ein.[1225] Auch in der möglichen Bestrafung durch die empfindlichen Sanktionen nach dem Geldwäschegesetz wird ein Eingriff festgestellt werden können.[1226]

(2) Rechtfertigung

Die Schranken für die unternehmerische Freiheit ergeben sich aus Art. 52 Abs. 1 GRCh, wonach Einschränkungen zulässig sind, wenn sie sich auf eine gesetzliche Regelung stützen, dem Gemeinwohl entsprechen, verhältnismäßig sind und den Wesensgehalt der unternehmerischen Freiheit nicht beeinträchtigen.[1227]

Für die Verdachtsmeldung sind im Rahmen der Verhältnismäßigkeit folgende Erwägungen zu berücksichtigen. Zunächst wird die Bekämpfung der Geldwäsche und die Terrorismusfinanzierung ohne Zweifel einen legitimen Zweck darstellen.[1228] Allerdings wäre näher zu prüfen, ob die Pflicht

---

1223 Siehe näher hierzu *Ruffert* in Calliess/Ruffert, EUV/AEUV, EU-GRCh, Art. 15 Rn. 10.

1224 Fülbier ZBB 1992, 124, 127; Werner, S. 104.

1225 Nach dem deutschen Verfassungsverständnis würde es sich um einen Eingriff in die Berufsfreiheit in Form der Berufsausübungsfreiheit handeln. Vgl. BVerfGE 7, 377, 402. Eine Berufszugangsregelung wäre erst dann anzunehmen, wenn das Bankgewerbe gar nicht mehr ausgeübt werden kann. Siehe näher der Problematik im Zusammenhang mit der Indienstnahme von Privaten, Jani, S. 105 m. w. N.

1226 Siehe näher zum Grundrechtseingriff beim „Naming and Shaming", Armbrüster/Böffel, ZIP 2019, 1885, 1891 m. w. N.

1227 Siehe nur: EuGH, Rs. 234/85, Slg. 1986, 2897, Rn. 8 (Keller); Rs. 265/87, Slg. 1989, 2237, Rn. 15 (Schräder); Rs. C-370/88, Slg. 1990, I-4071, Rn. 27 (Marshall) sowie *Ruffert* in Calliess/Ruffert, EUV/AEUV, EU-GRCh, Art. 15 Rn. 12 m. w. N.

1228 Vgl. EuGH, Rs. C–293/12 und 594/12, ECLI:EU:C:2014:238, Rn. 42 (Digital Rights Ireland); Fülbier ZBB 1992, 124, 127; Raue/Roegele, ZRP 2019, 196, 198.

der Verdachtsmeldung geeignet ist. Die Geeignetheit setzt voraus, dass sie dem verfolgten Zweck tatsächlich entspricht bzw. dient.[1229] Betrachtet man die Ergebnisse der Verdachtsmeldungen aus den Jahresberichten der FIU, dann werden konkrete Bezüge zur Organisierten Kriminalität oder zur Terrorismusfinanzierung kaum sichtbar.[1230] Teilweise beschränken sich die Erfolge der Verdachtsmeldung auf das Phänomen des sogenannten „Finanzagenten".[1231] Beispielsweise ergibt sich aus den Rückmeldungen der Staatsanwaltschaften an die FIU, dass für das Berichtsjahr 2015 nur insgesamt 321 Urteile, Strafbefehle oder Anklageschriften erfolgten. Davon konnten nur teilweise ein Bezug zum Straftatbestand der Geldwäsche hergestellt werden.[1232] Das entspricht nur einem Anteil von knapp 2 % der von der FIU weitergeleiteten und untersuchten Verdachtsmeldungen (17.749).[1233] Insgesamt wurden in dem Jahr von den Verpflichteten aber insgesamt 29.108 Verdachtsmeldungen abgegeben.[1234] Auch in den Folgejahren blieben die Zahlen auf einem niedrigen Stand.[1235] Allerdings stellt sich die Frage, ob die aufgezeigten Ergebnisse der FIU ein ausreichendes Bild über den Erfolg der Bekämpfung der Geldwäsche zeigen. Denn die Verfahren im Zusammenhang mit der Organisierten Kriminalität setzen sich aus zahlreichen und komplexen Fällen zusammen, welche oft erst nach mehreren Jahren Ermittlungsarbeit und mit einem Gesamtüberblick offensichtlich werden. Es

1229 Jarass, Charta der Grundrechte der EU, Art. 16 Rn. 24.

1230 FIU-Jahresbericht 2015, S. 15.

1231 Vgl. FIU-Jahresbericht 2015, S. 15.

1232 Siehe näher im FIU-Jahresbericht 2015, S. 19 f.: „Bei der deliktischen Betrachtung der 250 übermittelten Strafbefehle bzw. Urteile lässt sich feststellen, dass in 153 Fällen (62 %) sog. „Finanzagenten" wegen Geldwäsche mit der Vortat (Computer-) Betrug verurteilt wurden. Darüber hinaus wurde 2015 in insgesamt 36 Fällen (15 %) die Verurteilung von sog. „Warenagenten" festgestellt. [...] Weitere 30 Strafbefehle und Urteile, die nicht wegen Geldwäsche erlassen wurden, gingen ebenfalls bei der FIU ein. Insgesamt 17 dieser Verurteilungen konnten auf Geldwäscheverdachtsmeldungen zurückgeführt werden. Eine weitere Verurteilung konnte direkt auf ein Geldwäscheverfahren gemäß § 261 StGB zurückgeführt werden, das seinen Ursprung nicht in einer Geldwäscheverdachtsmeldung hat. Bei den verbleibenden zwölf Verurteilungen war ein Bezug zu einer Geldwäschehandlung oder Verdachtsmeldung nicht ersichtlich."

1233 Es wurden insgesamt 17.749 Rückmeldungen von der Staatsanwaltschaft an die FIU weitergeleitet (siehe näher dazu FIU-Jahresbericht 2015, S. 19).

1234 FIU-Jahresbericht 2015, S. 8 f.

1235 Auch im Jahr wurden insgesamt 77.252 Verdachtsmeldungen von den Verpflichteten abgegeben. Von den Staatsanwaltschaften kam es zu 14.065 Rückmeldungen an die FIU. Davon waren nur 275 Urteile, Strafbefehle und Anklageschriften (FIU-Jahresbericht 2018, S. 18). Nach dem FIU-Jahresbericht 2021 wurden insgesamt 298.507 Verdachtsmeldung von den Verpflichteten gemeldet. Es kam zu 14.186 Rückmeldungen von Staatsanwaltschaften bei der FIU. Bei insgesamt 1.352 der Rückmeldungen handelte es sich um Urteile, Strafbefehle, Beschlüsse und Anklageschriften.

wurde bereits darauf hingewiesen, dass die bisher veröffentlichten Zahlen zur Verdachtsmeldung kontrovers diskutiert werden. Insbesondere fehlt es bisher an einer ausreichend empirischen Auswertung, wonach ersichtlich wird, wie erfolgreich die Verdachtsmeldung für die Bekämpfung der Organisierten Kriminalität wirklich ist.[1236] Für die Verhältnismäßigkeitsprüfung ist aber zu beachten, dass dem Gesetzgeber im Rahmen der Geeignetheit ein weiter Ermessens- und Prognosespielraum zugebilligt wird.[1237] Es reicht für die Geeignetheit daher schon aus, dass zumindest ein Beitrag zur Erreichung des Zieles vorliegt.[1238]

Weiterhin müsste die Verdachtsmeldung erforderlich sein. Dies liegt vor, wenn es kein weniger einschneidendes und gleich wirksames Mittel gibt.[1239] Wie bereits schon untersucht, wäre ein alternatives freiwilliges Melderecht im Vergleich zu der Pflicht zur Verdachtsmeldung wenig erfolgsversprechend.[1240] Ein systematisches Meldesystem würde ebenfalls Fragen bei der Effektivität aufwerfen, da es von den potenziellen Geldwäschern umgangen werden könnte. Es stellt sich auch die Frage, ob es weniger einschneidend wäre.

Problematisch erscheint, ob die Verdachtsmeldung noch als angemessen gelten kann. Dann dürften die durch Einschränkungen verursachten Nachteile nicht außer Verhältnis zu den angestrebten Zielen stehen.[1241] Die Wörter Geldwäsche und Terrorismusfinanzierung haben im allgemeinen Sprachgebrauch eine besondere Mächtigkeit. Bei genauerer Betrachtung zeigt sich aber, dass das Strafmaß der Geldwäsche nach § 261 StGB im Vergleich zu schweren Straftaten gering ausfällt.[1242] Auch wurde bereits aufgezeigt, dass

1236 Siehe eingehend *Barreto da Rosa* in Herzog, Geldwäschegesetz, Vorbemerkungen zu Abschnitt 6 Rn. 9 ff. sowie bereits bei der allgemeinen Bedeutung der Verdachtsmeldung, S. 34 erörtert.

1237 Näher: *Ruffert* in Calliess/Ruffert, EUV/AEUV, EU-GRCh, Art. 15 Rn. 17 m. w. N.

1238 EuGH, C-280/93 – Deutschland/R, Slg.1994, I-4973 Rn. 86; Jarass, Charta der Grundrechte der EU, Art. 16 Rn. 24.

1239 Jarass, Charta der Grundrechte der EU, Art. 16 Rn. 25.

1240 Siehe hierzu die Analyse der unterschiedlichen Meldemöglichkeiten, S. 69.

1241 Jarass, Charta der Grundrechte der EU, Art. 16 Rn. 26.

1242 Ein Täter kann mit drei Monaten bis zu fünf Jahren nach § 261 Abs. 1 StGB a. F. bestraft werden. Nach § 261 Abs. 4 StGB ist in besonders schweren Fällen die Strafe Freiheitsstrafe von sechs Monaten bis zu zehn Jahren. Ein besonders schwerer Fall liegt in der Regel vor, wenn der Täter gewerbsmäßig oder als Mitglied einer Bande handelt, die sich zur fortgesetzten Begehung einer Geldwäsche verbunden hat. Nach dem § 261 Abs. 1 StGB n. F. wird die Geldwäsche mit Freiheitsstrafe bis zu fünf Jahren oder mit Geldstrafe bestraft. Für Verpflichtete besteht nach § 261 Abs. 4 StGB n. F. nunmehr ein eigenes Strafmaß von drei Monaten bis zu fünf Jahren. In besonders schweren Fällen ist nach § 261 Abs. 5 StGB n. F. die Strafe eine Freiheitsstrafe von sechs Monaten bis zu zehn Jahren. Siehe auch näher zu dem statistischen Problem des Straftatbestandes BT-Drs. 18/1763, S. 5.

das mögliche Vortatenspektrum umfassend ist und von geringfügigen bis schwerwiegenden Straftaten reicht.[1243] Mit den neuen § 261 StGB n. F. ist inzwischen jede „rechtswidrige Tat" als Vortat der Geldwäsche relevant. Damit sind die charaktertypischen Vortaten mit Bezug zu schwerwiegenden Straftaten weggefallen und selbst Bagatelldelikte können taugliche Geldwäschevortaten sein.[1244] Bei der Verdachtsmeldung verschärft sich aber das Problem nochmal zusätzlich. Da es für einen Geldwäschebeauftragten bei der Verdachtsmeldung nicht um eine strafrechtliche Prüfung geht, sondern lediglich Auffälligkeiten und Ungewöhnlichkeiten ausreichend sind, liegt schon nahe, dass eine Verdachtsmeldung nach § 43 Abs. 1 GwG auch strafloses Verhalten zum Gegenstand haben kann. Gerade die gegenwärtigen Zahlen aus den FIU-Jahresberichten der Verdachtsmeldungen zeigen dieses Problem deutlich. Nach dem FIU-Jahresbericht 2021 wurden insgesamt 298.507 Verdachtsmeldung von den Verpflichteten gemeldet. Nur 40.200 Meldungen wurden überhaupt an die zuständigen Behörden weitergeleitet. Von den Staatsanwaltschaften kam es zu 14.186 Rückmeldungen an die FIU. Davon handelte es sich insgesamt nur um 1.352 Urteile, Strafbefehle, Beschlüsse und Anklageschriften.[1245] In nur 54 Fällen wurde per Urteil eine Freiheitsstrafe verhängt, davon in 25 Fällen auf Bewährung. Die Freiheitsstrafe (ohne Bewährung) betrug im Durchschnitt 16 Monate.[1246] Auch wenn die genauen Hintergründe der Straftaten nicht ersichtlich sind, erscheint kaum ein Bezug zu schweren Straftaten deutlich zu werden. Der Erfolg die Organisierte Kriminalität mit der Verdachtsmeldung effektiv zu bekämpfen wäre damit zumindest fragwürdig. Allerdings kann dies nur schwer auf der bestehenden Datenlage abschließend beurteilt werden. Betrachtet man die Perspektive der Ermittlungsbehörden, dann können auch Meldungen zu Auffälligkeiten oder geringfügige Straftaten für die Bekämpfung der Organisierten Kriminalität von Bedeutung sein, wenn sie sich als Teil einer kriminellen Struktur herausstellen. Somit setzt sich die Komplexität der Verdachtsmeldung auch in der verfassungsrechtlichen Verhältnismäßigkeitsprü-

1243 Siehe näher § 261 Abs. 1 Satz 2 StGB, wobei z. B. Unterschlagung nach § 246 StGB oder auch Mord nach § 211 StGB relevant sein kann. Durch Neufassung des § 261 StGB im Jahr 2021 (BGBl. I S. 327) reicht inzwischen jede „rechtswidrige Tat" als Vortat.

1244 Siehe kritisch zu der Entwicklung: Bülte, NZWiSt 2017, 276, 277 ff.; Travers/Michaelis, NZWiSt 2021, 125, 126.

1245 FIU-Jahresbericht 2021, S. 17 ff.

1246 FIU-Jahresbericht 2021, S. 22 ff. Erging ein Urteil mit Geldstrafe, so betrug deren durchschnittliche Höhe etwa 2.200 Euro. Auch per Strafbefehl wurde in der Regel eine Geldstrafe verhängt. Diese betrug durchschnittlich 2.800 Euro. In 49 Fällen wurde per Strafbefehl eine Freiheitsstrafe ausgesprochen, davon 31 auf Bewährung. Die Freiheitsstrafe (ohne Bewährung) per Strafbefehl betrug im Durchschnitt 8 Monate. In 25 Fällen wurden Verwarnungen ausgesprochen, bei denen Geldstrafen innerhalb einer Bewährungszeit vorbehalten wurden.

fung im engeren Sinne fort. Die mögliche Spannweite von Einzelfällen kann erheblich sein. Eine Abwägung zwischen den Einschränkungen der verursachten Nachteile mit dem angestrebten Ziel wird dadurch zusätzlich erschwert. Nach aktueller Rechtsprechung des EuGHs scheint es insbesondere im Rahmen der Verhältnismäßigkeit auch auf die schwere der Straftaten anzukommen.[1247] Demnach kann auch ein schwerwiegender Eingriff in den Bereich der personenbezogenen Daten gerechtfertigt sein. Dies gilt allerdings nur, wenn „die Anwendung des durch sie geschaffenen Systems allein auf strafbare Handlungen beschränkt [wird], die der schweren Kriminalität zuzurechnen sind, und damit Taten aus dem Bereich der gewöhnlichen Kriminalität ausschließt“.[1248] Es wird bereits in der Literatur deutlich gemacht, dass dies bei einer Übertragung auf die Verdachtsmeldung problematisch sein könnte.[1249]

Weiterhin lässt sich argumentieren, dass die Kreditinstitute schon aus einem Integritätsinteresse sowie aus ihrer Standespflicht die Geldwäsche und Terrorismusfinanzierung bekämpfen müssen.[1250] Auch im Rahmen der vorliegenden Arbeit wurde deutlich, dass auch die aktive Mithilfe der Kreditinstitute notwendig ist, da anderweitig erhebliche Informationsdefizite für die Strafverfolgung bestehen würden.[1251] Dabei erscheint die Pflicht zur Verdachtsmeldung über die typische Unternehmenstätigkeit hinauszugehen. Aus deutscher verfassungsrechtlicher Perspektive ist daher die Rechtsprechung des Bundesverfassungsgerichtes im Zusammenhang mit der Indienstnahme von Privaten zu beachten. Bei der Übertragung einer unternehmensfremden Tätigkeit wird verlangt, dass eine besonders gewissenhafte Verhältnismäßigkeitsprüfung stattfindet.[1252] Dabei ist zu unterscheiden, ob es sich bei der Übertragung um eine typische staatliche Funktion handelt, die ihrem Wesen nach nur von Staatsorgangen wahrgenommen wird.[1253] Die Strafverfolgung ist eine Aufgabe, auf die der Staat ein Gewaltmonopol hat.[1254] Die Verdachtsmeldung nach dem Geldwäschegesetz ersetzt jedoch nicht gänzlich die Strafverfolgung, sondern soll sie lediglich durch Hinweise unterstützen. So wird im Zusammenhang mit der Verdachtsmeldung betont,

1247 EuGH, Rs. C-817/19 vom 21.06.2022, Rn. 148.

1248 EuGH, Rs. C-817/19 vom 21.06.2022, Rn. 148.

1249 Siehe hier Höche, WM 2022, 2005, 2009 f.

1250 Vgl. *Herzog/Achtelik* in Herzog, Geldwäschegesetz (2. Auflage), § 11 Rn. 13.

1251 Siehe ausführlich zur allgemeinen Bedeutung der Kreditinstitute für die Geldwäschebekämpfung, S. 44.

1252 Vgl. in diesem Zusammenhang die besondere Verhältnismäßigkeitsprüfung bei der Indienstnahme von Privaten nach dem BVerfGE 30, 292, 316 ff. sowie Spoerr, KSzW 2012, 135, 142 f.

1253 BVerfGE 30, 292, 311. Kritisch zu den genauen Abgrenzungsmerkmalen siehe Spoerr, KSzW 2012, 135, 142.

1254 *Fischer* in Karlsruher Kommentar zur Strafprozessordnung, Einl. Rn. 1.

dass die Kreditinstitute gerade keine strafrechtliche Ermittlung durchführen sollen.[1255] Allerdings hat sich auch gezeigt, dass die Verdachtsmeldung über die typischen sonstigen Melde- oder Anzeigepflichten hinausgeht.[1256] Die Kreditinstitute sind zu Maßnahmen und Verhaltensweisen gezwungen, die nach Form und Inhalt die gewöhnliche Unternehmertätigkeit überschreitet. Nach dem Geldwäschegesetz müssen die Kreditinstitute ein umfangreiches Risikomanagement betreiben. Sie müssen alle Mitarbeiter über aktuelle Entwicklungen der Geldwäsche und Terrorismusfinanzierung informieren und das Personal in Bezug auf Typologien und aktuelle Methoden der Geldwäsche und der Terrorismusfinanzierung schulen.[1257] Von den Kunden müssen wesentliche Daten erhoben, überprüft und gespeichert werden. Bei Auffälligkeiten und Ungewöhnlichkeiten soll ein Verdachtsfall an die zuständigen Behörden übermittelt werden.[1258] Insgesamt ist auch der erforderliche personelle und finanzielle Aufwand für ein Kreditinstitut hervorzuheben. Nach dem Bundesverfassungsgericht ist zwar die Indienstnahme von Privaten zur Erfüllung staatlicher Aufgaben grundsätzlich möglich, allerdings müssen die wirtschaftlichen Belastungen ausreichend beachtet werden.[1259] Im Bereich der Geldwäschebekämpfung werden beträchtliche Ressourcen innerhalb eines Kreditinstitutes gebunden. Demnach sollen sich nach Hochrechnungen die Kosten für die Finanzdienstleister in Deutschland auf ca. 43 Mrd. EUR jährlich summieren.[1260] Es erscheint zunehmend fragwürdig, ob dieser Aufwand noch damit gerechtfertigt werden kann, dass es sich bei dem Bankgeschäft um ein gefahrengeneigtes Gewerbe handelt und damit ein höheres Maß an Verantwortung verbunden ist.[1261] Als Abmilderung die-

1255 BaFin, Auslegungs- und Anwendungshinweise, S. 73.

1256 Siehe zur Übersicht sonstige Melde- und Anzeigepflichten, S. 74.

1257 Vgl. § 6 Abs. 2 Nr. 4 und 6 GwG.

1258 Vgl. die Sorgfaltspflichten gem. §§ 10 GwG ff. sowie die Aufzeichungs- und Aufbewahrungspflichten gem. § 8 GwG.

1259 BVerfGE 30, 292, 332 f.

1260 Hierbei handelt es sich um eine Hochrechnung einer im Jahr 2017 durchgeführten Umfrage unter 250 Verantwortlichen für Geldwäsche-Compliance in fünf europäischen Ländern. Darunter waren 51 Befragte in Deutschland. Demnach sollen deutsche Finanzdienstleister mehr als 46 Mrd. US-Dollar für Geldwäschecompliance ausgeben (siehe IT Finanzmagazin, Anti-Geldwäsche-Compliance kostet deutsche Finanzdienstleister mehr als 46 Mrd. US-Dollar vom 17.6.2017, abrufbar unter https://www.it-finanzmagazin.de/anti-geldwaesche-compliance-kostet-deutsche-finanzdienstleister-mehr-als-46-mrd-us-dollar-53694/ (zuletzt abgerufen am 17.09.2023). Der aktuelle Umrechnungskurs vom US-Dollar in Euro beträgt 0,95 Euro (Stand: 17.09.2023).

1261 Werner, S. 106; siehe auch die Empirische Untersuchung von Oswald über den Verwaltungsaufwand und Effektivität, wonach es kaum Mitarbeitern „noch begreifbar gemacht werden [kann], wozu der ganze Verwaltungsaufwand eigentlich gut sein soll." Oswald, S. 179; vgl. auch die Anzeigepflicht im WpHG *Spoerr* in Assmann/ Schneider/Mülbert, WpHG, § 23 Rn. 9.

ser finanziellen Belastungen könnte angedacht werden, dass die Verpflichteten einen finanziellen Ausgleich erhalten. Dahingehende Überlegungen, die Kosten mit den „Einnahmen“ aus dem Vermögensverfall zu kompensieren, konnten sich allerdings bisher nicht durchsetzen.[1262]

Weiterhin ist zu beachten, dass in den Kernbereich der Geschäftstätigkeit der Kreditinstitute eingegriffen wird. Das Vertrauensverhältnis zwischen dem Bankkunden und dem Kreditinstitut kann aufgrund einer Verdachtsmeldung nachhaltig beschädigt werden.[1263] Sobald eine Verdachtsmeldung abgegeben wurde, hat das erhebliche Auswirkungen auf die Geschäftsbeziehung. Demnach dürfen im Rahmen des § 46 GwG keine Transaktionen mehr ausgeführt werden.[1264] Weiterhin besteht ein umfassendes Verbot der Informationsweitergabe nach § 47 GwG.[1265] In der Praxis kann es dazu kommen, dass sich die Kreditinstitute von ihren Kunden trennen wollen. Denn bei der Abwägung werden sich Kreditinstitute aufgrund der erheblichen Sanktionen durch Bußgelder und eine möglichen Reputationsverlustes schon aus Selbstschutz von den Kunden lösen wollen. Ein Kreditinstitut wird die geringsten Zweifel oder Auffälligkeiten im Zusammenhang mit Geldwäsche oder Terrorismusfinanzierung vermeiden wollen. Ein solcher schwerer Einschnitt in die Geschäftsbeziehung erscheint lediglich in den Fällen angemessen, wenn es sich um die Verfolgung von schweren Straftaten handelt.

Nicht zuletzt sollte der Umstand in Betracht gezogen werden, dass sich Bankangestellte in Gefahr bringen, wenn sie gegen die Organisierte Kriminalität vorgehen. Sollte es zu einem Strafverfahren kommen, könnte ein Bankmitarbeiter als Zeuge aussagen müssen. Schon frühzeitig wurde eine gesetzliche Garantie zu einem wirksamen Zeugenschutz der Bankmitarbeiter gefordert.[1266] Auch innerhalb eines Kreditinstitutes scheint es zu Konflikten gekommen zu sein. In der Vierten EU-Geldwäscherichtlinie wird festgehalten, dass es bereits eine Reihe von Fällen gegeben hat, in denen Angestellte, nachdem sie einen Verdacht auf Geldwäsche gemeldet hatten, bedroht oder angefeindet wurden.[1267]

Im Ergebnis wird deutlich, dass sich zahlreiche empfindliche Einschnitte und Nachteile für Kreditinstitute durch die Pflicht zur Verdachtsmeldung

---

1262 Vlg. Überlegung bei Fülbier, WM 1990, 2025, 2030; Uibeleisen, S. 274 sowie grundsätzlich zu der Möglichkeit von Entschädigungsansprüchen bei dem Grundrecht der Berufsfreiheit *Mann* in Sachs, GG, Art. 12 Rn. 178 f.

1263 Fülbier ZBB 1992, 124, 127; Vgl. auch zur Verfassungsmäßigkeit von Vertrauensverhältnismäßigkeit bei der Verdachtsmeldung bei Rechtsanwälten, Reithner, S. 177 ff.

1264 Siehe näher hierzu Stillhaltepflicht von Transaktionen, S. 213.

1265 Siehe näher hierzu Verbot der Informationsweitergabe, S. 218.

1266 Siehe die Forderungen der Banken bei Oswald, S. 194.

1267 Vgl. Erwägungsgrund 41 der Vierten EU-Geldwäscherichtlinie. Siehe auch Werner, S. 36 f.

ergeben. Auch wenn das angestrebte Ziel die Einschränkung der Organisierten Kriminalität ist und daher auch empfindliche Einschnitte gerechtfertigt werden können, bleibt bei näherer Betrachtung fraglich, ob dieses Ziel auf diese Weise erreicht werden kann und ob die möglichen Auswirkungen noch angemessen sind.

b) Schutz der personenbezogenen Daten von Bankkunden

Weiterhin hat die Verdachtsmeldung erhebliche Auswirkungen auf die Bankkunden. Durch die Verdachtsmeldung wird die Erhebung, Analyse und Speicherung sowie der Austausch von empfindlichen Daten verlangt. Schon frühzeitig hat der Bundesdatenschutzbeauftragte im Zusammenhang mit dem Geldwäschegesetz mahnend von einer „weitgehenden Transparenz des Finanzmarktes und des Anlageverhaltens jedes Bürgers" gesprochen und vor einer „Bedrohung für [das] Grundrecht auf informationelle Selbstbestimmung" gewarnt.[1268]

(1) Schutzbereich

Auf der europäischen Ebene wird der Schutz der personenbezogenen Daten im Art. 8 GRCh festgelegt.[1269] In Deutschland wurde aus dem Persönlichkeitsrecht das Grundrecht auf informationelle Selbstbestimmung nach Art. 2 Abs. 1 i. V. m. Art. 1 Abs. 1 GG entwickelt.[1270] Das grundrechtliche Schutzgut

---

1268 Tätigkeitsbericht 2001 und 2002 des Bundesbeauftragten für den Datenschutz, S. 19. Siehe auch *Ziegler* in Gradowski/Ziegler, Geldwäsche, Gewinnabschöpfung, S. 101 f.

1269 Sobald es sich um ein personenbezogenes Daten mit dem Bezug zum Privatleben handelt, verbindet der EuGH dies auch mit Art. 7 GRCh. Vgl. EuGH (GK) C-92/09 und C-93/09, Slg. 2010, I-11063 Rn. 47 – Volker und Markus Schecke GbR ua/Land Hessen; *Streinz* in Streinz, EUV/AEUV, Art. 8 GRCh Rn. 7.

1270 Grundlegend das Volkszählungsurteil, siehe BVerfGE 65, 1, 41 ff. Dabei wurde in der Entscheidung des Bundesverfassungsgerichtes insbesondere die damals modernen Bedingungen der automatischen Datenverarbeitung durch die EDV problematisiert, mit es möglich ist, Einzelangaben über persönliche und sachliche Verhältnisse einer bestimmten und bestimmbaren Person (personenbezogene Daten) nahezu unbegrenzt zu speichern und jederzeit abzurufen. Somit kann durch ein Sammeln von Daten ein teilweises oder vollständiges Persönlichkeitsbild erstellt werden, ohne dass der Betroffene die Richtigkeit und Verwendung überprüfen noch kontrollieren kann. Die Schutzbedürftigkeit beschränkt sich aber nicht nur auf die Möglichkeiten der EDV, sondern es besteht ein genereller Schutz vor staatlichen Erhebungen und Verarbeitungen personenbezogener Daten bestehen. Seither ständige Rechtsprechung, vgl. z. B. BVerfGE 100, 313, 358 f.; 78, 77, 84; sowie in der Literatur *Rixen* in Sachs, GG, Art. 2 Rn. 72. Als Auffangrecht zur Schließung von Schutzlücken hat das Bundesverfassungsgericht im Jahr 2008 zudem das Recht auf Gewährleistung der Vertraulichkeit und Integrität informationstechnischer Systeme formuliert, Vgl. BVerfGE 120, 274.

betrifft alle personenbezogene Daten[1271], also alle Informationen über eine bestimmte oder bestimmbare natürliche Person.[1272] Grundsätzlich sollen alle persönlichen Daten unabhängig von ihrem qualitativen Aussagegehalt geschützt werden. Die Informationen können unter anderem die Intim- oder Privatsphäre sowie die persönlichen Einkommens- oder Vermögensverhältnisse betreffen.[1273] Es wird auch das Steuergeheimnis geschützt.[1274] Das Bundesverfassungsgericht hat festgelegt, dass es unter den Bedingungen der automatischen Datenverarbeitung kein „belangloses" Datum mehr gibt.[1275] Bestimmbar ist etwas, wenn es direkt oder indirekt identifiziert werden kann (z.B. Personalausweis- oder Kontonummer) oder durch ein oder mehrere spezifische Elemente, die Ausdruck der physischen, physiologischen, psychischen, wirtschaftlichen, kulturellen oder sonstigen Identität sind.[1276] Das grundrechtlich geschützte Verhalten umfasst insbesondere die Herrschaft über die eigenen Daten. Somit soll die Möglichkeit bestehen, Dritte von der Erhebung oder Verwendung dieser Daten auszuschließen sowie Informationen über die Erhebung dieser Daten zu erhalten.[1277]

Ein Eingriff in den Schutzbereich liegt dann vor, wenn persönliche Daten verarbeitet werden. Dabei versteht man jede Erhebung, Speicherung, Verwendung, Sperrung oder Löschung von Daten.[1278] Der Schutz richtete sich nicht nur gegen die automatisierte Datenverarbeitung, sondern ist genereller

---

1271 Das Wort „Daten" ist das verdeutschte Plural des lateinischen Wortes „datum", was für das Gegebene, das Angegebene, als Gegenstand einer Mitteilung steht. Siehe: *Stark* in v. Mangoldt/Klein/Starck, GG, Bd. I, Art. 2 Abs. 1 Rn. 114.

1272 In Anlehnung an Art. 2 lit. a RL 95/46/EG und Art. 2 lit. a VO (EG) 45/2001; EuGH, C-92/09 – Schecke, Slg. 2010, I-11063 Rn. 52; Kingreen in Calliess/Ruffert, EUV/AEUV, EU-GRCh, Art. 8 Rn. 9.

1273 EuGH, Verb. Rs. C–465/00 u. a., Slg. 2003, I–4989, Rn. 73 f. (Österreichischer Rundfunk u. a.); vgl. ferner bereits EuGH, Verb. Rs. T–39/93 u. T–553/93, Slg. ÖD 1995, I-A–233 (235 ff.) (Baltavias/Kommission): Führung einer Personalakte; EuGH, Rs. C–131/12, ECLI:EU:C:2014:317, Rn. 69 ff. (Google Spain): Informationen über Privatinsolvenz; EuGH, C-92/09 – Schecke, Slg.2010, I-11063 Rn. 59; Augsberg, GSH, Art. 8 Rn. 6; Kingreen in Calliess/Ruffert, EUV/AEUV, EU-GRCh, Art. 8 Rn. 10; *Stark* in v. Mangoldt/Klein/Starck, GG, Bd. I, Art. 2 Abs. 1 Rn. 114.

1274 EuG, T-47/02 – Danzer, Slg.2006, II-1779 Rn. 44. Ebenso auf deutscher Ebene mit dem Recht auf informelle Selbstbestimmung. Siehe auch BVerfGE 67, 100, 142 f.

1275 BVerfGE 65, 1, 45.

1276 GA Colomber, C-553/07, Slg. 2009, I-3889 Nr. 8; Art. 2 lit. a RL 95/46; Jarass, Charta der Grundrechte der EU, Art. 8 Rn. 6.

1277 Vgl. EuGH, Rs. C–291/12, ECLI:EU:C:2013:670, Rn. 24 ff. (Schwarz); Rs. C–293/12 und 594/12, ECLI:EU:C:2014:238, Rn. 34 ff. (Digital Rights Ireland); Rs. C–362/14, ECLI:EU:C:2015:650, Rn. 38 ff. (Schrems/Digital Rights Ireland); *Kingreen* in Calliess/Ruffert, EUV/AEUV, EU-GRCh, Art. 8 Rn. 9.

1278 Als Rückgriff siehe: Art. 2 lit. b) RL/95/46/EG und Art. 2 lit. b) VO (EG) 45/2001. *Kingreen* in Calliess/Ruffert, EUV/AEUV, EU-GRCh, Art. 8 Rn. 13; Jarass, Charta der Grundrechte der EU, Art. 8 Rn. 7. Nach dem deutschen Verständnis stellt der geltende

Natur und erfasst auch die Verarbeitung von manuell registrierten Daten.[1279] Für das Geldwäscherecht stellen schon die Identifizierungs-[1280] sowie Aufzeichnungs- und Aufbewahrungspflichten[1281] einen Eingriff durch die Erhebung und Speicherung von Daten dar. Insbesondere werden aber durch die Verdachtsmeldung personenbezogene Daten des Bankkunden an staatliche Stellen weitergeleitet.

Die Eingriffsqualität wird auch nicht dadurch vermindert, dass der Staat nicht unmittelbar auf die Daten zugreift, sondern die Daten durch die Kreditinstitute verarbeitet werden. Es liegt auch ein Eingriff in das Recht auf informationelle Selbstbestimmung vor, wenn der Staat einen Dritten zur Aufzeichnung von persönlichen Daten verpflichtet.[1282] Die Kreditinstitute sind gesetzlich verpflichtet, die Anforderungen des Geldwäschegesetzes zu erfüllen. Dabei werden Daten der Kunden aufgenommen, überprüft und verarbeitet. Bei einem Verdachtsfall müssen diese dann aber auch den staatlichen Stellen zugeleitet werden.

(2) Rechtfertigung

Der Schutz der personenbezogenen Daten kann nicht schrankenlos gewährleistet werden. Demnach hat der Einzelne kein absolutes, uneingeschränkt herrschaftliches Recht über seine Daten, sondern es müssen Einschränkungen im Rahmen einer sozialen Gemeinschaft hingenommen werden.[1283]

Auf der europäischen Ebene lässt sich im Bereich des Grundrechts auf Datenschutz bei der Rechtsprechung des EuGHs beobachten, dass im Vergleich zu anderen Grundrechten ein hoher Schutzstandard entwickelt wurde.[1284] Es wird schon vom Unionsgesetzgeber verlangt, dass wesentliche Voraussetzungen in diesem Bereich selbst zu regeln sind und nicht erst durch die Mitgliedstaaten festgelegt werden dürfen.[1285]

Akt staatlicher Informations- und Datenerhebung, -speicherung, -übermittlung sowie -verarbeitung einen Eingriff in das informationelle Selbstbestimmungsrecht dar.

1279 BVerfGE 78, 77, 84.

1280 Siehe § 11 GwG.

1281 Siehe § 8 GwG.

1282 BVerfGE 119, 123, 126; *Jarass* in Jarass/Pieroth, GG, Art. 2 Rn. 47; *Di Fabio* in Maunz/Dürig, GG, Art. 2 Rn. 173. Zudem ist es anerkannt, dass auch Private zum Datenschutz verpflichtet werden können (mittelbare Drittwirkung). Siehe hierzu näher: Vgl. EuGH, Rs C-101/01, Bodil Lindqvist, Slg.2003, I-12971; *Folz* in Vedder/Heintschel von Heinegg, Europäisches Unionsrecht, Art. 8 GRCh Rn. 3 m. w. N.

1283 BVerfGE 65, 1, 43 f.; *Di Fabio* in Maunz/Dürig, GG, Art. 2 Rn. 179.

1284 *Folz* in Vedder/Heintschel von Heinegg, Europäisches Unionsrecht, Art. 8 GRCh Rn. 9.

1285 *Folz* in Vedder/Heintschel von Heinegg, Europäisches Unionsrecht, Art. 8 GRCh Rn. 9.

In der Vierten EU-Geldwäscherichtlinie ist ersichtlich, dass der europäische Gesetzgeber die Bedeutung des Datenschutzes hervorhebt. Demnach werden beispielsweise in dem 43. und 44. Erwägungsgrund Bestimmungen über personenbezogene Daten festgelegt. Insbesondere wird die Löschungsdauer genau vorgegeben.[1286] Auch der Zugang der betroffenen Person zu Informationen im Zusammenhang mit Verdachtsmeldungen wird im 46. Erwägungsgrund erweitert.[1287]

(3) Verhältnismäßigkeit der Verdachtsmeldung

Für einen Eingriff ist nach Art. 8 Abs. 2 Satz 1 GRCh eine gesetzliche, legitime Grundlage notwendige Voraussetzung.[1288] Damit der Anwender sein Verhalten darauf einrichten kann, müssen aus dieser gesetzlichen Grundla-

---

1286 Im 43. Erwägungsgrund heißt es: „Personenbezogene Daten sollten von den Verpflichteten nur in dem Umfang erhoben und weiterverarbeitet werden, wie dies zur Erfüllung der Anforderungen dieser Richtlinie notwendig ist, und personenbezogene Daten sollten nicht in einer Weise weiterverarbeitet werden, die nicht mit diesem Zweck vereinbar ist. Insbesondere die Weiterverarbeitung personenbezogener Daten zu gewerblichen Zwecken sollte streng untersagt sein.“. Im 44. Erwägungsgrund geht es um die Lösungsdauer: „Um unterschiedliche Vorgehensweisen zu vermeiden, die Auflagen für den Schutz personenbezogener Daten zu erfüllen und Rechtssicherheit zu gewährleisten, sollte die Aufbewahrungsfrist auf fünf Jahre ab dem Ende einer Geschäftsbeziehung oder nach einer gelegentlichen Transaktion festgesetzt werden. Wenn dies für die Zwecke der Prävention, Aufdeckung oder Untersuchung von Geldwäsche und Terrorismusfinanzierung erforderlich ist, sollten die Mitgliedstaaten jedoch nach einer Bewertung der Erforderlichkeit und Verhältnismäßigkeit eine längere Aufbewahrung für einen Zeitraum von maximal fünf weiteren Jahren gestatten oder vorschreiben können“.

1287 46. Erwägungsgrund bestimmt: „Die Zugangsrechte der betroffenen Person gelten für personenbezogene Daten, die für die Zwecke dieser Richtlinie verarbeitet werden. Der Zugang der betroffenen Person zu Informationen im Zusammenhang mit Verdachtsmeldungen würde hingegen die Wirksamkeit der Bekämpfung von Geldwäsche und Terrorismusfinanzierung erheblich beeinträchtigen. Aus diesem Grund können Ausnahmen und Beschränkungen dieses Rechts gemäß Artikel 13 der Richtlinie 95/46/EG und gegebenenfalls Artikel 20 der Verordnung (EG) Nr. 45/2001 gerechtfertigt sein. Die betroffene Person hat das Recht zu verlangen, dass die Stelle nach Artikel 28 der Richtlinie 95/46/EG oder gegebenenfalls der Europäische Datenschutzbeauftragte die Rechtmäßigkeit der Verarbeitung überprüft, sowie das Recht, einen Rechtsbehelf gemäß Artikel 22 der Richtlinie 95/46/EG einzulegen. Die Kontrollstelle nach Artikel 28 der Richtlinie 95/46/EG kann auch von Amts wegen tätig werden. Unbeschadet der Einschränkungen des Zugangsrechts sollte die Kontrollstelle der betroffenen Person mitteilen können, dass alle erforderlichen Überprüfungen durch die Kontrollstelle erfolgt sind und zu welchen Ergebnissen sie hinsichtlich der Rechtmäßigkeit der betreffenden Verarbeitung gelangt ist.“

1288 Hierbei handelt es sich um eine Konkretisierung des allgemeinen Gesetzesvorbehaltest nach Art. 52 Abs. 1 Satz 1 GRCh. Siehe auch Kingreen in Calliess/Ruffert, EUV/AEUV, EU-GRCh, Art. 8 Rn. 14.

ge klare und präzise Regeln erkennbar werden, die die Tragweite und die Anwendung der Maßnahme vorsehen.[1289] Die Datenverarbeitung muss weiterhin nach Art. 52 Abs. 1 Satz 2 GRCh den Wesensgehalt des Grundrechts achten, einen legitimen Zweck verfolgen und verhältnismäßig sein.[1290] Bei der Prüfung der Verhältnismäßigkeit sind der betroffene Bereich, das Wesen des fraglichen durch die Charta gewährleisteten Rechts, Art und Schwere des Eingriffs und dessen Zweck untereinander abzuwägen.[1291]

Für den Schutz von personenbezogenen Daten lassen sich auf der deutschen und europäischen Ebene hohe Maßstäbe an die Verhältnismäßigkeit, an die Ermächtigungsgrundlage sowie an ihre Anwendung erkennen.[1292] Das Bundesverfassungsgericht verlangt, dass Einschränkungen des Rechts auf informelle Selbstbestimmung nur hinzunehmen sind, wenn ein überwiegendes Allgemeininteresse besteht und die Einschränkung nicht weiter geht, als sie zum Schutz des öffentlichen Interesses unerlässlich ist.[1293]

Mit der Verdachtsmeldung wird der Zweck verfolgt, die Geldwäsche und Terrorismusfinanzierung zu verhindern. Zudem sollen mögliche Fälle der Geldwäsche und Terrorismusfinanzierung aufgedeckt werden. Dem steht das Schutzrecht des betroffenen Bankkunden an seinen Daten gegenüber. Ebenso wie bei der Unternehmerischen Freiheit erscheint die Verdachtsmeldung zumindest geeignet und erforderlich.

Allerdings ist fragwürdig, ob die Verdachtsmeldung im Zusammenhang mit dem Schutz von personenbezogenen Daten noch angemessen ist. Im Rahmen der Prüfung ist zu beachten, dass die Anforderungen an den verfolgten Zweck umso höher sein müssen, je tiefer die Daten Auskunft über den privaten Bereich des Betroffenen geben und je intensiver die Daten benutzt werden.[1294] Bei den Kontodaten handelt es sich um höchst empfindliche Daten, denn es kann auf die gesamten Lebensumstände, Gewohnheiten bis hin zu möglichen Krankheiten geschlossen werden.[1295] Weiterhin kann es dazu kommen, dass aufgrund der Stillhaltepflicht nach § 46 GwG Transakti-

---

1289 EuGH, C-293/12 – Digital Rights, 8.4.2014 Rn. 54; C-362/14 – Schrems, 6.10.2015 Rn. 91; EuGH, C-465/00 – Österr. Rundfunk, Slg.2003, I-4989 Rn. 77; GA Kokott, C-275/06, Slg.2008, I-271 Nr. 53. Ebenso im deutschen Recht, vgl. BVerfGE 65, 1, 43.

1290 EuGH, Rs. C–293/12 und 594/12, ECLI:EU:C:2014:238, Rn. 38 ff. (Digital Rights Ireland); Kingreen in Calliess/Ruffert, EUV/AEUV, EU-GRCh, Art. 8 Rn. 14.

1291 EuGH, Rs. C–293/12 und 594/12, ECLI:EU:C:2014:238, Rn. 47 (Digital Rights Ireland); Kingreen in Calliess/Ruffert, EUV/AEUV, EU-GRCh, Art. 8 Rn. 17.

1292 *Di Fabio* in Maunz/Dürig, GG, Art. 2 Rn. 181.

1293 BVerfGE 65, 1, 44; 67, 100, 143; 78, 77, 85; 84, 239, 279 f.; 85, 219, 224; BVerwG, Urt. v. 20. 2. 1990, JZ 1991, 471, 473; *Di Fabio* in Maunz/Dürig, GG, Art. 2 Rn. 181 m. w. N.

1294 *Di Fabio* in Maunz/Dürig, GG, Art. 2 Rn. 181.

1295 Vgl. Werner, S. 96.

onen über mehrere Tage nicht mehr für die Bankkunden ausgeführt werden. Ebenso kann es auch dazu kommen, dass Bankkunden von ihren Kreditinstituten gekündigt werden, obwohl es an jeglichem strafrechtlichen Verhalten des Bankkunden fehlt.[1296] Dem gegenüber steht das Problem, dass mit der Verdachtsmeldung zwar vornehmlich die Organisierte Kriminalität bekämpft werden soll, aber gegenwärtig viele geringfügige Straftaten oder auch zahlreich strafloses Verhalten erfasst werden.[1297]

Weiterhin sind als Ausprägung der Verhältnismäßigkeit im Zusammenhang mit dem Schutz personenbezogener Daten zwei Grundsätze zu beachten. Erstens besteht der Vorrang der unmittelbaren vor der mittelbaren Datenerhebung sowie zweitens der Vorrang der offenen vor der verdeckten Datenerhebung.[1298] Betrachtet man die Umstände bei der Verdachtsmeldung, dann werden beide Grundsätze nicht erfüllt. Zwar werden die Bankkunden von den Kreditinstituten nach einem Teil ihrer Daten offen gefragt, allerdings finden zahlreiche Überprüfungen im verdeckten statt. Insbesondere von einer Verdachtsmeldung soll der Bankkunde nichts erfahren.[1299] Es erscheint fraglich, ob den meisten Bankkunden dabei bewusst ist, dass die Daten zur Auswertung von möglichen Verdachtsfällen wegen Geldwäsche oder Terrorismusfinanzierung überprüft und genutzt werden. Vielmehr werden die Bankkunden davon ausgehen, dass die Kreditinstitute die Daten für die gewöhnliche Abwicklung eines Kontos benötigen. Hierbei handelt es sich teilweise um eine unmittelbare Datenerhebung. Bei einem Verdachtsfall müssen aber die Daten von dem Kreditinstitut an die staatlichen Behörden weitergegeben werden. Somit kommt es auch zu einer mittelbaren Datenerhebung. Die staatliche Behörde tritt dem Bankkunden regelmäßig erst dann gegenüber, wenn ein strafrechtliches Verfahren bereits eingeleitet worden ist. Bis dahin wird der Bankkunde oft nicht wissen, dass gegen ihn eine Meldung bei einer Behörde abgegeben und Ermittlungen aufgenommen wurden. Für die Kreditinstitute besteht ein umfassendes Verbot der Informationsweitergabe nach § 47 GwG.[1300]

1296 Siehe hierzu näher Abbruch der Geschäftsbeziehung, S. 221.

1297 Aus den FIU-Jahresberichten wird deutlich, dass nur bei 2 % der Rückmeldungen der Strafverfolgungsbehörden ein Zusammenhang mit Geldwäsche besteht. Vgl. FIU-Jahresbericht 2018, S. 18. Siehe umfangreich zu diesem Problemkreis bei der Bedeutung der Verdachtsmeldung im Allgemeinen, S. 44 sowie schon im Rahmen der Rechtfertigung der Unternehmerischen Freiheit der Kreditinstitute, S. 218. Siehe auch EuGH, Rs. C-817/19 vom 21.6.2022, Rn. 148.

1298 *Kingreen* in Calliess/Ruffert, EUV/AEUV, EU-GRCh, Art. 8 Rn. 17.

1299 Hierbei handelt es sich beispielsweise um PEP-Prüfungen von speziellen Datenbankanbietern sowie um die Prüfung nach Hinweisen auf negative Berichterstattung (sog. Adverse Media).

1300 Siehe zum Verbot der Informationsweitergabe nach § 47 GwG, S. 192.

Liegen heimliche Überwachungsmaßnahmen vor, dann sollen diese nach dem Bundesverfassungsgericht nur möglich sein, wenn sie sich auf den Schutz oder die Bewehrung hinreichend gewichtiger Rechtsgüter begrenzen.[1301] Dabei bereitet die Verdachtsmeldung nach dem Geldwäschegesetz durch ihre Komplexität besondere Probleme. Aufgrund der Doppelnatur der Verdachtsmeldung ist grundsätzlich zwischen der präventiven und repressiven Schutzrichtung zu unterscheiden.[1302] Betrachtet man die Verdachtsmeldung als repressive Maßnahme, dann sollte es auf das Gewicht der verfolgten Straftaten ankommen, welche bei heimlichen Eingriffen entweder erhebliche, schwere oder besonders schwere Straftaten sein müssen.[1303] Sieht man die Verdachtsmeldung aus Sicht einer präventiven Maßnahme, ist hingegen unmittelbar auf das Gewicht des zu schützenden Rechtsgutes abzustellen. Liegt eine tief in das Privatleben hineinreichende Maßnahme vor, dann muss es sich um besonders gewichtige Rechtsgüter (z. B. Leib oder Leben einer Person sowie den Bestand oder die Sicherheit des Landes) handeln.[1304] Für die Verdachtsmeldung ergeben sich die schon oben erwähnten Probleme. Mit dem Bezug zum Straftatbestand der Geldwäsche liegt ein breites Spektrum vor, wo durchaus schwere aber eben auch geringfügige Straftaten verfolgt werden können. Auch Meldungen ohne jegliche strafrechtliche Relevanz sind möglich. Es hat sich gezeigt, dass aus den statistischen Auswertungen der abgegebenen Verdachtsmeldungen kaum ersichtlich wird, ob und welche schwerwiegenden Straftaten damit verfolgt werden. Mit Bezug auf die präventive Seite lässt sich ebenso das Problem feststellen, dass die zu schützenden Rechtsgüter besonders gewichtig sein können (Sicherheit des Landes bei der Terrorismusfinanzierung oder Leib und Leben von Personen bei der Geldwäsche), allerdings werden auch weniger gewichtige Rechtsgüter einbezogen. Dagegen stehen die umfassende Erhebung und Weiterleitung der Daten zahlreicher Bankkunden, welche auf höchst private Informationen schließen lassen können. Nach dem FIU-Jahresbericht 2021 wurden insgesamt 298.507 Verdachtsmeldung von den Verpflichteten gemeldet.[1305] Auch nach einer Verdachtsmeldung kann es zu empfindlichen Folgewirkungen für die Bankkunden kommen, wenn Transaktionen verspätet ausgeführt werden und sie gegebenenfalls wegen ungeklärten Auffälligkeiten von ihrer Bank gekündigt werden.

1301 BVerfGE 141, 220.

1302 Siehe zur grundsätzlichen Abgrenzung zwischen der präventiven und repressiven Übermachungsmaßnahmen *Graulich* in Lisken/Denninger, Handbuch des Polizeirechts, Abschnitt E, Rn. 697.

1303 BVerfGE 141, 220.

1304 BVerfGE 141, 220.

1305 FIU-Jahresbericht 2021, S. 17 ff.

Zur besseren Bestimmung der Verhältnismäßigkeitsprüfung können auf der deutschen Ebene auch die Erwägungen des Bundesverfassungsgerichts über die Rasterfahndung herangezogen werden.[1306] Unter dem Begriff versteht man den maschinell-automatisierten Datenabgleich zwischen bestimmten auf einen Täter vermutlich zutreffenden Prüfungsmerkmalen (z.B. Geschlecht, Alter, Wohnort).[1307] Die präventive polizeiliche Rasterfahndung ist nur zulässig, wenn eine konkrete Gefahr von hochrangigen Rechtsgütern vorliegt.[1308] Eine allgemeine Bedrohungslage ist nicht ausreichend, vielmehr müssen weitere Tatsachen vorliegen, die eine konkrete Gefahr vermuten lassen.[1309] Wesentlich ist weiterhin, dass die ausschlaggebenden Suchkriterien genügend bestimmt werden.[1310] Die Konkretisierung der Kriterien unterliegt einer besonderen Prüfung im Rahmen der Verhältnismäßigkeit, da in die informelle Selbstbestimmung von Nichtstörern eingegriffen wird. Eine unzureichende Konkretisierung wird als unverhältnismäßig gesehen, da der Zweck schonender erreicht werden könnte.[1311]

Übertragen auf die Verdachtsmeldung werden die Voraussetzungen schon für eine konkrete Gefahr regelmäßig fraglich erscheinen. Vergleicht man die Grundsätze der Verdachtsmeldung mit den polizeirechtlichen Gefahrenbegriffen und Wertungen, dann werden sich die Umstände regelmäßig eher mit einem „Gefahrenverdacht" überschneiden. Danach dürfen aber nur abgeschwächte Vorsichtsmaßnahmen durchgeführt werden und keine erheblichen Eingriffe in die Grundrechte stattfinden.[1312]

Weiterhin ergibt sich aus den aufgestellten Grundsätzen, dass ausreichende Kriterien vorgegeben werden, die bei der Prüfung eines Verdachtsfalles berücksichtig werden sollten. Konkrete Vorgaben lassen sich bisher in den Veröffentlichungen der zuständigen Aufsichtsbehörden finden, welche bei genauerer Betrachtung teilweise Unklarheiten aufweisen oder wiederum auf weitere Anhaltspunktpapiere verweisen, die nicht abschließend aufgezählt werden. Unter Betrachtung der Grundsätze besteht bei der Verdachtsmeldung die Gefahr, dass es somit zu einer staatlichen Datenübermacht kommt, die es gerade wegen des Schutzes der personenbezogenen Daten zu verhin-

---

1306 Siehe auch einen Überblick zur Rasterfahndnung bei *Graulich* in Lisken/Denninger, Handbuch des Polizeirechts, Abschnitt E, Rn. 758.

1307 *Hofmann* in Schmidt-Bleibtreu/Hofmann/Henneke, GG, Art. 1 Rn. 61 ff.

1308 BVerfGE 115, 320, 368.

1309 BVerfGE 115, 320, 368.

1310 BVerfGE 63, 1, 43.

1311 BVerfGE 63, 1, 43. Daneben werden noch weitere verfassungsrechtliche Problem diskutiert, wie dass eine nähere Bestimmung auch immer mit einer Diskriminierung einhergehen kann (z.B. Staatsangehörigkeit bestimmter Länder). Siehe hierzu *Hofmann* in Schmidt-Bleibtreu/Hofmann/Henneke, GG, Art. 1 Rn. 61 ff.

1312 Siehe zum Überblick der Eingriffsmöglichkeiten und deren rechtliche Begründungen im Polizei- und Ordnungsrecht Schenke, Polizei- und Ordnungsrecht, Rn. 86 ff.

dern gilt. Auch ein Vergleich mit anderen Meldepflichten zeigt, dass die Verdachtsmeldung nach § 43 Abs. 1 GwG sehr weit geht, da umfangreich die Daten des Bankkunden schon bei geringen Auffälligkeiten mitgeteilt werden sollen. Zwar kann noch in Erwägung gezogen werden, dass die FIU nur unter den Voraussetzungen des § 32 GwG die Daten an weitere zuständige staatliche Stellen weiterleiten muss. Allerdings verlangt die Datenübermittlungspflicht nach § 32 Abs. 2 GwG bereits, dass wenn die FIU bei der operativen Analyse feststellt, dass ein Vermögensgegenstand mit Geldwäsche, mit Terrorismusfinanzierung oder mit einer sonstigen Straftat im Zusammenhang steht, sie das Ergebnis ihrer Analyse sowie alle sachdienlichen Informationen unverzüglich an die zuständigen Strafverfolgungsbehörden übermitteln muss. Im Vergleich wird im Energiewirtschaftsrecht ein abgrenzbarer Bereich von Straftaten festgelegt.[1313]

Damit das Recht auf personenbezogene Daten ausreichend beachtet wird, müssen die Einschränkungen durch die Datenverarbeitungen auf das absolut Notwendige beschränkt werden („Datenminimierung").[1314] In Anbetracht der weitgehenden und unklaren Voraussetzungen der Verdachtsmeldung und den damit verbundenen deutlichen Anstieg der Verdachtsmeldung (im Jahr 2011: 12.868 Verdachtsmeldungen; im Jahr 2016: 40.690 Verdachtsmeldung; im Jahr 2018: 77.252 Verdachtsmeldungen; im Jahr 2021: 298.507 Verdachtsmeldungen)[1315] erscheint eine Beschränkung auf das absolut Notwendige fraglich. Insbesondere erscheint problematisch, dass nicht ausreichend ein strafrechtlicher Erfolg der Verdachtsmeldung ersichtlich wird. Zumindest kann aus dem FIU-Jahresbericht von 2018 entnommen werden, dass nur bei 58 % der Verdachtsmeldungen bereits mögliche Anhaltspunkte im Zusammenhang mit Geldwäsche, Terrorismusfinanzierung oder sonstigen Straftaten von der FIU festgestellt und an die zuständigen Behörden weitergeleitet wurden.[1316] Die Strafverfolgungsbehörden haben nach dem FIU-Jahresbericht für den gleichen Zeitraum nur insgesamt 275 Verfahren mit einem strafrechtlichen Bezug (Urteile, Strafbefehle und Anklageschriften) gemeldet.[1317]

1313 Siehe näher *§ 68a* EnWG sowie *Turiaux* in Kment, Energiewirtschaftsgesetz, § 68a Rn. 3.

1314 EuGH, C-92/09 – Schecke, 9.11.2010, Rn. 77; vgl. Vgl. Art. 5 I c DS-GVO.

1315 FIU-Jahresbericht 2016, S. 4 und 17; FIU-Jahresbericht 2018, S. 14; FIU-Jahresbericht 2021, S. 17 ff.

1316 FIU-Jahresbericht 2018, S. 17.

1317 FIU-Jahresbericht 2018, S. 18.

(4) Auskunftspflicht- und Löschungspflicht als verfahrensrechtliche Schutzvorkehrung

Im Zusammenhang mit dem Schutz auf personenbezogene Daten wird stets die Einhaltung von verfahrensrechtlichen Schutzvorkehrungen hervorgehoben, die sich insbesondere in Aufklärungs-, Auskunfts- und Löschungspflichten wiederfinden soll.[1318] Der Gesetzgeber soll schon durch verfahrensbezogene Regelungen im Interesse eines vorgezogenen Rechtsschutzes für Transparenz sorgen. Diese gilt, je undurchsichtiger der Speicherungs- und Verwendungsvorgang ist.[1319]

Diese Grundsätze werden vom Gesetzgeber im Geldwäschegesetz teilweise erfüllt. Schon aus der Vierten EU-Geldwäscherichtlinie ergeben sich konkrete Vorgaben, wann die Daten der Bankkunden gelöscht werden müssen. Der deutsche Gesetzgeber hat dies im § 8 Abs. 4 GwG umgesetzt, wonach die Aufzeichnungen und sonstige Belege der Kunden fünf Jahre aufzubewahren sind und danach unverzüglich vernichtet werden müssen. Nach dem Gesetz zur Umsetzung der Fünften EU-Geldwäscherichtlinie wurde noch eine weitere Frist eingefügt. Demnach sind Aufzeichnungen und sonstige Belege fünf Jahre aufzubewahren und spätestens nach Ablauf von zehn Jahren zu vernichten.[1320] Diese Umstände gelten auch für Bewertungsergebnisse eines Sachverhalts hinsichtlich der Meldepflicht nach § 43 Abs. 1 GwG, wobei die Erwägungsgründe und eine nachvollziehbare Begründung bis zu den genannten Fristen aufgezeichnet und aufbewahrt werden müssen. Aufgrund der gesetzlichen Löschungspflicht wird zumindest im Kern dem Recht auf Löschung („Recht auf Vergessenwerden“) nach Art. 17 DS-GVO entsprochen. Problematisch erscheinen aber Fälle, bei denen Daten „unrechtmäßig“ durch eine unbegründete Verdachtsmeldung erhoben und den Behörden übermittelt werden. Dabei sind nicht nur die zahlreichen Verdachtsmeldungen bei den Verpflichteten, ohne jeglichen Straftatenbezug fragwürdig. Denn oft liegt es in der Natur eines Verdachtes, dass auch

---

1318 BVerfGE 65, 1, 46; BVerfG, NJW 2001, 879, 881; *Di Fabio* in Maunz/Dürig, GG, Art. 2 Rn. 178.

1319 BVerfGE 65, 1, 45, 60; *Di Fabio* in Maunz/Dürig, GG, Art. 2 Rn. 185.

1320 Siehe § 8 Abs. 4 GwG n. F. Die Erweiterung auf die zehn Jahr war dem geschuldet, dass die von den Verpflichteten aufzubewahrenden Aufzeichnungen und Belege teilweise unterschiedlichen Aufbewahrungsfristen zwischen fünf und zehn Jahren nach dem Geldwäschegesetz, der Abgabenordnung (AO) und dem Handelsgesetzbuch (HGB) unterliegen. Beispielsweise sind Zahlungsbelege und Kontoeröffnungsunterlagen nach dem HGB mindestens zehn Jahre aufzubewahren, wenn die Unterlagen zugleich Buchungsbelege sind. Durch soll nach dem Gesetzgeber die Flexibilisierung der Aufbewahrungsfrist auf einen Zeitraum zwischen mindestens 5 und höchstens 10 Jahren wird die Aufbewahrung in der Praxis erleichtert werden. Dies soll auch in Einklang mit den Anforderungen von Art. 1 Nr. 25 der Fünften EU-Geldwäscherichtlinie nicht entgegenstehen (siehe näher BT-Drs. 352/19, S. 82).

immer ein Irrtum einbezogen ist. Besonders problematisch ist die Situation, wenn die zuständigen Behörden den Verdachtsfall prüfen und keinerlei Rückmeldungen an die Verpflichteten im Einzelfall stattfindet. Aufgrund der fehlenden Informationen werden Verdachtsfälle bei den Kreditinstituten auch nach einer Verdachtsmeldung gleich behandelt, unabhängig davon ob eine strafrechtliche Relevanz besteht oder nicht.

Weiterhin ergeben sich aus dem § 49 GwG im Rahmen einer Verdachtsmeldung Auskunftsrechte für Betroffene. Zu den Betroffenen gehören alle Personen, die an einem nach § 43 GwG gemeldeten Sachverhalt unmittelbar beteiligt sind (z. B. Vertragspartner wie Bankkunde, Begünstigter einer Transaktion).[1321] Die FIU kann dem Betroffenen auf Anfrage Auskunft über die zu ihm vorliegenden Informationen geben, wenn dadurch der Analysezweck nicht beeinträchtigt wird. Es wird zwischen einem noch nicht abgeschlossenen Sachverhalt (§ 49 Abs. 1 GwG) sowie einem abgeschlossenen Sachverhalt (§ 49 Abs. 2 GwG) unterschieden. Sobald die Daten an die Strafverfolgungsbehörde übermittelt wurden, ist die FIU nicht mehr befugt, dem Betroffenen Auskunft zu geben (§ 49 Abs. 3 GwG). Damit werden zwar notwendige Auskunftsmöglichkeiten der gemeldeten Person durch den Gesetzgeber geregelt. Es erscheint jedoch fraglich, wann der Bankkunde in der Praxis eine solche Auskunft erfragen würde. Zumindest ist nicht zu erwarten, dass das Kreditinstitut den Bankkunden darauf hinweist, da nach § 47 GwG ein weitgehendes Verbot der Informationsweitergabe besteht.

(5) Auswirkung für den Bankkunden nach einer Verdachtsmeldung

Besonders hervorzuheben sind jedoch die Auswirkungen für den Bankkunden, welche sich nach einer Verdachtsmeldung ergeben können. Diese können teilweise erheblich sein, selbst wenn der Verdacht unbegründet war oder zu keinem Strafverfahren geführt hat.

Ein Bankkunde, der wegen einer Verdachtsmeldung aufgefallen ist, wird bei einer weitergehenden Kundenbeziehung von dem Kreditinstitut in der Praxis regelmäßig einer erhöhten Risikogruppe zugeordnet. Dies wird ausdrücklich von der BaFin in ihren Auslegungs- und Anwendungshinweisen gefordert, wonach in einem solchem Fall die verstärkten Sorgfaltspflichten für mindestens drei Monate erfüllt werden müssen.[1322] Dabei ist zu berücksichtigen, dass schon aufgrund des erhöhten Risikos die Kosten bei der Betreuung des Kunden ansteigen. Bei dem Kreditinstitut wird ein Interesse bestehen, sich von dem betroffenen Bankkunden zu trennen. Dabei werden gegebenenfalls die Kostengründe bei der Entscheidung für das Kreditinstitut nachrangig sein. Insbesondere wird sich ein Kreditinstitut wegen eines möglichen Re-

1321 *Burger/Frostmann/Kurtz* in Zentes/Glaab, GwG, § 49 Rn. 9.
1322 BaFin, Auslegungs- und Anwendungshinweise, S. 78 f.

putationsverlustes im Zusammenhang mit Geldwäsche von dem Kunden trennen wollen. Es wurde bereits untersucht, dass es den Kreditinstituten möglich ist, einen Bankkunden nach der Abgabe einer Verdachtsmeldung auch außerordentlich zu kündigen.[1323] Dabei ist es unerheblich, ob sich der Verdacht als begründet oder nicht begründet herausstellt. Regelmäßig werden die Kreditinstitute nicht von der FIU oder den Strafverfolgungsbehörden *über eine strafrechtliche* Relevanz des Einzelfalls informiert.[1324] Dieser Umstand führt zu einem erheblichen Konfliktpotential und ist insbesondere angesichts des kaum einschätzbaren wirklichen Erfolgs der Verdachtsmeldung bedenklich.

Die Folge, dem Kunden sein Bankkonto zu kündigen, ist dabei besonders empfindlich. Bei dem Bankkonto handelt es sich heutzutage um ein wesentliches Element am gesellschaftlichen Leben teilzunehmen, sei es eine Wohnung anzumieten oder den Lohn von seinem Arbeitgeber zu empfangen.[1325] Diese Auswirkungen auf den Bankkunden erscheinen auch mit dem Grundgedanken der Unschuldsvermutung nach Art. 48 GRCh kaum noch vereinbar zu sein. Nach dem Grundsatz der Unschuldsvermutung ist es verboten, dass ein Angeklagter oder Beschuldigter vor einer rechtskräftig festgestellten Entscheidung so zu behandeln oder zu bezeichnen ist, als sei er schuldig.[1326]

Auch im Zusammenhang mit der Unschuldsvermutung entstehen durch die komplexen Rechtsnatur der Verdachtsmeldung mit einer präventiven sowie repressiven Zweckrichtung wieder Unklarheiten. Betrachtet man die Verdachtsmeldung als präventives Instrument mit einem Bezug zum Gewerberecht, dann erscheint schon fraglich, ob die strafrechtlichen Schutzrechte gelten.[1327] Denn es ist anerkannt, dass im Gewerberecht die Unschuldsvermutung keine Anwendung findet. Dies wird damit begründet, dass es sich um eine ordnungsrechtliche Entscheidung über die künftige Zuverlässigkeit

---

1323 Siehe hierzu Abbruch der Geschäftsbeziehung, S. 231.

1324 Aus dem FIU-Jahresbericht 2021 lässt sich entnehmen, dass Rückmeldeberichte für alle Verpflichteten einheitlich auf einen vierteljährlichen Turnus durchgeführt werden. Im Einzelfall soll zudem losgelöst von den festgelegten Berichtsintervallen individuell und adressatenorientiert bilaterale Gespräche mit den Verpflichteten stattfinden. Siehe hierzu näher Anhaltspunkte aus der Rückmeldung, S. 185.

1325 Siehe zum Thema über die Pflicht zur Einräumung eines Bankkontos, *Grundmann* in Ebenroth/Boujong/Joost/Strohn, Handelsgesetzbuch, Bd. II Rn. I 220.

1326 *Blanke* in Calliess/Ruffert, EUV/AEUV, EU-GRCh, Art. 48 Rn. 4. Weitere wesentliche Grundlagen sind im Art. 6 Abs. 2 EMRK kodifiziert (siehe *Jarass* in Jarass/Pieroth, GG, Art. 20 Rn. 150). ie Grundlagen auf der deutschen Verfassungsebene hierfür ergeben sich aus dem Rechtsstaatsprinzip nach Art. 20 Abs. 3 und Art. 28 Abs. 1 Satz 1 GG (siehe *Lohse/Jakobs* in Karlsruher Kommentar zur Strafprozessordnung, MRK Art. 6 Rn. 69; BVerfGE 19, 342, 347).

1327 Näher zu der Begründung der Gewerblichkeit, S. 125.

des Betroffenen handelt und die Gefahrenabwehr im Vordergrund steht. Damit wird gerade keine strafrechtliche Ahndung von bereits begangenem Unrecht vorgenommen.[1328] Auf die Verdachtsmeldung trifft dies allerdings nur teilweise zu, denn es soll im Wesentlichen nicht das zukünftige Verhalten des Bankkunden beurteilt werden, sondern Auffälligkeiten der Vergangenheit. Daher erscheint eine Anwendung auf das Gewerberecht nicht passend.[1329] Allerdings ist die Anwendung der Unschuldsvermutung auch aus einer strafrechtlichen Perspektive fraglich, da bei diesem Grundrecht keine Drittwirkung für Private besteht.[1330] Ein mittelbarer Grundrechtsschutz wird grundsätzlich abgelehnt, da der Betroffene gegen Schuldzuweisungen zivil- und strafrechtlich vorgehen kann.[1331] Bei der Verdachtsmeldung handelt das Kreditinstitut als Privater, auch wenn es durch das Gesetz in Anspruch genommen wird.[1332]

Dieses Ergebnis erscheint jedoch bei näherer Betrachtung unbefriedigend. Dass die Gefahr besteht, dass ein Kreditinstitut einen Bankkunden kündigen würde, kann auch auf unzureichende Vorgaben oder teilweise auf das Unterlassen oder Handeln der zuständigen Behörden zurückgeführt werden. Mögliche Kündigungen könnten in der Praxis verhindert werden, wenn die zuständigen Behörden (z. B. FIU, Strafverfolgungsbehörden) die Kreditinstitute nach der Abgabe einer Verdachtsmeldung über eine strafrechtliche Relevanz im Einzelfall informieren würden. Zwar hat der Gesetzgeber bereits die Möglichkeit für eine Auskunft im § 41 Abs. 2 GwG statuiert. Allerdings scheinen in der Praxis kaum Rückmeldungen für konkrete Einzelfälle stattzufinden.[1333] Zudem lässt sich aus § 41 Abs. 2 GwG auch kein rechtlicher Auskunftsanspruch ableiten.[1334] Weiterhin fehlt es aber an einer klaren Regelung, wie sich Kreditinstitute nach einer Verdachtsmeldung verhalten sollen. Dies erscheint insbesondere deswegen wünschenswert, da bei ei-

1328 OVG Lüneburg, Entscheidung vom 16.09.1997 – 7 L 4348/97; VGH München, Beschluss vom 14.11.2008 – 22 ZB 07.38; *Brüning* in BeckOK GewO, 57. Edition, § 35 Rn. 23e.

1329 Siehe auch schon kritisch zur Unschuldsvermutung bei der Verdachtsmeldung Degen, S. 162 f.

1330 Vgl. Brunhöber, GA 2010, 571, 579.

1331 *Blanke* in Calliess/Ruffert, EUV/AEUV, EU-GRCh, Art. 48 Rn. 4.

1332 Siehe zu dem Problem die Pflicht zur Verdachtsmeldung als Indienstnahme von Privaten, S. 81.

1333 Nach dem aktuellen FIU-Jahresbericht sollen Berichte für alle Verpflichteten einheitlich auf einen vierteljährlichen Turnus stattfinden. Allerdings weist die FIU darauf hin, dass zur Qualität eingereichter Meldungen zudem nun losgelöst von den festgelegten Berichtsintervallen individuell und adressatenorientiert, vorzugsweise im bilateralen Gespräch, eine Rückmeldung erfolgen soll (siehe FIU-Jahresbericht 2021, S. 72).

1334 Siehe hierzu die rechtlichen Vorgaben bei der Rückmeldung zur Verdachtsmeldung, S. 185.

nem großen Anteil der Verdachtsmeldung nicht unmittelbar ein Bezug zur Geldwäsche, Terrorismusfinanzierung oder sonstigen Straftaten festgestellt wird.[1335] Wenn schon aufgrund geringer Anhaltspunkte oder Auffälligkeiten eine Verdachtsmeldung stattfinden muss, dann wäre es unverhältnismäßig, wenn der dahinterstehende Bankkunde mit einem potenziellen Straftäter gleichgesetzt wird. Die Kreditinstitute werden dieses Problem aufgrund der mangelnden Informationslage und Vorgaben sowie insbesondere aus einem Selbstschutz nicht lösen können.

Zusammenfassend erscheinen genaue Vorgaben des Gesetzgebers oder aber verbindliche Vorgaben der zuständigen Behörden notwendig. Demnach ist es anerkannt, dass bei der Kooperation zwischen Strafverfolgungsbehörden und Privaten zu beachten ist, ob wesentliche Verfahrensprinzipien oder Eingriffsvoraussetzungen der Strafprozessordnung durch die Einbeziehung des Dritten verletzt oder bewusst umgangen werden.[1336] Insbesondere ergeben sich darüber hinaus Gründe, dass die Erwägungen der geschützten Unschuldsvermutung im Rahmen des Schutzes der personenbezogenen Daten berücksichtigt werden müssen. Denn durch das Recht auf informelle Selbstbestimmung sollen auch mögliche Fehler im Ergebnis eines Datenverarbeitungsprozesses beseitigt werden können.[1337] Auf der europäischen Ebene legt Art. 8 Abs. 2 Satz 2 GRCh ausdrücklich einen Auskunfts- und Berichtigungsanspruch fest. Dieses Recht kann auch gegenüber Privatpersonen erwirkt werden.[1338]

c) Zwischenergebnis der verfassungsrechtlichen Prüfung

Die verfassungsrechtliche Prüfung der Unternehmerischen Freiheit sowie die Prüfung des Schutzes der personenbezogenen Daten haben ergeben, dass das Meldesystem in der gegenwärtigen Form eine Vielzahl von Problemen aufwirft. Dabei erscheinen die erheblichen Eingriffe durch die Verdachtsmeldung nur dann verhältnismäßig im engeren Sinne zu sein, wenn auch

1335 Im Jahr 2018 wurde von der FIU nur bei 58 % der Verdachtsmeldungen Anhaltspunkte im Zusammenhang mit Geldwäsche, Terrorismusfinanzierung oder sonstigen Straftaten festgestellt (siehe FIU-Jahresbericht 2018, S. 17).

1336 Brunhöber GA 2010, 571, 576.

1337 BVerfGE 65, 1, 42; *Di Fabio* in Maunz/Dürig, GG, Art. 2 Rn. 173 m. w. N.

1338 *Kingreen* in Calliess/Ruffert, EUV/AEUV, EU-GRCh, Art. 8 Rn. 11; Streinz/Michl, EuZW 2011, 384, 385; siehe auch *Di Fabio* in Maunz/Dürig, GG, Art. 2 Rn. 173. Zudem erscheint ein ausreichender Schutz auch vor dem Hintergrund relevant, dass aus dem Recht auf informelle Selbstbestimmung auch ein Recht auf Nichtwissen diskutiert wird. Es wird gefordert, dass in diesen Fällen der Gesetzgeber eine gesetzliche Regelung treffen muss, damit er seinen Schutzpflichten nachkommt. Dabei muss das Persönlichkeitsrecht ausreichend wertsetzend berücksichtigt werden. Siehe weiter Koppernock, Das Grundrecht auf bioethische Selbstbestimmung, 1997, S. 89 ff.; *Di Fabio* in Maunz/Dürig, GG, Art. 2 Rn. 192.

wirklich schwerwiegende Straftaten verfolgt werden. Ob schwerwiegende Straftaten verfolgt werden, lässt sich aus den bestehenden statistischen Daten bisher nur unzureichend beurteilen. Zumindest erscheint es nach der Betrachtung der verfassungsrechtlichen Grundsätze notwendig zu sein, dass die Kreditinstitute ausreichend konkrete, präzise und aktuelle Vorgaben erhalten.[1339] Sie müssen genau wissen, in welchen Fällen sie wie handeln müssen, damit den verfassungsrechtlichen Grundsätzen entsprochen werden kann. Dies führt zielgerichtet auch zu der Frage der Bestimmtheit der Norm. Daher soll sich im Folgenden näher mit den Anforderungen der Bestimmtheit der Norm auseinandergesetzt werden.

3. Besonderheiten beim Bestimmtheitsgrundsatz nach Art. 103 Abs. 2 GG

Aus der bisher vorgenommenen verfassungsrechtlichen Untersuchung der Unternehmerischen Freiheit der Kreditinstitute sowie des Schutzes der personenbezogenen Daten beim Bankkunden ergibt sich, wie wichtig eine genaue rechtliche Vorgabe für den Eingriff durch die Verdachtsmeldung ist. Es wird teilweise ausdrücklich, wie im Schutz der personenbezogenen Daten nach Art. 8 Abs. 2 Satz 1 GRCh klargestellt, dass die gesetzliche Grundlage klare und präzise Regeln erkennen lassen muss.[1340]

Auf der Unionsebene besteht zudem im Art. 49 Abs. 1 GrCH ein Gebot zur Bestimmtheit der Norm. Grundsätzlich sind die Normen an der europäischen Grundrechte-Charta zu messen, sobald es um die Anwendung von Rechtsnormen und die Verhängung von Sanktionen durch Organe der Union geht.[1341] Auch sind Fälle anerkannt, wenn nationale Straf- und Sanktionsvorschriften vorliegen, die zur Umsetzung von Unionsrecht erlassen wurden.[1342] In Bezug auf das Geldwäscherecht lässt sich feststellen, dass eine Sanktionierung bei einem Verstoß gegen die Anforderungen der Verdachtsmeldung gem. Art. 59 Abs. 1 lit. b der Vierten EU-Geldwäscherichtlinie von

---

1339 Vgl. auch EuGH, Rs. C-817/19 vom 21.6.2022, Rdn. 186.

1340 EuGH, C-293/12 – Digital Rights, 8.4.2014 Rn. 54; C-362/14 – Schrems, 6.10.2015 Rn. 91; EuGH, C-465/00 – Österr. Rundfunk, Slg. 2003, I-4989 Rn. 77; GA Kokott, C-275/06, Slg. 2008, I-271 Nr. 53. Ebenso im deutschen Recht, vgl. BVerfGE 65, 1, 43.

1341 Da es der Union an der Kompetenz zum Erlass strafrechtlicher Normen mangelt, hat dies im Wesentlichen nur für die Sanktionierung von Verwaltungsunrecht durch Organe der Union Bedeutung. Siehe weiter *Remmert* in Maunz/Dürig, GG, Art. 103 Abs. 2 Rn. 29. Siehe zu Entscheidungen im Zusammenhang mit dem Bestimmtheitsgrundsatz auf europäischen Ebene *Mayer* in Grabitz/Hilf/Nettesheim, Das Recht der Europäischen Union, Art. 6 EUV Rn. 384 m. w. N.

1342 Jarass, Charta der Grundrechte der EU, Art. 51 Rn. 31; *Pohlreich* in Bonner Kommentar zum Grundgesetz, EGL. 191, Art. 103 Abs. 2 Rn. 5.

den Mitgliedsstaaten vorgeschrieben werden muss. Die Vorgaben wurden vom deutschen Gesetzgeber im § 56 GwG umgesetzt. Somit handelt es sich um Sanktionsvorschriften, die zur Umsetzung von Unionsrecht erlassen wurden. Die Anwendung von Unionsrecht geht dann den nationalen Grundrechten vor, solange es sich um die Durchsetzung des Unionsrechts handelt.[1343] Hiervon werden jedoch Ausnahmen gemacht.

Zunächst wird eine Ausnahme von dem Grundsatz gemacht, wenn die Verfassungsidentität eines Mitgliedstaates berührt ist.[1344] Für die nationale Verfassungsidentität ist der Art. 79 Abs. 3 GG von Bedeutung, wonach im Wesentlichen die Grundprinzipien der Staatsorganisation, Staatsziele, Staatssymbolik, Demokratieprinzip, Menschenwürde, Wesensgehalt der Grundrechte oder Rechtsstaatlichkeit erfasst werden.[1345] Dabei wird für den Bestimmtheitsgrundsatz aus einzelnen Entscheidungen des Bundesverfassungsgerichts sowie im Vergleich zu anderen Entscheidungen von europäischen Mitgliedstaaten erkennbar, dass es sich um eine Konkretisierung des Rechtsstaatsprinzips handelt und damit eine Kernbestimmung des nationalen Verfassungsrechts darstellt.[1346] Nach dieser Überlegung wäre die Beurteilung der Bestimmtheit der Verdachtsmeldung am nationalen Verfassungsmaßstab auszulegen.

Aber auch dann ist die Durchsetzung des Unionsrechts nicht erforderlich, wenn den Mitgliedstaaten ein eigener Gestaltungsspielraum zugestanden wird. Denn werden bei nationalen Maßnahmen zur Durchführung des Rechts der Union deren wesentliche Interessen nicht beeinträchtigt, dann soll es den Mitgliedstaaten überlassen sein, den Grundrechtsschutz auf dem Niveau festzulegen, welches mit der einzelstaatlichen Verfassung als vereinbar angesehen werden kann.[1347] Teilweise kann bei Gestaltungsräumen in den meisten Fällen kaum trennscharf zwischen der Anwendung des Uni-

1343 *Hoppe* in Meyer/Hölscheidt, GRCh, Art. 53 Rn. 35 m. w. N.

1344 *Hoppe* in Meyer/Hölscheidt, GRCh, Art. 53 Rn. 35 m. w. N.

1345 Des Weiteren kommt der Rechtsprechung eine entscheidende Bedeutung zu, da sie den integrationsfesten Bestandteil der nationalen Verfassungsordnungen spezifiziert. Siehe von Bogdandy/Schill in Grabitz/Hilf/Nettesheim, Das Recht der Europäischen Union, 60. Ergänzungslieferung 2016, EUV Art. 4 Rn. 22.

1346 BVerfGE 58, 1, 37; 89, 155, 187 f.; dän. Oberster Gerichtshof, EuGRZ 1999, 49, 50, 52; lett. Verfassungsgericht 2008-35-01 vom 7. 4. 2009, Absatz-Nr. 18.2, http://satv.tiesa.gov.lv; poln. Verfassungsgericht, EuR 2006, 236, 238; tschech. Verfassungsgericht, Pl ÚS 19/08 vom 22. 11. 2008, Absatz-Nr. 135, 186, http://www.concourt.cz; Pl. ÚS 29/09, EuGRZ 2010, 209, 226; von Bogdandy/Schill in Grabitz/Hilf/Nettesheim, Das Recht der Europäischen Union, 60. Ergänzungslieferung 2016, EUV Art. 4 Rn. 28. *Hoppe* in Meyer/Hölscheidt, GRCh, Art. 53 Rn. 35 m. w. N.

1347 *Hoppe* in Meyer/Hölscheidt, GRCh, Art. 53 Rn. 36; Siehe grundsätzlich zur Anwendung und Auslegung der GrCH, Lenaerts, EuR 2012, 3 ff.

onsrechts und des Nationalen Rechts unterschieden werden.[1348] Bei der Umsetzung der Vierten EU-Geldwäscherichtlinie wurde es den Mitgliedstaaten überlassen, wie sie die europäischen Vorgaben der Verdachtsmeldung konkret ausgestalten. Nach Art. 33 Abs. 1 lit. a der Vierten EU-Geldwäscherichtlinie wird in Bezug auf die Verdachtsmeldung lediglich vorgeschrieben, dass die Verpflichteten

> *„die zentrale Meldestelle von sich aus unter anderem mittels einer Meldung umgehend informieren, wenn der Verpflichtete Kenntnis davon erhält oder den Verdacht oder berechtigten Grund zu der Annahme hat, dass Gelder unabhängig vom betreffenden Betrag aus kriminellen Tätigkeiten stammen oder mit Terrorismusfinanzierung in Verbindung stehen".*

Im Art. 59 Abs. 1 lit. b, Abs. 2 der Vierten EU-Geldwäscherichtlinie wird vorgeschrieben, dass bei Verstößen gegen die Vorgaben der Verdachtsmeldung vorgegebene Sanktionen verhängt werden sollen. Im Wesentlichen wird den Mitgliedstaaten aber bei der Verdachtsmeldung insbesondere bei der konkreten Ausgestaltung ein Gestaltungsspielraum eingeräumt.

Somit ergeben sich gewichtige Gründe, dass die Bestimmtheit der Norm am Maßstab des nationalen Verfassungsrechts festzulegen ist. Dabei soll die Verdachtsmeldung am strengen Maßstab des Bestimmtheitsgrundsatzes nach Art. 103 GG, § 3 OWiG zu prüfen sein. Bei § 43 GwG handelt es sich zwar nicht unmittelbar um eine Ordnungswidrigkeit, allerdings verweist die Ordnungswidrigkeitsnorm des § 56 Abs. 1 Nr. 69 GwG auf den Tatbestand des § 43 GwG. Bei einer solchen Blankettvorschrift muss die in Bezug genommene Vorschrift ebenso an dem Bestimmtheitsgrundsatz des Art. 103 Abs. 2 GG gemessen werden.[1349]

1348 Jarass, Charta der Grundrechte der EU, Art. 51 Rn. 26. Teilweise wird Unionsrecht auch dort durchgeführt, wo das Unionsrecht den Mitgliedstaaten Ermessensspielräume einräumt, z. B. im Bereich Asylrecht – siehe näher EuGH, C-411/10 – N. S., Slg.2011, I-13991 Rn. 66 f; Jarass, Charta der Grundrechte der EU, Art. 51 Rn. 26; *Ladenburger/Vondung* in Stern/Sachs, GRCh, Art. 51 Rn. 53.

1349 Siehe dazu *Dannecker* in Leipziger Kommentar StGB, § 1 Rn. 151. Der Bestimmtheitsgrundsatz legt nach Art. 103 Abs. 2 GG fest, dass eine Tat nur bestraft werden kann, wenn die Strafbarkeit gesetzlich bestimmt war, bevor die Tat begangen wurde. Dieser Grundsatz wird nochmal im § 1 StGB und im § 3 OWiG wiederholt.

II. Das Bestimmtheitsproblem der Verdachtsmeldung

Das Bestimmtheitsproblem der Verdachtsmeldung wurde bereits an unterschiedlichen Stellen im Rahmen der vorliegenden Arbeit angesprochen und wird auch von der Literatur kritisiert.[1350] Problematisch erscheinen die vielen offenen und unklaren Tatbestandsmerkmale und Rechtsfolgen. Im Folgenden soll demnach geprüft werden, ob die Norm noch den Anforderungen des Bestimmtheitsgrundsatzes entsprechen kann.

1. Bestimmtheitsproblem wurde schon früh vom Gesetzgeber erkannt

Die Notwendigkeit einer solchen Prüfung erscheint schon deswegen naheliegend, da der Gesetzgeber selbst das Problem der Bestimmtheit frühzeitig festgestellt hat. In einer Gegenäußerung der Bundesregierung zu der Stellungnahme des Bundesrates aus dem Jahr 1992 wurde darauf hingewiesen, dass eine Bußgeldbewehrung bei der Verdachtsmeldung mit dem verfassungsrechtlichen Bestimmtheitsprinzip unvereinbar ist.[1351] Dort heißt es:

> *„Die Pönalisierung eines bestimmten Verhaltens (Unterlassen der Anzeige eines Geldwäscheverdachts) setzt im Hinblick auf das verfassungsrechtliche Bestimmtheitsprinzip voraus, daß die Grenzen des erlaubten Verhaltens für den von der Sanktion Betroffenen klar definiert sind. Der Bereich des rechtswidrigen Verhaltens muß für ihn klar und zuverlässig erkennbar sein. Dies ist bei der Pflicht zur Anzeige eines Geldwäscheverdachts wegen der Schwierigkeit, einen „Verdachtsfall" exakt und verläßlich zu beschreiben, nur bedingt der Fall.*
>
> *Die Fälle, in denen sich ein Geldwäscheverdacht selbst bei zurückhaltender Betrachtungsweise geradezu aufdrängt, dürften im [Ü]brigen zukünftig über den Straftatbestand der Geldwäsche (§ 261 StGB-E) erfaßt werden."*

Mit dieser Begründung hat sich der Gesetzgeber zunächst gegen eine Sanktionierung der Verdachtsmeldung entschieden. Auch in der Literatur wurde es für sinnvoll erachtet, dass die Verdachtsmeldung aufgrund der zahlreichen unwägbaren Risiken und der schweren Erkennbarkeit sanktionslos

---

1350 Vgl. dazu Raue/Roegele, ZRP 2019, 196, 199; Scherp/Friedrich CB 2022, 51, 54; sowie weiter auch BVerfG, Beschl. der 1. Kammer des Ersten Senats vom 19.11.2018 (1 BvR 1335/18); BVerfG, Beschl. der 1. Kammer des Ersten Senats v. 09.11.2022 (BvR 161/21); BVerfG (3. Kammer des Zweiten Senats), Nichtannahmebeschluss vom 07.07.2021 (2 BvR 2200/18).

1351 BT-Drs. 12/2747, S. 5.

bleibt.[1352] Schon *Fülbier* hat in einem Aufsatz aus dem Jahr 1990 hervorgehoben, dass eine Meldepflicht zu einem unvermeidlichen Konflikt mit dem Bestimmtheitsgrundsatz führt. Nach seiner Ansicht bestünden unüberwindbare Schwierigkeiten bei der Erstellung eines Verdachtsrasters.[1353] *Findeisen* hat deutlich gemacht, dass Deutschland im Gegensatz zu anderen Ländern wie Großbritannien, Irland und den Niederlanden, wo die Verletzung der Verdachtsmeldung eine Straftat darstellt, keine Bebußung der Verdachtsmeldung vorsieht. Er begründet dies mit dem bei den Verpflichteten bestehenden Beurteilungsspielraum.[1354]

2. Änderung hin zu einer Ordnungswidrigkeit durch das GwBekErgG

Mit dem GwBekErgG vom 13. August 2008[1355] stellte es plötzlich eine Ordnungswidrigkeit dar, wenn ein Kreditinstitut vorsätzlich oder leichtfertig der Pflicht zur Meldung eines Verdachtsfalls nicht nachkommt. Dies wurde vom Gesetzgeber mit den europäischen Vorgaben aus der Dritten EG-Geldwäscherichtlinie begründet.[1356] Art. 39 Abs. 1 der Dritten EG-Geldwäscherichtlinie verlangte, dass die EU-Mitgliedstaaten sicherstellen müssen, dass Verstöße gegen die auf Grund der Richtlinie erlassenen Vorschriften sanktioniert werden.[1357] Trotz der früheren Bedenken des Gesetzgebers, wurde den Vorgaben der Richtlinie entsprochen und eine Sanktionierung der Verdachtsmeldung wurde in das Geldwäschegesetz aufgenommen. Bemerkenswert ist, dass der Gesetzgeber das verfassungsrechtliche Problem der Bestimmtheit der Norm nicht mehr weiter erörtert hat.

Lediglich in einer späteren Gesetzesänderung im Jahr 2011 wurden wieder grundlegende Bedenken vom Gesetzgeber zum verfassungsrechtlichen Bestimmtheitsgebot geäußert.[1358] Allerdings nicht in Bezug auf die Verdachtsmeldung, sondern im Zusammenhang mit der Sanktionierung bestimmter Sorgfaltspflichten (z.B. die Pflicht zur kontinuierlichen Überwachung). Der Hintergrund der Gesetzesänderung im Jahr 2011 war die Kritik im Deutschlandbericht der FATF aus dem Jahr 2009/2010, wonach die Verletzung von verschiedenen Sorgfaltspflichten nicht bußgeldbewehrt sei. Daraufhin kam

---

1352 Körner/Dach, Geldwäsche, S. 127. Anders hingegen *Ziegler* in Gradowski/Ziegler, Geldwäsche, Geschwinnabschöpfung, S. 100.
1353 Fülbier, WM 1990, 2025, 2028.
1354 Findeisen, wistra 1997, 121, 123.
1355 BGBl. 2008 I, S. 1690.
1356 BT-Drs. 168/08, S. 104 f. Siehe auch: Ackmann/Reder, WM 2009, 200, 209 f.
1357 Die Anforderungen für die Sanktionierung ergeben sich aktuell aus den Art. 58 und 59 der Vierten EU-Geldwäscherichtlinie.
1358 BT-Drs. 17/6804, S. 39.

es zu einer Anpassung des Bußgeldkataloges im Geldwäschegesetz. Allerdings hat sich der Gesetzgeber trotz der Vorgaben der FATF bei bestimmten Sorgfaltspflichten gegen eine Bußgeldbewehrung ausgesprochen, da dies nicht mit dem verfassungsrechtlichen Bestimmtheitsgebot in Einklang gebracht werden könne.[1359] Warum eine Sanktionierung bei dem Verstoß einer Verdachtsmeldung hingegen möglich ist und welche Unterschiede zu den Sorgfaltspflichten im Geldwäschegesetz bestehen, hat der Gesetzgeber offengelassen.

3. Anforderungen an das Bestimmtheitsgebot bei Ordnungswidrigkeiten

Dies führt zu der Frage, welche konkreten Anforderungen an die verfassungsrechtliche Bestimmtheit einer Norm im Ordnungswidrigkeitenrecht gestellt werden müssen. Der Bestimmtheitsgrundsatz ergibt sich aus Art. 103 Abs. 2 GG, wonach eine Tat nur bestraft werden kann, wenn die Strafbarkeit gesetzlich bestimmt war, bevor die Tat begangen wurde.[1360] Eine gesetzliche Ausprägung von diesem Grundsatz für das Ordnungswidrigkeitenrecht befindet sich auch im § 3 OWiG.[1361] Damit erfährt das rechtsstaatliche Gebot der Normklarheit eine besondere Bestätigung und Präzisierung für den Bereich des Straf- und Ordnungswidrigkeitenrechtes.[1362] Der Bestimmtheitsgrundsatz verlangt, dass es dem Gesetzesunterworfenen eindeutig erkennbar sein muss, wann ein verbotenes Verhalten vorliegt.[1363] Allerdings ist es ebenso anerkannt, dass es die Sprache nicht in jedem Fall zulässt, dass ausschließlich eindeutige Begriffe verwendet werden. Daher besteht Konsens, dass die Tatbestandsmerkmale zumindest weitestgehend bestimmt werden

---

1359 BT-Drs. 17/6804, S. 39.

1360 Das Bundesverfassungsgericht wendet Art. 103 Abs. 2 GG in ständiger Rechtsprechung auch auf das Ordnungswidrigkeitenrecht an, siehe BVerfGE 71, 108, 114; 81, 132, 135; 87, 363, 391.

1361 *Rogall* in Karlsruher Kommentar zum OWiG, § 3 Rn. 26. Der Wortlaut von Art. 103 Abs. 2 GG wird inhaltsgleich im § 3 OWiG wiederholt, wonach eine Handlung als Ordnungswidrigkeit nur geahndet werden kann, wenn die Möglichkeit der Ahndung gesetzlich bestimmt war, bevor die Handlung begangen wurde. Siehe weiter *Krenberg/Krumm* in Bohnert/Krenberger/Krumm, OWiG, § 3 Rn. 6.

1362 Betrachtet man die einschlägige Fachliteratur, so lässt sich feststellen, dass die Anforderungen an die Bestimmtheit umfangreich und durchaus kontrovers diskutiert werden. Siehe näher: *Rogall* in Karlsruher Kommentar zum OWiG, § 3 Rn. 26 ff; *Hecker* in Schönke/Schröder, Strafgesetzbuch, § 1 Rn. 16; *Nolte* in v. Mangoldt/Klein/Starck, GG, Bd. III, Art. 103 Rn. 138 ff.

1363 *Schmitz* in Münchener Kommentar zum StGB, Bd. I, § 1 Rn. 42.

müssen. Der Gesetzgeber muss um eine „bestmögliche Präzision“ bemüht sein.[1364]

Zudem kann kein allgemeingültiger Grad an die erforderliche Bestimmtheit gestellt werden. Vielmehr hängt dies von der jeweiligen Regelungsmaterie und von den Umständen des Einzelfalles ab.[1365] Der Gesetzgeber muss Rechtssicherheit und Einzelfallgerechtigkeit in einen verhältnismäßigen Ausgleich bringen. Nicht mehr in Einklang mit dem Bestimmtheitsgebot ist eine Norm, bei der „unerträgliche Zweifel“ darüber bestehen bleiben, ob ein Verhalten verboten oder erlaubt ist.[1366] Des Weiteren haben sich bestimmte Kriterien herauskristallisiert, die das Maß der Bestimmtheit beeinflussen können. Demnach gilt der Grundsatz, dass je schwerer die angedrohte Strafe ist, desto höher die Bestimmtheitsanforderungen sein müssen.[1367] Auch ist von Relevanz, an wen sich die Norm richtet. Damit wird ein mögliches Fachwissen des Adressatenkreises berücksichtigt.[1368] Grundsätzlich gilt, dass umso kundiger der Adressatenkreis ist, desto niedriger die Bestimmtheitsanforderungen sein können.[1369]

Relevant ist auch der Umstand, dass es sich bei den Ordnungswidrigkeiten im Geldwäschegesetz um ein Nebenstrafrecht handelt. Zwar kann grundsätzlich mit Blick auf die Judikatur zum Nebenstrafrecht angenommen werden, dass im Rahmen des Bestimmtheitsgrundsatzes ein nicht ganz so strenger Maßstab anzulegen ist wie im Kernstrafrecht.[1370] Dagegen gibt es aber bereits Stimmen in der Literatur, die deutlich machen, dass es fast kaum mehr möglich ist, den substanziellen Unterschied zwischen dem Strafrecht und dem Ordnungswidrigkeitenrecht zu beschreiben.[1371] Teilweise lässt sich feststellen, dass es eine Reihe von Ordnungswidrigkeiten gibt, deren Un-

---

1364 *Rogall* in Karlsruher Kommentar zum OWiG, § 3 Rn. 27; *Schmitz* in Münchener Kommentar zum StGB, Bd. I, § 1 Rn. 43 f.

1365 Vgl. dazu BVerfGE 28, 175, 183; 48, 56; BGHSt. 30, 287; *Rogall* in Karlsruher Kommentar zum OWiG, § 3 Rn. 32; siehe auch *Remmert* in Maunz/Dürig, GG, Art. 103 Abs. 2 Rn. 99 f. mit Beispielen für Einzelfälle von unbestimmten und bestimmten Gesetzesbegriffen.

1366 *Rogall* in Karlsruher Kommentar zum OWiG, § 3 Rn. 32.

1367 BVerfGE 14, 245, 251; 26, 41, 43; 75, 329, 342; *Hecker* in Schönke/Schröder Strafgesetzbuch, § 1 Rn. 20; *Rogall* in Karlsruher Kommentar zum OWiG, § 3 Rn. 34; *Nolte* in v. Mangoldt/Klein/Starck, GG, Bd. 3, Art. 103 Rn. 145.

1368 BVerfG wistra 2010, 396, 402; *Rogall* in Karlsruher Kommentar zum OWiG, § 3 Rn. 33.

1369 BVerfGE 48, 48, 57; *Nolte* in v. Mangoldt/Klein/Starck, GG, Bd. 3, Art. 103 Rn. 146.

1370 Siehe Danwerth/Hildner, BKR 2019, 57, 59 mit dem Verweis auf Beispiele des BVerfG, z. B. Auslegung des „Handeltreibens“ in § 29 Abs. 1 Satz 1 Nr. 1 BtMG (BVerfG NJW 2007, 1193) oder aber § 96 Nr. 4 iVm § 2 Abs. 1 Nr. 5 AMG (BVerfG NJW 2006, 2684).

1371 *Weigend* in Leipziger Kommentar StGB, Einl. Rn. 19.

rechtsgewicht deutlich größer ist als das von manchen Straftaten.[1372] Nach dem Bundesverfassungsgericht sind die Unterscheidungsmerkmale, dass es sich bei den Geldbußen des Ordnungswidrigkeitenrechts um eine fühlbare „Pflichtenmahnung“ handeln soll. Im Gegensatz dazu steht die „ehrenrührige“ ethische Missbilligung im Kriminalstrafrecht.[1373] Auch auf europäischer Ebene lassen sich in der Rechtsprechung ebenso Einschränkungen in Bezug auf den Bestimmtheitsgrundsatz feststellen.[1374] Für das Geldwäschegesetz erscheint es fraglich, ob es sich nur noch um eine fühlbare „Pflichtenmahnung“ handeln kann, wenn solch umfangreiche Geldbußen von bis zu 5 Millionen Euro oder 10 Prozent des Gesamtumsatzes des Betroffenen verhängt werden können (vgl. § 56 Abs. 3 GwG). In besonderen Fällen kann es sogar dazu kommen, dass die erheblichen Bußgelder für Institute auch existenzvernichtend sein können.[1375] Empfindlich erscheint ebenso die Bekanntmachungen auf der Internetseite der Aufsichtsbehörde mit den verantwortlichen natürlichen und juristischen Personen (§ 57 GwG). Dies wird auch in der Literatur treffend als „Prangerwirkung“ bezeichnet.[1376] Damit kann ein erheblicher Reputationsverlust des beteiligten Kreditinstitutes sowie insbesondere der Mitarbeiter und des Geldwäschebeauftragten entstehen. Zudem wird sich die Frage stellen, ob ein Geldwäschebeauftragter weiterhin als zuverlässig im Sinne des Geldwäschegesetzes gelten kann, was erhebliche Auswirkungen auf die weitere berufliche Fortentwicklung hat.[1377]

1372 *Weigend* in Leipziger Kommentar StGB, Einl. Rn. 19 mit dem Hinweis auf das Gesetz gegen Wettbewerbsbeschränkungen (GWB) und deren Bußgeldvorschriften.

1373 BVerfGE 27, 18, 33.

1374 Siehe EuG v. 8.7.2008 – EUG Az. T9904 T-99/04 (AC Treuhand), wonach das Kartellbußgeldrecht nicht die dieselbe Tragweite haben wie im Strafrecht. Das Gericht die schränkt die Geltung des Bestimmtheitsgrundsatzes ein und ein Gebot der Vorhersehbarkeit beschränken.

1375 Vgl. den Fall des Tessiner Bankhaus BSI, FAZ, „Schweizer Bank verliert Lizenz wegen Geldwäsche“ vom 24.05.2016, abrufbar unter https://www.faz.net/aktuell/wirtschaft/unternehmen/schweizer-bank-bsi-verliert-lizenz-wegen-geldwaesche-14250453.html (zuletzt abgerufen am 17.09.2023).

1376 *Herzog* in Herzog, GwG, § 57 GwG, Rn. 1; *Wende* in Zentes/Glaab, GwG, § 57 GwG, Rn. 2.

1377 Ein Geldwäschebeauftragter muss nach § 7 Abs. 4 GwG die erforderliche Zuverlässigkeit aufweisen. Die Anforderungen der Zuverlässigkeit werden im § 1 Abs. 20 GwG festgelegt, wonach der Mitarbeiter unter anderem die Gewähr dafür bieten muss, gesetzlich geregelten Pflichten zur Verhinderung von Geldwäsche und von Terrorismusfinanzierung sorgfältig zu beachten. Durch die öffentliche Nennung auf der Internetseite einer Aufsichtsbehörde nach § 57 GwG erscheint fraglich, ob diese Anforderungen noch bestehen.

4. Maßstab der Bestimmtheit bei der Verdachtsmeldung

Diese Maßstäbe sind auf die Besonderheiten der Verdachtsmeldung anzuwenden.

Zunächst ist anerkannt, dass bei einem erheblichen Sanktionsrahmen auch hohe Anforderungen an die Bestimmtheit der Norm zu stellen sind.[1378] Gegen ein Kreditinstitut kann eine Geldbuße von bis zu fünf Millionen Euro oder bis zu zehn Prozent des jährlichen Gesamtumsatzes verhängt werden.[1379] Nach der Meinung des Gesetzgebers ist der Sanktionsrahmen aufgrund der wirtschaftlichen und gesellschaftspolitischen Bedeutung bei der Einhaltung der geldwäscherechtlichen Pflichten und das gesteigerte Bedürfnis nach Schutz vor wiederholtem, gravierendem oder systematischem schuldhaften Verhalten im Finanzsektor gerechtfertigt.[1380] Mit dem Gesetz zur Umsetzung der Fünften EU-Geldwäscherichtlinie ist zudem bei bestimmten Verstößen im Zusammenhang mit der Verdachtsmeldung auch schon jegliches fahrlässige Verhalten relevant (vgl. § 56 Abs. 2 GwG).[1381] Somit wurde der Haftungsrahmen zunehmend erheblich erweitert. Doch nicht nur die Geldbußen sind besonders hoch, auch die öffentliche Bekanntgabe nach § 57 GwG der Sanktion auf der Internetseite der Aufsichtsbehörde ist für ein Kreditinstitut und deren Mitarbeiter besonders empfindlich.[1382]

Dem steht gegenüber, dass sich die Norm an einen speziellen Adressatenkreis richtet. Umso kundiger der Adressatenkreis ist, desto niedriger müssen die Bestimmtheitsanforderungen sein.[1383] Hierfür muss ein feststehender Kreis von speziellen Normadressaten ausgemacht werden. Anerkannt sind in diesem Zusammenhang das Disziplinarrecht der Beamten und das Standesrecht der Anwälte[1384] sowie Pflichten von Kaufleuten nach dem HGB und der Konkursordnung[1385]. Auch bei den Betreibern von gewissen technischen Anlagen darf erwartet werden, dass sie sich in Zweifelsfällen hin-

---

1378 Vgl. hierzu: BVerfGE 14, 245, 251; 26, 41, 43; 75, 329, 342; *Eser/Hecker* in Schönke/Schröder Strafgesetzbuch, § 1 Rn. 20; *Rogall* in Karlsruher Kommentar zum OWiG, § 3 Rn. 34; *Nolte* in v. Mangoldt/Klein/Starck, GG, Bd. 3, Art. 103 Rn. 145.

1379 Siehe näher zu den möglichen Bußgeldern im Einzelnen § 56 Abs. 4 GwG.

1380 BT-Drs. 182/17, S. 191 f. Mit deutlicher Kritik aus der Praxis von DK-Stellungnahme zum Referentenentwurf eines Gesetzes zur Umsetzung der Richtlinie (EU) 2018/843, S. 34.

1381 Siehe BT-Drs. 19/15196, S. 50.

1382 Siehe näher hierzu Öffentliche Bekanntgabe des Verstoßes, S. 212 sowie insbesondere zum Überblick des verfassungsrechtlichen Problems des Naming and Shamings, Armbrüster/Böffel, ZIP 2019, 1885, 1891 ff. m. w. N.

1383 BVerfGE 48, 48, 57; *Nolte* in v. Mangoldt/Klein/Starck, GG, Bd. 3, Art. 103 Rn. 146.

1384 BVerfGE 26, 186, 204.

1385 BVerfGE 48, 48, 57.

sichtlich der Frage der Genehmigungsbedürftigkeit sachkundig machen.[1386] Es sollen sich keine Bedenken wegen der Unbestimmtheit von Begriffen ergeben, wenn allgemein davon ausgegangen werden kann, dass der Adressat auf Grund seines Fachwissens imstande ist, den Regelungsinhalt solcher Begriffe zu verstehen und ihnen konkrete Verhaltensanweisungen zu entnehmen.[1387] Für die Verdachtsmeldung sind in Kreditinstituten nach § 7 Abs. 1 GwG die Geldwäschebeauftragten zuständig, welche über eine besondere Qualifikation sowie eine besondere Zuverlässigkeit verfügen sollen.[1388] Damit richtet sich die Norm an Personen, welche sich mit dem Thema der Geldwäsche und der Terrorismusfinanzierung zumindest teilweise hauptberuflich auseinandersetzen müssen. Die erforderliche Qualifikation und Zuverlässigkeit können von den Aufsichtsbehörden überprüft werden.[1389]

Somit sind einerseits aufgrund der erheblichen Sanktionen hohe Anforderungen an die Bestimmtheit zu stellen, andererseits richtet sich die Norm an einen speziellen Adressatenkreis. Die Bedeutung des speziellen Adressatenkreises ist jedoch nicht zu überhöhen, denn relevant für die Erkennung von Verdachtsmomenten sind eine Vielzahl unterschiedlicher und kaum überblickbarer Anhaltspunkte, die auf Geldwäsche oder Terrorismusfinanzierung hinweisen können. Eine besondere Qualifikation des Geldwäschebeauftragten kann diesen Umstand nicht gänzlich ersetzen.

5. Anwendung auf die Verdachtsmeldung

Betrachtet man nunmehr den Wortlaut der tatbestandsmäßigen Handlung, dann muss danach gefragt werden, ob der Gesetzgeber seinem Optimierungsgebot nachgekommen ist.[1390] Es kommt dabei auf den für den Adressaten verstehbaren Wortlaut an, wobei eine Interpretation über den erkennbaren Wortsinn nicht hinausgehen darf.[1391] Dabei muss nicht gänzlich darauf verzichtet werden, allgemeine Begriffe zu verwenden, die nicht eindeutig umschrieben werden können und in besonderem Maße der Auslegung durch

1386 BVerfGE 75, 329, 345. Siehe ausführlich *Schmidt-Aßmann* in Maunz/Dürig, GG, Art. 103 Abs. 2 Rn. 189.

1387 BVerfGE 48, 48, 57; BVerfGE 26, 186, 204.

1388 Siehe auch näher zu der Sachkunde und Zuverlässigkeit des Geldwäschebeauftragten, S. 45. Besonderheiten ergeben sich in diesem Zusammenhang für Verpflichtete im Geldwäschegesetz, die keinen Geldwäschebeauftragten bestellen müssen. Siehe näher die Voraussetzung im § 7 GwG.

1389 Vgl. § 7 Abs. 4 GwG.

1390 BVerfGE 25, 285; 57, 250, 262; Fischer § 1 Rn. 6; *Rogall* in Karlsruher Kommentar zum OWiG, § 3 Rn. 31.

1391 BVerfGE 71, 114; 75, 341; 85, 69, 73; 92, 12; 124, 300, 339; 126, 170, 195; 130, 1, 43; *Rogall* in Karlsruher Kommentar zum OWiG, § 3 Rn. 31.

den Richter bedürfen.[1392] Das Gebot der Bestimmtheit des Gesetzes darf nicht übersteigert werden, da anderweitig die Gefahr besteht, dass die Gesetze zu starr, kasuistisch und dem Wandel der Verhältnisse oder der Besonderheit des Einzelfalles nicht mehr gerecht werden.[1393]

Die gegenwärtige Gesetzeslage der Verdachtsmeldung weist einige Unklarheiten auf. Insbesondere bei dem Bezugspunkt der Geldwäsche und der Terrorismusfinanzierung ist unklar, wann diese genau vorliegen sollen. Bei Betrachtung des Wortlautes wird auf strafrechtliche Begriffe verwiesen. Diese dürfen jedoch nach der Ansicht des Gesetzgebers von den Verpflichteten nicht geprüft werden.[1394] Dies wirft jedoch bei einer Ordnungswidrigkeit Fragen auf, da der Wortlaut die Grenze der Auslegung bilden soll. Zumindest muss erkennbar sein, wann ein Verdachtsfall vorliegt und wann nicht. Der eingeräumte subjektive Beurteilungsspielraum des Geldwäschebeauftragten in der konkreten Situation vermag das Problem nicht zu lösen. Zum einen stellt sich bei genauer Betrachtung die Frage, worin dieser Beurteilungsspielraum genau liegt.[1395] Zum anderen müssen auch die Rechte des gemeldeten Bankkunden beachtet werden. Insgesamt ist aufgrund der unterschiedlichen Stoßrichtungen der Verdachtsmeldung ein verfassungsrechtlicher Ausgleich der beteiligten Personen vorzunehmen.[1396] Hierbei fällt es auf, dass es diverse Schwierigkeiten bei der Bestimmung der Tatbestandsmerkmale (z. B. Höhe der Verdachtsschwelle, Begriff der Geschäftsbeziehung) gibt.[1397] Nach Befragungen von Kreditinstituten wird die gesamte praktische Umsetzung des Geldwäschegesetzes beklagt. Demnach fällt es schwer, die genauen Anforderungen den eigenen Mitarbeitern noch zu vermitteln.[1398]

Fraglich erscheint daher, ob eine andere Formulierung des Tatbestandes möglich wäre, damit dem Bestimmtheitsgrundsatz ausreichend entsprochen würde. Es müssten den Verpflichteten möglichst genaue Grenzen aufgezeigt werden, wann ein Verdacht gemeldet werden sollte. In diesem Zusammenhang ist auf den Entscheidungsspielraum des Gesetzgebers hinzuweisen, welcher bestimmen kann, ob eine generalisierende oder eine detaillierte Tatbestandsfassung erforderlich ist. Denn eine komplizierte Detailregelung würde nicht zwingend die bessere Alternative darstellen, wenn der Tatbe-

1392 BVerfGE 26, 42; 28, 186; 32, 364; 37, 208; 41, 319 f.; 47, 120 f.; *Burghart* in Leibholz/Rinck, Grundgesetz, EGL März 2023, Art. 103 Rn. 1316.

1393 BVerfGE 14, 251; 41, 320; 45, 371; 48, 56; 75, 342; 126, 170, 195; 143, 38, 54 f.; *Burghart* in Leibholz/Rinck, Grundgesetz, EGL März 2023, Art. 103 Rn. 1316.

1394 Siehe Ausführungen Vortaten der Geldwäsche als strafbare Handlung, S. 113.

1395 Siehe zum Beurteilungsspielraum de, S. 86.

1396 Vgl. zum Beurteilungsspielraum BT-Drs. 18/11555, S. 156 sowie ausführlich Beurteilungsspielraum de, S. 116.

1397 Siehe zum Begriff der Geschäftsbeziehung, S. 125.

1398 Siehe zur empirischen Untersuchung von Oswald, S. 182.

stand dadurch überladen wird.[1399] Es ist nicht eine optimale Bestimmtheit um jeden Preis geboten, sondern eine auch unter Berücksichtigung der praktischen Handhabung ausreichende Bestimmtheit.[1400] Notwendig ist, dass der Regelungsbereich erkennbar bleibt.[1401] Grenzen der Bestimmtheit liegen erst dann vor, wenn ein Begriff ohne Schwierigkeit durch eine bestimmte Regelung ersetzt werden kann.[1402]

Für die Verdachtsmeldung nach § 43 Abs. 1 GwG ergibt sich unter Beachtung der dargestellten Grundsätze keine ersichtlich deutlich andere Formulierung. Die Begrifflichkeiten erscheinen kaum einfach für eine klare Bestimmtheit der Norm ersetzbar zu sein.[1403] Insbesondere wird es nicht hilfreich sein, den gesetzlichen Tatbestand mit umfangreichen Detailbestimmungen durch mögliche Anhaltspunkte zu überladen, welche zudem ständig geändert werden müssten. Der Gesetzgeber hat bereits im Geldwäschegesetz Anlagen für ein potenziell geringes (Anlage 1) und höheres Risiko (Anlage 2) im Zusammenhang mit den allgemeinen Sorgfaltspflichten veröffentlicht. Eine solche Auflistung würde für die Verdachtsmeldung nicht genügen. Trotzdem bedarf die Verdachtsmeldung eines hohen Maßstabes der Bestimmtheit. Daher fragt es sich, ob die Tatbestandsmerkmale auf eine andere Art und Weise konkretisiert werden können, um den grundrechtlich geschützten Interessen der Beteiligten ausreichend Rechnung zu tragen.

1399 Vgl. *Schmitz* in Münchener Kommentar zum StGB, Bd. I, § 1 Rn. 51.

1400 BGHSt 42, 86.

1401 Vgl. dazu ausführlich BVerfG NJW 2010, 3209 sowie *Schmitz* in Münchener Kommentar zum StGB, Bd. I, § 1 Rn. 51 ff.

1402 *Schmitz* in Münchener Kommentar zum StGB, Bd. I, § 1 Rn. 52; Lenckner JuS 1968, 304, 305; Löwer JZ 1979, 621, 625.

1403 Es wurde bereits darauf hingewiesen, dass der Gesetzgeber nur auf die Vortat verweisen sollte. Dabei wäre aufgrund des neuen § 261 StGB n. F. jegliche rechtswidrigen Tat ausreichend für einen Verdachtsfall. Mit dem Finanzkriminalitätsbekämpfungsgesetz soll der Tatbestand nunmehr sprachlich auch angepasst werden. Demnach soll es nunmehr lauten: „ein Vermögensgegenstand, der mit einer Geschäftsbeziehung, einem Maklergeschäft oder einer Transaktion im Zusammenhang steht, aus einer rechtswidrigen Tat im Sinne des § 261 Strafgesetzbuches stammen könnte“ (siehe Referentenentwurf des Bundesministeriums der Finanzen eines Gesetzes zur Verbesserung der Bekämpfung von Finanzkriminalität (Finanzkriminalitätsbekämpfungsgesetz – FKBG, S. 68, 184).

III. Konkretisierungsmöglichkeiten zur Behebung des Bestimmtheitsproblems

Es ist anerkannt, dass Generalklauseln, unbestimmte oder wertausfüllungsbedürftige Begriffe durch die Rechtsprechung sowie durch die Verwaltungsbehörden konkretisiert werden können.[1404] Für den Bereich der Geldwäschebekämpfung sieht auch ausdrücklich der Art. 7 der Vierten EU-Geldwäscherichtlinie umfassende Maßnahmen vor, damit Risiken der Geldwäsche und Terrorismusfinanzierung sowie alle Datenschutzprobleme ermittelt, bewertet, verstanden und gemindert werden können. Demnach müssen die Mitgliedstaaten den Verpflichteten umgehend angemessene Informationen zur Verfügung gestellt werden, damit diese ihre eigene Bewertung des Risikos der Geldwäsche und Terrorismusfinanzierung leichter vornehmen können (Art. 7 Abs. 4 lit. e Vierten EU-Geldwäscherichtlinie).

1. Konkretisierung durch die Rechtsprechung

Die Rechtsprechung nimmt bei der Konkretisierung von weitgefassten und unscharfen Tatbestandselementen eine besondere Rolle ein.[1405] Das Bundesverfassungsgericht legt fest, dass unbestimmte Normen mithilfe der Rechtsprechung die erforderliche Bestimmtheit erlangen können.[1406] Dabei ist ausreichend, wenn ein unbestimmtes Tatbestandsmerkmal durch die Rechtsprechung gleichbleibend ähnlich ausgelegt wird. Es muss sich aufgrund einer gefestigten Rechtsprechung eine zuverlässige Grundlage für die Anwendung der Norm gewinnen lassen. Der Einzelne soll die Möglichkeit haben, die staatliche Reaktion vorherzusehen.[1407] Verbleibende Unklarheiten über den Anwendungsbereich einer Norm sollen durch Präzisierung und Konkretisierung im Wege der Auslegung beseitigt werden („Präzisierungsgebot").[1408] Beispielsweise werden die unbestimmten Begriffe „grober Unfug"[1409], „Gefahr für die öffentliche Sicherheit und Ordnung des Straßenverkehrs"[1410], „absolute Fahruntüchtigkeit"[1411] von den Gerichten inzwischen einheitlich

---

1404 BVerfGE 45, 371 f.; 48, 56 f.; 85, 73; *Burghart* in Leibholz/Rinck, Grundgesetz, EGL März 2023, Art. 103 Rn. 1316 ff.; *Rogall* in Karlsruher Kommentar zum OWiG, § 3 Rn. 33; *Schmitz* in Münchener Kommentar zum StGB, Bd. I, § 1 Rn. 46.

1405 *Burghart* in Leibholz/Rinck, Grundgesetz, EGL März 2023, Art. 103 Rn. 1316 ff.

1406 Vgl. BVerfGE 93, 266, 292; 94, 372, 394; 96, 68, 98 f.; 126, 170, 198 f.; BGHSt 38, 120, 121 f.; 43, 158, 167 f.

1407 BVerfGE 45, 363, 371 f.; 48, 48, 56 f.; 86, 288, 311; *Nolte* in v. Mangoldt/Klein/Starck, GG, Bd. 3, Art. 103 Rn. 139.

1408 BVerfG NJW 2010, 3209, 3211.

1409 BVerfGE 26, 41, 43.

1410 BVerfGE 14, 245, 253 f.; 23, 265, 269.

1411 Siehe st. Rspr., vgl. BVerfGE 28, 175, 183; 37, 201, 208; 45, 363, 372; 73, 206, 243.

definiert und sind damit ausreichend bestimmt.[1412] Bei genauerem Hinsehen fallen auch Begriffe aus dem strafrechtlichen Bereich der Geldwäschebekämpfung auf, die immer wieder vor dem Bundesverfassungsgericht wegen ihrer Unbestimmtheit diskutiert wurden, wie z. B. „bandenmäßiges Handeltreiben" (mit Betäubungsmitteln)[1413], leichtfertige Geldwäsche[1414], strafbare Geldwäsche durch Honorarannahme (bei sicherem Wissen um seine Herkunft)[1415] sowie „organisierte Kriminalität"[1416]. Allein die Vielzahl der vor dem Bundesverfassungsgericht diskutierten Begriffe macht deutlich, dass das Rechtsgebiet der Geldwäschebekämpfung an vielen Stellen Unklarheiten aufweist und dem Anwender das Verständnis schwer fällt.

Obwohl das Geldwäschegesetz schon seit dem Jahr 1993 existiert, lassen sich bisher wenige Gerichtsentscheidungen finden.[1417] Die Besonderheit von wenigen Gerichtsentscheidungen ist im gesamten Bankaufsichtsrecht zu beobachten und lässt sich mit einer zurückhaltenden Klagebereitschaft auf Seiten des Finanzsektors begründen. Es wird oft die Öffentlichkeit sowie die Langwierigkeit eines Gerichtverfahrens gefürchtet. Zudem besteht die Gefahr, dass das Vertrauensverhältnis zu den Aufsichtsbehörden zerrüttet werden könnte.

Ob zukünftig mögliche Rechtsfragen der Verdachtsmeldung vor Gericht gelöst werden, bleibt abzuwarten. Zumindest lässt sich vermuten, dass durch die hohen Sanktionen sowie die öffentliche Bekanntmachung der Bußgeldentscheidungen auch die Bereitschaft zum Klagen größer werden könnte.[1418] Allerdings bleibt es grundsätzlich fraglich, ob sich die Konkretisierung der Verdachtsmeldung durch die Rechtsprechung als praktisch erweisen würde. Gerichte entscheiden immer über Einzelfälle in der Ver-

---

1412 Auch lassen sich Beispiele finden, bei den Straftatbestände an eine verwaltungsrechtliche Begrifflichkeit anknüpft, z. B. das Betreiben einer genehmigungspflichtigen Anlage ohne Genehmigung, siehe BVerfGE 75, 329, 342 ff. Siehe weitere Beispiele *Schulz-Fielitz* in Dreier, GG, Bd. III, Art. 103 Abs. 2 Rn. 43.

1413 NJW BVerfG 1997, 1910, 191.

1414 BGHSt 43, 158, 167 f.

1415 BVerfGE 110, 226, 246 ff.

1416 BayVerfGHE 50, 226, 260.

1417 Siehe OLG Frankfurt vom 10. April 2018 – 2 Ss-OWi 1059/17; OLG Hamburg, Urt. v. 17.3.2022 – 13 U 178/21; LG Stuttgart (6. Zivilkammer), Beschluss vom 06.07.2023 – 6 O 234/22. Inzwischen gibt es eine Zunahme an Entscheidungen im Bereich der Rechtsanwälte und Notare, siehe z. B. OLG Karlsruhe (1. Senat für Bußgeldsachen), Beschluss vom 22.06.2022 – 1 Rb 34 Ss 122/22; Urteil BayObLG, Beschluss vom 25.05.2023 – 202 ObOWi 264/23; VGH München Beschluss vom 11.7.2023 – 22 ZB 21.12; LG München I, Beschluss vom 8. Juni 2022 – 9 Qs 14/22.

1418 Eine erhöhte Klagebereitschaft lässt sich insbesondere auch für den sogenannten Nicht-Finanzsektor (Rechtsanwälte, Notare, Immobilienmakler etc.) vermuten, da deren Geschäftstätigkeit vergleichsweise nicht zu stark von den Aufsichtsbehörden im Geldwäschebereich abhängig ist, wie dies im Finanzsektor der Fall ist.

gangenheit, woraus sich selten Maßnahmen für einen objektiven Sorgfaltsmaßstab ableiten lassen. Dies gilt insbesondere für den Bereich der Geldwäschebekämpfung, wo ständig auf aktuelle Methoden möglicher Geldwäsche reagiert werden müsste. Auch der an mehreren Stellen erwähnte Beschluss des OLG Frankfurt a. M. im Zusammenhang mit der Verdachtsmeldung zeigt, dass dieser nur teilweise zur Konkretisierung des Tatbestandes der Verdachtsmeldung herangezogen werden kann.[1419] Zudem kann nicht erwartet werden, dass sich die Kreditinstitute zunächst das empfindliche Risiko einer Bestrafung nach dem Geldwäschegesetz aussetzen müssen, um daraus den notwendigen Sorgfaltsmaßstab zu ermitteln.[1420]

Im Ergebnis bleibt festzuhalten, dass die Konkretisierung zur Bestimmtheit der Norm bei der Verdachtsmeldung durch die Rechtsprechung wenig tauglich erscheint. Zumindest lässt sich bisher keine gefestigte Rechtsprechung erkennen. Aus der verfassungsrechtlichen Sicht bleibt es somit weiterhin an dem Gesetzgeber, für eine hinreichende Bestimmtheit des Geldwäschegesetzes zu sorgen.[1421]

2. Gesetzliche Konkretisierung durch die zuständigen Behörden

Neben der Rechtsprechung besteht die Möglichkeit, dass die Behörden unbestimmte Rechtsbegriffe konkretisieren. Aus dem Geldwäschegesetz lässt sich an vielen Stellen entnehmen, dass eine Konkretisierung durch die Aufsichtsbehörden vom Gesetzgeber angelegt ist.[1422] Schon international hat die FATF darauf aufmerksam gemacht, dass die Aufsichtsbehörden Leitlinien herausgeben sollen, da die Kreditinstitute über ausreichende Sachkenntnisse verfügen müssen, da es anderweitig zu fehlerhaften Entscheidungen kommen kann.[1423] Mit der Bereitstellung von Informationen wird dazu beigetragen, dass ein ähnliches Wissensniveau bei allen Instituten über die Gefahren von Geldwäsche und Terrorismusfinanzierung besteht.[1424] Zudem wird in der Literatur hervorgehoben, dass die gesetzlichen Anforderungen des oft weitformulierten und zeitweise „sperrigen" Geldwäschegesetzes für

1419 Beschluss des OLG Frankfurt vom 10.04.2018; 2 Ss-OWi 1059/17.

1420 Vgl. Bock, ZIS 2009, 68, 73.

1421 Vgl. hierzu: *Nolte* in v. Mangoldt/Klein/Starck, GG, Bd. III, Art. 103 Rn. 150; *Schulz-Fielitz* in Dreier, GG, Bd. III, Art. 103 Abs. 2 Rn. 42 ff.

1422 Siehe z. B. § 2 Abs. 2 GwG; § 12 Abs. 5 GwG; 13 Abs. 2 GwG; 14 Abs. 4 GwG; 15 Abs. 10 GwG; § 18 Abs. 6 GwG; § 22 Abs. 3 und 4 GwG; § 23 Abs. 7 GwG; § 45 Abs. 5 GwG; § 47 Abs. 6 GwG.

1423 FATF-Leitfaden zum Risikoorientierten Ansatz zur Bekämpfung von Geldwäsche und Terrorismusfinanzierung, Rn. 1.20; Rn. 1.22 und 2.38; sowie Guidance for a risk-based approach, The Banking Sector, Rn. 48 f.

1424 FATF-Leitfaden zum Risikoorientierten Ansatz zur Bekämpfung von Geldwäsche und Terrorismusfinanzierung, Rn. 1.20.

die Kreditinstitute konkretisiert und praktisch umsetzbar gemacht werden muss.[1425] Eine Konkretisierung durch die Aufsichtsbehörden bietet zudem den Vorteil, dass kein umfangreiches formelles und zeitaufwendiges parlamentarisches Verfahren durchlaufen werden muss.[1426] Somit kann schnell auf aktuelle Indikatoren oder typische Situationen im Bereich der Geldwäsche und Terrorismusfinanzierung aufmerksam gemacht werden.[1427]

Veröffentlichungen von Aufsichtsbehörden können aus der verfassungsrechtlichen Perspektive auch dazu dienen, unbestimmte Rechtsbegriffe im Bereich des Ordnungswidrigkeitenrechts zu konkretisieren. Allerdings müssen enge Grenzen gezogen werden. Nach dem Bundesverfassungsgericht kann durch die Verwaltung nur eine „gewisse Spezifizierung" im Rahmen von Normen mit dem Bezug zu Ordnungswidrigkeit vorgenommen werden. Es muss weiterhin beim Gesetzgeber liegen, die Voraussetzungen sowie Art und Maß der Strafe hinreichend deutlich zu umschreiben.[1428] Unvereinbar mit dem Bestimmtheitsgrundsatz wäre es demnach, wenn die Behörden den wesentlichen Gehalt einer Strafnorm selbst festlegen.[1429] Entscheidend ist, dass für den Adressaten der Norm aufgrund des formellen Gesetzes das Risiko einer Bestrafung erkennbar wird und nur mithilfe eines Verweises auf das einschlägige Verwaltungshandeln beurteilt werden kann.[1430]

Betrachtet man nunmehr die bisherigen Veröffentlichungen der Aufsichtsbehörden im Zusammenhang mit der Verdachtsmeldung, dann lassen sich die Auslegungs- und Anwendungshinweise sowie Rundschreiben der BaFin finden (z.B. BaFin Rundschreiben 1/2014 (GW), FATF-Rundschreiben). Wie schon oben festgestellt, weisen die Auslegungs- und Anwendungshinweise und die Rundschreiben insbesondere wegen der fehlenden präzisen Angaben die Rechtsnatur von norminterpretierenden Verwaltungsvorschriften auf.[1431] Dabei lässt sich feststellen, dass es herrschende Meinung ist, dass

---

1425 Vgl. Findeisen, WM 1998, 2410, 2412.

1426 Vgl. *Nolte* in v. Mangoldt/Klein/Starck, GG, Bd. III, Art. 103 Rn. 153.

1427 Siehe z.B. im Zusammenhang mit bestimmten virtuellen Währungen wie Bitcoins oder Zahlungsinstrumente wie Prepaid-Karten aus der Pressemitteilung der Europäische Kommission, Kampf gegen Terrorismusfinanzierung, Steuervermeidung und Geldwäsche: Kommission stärkt Transparenzvorschriften vom 5.7.2016, abrufbar unter http://europa.eu/rapid/press-release_IP-16-2380_de.htm (zuletzt abgerufen am 16.07.2023).

1428 BVerfGE 75, 329, 342; BGH NJW 1996, 1482, 1483; *Nolte* in v. Mangoldt/Klein/Starck, GG, Bd. III, Art. 103 Rn. 152.

1429 BVerfGE NJW 1989, 1663; *Nolte* in v. Mangoldt/Klein/Starck, GG, Bd. III, Art. 103 Rn. 152.

1430 BVerfGE 78, 374, 389; BGHSt 43, 336, 342 f.; *Nolte* in v. Mangoldt/Klein/Starck, GG, Bd. III, Art. 103 Rn. 153; Schall, NJW 1990, 1263, 1266.

1431 Siehe oben Exkurs: Veröffentlichungen der BaFin als normkonkretisierende Vorgaben?, S. 158.

Verwaltungsvorschriften nicht die Anforderungen des Bestimmtheitsgrundsatzes nach Art. 103 Abs. 2 GG erfüllen, da sie weder durch ein gesetzliches Verfahren erlassen noch förmlich publiziert werden.[1432] Nach dem Gesetzgeber haben sie keinen Rechtsnormcharakter und können daher weder direkt als Grundlage für Verwaltungsakte noch für die Verhängung von Bußgeldern herangezogen werden.[1433] Auch ist bisher nicht ersichtlich, dass die FIU durch Rückmeldungen der Verdachtsmeldungen verbindliche Vorgaben getroffen hat.

Somit lässt sich zusammenfassen, dass bisher auch eine Konkretisierung durch die zuständigen Behörden nicht im ausreichenden Maße stattgefunden hat. Insbesondere die bisherigen Veröffentlichungen der BaFin entsprechen nicht den verfassungsrechtlichen Anforderungen an den Bestimmtheitsgrundsatz.

IV. Bedenken gegen die Verfassungsgemäßheit der Verdachtsmeldung

Für die Verdachtsmeldung ergibt sich nunmehr folgendes Bild. Der Tatbestand weist unklare Merkmale auf. Eine Erweiterung des Wortlautes durch den Gesetzgeber erscheint nicht zielführend, da der Tatbestand sonst überladen würde und ständig geändert werden müsste. Weiterhin hat sich bisher weder eine gefestigte Rechtsprechung gebildet, noch wurden ausreichend rechtsverbindliche sowie aber insbesondere präzise Vorgaben der Aufsichtsbehörden zur Verfügung gestellt, die dem Anspruch des Bestimmtheitsgrundsatzes genügen.

Daher besteht die Gefahr, dass die Meldepflicht nach § 43 Abs. 1 GwG aufgrund der unklaren Bestimmungen als verfassungswidrig qualifiziert werden könnte.[1434] Diese Annahme ist damit zu begründen, dass die Ver-

1432 *Kunig/Saliger* in v. Münch/Kunig, GG, Bd. II, Art. 103 Rn. 39; *Schulz-Fielitz* in Dreier, GG, Bd. III, Art. 103 Abs. 2 Rn. 36; *Nolte* in v. Mangoldt/Klein/Starck, GG, Bd. III, Art. 103 Rn. 154 m. w. N. Eine Ausnahme davon wird bei Verwaltungsvorschriften mit einem normkonkretisierenden Charakter gemacht. Hierzu zählt beispielsweise die Technischen Anleitung zum Schutz gegen Lärm (TA Lärm), die im Gemeinsamen Ministerialblatt (GMBl) veröffentlicht wurde.

1433 Vgl. BT-Drs. 18/5009, S. 73.

1434 Auch die DK spricht von einer Unverhältnismäßigkeit durch die Erweiterung auf die einfache Fahrlässigkeit des Ordnungswidrigkeitenkatalogs in der Zusammenschau mit dem Umfang des Bußgeldkatalogs, der Unbestimmtheit der Tatbestände und der Höhe der Bußgelder. Siehe DK-Stellungnahme zum Referentenentwurf eines Gesetzes zur Umsetzung der Richtlinie (EU) 2018/843, S. 2; vgl. auch Raue/Roegele, ZRP 2019, 196, 199 f. Das Bundesverfassungsgericht hat bisher trotz der Neigung des Gesetzgebers zur Verwendung unbestimmter Begriffe nur selten die fehlende Be-

dachtsmeldung einen intensiven Eingriff in die Unternehmerische Freiheit der Kreditinstitute sowie insbesondere in den Schutz der personenbezogenen Daten von Bankkunden darstellt.[1435] Zudem ist zu beachten, dass sich die Anforderungen an die Bestimmtheit der Norm mit der Intensität erhöhen, mit der auf der Grundlage der betreffenden Regelung in grundrechtlich geschützte Bereiche eingegriffen wird.[1436] Die Bankkunden sind schon bei geringen Auffälligkeiten oder Unklarheiten zu melden. Auch die weiteren Voraussetzungen der Verdachtsmeldung weisen weite und unklare Tatbestände auf. Gleichzeitig besteht für die Kreditinstitute die Gefahr von hohen Bußgeldern sowie die Nennung für einen Zeitraum von 5 Jahren der verantwortlichen Personen (z. B. Geldwäschebeauftragter) auf der Internetseite der Behörde. Aufgrund dieser Gemengelage besteht die Gefahr, dass die Verantwortlichen in Kreditinstituten schon aus einem Selbstschutz umfangreich von der Meldepflicht Gebrauch machen werden. Selbst ohne jeglichen strafrechtlichen Bezug werden daher die Daten von Bankkunden an die zuständigen Behörden übermittelt. Zudem führt ein mangelnder Austausch mit den Kreditinstituten zu der Gefahr, dass Bankkunden nach einem Verdachtsfall gekündigt werden. Es erscheint in der Abwägung fraglich, ob schwere Straftaten durch das Instrument der Verdachtsmeldung gegenwärtig aufgedeckt werden, womit ein tiefgreifender Eingriff bei den Verpflichteten und den betroffenen Bankkunden berechtigt sein würde. Zur Abwendung einer möglichen Verfassungswidrigkeit der Verdachtsmeldung erscheint weiterhin zu prüfen, welche Möglichkeiten einer Konkretisierung im Sinne des „Optimierungsgebotes“ es geben könnte.

V. Mögliche Lösungen zur Behebung des Bestimmtheitsproblems

Im Folgenden sollen Lösungsmöglichkeiten untersucht werden, die zur Konkretisierung der Verdachtsmeldung führen könnten. Aus dem Geldwäschegesetz wird deutlich, dass der Gesetzgeber eine Konkretisierung von den zuständigen Behörden (Aufsichtsbehörde, FIU) erwartet. Dies lässt sich anhand von zahlreichen Ermächtigungsgrundlagen im Geldwäschegesetz erkennen.[1437] Eine Konkretisierung auf diesem Weg ist auch überzeugend. Die zuständigen Behörden können ohne ein umfangreiches parlamentarisches

---

stimmtheit festgestellt. Siehe zum Überblick *Nolte/Aust* in v. Mangoldt/Klein/Starck, GG, Bd. III, Art. 103 Abs. 1 Rn. 138.

1435 Siehe näher dazu, S. 256 ff.

1436 BVerfGE 83, 145.

1437 Siehe z. B. § 2 Abs. 2 GwG; § 12 Abs. 5 GwG; 13 Abs. 2 GwG; 14 Abs. 4 GwG; 15 Abs. 10 GwG; § 18 Abs. 6 GwG; § 22 Abs. 3 und 4 GwG; § 23 Abs. 7 GwG; § 45 Abs. 5 GwG; § 47 Abs. 6 GwG.

Verfahren schnell auf neue Entwicklungen reagieren. Zudem können sie aufgrund des bestehenden Fachwissens innerhalb der Behörden detaillierte Vorgaben machen, ohne dass das Geldwäschegesetz überladen wird.

1. Vorüberlegung

Vorangestellt werden sollte zunächst, dass eine gänzliche Abschaffung des Verdachtsmeldewesen nicht möglich erscheint. Deutschland wird durch internationale Vorgaben der FATF sowie durch Europäische Vorgaben der EU-Geldwäscherichtlinien gezwungen ein Verdachtsmeldewesen für die Kreditinstitute zu etablieren.[1438] Die internationalen Vorgaben zeigen dabei einen bestimmten Rahmen auf, innerhalb dessen sich die nationalen Bestimmungen bewegen können. Dieser Rahmen muss berücksichtigt werden.

Weiterhin ist auch nochmal auf den oben erwähnten risikobasierten Ansatz als wichtiges Instrument im Bereich des Geldwäschegesetzes einzugehen. Mit dem risikobasierten Ansatz kann dem wesentlichen Problem im Geldwäscherecht begegnet werden, auf komplexe Sachverhalte und deren spezifischen Risiken mit angemessenen Maßnahmen zu reagieren.[1439] Jedes Kreditinstitut kann auf Grundlage der weiten und offenen Tatbestände im Geldwäschegesetz eigene Risiken identifizieren und daraufhin verhältnismäßige grundsätzliche Maßnahmen sowie Maßnahmen im Einzelfall entwickeln. Damit soll die Ausweitung des Geldwäscherechts auf Bereiche beschränkt werden, in denen eine reale Gefahr der Geldwäsche oder Terrorismusfinanzierung besteht.[1440] Der risikobasierte Ansatz bietet zahlreiche Vorteile und wurde auch im Rahmen der letzten Gesetzesnovellen fortwährend verfestigt.[1441] Allerdings stößt die Selbstregulierung der Kreditinstitute durch den risikobasierten Ansatz auch an ihre Grenzen. Denn sämtliche Anforderungen des Geldwäschegesetzes können sanktioniert werden.[1442] Damit entstehen Konflikte mit dem Bestimmtheitsgrundsatz. Im Ergebnis besteht die Gefahr, dass die Kreditinstitute regelmäßig den strengsten Auslegungsansatz wählen, um einer möglichen Falschbestimmung und den daraus resultierenden Sanktionen zu entkommen. Damit wird die erwartete Flexibilität des risikobasierten Ansatzes *ad absurdum* geführt. Im Ergebnis bedürfen die Kreditinstitute daher einer ausreichenden Sicherheit, wie sie sich im

---

1438 Siehe auf der Ebene des Europarechts die Vorgaben aus Art. 33 Abs. 1 lit. a der Vierten EU-Geldwäscherichtlinie sowie aber auch die FATF Empfehlung 20.

1439 Siehe näher zum risikobasierten Ansatz, S. 59 sowie die gesetzlichen Vorschriften (z. B. § 3a GwG).

1440 Spoerr/Roberts, WM 2017, 1142, 1143.

1441 Einen Überblick über die wesentlichen Änderungen wird dargestellt bei Zentes/Glaab, BB 2017, 67, 72.

1442 Siehe den umfangreichen Sanktionskatalog im § 56 Abs. 1 GwG.

Rahmen des risikobasierten Ansatzes verhalten können. Der schlichte Hinweis auf den risikobasierten Ansatz ist daher nicht ausreichend.

2. Lösungsmöglichkeit 1: Konkretisierung durch Auslegungs- und Anwendungshinweise sowie durch Rundschreiben

Zunächst sollen noch einmal die bestehenden Veröffentlichungen der Aufsichtsbehörden betrachtet werden. Bisher hat die BaFin neben den Auslegungs- und Anwendungshinweisen unterschiedliche Rundschreiben genutzt (z. B. BaFin Rundschreiben 1/2014 (GW), FATF-Rundschreiben). Es scheint sich bei der BaFin schlicht eine Praxis etabliert zu haben, ihre Anforderungen in Rundschreiben, Merkblättern oder anderen Hinweispapieren zu veröffentlichen. Auch der Gesetzgeber hat mit der Ermächtigungsgrundlage der Auslegungs- und Anwendungshinweise nach § 51 Abs. 8 GwG eine Grundlage für diese Vorgehensweise geschaffen. Den Veröffentlichungen fehlt es aber teilweise an präzisen Vorgaben und sie können nur als norminterpretierende Verwaltungsvorschriften eingestuft werden. Daher fehlt ihnen die rechtliche Verbindlichkeit.[1443]

Allerdings besteht in der Existenz dieser Veröffentlichungen auch ein erheblicher Vorteil. Die Verwendung von Auslegungs- und Anwendungshinweisen im Geldwäscherecht kann als sinnvoller und notwendiger Prozess für die Entwicklung späterer normkonkretisierender Vorgaben verstanden werden. Somit würde mit den Auslegungs- und Anwendungshinweisen ein wichtiges Durchgangsstadium bestehen. Denn genaue Vorgaben für die Geldwäsche oder Terrorismusfinanzierung können teilweise von den Aufsichtsbehörden in vielen Fällen gar nicht gemacht werden, da die Bekämpfungsvorgänge entweder noch nicht erprobt oder noch nicht bekannt sind. Damit können die Veröffentlichungen lediglich als Informationsgrundlage dienen und würden sich dann einem Praxistest unterziehen. Sollte sich eine gefestigte Interpretation der Vorgaben etabliert haben, wäre es notwendig, dass der Gesetzgeber oder die zuständigen Behörden eine Konkretisierungsgrundlage nutzen, die dem Bestimmtheitsgrundsatz entspricht (z. B. Rechtsverordnungen). Ein vergleichbares Verfahren hat sich schon im Zusammenhang mit der Form der Verdachtsmeldung in der Praxis ereignet. Während die Anforderungen bezüglich der genauen Form einer Verdachtsmeldung zuvor noch im BaFin-Rundschreiben 1/2014 (GW) beschrieben wurden,[1444] sind sie mit der Umsetzung der Vierten EU-Geldwäscherichtlinie im Geldwäschegesetz im § 45 GwG festgeschrieben worden. Auf diese Weise kann den verfassungsrechtli-

---

1443 Siehe dazu eingehend Exkurs: Veröffentlichungen der BaFin als normkonkretisierende Vorgaben?, S. 158.

1444 BaFin Rundschreiben 1/2014 (GW), Abs. I.

chen Ansprüchen ausreichend genügt werden. Hierfür lassen sich auch weitere Beispiele im Geldwäschegesetz finden.[1445]

Insgesamt soll noch auf Besonderheiten im Bereich der Geldwäschebekämpfung hingewiesen werden. Das Geldwäscherecht steht vor dem systemimmanenten Konflikt, dass sobald detaillierte Ausführungen über Geldwäsche öffentlich bekannt sind, die potenziellen Geldwäscher gewarnt werden. Damit liegt eine Herausforderung zwischen dem Anspruch auf Publizität und dem Interesse auf Geheimhaltung vor. Teilweise wird von den zuständigen Behörden versucht, auf das Problem zu reagieren, indem ein breiter öffentlicher Zugang vermieden wird. Die FIU stellt auf ihrem Portal Informationen zur Verfügung, die nur von den Verpflichteten des Geldwäschegesetzes eingesehen werden können.[1446] Bereits im August 2014 wurde ein Papier von der FIU mit Anhaltspunkten für Geldwäsche und Terrorismusfinanzierung bereitgestellt, welches über Verbände und berufstätige Organisationen auf Anfrage an die Geldwäschebeauftragten weitergegeben wurde.[1447] Weiterhin ist hervorzuheben, dass im September 2019 die FIU, die BaFin und das BKA gemeinsam mit Vertretern großer deutscher Banken eine Public-Privat Partnership mit dem Namen „Anti Financial Crime Alliance" (AFCA) mit der Absicht gegründet haben, eine dauerhafte strategische Zusammenarbeit im Bereich der Bekämpfung von Geldwäsche und Terrorismusfinanzierung in Deutschland zu etablieren.[1448]

Dabei sollte das Argument der Geheimhaltung insgesamt nicht überbewertet werden.[1449] So kann bezweifelt werden, ob der Anspruch an Geheimhaltung bei einem so umfassenden Kreis von Verpflichteten des Geldwäschegesetzes überhaupt sichergestellt werden kann. Darüber hinaus ist zu bedenken, dass ein eng gestricktes Verdachtsraster wenig Raum für Geldwäschehandlungen lassen würde, selbst wenn es bekannt wäre. Insgesamt ist der Ansatz von Kooperation und Austausch zu begrüßen. Es sollte das Ziel verfolgt werden, dass weitere Informationen zur Verfügung stehen, um die Sensibilität der Verpflichteten zu erhöhen.

1445 Weitere Beispiele waren im Zusammenhang mit der Risikoanalyse im Geldwäscherecht zu beobachten. Während die Anforderungen der Risikoanalyse zuvor im BaFin-Rundschreiben 8/2005 (GW) beschrieben wurden, sind sie mit der Umsetzung der Vierten EU-Geldwäscherichtlinie im Geldwäschegesetz nach § 5 GwG ff. aufgenommen worden.

1446 Siehe www.zoll.de/DE/Fachthemen/FIU/fiu_node.html.

1447 Scherp, CB 2016, 408, 409.

1448 Siehe Pressemeldung von der Generalzolldirektion, Financial Intelligence Unit: Öffentlicher Sektor und Privatwirtschaft intensivieren ihre Zusammenarbeit bei der Bekämpfung von Geldwäsche und Terrorismusfinanzierung vom 24.9.2019, abrufbar unter www.presseportal.de/pm/120080/4384354 (zuletzt abgerufen am 9.2.2020).

1449 Vgl. auch Werner, S. 137 f.

3. Lösungsmöglichkeit 2: Konkretisierung durch eine Rechtsverordnung oder Allgemeinverfügung

Aus der Perspektive des Verfassungsrechts besteht für die zuständigen Behörden die Möglichkeit, dass sie Rechtsverordnungen im Sinne von Art. 80 GG erlassen. Es ist anerkannt, dass Rechtsverordnungen dem Bestimmtheitsgrundsatz genügen und als Konkretisierung für Ordnungswidrigkeiten herangezogen werden können.[1450] Auch im Geldwäschegesetz lassen sich bereits viele Ermächtigungen für Rechtsverordnungen finden.[1451] Es ist weiterhin möglich, dass Konkretisierungen durch Verwaltungsakte (z. B. in Form von Allgemeinverfügungen) vorgenommen werden.[1452] Auch hierfür bestehen im Geldwäschegesetz Ermächtigungsgrundlagen. Demnach kann die FIU beispielsweise von ihrem Recht Gebrauch machen, eine Allgemeinverfügung nach § 41 Abs. 2 GwG zu erlassen.[1453]

Eine Rechtsverordnung erscheint auch nicht untypisch. Im gesamten Bankaufsichtsrecht ist zunehmend erkennbar, dass der Gesetzgeber den Gebrauch von Rechtsverordnungen erwartet.[1454] Im § 25a Abs. 4 KWG besteht eine gesetzliche Grundlage, mit der die gesetzlichen Anforderungen an das Risikomanagement der Kreditinstitute konkretisiert werden können. Die BaFin hat bisher die „Mindestanforderungen an das Risikomanagement – MaRisk" als Rundschreiben veröffentlicht.[1455] Der Gesetzgeber hat in diesem Zusammenhang klargestellt, dass die MaRisk als Rundschreiben keinen Rechtsnormcharakter aufweist. Somit kann sie weder als Grundlage für Verwaltungsakte noch für die Verhängung von Bußgeldern herangezogen werden.[1456] Daher hat der Gesetzgeber die Ermächtigungsgrundlage des § 25a Abs. 4 KWG für eine Rechtsverordnung erlassen.[1457] Neben der Er-

1450 *Remmert* in Maunz/Dürig, GG, Art. 80 Rn. 1 und 7.

1451 Siehe z. B. § 2 Abs. 2 GwG; § 12 Abs. 5 GwG; 13 Abs. 2 GwG; 14 Abs. 4 GwG; 15 Abs. 10 GwG; § 18 Abs. 6 GwG; § 22 Abs. 3 und 4 GwG; § 23 Abs. 7 GwG; § 45 Abs. 5 GwG; § 47 Abs. 6 GwG.

1452 Vgl. *Dannecker* in Leipziger Kommentar StGB, § 1 Rn. 133.

1453 Siehe näher oben im Zusammenhang mit den Anhaltspunkten aus der Rückmeldung einer Verdachtsmeldung, S. 185.

1454 Siehe auch die bereits bestehende Rechtsverordnung zu den nach dem Geldwäschegesetz meldepflichtigen Sachverhalten im Immobilienbereich (GwGMeldV-Immobilien) für Verpflichtete nach § 2 Abs. 1 Nr. 10 und 12 GwG.

1455 BaFin Rundschreiben 09/2017 (BA) – Mindestanforderungen an das Risikomanagement – MaRisk vom 27.10.2017, abrufbar unter https://www.bafin.de/SharedDocs/Veroeffentlichungen/DE/Rundschreiben/2017/rs_1709_marisk_ba.html (zuletzt abgerufen am 16.07.2023).

1456 Vgl. BT-Drs. 18/5009, S. 73.

1457 Dies wurde mit dem Gesetz zur Anpassung des nationalen Bankenabwicklungsrechts an den Einheitlichen Abwicklungsmechanismus und die europäischen Vorgaben zur Bankenabgabe (Abwicklungsmechanismusgesetz – AbwMechG) vom 02.11.2015

mächtigungsgrundlage der MaRisk lassen sich auch weitere Beispiele für Rechtsverordnungen im Bankwesen finden. Der § 18a KWG sieht eine Verordnungsermächtigung für die Aufsichtsbehörden vor, womit das Gesetz bei der Vergabe von Immobiliar-Verbraucherdarlehen konkretisiert werden soll.

Einer möglichen Rechtsverordnung im Geldwäscherecht kann jedoch auch mit Kritik begegnet werden. So steht das Geldwäscherecht vor dem schon oben aufgezeigten systemimmanenten Konflikt, dass eine öffentliche Bekanntgabe von detaillierten Ausführungen die Geldwäscher warnen könnte. Zudem stellt sich die Frage, ob die Anforderungen der Geldwäschebekämpfung in dem für eine Rechtsverordnung typischen abstrakt-generellen Regelungscharakter festgelegt werden können. Gerade bei der Verdachtsmeldung wird deutlich, dass als Grundlage für eine Konkretisierung mögliche Typologien, Modelle und Anhaltspunkte relevant sind.[1458]

Wie oben schon vertreten, sollte das Argument der Geheimhaltung nicht überbewertet werden.[1459] Ausreichende Hinweise würden die Sensibilität der Verpflichteten erhöhen und insgesamt dem Verdachtsmeldewesen helfen. Zudem sind vereinzelte Vorgaben nicht geheimhaltungswürdig (z. B. die Form der Verdachtsmeldung). Gegen eine Rechtsverordnung im Geldwäscherecht spricht auch nicht, dass sich die Regelungsmaterie mit ihrem Konzeptcharakter nicht eignen würde. Eine Rechtsverordnung mit Regelungen, Empfehlungen, Erklärungen, Klarstellungen, Beispielsfällen sowie nicht abschließenden Aufzählungen wäre kein Einzelfall im Bankaufsichtsrecht. Die Ermächtigungsgrundlage im § 18a Abs. 10a KWG sieht vor, dass mit der Rechtsverordnung insbesondere Leitlinien festgelegt werden sollen. Diese sollen Faktoren beinhalten, die für die Einschätzung relevant sind, ob der Darlehensnehmer seinen Verpflichtungen aus dem Darlehensvertrag voraussichtlich nachkommen kann.[1460]

Zusammenfassend lässt sich sagen, dass sich der Gebrauch von Rechtsverordnungen und anderen Konkretisierungsmöglichkeiten (z. B. Allgemeinverfügung) im Geldwäscherecht anbietet. Hierfür können die schon bestehenden Ermächtigungsgrundlagen genutzt sowie weitere vom Gesetzgeber festgelegt werden.

(BGBl I, S. 1864) umgesetzt. Die BaFin hat bisher die Ermächtigungsgrundlage nicht genutzt. Siehe näher Gurlit, WM 2020, 105, 109.

1458 Vgl. auch die Bedenken des Gesetzgebers in Bezug auf mögliche Konkretisierungsvorgaben bei der Verdachtsmeldung, BT-Drs. 12/2704, S. 15.

1459 Vgl. auch Werner, S. 137 f.

1460 Auch bei der MaRisk lässt sich an vielen Stellen einen Konzeptcharakter feststellen.

4. Lösungsmöglichkeit 3: Ein Genehmigungsverfahren der Risikoanalyse

Neben den aufgezeigten Lösungsmöglichkeiten bietet sich für das Geldwäscherecht ein Genehmigungsverfahren der institutsspezifischen Risikoanalyse als Möglichkeit zur Konkretisierung des Gesetzes an. Diese Konkretisierung würde sich auch auf die Verdachtsmeldung positiv auswirken und zur Bestimmtheit der Norm beitragen. Ein solches Genehmigungsverfahren soll nicht die anderen Lösungsmöglichkeiten ersetzen, sondern ist vielmehr als zusätzliche Ergänzung zu verstehen.

a) Die Risikoanalyse als Konkretisierung

Die Risikoanalyse gilt als „Herzstück" der institutsspezifischen Bekämpfung von Geldwäsche und Terrorismusfinanzierung.[1461] Ein Kreditinstitut soll nach § 5 GwG seine angebotenen Dienstleistungen (z. B. Einlagen-, Kreditgeschäft) zusammenstellen und deren Risiken prüfen und bewerten.[1462] Darauf aufbauend sind geeignete Präventionsmaßnahmen zu treffen und die internen Sicherungsmaßnahmen sind daraus abzuleiten.[1463] Nach der gegenwärtigen Rechtslage ist gem. § 5 Abs. 2 GwG die Risikoanalyse von den Kreditinstituten zu dokumentieren, regelmäßig zu überprüfen sowie zu aktualisieren. Die Kreditinstitute müssen der Aufsichtsbehörde auf Verlangen die jeweils aktuelle Fassung zur Verfügung stellen.

Der hier vertretene Lösungsvorschlag würde eine deutlich stärkere Einbindung der Aufsichtsbehörden in den Prozess der Risikoanalyse verlangen. Demnach müssten die Kreditinstitute in einem ersten Schritt auf ihrem Kenntnisstand und mit dem möglich verfügbaren Wissen die Risikoanalyse entwerfen. Dieser Vorgang ist bereits bestehende Rechtslage. Neu wäre, dass in einem zweiten Schritt die Aufsichtsbehörden die erstellte Risikoanalyse von den Kreditinstituten überprüfen müssen. Gegenwärtig können sich die Aufsichtsbehörden die Risikoanalyse zur Verfügung stellen lassen, müssen dies allerdings nicht. Der hier vertretene Überprüfungsprozess der Behörden dient dazu, dass noch wesentliche Inhalte oder besondere aktuelle Kenntnisse auf Seiten der Behörden in Bezug auf Geldwäsche oder Terrorismusfinanzierung ergänzt werden sollen. Somit wird eine Risikoanalyse erstellt, welche einen aktuellen Kenntnisstand der Kreditinstitute sowie der Aufsichtsbehörden widerspiegelt. In einem letzten Schritt genehmigt die Aufsichtsbehörde in einem formellen Verfahren die Risikoanalyse, wenn sie ihren Vorstellungen und Anforderungen entspricht.

1461 Siehe auch zur Bedeutung der Risikoanalyse Ackmann/Reder, WM 2009, 200, 211. Ausführlich zur Risikoanalyse, S. 58.

1462 Siehe auch Begründung zum 4. Finanzmarktförderungsgesetz in BT-Drs. 14/8017.

1463 BT-Drs. 18/11555, S. 109 f.

Übersicht über das Verfahren bei der Genehmigung einer Risikoanalyse

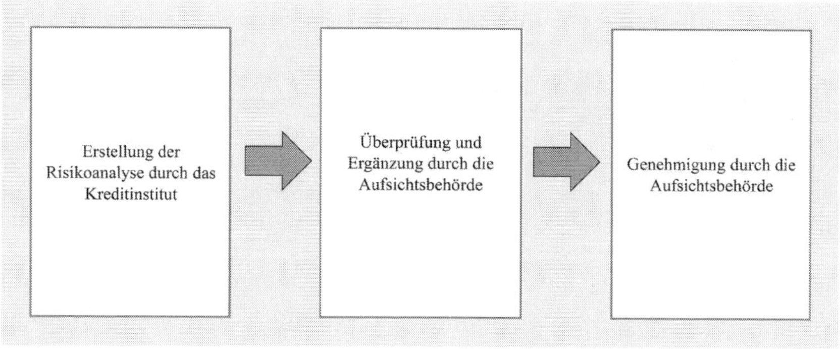

Abbildung 9: Übersicht zum Ablauf des Genehmigungsverfahrens einer Risikoanalyse.
Quelle: Eigene Darstellung.

b) Rechtliche Voraussetzungen

Als rechtliche Voraussetzung für diese Lösung ist zunächst über eine Ermächtigungsgrundlage für das Genehmigungsverfahren der Risikoanalyse nachzudenken. Nach der gegenwärtigen Rechtslage haben die Aufsichtsbehörden gem. § 5 Abs. 2 Nr. 3 GwG das Recht, sich auf Verlangen die jeweils aktuelle Fassung der Risikoanalyse von den Verpflichteten zur Verfügung stellen zu lassen.[1464] Will die Aufsichtsbehörde eine Änderung oder Anpassung der Risikoanalyse durchsetzen, so kann sie nach § 51 Abs. 2 GwG erforderliche Anordnungen treffen.[1465] Somit besteht zwar das grundsätzliche Recht der Aufsichtsbehörden auf die Risikoanalyse Einfluss zu nehmen, nicht aber die Pflicht, jede Risikoanalyse zu genehmigen. Es wäre daher notwendig, eine solche Pflicht im Geldwäschegesetz zu ergänzen. Aus anderen Bereichen im Verwaltungsrecht sind unterschiedliche Genehmigungsverfahren bekannt (z. B. Genehmigungsverfahren nach dem Bundes-Immissionsschutzgesetz nach §§ 4 BImSchG ff. oder das Planfeststellungsverfahren nach §§ 72 VwVfG ff.).[1466]

1464 Eine unzureichende Risikoanalyse stellt eine Ordnungswidrigkeit nach § 56 Abs. 1 Nr. 1 und 2 GwG dar.

1465 Die Rechtsgrundlage nach § 25h Abs. 5 KWG bezieht sich lediglich auf die internen Sicherungsmaßnahmen nach § 25h Abs. 1 bis 3 KWG. Ebenso ist § 6 Abs. 8 GwG auf interne Sicherungsmaßnahmen gerichtet.

1466 Siehe näher zum förmlichen Verwaltungsverfahren nach §§ 63 VwVfG ff. Ipsen, Allgemeines Verwaltungsrecht, § 16 Rn. 940 ff.

Des Weiteren ist zu überlegen, welche Behörde für das Genehmigungsverfahren zuständig sein sollte. Hierbei kommen die BaFin als zuständige Aufsichtsbehörde für die Kreditinstitute nach § 50 Nr. 1 lit. a GwG sowie die FIU nach § 27 GwG in Frage. Aus der Systematik des Geldwäschegesetzes ergibt sich, dass eine solche Aufgabe der zuständigen Aufsichtsbehörde nach § 50 GwG übertragen werden sollte. Allerdings können auch durch die FIU wesentliche Informationen und aktuelle Erkenntnisse der Geldwäsche und Terrorismusfinanzierung genutzt werden. Nach der aktuellen Gesetzeslage sieht das Geldwäschegesetz bereits den Austausch der Aufsichtsbehörden mit anderen Behörden vor. Gem. § 55 Abs. 1 GwG arbeiten die Aufsichtsbehörden und die FIU zur Verhinderung und zur Bekämpfung von Geldwäsche und von Terrorismusfinanzierung umfassend zusammen.[1467]

Eine Genehmigung kann in Form eines Verwaltungsaktes erfolgen, sobald die Risikoanalyse den Anforderungen der zuständigen Behörden entspricht. Der Verwaltungsakt im Sinne von § 35 VwVfG ist als taugliche Grundlage für eine Konkretisierung des Gesetzes anerkannt und genügt den verfassungsrechtlichen Anforderungen des Bestimmtheitsgrundsatzes, wenn er selbst hinreichend bestimmt ist.[1468]

c) Konkreter Gesetzesvorschlag

Weiterhin soll ein konkreter Vorschlag zur Änderung des Geldwäschegesetzes als möglicher Entwurf dargestellt werden. Hierfür könnte im § 5 GwG ein neuer Absatz 3 mit folgendem Wortlaut eingefügt werden:

> *§ 5 Risikoanalyse*
>
> *(1) Die Verpflichteten haben diejenigen Risiken der Geldwäsche und der Terrorismusfinanzierung zu ermitteln und zu bewerten, die für Geschäfte bestehen, die von ihnen betrieben werden. Dabei haben sie insbesondere die in den Anlagen 1 und 2 genannten Risikofaktoren sowie die Informationen, die auf Grundlage der nationalen Risikoanalyse zur Verfügung gestellt werden, zu berücksichtigen. Der*

1467 Nach § 55 Abs. 1 GwG arbeiten die Aufsichtsbehörden zur Verhinderung und zur Bekämpfung von Geldwäsche und von Terrorismusfinanzierung bei der Wahrnehmung ihrer Aufgaben nach § 51 GwG untereinander sowie mit den in § 54 Abs. 3 GwG genannten Stellen umfassend zusammen. Zu den Stellen nach § 54 Abs. 3 GwG zählen die Strafverfolgungsbehörden (Nr. 1) sowie die FIU (Nr. 3). Zu den Aufgaben nach § 51 GwG zählen auch Maßnahmen die Internen Sicherungsmaßnahmen nach § 6 Abs. 8 GwG, welche lex specialis zu Anordnungsbefugnissen § 51 Abs. 2 GwG sind. Vgl. *Kaetzler* in Zentes/Glaab, GwG, § 6 Rn. 190.

1468 BVerfGE 78, 374, 382 f.; *Dannecker* in Leipziger Kommentar StGB, § 1 Rn. 133; Rühl, JuS 1999, 521 ff; *Degenhart* in Sachs, GG, Art. 103 Rn. 67 f.

Umfang der Risikoanalyse richtet sich nach Art und Umfang der Geschäftstätigkeit der Verpflichteten.

(2) Die Verpflichteten haben

1. die Risikoanalyse zu dokumentieren,

2. die Risikoanalyse regelmäßig zu überprüfen und gegebenenfalls zu aktualisieren und

3. der Aufsichtsbehörde auf Verlangen die jeweils aktuelle Fassung der Risikoanalyse zur Verfügung zu stellen.

(3) Die Risikoanalyse der Verpflichteten nach § 2 Absatz 1 Nr. 1 bedarf einer Genehmigung der zuständigen Aufsichtsbehörde. Dabei hat die Aufsichtsbehörde die Risikoanalyse insbesondere auf den Stand der aktuellen Kenntnisse der Geldwäsche und Terrorismusfinanzierung hin zu überprüfen und soll gegebenenfalls Ergänzungen verlangen. Wurde die Risikoanalyse nach Absatz 2 Nr. 2 aktualisiert, ist erneut eine Genehmigung von der Aufsichtsbehörde einzuholen.

[...].

d) Potenzielle Vorteile

Ein Genehmigungsverfahren der Risikoanalyse zur Konkretisierung des Geldwäschegesetzes bietet eine Vielzahl von Vorteilen.

Zunächst würde das Problem entfallen, dass Vorgaben der Aufsichtsbehörden auch von potenziellen Geldwäschern eingesehen werden können. Die Risikoanalyse der Institute ist schon von Natur aus nicht öffentlich und soll lediglich einem eingeschränkten Personenkreis insbesondere dem Geldwäschebeauftragten, der Geschäftsführung und den Aufsichtsbehörden zugänglich sein.[1469] Somit können wirklich empfindliche Daten mit einem solchen Verfahren weitestgehend geheim gehalten werden.

Des Weiteren besteht gerade der Sinn und Zweck der Risikoanalyse darin, die Pflichten des Geldwäschegesetzes auf die konkrete Gefährdungslage des Instituts zu bestimmen. Das Ziel der Risikoanalyse ist es, die spezifischen Risiken der Geldwäsche und Terrorismusfinanzierung im Geschäftsbetrieb umfassend und vollständig zu erfassen, zu identifizieren, zu kategorisieren, zu gewichten sowie darauf aufbauend geeignete Präventionsmaßnahmen zu treffen.[1470] Damit soll gerade mit Hilfe der Risikoanalyse eine Konkretisierung des Geldwäschegesetzes vorgenommen werden. Dabei können auch die Vorgaben der Verdachtsmeldung sowie insbesondere notwendiger An-

1469 Zudem soll sie der Revision nachvollzielbar schriftlich fixiert werden. Vgl. BaFin Rundschreiben 8/2005 (GW), Nr. 5.

1470 BT-Drs. 18/11555, S. 110.

haltspunkte näher bestimmt werden. Nach der aktuellen Rechtslage wird die Risikoanalyse allerdings allein von den Kreditinstituten abverlangt. Damit das verfassungsrechtliche Bestimmtheitsproblem gelöst werden kann, bedarf es eines staatlichen Mitwirkungsakts.

Schon *Findeisen* hat die Besonderheiten des Risikomanagements im Geldwäschegesetz in einer Veröffentlichung im Jahr 1997 betont und hervorgehoben, dass es sich um eine besondere Form von Präventionsmaßnahmen handelt, welche jenseits und außerhalb des strafrechtlichen und polizeirechtlichen Ordnungsauftrages bestehen.[1471] Die Kreditinstitute sollen Sicherungs- und Frühwarnsysteme schaffen, die es ermöglichen, die Risiken der Geldwäsche in einem Institut zu minimieren. Nur durch den Aufbau von privaten Sicherungssystemen und der repressiven Sozialkontrolle durch § 261 StGB kann insgesamt ein effektiver Rechtsgüterschutz im Geldwäscherecht erreicht werden.[1472] *Findeisen* stellt klar, dass diese Systeme einer eigenen Logik und Rationalität unterliegen und keine „bloße Nachahmung staatlichen Ermittlerhandelns" damit verbunden ist.[1473] Insbesondere hält es *Findeisen* bei der Umsetzung des Geldwäschegesetzes für erforderlich, dass neben der überwachenden staatlichen Funktion die Beratung hinzukommt. Diese beratende Funktion sieht er in der Unterstützung der Kreditinstitute bei der Einführung geeigneter Kontrollsysteme bzw. Ausbildungsprogramme.[1474] Die Rolle der Aufsichtsorgane soll seiner Meinung nach Eckwerte und Rahmenbedingungen liefern und die Kreditinstitute sollen die Aufgaben im Wesentlichen aufgrund eines Selbstschutzes durchführen.[1475] Allerdings ist zu beachten, dass zum Zeitpunkt der Veröffentlichung des Aufsatzes von *Findeisen* das Geldwäschegesetz weder eine Bebußung bei der Verletzung der Verdachtsmeldung noch eine Bebußung für ein unzureichendes Risikomanagement vorsah.[1476] Er betont daher auch, dass die Umsetzung des Risikomanagements auf einem Vertrauen des Gesetzgebers beruht und die Normadressaten ihrem Regelungsauftrag autonom nachzukommen haben.[1477] Aus der heutigen Perspektive lässt sich daher vertreten, dass der besondere Bereich der Prävention im Geldwäschebereich nach wie vor von einer beratenden Funktion der zuständigen staatlichen Stellen geprägt sein muss. Aufgrund der Gefahr von hohen Sanktionen müssen die staatlichen Stellen umso mehr konkrete Vorgaben machen. Die Eckwerte und Rahmenbedin-

1471 Findeisen, wistra 1997, 121, 124; siehe in diesem Kontext eingehend zum Zweck des Geldwäschegesetzes, S. 31.

1472 Findeisen, wistra 1997, 121, 125.

1473 Findeisen, wistra 1997, 121, 124.

1474 Findeisen, wistra 1997, 121, 127.

1475 Findeisen, wistra 1997, 121, 127.

1476 Vgl. für die Bebußung des Risikomanagements insbesondere § 56 Abs. 1 Nr. 1–5 GwG.

1477 Findeisen, wistra 1997, 121, 123.

gungen sind zwingend notwendig, damit die Kreditinstitute bei der Erstellung der Risikosysteme ausreichend Sicherheit haben und den Anforderungen der Aufsichtsbehörden entsprechen.

Gegenwärtig lassen sich zudem erhebliche Ungerechtigkeiten erkennen. Da es bisher nur wenig gesetzliche Vorgaben gab und es an einem einheitlichen Standard fehlte, können sich die Risikoanalysen von Kreditinstitut zu Kreditinstitut teilweise erheblich unterscheiden. In der Praxis wird die inhaltliche Tiefe regelmäßig von dem Engagement des einzelnen Geldwäschebeauftragten abhängen. Sollte dieser eine besonders umfangreiche Risikoanalyse erstellen, kann sich dies sogar nachteilig auswirken. Denn erwähnt eine Risikoanalyse Umstände, gegen die verstoßen wird, dann kann dies zu einem erhöhten Haftungsmaßstab und zu verschärften Sanktionen führen, da offensichtlich diesbezügliche Probleme schon bekannt waren. Ein Geldwäschebeauftragter, der eine ganz reduzierte Risikoanalyse erstellt, läuft somit nicht Gefahr, einem erhöhten Haftungsmaßstab zu unterliegen. Damit werden falsche Anreize gesetzt. Ein Genehmigungsverfahren würde diese Widersprüchlichkeiten auflösen können. Ein einheitlicher Standard der Risikoanalyse erscheint auch aus diesem Grund notwendig zu sein. Zumindest hat das Bundesfinanzministerium mit der Ersten Nationalen Risikoanalyse im Oktober 2019 eine Grundlage dafür geschaffen, dass die Kreditinstitute umfangreiche Anhaltspunkte für die Erstellung einer Risikoanalyse haben.[1478]

Nicht zuletzt würde mit einem Genehmigungsverfahren der Kooperationsgedanke zwischen den Aufsichtsbehörden und den Verpflichteten des Geldwäschegesetzes gefördert werden.[1479] Schon frühzeitig wurde eine bessere Unterrichtung über neue Geldwäschemethoden sowie eine engere Zusammenarbeit mit den zuständigen Behörden von den Kreditinstituten gefordert.[1480] Eine verstärkte Zusammenarbeit zwischen den Behörden und den Verpflichteten wird auch von den Europäischen Aufsichtsbehörden in einer im Februar 2017 veröffentlichten Stellungnahme betont.[1481] Der Vorteil einer Kooperation besteht insbesondere darin, dass im Rahmen eines Genehmigungsverfahrens das Wissen der Kreditinstitute und der Aufsichtsbehörden

1478 Bundesministerium der Finanzen, Erste Nationale Risikoanalyse – Bekämpfung von Geldwäsche und Terrorismusfinanzierung 2018/2019.

1479 Siehe schon zur Notwendigkeit einer Kooperation zwischen Strafverfolgungsbehörden und Adressaten des Geldwäschegesetzes *Ziegler* in Gradowski/Ziegler, Geldwäsche, Geschwinnabschöpfung, S. 102.

1480 Siehe die empirische Untersuchung durch die Befragung von den Kreditinstituten von Oswald, S. 179 ff.

1481 ESAS Joint Opinion, JC/2017/07, S. 11. Die europäischen Aufsichtsbehörden sind aufgrund von Art. 6 Abs. 5 RL (EU) 2015/849 alle zwei Jahre verpflichtet eine Stellungnahme bezüglich der Risiken der Geldwäsche und der Terrorismusfinanzierung für den Finanzsektor zu veröffentlichen.

ausgetauscht werden kann. Während die Kreditinstitute mit ihren Kenntnissen auf Risiken von bestehenden Geschäftsabläufen hinweisen könnten, würden die Aufsichtsbehörden auf aktuelle Erkenntnisse und Entwicklungen der Geldwäschebekämpfung aufmerksam machen. Somit könnten sich die zuständigen Behörden das innovative Wissen der Kreditinstitute über die Finanzwirtschaft auf diesem Weg zu Nutze machen.[1482] Auch könnte der risikobasierte Ansatz von den Kreditinstituten so eingesetzt werden, dass auf wirkliche Risiken eingegangen werden kann und die Sicherheit besteht, dass auch die Aufsichtsbehörden, diese Risikoeinschätzung teilen. Ein Austausch würde das Vertrauen und die Transparenz auf beiden Seiten insgesamt stärken. Auch spricht für einen Kooperationsgedanken der rechtliche Umstand, dass es sich bei den Geldwäscheregelungen um die Inpflichtnahme von Privaten handelt. Die Verfolgung von Straftaten ist eine ureigene Aufgabe des Staates. Ein kooperatives Verhalten der Behörden erscheint daher naheliegend. Ob die eingerichtete Public-Privat Partnership mit dem Namen „Anti Financial Crime Alliance" (AFCA) ausreichend ist, erscheint fraglich. Notwendig sind vielmehr darüber hinaus bestehende verbindliche Regelungen.

e) Mögliche Nachteile

Für ein Genehmigungsverfahren der Risikoanalyse lassen sich allerdings auch Einwände finden.

Zunächst erscheint problematisch, dass die Aufsichtsbehörden einen erheblichen Verwaltungsmehraufwand hätten. In Deutschland beläuft sich die Anzahl der Kreditinstitute im Jahr 2021 auf 1.740.[1483] Zählt man weitere von der BaFin beaufsichtigte Verpflichtete nach dem Geldwäschegesetz hinzu (z. B. Zahlungsinstitute und E-Geld-Institute), steigt die Zahl erheblich.[1484] Damit wäre ein Genehmigungsverfahren mit hohen finanziellen und personellen Ressourcen auf Seiten der Behörden verbunden. Dieses Argument muss allerdings entschärft werden, da der Aufwand in einem angemessenen Rahmen gehalten werden kann. Zum einen besteht ein erhebliches Potential zur Standardisierung, denn trotz der unterschiedlichen Geschäftsmodelle der Kreditinstitute lassen sich für bestimmte Geschäfte auch wiederkehrend ähnliche oder dieselben Risiken identifizieren.[1485] Weiterhin würde zwar

---

1482 Siehe schon *Ziegler* in Gradowski/Ziegler, Geldwäsche, Geschwinnabschöpfung, S. 125.

1483 Siehe Hinweis auf Internetseite der BaFin, abrufbar unter https://www.bafin.de/DE/Aufsicht/BankenFinanzdienstleister/bankenfinanzdienstleister_node.html#:~:text=Die%20BaFin%20ist%20als%20national,1.740%20Banken%20und%20674%20Finanzdienstleistungsinstitute (zuletzt abgerufen am 17.09.2023).

1484 Die BaFin beaufsichtigt eine Vielzahl der Verpflichteten gem. § 50 Nr. 1 GwG.

1485 Siehe z. B. die Übersicht der Bankprodukte aus der Ersten Nationale Risikoanalyse 2018/2019 des Bundesministeriums der Finanzen vom 19.10.2019, S. 75 ff.

noch die erste Erstellung und Genehmigung der Risikoanalyse für ein jeweiliges Kreditinstitut und die zuständige Behörde aufwendig sein, im Folgenden müssten dann allerdings nur noch Anpassungen vorgenommen werden. Insgesamt kann somit der Verwaltungsaufwand begrenzt werden. Auch wäre ein maßgeschneidertes Konzept für ein Kreditinstitut kein Einzelfall im Bereich der Bankenaufsicht. Nach dem Sanierungs- und Abwicklungsgesetz (SAG) müssen die Institute ein sogenanntes Banktestament erstellen, welches ebenso ein behördliches Verfahren durchläuft.[1486]

Weiterhin könnte gegen ein Genehmigungsverfahren eingewendet werden, dass selbst durch die Erstellung einer Risikoanalyse der Einzelfall nicht ausreichend berücksichtig wird. Gerade im Geldwäscherecht wird aber die Beurteilung des Einzelfalles besonders hervorgehoben.[1487] Ein Einzelfall wird aber durch präventive Vorgaben kaum sinnvoll festzulegen sein. Vielmehr braucht es abstrakt-generelle Regelungen, aus denen sich ein Einzelfall ableiten lässt. Mit Sicherheit bestehen bei der Erstellung eines Verdachtsrasters erhebliche Schwierigkeiten.[1488] Mit der Risikoanalyse kann allerdings eine Konkretisierung bestmöglich erreicht werden, da sich die allgemeinen gesetzlichen und verkehrsspezifischen Vorgaben mit den konkreten Risiken in dem Kreditinstitut verbinden. Auf dieser Basis kann der Einzelfall subsumiert werden.

Die Ausführungen zum Vorschlag für das Genehmigungsverfahren beziehen sich zunächst nur auf die Kreditinstitute. Die Einbindung von anderen Verpflichteten des Geldwäschegesetzes nach § 2 GwG muss einer gesonderten Prüfung vorbehalten werden. Hierbei wird der erhebliche Verwaltungsaufwand für die Behörden des Nichtfinanzsektors aufgrund der vielen Aufsichtsobjekte (z.B. Immobilienmakler, Güterhändler) problematisch sein. Möglich erscheint daher auch, das Genehmigungsverfahren zunächst auf die Kreditinstitute zu beschränken. Seit jeher stehen die Kreditinstitute im Mittelpunkt des Geldwäschegesetzes. Auch wäre eine ungleiche Behandlung für den Bereich des Finanzsektors dem Geldwäschegesetz nicht unbekannt, wie sich schon mit Blick auf die höheren Sanktionen nach § 56 Abs. 3 Satz 3 und 4 GwG zeigt.[1489]

1486 Siehe näher Hübner/Leunert, ZIP 2015, 2259 ff. sowie insbesondere zu den Schwierigkeiten des komplexen Verwaltungsverfahrens, Binder, ZHR 2015, 83 ff. Auch im Rahmen der Eigenkapitalvorschriften müssen institutsspezifische Lösungen gefunden werden. Siehe zu den Besonderheiten der Eigenmittelausstattung und den internen Risikomessverfahren, *Lindemann* in Fischer/Schulte-Mattler, KWG/CRR-VO, § 45 KWG Rn. 42 ff.

1487 BT-Drs. 12/2704, S. 15; Körner/Dach, Geldwäsche, S. 55 f; BaFin Rundschreiben 1/2014 (GW), Abs. I.

1488 Vgl. *Fülbier*, WM 1990, 2025, 2028.

1489 Im Finanzsektor können nach § 56 Abs. 3 Satz 3 und 4 GwG Geldbuße bis zu fünf Millionen Euro oder 10 Prozent des Gesamtumsatzes, den die juristische Person oder

VI. Zwischenergebnis

Im Ergebnis hat sich das Bestimmtheitsproblem im Zusammenhang mit der Verdachtsmeldung bestätigt. Nach der gegenwärtigen Rechtslage sind die weiten und unklaren Tatbestandsmerkmale mit den verfassungsrechtlichen Anforderungen des Bestimmtheitsgrundsatzes nach Art. 103 Abs. 2 GG kaum vereinbar. Es besteht daher die Gefahr, dass die Norm vom Bundesverfassungsgericht für nichtig erklärt werden kann. Die Norm dürfte dann im Umfang der festgestellten Unvereinbarkeit von Gerichten und Verwaltungsbehörden nicht mehr angewendet werden.[1490]

Um dieses verfassungsrechtliche Problem zu lösen, wäre eine Veränderung des Wortlautes von § 43 Abs. 1 GwG wenig erfolgsversprechend. Der notwendige Detailgrad wäre vom Gesetzgeber kaum umsetzbar und müsste zudem ständig an die aktuellen Erkenntnisse angeglichen und verändert werden. Auch eine Konkretisierung durch die Rechtsprechung ist vorerst nicht zu erwarten. Als Lösung ist vielmehr schon jetzt im Geldwäschegesetz angelegt, dass eine Konkretisierungsleistung von den zuständigen Behörden vorgenommen werden muss. Die bisher gewählte Praxis der BaFin durch die Rundschreiben oder die Auslegungs- und Anwendungshinweise genügt den verfassungsrechtlichen Anforderungen des Bestimmtheitsgrundsatzes bisher nicht. Möglich wäre die Verwendung von Rechtsverordnungen im Sinne von Art. 80 GG oder Verwaltungsakten (z. B. Allgemeinverfügungen). Zumindest müsste es sich um präzise Vorgaben in Bezug auf die Verdachtsmeldung handeln. Des Weiteren erscheint ein Genehmigungsverfahren der Risikoanalyse als ein mögliches Instrument für die Kreditinstitute im Geldwäscherecht zu sein. Hierfür bedarf es einer Gesetzesanpassung und es bestünde ein deutlich höherer Aufwand auf Seiten der Aufsichtsbehörden, allerdings könnte damit den besonderen Anforderungen des Geldwäscherechts Rechnung getragen werden.

---

die Personenvereinigung im Geschäftsjahr, das der Behördenentscheidung vorausgegangen ist, erzielt hat, verhängt werden. Die Grenze im Nichtfinanzsektor beträgt nach § 56 Abs. 3 Satz 1 GwG eine Geldbuße bis zu einer Million Euro oder eine Geldbuße bis zum Zweifachen des aus dem Verstoß gezogenen wirtschaftlichen Vorteils. Problematisch könnte damit der Gleichbehandlungssatz nach Art. 3 GG sein.

1490 St. Rspr. BVerfGE 73, 40, 101; 87, 153, 178; 99, 280, 298; 105, 73, 134; 107, 150, 186.

H. Zusammenfassung und Ausblick

I. Zusammenfassung

1. Unklare Vorgaben bei der Meldepflicht

Die Untersuchung der Meldepflicht nach § 43 Abs. 1 GwG hat gezeigt, dass die Tatbestandsmerkmale teilweise einen offenen und weiten Anwendungsbereich aufweisen. Dabei hat sich der Anwendungsspielraum in den letzten Jahren immer wieder erweitert, wie das Tatbestandsmerkmal der Geschäftsbeziehung durch das GwBekErgG aus dem Jahr 2008 sowie die Senkung der Verdachtsschwelle durch das GWPräOptG aus dem Jahr 2011 zeigen. Dabei lassen sich Unklarheiten feststellen. So ergeben sich schon Fragen in Bezug auf einzelne Tatbestandsmerkmale, wie z.B. bei dem Begriff der „Tatsachen“ oder der „Geschäftsbeziehung“, die im spezifischen Zusammenhang mit der Meldepflicht ausgelegt werden müssen. Insbesondere lässt sich schwer bestimmen, wann eine Verdachtsschwelle vorliegt und dies obwohl umfangreiche Änderungen und versuchte Klarstellungen durch den Gesetzgeber und die Aufsichtsbehörden stattgefunden haben. Dabei ist bei näherer Betrachtung nicht nur die Höhe der Schwelle problematisch, sondern auch grundlegend die Frage, was überhaupt unter einem Verdacht auf Geldwäsche zu verstehen ist sowie wie dieser von einem Kreditinstitut erkannt werden kann. Grundsätzlich soll es auf die Sichtweise des Geldwäschebeauftragten ankommen, welcher „einen Sachverhalt nach allgemeinen Erfahrungen und seinem beruflichen Erfahrungswissen unter dem Blickwinkel seiner Ungewöhnlichkeit und Auffälligkeit im jeweiligen geschäftlichen Kontext würdigen“[1491] soll.

Allerdings soll dieser Beurteilungsspielraum des Geldwäschebeauftragten eingeschränkt werden. Demnach dürfen keine strafrechtlichen Prüfungen stattfinden oder gar Ermittlungen angestellt werden. Dies ist auf der einen Seite nachvollziehbar und konsequent, da der Geldwäschebeauftragte weder kriminologische Kenntnisse haben muss, den konkreten Sachverhalt nicht immer vollumfänglich sieht und auch keine Ermittlungskompetenzen wie Strafverfolgungsbehörden hat. Auf der anderen Seite soll im Kern strafrechtliches Verhalten aufgedeckt und gemeldet werden. Insbesondere stellt sich aber die Frage, welche Möglichkeiten für den Geldwäschebeauftragten bestehen, überhaupt Geldwäsche bei Bankkunden zu erkennen. Der Bankkunde wird kaum darauf hinweisen, dass das Geld aus einer Straftat stammt. Oft werden die Kreditinstitute lediglich ein ungewöhnliches Verhalten oder auffällige Angaben der Bankkunden feststellen.

1491 BR-Drs. 317/11, S. 49.

Im Zusammenhang mit der Verdachtsmeldung hat die BaFin als zuständige Aufsichtsbehörde für Kreditinstitute beispielsweise das Rundschreiben 1/2014 (GW) sowie die Auslegungs- und Anwendungshinweise veröffentlicht. Bei näherer Betrachtung wird darin auf eine Vielzahl von Quellen für mögliche Anhaltspunkte der Geldwäsche und Terrorismusfinanzierung verwiesen. Demnach sollen beispielsweise die Typologiepapiere der FIU herangezogen werden.[1492] Weiterhin weist die BaFin auf europäische und internationale Quellen sowie Presseveröffentlichungen hin. Es wird deutlich, dass zahlreiche Quellen relevant sein können. Dabei wird aber auch offensichtlich, dass die BaFin keine abschließende Aufzählung relevanter Quellen vorgegeben hat.

2. Steigende Verdachtsmeldezahlen durch Sanktionen und hohem Druck

Die Unklarheiten über die Voraussetzungen bei der Verdachtsmeldung sind gepaart mit einem hohen Druck auf die Kreditinstitute. Dabei steht insbesondere der Geldwäschebeauftragte als verantwortliche Person für die Verdachtsmeldung im Fokus. Sollten Fehler bei den komplexen Vorgängen der Verdachtsmeldung entstehen, können Bußgelder in erheblicher Höhe gegenüber dem Kreditinstitut von den Aufsichtsbehörden verhängt werden. Insbesondere empfindlich für die Betroffenen wird aber die öffentliche Bekanntgabe des Verstoßes nach § 57 GwG sein. Danach können das betroffene Kreditinstitut und der Geldwäschebeauftragte als Verantwortlicher mit den Namen auf der Internetseite der BaFin genannt werden. Dieses „Naming and Shaming“ kann zu einem erheblichen Reputationsverlust sowie weiteren empfindlichen Folgen führen (z. B. Vertrauensverlust gegenüber den Kunden sowie anderen Marktteilnehmern, Verlust der Zuverlässigkeit des Geldwäschebeauftragten).

In Bezug auf die Verdachtsmeldung lässt sich feststellen, dass eine endgültige Aufklärung von dem Geldwäschebeauftragten nicht gefordert wird. Vielmehr ist es ausreichend, wenn schon Anhaltspunkte für eine mögliche Ungewöhnlichkeit sprechen. Schon bei einer vertieften Untersuchung des Sachverhaltes oder Befragung der Bankkunden könnte die Gefahr bestehen, dass gegen das „Unverzüglichkeitsgebot“ der Verdachtsmeldung verstoßen oder es als überflüssige „Ermittlungshandlungen“ ausgelegt wird.[1493] Damit werden von den Geldwäschebeauftragten lediglich Indizien gesichtet und einer kurzweiligen Plausibilitätskontrolle unterzogen. Können Zweifelsfälle

1492 Die Typologiepapiere der FIU werden zu unterschiedlichen Themenschwerpunkten ausgegeben und stehen nur den Verpflichteten des Geldwäschegesetzes nach vorheriger Anmeldung bei der FIU zur Verfügung.

1493 Vgl. Beschluss des OLG Frankfurt vom 10.04.2018 – 2 Ss-OWi 1059/17.

oder ein „schlechtes Bauchgefühl" bei einem Bankkunden nicht ausgeräumt werden, besteht in der Praxis nunmehr die Gefahr, dass der Geldwäschebeauftragte tendenziell immer eine Verdachtsmeldung abgeben wird.

Dies zeigt sich auch in den steigenden Zahlen der Verdachtsmeldungen. Während im Jahr 2018 noch 77.252 Meldungen bei der FIU von den Verpflichteten eingegangen sind, waren es nach dem FIU-Jahresbericht 2021 bereits schon 289.507 Meldungen.[1494] Bei genauerer Betrachtung der Analysen der FIU lässt sich bei den Verdachtsmeldung allerdings nur ein geringer Anteil mit einer strafrechtlichen Relevanz feststellen. Im Jahr 2018 wurden nur bei 58 % der abgegebenen Verdachtsmeldungen unmittelbare Anhaltspunkte im Zusammenhang mit Geldwäsche, Terrorismusfinanzierung oder sonstigen Straftaten von der FIU festgestellt und an die zuständigen Strafverfolgungsbehörden übermittelt.[1495] Im Jahr 2021 lag die Abgabequote der FIU an die zuständigen Strafverfolgungsbehörden dann nur noch bei 13,5 %.[1496] Somit lässt sich festhalten, dass es zu einem erheblichen Anstieg bei den Verdachtsmeldungen gekommen ist, wobei bei zahlreichen Fällen der Bezug zu einem strafrechtlichen relevanten Verhalten fraglich erscheint.

3. Folgen für Kreditinstitute und der Bankkunde als Opfer

Weiterhin konnte festgestellt werden, dass die Folgen nach der Abgabe einer Verdachtsmeldung einschneidend sein können. Dabei lassen sich nicht nur Auswirkungen bei den Kreditinstituten, sondern insbesondere auch bei den Bankkunden feststellen. Zunächst darf das Kreditinstitut nach § 46 GwG die angetragene auffällige Transaktion des Kunden frühestens nach drei Werktagen ausführen. Mögliche Schäden durch eine Verdachtsmeldung (z. B. Verzugsschäden) wird der Bankkunde regelmäßig nicht ersetzt bekommen, da es eine umfassende Haftungsfreistellung nach § 48 GwG zugunsten der Kreditinstitute gibt. Hinzu kommt, dass es dem Kreditinstitut aufgrund von § 47 GwG verboten ist, Informationen über die verzögerte Transaktion mit dem Bankkunden zu teilen. Sollte der Bankkunde wegen der entstandenen Schäden gegen das Kreditinstitut vorgehen wollen, werden sich die genauen Hintergründe für den Bankkunden erst im Rahmen einer Gerichtsverhandlung zeigen. Unter Umständen könnte in diesen Fällen der Bankkunde auch die Kosten des Gerichtsverfahrens tragen müssen.[1497]

Ebenso besteht für die Bankkunden auch die Gefahr von ihrem Kreditinstitut gekündigt zu werden. Da regelmäßig die Kreditinstitute nach der ab-

1494 FIU-Jahresbericht 2018, S. 14; FIU-Jahresbericht 2021, S. 17.

1495 FIU-Jahresbericht 2018, S. 14 ff.

1496 FIU-Jahresbericht 2021, S. 20.

1497 Siehe dazu bereits OLG Hamburg, Urt. v. 17.03.2022 – 13 U 178/21; LG Stuttgart (6. Zivilkammer), Beschluss vom 06.07.2023 – 6 O 234/22.

gegebenen Verdachtsmeldung keine Rückmeldungen von der FIU oder der zuständigen Strafverfolgungsbehörde im Einzelfall erhalten, kann aus der Sicht eines Kreditinstituts nicht ausgeschlossen werden, dass es sich um einen strafrechtlich relevanten Bankkunden handelt. Schon aufgrund des Reputationsrisikos wird ein Interesse eines Kreditinstitutes bestehen, sich von dem auffälligen Bankkunden zu lösen. Sollte die Geschäftsbeziehung zu einem Bankkunden weitergeführt werden, dann verlangt die BaFin die Durchführung von erhöhten Sorgfaltspflichten, was zu einem höheren Aufwand und zu höheren Kosten bei einem Kreditinstitut führt. Insgesamt kann das Vertrauensverhältnis zwischen dem Kreditinstitut und dem Bankkunden erheblich gestört werden.

4. Verfassungsrechtliche Bedenken

All diese Auswirkungen als Folge einer Verdachtsmeldung wären unter Umständen gerechtfertigt, wenn es sich dabei um Bankkunden mit einem Bezug zu Straftaten handelt. Aus den aktuellen Zahlen der FIU-Jahresberichte lassen sich allerdings nur wenige Meldungen mit einer strafrechtlichen Relevanz entnehmen. Die Voraussetzungen und Auswirkungen der Verdachtsmeldung werfen unterschiedliche verfassungsrechtliche Fragen auf. Es verwundert daher nicht, dass bereits mehrmals Verfahren vor dem Bundesverfassungsgericht mit Fragen zur Verfassungsmäßigkeit des Geldwäschegesetzes angestrebt wurden. Bisher wurden diese Verfahren wegen fehlenden formellen Voraussetzungen zur Entscheidung nicht angenommen.[1498]

Dabei erscheint für die Kreditinstitute insbesondere die Unternehmerische Freiheit nach Art. 16 GrCH beeinträchtigt zu sein. Der weitreichende Eingriff in die Geschäftsbeziehungen bei einer Vielzahl von unklaren Voraussetzungen wirft verfassungsrechtliche Fragen auf. Weiterhin sind insbesondere die Auswirkungen der Verdachtsmeldung auf die Bankkunden zu beachten. Mit jeder Verdachtsmeldung werden empfindliche Daten der Bankkunden an staatliche Stellen übermittelt, wobei in den Schutz der personenbezogenen Daten von den Bankkunden nach Art. 8 GRCh eingegriffen wird. Zwar könnte ein Eingriff wegen eines Verdachts auf schwere Straftaten gerechtfertigt sein, allerdings zeigt sich in der Praxis, dass auch zahlreiche Meldungen, ohne jeglichen strafrechtlichen Hintergrund, stattzufinden scheinen.

Insbesondere wurde durch die Untersuchung deutlich, dass aufgrund der verfassungsrechtlichen schutzwürdigen Güter die Anforderungen und Auswirkungen der Verdachtsmeldung präzise bestimmt sein müssen. Für eine

1498 Vgl. Vgl. BVerfG, Beschl. der 1. Kammer des Ersten Senats vom 19.11.2018 (1 BvR 1335/18); BVerfG, Beschl. der 1. Kammer des Ersten Senats v. 09.11.2022 (BvR 161/21); BVerfG (3. Kammer des Zweiten Senats), Nichtannahmebeschluss vom 07.07.2021 (2 BvR 2200/18).

Einhaltung des Bestimmtheitsgrundsatzes spricht insbesondere auch, dass es sich bei Verstößen gegen die Verdachtsmeldung um eine Norm mit einem Bezug zum Ordnungswidrigkeitenrecht handelt. Somit gelten hohe Anforderungen an den Maßstab der Bestimmtheit der Norm.

5. Lösungsmöglichkeiten

Die vorliegende Arbeit hat sich auch mit Lösungsmöglichkeiten insbesondere im Zusammenhang mit dem Bestimmtheitsproblem beschäftigt. Dabei lässt sich zunächst sagen, dass eine gänzliche Abschaffung des Verdachtsmeldewesens nicht möglich erscheint. Deutschland wird durch internationale Vorgaben der FATF sowie durch europäische Vorgaben gezwungen, ein Verdachtsmeldewesen im Bereich der Geldwäschebekämpfung zu etablieren. Dabei geben die europäischen und internationalen Vorgaben einen bestimmten Rahmen vor, innerhalb dessen sich die nationalen Bestimmungen bewegen müssen. Auch lässt sich hervorheben, dass durch die Einhaltung von Vorschriften auch Freiräume für Unternehmen entstehen können, da man sich darauf verlassen kann, rechtmäßig zu handeln. Als Voraussetzung müssen allerdings die jeweiligen Vorschriften hinreichend klar formuliert sein.[1499]

Zunächst wurde daher untersucht, ob sich eine Veränderung des Wortlautes der Verdachtsmeldung durch den Gesetzgeber anbieten könnte. Dabei wurde festgestellt, dass der Gesetzgeber aufgrund der komplexen Umstände der Verdachtsmeldung nur teilweise zur Lösung des Bestimmtheitsproblems beitragen kann. Denn notwendig wären konkrete Hinweise, wie Geldwäsche oder Terrorismusfinanzierung erkannt werden kann. Bei näherer Betrachtung wird dabei deutlich, dass sich die Methoden und Verhaltensweisen der Geldwäscher und Terrorismusfinanzierer ständig verändern können. Der Tatbestand würde mit Detailbestimmungen überladen und müsste fortwährend angepasst werden.

Daher erscheint eine Konkretisierungsleistung der zuständigen Aufsichtsbehörden und der FIU als sinnvoll. Der Gesetzgeber hat auch dafür viele Ermächtigungsnormen im Geldwäschegesetz als Grundlage einer solchen Konkretisierungsleistung festgelegt. Eine Konkretisierung auf diesem Weg erscheint auch überzeugend. Die zuständigen Behörden können ohne ein umfangreiches parlamentarisches Verfahren schnell auf neue Entwicklungen reagieren. Zudem ist es ihnen möglich aufgrund ihres Fachwissens detaillierte Vorgaben zu erstellen. Dabei ist es notwendig, dass rechtlich verbindli-

1499 Siehe hierzu näher Bülte auch mit Verweis auf das Bundesverfassungsgericht, dass Rechtsunsicherheit bereits per se einen Grundrechtseingriff darstellen kann (Bülte, NZWiSt 2017, 276, 277 ff.; BVerfGE 65, 1, 42 ff.).

che Veröffentlichungen mit ausreichend präzisen Vorgaben gemacht werden. Nur auf diese Weise kann auch dem verfassungsrechtlichen Bestimmtheitsgrundsatz entsprochen werden.

Die Untersuchung hat gezeigt, dass die Möglichkeit besteht, die notwendigen Vorgaben einer Verdachtsmeldung durch präzise Anforderungen durch eine Rechtsverordnung im Sinne von Art. 80 GG oder in Form einer Allgemeinverfügungen im Sinne von § 35 VwVfG zu konkretisieren. Dies wird immer in den Fällen sinnvoll sein, in denen sich die Praxistauglichkeit von Auslegungs- und Anwendungshinweisen und Rundschreiben erwiesen hat und zwingende Vorgaben notwendig sind. Diese Vorgaben würden auch eine sichere Rechtsgrundlage bei einem möglichen Ordnungswidrigkeitsverfahren bilden.

Darüber hinaus könnten auch weitere Mittel zur Stärkung der Bestimmtheit der gesetzlichen Vorgaben eingesetzt werden. Demnach könnte ein formalisiertes Genehmigungsverfahren der institutsspezifischen Risikoanalyse eingeführt werden. Ein solches Verfahren könnte die weiten Normen des Geldwäscherechts auf der Grundlage der individuellen Risikosituation eines Kreditinstituts konkretisieren. Dafür müsste das Geldwäschegesetz angepasst werden und die Aufsichtsbehörden würden erheblich mehr in die Umsetzung der Geldwäscheprävention eingebunden. Allerdings bietet dieses Verfahren auch eine Vielzahl von Vorteilen für die Geldwäscheprävention.

II. Ausblick

1. Zunehmender Druck bei der Umsetzung des Geldwäschegesetzes

Es kann davon ausgegangen werden, dass auch weiterhin der Druck bei der Umsetzung des Geldwäschegesetzes auf alle Beteiligten steigen wird. Zunächst lässt sich feststellen, dass die Bundesregierung aufgrund der FATF-Deutschlandprüfung 2021/2022 umfangreiche Gesetzesänderungen zur Verbesserung der Geldwäschebekämpfung plant.[1500] Eine ähnliche Entwicklung fand schon bei der letzten FATF-Deutschlandprüfung im Jahr 2009/2010 statt, woraufhin das Geldwäschegesetz an vielen Stellen weiter verschärft wurde. Ebenso wird ein Druck der Aufsichtsbehörden auf die Verpflichteten

1500 Siehe die Umsetzung des Gesetzes zur Verbesserung der Bekämpfung von Finanzkriminalität (Finanzkriminalitätsbekämpfungsgesetz – FKBG).

sichtbar. Im Jahr 2022 hat die BaFin insgesamt knapp 3.782.000 Euro Bußgelder im Bereich des Geldwäschegesetzes verhängt.[1501]

Aufgrund der weitgehenden Reglungen wird wohl auch die Zahl der Verdachtsmeldung weiter steigen. Dabei lässt sich vermuten, dass eine Steigerungsrate nicht nur aus dem Finanzsektor kommen wird. Eine Zunahme der Verdachtsmeldungen ist auch insbesondere aus dem Nichtfinanzsektor zu erwarten. Bisher wurden in diesem Bereich Verdachtsmomente im Vergleich zum Finanzsektor kaum gemeldet. Im Jahr 2021 stammten rund 97 % der Verdachtsmeldungen aus dem Finanzsektor.[1502] Damit könnte aber auch die Gefahr bestehen, dass noch mehr Verdachtsmeldung gemeldet werden, ohne dass ein strafrechtlich relevantes Verhalten festgestellt werden kann. Dies wird im Ergebnis auch Auswirkungen auf die Bankkunden der Kreditinstitute sowie sonstiger Kunden anderer Verpflichteter nach dem Geldwäschegesetz haben.

Problematisch erscheint, welches Ziel mit der Geldwäschebekämpfung inzwischen verfolgt wird. Während ursprünglich die Organisierte Kriminalität sowie später auch Steuerdelikte mit den Geldwäscheregeln im Fokus standen, erscheint inzwischen die Zielrichtung nur noch schwer greifbar zu sein. Mit dem Gesetz zur Verbesserung der strafrechtlichen Bekämpfung der Geldwäsche im Jahr 2021 ist inzwischen jede „rechtswidrige Tat“ eine taugliche Vortat der Geldwäsche. Damit sind die charaktertypischen Vortaten mit Bezug zu schwerwiegenden Straftaten weggefallen und selbst Bagatelldelikte können taugliche Geldwäschevortaten sein.[1503] Nach dem allgemeinen Sprachgebrauch wird der Begriff „Geldwäsche“ wohl immer noch mit schweren Straftaten in Verbindung gebracht werden. Es wird sich zeigen, ob sich aufgrund der gesetzlichen Erweiterung auch das allgemeine Verständnis des Begriffes in Deutschland verändern wird. Zumindest erscheint zunehmend fraglich, ob auch schwerwiegende Eingriffe noch gerechtfertigt werden können, wenn nur Bagatelldelikte verfolgt werden sollen.

2. Risikobasierter Ansatz im Geldwäschegesetz

Besonders spannend wird aus der juristischen Perspektive auch zu beobachten sein, wie sich der risikobasierte Ansatz im Geldwäschegesetz entwickeln wird. Mit dem risikobasierten Ansatz kann im Geldwäscherecht dem grundlegenden Problem begegnet werden, auf komplexe Sachverhalte und deren spezifischen Risiken mithilfe angemessener Maßnahmen zu reagieren. Nach der ursprünglichen Idee soll jeder Verpflichteter des Geldwäschegesetzes

1501 Siehe dazu Bundesministerium der Finanzen, Statistische Auswertung zur Aufsichtstätigkeit der Aufsichtsbehörden nach § 51 Abs. 9 Geldwäschegesetz aus dem Berichtszeitraum 2022.

1502 FIU-Jahresbericht 2021, S. 16 f.

1503 Siehe kritisch zu der Entwicklung: Travers/Michaelis, NZWiSt 2021, 125, 126.

(z. B. ein Kreditinstitut) auf Grundlage der weiten und offenen Tatbestände im Geldwäschegesetz eigene Risiken identifizieren und daraufhin verhältnismäßige Maßnahmen entwickeln. Damit soll die Ausweitung des Geldwäscherechts auf Bereiche beschränkt werden, in denen eine aktuelle reale Missbrauchsgefahr besteht.[1504] Der risikobasierte Ansatz bietet viele Vorteile und wird auch im Rahmen der letzten Gesetzesnovellen immer wieder erneut vertieft.[1505] Allerdings stößt die Selbstregulierung der Kreditinstitute durch den risikobasierten Ansatz auch an ihre Grenzen. Denn zunächst müssen sämtliche Risikofaktoren beachtet werden, bevor der Spielraum des risikobasierten Ansatzes genutzt werden kann. Zudem ist zu beachten, dass jeglicher Verstoß gegen das Geldwäschegesetz empfindlich sanktioniert werden kann.[1506] Damit entstehen Konflikte mit dem Bestimmtheitsgrundsatz, wie sie in der vorliegenden Arbeit umfangreich besprochen wurden. Es besteht die Gefahr, dass die Kreditinstitute regelmäßig den strengsten Auslegungsansatz wählen, um einer möglichen Falschbestimmung und den daraus resultierenden Sanktionen zu entkommen. Damit wäre die erwartete Flexibilität des risikobasierten Ansatzes *ad absurdum* geführt. Die Kreditinstitute bedürfen daher einer Sicherheit, wie sie sich im Rahmen des risikobasierten Ansatzes verhalten können.

3. Geldwäscheprävention im Nichtfinanzsektor

Zuletzt kann noch ein Blick auf den sogenannten „Nichtfinanzsektor" geworfen werden. In der vorliegenden Arbeit war der Bereich des Nichtfinanzsektors nicht Gegenstand der Untersuchung. Der Nichtfinanzsektor umfasst im Wesentlichen alle Verpflichteten nach § 2 GwG, die nicht unter die Aufsicht der BaFin fallen (z. B. Immobilienmakler, Rechtsanwälte, Güterhändler sowie Veranstalter und Vermittler von Glücksspielen).[1507] Schon frühzeitig wurde kritisiert, dass der gesamte Verwaltungsaufwand der Banken bei der Geldwäschebekämpfung einfach umgangen werden kann, wenn im Bereich des Nichtfinanzsektors keine ausreichende Aufsicht und Überwachung stattfindet.[1508]

Dabei stellen sich viele Herausforderungen. So zeigt sich als Problem, dass zahlreiche Verpflichtete im Nichtfinanzsektor von teils sehr unterschied-

1504 Spoerr/Roberts, WM 2017, 1142, 1143.

1505 Siehe für einen Überblick Zentes/Glaab, BB 2017, 67, 72; sowie die Einführung eines neuen § 3a GwG (Risikobasierter Ansatz, nationale Risikoanalyse) im Rahmen des Transparenzregister- und Finanzinformationsgesetz vom 25.06.2021 (BGBl. I 2021, S. 2083).

1506 Siehe den umfangreichen Sanktionskatalog im § 56 Abs. 1 GwG.

1507 Siehe auch *Wende* in Zentes/Glaab, § 50 GwG Rn. 22 ff.

1508 Oswald, S. 179.

lich aufgestellten Aufsichtsbehörden überwacht werden.[1509] Damit gehen auch erhebliche Probleme bei dem Vollzug des Geldwäschegesetzes einher.[1510] Im Rahmen einer Dunkelfeldstudie der Universität Halle wurde festgestellt, dass nur etwa jeder zehnte Immobilienmakler, Güterhändler, Versicherungsvermittler/-makler und Befragte aus den rechtsberatenden und vermögensverwaltenden Berufen über eine Prüfung durch eine Aufsichtsbehörde berichtet.[1511] Eine fehlende Sensibilität im Nichtfinanzsektor für die Anforderungen des Geldwäschegesetzes wird auch anhand der wenigen Verdachtsmeldungen offensichtlich. Alle Immobilienmakler in Deutschland zusammen haben im Jahr 2016 insgesamt nur 28 Verdachtsmeldungen abgegeben (im Jahr 2021 waren es 177 Verdachtsmeldungen).[1512] Es ergeben sich bei der Umsetzung des Geldwäschegesetzes noch grundsätzliche Herausforderungen, von der Sensibilisierung der Betroffenen über die Umsetzung von komplizierten und umfangreichen Regeln.[1513]

Ob die hier vertretenden Lösungsvorschläge zur Behebung des Bestimmtheitsproblems auch für den Nichtfinanzsektor Anwendung finden können, muss einer weiteren Prüfung vorbehalten sein. Zumindest lässt sich aber feststellen, dass teilweise erhöhte Maßstäbe an die Anforderungen des Bestimmtheitsgrundsatzes bestehen könnten, da zahlreiche Verpflichtete des Nichtfinanzsektors keinen Geldwäschebeauftragten bestellen müssen und damit nicht über einen vergleichsweise kundigen Adressatenkreis verfügen.[1514]

1509 Die zuständige Aufsichtsbehörde wird nach § 50 Nr. 9 GwG durch das Bundes- oder Landesrecht bestimmt. Siehe näher *Wende* in Zentes/Glaab, § 50 GwG Rn. 22 ff.

1510 Vgl. *Diekmann/Dragon/Schulze*, GewA 2012, 431, 433.

1511 *Bussmann*, Dunkelfeldstudie über den Umfang der Geldwäsche in Deutschland und über die Geldwäscherisiken in einzelnen Wirtschaftssektoren vom August 2015, S. 17.

1512 FIU-Jahresbericht 2016, S. 10; FIU-Jahresbericht 2021, S. 17.

1513 Siehe hier auch die Hinweise beim FATF-Deutschlandbericht, S. 7 („Poor reporting by DNFBPs is likely due to a range of factors including lack of awareness, misunderstandings of the reporting threshold, poor implementation of preventive measures, and confusion around professional secrecy obligations").

1514 Nach § 7 Abs. 1 GwG müssen nur Verpflichtete nach § 2 Abs. 1 Nr. 1 bis 3, 6, 7, 9 und 15 einen Geldwäschebeauftragten auf Führungsebene sowie einen Stellvertreter bestellen.

Literaturverzeichnis

Ackmann, Bernd/Reder, Lars — Geldwäscheprävention in Kreditinstituten nach Umsetzung der Dritten EG-Geldwäscherichtlinie, WM 2009, 158–167 und WM 2009, 200–211.

Appel, Ivo/Ramsauer, Ulrich — Einschaltung privater Unternehmer bei der Ausgabe neuer Kfz-Kennzeichen, NordÖR 2012, 375–384.

Armbrüster, Christian/Böffel, Lukas — „Naming and Shaming" als Instrument zur Ahndung von Rechtsverstößen, ZIP 2019, 1885–1895.

Assmann, Heinz-Dieter/Schneider, Uwe H./Mülbert, Peter O. — Wertpapierhandelsgesetz, 8. neu bearbeitete und erweitere Auflage Otto Schmidt Verlag 2023. Zitiert als: *Autor* in Assmann/Schneider/Mülbert, WpHG, § Rn.

Auerbach, Dirk — Banken- und Wertpapieraufsicht, C.H. Beck 2015. Zitiert als: Auerbach, Banken- und Wertpapieraufsicht, Teil Rn.

Auerbach, Dirk/Vitzthum, Stephan — Anforderungen an die Geldwäsche-Gefährdungsanalyse der Kreditinstitute aus der Sicht des Wirtschaftsprüfers, WPg 2009, 1119–1133.

Barreto da Rosa, Steffen/Diergarten, Achim — Anmerkung zum OLG Frankfurt: Rechtzeitige Verdachtsmitteilung des Geldwäschebeauftragten, NStZ 2020, 173–189.

Barreto da Rosa, Steffen — Geldwäsche: Zum „risikobasierten Ansatz" der FIU im Rahmen der operativen Analyse von Meldungen nach dem Geldwäschegesetz, Der Kriminalist 2022, 23–28.

Barton, Stephan — Sozial übliche Geschäftstätigkeit und Geldwäsche (§ 261 StGB), StV 1993, 156–163.

Beck, Heinz/Samm, Carl-Theodor/Kokemoor, Axel — Kreditwesengesetz mit CRR, Ergänzungslieferung, C.F. Müller, Zitiert als Autor in Beck/Samm/Kokemoor, KWG, EGL § Rn.

Behringer, Stefan — Privatisierung des Rechtsstaats durch Compliance?, CB 2018, 257–261.

Bergles, Siegfried/Eul, Harald — „Rasterfahndung" zur Geldwäschebekämpfung – ein Konflikt mit dem Datenschutz?, BKR 2002, 556–564.

Bernasconi, Paolo	Finanzunterwelt, Orell Füssli Verlag Zürich und Wiesbaden 1988. Zitiert als: Bernasconi, Finanzunterwelt, S.
Berndt, Michael	Bearbeitungs- und Prüfungsleitfaden, Riskioorientierte Geldwäsche- und Betrugsprävention, 3. Auflage C.H. Beck 2014. Zitiert als: *Autor* in Berndt, Risikoorientierte Geldwäsche- und Betrugsprävention, Der risikobasierte Überwachungsansatz aus Sicht des Geldwäschebeauftragten, Rn.
Beulke, Werner/Swoboda, Sabine	Strafprozessrecht, 16. neu bearbeitete Auflage 2022, C.F. Müller. Zitiert als: Beulke/Swoboda, Strafprozessrecht, § Rn.
Binder, Jens-Hinrich	Komplexitätsbewältigung durch Verwaltungsverfahren?, ZHR 2015, 83–133.
Bittmann, Folker	Telefonüberwachung im Steuerstrafrecht und Steuerhinterziehung als Vortat der Geldwäsche seit dem 1.1.2008, wistra 2010, 125–130.
Bock, Dennis	Strafrechtliche Aspekte der Compliance-Diskussion – § 130 OWiG als zentrale Norm der Criminal Compliance, ZIS 2009, 68–81.
Bohnert, Dieter/Szesny, André-M.	Geldwäscheverdachtsanzeige bei Kenntnisnahme von der Selbstanzeige eines Bankkunden? – Zum Umgang mit dem Rundschreiben der BaFin 01/2014 (GW), BKR 2015, 265–271.
Bohnert, Joachim/Krenberger, Benjamin/Krumm, Carsten	Ordnungswidrigkeitengesetz, 7. Auflage C.H. Beck 2022. Zitiert als: *Autor* in Bohnert/Krenberger/Krumm, OWiG, § Rn.
Bosch, Nikolaus	Organisationsverschulden in Unternehmen, 1. Auflage Nomos Verlag 2002. Zitiert als: Bosch, Organisationsverschulden in Unternehmen, S.
Bottke, Wilfried	Teleologie und Effektivität der Normen gegen Geldwäsche (Teil 2), wistra 1995, 121–130.
Brandis, Bernd/Heuermann, Peter	Ertragssteuerrecht, 167. EGL Mai 2023, Franz Vahlen. Zitiert als: *Autor* in Brandis/Heuermann, Gesetz, § Rn.
Brian, Ilka	Die Identifizierung des Kunden und des wirtschaftlich Berechtigten nach der geplanten EU-AML-Verordnung – Was kommt auf die Verpflichteten zu? (Teil 1), GWuR 2023, 57–65.

Brian, Ilka — Die Identifizierung des Kunden und des wirtschaftlich Berechtigten nach der geplanten EU-AML-Verordnung – Was kommt auf die Verpflichteten zu? (Teil 2), GWuR 2023, 57–65.

Brian, Ilka/Frey, Tobias/Krais, Jürgen — Umsetzung der Fünften Geldwäsche-Richtlinie in Deutschland, CCZ 2019, 245–262.

Brunhöber, Beatrice — Privatisierung des Ermittlungsverfahrens im Strafprozess, GA 2010, 571–588.

Buck-Heeb, Petra — Aufsichts- und zivilrechtliche Normen im Bank- und Kapitalmarktrecht: einheitliche oder gespaltene Auslegung, WM 2020, 157–164.

Bülte, Jens — Zu den Gefahren der Geldwäschebekämpfung für Unternehmen, die Rechtsstaatlichkeit und die Effektivität der Strafverfolgung, NZWiSt 2017, 276–288.

Bülte, Jens/Marinitsch, Julia — Meldepflicht für Notare nach § 43 Abs. 6 GwG und der Geldwäschegesetzmeldeverordnung, DNotZ 2021, 804–812.

Bülte, Jens — Die Risiken des Risikobasierten Ansatzes, NVwZ 2022, 378–379.

Bülte, Jens — Gutachten zum Forschungsprojekt „Risikobasierte Arbeitsweise sowie Analyse – und Weiterleitungspflichten der FIU in den Grenzen des geltenden Rechts“ vom 11. Januar 2022. Zitiert als: *Bülte*, Gutachten zum Forschungsprojekt „Risikobasierte Arbeitsweise sowie Analyse – und Weiterleitungspflichten der FIU in den Grenzen des geltenden Rechts“, S.

Bunte, Hermann-Josef/Zahrte, Kai — AGB-Banken, AGB-Sparkassen, 6. Auflage 2023, C.H. Beck München. Zitiert als: Bunte/Zahrte, AGB-Banken, Nr. Rn.

Bürkle, Jürgen — Die rechtlichen Auswirkungen der MaRisk VA auf die Geschäftsorganisation von Versicherungsunternehmen, VersR 2009, 866–873.

Busch, Dagmar/Teichmann, Helmut — Das neue Geldwäscherecht, 1. Auflage 2003 Nomos. Zitiert als: Busch/Teichmann, S.

Cahn, Andreas — Grenzen des Markt- und Anlegerschutzes durch das WpHG, ZHR 162 (1998), 1–50.

Cahn, Andreas — Probleme der Mitteilungs- und Veröffentlichungspflichten nach dem WpHG bei Veränderungen des Stimmrechtsanteils an börsennotierten Gesellschaften, AG 1997, 502–512.

Calliess, Christian/Ruffert, Matthias — EUV/AEUV Das Verfassungsrecht der Europäischen Union mit Europäischen Grundrechtecharta, C.H. Beck 6. Auflage 2022. Zitiert als: *Autor* in Calliess/Ruffert, EUV/AEUV, Art. Rn.

Casper, Mathias/Terlau, Matthias — Zahlungsdiensteaufsichtsgesetz, C.H. Beck, 2. Auflage 2020. Zitiert als: *Autor* in Casper/Terlau, ZAG, § Rn.

Classen, Claus Dieter — Anmerkung, JZ 2010, 1186–1188.

Claussen, Carsten/Florian, Ulrich — Der Emittentenleitfaden, AG 2005, 745–765.

Clos, Alexander/Hildner, Alicia/Glasow, Falko — Der Regierungsentwurf zur Umsetzung der Vierten EU-Geldwäscherichtlinie – Ausweitung der geldwäscherichtlinien Pflichten außerhalb des Finanzsektors, CCZ 2017, 83–89.

Dahm, Joachim — Banken im Spannungsverhältnis zwischen Staat und Kunden, WM 1996, 1285–1292.

Danner, Wolfgang/Theobald, Christian — Energierecht, Ergänzungslieferung, C.H. Beck. Zitiert: *Autor* in Danner/Theobald, Energierecht, 120. EL März 2023, EnWG, § Rn.

Danwerth, Christopher/Hildner, Alicia — Nach dem Pyrrhussieg vor dem KG Berlin – Neue Lösungsansätze zur Regulierung von Bitcoins – zugleich eine Besprechung des Urteils des KG Berlin v. 25.9.2018 – (4) 161 Ss 28/18 (35/18), BKR 2018, 473, BKR 2019, 57–66.

Degen, Andreas — Gesetzliche Mitwirkungspflichten der Kreditwirtschaft bei der Geldwäsche- und Terrorismusbekämpfung, eine verfassungsrechtliche Betrachtung aus Sicht der Bankkunden am Beispiel des Konten-Screenings und des Kontendatenabrufeverfahrens, Peter Lang 2009. Zitiert als: Degen, S.

Detterbeck, Steffen — Allgemeines Verwaltungsrecht, 20. Auflage 2022, C.H. Beck. Zitiert als: Detterbeck, Allgemeines Verwaltungsrecht, § Rn.

Detterbeck, Steffen — Öffentliches Recht, 12., völlig neubearbeitete und erweiterte Auflage 2022, C.H. Beck. Zitiert als: Detterbeck, Öffentliches Recht, Rn. 22

Diekmann, Carsten/Dragon, Sebastian/Schulze, Christoph — Geldwäschebekämpfung im Nichtbanksektor, GewA 2012, 431–436.

Diergarten, Achim — Die Verdachtsmeldung nach dem Geldwäschegesetz, 2. überarbeitete Auflage 2012, Deutscher Sparkassen Verlag. Zitiert als: Diergarten, Die Verdachtsmeldung nach dem Geldwäschegesetz, S.

Diergarten, Achim/Barreto da Rosa, Steffen — Praxiswissen Geldwäscheprävention, 2. Auflage 2021 Walter de Gruyter. Zitiert als: *Autor* in Diergarten/Barreto da Rosa, Praxiswissen Geldwäscheprävention, Kapitel Rn.

Diergarten, Achim/Fraulob, Ulrich — Geldwäsche, Kommentar zum GwG und den einschlägigen Vorschriften des KWG, VAG, ZAG, 2019 Schäffer-Poeschel Verlag. Zitiert als: Diergarten/Fraulob, Geldwäsche, § S.

Dreier, Horst — Grundgesetz Kommentar, Band 3 (Artikel 83–146), 3. Auflage 2018 Mohr Siebeck. Zitiert als: Dreier, GG, Bd. III, Art. Rn.

Ebenroth, Carsten Thomas/Boujong, Karlheinz/Joost, Detlev/Strohn, Strohn — Handelsgesetzbuch, 4. Auflage, C.H. Beck 2020, Band 2. Zitiert als: *Autor* in Ebenroth/Boujong/Joost/Strohn, Handelsgesetzbuch, Bd. II Rn.

Ehlers, Dirk/Fehling, Michael/Pünder, Hermann — Besonderes Verwaltungsrecht, Band 1 (Öffentliches Wirtschaftsrecht), 4. völlig neu bearbeitete und erweiterte Auflage C.F. Müller 2019. Zitiert als: *Autor* in Ehlers/Fehling/Pünder, Besonderes Verwaltungsrecht, Bd. 1, S.

Ehlers, Dirk/Fehling, Michael/Pünder, Hermann — Besonderes Verwaltungsrecht, Band 3 (Kommunalrecht, Haushalts- und Abgaberecht, Ordnungsrecht, Sozialrecht, Bildungsrecht, Recht des öffentlichen Dienstes), 4. völlig neu bearbeitete und erweiterte Auflage C.F. Müller 2021. Zitiert als: *Autor* in Ehlers/Fehling/Pünder, Besonderes Verwaltungsrecht, Bd. 3, S.

Eisenberg, Ulrich/Conen, Stefan — § 152 II StPO: Legalitätsprinzip im gerichtsfreien Raum?, NJW 1998, 2241–2249.

El-Ghazi, Mohamad/Jansen, Scarlett — Anwendung des risikobasierten Ansatzes durch die FIU als Strafvereitelung?, NZWiSt 2022, 465–477.

El-Ghazi, Mohamad/Laustetter, Christian — Das Gesetz zur Verbesserung der strafrechtlichen Bekämpfung der Geldwäsche – Ein Überblick über die wichtigsten Änderungen beim Straftatbestand des § STGB § 261 StGB und bei der selbständigen Einziehung nach § STGB § 76 a Abs. STGB § 76A Absatz 4 StGB, NZWiSt 2021, 209–216.

Ellenberger, Jürgen/Bunte, Hermann-Josef — Bankrechts-Handbuch, Band I und II, 6. Auflage 2022, C. H. Beck München. Zitiert als: *Autor* in Ellenberger/Bunte, Bankrechts-Handbuch, § Rn.

Epping, Volker/Hillgruber, Christian — Beck'scher Online-Kommentar Grundgesetz, 51. Edition, 2022. Zitiert als: *Autor* in Epping/Hillgruber, BeckOK Grundgesetz, 51. Edition Art. Rn.

Erbguth, Wilfried/Guckelberger, Annette — Allgemeines Verwaltungsrecht, 10. Auflage 2020 Nomos. Zitiert als: Erbguth/Guckelberger, Allgemeines Verwaltungsrecht, § Rn.

Erbs, Georg/Kohlhaas, Max — Strafrechtliche Nebengesetze, Beckische Kurzkommentare, C. H. Beck Ergänzungslieferung, Band 1. Zitiert als: *Autor* in Erbs/Kohlhaas, Strafrechtliche Nebengesetze, ELG Jahr, § Rn.

Fekonja, Benjamin — BaFin-Verlautbarungen, Möglichkeiten und Grenzen der rechtlichen Bindungswirkung, 1. Auflage Nomos 2014. Zitiert als: Fekonja, S.

Festgabe für Ernst Forsthoff zum 65. Geburtstag — Karl Doehring, C. H. Beck 1667. Zitiert als: *Autor* in Festgabe für Forsthoff, S.

Festschrift für Rudolf Schmitt zum 70. Geburtstag — Klaus Geppert/Joachim Bohnert/Rudolf Rengier (Hrsg.) J. C.B. Mohr (Paul Siebeck) Tübingen 1992. Zitiert als: *Autor* in FS für Rudolf Schmitt, S.

Findeisen, Michael — Deliktsspezifische Strukturprävention gegen Geldwäsche im Finanzsektor, WM 1998, 2410–2421.

Findeisen, Michael — Der Präventionsgedanke im Geldwäscherecht, wistra 1997, 121–128.

Fischer, Reinfrid/Schulte-Mattler, Hermann — Kreditwesengesetz, 6. Auflage C. H. Beck 2023. Zitiert als: *Autor* in Fischer/Schulte-Mattler, CRR-VO/KWG, § Rn.

Fischer, Thomas Strafgesetzbuch, 70. Auflage 2023 C.H. Beck. Zitiert als: Fischer, StGB, § Rn.

Flatten, Thomas Zur Strafbarkeit von Bankangestellten bei der Geldwäsche, Peter Lang 1996.

Fleischer, Holger Ad-hoc-Publizität beim einvernehmlichen vorzeitigen Ausscheiden des Vorstandsvorsitzenden* Der DaimlerChrysler-Musterentscheid des OLG Stuttgart, NZG 2007, 401–407.

Fleischer, Holger/Bedkowski, Dorothea Stimmrechtszurechnung zum Treuhänder gemäß § 22 I 1 Nr. 2 WpHG: Ein zivilgerichtlicher Fehlgriff und seine kapitalmarktrechtlichen Folgen, DStR 2010, 933–938.

Franz, Thorsten Einführung in die Verwaltungswissenschaft, Springer Fachmedien Wiesbaden 2013. Zitiert als: Franz, Einführung in die Verwaltungswissenschaft, S.

Frey, Tobias/Pelz, Christian BeckOK GwG, C.H. Beck München 2023, 15. Edition. Zitiert als: *Autor* in Frey/Pelz, BeckOK GwG, § Rn.

Fuchs, Andreas Kommentar zum Wertpapierhandelsgesetz, 2. Auflage, 2016 München. Zitiert als: *Autor* in Fuchs, WpHG § Rn.

Fülbier, Andreas Geldwäscherei: Bankangestellte im Dienst der Ermittlungsbehörden, WM 1990, 2025–2034.

Fülbier, Andreas Kritische Anmerkungen zum Regierungsentwurf eines Gewinnaufspürungsgesetzes, ZBB 1992, 124–128.

Fülbier, Andreas/Aepfelbach, Rolf/Langweg, Peter GwG, 5. Neu bearbeitete Auflage RWS 2006. Zitiert als: Autor in Fülbier/Aepfelbach/Langweg, GwG, § Rn.

Gazeas, Nikolaos Das neue Geldwäsche-Strafrecht: Weitreichende Folgen für die Praxis, NJW 2021, 1041–1045.

Gradowski, Marion/Ziegler, Jörg Geldwäsche, Geschwinnabschöpfung, Erste Erfahrungen mit den neuen gesetzlichen Regelungen (§§ 261, 43a, 73d StGB und Geldwäschegesetz), Bundeskriminalamt Wiesbaden 1997. Zitiert als: *Autor* in Gradowski/Ziegler, Geldwäsche, Geschwinnabschöpfung, S.

Graf von Westphalen, Friedrich	Vertragsrecht und AGB-Klauselwerke Ergänzungslieferung, 49. EGL., C.H. Beck 2023. Zitiert als: *Autor* in Graf von Westphalen, Vertragsrecht und AGB-Klauselwerke, Rn.
Graf, Jürgen-Peter	Beck'scher Online-Kommentar OWiG, 39. Edition C.H. Beck 2023. Zitiert als: *Autor* in BeckOK OWiG, 39. Edition, § Rn.
Graf, Jürgen-Peter	Beck'scher Online-Kommentar StPO mit RiStBV und MiStra, 48. Edition 2023 C.H. Beck . Zitiert als: *Autor* in BeckOK StPO, § Rn.
Gropp, Walter/Sinn, Arndt	Organisierte Kriminalität und kriminelle Organisationen, Präventive und repressive Maßnahmen vor dem Hintergrund des 11. Septembers 2001, 1. Auflage 2006 Nomos. Zitiert als: *Autor* in Gropp/Sinn, Organisierte Kriminalität und kriminelle Organisationen, S.
Götz, Andreas	Die Dauer der Verdachtsmeldepflichten im Geldwäscherecht und im Wertpapierhandelsrecht – ein Beitrag zur Verjährung der Ordnungswidrigkeiten gegen das Wirtschaftsstrafrecht, NZWiSt 2023, 127–134.
Gurlit, Elke	Die Entwicklung des Banken- und Kapitalmarktaufsichtsrechts seit 2017, Teil II, WM 2020, 105–115.
Gurlit, Elke	Handlungsformen der Finanzmarktaufsicht, ZHR 177 (2013), 862–902.
Hadding, Walther/Hopt, Klaus J./Schimansky, Herbert	Bankrechtstag 2003, Basel II: Folgen für Kreditinstitute und ihre Kunden Bankgeheimnis und Bekämpfung von Geldwäsche, De Gruyter 2004. Zitiert als: *Autor* in Hadding/Hopt/Schimansky, Bankrechtstag 2003, S.
Hahn, Werner	Offenbarungspflichten im Umweltschutzrecht, Carl Heymanns Verlag KG 1984. Zitiert als: Hahn, S.
Hassemer, Winfried	WM-Sonderbeilage 3/1995, 3–31.

Herzog, Felix Geldwäschebekämpfung – quo vadis? – Rechtsstaatliche Grenzen der Geldwäschebekämpfung durch Aufsichtshandlungen des Bundesaufsichtsamtes für das Kreditwesen, WM 1999, 1905–1919.

Herzog, Felix Geldwäschegesetz (GwG), 1. Auflage Verlag C.H. Beck München 2014. Zitiert als: *Autor* in Herzog, Geldwäschegesetz (1. Auflage), § Rn.

Herzog, Felix Geldwäschegesetz (GwG), 2. Auflage Verlag C.H. Beck München 2014. Zitiert als: *Autor* in Herzog, Geldwäschegesetz (2. Auflage), § Rn.

Herzog, Felix/Achtelik, Olaf Geldwäschegesetz (GwG), 4. Auflage Verlag C.H. Beck München 2020. Zitiert als: *Autor* in Herzog, Geldwäschegesetz (4. Auflage), § Rn.

Herzog, Felix/Achtelik, Olaf Geldwäschegesetz (GwG), 5. Auflage Verlag C.H. Beck München 2023. Zitiert als: *Autor* in Herzog, Geldwäschegesetz, § Rn.

Herzog, Felix/Mülhausen, Dieter Geldwäschebekämpfung und Gewinnabschöpfung, Verlag C.H. Beck München 2006. Zitiert als: *Autor* in Herzog/Mülhausen, Geldwäschebekämpfung und Gewinnabschöpfung, § Rn.

Hess, Henner Spielarten des Terrorismus, Kriminologisches Journal 2002, S. 84.

Hetzer, Wolfgang Der Geruch des Geldes – Ziel, Inhalt und Wirkung der Gesetze gegen Geldwäsche, NJW 1993, 3298–3301.

Höche, Thorsten Der Entwurf einer dritten EU-Richtlinie zur Verhinderung der Nutzung des Finanzsystems zu Zwecken der Geldwäsche und der Finanzierung des Terrorismus, WM 2005, 8–14.

Höche, Thorsten/Rößler, Gernot Gesetz zur Optimierung der Geldwäscheprävention, WM 2012, 1505–1512.

Höche, Thorsten EU-Gesetzgebung zur Bekämpfung von Geldwäsche und Terrorismusfinanzierung – Quantensprung oder verpasste Chance?, WM 2022, 2005–2014.

Hoffmann-Riem, Wolfgang/Schmidt-Aßmann, Eberhard/Voßkuhle, Andreas Grundlagen des Verwaltungsrechts, 2. Auflage 2012. Zitiert als: *Autor* in Hoffmann-Riem/Schmidt-Aßmann/Voßkuhle, Grundlagen des Verwaltungsrechts Bd., § Rn.

Hölscher, Reinhold/Gesmann-Nuissl, Dagmar/Hornbach, Christian Systeme zur Geldwäschebekämpfung in der EU, Erich Schmidt 2011. Zitiert als: *Autor* in Hölscher/Gesmann-Nuissl/Hornbach, Systeme zur Geldwäschebekämpfung in der EU, S.

Hopt, Klaus J. Handelsgesetzbuch, 42., neubearbeitete Auflage 2023 C.H. Beck. Zitiert als: *Autor* in Hopt, HGB, § Rn.

Hoyer, Petra/Klos, Dieter Regelungen zur Bekämpfung der Geldwäsche und ihre Anwendung in der Praxis, 2001. Zitiert als: Hoyer/Klos, Regelungen zur Bekämpfung der Geldwäsche und ihre Anwendung in der Praxis, S.

Hübner, Leonhard/Leunert, Steven Sanierung und Abwicklung von Banken nach SAG und SRM-VO, ZIP 2015, 2259–2265.

Ipsen, Jörn Allgemeines Verwaltungsrecht, 11. überarbeite Auflage 2019, Verlage Franz Vahlen. Zitiert als: Ipsen, Allgemeines Verwaltungsrecht, § Rn.

Isensee, Josef/Kirchhof, Paul Handbuch des Staatsrechts der Bundesrepublik Deutschland, 3. völlig neubearbeitete und erweiterte Auflage 2003, C.F. Müller. Zitiert als: *Autor* in Isensee/Kirchhof, Handbuch des Staatsrechts, Band, § Rn.

Jahn, Matthias/Ebner, Markus Die Anschlussdelikte – Geldwäsche (§§ 261–262 StGB), JuS 2009, 597–603.

Jani, Michael Die partielle verwaltungsrechtliche Inpflichtnahme Privater zu Handlungs- und Leistungspflichten – Eine Untersuchung von Aufgabenüberbürdungen insbesondere im Kommunalrecht unter besonderer Berücksichtigung der Rechtslage in Schleswig-Holstein, Centaurus-Verlagsgesellschaft Pfaffenweiler 1992. Zitiert als: Jani, S.

Jarass, Hans Bindungswirkung von Verwaltungsvorschriften, JuS 1999, 105–112.

Jarass, Hans Charta der Grundrechte der Europäischen Union, 4. Auflage 2021 C.H. Beck. Zitiert als: Jarass, Charta der Grundrechte der EU, Art. Rn.

Jarass, Hans/Pieroth, Bodo — Grundgesetz für die Bundesrepublik Deutschland: GG, 17. Auflage 2022. Zitiert als Autor in Jarass/Pieroth, GG, Art. Rn.

Joecks, Wolfgang/Miebach, Klaus — Münchener Kommentar zum StGB Bd. I, 4. Auflage 2020, C.H. Beck München. Zitiert als: *Autor* in Münchener Kommentar zum StGB, Bd. I, § Rn.

Joecks, Wolfgang/Miebach, Klaus — Münchener Kommentar zum StGB Bd. II, 4. Auflage 2020, C.H. Beck München. Zitiert als: *Autor* in Münchener Kommentar zum StGB, Bd. II, § Rn.

Joecks, Wolfgang/Miebach, Klaus — Münchener Kommentar zum StGB Bd. III, 4. Auflage 2021, C.H. Beck München. Zitiert als: *Autor* in Münchener Kommentar zum StGB, Bd. III, § Rn.

Joecks, Wolfgang/Miebach, Klaus — Münchener Kommentar zum StGB Bd. V, 4. Auflage 2022, C.H. Beck München. Zitiert als: *Autor* in Münchener Kommentar zum StGB, Bd. V, § Rn.

Joecks, Wolfgang/Miebach, Klaus — Münchener Kommentar zum StGB Bd. VII, 3. Auflage 2019, C.H. Beck München. Zitiert als: *Autor* in Münchener Kommentar zum StGB, Bd. VII, § Rn.

Junker, Johannes — Gewährleistungsaufsichts über Wertpapierdienstleistungsunternehmen nach dem Zweiten Finanzmarkförderungsgesetz, Berlin 2003. Zitiert als: Junker, Gewährleistungsaufsichts über Wertpapierdienstleistungsunternehmen nach dem Zweiten Finanzmarkförderungsgesetz, S.

Just, Clemens/Voß, Thorsten/Ritz, Corinna/Becker, Ralf — Wertpapierhandelsgesetz, C.H. Beck 2015. Zitiert als: *Autor* in Just/Voß/Ritz/Becker/Ritz, WpHG, § Rn.

Kaetzler, Joachim — Verdacht auf Geldwäsche, Neuer Wissenschaftlicher Verlag, 2006. Zitiert als: Kaetzler in Verdacht auf Geldwäsche, S.

Kahl, Wolfgang/Waldoff, Christian/Walter, Christian — Bonner Kommentar zum Grundgesetz, Ergänzungslieferung, C.F. Müller Gegründet 1950. Zitiert als: *Autor* in Bonner Kommentar zum Grundgesetz, EGL., Art. Rn.

Karlsruher Kommentar zur Strafprozessordnung — 9. Auflage C.H. Beck 2023. Zitiert als: *Autor in* Karlsruher Kommentar zur Strafprozessordnung, § Rn.

Kaufmann, Erich — Um Recht und Gerechtigkeit, Festgabe für Erich Kaufmann zu seinem 70. Geburtstag, W. Kohlhammer Verlag Stuttgart und Köln, 1950. Zitiert als: *Autor* in FS Kaufmann, 1950, S.

Kaufmann, Michael — Die Bedeutung der Einbeziehung von Bankmitarbeitern in die strafrechtliche Bekämpfung der Geldwäsche, 2., überarbeitete und ergänzte Auflage 2003, Peter Lang. Zitiert als: Kaufmann, S.

Keller, Rolf — Das Phänomen der vorbeugenden Bekämpfung von Straftaten, NStZ 1990, 416–420.

Kindhäuser, Urs/Neumann, Ulfried/Paeffgen, Hans-Ullrich, Saliger, Frank — Strafgesetzbuch, 6. Auflage Nomos 2023. Zitiert als: Autor in indhäuser/Neumann/Paeffgen/Saliger, Strafgesetzbuch, § Rn.

Kirchner, Maik — Anmerkung OLG Hamburg: Haftungsfreistellung bei Geldwäscheverdachtsmeldung, BKR 2022, 878–882.

Kloepfer, Michael — Umweltrecht, 4. Auflage 2016, C.H. Beck. Zitiert als: Kloepfer, Umweltrecht, § Rn.

Klugmann, Marcel — Das Gesetz zur Optimierung der Geldwäscheprävention und seine Auswirkungen auf die anwaltliche Praxis, NJW 2012, 641–645.

Kment, Martin — Energiewirtschaftsgesetz, 2. Auflage 2019, Nomos. Zitiert als: *Autor* in Kment, Energiewirtschaftsgesetz, § Rn.

Kment, Martin/Vorwalter, Sebastian — Beurteilungsspielraum und Ermessen, JuS 2015, 193–201.

Kögel, Andreas M. — Die Strafbarkeit des „Finanzagenten" bei vorangegangenem Computerbetrug durch „Phishing", wistra 2007, 206–211.

Köllner, Rolf E. — Staatsanwalt und Strafjustiz als ultimative Herrscher der Compliance und internen Untersuchungen?, NZI 2020, 60–64.

Komma, Till — Der Geldwäscheverdacht als Haftungsfalle?, CB 2019, 197–202.

Koppernock, Martin — Das Grundrecht auf bioethische Selbstbestimmung, 1997 Nomos. Zitiert als: Koppernock, Das Grundrecht auf bioethische Selbstbestimmung, 1997, S.

Körner, Harald Hans/ Dach, Eberhard — Geldwäsche – Ein Leitfaden zum geltenden Recht, C.H. Beck München 1994. Zitiert als: Körner/ Dach, Geldwäsche, S.

Körner, Harald Hans/Patzak, Jörn/Volkmer, Mathias — Betäubungsmittelgesetz, 10., neu bearbeitete Auflage, C.H. Beck München 2022. Zitiert als: *Autor* in Körner/Parazak/Volkmer, BtmG, § Rn.

Korte, Stefan/Dittrich, Stephan — Schutzgut und Schadenswahrscheinlichkeit im Gefahrabwehrrecht, JA 2017, 332–339.

Kotzenberg, Jochen/Lorenz, Karsten — Das Transparenzregister kommt – Ein dringliches Thema vor allem für Familienunternehmen, NJW 2017, 2433–2438.

Krais, Jürgen — Geldwäsche und Compliance, C.H. Beck 2018. Zitiert als: Krais, Geldwäsche und Compliance, Rn.

Kube, Hanno — Öffentliche Aufgabe in privater Hand – Sachverantwortung und Finanzierungslast, Die Verwaltung 2008 (41) 1–30.

Kümpel, Siegfried/Mülbert, Peter O./Früh, Andreas/ Syfried, Thorsten — Bank- und Kapitalmarktrecht, 5., neu bearbeitete Auflage 2019 Otto Schmidt. Zitiert als: *Autor* in Kümpel/Mülbert/Früh/Syfried, Bank- und Kapitalmarktrecht, S. Rn.

Kümpel, Siegfried/Wittig, Arne — Bank- und Kapitalmarktrecht, 4., neu bearbeitete Auflage 2011 Otto Schmidt. Zitiert als: *Autor* in Kümpel/Wittig, Bank- und Kapitalmarktrecht, S. Rn.

Kunz, Jens H. — Die Auslegungs- und Anwendungshinweise der BaFin zum GwG, Ein Schritt zu größerer Rechtsklarheit bei der Geldwäschebekämpfung?, CB 2019, 99–104.

Kunz, Jens H./Schirmer, Matthias — 4. EU-Geldwäsche-RL: Auswirkungen auf Unternehmen, Banken und Berater, BB 2015, 2435–2443.

Küper, Wilfried — Probleme der Hehlerei bei ungewisser Vortatbeteiligung, Decker&Müller 1988. Zitiert als: Küper, Probleme der Hehlerei bei ungewisser Vortatbeteiligung, S.

Kuthe, Torsten/Zipperle, Madeleine — MaComp – Compliance – Standards für alle?, Corparte Finance Law, 2010, 337–345. Zitiert als: Kuthe/Zipperle, Corparte Finance Law, S.

Laars, Reinhard Finanzdienstleistungsaufsichtsgesetz, 4. Online-Auflage Nomos 2017. Zitiert als Laars, Finanzdienstleistungsaufsichtsgesetz, § Rn.

Lackner, Karl/Kühl, Kristian Strafgesetzbuch Kommentar, 30. neu bearbeitete Auflage 2023. Zitiert als: *Autor* in Lackner/Kühl, StGB, § Rn.

Landmann, Robert/Gustav Rohmer Gewerbeordnung, 87. EL September 2021, C. H. Beck München. Zitiert als: *Autor* in Landmann/Rohmer, Gewerbeordnung, § Rn.

Lang, Volker Die Pflichten der Kreditwirtschaft bei der Bekämpfung der Geldwäsche vom März 2001. Zitiert als: Lang, Die Pflichten der Kreditwirtschaft bei der Bekämpfung der Geldwäsche, S.

Lang, Volker/Schwarz, Anne/Kipp, Rudolf Regelungen zur Bekämpfung der Geldwäsche, 3. Überarbeitete und aktualisierte Auflage 1999, Deutscher Sparkassen Verlag Stuttgart. Zitiert als: *Autor* in Lang/Schwarz/Kipp, Regelungen zur Bekämpfung der Geldwäsche, S.

Leibholz, Gerhard/Rinck, Hans-Justus Grundgesetz für die Bundesrepublik Deutschland, Ergänzungslieferung, Otto Schmidt. Zitiert als: *Autor* in Leibholz/Rinck, Grundgesetz, EGL Jahr, Art. Rn.

Leip, Carsten Der Straftatbestand der Geldwäsche, 2., aktualisierte Auflage Nomos 1999. Zitiert als: Leip, Der Straftatbestand der Geldwäsche, S.

Lenaerts, Koen Die EU-Grundrechtecharta: Anwendbarkeit und Auslegung, EuR 2012, 3–18.

Link, Felix Die Regelungen zum wirtschaftlich Berechtigten nach der geplanten EU-Geldwäscheverordnung, NZG 2022, 893–898.

Lisken, Hans/Denninger, Erhard Handbuch des Polizeirechts, 6. vollständig überarbeitete Auflage, C. H. Beck 2018. Zitiert als: Autor in Lisken/Denninger, Handbuch des Polizeirechts, Abschnitt, Rn.

Löwe-Rosenberg Die Strafprozessordnung und das Gerichtsverfassungsgesetz, Großkommentar, Bd. V (§§ 151–157), 27. neu bearbeitete Auflage, 2018 De Gruyter Recht. Zitiert als: *Autor* in Löwe-Rosenberg, StPO, § Rn.

Luz, Günther/Neus, Werner/Schaber, Mathias/ Schneider, Peter/Wagner, Claus-Peter/Weber, Max — KWG und CRR, 4. überarbeitete und erweitere Auflage, 2023 Schäffer-Poeschel Verlag. Zitiert als: *Autor* in Luz/Neus/Schaber/Schneider/Wagner/Weber, KWG, § Rn.

Maunz, Theodor/Dürig, Günter — Grundgesetz Kommentar, 88. EL Dezember 2019, C.H. Beck München. Zitiert als: *Autor* in Maunz/ Dürig, GG, Art. Rn.

Maurer, Hartmut/Waldhoff, Christian — Allgemeines Verwaltungsrecht, 20. Überarbeitete und ergänzte Auflage 2020 C.H. Beck. Zitiert: Maurer/Waldhoff, Allgemeines Verwaltungsrecht, § Rn.

Merkner, Andreas/Sustmann, Marco — Insiderrecht und Ad-Hoc-Publizität – Das Anlegerschutzverbesserungsgesetz „in der Fassung durch den Emittentenleitfaden der BaFin", NZG 2005, 729–738.

Meyer, Jürgen/Hölscheidt, Sven — Charter der Grundrechte der Europäischen Union, 5. Auflage 2019 Nomos. Zitiert als: *Autor* in Meyer/Hölscheidt, GRCh, Art. Rn.

Meyer-Goßner, Lutz/ Schmitt, Bertram — Strafprozessordnung, 66., Auflage C.H. Beck 2023. Zitiert als: *Autor* in Meyer-Goßner/Schmitt, StPO, § Rn.

Michael, Lothar/Payandeh, Mehrdad — Richtlinienkonforme Rechtsfortbildung zwischen Unionsrecht und Verfassungsrecht, NJW 2015, 2392–2398.

Michalke, Regina — Anmerkung zum EuGH: Pflicht des Rechtsanwalts zur Zusammenarbeit mit den für die Geldwäschebekämpfung zuständigen Behörden, EuZW 2007, 473–476.

Mitsch, Wolfgang — Karlsruher Kommentar zum Gesetz über Ordnungswidrigkeiten, 5. neu bearbeitete Auflage C.H. Beck 2018. Zitiert als: *Autor* in Karlsruher Kommentar zum OWiG, § Rn.

Möllers, Thomas M.J./ Ganten, Ted — Die Wohlverhaltsrichtlinien des BAWe im Lichte der neuen Fassung des WpHG, ZGR 1998, 773–809.

Müller, Christina/Starre, Mario — Verbot der Informationsweitergabe über Verdachtsanzeigen für Institute und Unternehmen aus EU-Mitgliedstaaten und Drittstaaten – Ein Hindernis für die effektive Geldwäschebekämpfung?, CCZ 2014, 23–29.

Münchener Kommentar zum BGB — 9. Auflage 2022, C.H. Beck München. Zitiert als: *Autor* in Münchener Kommentar zum BGB, § Rn.

Neuheuser, Stephan — Die Strafbarkeit des Geldwäschebeauftragten wegen Geldwäsche durch Unterlassen bei Nichtmelden eines Verdachtsfalles gemäß § 11 Abs. 1 GwG, NZWISt 2015, 241–245.

Oechsler, Jürgen — Acting in Concert beim Aktienerwerb (§ 30 Abs. 2 WpÜG), ZIP 2011, 449–454.

Ossenbühl, Fritz — Der polizeiliche Ermessens- und Beurteilungsspielraum, DÖV 1976, 463–471.

Oswald, Katharina — Die Implementation gesetzlicher Maßnahmen zur Bekämpfung der Geldwäsche in der Bundesrepublik Deutschland, Freiburg 1997. Max-Planck-Institut für ausländisches und internationales Strafrecht. Zitiert als: Oswald, S.

Park, Tido — Durchsuchung und Beschlagnahme, 5. Auflage C.H. Beck 2022, § Rn. Zitiert als: Park, Durchsuchung und Beschlagnahme, § Rn.

Paul, Wolfgang — Die geldwäscherechtlichen Transaktionsuntersagungen und ihre Dauer, CCZ 2022, 307–311.

Paul, Wolfgang — Effektiver Rechtsschutz bei geldwäscherechtlicher Verdachtsmeldung, NJW 2022, 1769–1774.

Peine, Franz-Joseph/Siegel, Thorsten — Allgemeines Verwaltungsrecht, 13. völlig neu bearbeite Auflage 2020, C.F. Müller. Zitiert als: Peine/Siegel, Allgemeines Verwaltungsrecht, § Rn.

Pelz, Christian — Verpflichtung der Geldwäschebeauftragten zu rechtzeitigen Verdachtsmeldungen, jurisPR-Compliance & Investigations 1/2019, Anm. 2.

Peukert, Matthias/Sinn, Jennifer — Die aktuellen Auslegungs- und Anwendungshinweise der BaFin zum GwG Newsdienst Compliance 2019, 91001.

Pielow, Johann-Christian — Beck'scher Online-Kommentar Gewerbeordnung, 48. Edition, 2019. Zitiert als: Autor in BeckOK GewO 57. Edition, § Rn.

Pieroth, Bodo/Schlink, Bernhard/Kniesel, Michael — Polizei- und Ordnungsrecht, 2002 C.H. Beck. Zitiert als § Nr.

Plaumann-Ewerdwalbesloh, Michael/Zemke, Gebhard — Bankenkommentar zum Geldwäscherecht, Finanz Colloquium Heidelberg 2013. Zitiert als: *Autor* in Plaumann-Ewerdwalbesloh/Zemke, Bankenkommentar zum Geldwäscherecht, § Rn.

Poelzig, Dörte — Die „gespaltene Auslegung" von Verhaltensnormen im Straf-, Aufsichts- und Zivilrecht oder wer gibt den Ton an?, ZBB 2019, 1–10.

Poscher, Ralf/Rusteberg, Benjamin — Die Klausur im Polizeirecht, JuS 2011, 984–989.

Pötters, Stephan/Traut, Johannes — Die ultra-vires-Kontrolle des BVerfG nach „Honeywell" – Neues zum Kooperationsverhältnis von BVerfG und EuGH?, EuR 2011, 580–593.

Quedenfeld, Rüdiger — Handbuch Bekämpfung der Geldwäsche und Wirtschaftskriminalität, 5., völlig neu bearbeitete Auflage Erich Schmidt Verlag 2021. Zitiert als: Quedenfeld, Handbuch Bekämpfung der Geldwäsche und Wirtschaftskriminalität, Rn.

Raue, Peter/Roegele, Peter — Kunstvolle Geldwäsche? Neuregelungen zur Geldwäschebekämpfung im Kunstsektor, ZRP 2019, 196–200.

Reischauer, Friedrich/Kleinhans, Joachim — Kreditwesengesetz, Ergänzungslieferung, Erich Schmidtverlag. Zitiert als: *Autor* in Reischauer/Kleinhans, KWG, EGL/Jahr, § Rn.

Reithner, Dominik — Die Indienstnahme von Rechtsanwälten durch die Zweite Geldwäscherichtlinie und das Geldwäschegesetz, Dr. Kovac 2008. Zitiert als: Reithner, S.

Remmers, Burkhard — Die Entwicklung der Gesetzgebung zur Geldwäsche, Peter Lang 1998. Zitiert als: Remmers, S.

Rennig, Christopher — KWG goes Krypto Die Aufnahme von Kryptowerten und des Kryptoverwahrgeschäfts in das KWG, BKR 2020, 23–29.

Richter, Christian — Anfangsverdacht für Geldwäsche – Probleme mit der Verdachtsgewinnung, der Einleitung des Ermittlungsverfahrens und den ersten Ermittlungen, 2009 Sierke Verlag. Zitiert als: Richter, S.

Riesenhuber, Karl — Europäische Methodenlehre, 4. neu bearbeitete Auflage 2021, De Gruyter. Zitiert als: *Autor* in Riesenhuber, Europäische Methodenlehre, § Rn.

Rieß, Peter — Anmerkung, NStZ 1982, 435–436.

Risikoorientierte Geldwäschebekämpfung — Geldwäsche- und Betrugsbekämpfung als Bestandteil des Risikomanagements, 3. Auflage Finanz Colloquium Heidelberg 2018. Zitiert als: Autor, Risikoorientierte Geldwäschebekämpfung, S.

Rößler, Gernot — Auswirkungen der vierten EU-Anti-Geldwäsche-Richtlinie auf die Kreditwirtschaft, WM 2015, 1406–1412.

Rotsch, Thomas — Criminal Compliance, Handbuch, 1. Auflage Nomos 2015. Zitiert als: *Autor* in Rotsch, Criminal Compliance, § Rn.

Roxin, Claus/Greco, Luis — Strafrecht, Band 1 (Allgemeiner Teil), 5. Vollständig neu bearbeitete Auflage 2020, C.H. Beck. Zitiert als: Roxin/Greco, Strafrecht Allgemeiner Teil, Bd. I, § Rn.

Roxin, Claus/Schünemann, Bernd — Strafverfahrensrecht, 30., neu bearbeitete Auflage 2022, C.H. Beck. Zitiert als: *Autor* in Roxin/Schünemann, Strafverfahrensrecht, § Rn.

Ruthig, Josef/Storr, Stefan — Öffentliches Wirtschaftsrecht, 5. Auflage, C.F. Müller. Zitiert als: Ruthig/Storr, Öffentliches Wirtschaftsrecht, § Rn.

Rütters, Stefan/Wagner, Sebastian — Der Geldwäschebeauftragte als Bezugstäter im Rahmen des § 30 OWiG, NZWiSt 2015, 282–286.

Sachs, Michael — Grundgesetz, 9. Auflage 2021 C.H. Beck. Zitiert als: *Autor* in Sachs, GG, Art. Rn.

Sasse, Thorsten — Die Grundrechtsberechtigung juristischer Personen durch die unternehmerische Freiheit gemäß Art. 16 der Europäischen Grundrechtecharta, EuR 2012, 628–654.

Schall, Hero — Umweltschutz durch Strafrecht: Anspruch und Wirklichkeit, NJW 1990, 1263–1272.

Schenke, Wolf-Rüdiger Polizei- und Ordnungsrecht, 11. neu bearbeitete Auflage 2022 C.F. Müller. Zitiert als: Schenke, Polizei- und Ordnungsrecht, Rn.

Schenke, Wolf-Rüdiger/Graulich, Kurt/Ruthig, Josef Sicherheit des Bundes, 2. Auflage C.H. Beck. Zitiert als: *Autor* in Schenke/Graulich/Ruthig, Sicherheit des Bundes, § Rn.

Scherp, Dirk/Friedrich, Theresa Das „Rechtzeitigkeitsmerkmal“ in Ordnungswidrigkeitentatbeständen, CB 2022, 51–54.

Scherp, Dirk Update zum Umgang mit Geldwäscherisiken, CB 2017, 275–279.

Scherp, Dirk Terrorismusfinanzierung – Ist es an der Zeit für eine neue Risiko-Einschätzung, Compliance-Berater 2016, 408–411.

Schimansky, Herbert/Bunte, Hermann-Josef/Lwowski, Hans-Jürgen Bankrechts-Handbuch, Band I und II, 4. Auflage 2011, C.H. Beck München. Zitiert als: *Autor* in Schimansky/Bunte/Lwowski, Bankrechts-Handbuch (4. Auflage), § Rn.

Schmidt-Aßmann, Eberhard/Groß, Thoams Zur verwaltungsgerichtlichen Kontrolldichte nach der Privatgrundschul-Entscheidung des BVerfG, NVwZ 1993, 617–625.

Schmidt-Bleibtreu, Bruno/Hofmann, Hans/Henneke, Hans-Günter GG Kommentar zum Grundgesetz, 15. Auflage, Carl Heymanns Verlag 2022. Zitiert als: *Autor* in Schmidt-Bleibtreu/Hofmann/Henneke, GG, Art. Rn.

Schmitz-Lippert, Thomas/Schneider, Andreas Die qualitative Aufsicht der Zukunft: ein weiterer Schritt – Der zweite Entwurf der BaFin zu den Mindestanforderungen an das Risikomanagement vom 22.09.2005, WPg 2005, 1353–1364.

Schoch, Friedrich/Schneider, Jens-Peter/Bier, Wolfgang Verwaltungsgerichtsordnung, Kommentar, 42. EL Februar 2022, C.H.Beck. Ziert als: *Autor* in Schoch/Schneider/Bier, Verwaltungsgerichtsordnung, Bd., § Rn.

Schönke, Adolf/Schröder, Horst Strafgesetzbuch, 30. Auflage 2019, C.H. Beck. Zitiert als *Autor* in Schönke/Schröder, StGB, § Rn.

Schork, Alexander/Groß, Bernd Bankstrafrecht, 2013, C.H. Beck München. Zitiert als: *Autor* in Schork/Groß, Bankstrafrecht, § Rn.

Schuhr, Jan — Strafrechtliche Relevanz der „Panama Papers" de lege lata: Untreue, Steuerhinterziehung, Geldwäsche etc., NZWiSt 2017, 265–273.

Schulte, Martin/Kloos, Joachim — Handbuch Öffentliches Wirtschaftsrecht, C.H. Beck 2016. Zitiert als: *Autor* in Schulte/Kloos, Handbuch Öffentliches Wirtschaftsrecht, § Rn.

Schulz, Reiner/Janssen, André/Kadelbach, Stefan — Europarecht, 4. Auflage 2020, Nomos. Zitiert als: *Autor* in Schulz/Janssen/Kadelbach, Europarecht, § Rn.

Schwark, Eberhard/Zimmer, Daniel — Kapitalmarktrechtskommentar, 5. Neubearbeitete und erweiterte Auflage, 2020, C.H. Beck München. Zitiert als: Autor in Schwarck/Zimmer, Kapitalmarktrechtskommentar, § Rn.

Schwintek, Sebastian — Die Anzeigepflicht bei Verdacht von Insidergeschäften und Marktmanipulationen nach § 10 WpHG, WM 2005, 861–868.

Sedlak, Benedikt — Bankenaufsicht über Geschäftsorganisation, Nomos 2014. Zitiert als: Sedlak, S.

Seibt, Christoph/Buck-Heeb, Petra/Harnos, Rafael — BeckOK Wertpapierhandelsrecht, 8. Edition (Stand: 01.06.2023)), C.H.BECK München 2023. Zitiert als: *Autor*, in Seibt/Buck-Heeb/Harnos, BeckOK Wertpapierhandelsrecht, § Rn.

Sodan, Helge/Ziekow, Jan — Grundkurs Öffentliches Recht, 9., wesentlich überarbeitete Auflage 2020. C.H. Beck Zitiert als: Sodan, Ziekow, Grundkurs Öffentliches Recht, § Rn.

Sotiriadis, Georgios/Heimerdinger, Dominik — Die Umsetzung der 3. EG-Geldwäscherichtlinie und ihre Bedeutung für die Finanzwirtschaft BKR 2009, 234–241.

Spoerr, Wolfgang — Grundlagenentscheidungen des Bundesverfassungsgerichts für das öffentliche Wirtschaftsrecht, KSzW 2012, 135–143.

Spoerr, Wolfgang/Roberts, Marc — Die Umsetzung der Vierten Geldwäscherichtlinie: Totale Transparenz, Geldwäschebekämpfung auf Abwegen?, WM 2017, 1142–1148.

Staub, Hermann — Handelsgesetzbuch Großkommentar, 5. Neu bearbeite Auflage De Gruyter 2018, Band 11/2 Bankvertragsrecht Investment Banking II. Zitiert als: *Autor* in Staub, HGB, Bd. 11/2, Abschnitt Rn.

Staudingers, J. von	Kommentar zum Bürgerlichen Gesetzbuch mit Einführung und Nebengesetzen, Buch 2 Recht der Schuldverhältnisse (§§ 662–675b, Auftrag und Geschäftsbesorgung), Neubearbeitung 2017 Sellier – de Gruyter Berlin. Zitiert als: *Autor* in Staudinger, § Rn.
Stelkens, Paul/Bonk, Heinz Joachim/Sachs, Michael	Verwaltungsverfahrensgesetz, 9. Auflage C.H. Beck 2018. Zitiert als: *Autor* in Stelkens/Bonk/Sachs, Verwaltungsverfahrensgesetz, § Rn.
Stern, Klaus/Sachs, Michael	Europäische Grundreche-Charta GRCh, 2016 C.H. Beck. Zitiert als: *Autor* in Stern/Sachs, GRCh, Art. Rn.
Strafgesetzbuch Leipziger Kommentar	Band 1 (Einleitung; §§ 1 bis 31), 12., neu bearbeitete Auflage De Gruyter Recht 2007. Zitiert als: *Autor* in Leipziger Kommentar StGB, § Rn.
Strafgesetzbuch Leipziger Kommentar	Band 8 (§§ 242–262), 12., neu bearbeitete Auflage De Gruyter Recht 2010. Zitiert als: *Autor* in Leipziger Kommentar StGB, § Rn.
Streinz, Rudolf	EUV/AEUV Vertrag über die Europäische Union und Vertrag über die Arbeitsweise der Europäischen Union, 3. Auflage 2018, C.H. Beck. Zitiert als: *Autor* in Streinz, EUV/AEUV, Art. Rn.
Streinz, Rudolf/Michl, Walther	Die Drittwirkung des europäischen Datenschutzgrundrechts (Art. 8 GRCh) im deutschen Privatrecht, EuZW 2011, 384–388.
Tettinger, Peter J./Wank, Rolf/Ennuschat, Jörg	Gewerbeordnung Kommentar, 9. Auflage C.H. Beck 2020. Zitiert als: *Autor* in Tettinger/Wank/Ennuschat, Gewerbeordnung, § Rn.
Thiel, Markus	Polizei- und Ordnungsrecht, 5. Auflage Nomos 2022. Zitiert als: Thiel, Polizei- und Ordnungsrecht, § Rn.
Travers, Daniel/Michaelis, Marcel	Der neue § 261 StGB – die deutsche Umsetzung der EU-Richtlinie über die strafrechtliche Bekämpfung der Geldwäsche(NZWiSt 2021, 125–132.
Uibeleisen, Maximilian	Die verfassungsrechtlichen Grenzen der Inpflichtnahme Privater, Peter Lang 2005. Zitiert als: Uibeleisen, S.

Ungnade, Dieter — Rechtliche Aspekte bei der Umsetzung des OrgKG und des Geldwäschegesetzes in der Kreditwirtschaft, WM 1993 Teil I S. 2069–2076 und Teil II S. 2105–2115.

V. Mangoldt, Hermann/Klein, Friedrich/Starck, Christian — Grundgesetz, Band 1 (Präambel, Artikel 1–19), 7. Auflage 2018 C.H. Beck. Zitiert als: *Autor* in v. Mangoldt/Klein/Starck, GG, Bd. I, Art. Rn.

V. Mangoldt, Hermann/Klein, Friedrich/Starck, Christian — Grundgesetz, Band 2 (Artikel 20–82), 7. Auflage 2018 C.H. Beck. Zitiert als: *Autor* in v. Mangoldt/Klein/Starck, GG, Bd. II, Art. Rn.

V. Mangoldt, Hermann/Klein, Friedrich/Starck, Christian — Grundgesetz, Band 3 (Präambel, Artikel 83–146), 7. Auflage 2018 C.H. Beck. Zitiert als: *Autor* in v. Mangoldt/Klein/Starck, GG, Bd. III, Art. Rn.

V. Münch, Ingo/Kunig, Philip — Grundgesetz, Band 2 (Art. 70–146), 7. Neubearbeite Auflage, C.H.Beck 2021. Zitiert als: *Autor* in v. Münch/Kunig, GG, Bd. II, Art. Rn.

Vedder, Christoph/Heintschel von Heinegg, Wolff — Europäisches Unionsrecht, 2. Auflage 2018, C.H. Beck. Zitiert: *Autor* in Vedder/Heintschel von Heinegg, Europäisches Unionsrecht, Art. Rn.

Veil, Rüdiger/Dolff, Christian — Kapitalmarkrechtliche Mitteilungspfichten des Treuhänders, AG 2010, 385–391.

Verse, Dirk A. — Übergang von gemeinsamer zu alleiniger Kontrolle – ein Fall für das Pflichtangebot?, NZG 2009, 1331–1335.

Von Bülow, Christoph/Petersen, Sven — Stimmrechtszurechnung zum Treuhänder?, NZG 2009, 1373–1378.

von Buttlar, Julia/Hammermaier, Steffen — Non semper temeritas est felix: Was bedeutet Leichtfertigkeit im Kapitalmarktrecht?, ZBB 2017, 1–14.

Von der Groeben, Hans/Schwarze, Jürgen/Hatje, Armin — Europäisches Unionsrecht, 7. Auflage 2015, Nomos. Zitiert als: *Autor* in von der Groeben/Schwarze/Hatje, Europäisches Unionsrecht, Art. Rn.

Von Heintschel-Heinegg, Bernd — Beck'scher Online Kommentar StGB, 58. Edition, 2023. Zitiert als: *Autor* in BeckOK StGB, 58. Edition, § Rn.

Voßkuhle, Andreas — Grundwissen – Öffentliches Recht: Entscheidungsspielräume der Verwaltung (Ermessen, Beurteilungsspielraum, planerische Gestaltungsfreiheit), JuS 2008, 117–201.

Voßkuhle, Andreas/Eifert, Martin/Möllers, Christoph Grundlagen des Verwaltungsrechts, 3. Auflage 2022. Zitiert als: *Autor* in Voßkuhle/Eifert/Möllers, Grundlagen des Verwaltungsrechts Bd., § Rn.

Wabnitz, Heinz-Bernd/Janovsky, Thomas Handbuch Wirtschafts- und Steuerstrafrecht, 5. neu bearbeitete und erweiterte Auflage C.H. Beck 2020. Zitiert als: *Autor* in Handbuch Wirtschafts- und Steuerstrafrecht, § Rn.

Wende, Jacob Deutsche Geldwäschestandards – Note „Durchwachsen“, CB 2022, 1.

Werner, Gerhard Bekämpfung der Geldwäsche in der Kreditwirtschaft, Band S 55, 1996 edition iuscrim, Max-Planck-Institut für ausländisches und internationales Strafrecht. Zitiert als: Werner, S.

Widder, Sefan/Kocher, Dirk Stimmrechtszurechnung vom Treugeber zum Treuhändler gem. § 22 Abs. 1 Satz 1 Nr. 2 WpHG analog?, ZIP 2010, 457–461.

Wolff, Hand J./Bachof, Otto/Stober, Rolf/Kluth, Winfried Verwaltungsrecht, Band II, 7., neu bearbeite Auflage, C.H. Beck München 2010. Zitiert als: Wolff/Bachof/Stober/Kluth, Verwaltungsrecht II, § Rn.

Wulf, Martin Telefonüberwachung und Geldwäsche im Steuerstrafverfahren, wistra 2008, 321–329.

Zentes, Uta/Glaab, Sebastian GwG, Frankfurter Kommentar, 1. Auflage, 2018. Zitiert als: *Autor* in Zentes/Glaab (1. Auflage), GwG, § Rn.

Zentes, Uta/Glaab, Sebastian GwG, Frankfurter Kommentar, 3. Auflage, 2022. Zitiert als: *Autor* in Zentes/Glaab, GwG, § Rn.

Zentes, Uta/Glaab, Sebastian Referentenentwurf zur Umsetzung der 4. EU-Geldwäscherichtlinie – Was kommt auf die Verpflichteten zu?, BB 2017, 67–73.

Lebenslauf

Dr. Jacob Philipp Emanuel Wende ist am 24. November 1986 in Berlin geboren. Im Juni 2006 legte er sein Abitur an der Georg-Christoph-Lichtenberg-Oberschule in Berlin ab. Im April 2008 begann er sein Studium der Rechtswissenschaft an der Universität in Greifswald und absolvierte dort das erste Staatsexamen im September 2013. Danach zog er nach Frankfurt am Main und arbeitete dort während seiner Doktorarbeit unter anderem als wissenschaftlicher Mitarbeiter bei der Kanzlei Linklaters im Bereich der Finanzmarktregulierung sowie als wissenschaftlicher Mitarbeiter am Lehrstuhl von Herr Prof. Dr. Josef Ruthig in Mainz. Das Referendariat am Oberlandesgericht in Frankfurt am Main begann er im März 2017. Dabei durchlief er unter anderem Stationen bei Freshfields Bruckhaus Deringer (Anwaltsstation) sowie beim Regierungspräsidium Darmstadt im Bereich Öffentliche Sicherheit und Ordnung (Verwaltungsstation). Im November 2019 schloss er das zweite Staatsexamen ab. Seit dem August 2021 ist er Geschäftsführer der Regpit GmbH für Geldwäscheprävention und Sanktionsmanagement und wohnt in Berlin.

Abstract

Das Werk beschäftigt sich mit der Verdachtsmeldung im Geldwäschegesetz am Beispiel der Kreditinstitute. Es wird zunächst ein Überblick der Regelungsmaterie gegeben, wobei auf internationale, europäische und nationale Vorgaben der Geldwäschebekämpfung und Terrorismusfinanzierung näher eingegangen wird. Ebenso wird das Geldwäschegesetz systematisch eingeordnet sowie Besonderheiten bei der Auslegung hervorgehoben. Sodann werden die Bedeutung und der Ablauf einer Verdachtsmeldung in einem Kreditinstitut beschrieben und der Charakter sowie der Normzweck der Verdachtsmeldung untersucht. In dem Hauptteil des Werkes werden die Voraussetzungen der Tatbestandsmerkmale, der Rechtsfolge und weitere Auswirkungen der Verdachtsmeldung näher untersucht und auf praktische Probleme hingewiesen. Zuletzt werden verfassungsrechtliche Aspekte im Überblick dargestellt, wobei insbesondere auf das Bestimmtheitsproblem der Verdachtsmeldung näher eingegangen wird. In diesem Zusammenhang werden auch Lösungsmöglichkeiten aufgezeigt.